U0474690

教育部哲学社会科学研究后期资助重大项目成果

中国当代大学生社会适应的
心理与行为研究

张大均　等　著

西南大学出版社
SWUP 国家一级出版社　全国百佳图书出版单位

图书在版编目(CIP)数据

中国当代大学生社会适应的心理与行为研究 / 张大均等著. -- 重庆 : 西南大学出版社, 2025.4(2025.5重印)
ISBN 978-7-5697-2016-7

Ⅰ. ①中… Ⅱ. ①张… Ⅲ. ①大学生－社会心理－研究－中国②大学生－社会行为－研究－中国 Ⅳ. ①C912.6

中国国家版本馆CIP数据核字(2023)第204259号

中国当代大学生社会适应的心理与行为研究
ZHONGGUO DANGDAI DAXUESHENG SHEHUI SHIYING DE XINLI YU XINGWEI YANJIU
张大均 等 著

责任编辑 | 张昊越
责任校对 | 张燕妮
装帧设计 | 闰江文化
排　　版 | 杜霖森
出版发行 | 西南大学出版社(原西南师范大学出版社)
地址:重庆市北碚区天生路2号
邮编:400715
市场营销部电话:023-68868624
印　　刷 | 重庆市正前方彩色印刷有限公司
成品尺寸 | 185 mm×260 mm
印　　张 | 34.5
字　　数 | 700千字
版　　次 | 2025年4月第1版
印　　次 | 2025年5月第2次
书　　号 | ISBN 978-7-5697-2016-7

定　　价:138.00元

前言

社会适应对人的社会性发展至关重要，社会适应过程是个体社会性发展的基本途径，社会适应水平是个体社会性发展的重要标志。社会适应是心理学、社会学等多学科共同关注的研究领域，但不同学科研究的侧重点有所不同。心理学主要研究在一定社会文化背景下人的社会适应心理和行为的发生、变化与发展的特点及规律，促进个体社会适应能力发展。在校大学生处于个体人生中成长、成熟和成才的关键时期，面临着诸多发展任务，其中社会性发展是其必须经历的发展过程和必须完成的重要发展任务之一。因此，系统研究大学生社会适应的心理和行为，既有助于对大学生社会适应的准确理解、科学预测和有效调控，又有助于大学生健全人格的塑造、心理素质的培育、积极社会态度的形成及良好社会适应能力的培养。目前国内关于大学生社会适应的心理学研究还比较薄弱，除少量理论文章和零散现状调查报告发表于报刊外，尚少见系统研究大学生社会适应的心理和行为的专著出版，这与我国大学教育和大学生社会性发展的需要很不匹配。因此，亟待加强大学生社会适应心理与行为的系统研究。

早在20世纪90年代，本团队就将“青少年学生社会适应心理研究”列为“青少年学生心理健康与心理素质培养研究”总体构想中的五个研究主题之一。此前本团队已分别完成了“青少年学生心理问题研究”[①]“青少年学生心理素质及其培养研究”[②]“学校心理健康

① 张大均主编:《当代中国青少年心理问题及教育对策》,2000年国家哲学社会科学基金项目“我国社会变革时期青少心理问题及对策研究”结题成果,“十五”国家重点图书出版规划项目,四川教育出版社2010年出版。

② 张大均等:《学生心理素质培养模式及实施策略研究》,2001年国家社科基金(教育学)项目“学生心理素质培养模式及实施策略研究”结题成果,先后在国内外出版。英文版:Nova Science Publishers. Inc. New York,2011. 中文版:科学出版2014年出版。

教育管理系统研究”[①]和“学校心理健康教育教师胜任特征研究”[②]等四个主题的研究，并分别出版了相应的研究专著。21世纪以来，本团队重点开展了青少年社会适应心理与行为的探索，其中大学生社会适应心理与行为的研究是本研究主题的核心内容。通过近十年的初步探索，在积累了一定的理论和实证研究成果的基础上，我们于2010年申报教育部哲学社会科学研究后期资助重大项目并获准立项。此后又经过近十年的进一步补充研究，终于完成了这项研究并顺利结项，这本《中国当代大学生社会适应的心理与行为研究》就是在其结题成果基础上撰写并反复修改，数易其稿而成的。

本研究遵循“人在社会”的基本理念，从心理学视角探讨当代中国社会文化背景下在校大学生社会适应心理与行为特点及其变化规律，为提升大学生社会适应能力，促进大学生健全发展，培养社会需要的高素质人才提供理论和实证依据。大学生社会适应心理与行为十分复杂，涉及个体因素和环境因素等诸多变量，实难在一项研究中穷其所有，全面涉猎。因此，本研究遵循如下基本思路：一是强调以问题为中心，围绕关键主题，重点开展专题研究；二是从促进我国当代大学生社会适应与心理发展的现实需要出发，坚持理论探讨与实证研究相结合、个体因素与环境因素相交织、发展要求与现实可能相联系等方法论原则；三是贴近大学生学习、生活和社交等实际，抓住其社会适应中的主要心理与行为问题进行多视角、多层面的系统研究。基于上述考虑，我们将研究的主要内容概括为系统探讨大学生社会适应的心理品质和行为表现两个彼此紧密联系的方面，并具体归纳为社会品德、社会价值观、社会情感、社会交往、职业适应和网络使用等6个主题，共开展了24项专题实证研究。上述研究虽然没有囊括大学生社会适应心理与行为的全部内容，但基本上能反映大学生社会适应心理与行为的主要方面。这些专题研究概括来看取得了如下主要进展和成果。一是初步系统揭示了当代大学生社会适应重要心理品质与行为表现的现状和特点，初步探索并提出了一些大学生社会适应能力培养的途径、模式和策略，为培养社会需要的高素质人才，有效促进和维护大学生心理健康发展提供了较为翔实的一手资料。二是针对该领域研究的不足和大学生发展需要，着重对当代大学生面临的主要社会适应心理与行为问题进行了理论与实证相结合的系统探讨，不但拓展、深化了大学生心理学的研究范畴和领域，还能为促进相关学科的发展提供参考。三是从当代大学生的学习、生活和社交实情出发，结合其现状和发展要求，将现状特点分

① 张大均：《学校心理健康工作保障体系：基于学校社会工作视角的研究》，2006年国家社科基金项目“大中学生心理健康学校社会工作保障系统研究”结题成果，科学出版社2014出版。

② 王智、张大均：《学校心理健康教育教师胜任特征研究》，2007年国家社科基金（教育学）项目“学校心理健康教育教师胜任特征研究”结题成果，科学出版2012年出版。

析与发展促进相结合，重点选择了与当代大学生在社会适应中成长、成熟、成才密切相关的六大研究主题进行系统研究，提出了一些新思路、新观点，获得了一些新结果、新结论，既能为心理学及相关学科深化该领域研究提供参考，也能为高等教育工作者有效促进大学生健全发展和核心素养培育提供理论和实证依据。

本书虽然概括反映了本团队近二十年来在该领域不断探索取得的初步结果，但由于该研究领域涉及面广，加之既往国内的研究还比较薄弱、研究者能力有限等主客观原因，本书可能还存一些不足或问题，我们热忱欢迎同行专家和广大读者批评指正，不吝赐教！本团队也将以此为起点，虚心听取各方意见和建议，总结经验教训，针对问题缺陷，和有志于该领域研究的同仁一道继续探索，为深入揭示大学生社会适应的心理与行为规律提供坚实可靠的科学依据，为培养我国大学生良好的社会适应能力，把大学生培养成社会需要的高素质人才贡献我们心理学工作者的力量！

张大均

2025年1月

目录

CONTENTS

第一章 导论

社会适应既是个体社会性发展和社会成熟的重要标志，也是其心理成熟的重要条件和外在表现。大学生正处于人生中社会成熟和心理成熟的重要年龄阶段，从心理学角度系统研究大学生社会适应问题，既有重要的理论价值，又有积极的现实意义。[①]大学生社会适应既受外在环境因素的制约，又受个体内在心理因素的影响，是一个较为复杂的适应系统。本书将遵循"人在社会"的基本理念，以社会现实要求与大学生自身发展需要之间的相互作用为逻辑起点，旨在探讨当代中国社会文化背景下大学生社会适应心理和行为的发生、发展及其变化的特点和规律，为大学生社会适应的理解、预测和调控，为促进大学生健康人格的养成、心理素质的提升，以及积极社会态度和社会价值观的形成等提供心理科学依据。本章拟对该领域研究现状、理论依据和研究内容及方法论等基本问题做简要探讨。

① 张大均：《大学生社会适应的心理学研究刍议》，《西南大学学报（社会科学版）》2014年第6期，第79-85页，182页。

第一节 研究现状分析

目前，国内研究者在探讨大学生社会适应时大多是经验总结和理论分析，试图从家庭、学校、社会等视角出发，推测这些因素可能对大学生社会适应造成的影响，尚缺乏有说服力的实证研究支持。国外虽有部分实证研究，但多局限于小样本的调查，内容也不够深入。下面拟结合国内外研究现状，从大学生社会适应的影响因素和社会适应能力培养的对策建议两个方面做简要综述，以期为深入系统探讨大学生社会适应的心理与行为提供借鉴和参考。

一、大学生社会适应的影响因素

国内外的相关文献分析表明，大学生社会适应受到内部因素和外部因素的共同影响。

(一)内部因素

已有研究表明，个体情绪调节、自我效能感、人格和应对方式等是影响大学生社会适应的重要内部因素。

1.情绪调节

情绪调节是通过运用调节的机制和策略，促使情绪的外显表情、内在生理活动和心理层面的主观体验等在某些程度上产生变化，是以一种积极的态度和合理的认知角度来调节情绪的过程。[①]洛佩斯、萨洛维和斯特拉斯(Lopes，Salovey，Straus)对103名大学生的调查发现，情绪调节与大学生人际适应呈显著正相关。[②]恩格尔伯格和斯约堡(Engelberg，Sjöberg)对282名大学生的研究发现，情绪知觉(准确地知觉他人心情的变化)与成

① 安连超、李强、王俊刚:《新冠肺炎疫情下共情和风险感知对大学生情绪调节的影响》,《心理月刊》2022年第10期,第74-76页。

② Lopes, P. N., Salovey, P., Straus, R. "Emotional intelligence, personality, and the perceived quality of social relationships", *Personality and Individual Differences*, vol. 35, no. 3 (2003), pp.641-658.

功的社会适应相关。[①]帕克、萨默费尔特、霍根和威夫斯基(Parker,Summerfeldt,Hogan,Majeski)对372名大一新生的研究发现,情绪智力能够显著预测大一新生第一学年的学业成就。[②]国内研究者考察了抑郁特质大学生的社会适应水平与情绪调节策略的关系,发现抑郁特质大学生群体存在一定程度的社会适应障碍,并且会更频繁地使用表达抑制策略,而认知重评策略则是社会适应的保护性因素。[③]

2. 自我效能感

自我效能感指的是个体对实施达成特定目标所需行动过程的能力的预期、感知、信心或信念。[④]奇默斯、胡、加西亚(Chemers,Hu,Garcia)对大一新生的研究发现,学生的学业自我效能感可以预测学业表现和学校适应。[⑤]拉莫斯-桑切斯(Ramos-Sánchez)和尼克尔斯(Nichols)的一项研究发现,对于大一新生来说,高自我效能预示着更好的大学适应。[⑥]此外,涉及中国大学生样本的研究发现,社会自我效能感能够通过感知社会支持的中介作用正向预测社会适应和学业适应,进而对主观幸福感和学业成绩产生积极影响。[⑦]

3. 人格

人格是个体带有倾向性的、本质的、比较稳定的心理特征(兴趣、爱好、能力、气质、性格等)的总和,同样对大学生社会适应具有重要影响。首先,研究发现,相较于内控者,外控者拥有更好的社会适应。[⑧]应和韩(Ying ,Han)针对在美中国台湾留学生的研究发现,个体的外向性能够正向预测其社会适应。[⑨]国内关于人格与社会适应的研究发现,大五

---

① Engelberg, E., Sjöberg, L. "Emotional intelligence, affect intensity, and social adjustment", *Personality and Individual Differences*, vol. 37, no. 3 (2004), pp.533-542.

② Parker, J. D., Summerfeldt, L. J., & Hogan, M. J., et al. "Emotional intelligence and academic success: Examining the transition from high school to university", *Personality and Individual Differences*, vol. 36, no. 1 (2004), pp.163-172.

③ 周晗昱、李欢欢、周坤、徐瑞珩、傅聿昕:《抑郁特质大学生的社会适应性及其与情绪调节策略的关系》,《中国临床心理学杂志》2015年第5期,第799-803页。

④ Bandura, A. "Self-efficacy: Toward a unifying theory of behavioral change", *Psychological Review*, vol. 84, no. 2 (1977), pp.191-215.

⑤ Chemers, M. M., Hu, L., Garcia, B. F. "Academic self-efficacy and first year college student performance and adjustment", *Journal of Educational Psychology*, vol. 93, no. 1 (2001), pp.55-64.

⑥ Ramos-Sánchez, L., Nichols, L. "Self-efficacy of first-generation and non-first-generation college students: The relationship with academic performance and college adjustment", *Journal of College Counseling*, vol. 10, no. 1 (2007), pp.6-18.

⑦ 顾佳旎、孟慧、范津砚:《社会自我效能感的结构、测量及其作用机制》,《心理科学进展》2014年第11期,第1791-1800页。

⑧ Estrada, L., Dupoux, E., Wolman, C. "The relationship between locus of control and personal-emotional adjustment and social adjustment to college life in students with and without learning disabilities", *College Student Journal*, vol. 40, no. 1 (2006), pp.43-54.

⑨ Ying, Y. W., Han, M. "The contribution of personality, acculturative stressors, and social affiliation to adjustment: A longitudinal study of Taiwanese students in the United States", *International Journal of Intercultural Relations*, vol. 30, no. 5 (2006), pp.623-635.

人格与大学生社会适应呈显著相关，外向性、宜人性、谨慎性和开放性显著正向预测大学生社会适应，神经质显著负向预测大学生社会适应。[①]其次，自尊也能够影响大学生社会适应。弗里德兰德、里德、舒帕克和克里比（Friedlander，Reid，Shupak，Cribbie）对115名大一新生间隔10周两次测量的研究发现，高自尊预测较低的抑郁和较好的社会适应。[②]普里查德、威尔逊和亚姆尼茨（Pritchard，Wilson，Yamnitz）对大一新生的追踪研究发现，高自尊和乐观预测较好的身体和心理适应。[③]再者，完美主义倾向同样影响大学生社会适应。赖斯、维加拉、阿尔迪亚（Rice，Vergara，Aldea）对364名大学生的研究发现，完美主义倾向与大学生社会适应相关。[④]一项涉及在美留学的中国大学生的研究发现，适当的完美主义倾向可以在一定程度上缓解文化适应压力带来的抑郁焦虑情绪。[⑤]最后，依恋风格也是影响大学生社会适应的重要因素。拉普斯利和埃杰顿（Lapsley，Edgerton）对156名大学生的研究发现，大学适应与安全型依恋风格呈正相关，与恐惧型和焦虑型依恋风格呈负相关。[⑥]魏、拉塞尔和扎卡利克（Wei，Russell，Zakalik）针对308名大一新生的研究发现，依恋焦虑通过社会自我效能影响孤独感，依恋回避则通过自我暴露影响孤独感，两者都会影响个体的抑郁水平。[⑦]

4.应对方式

应对方式指的是个体对事件认知评价后所形成的明确的应对活动[⑧]，它是影响大学生社会适应的又一个重要内部因素。应对方式分为积极应对方式和消极应对方式。阿斯平沃尔和泰勒（Aspinwall，Taylor）研究发现，乐观、心理控制以及自尊对大学生社会适应的积极作用都是通过采用更少的消极应对方式、更多的积极应对方式，并且寻求更多

---

① 李彩娜、周伟：《大学生社会适应与五因素人格间关系的研究》，《中国临床心理学杂志》2009年第1期，第78-80页。

② Friedlander, L. J., Reid, G. J., & Shupak, N., et al. "Social support, self-esteem, and stress as predictors of adjustment to university among first-year undergraduates", *Journal of College Student Development*, vol. 48, no. 3 (2007), pp.259-274.

③ Pritchard, M. E., Wilson, G. S., Yamnitz, B. "What predicts adjustment among college students? A longitudinal panel study", *Journal of American College Health*, vol. 56, no. 1 (2007), pp.15-22.

④ Rice, K. G., Vergara, D. T., Aldea, M. A. "Cognitive-affective mediators of perfectionism and college student adjustment", *Personality and Individual Differences*, vol. 40, no. 3 (2006), pp.463-473.

⑤ Wei, M., Heppner, P. P., & Mallen, M. J., et al. "Acculturative stress, perfectionism, years in the United States, and depression among Chinese international students", *Journal of Counseling Psychology*, vol. 54, no. 4 (2007), pp.385-394.

⑥ Lapsley, D. K., Edgerton, J. "Separation-individuation, adult attachment style, and college adjustment", *Journal of Counseling & Development*, vol. 80, no. 4 (2002), pp.484-492.

⑦ Wei, M., Russell, D. W., Zakalik, R. A. "Adult attachment, social self-efficacy, self-disclosure, loneliness, and subsequent depression for freshman college students: A longitudinal study", *Journal of Counseling Psychology*, vol. 52, no. 4 (2005), pp.602-614.

⑧ Ebata, A. T., Moos, R. H. "Coping and adjustment in distressed and healthy adolescents", *Journal of Applied Developmental Psychology*, vol. 12, no. 1 (1991), pp.33-54.

的社会支持来实现。[①]克罗克特(Crockett)等的研究发现,积极应对方式和父母支持可以有效缓解文化适应压力对焦虑和抑郁的消极影响。[②]国内针对有留守儿童经历大学生的研究发现,应对方式对大学生社会适应有显著的预测作用,而且应对方式在客观社会支持和大学生社会适应间起中介作用。[③]

(二)外部因素

已有研究表明,父母教养方式和亲子依恋、社会支持、网络使用、课外活动和体育锻炼等是影响大学生社会适应的重要外部因素。

1.父母教养方式和亲子依恋

家庭是影响大学生社会适应重要的外部因素,其中父母教养方式和亲子依恋影响较大。父母教养方式指的是父母在养育子女时,对待子女的态度、在此过程中的一切语言行为以及由此构建出来的情感氛围。[④]温特尔和亚菲(Wintre, Yaffe)的研究发现,权威型教养方式能够显著预测大学生的社会适应水平。[⑤]国内研究也发现,父母教养方式影响大学生社会适应,父亲和母亲情感温暖对大学生社会适应具有显著的正向预测能力。父亲过度保护和母亲过分干涉保护对大学生社会适应具有明显的负向预测作用。[⑥]还有的研究发现,母亲的关爱和鼓励有助于大学生的社会适应,而过度控制则不利于大学生的人际和情绪适应。[⑦]依恋是个体与重要他人之间建立的紧密的情感联接,是个体最为重要的社会关系,而早期的亲子依恋会长久影响个体的交往方式与亲密程度,进而影响个体的心理和社会性发展。[⑧]汉纳姆和德沃夏克(Hannum, Dvorak)的研究发现,更多的母亲依恋预测更少的心理痛苦,更多的父亲依恋预测更好的社会适应,母亲依恋在家庭冲

---

① Aspinwall, L. G., Taylor, S. E. "Modeling cognitive adaptation: A longitudinal investigation of the impact of individual differences and coping on college adjustment and performance", *Journal of personality and social psychology*, vol. 63, no. 6 (1992), pp.989-1003.

② Crockett, L. J., Iturbide, M. I., & Torres Stone, R. A., et al. "Acculturative stress, social support, and coping: Relations to psychological adjustment among Mexican American college students", *Cultural Diversity and Ethnic Minority Psychology*, vol. 13, no. 4 (2007), pp.347-355.

③ 温义媛:《留守经历大学生的社会支持、应对方式对其社会适应的影响》,华东师范大学硕士学位论文,2011年。

④ Darling, N., Steinberg, L. "Parenting style as context: An integrative model", *Psychological Bulletin*, vol. 113, no. 3 (1993), pp.487-496.

⑤ Wintre, M. G., Yaffe, M. "First-year students' adjustment to university life as a function of relationships with parents", *Journal of Adolescent Research*, vol. 15, no. 1 (2000), pp.9-37.

⑥ 秦莉:《大学生社会适应能力与父母教养方式及职业倾向的关系研究》,重庆师范大学硕士学位论文,2013年。

⑦ 丁梦媛、赵晓旭、朱炎炎、殷苏瑞:《母亲教养方式与大学生社会适应的关系》,《中国健康心理学杂志》2014年第11期,第1752-1754页。

⑧ 张建人、周彩萍、黄涛、冯洪、周玉霞、凌辉:《亲子依恋与留守初中生自立人格的关系:一个链式中介模型》,《中国临床心理学杂志》2022年第2期,第408-413页。

突与心理痛苦间起中介作用。[①]关于亲子依恋对大学生发展和适应的元分析表明，亲子依恋质量和大学生适应的总相关也达到了中等效应量（$r = 0.23$）。[②]

2.社会支持

社会支持指被支持者与周围的个人和组织所构成的联系[③]，它是影响大学生社会适应的重要外部因素。利迪和卡恩（Lidy，Kahn）针对大一新生的研究表明，感知社会支持在人格与大学适应之间起中介作用。[④]斯文森、诺德斯特龙和希斯特（Swenson，Nordstrom，Hiester）研究发现，大学入学第一周时，大学新生与高中同学的亲密关系对大学适应有益，但是第一学期的后面阶段，大学新生与新的大学朋友的亲密关系对适应更有益处。[⑤]国内关于贫困大学生的研究发现，贫困大学生社会适应的社会支持保护因子具体表现为拥有充分的客观支持和对支持的利用度。[⑥]有研究发现新冠肺炎疫情压力对大学生社会适应具有显著负性影响，但良好的社会支持对此负性作用起显著的缓冲作用。[⑦]

3.网络使用

网络使用也是大学生社会适应的重要外部影响因素。有研究发现，频繁上网者孤独感更强，价值观易与普通人相悖，并且缺乏良好的情绪调节和社会适应能力。[⑧]扬和布朗（Yang，Brown）关于美国"脸书"（Facebook）使用与大学生适应的研究发现，网络交往活动正向预测社会适应，状态刷新活动（关注他人的网络状态更新）负向预测社会适应。[⑨]关于中国大学生网络社交的研究发现，社交网站的社交功能有利于使用者的心理健康，而

---

① Hannum, J. W., Dvorak, D. M. "Effects of family conflict, divorce, and attachment patterns on the psychological distress and social adjustment of college freshmen", *Journal of College Student Development*, vol. 45, no. 1 (2004), pp.27-42.

② Mattanah, J. F., Lopez, F. G., Govern, J. M. "The contributions of parental attachment bonds to college student development and adjustment: A meta-analytic review", *Journal of Counseling Psychology*, vol. 58, no. 4 (2011), pp.565-596.

③ 肖水源：《〈社会支持评定量表〉的理论基础与研究应用》，《临床精神医学杂志》1994年第2期，第98-100页。

④ Lidy, K. M., Kahn, J. H. "Personality as a Predictor of First-Semester Adjustment to College: The Mediational Role of Perceived Social Support", *Journal of College Counseling*, vol. 9, no. 2 (2006), pp.123-134.

⑤ Swenson, L. M., Nordstrom, A., Hiester, M. "The role of peer relationships in adjustment to college", *Journal of College Student Development*, vol. 49, no. 6 (2008), pp.551-567.

⑥ 刘建榕、陈幼贞、方秋容：《贫困大学生社会适应的社会支持因子研究》，《中国健康心理学杂志》2012年第6期，第943-945页。

⑦ 滕丽美、邓建军、沈鹏飞：《新冠肺炎疫情压力与社会适应：忍耐和社会支持的中介作用》，《四川精神卫生》2021年第6期，第555-558页。

⑧ Engelberg, E., Sjöberg, L. "Internet use, social skills, and adjustment", *CyberPsychology & Behavior*, vol. 7, no. 1 (2004), pp.41-47.

⑨ Yang, C. C., Brown, B. B. "Motives for using Facebook, patterns of Facebook activities, and late adolescents' social adjustment to college", *Journal of Youth and Adolescence*, vol. 42, no. 3 (2013), pp.403-416.

娱乐功能则没有此作用;使用者的在线自我暴露正向预测其友谊质量;社交功能负向预测在线自我暴露。[①]国内研究则表明,网络在为大学生的学习、生活带来便利的同时,也一定程度上弱化了其社会适应能力。[②]

4.课外活动和体育锻炼

课外活动和体育锻炼对大学生社会适应具有积极的促进作用。丰川(Toyokawa)等人针对日本留美大学生的研究发现,课外活动能够显著提升其社会适应能力。[③]博纳特、艾金斯和埃迪登(Bohnert, Aikins, Edidin)研究发现,活动参与促进了大学新生的社会适应,即经常参加活动可以提高友谊质量,减轻孤独感。[④]国内研究也发现,持续课外体育锻炼有利于提高大学生的心理资本、心理健康水平和社会适应性。[⑤]

二、现有研究评述

纵观上述研究,可以看出已有大学生社会适应的实证研究仍较为薄弱,呈现出如下不足。

(一)缺乏理论联系实际的整体设计和系统研究

大学生社会适应作为一个复杂的系统,是大学生生活学习的外部环境和主体内在心理及其交互作用表现出来的复杂行为方式,要对其进行科学研究,必须坚持理论联系实际,以整体设计为基础,以系统研究为目标,才能获得客观、全面、有价值的研究成果。但现有研究大多囿于心理学的某个微观理论框架,开展一些零散的研究设计,较少有理论联系实际的整体设计和系统研究。诚然,部分研究对了解或解决大学生社会适应的某个具体问题也有一定的启示作用,却难以从整体上揭示大学生社会适应的心理与行为特征和规律,为大学生积极适应社会提供系统性的、有针对性的指导。这是导致该领域缺乏高水平研究成果,难以为促进大学生社会适应能力提升提供科学依据的重要原因。因此,本研究以过往研究为鉴,尝试对我国大学生社会适应心理与行为开展理论联系实际的整体设计和系统研究。

---

① Wang, J. L., Jackson, L. A., & Gaskin, J., et al. "The effects of Social Networking Site (SNS) use on college students' friendship and well-being", *Computers in Human Behavior*, vol. 37 (2014), pp.229-236.

② 张炳兰:《论网络时代大学生社会适应能力的提升》,《河南师范大学学报(哲学社会科学版)》2013年第6期,第185-188页。

③ Toyokawa, T., Toyokawa, N. "Extracurricular activities and the adjustment of Asian international students: A study of Japanese students", *International Journal of Intercultural Relations*, vol. 26, no. 4 (2002), pp.363-379.

④ Bohnert, A. M., Aikins, J. W., Edidin, J. "The role of organized activities in facilitating social adaptation across the transition to college", *Journal of Adolescent Research*, vol. 22, no. 2 (2007), pp.189-208.

⑤ 逯小龙、王坤:《课外体能锻炼对大学生心理资本、心理健康及社会适应能力的影响》,《中国学校卫生》2019年第3期,第392-395页。

（二）国内研究较国外研究更显薄弱

大学生社会适应是其社会性发展的前提，这对以集体主义取向为特征的中国文化背景下的大学生来说尤其重要，是大学生发展成为符合社会要求的高素质人才的必备要素之一。但从现有研究来看，国内对大学生社会适应的心理与行为研究较国外更显薄弱，尤其是系统性的实证研究少之又少。这一方面可能与我国在该领域研究起步较晚、研究本身难度较大有关，另一方面也可能与对大学生社会适应的重要性和必要性认识不到位，从事该领域研究的研究人员较少等有关。这种现象在很大程度上制约了大学生社会适应研究科学有效地顺利进行，也阻碍了大学生的社会适应与发展。随着我国高等教育的快速发展，大学生社会适应问题日趋突出，迫切需要加强大学生社会适应心理与行为研究。

（三）研究内容和研究对象存在明显局限性

已有研究从研究内容来看，主要集中于人格、情绪调节等内部因素或是家庭、社会等外部因素的探讨，研究范围一般局限于大学生学校、家庭及个体内在因素的分析，较少有涵盖大学生社会生活全景的心理研究，致使已有研究内容显得蜻蜓点水、浅尝辄止。从研究对象来看，大多以大学一年级新生为研究对象，较少有研究涉及大学阶段的其他年级学生。大学生作为特殊的高知群体，通常要经历至少四年的大学生活，整个大学阶段既是人生的重要阶段，也是社会性发展的重要时期，大学生社会适应不只是大一新生的任务，也是其在大学全程必须面临的成长课题。尽管大一新生面临的社会适应问题较突出，但主要还是适应新环境的问题，这只是社会适应的一个方面，而不是大学生社会适应的全部。事实上，大学生社会适应有更丰富的内涵，它既包括大学生在校内对学习生活的适应，也包括其在校外对社会生活的适应。同时，不同年级阶段社会适应的内容和方式也各有特点，大学一年级新生需要研究，其他年级学生也不容忽视。唯有如此，才能全面系统揭示大学生社会适应心理与行为的特征和规律，促进大学生社会适应心理与行为朝着符合社会需要的方向发展。

三、大学生社会适应能力的培养建议

依据大学生社会适应研究现状和其社会适应能力培养的需要，特概括提出如下教育培养建议。

(一)从幼儿时就应重视培养孩子的积极心理品质

大学生的内在心理品质(如情绪调控能力、自我效能、人格和积极应对方式等)对大学生社会适应具有重要影响。这些内在心理品质从婴幼儿时期奠基萌芽,到儿童、青少年时期逐渐形成。因此,家长和教师应该从中小学甚至幼儿阶段就重视培养其积极心理品质。具备积极心理品质的个体表现为具有良好的情绪调控能力、较高的自我效能感,更容易形成积极应对方式和健全的人格。对于个体的内在心理品质,越早采取培养或干预措施,效果越好;越晚采取干预措施,效果越差。总之,从小就培养孩子的积极心理品质是奠定大学生社会适应能力的早期基础。

(二)给予大学新生更多的关心与支持

大一新生处于适应大学新环境的关键时期,这时候父母和教师的关心和支持对他们更好地适应大学校园有很大的帮助。大学新生的父母应该与子女保持积极的沟通,给予孩子更多的情感温暖,努力构建良好的亲子关系,同时也要学会给孩子留一定的空间,不要试图过度干涉孩子的自由。此外,大学新生应提升自己的人际交往能力,主动与身边的同学建立良好的友谊,因为来自同辈群体的支持与帮助对大学生的社会适应具有不可替代的积极促进作用。

(三)引导大学生合理使用网络

现如今,大学生的学习、生活都离不开互联网。网络在给他们的学习生活带来巨大便利的同时,也对他们的社会适应心理和行为产生了诸多负面影响。网络是一把双刃剑,既可能促进大学生良好的社会适应,也可能阻碍大学生积极的社会适应,这取决于大学生怎样使用网络工具。如果大学生能够充分发挥网络的积极功能,例如查阅分享学习资料、维系健康交友和朋辈友谊等,那么网络使用就有利于大学生的社会适应;如果大学生使用网络仅仅是为了娱乐或者寻求刺激,并且不加以节制地过度使用,那么网络就会严重阻碍大学生的社会适应。因此,就现实而言,一方面教师和家长应该引导大学生合理使用网络,充分发挥网络的积极功能;另一方面大学生自身也应自觉健康使用网络,力戒网络成瘾或病理性使用网络,使互联网真正成为促进自我健康、健全发展的有效手段。

(四)鼓励大学生积极参与课外活动与体育锻炼

参加课外活动可以促进大学生的社会适应,体育锻炼对大学生社会适应也有积极促进作用。因此,教师和家长应鼓励大学生积极参加各种健康向上的课外活动与体育锻炼,并且配合学校共同营造良好的校园文化氛围,为大学生社会性发展提供适宜的环境与条件。

第二节　研究的理论依据

通过回溯已有研究可知,从心理学视角系统研究大学生社会适应问题仍处于探索性阶段,没有成熟的理论模式和实证研究范式可循。因此,这里有必要对本研究将涉及的核心概念、主要理论观点和方法论原则等基本问题做简要探讨,旨在为本书后续的各项具体研究提供基本的理论支撑。

一、核心概念界定

(一)大学生社会适应

社会适应(Social Adaptation)一词最早由赫伯特·斯宾塞(Herbert Spencer)提出,指个体逐渐地接受现有社会的道德规范、行为准则及生存、生活方式等,对于环境中的社会刺激能够在规范允许的范围内做出反应的过程。社会适应对社会群体和个体都有重要意义。人类是一种社交性动物,在各种情境下都需要个体与个体间、个体与群体间、群体与群体间的互动接触和交流。就个体而言,如果一个人不能与社会取得一致,就会与所处环境格格不入,久而久之,容易引起社会适应不良,导致心理与行为问题。特别是对处于社会适应关键期的在读大学生,个体离开了长期生活的中小学校、家庭和社区等周边环境,远离了朝夕相处的父母和同伴群体,原有亲密熟悉的人际网络和朋辈友谊已不再是其生活环境中的直接因素。现实迫切需要他们在一个陌生环境中重新建立自己与他人的关系,寻找自己在大学生活中需要扮演的各种角色。大学是一个“微型”社会,大学生置身其中必然面临着学习社会规范、处置人际关系、参与社会实践、规划职业生涯等诸多社会适应任务。这些都是个体在大学阶段的社会适应中必须面对、无法回避的重要任务,这些任务完成的质量直接关系到大学生的全面发展和高等学校教育使命完成的质量。从短期发展来看,一个社会适应良好的大学生,在面对学业发展、人际相处、职业规划等问题时,能够主动寻求多方面的支持与帮助以解决所遇到的问题,达成个人和谐发展之目的;从长远发展来看,个体在大学阶段所培养、形成和发展的社会适应能力,会直接影响其日后的职业发展、人际关系、社会地位甚至是前途命运。因此,重视对大学生社会适应的指导和社会适应能力的培养,既是高等学校现实而重要的任务,也是大学生自身发展必须解决的重要课题。

(二)大学生社会适应心理与行为

大学阶段的社会适应是一个复杂的过程,涉及多方面要素,概括来说,开展大学生社会适应系统研究应围绕环境、心理及行为等方面进行系统考察。其中环境要素常常被用来预测个体日后的适应表现,心理往往决定个体社会适应的“底色”或“基调”,行为则被作为衡量社会适应的一个重要指标。三者共同构成了大学生社会适应的基本内容。

环境指的是大学生所处的大环境,既包括社会文化环境、自然生态环境等宏观环境,也包括学习环境、人际环境等微观环境。这些环境因素既会影响到个体对大学阶段人际关系的态度,又会影响大学生个体健康发展的动机和情感,进而影响大学生个体的社会性发展,最终影响符合时代、社会要求的高素质人才的教育目标的实现。

大学生社会适应离不开上述的外部环境基础,更值得关注的是个体内在心理基础以及在已有心理基础上形成并表现出来的外在行为方式(习惯),而这恰恰是已有研究所忽视的。鉴于大学生社会适应的宏观环境具有相对稳定性,相对而言微观环境的探讨也较为丰富,故本书将着重考察大学生社会适应的心理与行为要素,以弥补这方面研究的不足。

大学生社会适应心理是指大学生在其社会化过程中出现的一切心理现象,包括心理过程、心理倾向和心理特征。心理过程主要包括认知过程、情绪过程和意志过程,心理倾向指的是个体心理活动在特定时间里的指向状态,心理特征指个体在心理活动中经常表现出来的稳定特点。由于大学生社会适应是在长期社会化过程中形成的相对稳定的心理与行为,因此个体心理特征中的人格特质对社会适应起着决定性作用。人格特质指的是个体的人格特点、价值观和稳定的认知与情绪特质。在社会适应中,个体人格特质总是表现在主要的、经常性的社会活动之中,形成个体相对稳定的社会心理品质,如社会品德、社会情感、社会价值观等。人格特质是制约社会适应的动力因素,它从多方面影响个体社会适应,譬如大五人格中的外向性和怡人性很大程度上制约着个体建立和处理人际关系时的主动程度和水平。“物以类聚,人以群分”,个体的爱情观、金钱观或是社会责任感等各种价值观念也会影响个体的人际组成和质量。个体的应对方式则决定了解决社会适应问题时的结果走向,积极应对策略有助于人际关系的发展,消极应对策略往往导致社交行为的回避。情绪体验是个体判断自己与他人关系亲疏和好坏的重要线索,情绪特质不同,个体对人际互动的体验也会出现明显差异,譬如容易愤怒的个体不仅容易对周围的人和事情产生偏激的认识,自身也会被他人视为具有攻击性的潜在威胁。总之,大学生社会适应心理是社会适应行为的内在基础,它会直接或间接地影响大学生社会适应的方方面面。

大学生社会适应行为指的是大学生在适应大学生活时经常出现的一些行为方式，是通常被用来衡量大学生社会适应水平高低的指标。一直以来，心理健康的多种指标，譬如孤独感、抑郁、焦虑等，在一定程度上都是个体社会适应状况好坏的反映。又比如自杀行为、吸烟酗酒、语言与暴力冲突等是过往大学生社会适应中较为突出的适应不良问题。近些年，随着移动互联网终端的发展，互联网的过度使用导致的网络游戏成瘾、手机成瘾等也成为衡量大学生社会适应好坏的一个重要指标。此外，大学生的职业规划、人际互动等是其社会适应行为的重要反映。

二、依据的主要理论观点

鉴于本书涉及24个专题，覆盖大学生社会适应的方方面面，涉及的理论纷繁复杂，将分别在各章节呈现。这里仅着重介绍全书遵循的几个基本思想观点。

(一)社会适应能力是衡量个体社会化发展和成熟的重要标志

大学生面临着遵从社会规范、融入大学生活、开展职业规划、建立人际关系等诸多社会适应任务，这些任务的完成除了必须具备社会支持与环境支撑外，还需要拥有足够的社会适应能力。社会适应能力是衡量个体社会化发展程度的重要标志，同时，个体的社会适应能力又是在其社会化过程中逐渐发展、提升的。青年早期的大学生处于社会适应能力发展的重要时期，心理和行为问题的发生均与其社会适应能力不足有关。以往研究更多关注大学生学业成绩的提升和心理健康水平的诊断，很少对大学生社会适应心理与行为进行系统的研究。因此，加强大学生社会适应心理与行为研究意义重大。

(二)社会适应由社会适应心理和社会适应行为构成

大学生社会适应主要由社会适应心理和社会适应行为两部分构成。社会适应心理在很大程度上决定个体社会适应能否顺利进行，是社会适应能力发展的心理基础和前提，发挥着心理动力作用；社会适应行为是个体社会适应良好与否的重要表现形式，与个体的社会生活紧密联系。心理与行为密不可分，前者是个体内在心理要素，后者是个体主观支配客观的外在表现，二者共同反映个体社会适应能力和水平。

(三)社会适应心理是一个结构—功能系统

大学生社会适应心理是一个结构—功能系统，由若干要素构成，而这些要素又各具一定功能。依据不同要素对相应主体活动(行为)的作用来划分，可以将个体社会适应心理结构划分为“心理基础”“观念态度”和“心理动力”三个基本功能维度。心理基础是制约个体社会适应的核心要素，它涉及多方面的内容，其中最基本的包括“社会品德”“社会自我”和“社会责任心”等彼此联系的社会心理成分；观念态度是引导个体社会适应方向选择和行为抉择的心理要素，主要体现在个体的社会价值观上；心理动力是驱动个体社会适应的心理要素，主要从个体的社会情感中得以表现。

（四）社会适应行为既是社会适应心理的反映，又是评判社会适应的指标

大学生社会适应行为与其所处的环境和社会生活情景联系密切。一般认为，行为是心理（内部）和环境（外部）交互作用的产物。同时，大学生的社会适应行为又是在其长期的社会化过程中形成的，具有相对稳定性。研究或评判大学生的社会适应行为必须兼顾上述几个方面。

（五）心理品质和行为方式是社会适应心理与行为的核心内容

依据上述观点，基于大学生社会活动的心理条件—动力—行为的认知逻辑，本书将当代大学生社会适应的心理结构界定为社会品德、社会价值、社会情感三个基本维度；将大学生社会适应的主要行为归纳为社会交往、职业适应和网络使用三个主要部分。这六大主题虽不能囊括大学生社会适应心理与行为的全部内容，却是当代大学生社会化过程中最突出、最有代表性的心理与行为。

（六）大学生社会适应心理和行为是一个复杂的系统

大学生社会适应心理和行为是一个复杂的、特殊的结构系统，其形成和发展具有自身的特点和规律，涉及多方面的心理现象和行为表现，也受多种内外因素的影响和制约。因此，大学生社会适应心理与行为的研究是一个系统工程，首先要坚持主体性原则，充分考虑大学生自身特点和发展需求；其次要秉持“人在社会”的理念，充分考虑大学生所处的学习和生活环境，尤其是学校和社区环境的实际情况；再者要遵循高素质创新型人才培养目标，客观揭示大学生社会适应心理和行为的特点和规律，有针对性地探索大学生社会适应能力培养的途径和策略。

（七）大学阶段是个体社会适应能力发展的重要时期

社会化是一个漫长且循序渐进的过程，它从个体出生就开始，不同年龄阶段发展的速度和特征各有不同。婴幼儿及童年时期，个体社会化速度慢且水平较低，其社会适应的空间主要限于家庭和学校，适应内容也主要囿于与个体生活和学习密切相关的人和事。青少年时期是个体社会化的关键期，其社会化的进程显著加快。处于青年早期的大学阶段则是社会适应能力发展的重要时期，社会适应的空间和内容都较儿童、青少年有

质的差异，其赋予了社会适应真正的社会性意义。因此，系统开展大学生社会适应的心理学研究，详细考察大学生社会适应特征，为大学生良好社会适应能力的培养提供心理科学依据非常必要。

(八)社会的发展变化对大学生社会适应提出了更高要求

大学生社会适应与其社会生活全貌紧密联系。随着时代的重大变迁与社会的快速发展，当代大学生社会适应面临着前所未有的挑战。作为准社会成员，他们需要进行社会学习，适应社会要求，掌握、遵从社会规范；作为高层次人才预备队伍成员，他们需要适应大学的学习生活，不断提升自己；作为未来的专业工作者，他们需要做好职业生涯的规划和选择，为成功就业做充分准备；作为大学群体成员，他们不仅需要和同学建立和睦友谊，也要处理好自身与教师、学校之间的关系，还要面对建立、发展恋爱关系的挑战等。因此，无论是研究者、教育者还是管理者，都需要从时代变化、发展和要求的现实出发，去客观审视、系统探究大学生社会适应问题，促进大学生积极社会适应心理的发展，帮助大学生有效解决面临的社会适应问题。

三、方法论原则

(一)坚持“人在社会”的根本理念

社会因素是影响个体发展的重要变量，个体的社会化进程不仅受到个体内部变量的影响，也受到所处社会文化环境的影响。“人在社会”的基本理念正在被越来越多的研究者接受，逐渐成为研究社会中人的心理与行为的重要方法论原则。然而，我国已有对大学生心理发展的探讨，多集中于考察个体内部变量，如人格特征等因素对个体心理发展的影响，聚焦于大学生的心理健康、学业问题等方面；较少有研究专门考察大学生社会适应心理与行为，更缺乏系统、全面地考察社会因素对大学生心理与行为发展和社会化过程所起到的作用。当今社会发展变化较快，大学生心理上的不成熟使得他们对这种社会变化尤为敏感，出现的反应也最为明显，导致其社会适应问题十分突出。因此，依据社会现实探讨大学生社会适应心理与行为，是本书必须恪守的方法论原则。

(二)重视大学生积极健康心理与良好行为习惯的培养

心理学研究(尤其偏重应用的心理学研究)的最终目的不仅仅局限于发现个体成长过程的特点或出现的问题，更重要的是能够提供解决问题的策略，解决个体在现实心理发展中遇到的问题和困惑，促进个体积极健康发展。积极心理学认为，心理学的研究目的在于提高人类生活的幸福感，提高生活质量。遵循这一原则，本书不仅关注大学生在社会适应过程中的心理特点状况及出现的心理问题，还重点考虑如何去预防、解决这些心理问题，做到防患于未然，重视大学生社会适应过程中积极健康心理与良好行为习惯的培养。

（三）坚持问题揭示与问题解决相结合

当代心理学研究的方法论原则之一就是以“问题”为中心，这也是本研究所遵循的重要方法论原则。我们主张在探讨大学生社会适应心理与行为时，不是孤立地、零散地去分析某一个问题，而是强调从系统论的观点出发，遵循发现问题、提出问题、分析问题和解决问题的步骤，坚持问题揭示与问题解决相结合，聚焦于如何促进大学生社会适应能力的提高。例如，本书第22章探讨了大学生网络健康素质的特点，揭示了健康上网者所应具备的心理特征，并提出了相应心理特征的培养策略。相比于一些单纯探讨网络成瘾问题而轻视行为矫正和品质培养的研究，本书内容对引导大学生健康使用网络更具有积极的现实意义。

（四）坚持质性研究与量化研究多方法综合运用

心理学是一门研究人的科学，其研究对象的复杂性决定了心理学不可能只采用某种单一的方法来开展研究，对任何一种研究方法的极端崇拜都会导致科学研究走向歧途。因此，本书始终坚持质性研究与量化研究等多方法综合，注重研究方法选择的科学性与适用性，特别提倡在实际研究中根据研究问题，精心选择适合的方法进行综合设计，避免为了体现所谓的“科学性”而生搬硬套某种方法。例如，在探讨大学生社会适应心理的现状特征时，综合运用了问卷调查、心理测量、个人访谈等方法，系统考察大学生在一系列心理变量上的特点及其存在的差异性；在考察某些情境性因素对大学生社会适应心理的影响时，综合运用了情境实验、社会认知实验等方法，深入探讨大学生社会适应心理发生发展的机制，揭示变量之间的因果关系等。

第三节　研究内容与价值

社会适应是大学生社会性发展的重要途径。重视大学生社会适应心理与行为研究，考察外在环境要素和大学生内在心理要素对大学生社会适应的作用机制，了解大学生社会适应的特点，探索大学生社会适应能力培养的模式及策略，既是贯彻落实高等学校培养高素质人才的需要,也是促进大学生全面发展的素质教育需要,还是我国心理学研究致力于为社会现实服务的必然要求。科学剖析大学生社会适应心理与行为的研究,充分认识大学生社会适应心理与行为研究的价值,对于系统开展大学生社会适应心理与行为的研究至关重要。

一、研究内容

本书以大学生为研究对象,从社会适应心理与社会适应行为两个紧密联系、互为关联的层面,进行了全面且系统的理论探讨和实证研究。除去开篇的导论,全书内容由6个主题21个章节构成。其中第1~3主题主要围绕大学生社会适应心理展开,第4~6主题主要涉及大学生社会适应行为。具体各主题的主要内容如下。

(一)大学生社会品德研究

第1主题为大学生社会品德研究。社会品德是个体遵从和适应社会基本道德规范的心理品质,是个体社会适应的心理基础。大学生社会品德由多方面的心理品质构成,主要包括社会(世界)公正信念、社会诚信、社会自我和社会责任心等,对应了本书第2~5章的内容。各章内容如下:考察大学生公正世界信念与亲社会倾向之间的关系(第2章);探索大学生诚信心理的结构,编制《大学生诚信心理问卷》,并考察大学生诚信心理的发展特点(第3章);探索大学生社会自我的结构,编制《大学生社会自我问卷》,并考察大学生社会自我的现状、影响因素和发展特点(第4章);探索大学生社会责任心的结构,编制《大学生社会责任心问卷》,并探讨大学生社会责任心的现状和发展特点(第5章)。

(二)大学生社会价值观研究

第2主题为大学生社会价值观研究。社会价值观是人们认识、评价社会事物主观的尺度和标准,是个体社会行为的重要内在动力。该主题对大学生一些常见领域的价值观念进行了详细探讨,主要包括大学生的生命质量观(第6章)、金钱观(第7章)和恋爱价值观(第8章)等。研究者通过理论探讨和实证研究,分别构建了每一种社会价值观的结构,编制了相应的心理测量工具,并运用这些工具分别考察了大学生不同种类的社会价值观的现状和发展特点。

(三)大学生社会情绪情感研究

第3主题为大学生社会情绪情感研究。社会情感是个体对社会事物的主观感受和体验,是个体社会行为的又一重要内在动力。该主题聚焦于与大学生社会适应相关的情绪和情感，并具体化为积极情绪情感和消极情绪情感两个方面。在积极情绪情感方面，主要考察了大学生的社会幸福感及其与父母教养方式的关系（第9章），以及情境的社会属性对大学生情绪表达的影响（第10章）。研究者分别从现状、影响因素和发展特点三个方面进行了深入探讨，并提出了提升大学生社会幸福感、促进大学生合理情绪表达的途径和策略。在消极情绪情感方面，主要考察了大学生内隐负面评价恐惧（第11章）。前者采用内隐联想测验和阈下评价性条件反射技术，考察了大学生群体内隐负面评价恐惧的存在性及其稳定性，并通过干预实验提出了相应的应对措施；后者采用实验法考察了愤怒情绪状态对大学生社会事件归因的影响以及归因特点，并基于此提出了教育对策和建议。

（四）大学生社会交往研究

第4主题为大学生社会交往研究。社会交往反映的是个体在直接或间接的人际交往中的行为表现。该主题首先从直接人际交往的角度探讨了大学生人际适应的现状及其特点（第12章），考察了大学生人际关系与内隐攻击性的关系（第13章）。接着从间接人际交往的角度，基于当前社会已进入互联网时代，网络交往已成为大学生社会交往的重要组成部分的现实，着重探讨了大学生网络交往动机的特点（第14章）。

（五）大学生职业适应研究

第5主题为大学生职业适应研究。职业适应是个体社会适应的重要组成部分，包括择业适应和从业适应。对于即将步入社会的大学生群体而言，其主要面临的仍是择业适应问题。因此，该主题首先探讨了大学生职业动机的特点（第15章）以及职业决策困难的特点（第16章），接着考察了不同焦虑类型大学生职业未决的特点及其与焦虑、职业决策自我效能感的关系（第17章），最后探讨了情绪调节策略对大学生求职面试焦虑的影响（第18章）。

（六）大学生网络使用研究

第6主题为大学生网络使用研究。互联网的飞速发展使得网络已成为当代大学生了解社会、参与社会、影响社会的重要途径，但同时也带来了一系列的突出问题，例如网络成瘾等。该主题系统探讨了大学生网络成瘾的特点（第19章）以及大学生网络自我控制能力的特点及影响因素（第20章），同时还分别考察了网络成瘾倾向大学生戒网瘾动机的特点（第21章）以及网络健康使用者所应具备的素质（第22章）等，并针对大学生对网络的过度使用，提出了相应的教育对策和建议。

二、研究价值

(一)客观揭示当代大学生社会适应心理与行为的特点

社会性是人的本质属性,每个人都生活在各种各样的社会情境之中。社会情境总是会对个体或群体施加多种社会影响,由此产生的个体或群体的心理与行为就被赋予了某种社会意义,并深深打上了时代烙印。分析当代大学生社会适应心理与行为的发生发展规律,也必须将它置于广阔而鲜活的现实社会背景中。然而长期以来,我国心理学界对大学生社会适应心理与行为开展的系统实证研究较少,导致人们对于大学生社会适应心理与行为的特点的认识较为模糊,与此相对应的大学生社会适应教育指导也缺乏本土化的心理学理论和实证研究的支持,这是造成当代大学生社会适应能力普遍不足的重要原因之一。因此,加强大学生社会适应心理与行为的研究,具有重要的理论价值和现实意义。本书针对已有大学生社会适应心理与行为研究的不足,从当代大学生心理发展的实际出发,针对大学生的社会生活特点开展科学研究,以期客观揭示当代大学生社会适应心理与行为的特点。

(二)提升当代大学生社会适应能力和心理健康水平

社会适应既是衡量大学生社会成熟的重要标志,又是预测大学生心理健康的重要指标。现如今,大学生的心理健康问题都与其社会品德、社会价值观、社会情绪情感、社会交往、职业适应、网络使用等方面密切相关,而这些方面都是社会适应能力的具体体现。也就是说,维持和提升大学生心理健康水平的关键就是掌握大学生社会适应心理与行为的特点和发生发展规律,全面提升大学生社会适应能力。因此,系统开展大学生社会适应心理与行为的研究,探索大学生社会适应能力培养的有效途径和策略,既有利于大学生社会适应能力的提高,也能够有效提升大学生的心理健康水平,培养积极向上的心态,塑造健全人格,进而成为符合社会发展要求的全面发展的高素质人才。

(三)拓展和深化社会心理学研究领域和范畴

当前,中国社会正处于空前的飞速发展期,社会经济、政治、文化的发展变化作为强烈的社会现实刺激,无时无刻不在影响着每一位社会成员,大学生也不例外。社会心理学认为,人的认知、情感、动机和行为都会受到社会各方面因素的影响,因此社会的环境氛围必然会影响大学生心理和行为的发生发展。然而在我国既往社会心理学研究中,研究内容主要是社会现象或社会心理,研究对象主要是社会人,对大学生的关注不够。大学阶段是个体从学生向社会人过渡的重要阶段,大学生的社会适应能力决定了其能否做好成为合格的社会人的准备,理应受到关注与重视。为此,本书着重对当代大学生的社会品德、社会价值观、社会情绪情感、社会交往、职业适应、网络使用等涉及社会适应心理与行为的问题进行了理论与实证相结合的系统探讨,旨在丰富我国当代大学生社会心理与行为的研究,拓展和深化社会心理学的研究领域和范畴,进而促进社会的和谐进步。

第二章

大学生公正世界信念与亲社会倾向的关系

在日常生活中，当人们观察或体验到不公正事件时，要么会挺身而出去批判它或是纠正它，要么心理上会合理化为遭受不公正对待是“罪有应得”“自作自受”。针对这种现象，美国心理学家勒纳（Lerner）提出了公正世界信念（Belief in a just world）的概念。[①]多年来，研究者围绕公正世界信念的概念界定、测量及其功能展开了众多研究。公正世界信念是个体如何看待社会的基本观念，在一定程度上也反映了个体内在的价值判断。在本章中，研究者以大学生为研究对象，首先修订了达尔伯特公正世界信念量表以运用于中国文化背景，在此基础上探讨了大学生公正世界信念与亲社会行为之间的关系。

---

① Lerner, M. J. “The justice motive: Some hypotheses as to its origins and forms”, *Journal of Personality*, vol. 45, no. 1 (1977), pp.1-52.

第一节 研究概述

一、公正世界信念概述

(一)公正世界信念的概念

20世纪70年代,勒纳提出了公正世界信念的概念,即人们相信他们所生活的世界是一个公正的世界,在这个世界中,每个人都得其所应得。[①]这种信念使得个体相信周围的物理和社会环境是稳定有序的,从而有利于个体适应这些环境。如果这种信念缺失,个体就很难使自己致力于对长远目标的追求,难以遵循社会规范行事。因而,对于个体而言,公正世界信念具有重要的适应功能。

(二)公正世界信念的结构与测量

研究者们对公正世界信念的结构进行了深入的探讨,随着对公正世界信念认识的不断深化,其测量工具也由最初的单维量表发展到二维和多维度量表。

1.单维公正世界信念

鲁宾和佩普劳(Rubin,Peplau)最先编制了公正世界量表。他们认为公正世界是单维双极结构,是一个从公正到不公正的连续体,并于1975年对该量表进行了修订,修订后的问卷合计20个题项,采用Likert 6点计分。问卷由11道正向计分题(例如:"这个世界基本上是公正的""父母惩罚孩子,总是说为他们好"等)和9道反向计分题(例如:"我发现某些人就其声誉而言很少名副其实""善行常常得不到关注和回报")组成,该量表的克隆巴赫α系数为0.80。[②]但后续研究表明,该量表结构并不稳定,内部一致性信度较低。[③]

---

① Lerner, M. J., Miller, D. T. "Just world research and the attribution process: Looking back and ahead", *Psychological Bulletin*, vol. 85, no. 5 (1978), pp.1030-1051.

② Rubin, Z., Peplau, L. A. "Who believes in a just world?", *Journal of Social Issues*, vol. 31, no. 3 (1975), pp.65-89.

③ Caputi, P. "Factor structure of the just world scale among Australian undergraduates", *Journal of Social Psychology*, vol. 134, no. 4 (1994), pp.475-482.

利普库斯(Lipkus)于1991年编制了全球公正世界信念量表,同样是一维结构。该量表合计7个题项,采用Likert 6点计分,具体题项包括“我觉得人们得到了他们有资格得到的”“我觉得奖赏和惩罚得到了公平的分配”等。该量表的克隆巴赫α系数为0.79。[①]

2.二维公正世界信念

达尔伯特(Dalbert)根据公正指向对象的不同,提出了指向他人的一般公正世界信念和指向自己的个人公正世界信念。一般公正世界信念指个体认为这个世界基本上是公正的,而个人公正世界信念指个体认为这个世界对待自己是公正的,并据此分别编制了一般公正世界信念量表与个人公正世界信念量表。一般公正世界信念量表合计6个题项,克隆巴赫α系数为0.68,个人公正世界信念量表合计7个题项,克隆巴赫α系数为0.82,两个量表均采用Likert 6点计分。[②]后续一系列研究证明,该量表的信效度指标良好,适合不同类型的群体测试。[③]

梅斯(Mase)等区分了内在公正和终极公正,前者指对已经发生过的事情的公正认知,后者指已经发生过的不公正在将来会得到纠正。梅斯据此开发了合计9个题项的测量工具,采用Likert 6点计分。其中5个题项测量个体的内在公正世界信念,克隆巴赫α系数为0.83;其余4个题项测量个体的终极公正世界信念,克隆巴赫α系数为0.86。[④]

马德拉克(Mudrack)在鲁宾和佩普劳编制的公正世界量表的基础上,开发了应得厄运和应得好运两个公正世界信念分量表。应得厄运信念聚焦于失败,反映了个体愤世嫉俗、攻击性和对他人的消极观点;应得好运信念聚焦于成功,给个体提供希望,通过这种信念机制,个体相信自身也会获得好运或是成功。该量表合计11个题项,其中应得厄运信念分量表包含5个题项,克隆巴赫α系数为0.70;应得好运信念分量表包含6个题项,克隆巴赫α系数为0.68。[⑤]

卢卡斯(Lucas)与亚历山大(Alexander)等人依据已有公正理论,提出了程序公正世界信念和结果公正世界信念。程序公正世界信念反映个体对决策过程是否公正的评价,

---

① Lipkus, I. “The construction and preliminary validation of a global belief in a just world scale and the explratory analysis of the multidimensional belief in a just world scale”, *Personality and Individual Differences*, vol. 12, no. 11 (1991), pp.1171-1178.

② Dalbert, C. “The world is more just for me than generally: About the personal belief in a just world scale's validity”, *Social Justice Research*, vol. 12, no. 2 (1999), pp.79-98.

③ 杜建政、祝振兵:《公正世界信念:概念、测量及研究热点》,《心理科学进展》2007年第2期,第373-378页,6页。

④ Maes, J., Schmitt, M. “More on ultimate and immanent justice: Results from the research project ‘justice as a problem within reunified Germany’”, *Social Justice Research*, vol. 12, no. 2 (1999), pp.65-78.

⑤ Mudrack, P. E. “An outcomes-based approach to just world beliefs”, *Personality and Individual Differences*, vol. 38, no. 4 (2005), pp.817-830.

结果公正世界信念反映个体对资源分配结果是否公正的评价。据此,他们编制了程序公正世界信念量表和结果公正世界信念量表。前者包含4个题项,克隆巴赫α系数为0.89,后者也包含4个题项,克隆巴赫α系数为0.88,并且两个分量表都有较好的会聚效度和区分效度。①

3.三维公正世界信念

2003年,弗海姆(Furnham)在系统梳理了过去十年关于公正世界信念的文献后指出,公正世界信念应当是多维度的,各种信念存在于不同的领域,换句话说,个体可能在某个领域内有公正世界信念,而在其他领域内则没有。在此基础上,他进一步将不同领域的公正世界信念归纳为三个维度,即个人维度、人际维度和社会—政治维度。②

2007年,杜建政等人以我国大学生群体为对象,基于鲁宾和佩普劳编制的公正世界量表,结合线下的访谈以及中国传统文化中关于公正世界的论述,对公正世界量表的通俗性和适当性进行了修订,形成了大学生公正世界信念量表。该量表合计19个题项,采用Likert 5点计分,由终极公正、内在不公正和内在公正三个维度构成。终极公正指的是人们认为世界上所有事情的结局终将是公正的;内在不公正指的是人们认为已经发生过的或现有的事情是不公正的;内在公正指的是人们认为已经发生的或现有的事情是公正的。总量表的克隆巴赫α系数为0.81,各维度的克隆巴赫α系数分别为0.78,0.67,0.64。③

(三)公正世界信念的重要意义

公正世界信念对个体适应周围环境具有重要意义。在这个问题上,达尔伯特做了较为细致的阐述。④

1.促使个体对不公正事件的合理化

在现实社会生活中遭遇到不公正事件,并且超出了自己所能纠正的范围时,个体会将不公正事件合理化,以此来维护自己的公正世界信念。即公正世界信念为个体提供了一个知觉框架,帮助个体以有意义的方式来解释生活中的不公正事件。个体通常会通过对受害者的内部归因来减少不公正事件所带来的负面感觉,如责备受害者,认为受害者

---

① Lucas, T., Alexander, S., & Firestone, I., et al. "Development and initial validation of a procedural and distributive just world measure", *Personality and Individual Differences*, vol. 43, no. 1 (2007), pp.71-82.

② Furnham, A. "Belief in a just world: research progress over the past decade", *Personality and Individual Differences*, vol. 34, no. 5 (2003), pp.795-817.

③ 杜建政、祝振兵、李兴坤:《大学生公正世界信念量表的初步编制》,《中国临床心理学杂志》2007第3期,第239-241页。

④ Dalbert, C. *Handbook of Individual Differences in Social Behavior.* New York: Guilford Publications, 2009, pp.288-297.

是"咎由自取",还会通过减少对不公正的感知,或者通过避免对不公正事件的过度关注,又或者采取遗忘等策略来维护自己的公正世界信念。

2.增加个体对公正的信任

高公正世界信念的个体更倾向于认为自己会受到周围人公正的对待,这种信念是他们应对复杂多变的社会环境的一种心理资源。他们认为,人们所得即应得,欺骗将会受到惩罚。高公正世界信念的个体往往危机感知更少,对终究会"得其所应得"信念的信任会鼓励他们为了未来的收获而在当下进行更多的投入,他们相信努力会得到公平的回报。

3.促成个体公正行为

公正世界信念使得个体相信如果以公正的方式对待他人,那么在将来自己也会受到他人公正的对待。所以公正世界信念越强,个体就越会约束自己的不公正意念并做出追求公正的行为,同时高公正世界信念的个体也更容易对社会生活事件做出公正的评价。此外,公正世界信念暗含的"个人契约"精神使得个体会为了长远目标和更好的结果而延迟自己当前需要的满足,甚至愿意投入更多的时间、精力和财力来换取"应得的"更好的结果。

二、公正世界信念的相关研究

(一)公正世界信念的形成发展

公正世界信念的形成发展与个体的道德发展联系密切。皮亚杰(Piaget)在讨论儿童道德发展时提到了内在公正概念,认为儿童常倾向于做出"犯错就会招致惩罚"这样的公正判断,也就是个体所得(无论好坏)都是其自身行为导致的。[①]不过受制于周围环境对个体道德发展的影响,个体可能会放弃这种信念。卡尼欧(Karniol)的研究证实儿童会把一些不幸看作应得的,认为儿童内在因果判断是青少年形成公正世界信念的基础。[②]然而,奥本海默(Oppenheimer)的研究表明个体的公正世界信念与其道德发展之间缺乏明显的关联性。[③]

勒纳认为在儿童早期,个体为了长远目标而形成了个人契约。其过程是:从满足自

---

① Piaget, J. *The Moral Judgment of the Child.* New York: Free Press, 1965.

② Karniol, R. "A conceptual analysis of immanent justice responses in children", *Child Development*, vol. 51, no. 1 (1980), pp.118-130.

③ Oppenheimer, L. "Justice and the belief in a just world: A developmental perspective", *Personality and Individual Differences*, vol. 38, no. 8 (2005), pp.1793-1803.

己的当前即时需要到为了获得更好的、更长远的结果而延迟自己当前需要的满足，并付出额外的努力。因为个体相信当前的延迟满足和努力投入在将来会得到应得的回报。① 这种个人契约只能在公正的世界中才能得以维持，所以个体如果想有效地控制所处环境，就必须发展出一种应得感。为了维持这种承诺，个体需要相信公正世界的存在。也就是说，出于个体发展和应对所处环境的需要，几乎所有的个体都会做出一种对自己现有结果是应得的承诺，并围绕应得的信念来组织生活。

随着公正世界信念的纵向研究逐渐增多，人们对个体公正世界信念的发展有了更加深入的认识。奥本海默采用个人公正世界信念量表和一般公正世界信念量表对青少年群体展开了调查，研究表明个体的公正世界信念与其道德发展之间缺乏明显的关联性。进一步考察了年龄增长与公正世界信念的关系发现，在13.0~17.1岁的年龄段里，个体的个人公正世界信念和一般公正世界信念得分都随着年龄的增长而逐渐减弱，且14岁以后，个体的个人公正世界信念得分要始终高于一般公正世界信念得分，但只有一般公正世界信念在年龄上存在显著性差异。②他在考察公正世界信念与个体社会知觉关系的一项纵向研究中，再一次验证了该结果，即在12~22岁的年龄段里，无论是一般公正世界信念还是个人公正世界信念，都随年龄的增长而减弱，个人公正世界信念在个体16岁的时候出现了突然的减弱，之后又呈现平稳趋势。不同的是，在该研究中一般公正世界信念和个人公正世界信念的年龄主效应都达到了显著性水平③，可能的原因是参与该研究的被试年龄跨度较大。对于公正世界信念在个体成长过程中所出现的这种变化，奥本海默认为个体在早期的成长中需要一个稳定有序的环境，较高的公正世界信念可以帮助个体适应复杂的环境。当这种稳定性和有序性不再被需要或受到质疑时，个体的公正世界信念就会减弱并被更高级的推理形式替代。

同时，青少年公正世界信念的发展变化也有可能受到身心发展特点的影响，一方面，青少年早期个体的智力、元认知和独立性等会随着年龄的增长而逐步提升，个体开始使用较高水平的认知策略来认识世界④；另一方面，进入青少年时期，个体开始具有反抗与

---

① Lerner, M. J. “The justice motive: Some hypotheses as to its origins and forms”, *Journal of Personality*, vol. 45, no. 1 (1977), pp.1-52.

② Oppenheimer, L. “Justice and the belief in a just world: A developmental perspective”, *Personality and Individual Differences*, vol. 38, no. 8 (2005), pp.1793-1803.

③ Oppenheimer, L. “The belief in a just world and subjective perceptions of society: A developmental perspective”, *Journal of Adolescence*, vol. 29, no. 4 (2006), pp.655-669.

④ 冯正直、张大均、范华泉：《中学生心理素质特点的初步研究》，《心理科学》2004年第4期，第890-895页。

依赖、闭锁与开放、高傲与自卑、勇敢与怯懦等心理特征[①]，多疑的特点使得个体不再被动地接受"所处环境就应该是这样"的既定事实，而是开始更加深入地思考形成某种环境的原因与可能性，对所处环境的认识也更加深刻。以上因素的结合可能是造成个体公正世界信念产生变化的重要原因。

（二）公正世界信念的影响因素

聚焦于公正世界信念的影响因素实证研究较少，研究者主要探讨了个体、家庭、学校与社会对公正世界信念形成和发展的影响。

1. 个体因素

沃尔弗拉德特（Wolfradt）等研究者考察了人格、价值导向和公正世界信念的关系，结果表明个体的一般公正世界信念同一致性导向（例如：有礼貌的、顺从的、自律的、尊敬父母的等）及安全价值导向（例如：国家安全、家庭安全、社会有序等）之间有着显著正相关[②]；与自我价值导向（例如：独立的、自由的等）呈现显著负相关。努德尔曼（Nudelman）的公正世界信念与大五人格关系的元分析研究表明，个体的一般公正世界信念与神经质呈现显著负相关，而与外倾性和宜人性之间呈现显著正相关。[③]

2. 家庭和学校因素

家庭和学校都是个体社会化的重要场所，两者的环境氛围对个体公正世界信念的形成发展有着重要影响。达尔伯特以德国青少年为研究对象，考察了个人公正世界信念同感知到的学校、家庭公正气氛之间的关系，结果表明个体对公正气氛的感知与公正世界信念之间相互影响；当个体认为自己得到了父母和老师的公正对待时，其个人公正世界信念就会增强；同时，个人公正世界信念又会反过来影响个体对特定领域是否公正的评价。[④]彼得（Peter）等研究者考察了学生对教师行为公正的感知与其公正世界信念之间的关系，结果表明两者呈显著正相关。[⑤]上述研究表明，无论是在家庭还是学校，是否受到公正对待都会对个体的公正世界信念产生重要影响。因此，个体在公正世界信念形成和

---

① 林崇德：《发展心理学》，浙江教育出版社2002年版。

② Wolfradt, U., Dalbert, C. "Personality, values and belief in a just world", *Personality and Individual Differences*, vol. 35, no. 8 (2003), pp.1911-1918.

③ Nudelman, G. "The belief in a just world and Personality: A meta-analysis", *Social Justice Research*, vol. 26, no. 2 (2013), pp.105-119.

④ Dalbert, C., Stoeber, J. "The personal belief in a just world and domain-specific beliefs about justice at school and in the family: A longitudinal study with adolescents", *International Journal of Behavioral Development*, vol. 30, no. 3 (2006), pp.200-207.

⑤ Peter, F., Dalbert, C. "Do my teachers treat me justly? Implications of students' justice experience for class climate experience", *Contemporary Educational Psychology*, vol. 35, no. 4 (2010), pp.297-305.

发展的过程中，会把在家庭和学校环境氛围中感知到的公正内化为自己的公正世界信念，并以此信念来指导自己在未来生活中对事物公正与否的判断。

3.社会文化因素

特定的社会文化氛围对个体的公正世界信念有着潜移默化的影响。奥本海默考察了个体对社会文化的主观感知同公正世界信念之间的关系，结果表明公正世界信念并不是一个社会文化中所固有的、稳定的，它在个体发展的不同年龄阶段，会被不断地建构和修正。[①]科雷亚、瓦拉和阿吉亚尔（Correia，Vala，Aguiar）考察了群体感知对公正世界信念的影响，结果发现当主试告知被试无辜受害者是吉卜赛人时，葡萄牙被试对与公正有关的色词的反应时和中性色词的反应时之间没有显著性差异；但是当主试告知被试无辜受害者是葡萄牙人时，被试色词的反应时差异达到了显著水平。这说明只有当被试把无辜受害者知觉为和自己同属一个群体时，个体内部与公正有关的心理结构才会被激活并产生影响。[②]阿吉亚尔等研究者所做的另一项研究同样证实了该结果，即只有当无辜受害者被知觉为和自己是同一群体时，不公正事件才会影响个体的公正世界信念。[③]

（三）公正世界信念的功能作用

1.公正世界信念与认知

前文提到，公正世界信念对个体适应周围环境有重要作用。公正世界信念可以被看作是主观上的一种认知偏见，对个体有重要的适应功能，因而个体会极力地去维护这种信念。弗海姆的研究表明个体的公正世界信念显著影响其对残疾人士的消极观点。[④]哈弗（Hafer）采用Stroop变式来研究无辜受害者是否会影响个体的公正世界信念，结果表明当个体的公正世界信念受到威胁时，个体会通过贬低受害者、拉远与受害者的心理距离等策略来维护自己的这种信念。[⑤]默里、史贝德佛和麦金托什（Murray，Spadafore，McIntosh）采用无意识启动范式证实了公正世界信念是自动激活的，并且会对个体的社会认知

---

① Oppenheimer, L. “The belief in a just world and subjective perceptions of society: A developmental perspective”, *Journal of Adolescence*, vol. 29, no. 4 (2006), pp.655-669.

② Correia, I., Vala, J., Aguiar, P. “Victim’s innocence, social categorization, and the threat to the belief in a just world”, *Journal of Experimental Social Psychology*, vol. 43, no. 1 (2007), pp.31-38.

③ Aguiar, P., Vala, J., & Correia, I., et al. “Justice in our world and in that of others: Belief in a just world and reactions to victims”, *Social Justice Research*, vol. 21, no. 1 (2008), pp.50-68.

④ Furnham, A. “The just world, charitable giving and attitudes to disability”, *Personality and Individual Differences*, vol. 19, no. 4 (1995), pp.577-583.

⑤ Hafer, C. L. “Do innocent victims threaten the belief in a just world? Evidence from a modified stroop task”, *Journal of Personality and Social Psychology*, vol. 79, no. 2 (2000), pp.165-173.

产生明显影响。[1]但是无辜受害者并不总是会影响个体的公正世界信念，即只有在特定条件下，个体的公正世界信念才会受到威胁。

2.公正世界信念与心理健康

在积极心理学运动背景下，研究者们开始关注公正世界信念对于个体心理健康的积极作用。奥托（Otto）等研究者发现，对于洪灾受害者所出现的压抑、焦虑，又或者是社会不安定感、攻击感、妄想思维等，个体的个人公正世界信念能够起到明显的缓解作用[2]，而谢晓非等在研究汶川地震受灾群体时还发现，个人公正世界信念的积极作用部分地受到不安定感和未来导向性的调节影响[3]。除了能够缓解个体消极情绪，公正世界信念与个体积极情绪之间也有着密切联系。例如，祖卡（Dzuka）等研究者发现个人公正世界信念强的个体会体验到更多的积极情绪以及更少的消极情绪。[4]达尔伯特的研究发现在个体情绪爆发的过程中，公正世界信念高的个体能更好地克制自己的愤怒情绪。[5]主观幸福感是衡量个体积极心理健康的一项重要指标。陈雨濛考察了社会性创伤对大学生主观幸福感的影响，发现个人公正世界信念与大学生主观幸福感显著正相关，并且能在社会性创伤与大学生主观幸福感的关系之间起到中介作用。[6]

三、亲社会行为概述

（一）亲社会行为的概念

亲社会行为泛指一切符合社会期望，对他人、群体及社会有益的行为[7]，它是个体人格结构中与外部环境有关的积极倾向和健康特质的重要反映，既包括亲社会行为习惯，也包括亲社会行为倾向[8]。在概念表述上，亲社会行为倾向主要侧重于认知、意向和态度；而亲社会行为习惯则侧重于实际的行为表现。

---

① Murray, J. D., Spadafore, J. A., McIntosh, W. D. "Belief in a just world and social perception: Evidence for automatic activation", *The Journal of Social Psychology*, vol. 145, no. 1 (2005), pp.35-47.

② Otto, K., Boos, A., & Dalbert, C., et al. "Posttraumatic symptoms, depression, and anxiety of flood victims: The impact of the belief in a just world", *Personality and Individual Differences*, vol. 40, no. 5 (2006), pp.1075-1084.

③ Xie, X. F., Liu, H. M., Gan Y. Q. "Belief in a Just World When Encountering the 5/12 Wenchuan Earthquake", *Environment and Behavior*, vol. 43, no. 4 (2011), pp.566-586.

④ Dzuka, J., Dalbert, C. "Aggression at school: Belief in a personal just world and well-being of victims and aggressors", *Studia Psychologica*, vol. 49, no. 4 (2007), pp.313-320.

⑤ Dalbert, C., Filke, E. "Belief in a just world, justice judgments, and their functions for prisoners", *Criminal Justice and Behavior*, vol. 34, no. 1 (2007), pp.1516-1527.

⑥ 陈雨濛：《社会性创伤何以影响大学生的主观幸福感——个人公正世界信念和人生意义感的中介作用》，《中国人民大学教育学刊》2021年第3期，第169-180页。

⑦ 杨莹、寇彧：《亲社会互动中的幸福感：自主性的作用》，《心理科学进展》2015年第7期，第1226-1235页。

⑧ 寇彧、张庆鹏：《青少年亲社会行为的概念表征研究》，《社会学研究》2006年第5期，第169-187页，245页。

(二)亲社会行为的理论

对于亲社会行为产生的原因,主要有以下三种观点。

1.社会交换论观点

持有社会交换论的研究者认为,人与人之间的相互作用本质上是个人试图尽可能获得最大利益,同时又尽可能少地付出代价的社会交换过程。人们在做出亲社会行为之前,往往要先对自己、他人以及背景环境做出评估,考虑助人行为能否给自己带来欢乐或减少痛苦;外在的实际奖励与个人内在的自我奖励都有积极的强化作用。即便是利他主义特征十分明显的行为(例如捐助路边的乞讨者等)也都具有社会交换的色彩,因为个体在拿出钱财的同时,也收获了尊重和赞誉。①

2.社会规范论观点

社会心理学家古尔德纳(Gouldner)认为,人类道德准则中最普遍的成分是交互性规范。具体而言,任何社会对人们的行为都有一个共同的期望,即人们应当帮助对自己有善意的人,而不是伤害他们。由于这一规范的存在及其在社会进程中对人类的长期影响,绝大多数人都形成了应当报答他人的善意和帮助的观念。为此,当他人帮助我们或者对我们抱有善意的时候,会在心理上激起我们回报的压力,驱使我们也以类似的方式回馈对方,表现出亲社会行为。这在一定程度上说明为什么有时候人们会拒绝他人的帮助,因为当人们担心自己没有能力回报他人时,就变得不愿意接受他人的帮助。②

3.社会生物学观点

社会生物学假设,助人行为是人的先天特性,它来源于我们的基因并且可以遗传。正如达尔文(Darwin)指出的那样,经过物竞天择、适者生存的自然选择过程,拥有利他天性的生物将有更多种族存留的机会,从而促使它们的种群在恶劣的丛林法则中保存下来。社会生物学家威尔逊(Wilson)指出,利他行为是动物的一种以自我牺牲换取其他个体与群体生存机会的本能。于是就形成了这样的一种观点,即利他主义是由人之本性中的基因决定的。③

以上三种观点分别从个体、群体和生物遗传学角度探讨了个体亲社会行为的成因,每种理论也都有相关的实证研究支持。因而在现实情境中探讨个体亲社会行为的成因时,需要构建多层次的交互作用模型,从多角度探讨影响个体亲社会行为的因素。

---

① Foa, E. B., Foa, U. G. *Resource Theory of Social Exchange.* In J. W. Thibaut, J. T. Spence, & R. C. Carson (Eds.). *Contemporary Topics in Social Psychology.* Morristown, NJ: General Learning Press, 1976.

② Gouldner, A. W. "The norm of reciprocity: A preliminary statement", *American Sociological Review,* vol. 25, no. 2 (1960), pp.161-178.

③ 迟毓凯:《人格与情境启动对亲社会行为的影响》,华东师范大学博士后研究工作报告,2005年。

(三)亲社会行为的测量

在以往研究中,研究者们多通过现场观察或问卷调查的形式来测量亲社会行为。近年来,采用实验法来测量个体内隐亲社会行为的研究有所增加。下面主要介绍三种常用的亲社会行为的测量方法。

1.现场观察

现场观察即在某些自然环境中观察某种特定的亲社会行为并对其发生频率等进行量化记录。心理学家拉塔内和达利(Latane,Darley)设计了一个研究个体亲社会行为的经典实验——旁观者紧急事件情境。实验前向被试隐瞒实验目的,仅告知让他们来参与一个与大学生活相关的话题讨论。研究者将被试安排在相互隔离的房间里,彼此之间通过一个内部联络系统进行交流。这样,他们就只能听见他人的声音而看不到他人的表现。这种装置每次仅允许一个学生发言,每位学生有两分钟的讲话时间,当一位学生发言结束后,下一位学生继续发言,依此循环。讨论开始后,被试会发现第一个发言的人声称"自己有时会犯癫痫病,尤其是在压力大的时候"。在下一轮再次轮到他发言时,刚说几句话,他的癫痫病就"发作"了。实验将被试实施帮助的百分比、被试对突发事件的反应时间以及提供帮助所花时间作为衡量亲社会行为的观测指标。①

德纳姆(Denham)则设计了另一个考察个体亲社会行为的现场观察实验。其采用的是一对一结构性现场研究的形式,儿童被单独暴露在一个事先设计好的相对自然的场景中,处于现场中的主试(一个成年女性)和同盟者(一个6岁的女性儿童)表露出各种能够引起个体亲社会行为的表情(例如同盟者因为没有两块饼干而露出悲伤的表情)。当主试将"好助手"的标签缝到儿童T恤上时,"不小心"用针扎到了自己的手指,同时观察每个个体所表现出的亲社会行为。评分采用的是整体评价的形式,从0~6分,0分表示对于需助行为的忽视,6分表示对于需助行为的积极帮助。接着,对于成年主试和儿童同盟者表露的每个情绪所引发的亲社会行为进行评分,最后再计算亲社会行为的总分。对于自由无操作场景的现场研究,德纳姆采用了焦点儿童左右扫描的技术,焦点儿童的情绪表露和目标儿童对其的反应被记录了下来,即当一个儿童表露出求助情绪时,该儿童被称为焦点儿童,同时任何听到或者看到焦点儿童情绪的被称为目标儿童。在这个过程中,每个儿童作为焦点儿童被观察的时间为37.5分钟,目标儿童的数量依赖于接近焦点儿童的其他儿童。德纳姆根据观察结果确定了情绪表露和对同伴情绪进行反应的分类标准,

① Latane, B., Darley, J. M. "Group inhibition of bystander intervention in emergencies", *Journal of Personality and Social Psychology*, vol. 10, no. 3 (1968), pp.215-221.

并将行为反应分为8个类别。①

2.问卷法

问卷法是通过自我报告、教师评定或同伴报告来判断儿童的亲社会行为。卡罗(Carlo)等提出了测量个体亲社会行为的多维测量工具,分别测量公开、匿名、利他、依从、情绪性和紧急六个方面。②寇彧等国内学者对该量表进行了修订,修订后的量表保留了卡罗所提出的六个维度;量表合计26个题项,采用Likert 5点计分,各维度的克隆巴赫α系数介于0.56~0.78。③

3.实验法

随着内隐态度研究的兴起,研究者们开始尝试使用内隐态度研究范式来考察个体的内隐亲社会行为,其中格林沃尔德(Greenwald)等人提出的内隐联想测验(Implicit association test,IAT)是一种较为成熟的实验范式。④鉴于本书中有多个章节的研究采用的是IAT实验范式,下面将详细介绍该实验范式。

内隐联想测验主要是为了测量个体对特定对象的评价。对象主要指特定的社会群体,评价主要指对特定对象的好恶评价和描述。在理论界定上,社会群体被定义为目标概念,评价被定义为属性概念。亲社会行为的内隐联想测验的理论基础是神经网络模型。该模型假定,信息被储存在一系列按照语义关系分层组织起来的神经联系的结点上,因而可以通过测量两个概念在神经网络中的距离来确定它们之间联系的紧密程度。个体在无意识层面越认同自己具有较高的亲社会性,那么与自我概念有关的词和具有亲社会性的概念之间的反应时就越短。内隐联想测验所用词汇分为目标概念词和属性概念词两类,属性概念词包含"亲社会性"和"非亲社会性"词汇;目标概念词包含"自我"和"非自我"词汇。实验中所用的词汇都要进行较为细致的筛选,首先借鉴其他研究所用的亲社会性词汇,然后根据自己的实验目的补充特定词汇,再请一定数量的被试对词汇进行评定,并在熟悉度、唤醒度和词频等方面进行平衡,目的是确保被试对同类型的不同词汇具有相同的基线反应时。

目前,不少研究都采用了内隐联想测验来考察个体的内隐利他行为,比如金戈用该

---

① Denham, S. A. "Social cognition, prosocial behavior, and emotion in preschoolers: Contextual validation", *Child Development*, vol. 57, no. 1 (1986), pp.194-201.

② Carlo, G., Randall, B. A. "The development of a measure of prosocial behaviors for late adolescents", *Journal of Youth & Adolescence*, vol. 31, no. 1 (2002), pp.31-44.

③ 寇彧、洪慧芳、谭晨、李磊:《青少年亲社会倾向量表的修订》,《心理发展与教育》2007年第1期,第112-117页。

④ Greenwald, A. G., McGhee, D. E., Schwartz, J. L. "Measuring individual differences in implicit cognition: The implicit association test", *Journal of Personality and Social Psychology*, vol. 74, no. 6 (1998), pp.1464-1480.

范式证实了内隐利他效应的存在，并且内隐利他和外显利他是各自独立的结构。[①]吴小琴同样采用该范式证明了大学生亲社会行为存在内隐性，内隐和外显亲社会行为存在分离效应。[②]

综上，考察个体亲社会行为的三种方法都具有各自的优缺点。观察法具有较高的生态效度，研究设计对真实情景的还原度较高，但是缺乏严格的变量控制，研究结果易受额外因素的影响。问卷法易于大规模测试，具有经济实惠、便利省时等优点，但难以应对被试的虚假作答。实验法可以对实验条件进行较为精确的控制，但实验结果的可推广性会受到较大限制，并且部分学者对于内隐测量的范式提出了一定的质疑。因此，在开展具体研究时，可根据自己的研究目的，选取合适的研究方法，也可采用多种方法相结合。

四、公正世界信念与亲社会行为的研究综述

（一）公正世界信念与亲社会行为的理论探讨

拥有公正世界信念的个体倾向于相信一个人的美好未来是其良好的行为和品格的回报。在现实生活中，为了在将来获得好的回报，公正世界信念强的个体会更多地表现出符合社会期望的认知与行为，用对他人的公正来换取他人或世界对自己的公正。亲社会行为的社会交换论指出具有利他主义特征的行为都具有社会交换的色彩。在这一点上，公正世界信念与亲社会行为相契合，即公正世界信念强的个体会表现出更多的亲社会行为，以使自己在将来得到应得的回报，而回报的方式可以是实物或荣誉，也可以是在需要的时候获得他人的帮助，这是本章研究的理论基础。

（二）公正世界信念与亲社会行为相关的实证研究

1. 公正世界信念与助人行为的关系研究

已有研究表明，当个体的公正世界信念受到威胁时，个体为了维护自己的公正世界信念，会采用利他方式来弥补受害者所受到的不公正。[③]但公正世界信念对个体助人行为的影响要受到其他因素的制约，比如比埃尔霍夫（Bierhoff）的研究表明，高公正世界信念个体对受害者的帮助受相应的社会惯例的调节影响，即当个体认为受害者是违反社会惯例或应当为自己的行为负责时，高公正世界信念的个体就较少地出现助人行为[④]；也有

---

① 金戈：《内隐利他与外显利他和道德判断的关系》，西北师范大学硕士学位论文，2009年。

② 吴小琴：《自尊、父母教养方式与大学生亲社会行为的关系研究》，陕西师范大学硕士学位论文，2009年。

③ Bègue, L., Charmoillaux, M., & Cochet, J., et al. “Altruistic behavior and the bidimensional just world belief”, *The American Journal of Psychology*, vol. 121, no. 1 (2008), pp.47-56.

④ Bierhoff, H. W. *The Just Motive in Everyday Life*. Cambridge: Cambridge University Press, 2002, pp.189-203.

研究认为，具有高公正世界信念的人之所以表现出助人行为，主要是受到积极心境的影响，即高公正世界信念个体通常具有更高的生活满意度，更少的压力及抑郁①。

然而，麦克莱恩和乔恩(McLean，Chown)的研究表明公正世界信念和个体的助人行为之间缺乏明显的关联性。在这个研究中，高公正世界信念的个体并不愿意提供自己的空闲房间给那些无家可归的人居住。②出现上述结果的可能解释是，高公正世界信念的个体会认为他人所遭受的困境是他们应得的。其他的一些研究也表明，公正世界信念与对穷人或是无辜受害者的贬低之间存在显著的相关。③

针对已有研究中公正世界信念与利他行为关系的不确定性，贝格(Bègue)等研究者引入助人行为的有效性这一变量来考察公正世界信念与助人行为的关系。结果表明当个体能够完全解决受害者的问题困扰，或者花费代价不大时，高公正世界信念有助于个体做出助人行为；当个体的行为并不能有效缓解受害者所遭遇的困境时，个体为了维护自身的公正世界信念，可能会采取贬低受害者的策略。④

2. 公正世界信念与人际信任、互惠、宽恕的关系研究

人际信任、互惠、宽恕等虽不属于直接的利他行为，但在一定程度上也带有一些亲社会性的色彩。回顾公正世界信念与这些变量的关系研究，可以为本章研究提供一定的参考。

公正世界信念与人际信任和互惠有显著的相关性。贝格的研究表明，人际信任同个人公正世界信念和一般公正世界信念呈显著正相关，同内在公正信念和终极公正世界信念的相关则不显著；回归分析的结果表明，关于他人的公正世界信念和坚定的宗教信念在预测人际信任时，大约能解释36%的变异，相对于个人公正世界信念，关于他人的公正世界信念能够更好地预测人际信任。⑤

埃德隆、塞格瑞恩和约翰逊(Edlund，Sagarin，Johnson)探究了公正世界信念与人际互

---

① Dzuka, J., Dalbert, C. "Mental health and personality of Slovak unemployed adolescents: About the beliefs in a just world's impact", *Journal of Applied Social Psychology*, vol. 32, no. 4 (2002), pp.732-757.

② MacLean, M. J., Chown, S. M. "Just world beliefs and attitudes towards helping elderly people: A comparison of British and Canadian university students", *The International Journal of Aging and Human Development*, vol. 26, no. 4 (1988), pp.249-260.

③ Bègue, L., Bastounis, M. "Two spheres of belief in justice: Extensive support for the bidimensional model of belief in a just world", *Journal of Personality*, vol. 71, no. 3 (2003), pp.435-463.

④ Bègue, L., Charmoillaux, M., & Cochet, J., et al. "Altruistic behavior and the bidimensional just world belief", *The American Journal of Psychology*, vol. 121, no. 1 (2008), pp.47-56.

⑤ Bègue, L. "Beliefs in justice and faith in people: Just world, religiosity and interpersonal trust", *Personality and individual Differences*, vol. 32, no. 3 (2002), pp.375-382.

惠的关系。研究结果表明，在主试的同盟者给予被试一个礼物（一杯水）的条件下，相对于弱公正世界信念的个体而言，强公正世界信念的个体会从同盟者那里购买更多的抽彩售货票，以此来回赠同盟者给予自己的恩惠。但在没有给予被试礼物的条件下，无论被试的公正世界信念是强是弱，其购买抽彩售货票的数量无显著差异。①

强公正世界信念使个体表现出更多的人际信任和互惠，更容易对他人做出宽恕，减少攻击性的归因偏见。斯特兰（Strelan）的研究表明，个人公正世界信念和对己对人的宽恕之间呈现显著正相关，即个体的个人公正世界信念越强，越容易对自己和他人做出宽恕；一般公正世界信念与对自己的宽恕之间呈现显著正相关，与对他人的宽恕无显著相关。进一步的研究表明，感恩和自尊对于不同维度的公正世界信念与宽恕之间的关系有着一定的调节作用。②在重新确定宽恕的维度后，斯特兰和萨顿（Strelan，Sutton）的另一项研究发现宽恕在抑制受害者做出逃避、复仇等消极反应的维度上与公正世界信念呈现显著相关。具体表现为关于自己的公正世界信念和个体减少的消极反应呈现显著相关，而关于他人的公正世界信念和个体增加的消极反应呈现显著相关。③卢卡斯和扬（Lucas，Young）等人应用新修订的公正世界信念量表，即关于自己和他人的程序公正和结果公正信念量表，来研究公正世界信念与宽恕的关系，结果表明关于自己的程序公正信念和结果公正信念与宽恕之间呈现显著正相关，关于他人的程序公正信念和结果公正信念与宽恕之间呈现显著负相关。对于自己和他人的程序公正信念和结果公正信念与宽恕之间的相异联系，冲动性思维和沉思性思维有着显著的调节作用。④贝格和马勒（Bègue，Muller）考察了公正世界信念对个体攻击性归因偏见的抑制作用，结果表明高公正世界信念个体比低公正世界信念个体更少出现攻击性反应。进一步分析表明个人公正世界信念要比一般公正世界信念更能减少个体的攻击性归因偏见。⑤

综上所述，一方面有必要将公正世界信念区分为一般公正世界信念和个人公正世界信念，这两种公正世界信念对个体有着不同的影响；另一方面，在解释公正世界信念对利

① Edlund, J. E., Sagarin, B. J., Johnson, B. S. “Reciprocity and the belief in a just world”, *Personality and Individual Differences*, vol. 43, no. 3 (2007), pp.589-596.

② Strelan, P. “The prosocial, adaptive qualities of just world beliefs: Implications for the relationship between justice and forgiveness”, *Personality and Individual Differences*, vol. 43, no. 4 (2007), pp.881-890.

③ Strelan, P., Sutton, R. M. “When just-world beliefs promote and when they inhibit forgiveness”, *Personality and Individual Differences*, vol. 50, no. 2 (2011), pp.163-168.

④ Lucas, T., Young, J. D., & Zhdanova, L., et al. “Self and other justice beliefs, impulsivity, rumination, and forgiveness: Justice beliefs can both prevent and promote forgiveness”, *Personality and Individual Differences*, vol. 49, no. 8 (2010), pp.851-856.

⑤ Bègue, L., Muller, D. “Belief in a just world as moderator of hostile attributional bias”, *British Journal of Social Psychology*, vol. 45, no. 1 (2006), pp.117-126.

他行为产生影响的原因时，既要考虑个体维护自身公正世界信念不受威胁的需要，也要重视公正世界信念本身所带有的社会交换的功能。

五、已有研究存在的不足

通过对已有研究的回顾和总结可以看出，国外关于公正世界信念的研究较为丰富，大多集中于探讨公正世界信念的功能，而国内关于公正世界信念的研究较少，其中探讨公正世界信念与亲社会行为关系的研究较为匮乏。本书综合比较了国内外关于公正世界信念及其与亲社会行为的关系的研究后发现，主要存在以下问题。

测量工具各异，难以对国内外研究进行比较分析。国外测量公正世界信念的问卷较为丰富，信效度也较好。虽然国内也有学者编制了不同版本的公正世界信念量表，但因为东西方文化背景的差异较大，使得现有研究结论难以同国外研究结果进行比较，无法揭示公正世界信念的跨文化差异。

实证研究和理论假说的契合有待加强。已有研究在讨论公正世界信念与亲社会行为的关系时，认为个体是出于维护自己的公正世界信念，才表现出亲社会行为，这种观点尽管有一定的合理性，但难以解释个体在一定情境下的其他亲社会行为，从而局限了公正世界信念的功能。

亟待借鉴新方法测量亲社会行为。已有国内外研究在考察公正世界信念与亲社会行为时，多采用问卷法或是现场观察法，前者容易受到社会赞许性的制约，难以真实反映被试的实际亲社会行为水平，后者则容易受到多种因素的干扰。随着内隐联想测验实验范式的成熟，可以将内隐联想测验引入亲社会行为的测量中，进而能够较好地控制无关变量的干扰，在一定程度上提升实验结果的有效性。

已有研究设计存在不足。现有考察公正世界信念与亲社会行为的关系的研究多是穿插在多个变量的研究设计中，并且公正世界信念与亲社会行为的测量时间不同步，使得在这一过程中个体的亲社会行为会受到众多因素的干扰，导致研究结果缺乏一致性。

在这里需要特别补充说明的是，亲社会行为既包括实际的亲社会行为表现，也包括亲社会性的行为倾向，而个体的行为主要受倾向性的制约。并且鉴于本研究主要采用问卷法和实验法，测量的主要是个体观念想法的倾向性，为了更契合研究实际，故在后续研究中，我们将用亲社会倾向的表述来代替亲社会行为。

综上，针对上述不足，本章研究拟做出如下改进：(1)针对测量工具的差异性，研究者试图翻译修订达尔伯特的公正世界信念量表。该量表由一般公正世界信念量表和个人公正世界信念量表两部分组成，在不同文化背景下都具有较高的信效度，即单一文化背景特征不明显。(2)对于已有研究观点的片面性，研究者试图从社会交换论的视角开展实证研究，弥补已有观点的不足。(3)针对已有研究方法的单一性，研究者拟采用问卷法与实验法相结合的方式，将内隐联想测验引入亲社会倾向的测量，并考察被试内隐和外显亲社会倾向的差异。(4)对于已有研究设计的弊端，研究者将尽量控制额外变量对研究结果所造成的影响。

六、研究设计

(一)研究目的

(1)以达尔伯特的公正世界信念量表为蓝本，修订适用于中国文化背景的大学生公正世界信念量表，便于后续国内外研究结果的比较分析。

(2)考察大学生公正世界信念与内隐和外显亲社会倾向之间的关系，进而探讨公正世界信念对个体亲社会倾向的影响。

(二)研究构想

本研究以大学生为被试，考察其公正世界信念与亲社会倾向的关系。(1)以达尔伯特的公正世界信念量表为基础，修订中国大学生公正世界信念量表，为后续研究奠定基础。(2)采用问卷法考察大学生公正世界信念与亲社会倾向的关系。(3)采用内隐联想测验法揭示大学生公正世界信念与内隐、外显亲社会倾向的联系与区别。

第二节 大学生公正世界信念量表的修订

一、研究目的

本研究以达尔伯特编制的公正世界信念量表为基础，以中国在校大学生为研究对象，旨在修订适用于中国大学生的公正世界信念量表。

二、研究方法

(一)被试

样本1:以重庆市某高校的在校大学生为被试,采用随机抽样的方法,对翻译后的达尔伯特公正世界信念量表进行预测验。共发放问卷320份,收回有效问卷306份;问卷有效率95.63%。其中男生134人,女生172人。

样本2:在我国东部、中部和西部地区选取7所本科院校,采用整群随机抽样的方法,对修订后的达尔伯特公正世界信念量表进行正式测验。共发放问卷930份,收回有效问卷897份,问卷有效率96.45%。其中东部地区276人,中部地区387人,西部地区234人;男生319人,女生578人;文科类525人,理科类318人,艺体类54人。

(二)工具

本研究以达尔伯特编制的公正世界信念量表为蓝本。该量表由一般公正世界信念分量表和个人公正世界信念量表两个部分组成,合计13个题项,均采用Likert 6点计分,无反向计分题。被试得分越高,表明其公正世界信念越强。研究表明,该量表的信效度指标良好。①

(三)程序

本研究先对达尔伯特编制的公正世界信念量表进行翻译。在翻译过程中,本研究遵循以下基本原则:(1)准确翻译;(2)符合中文的表达习惯;(3)修改不符合我国文化背景的题项。

具体实施步骤如下:首先,经原量表编制者达尔伯特授权,由外语学专业研究生对英文原量表进行翻译;接着,由文学专业研究生核对翻译后的题项是否符合汉语的表达习惯;再由心理学专业研究生讨论并修改不符合我国文化背景的题项;最后,由心理学研究生和外语专业的教授进行最后的审查。

量表施测分为预测验和正式测验两个步骤,均采用纸笔测验的形式,主试为经过培训的心理学专业研究生,在施测前会宣读指导语,确保被试按要求完成施测。

(四)统计分析

本研究使用SPSS和AMOS统计软件进行数据的整理和分析,主要包括描述性统计、因素分析及相关分析等。

---

① 杜建政、祝振兵:《公正世界信念:概念、测量及研究热点》,《心理科学进展》2007年第2期,第373-378页,6页。

三、研究结果

(一)预测验

预测验的主要目的是对翻译后的量表进行项目分析,包括检验量表的区分度以及计算每个题项分数与测验总分之间的相关。

量表的区分度检验中,将测验总分从高到低排列,选取得分最高的前27%的学生作为高分组,得分最低的后27%的学生作为低分组。其中,高分组被试83人,得分在58~78分;低分组被试87人,得分在25~45分。对每个题项进行平均数差异的显著性检验,结果表明,所有题项的平均数差异均达到显著性水平(见表2.1)。

表2.1　公正世界信念量表的区分度检验($M±SD$)

题项	高分组	低分组	t
1	4.80±0.81	2.57±1.25	13.73**
2	4.63±0.93	2.82±1.03	12.00**
3	4.80±0.93	2.93±1.12	11.77**
4	4.80±0.95	3.05±1.09	11.16**
5	4.70±1.12	2.71±1.04	11.95**
6	4.90±0.82	3.56±1.16	8.67**
7	4.80±0.84	3.26±1.22	9.52**
8	4.89±0.49	3.29±1.04	12.70**
9	4.96±0.67	3.25±0.96	13.46**
10	4.86±0.65	2.92±0.98	15.14**
11	4.60±0.98	2.79±0.93	12.39**
12	5.04±0.61	3.16±0.93	15.49**
13	4.95±0.80	3.45±1.08	10.33**

注:**$p<0.01$。

接着,计算每个题项分数与测验总分之间的相关。结果表明,各题项分数与测验总分之间的相关均显著(见表2.2)。

表2.2　公正世界信念量表各题项与总分的相关分析

题项	相关系数	题项	相关系数
1	0.68**	8	0.68**
2	0.68**	9	0.69**
3	0.61**	10	0.69**
4	0.63**	11	0.67**
5	0.68**	12	0.71**
6	0.56**	13	0.65**
7	0.60**		

注:**$p<0.01$。

(二)正式测验

正式测验的主要目的是对修订后的量表进行因素分析和信效度检验。其中,因素分析包括探索性因素分析、验证性因素分析;信度检验采用内部一致性信度和重测信度,效度检验采用效标关联效度。

探索性因素分析采用主成分分析法抽取因子。本研究中,抽样适合性检验选用凯撒、梅耶和欧金(Kaiser,Meyer,Olkin)提出的KMO检验,检验统计量为0.91。同时,巴特利特(Bartlett)球形检验的χ^2=3439.30(df = 78,p<0.001),满足因素分析的基本条件。采用最大变异法转轴,结合陡坡图,抽取特征值大于1的公共因子,共抽取出2个因子。结果表明,量表题项的维度分布较为符合理论预期。其中因素一包括题项1、2、3、4、5、6,将其命名为"一般公正世界信念";因素二包括题项7、8、9、10、11、12、13,将其命名为"个人公正世界信念"。两因素的总解释率为52.20%(见表2.3)。

表2.3　公正世界信念量表各题项的因子载荷

题项	因素一	因素二
1.我认为这个世界基本上是公正的	0.59	
2.在很大程度上,我相信人们得到了他们应得的	0.61	
3.我确信公正总是可以战胜不公正	0.75	
4.从长远来说,我相信遭受不公正的人将会得到补偿	0.76	
5.我坚信在生活的各个领域(包括职业、家庭、政治等方面)里,不公正是偶然的,而不是必然	0.59	
6.我认为人们在做重大决定时会力求公正	0.56	
7.在很大程度上,我相信在我身上发生的事都是我应得的		0.62
8.我通常受到了公正的对待		0.79
9.我相信我通常得到了我所应得的		0.79
10.总的来说,在我生活中发生的事是公正的		0.71
11.在我生活中发生的不公正事件是偶然的,而不是必然的		0.57
12.我相信在我生活中发生的大部分事情是公正的		0.60
13.我认为凡是涉及我所做的重大决定通常是公正的		0.60
特征值	3.10	3.69
贡献率	23.84%	28.36%

验证性因素分析采用结构方程模型验证,结果表明,量表各项拟合指标均符合心理测量学要求(见表2.4),即修订后的量表模型拟合较好。

表2.4　公正世界信念量表的验证性因素分析

指标	χ^2/df	GFI	CFI	TLI	IFI	NFI	RFI	RMSEA
拟合指数	2.85	0.98	0.98	0.98	0.98	0.97	0.96	0.08

量表的信度检验采用内部一致性信度和重测信度。在正式测验中，量表总体的内部一致性信度为0.89，一般公正世界信念和个人公正世界信念维度的内部一致性信度分别为0.79和0.85。对部分被试两周后展开重测，得到公正世界信念总量表的重测信度为0.88（$p<0.01$），一般公正世界信念和个人公正世界信念维度的重测信度分别为0.86（$p<0.01$）和0.74（$p<0.01$）。

量表的效度检验采用效标关联效度。以杜建政等人编制的大学生公正世界信念量表作为效标，两者总分的相关系数为0.43（$p<0.01$），一般公正世界信念和个人公正世界信念与校标的相关系数分别为0.37（$p<0.01$）和0.40（$p<0.01$），具有中等程度相关。综上，修订后的大学生公正世界信念量表的信效度指标良好。

四、小结

本研究对达尔伯特的公正世界信念量表展开了修订，形成了适用于中国大学生的公正世界信念量表。大学生公正世界信念量表合计13个题项，由一般公正世界信念和个人公正世界信念两个维度构成，前者包含6个题项，后者包含7个题项，即没有对达尔伯特的原始量表题项数量进行删减。量表采用Likert 6点计分方式，总分越高，表明大学生公正世界信念越强。

具体来看，本研究首先对达尔伯特的公正世界信念量表进行了翻译，经过反复讨论后形成了13个项目的预测验量表。预测验对量表进行了项目分析，结果表明，所有题项的平均数差异均达到显著性水平，并且各题项分数与测验总分之间的相关均显著。

正式测验结果表明，修订后的大学生公正世界信念量表的探索性因素分析和验证性因素分析结果均达到良好水平，内部一致性信度、重测信度以及效标关联效度指标良好，表明修订后的大学生公正世界信念量表符合心理测量学的标准。

本研究对国外较为成熟且应用较为广泛的公正世界信念量表进行了修订，避免了直接应用国外量表带来的文化适应性问题，同时也便于将国内所做的研究同国外已有的研究结果进行比较，为更加深入研究中国大学生的公正世界信念提供了科学有效的测评工具。

第三节 大学生公正世界信念与亲社会倾向的关系

一、大学生公正世界信念与外显亲社会倾向的关系

(一)研究目的

本研究旨在考察大学生公正世界信念与外显亲社会倾向之间的关系。

(二)研究方法

1.被试

在西部两所高校采用随机抽样的方法,共发放问卷400份,收回有效问卷384份,问卷有效率96%。其中男生134人,女生250人;城镇147人,农村237人;大一117人,大二153人,大三114人;被试的平均年龄为20.84岁(SD=1.21)。

2.工具

(1)公正世界信念量表:采用本章第二节修订的大学生公正世界信念量表。该量表合计13个题项,由一般公正世界信念和个人公正世界信念两个维度构成;采用Likert 6点计分方式,总分越高,表明大学生公正世界信念越强。本研究中,量表整体和分维度的克隆巴赫α系数分别为0.88,0.78和0.83。

(2)亲社会倾向量表:采用寇彧等人修订的亲社会倾向量表,合计26个题项,采用Likert 5点计分方式。[①]量表由公开倾向、匿名倾向、利他倾向、依从倾向、情绪倾向和紧急倾向6个维度构成。本研究中,量表整体和6个分维度的克隆巴赫α系数分别为0.84,0.79,0.79,0.74,0.79,0.41和0.63。

3.统计分析

本研究使用SPSS统计软件进行数据的整理和分析,主要包括描述性统计、平均数差异的显著性检验、相关分析和回归分析等。

(三)研究结果

1.大学生公正世界信念本身及其在性别、家庭居住地和年级上的差异

平均数差异的显著性检验结果表明,大学生的一般公正世界信念(3.99±0.80)与个人公正世界信念(3.98±0.75)的差异不显著(p>0.05)。且无论是一般公正世界信念还是个人公正世界信念,在性别和家庭居住地上均无显著性差异。而一般公正世界信念和个人

① 寇彧、洪慧芳、谭晨、李磊:《青少年亲社会倾向量表的修订》,《心理发展与教育》2007年第1期,第112-117页。

公正世界信念在年级上的差异显著；进一步多重比较发现，在一般公正世界信念和个人公正世界信念上，大二学生的得分均显著高于大三学生（见表2.5）。

表2.5　大学生公正世界信念在性别、家庭居住地和年级上的差异（$M \pm SD$）

变量	性别		t	生源地		t	年级			F
	男	女		城镇	农村		大一	大二	大三	
一般公正世界信念	3.95±0.87	4.11±0.76	−0.68	4.00±0.84	3.98±0.77	0.19	4.02±0.77	4.09±0.80	3.82±0.80	3.90*
个人公正世界信念	4.04±0.75	3.95±0.74	1.16	4.01±0.72	3.97±0.76	0.51	3.97±0.68	4.09±0.74	3.86±0.80	3.05*

注：$^{*}p < 0.05$，$^{**}p < 0.01$。

2. 大学生公正世界信念与亲社会倾向的相关分析

相关分析表明，无论是一般公正世界信念还是个人公正世界信念，都与亲社会倾向整体及其分维度之间呈现出显著的正相关（见表2.6）。

表2.6　大学生公正世界信念和亲社会倾向的相关分析

	1	2	3	4	5	6	7	8	9
1 公正世界信念	–								
2 一般公正世界信念	0.89**	–							
3 个人公正世界信念	0.91**	0.63**	–						
4 亲社会倾向	0.28**	0.25**	0.24**	–					
5 公开倾向	0.13*	0.11*	0.12*	0.51**	–				
6 匿名倾向	0.19**	0.18**	0.17**	0.69**	0.24**	–			
7 利他倾向	0.15**	0.12*	0.15**	0.68**	0.03	0.56**	–		
8 依从倾向	0.19**	0.17**	0.18**	0.74**	0.25**	0.36**	0.50**	–	
9 情绪倾向	0.21**	0.20**	0.17**	0.68**	0.26**	0.22**	0.27**	0.40**	–
10 紧急倾向	0.15**	0.14**	0.13*	0.71**	0.22**	0.48**	0.59**	0.50**	0.34**

注：$^{*}p < 0.05$，$^{**}p < 0.01$。

3. 大学生亲社会倾向的公正世界信念分组效应比较

按大学生在公正世界信念量表上的得分从高到低排列，选取得分最高的前27%的学生作为高分组，得分最低的后27%的学生作为低分组。其中，高分组被试104人，得分在58～71分；低分组被试104人，得分在25～46分；剩下的176名被试作为公正世界信念中间组，得分在47～57分。

对不同组别的大学生亲社会倾向进行平均数差异的显著性检验，结果表明，除公开倾向维度外，大学生亲社会倾向及其分维度的公正世界信念分组效应显著，且高、中、低不同公正世界信念组被试在亲社会倾向及其分维度上的得分呈现出从高到低逐渐降低的趋势，即在亲社会倾向上，高分组得分要显著高于中间组（$p<0.05$），中间组得分要显著高于低分组（$p<0.05$）。具体从亲社会倾向各维度来看，在匿名倾向上，高分组得分显著高于中间组和低分组（$p<0.05$，$p<0.01$）；在利他倾向上，高分组得分要显著高于低分组（$p<0.05$）；在依从倾向上，高分组得分显著高于中间组和低分组（$p<0.01$，$p<0.01$）；在情绪倾向上，低分组得分显著低于高分组和中间组（$p<0.01$，$p<0.05$）；在紧急倾向上，高分组得分要显著高于低分组（$p<0.01$）（见表2.7）。

表2.7　高、中、低公正世界信念大学生的亲社会倾向比较（$M\pm SD$）

	高分组	中间组	低分组	F
亲社会倾向	3.73±0.44	3.57±0.41	3.44±0.43	12.41**
公开倾向	3.08±0.63	2.98±0.74	2.91±0.65	1.55
匿名倾向	3.70±0.58	3.51±0.63	3.38±0.62	7.01**
利他倾向	3.96±0.57	3.84±0.56	3.71±0.63	4.80**
依从倾向	3.85±0.54	3.64±0.56	3.59±0.64	5.88**
情绪倾向	3.88±1.23	3.69±0.53	3.44±0.59	8.00**
紧急倾向	3.91±0.60	3.81±0.55	3.70±0.65	3.47*

注：*$p<0.05$，**$p<0.01$。

4.大学生公正世界信念对亲社会倾向的回归分析

以大学生的亲社会倾向为因变量，将人口统计学变量中的性别、家庭居住地和年级作为第一层自变量，将一般公正世界信念和个人公正世界信念作为第二层自变量进行分层回归分析。结果表明，性别、家庭居住地、年级和个人公正世界信念没有进入回归方程，只有一般公正世界信念进入了回归方程，且能显著预测大学生的亲社会倾向（$\beta=0.18$，$p<0.01$）。

（四）讨论

本研究中，大学生一般公正世界信念和个人公正世界信念之间的差异不显著。一方面，大学生的认知能力与思维能力趋于成熟，受到多元思想文化的影响，开始关注个体权利、自由和公正的实现，意识到个体理应受到公平的待遇。另一方面，中国文化背景下的集体主义氛围浓厚，个人需求在一定程度上又必须服从于社会及集体的需要，这使得大学生在追求个人公正的同时，也较为重视社会与集体的稳定和谐，希冀于社会的公平和公正。而国外的研究表明个体的个人公正世界信念要显著高于一般公正世界信念。[①]这

① Correia, I., Dalbert, C. "Belief in a just world, justice concerns, and well-being at Portuguese schools", *European Journal of Psychology of Education*, vol. 22, no. 4 (2007), pp.421-437.

主要是由于西方文化背景下的个体倾向于个人主义原则，更关注自身的公正能否得到实现。因此，个体的一般公正世界信念和个人公正世界信念之间的差异主要是不同文化背景导致的。

本研究发现，无论是个人公正世界信念还是一般公正世界信念，都不存在显著的性别和家庭居住地差异，这与已有研究结论一致。[1]而公正世界信念在年级上的差异主要表现为大三学生的得分显著较低，可能的原因是大三年级的学生已基本完成了主要的学习任务，即将面临就业或是升学等未来选择，不得不开始面对激烈的社会竞争。这个阶段会使学生们更多地去思考前途与命运问题，例如自己在求职或是升学中能否被公平地对待等，进而导致大学生的公正世界信念受到影响。

在探究大学生公正世界信念与外显亲社会倾向的关系过程中，本研究发现，一般公正世界信念和个人公正世界信念都与利他倾向之间呈现出显著的正相关，与以往的研究结果相一致[2]，证实了已有研究中公正世界信念和无个人意图的利他倾向之间的关系。此外，一般公正世界信念和个人公正世界信念都分别与公开倾向、依从倾向、情绪倾向和紧急倾向之间呈现出显著的正相关，这说明公正世界信念与其他具有个人意图的亲社会倾向同样具有一定的联系。即在应他人要求、公开场合、情绪唤醒和发生紧急事件的情况下，公正世界信念强的大学生，其亲社会倾向更高，更有可能做出亲社会行为。原因是较强的公正世界信念使得大学生认为现在的投入在将来会得到应得的回报。这种强烈的类似于“个人契约”式的信念会促使大学生表现出更多的亲社会行为，以图在未来获得一定的回报。

公正世界信念在亲社会倾向上的分组效应研究表明，总体而言，高、中、低不同公正世界信念组被试在亲社会倾向及其分维度上的得分呈现出从高到低逐渐降低的趋势。即公正世界信念越强，大学生的亲社会倾向也越明显。而如果大学生的公正世界信念较弱，即认为这个世界是不公正的或认为世界对待自己是不公正的，则大学生的亲社会倾向相对较弱。该研究结果也符合公正世界信念的理论预期，即公正世界信念强的人可能认为自身好的行为和品质在将来会得到应得的回报，因而可能表现出更多的亲社会行为；公正世界信念弱的大学生则认为这个世界是不公正的，好人往往没有好报，即使自己表现出亲社会行为，也不会在将来得到好的应得的回报，因而做出亲社会行为的概率就比较小。

---

① Dalbert, C. *Belief in a Just World.*In Leary, M.R.,Hoyle, R.H.(Eds)*Handbook of Individual Differences in Social Behavior.* NewYork: Guilford Publications, 2009, pp.288-297.

② Bègue, L., Charmoillaux, M., & Cochet J, et al. “Altruistic behavior and the bidimensional just world belief”, *The American Journal of Psychology,* vol. 121, no. 1 (2008), pp.47-56.

贝格等人的研究表明关于自己的公正世界信念和利他行为之间有着显著的正相关，而关于他人的公正世界信念和利他行为之间呈现出显著的负相关。①而本研究发现关于自己的个人公正世界信念和关于他人的一般公正世界信念都与亲社会倾向之间呈现出显著的正相关；且进一步的回归分析表明，在控制了性别、家庭居住地等因素后，相对于个人公正世界信念，一般公正世界信念对亲社会倾向有着更显著的正向预测作用。可能的原因是两个研究中的被试所处的文化背景不同，西方社会更强调个人主义，崇尚个人能力的强大，关于他人公正世界信念强的个体会认为受害者能力不够，受害者所遭受的是他们应得的，因而表现出较少的利他行为。而中国是一个集体主义占主导的国家，强调"穷则独善其身，达则兼善天下""不患寡而患不均"，并且中国传统文化中还强调"好人"思想，包括对人真诚、宽容、关心他人等。②在这种文化背景下成长的大学生，对集体和他人有着较为强烈的认同感，从而在关心自身的同时，更关注社会是否公平。对于一些遭遇不公的陌生人，大学生更容易产生同情并试图去帮助那些遭受不公正对待的人，因而一般公正世界信念对大学生的亲社会倾向有着更明显的预测作用。

二、大学生公正世界信念与内隐亲社会倾向的关系

（一）研究目的

本研究旨在考察大学生公正世界信念和内隐亲社会倾向的关系，同时揭示大学生公正世界信念与外显和内隐亲社会倾向之间的关系差异。

（二）研究方法

1.被试

研究者在西部一所高校采用随机抽样的方法，共发放问卷400份，收回有效问卷386份，问卷有效率96.5%。计算每名大学生在量表上的得分，并以此为依据筛选被试。为突出公正世界信念的分组效应，将测验总分从高到低排列，选取得分最高的前10%的学生作为高分组，得分最低的后10%的学生作为低分组。综合考虑被试的实验参与意愿，最终筛选出65名大学生参与本次实验。其中，高分组被试33人，得分在62～78分；低分组被试32人，得分在19～42分。所有被试均为右利手，平均年龄为20.53岁（*SD*=1.50）。

---

① Bègue, L., Charmoillaux, M., & Cochet J, et al. "Altruistic behavior and the bidimensional just world belief", *The American Journal of Psychology*, vol. 121, no. 1 (2008), pp.47-56.

② 甘怡群、王纯、胡潇潇：《中国人的核心自我评价的理论构想》，《心理科学进展》2007年第2期，第217-223页。

2.实验材料

本研究所需实验材料由30个词汇构成，分为目标概念词和属性概念词两类。其中，属性概念词包括“亲社会”和“非亲社会”词汇各10个形容词；目标概念词包括“自我”与“他人”词汇各5个代词。目标概念词的筛选参照以往内隐联想测验范式中所用的目标概念词，所得的描述“自我”的目标概念词汇为：自己、自我、我们、我的、咱们；描述“他人”的目标概念词汇为：他们、别人、外人、他人、他们。属性概念词的筛选参照以往研究中与社会态度倾向有关的词汇制定出亲社会词汇和非亲社会词汇评定量表(见附录2)，其中亲社会词汇和非亲社会词汇各24个。接着由20名不参与实验的个体对所选词汇进行评级，在评级前对个体进行培训，确保个体能够切实理解“亲社会”的含义。评分者对所选词汇进行评分需遵循两项评分标准：(1)所选词汇与“亲社会”和“非亲社会”的相关程度，采用7点评分(1=毫无关系，2=基本无关，3=不太相关，4=说不清，5=有点关系，6=比较相关，7=非常相关)；(2)所选词汇表达内容的情感色彩强烈程度，采用7点评分(1=非常弱，2=比较弱，3=有点弱，4=不确定，5=有点强烈，6=比较强烈，7=非常强烈)。根据评分结果，在控制相关变量和情感强度的情况下，筛选出“亲社会”和“非亲社会”词汇各10个。其中10个亲社会词汇分别为：关爱、支持、奉献、帮助、保护、抚慰、合作、分享、谦让、同情；10个非亲社会词汇分别为：冷漠、拒绝、攻击、蔑视、辱骂、欺骗、排斥、指责、孤立、欺辱。

3.实验程序

(1)实验设计。

本研究采用行为实验方式，实验设计为2×2的混合设计，包含两个自变量和一个因变量。

自变量1：公正世界信念不同的大学生被试，此变量为被试间变量。分两个水平，一是公正世界信念高分组；二是公正世界信念低分组。

自变量2：不同的实验操作条件，此变量为被试内变量。一是“目标—属性”相容条件；二是“目标—属性”不相容条件。

因变量：“目标—属性”相容条件下和“目标—属性”不相容条件下的反应时。

(2)实验程序。

实验程序采用格林沃尔德七步范式(见表2.8)。首先，被试阅读计算机屏幕上的指导语，明白实验要求后点击“开始”。每个步骤开始前都有对本阶段任务的描述和指导语，且在每一部分的实验中，屏幕的左上方和右上方都会出现类别标签。第一部分要求被试对亲社会词汇和非亲社会词汇进行归类。计算机将亲社会词汇和非亲社会词汇随机排列，逐一呈现在屏幕上。若出现亲社会词汇，要求被试按“E”键；若出现非亲社会词汇，要求被试按“I”键。被试做出按键反应后，计算机自动记录反应时，同时屏幕上会出现新的词汇。第二部分要求对自我词汇和他人词汇进行归类。计算机将自我词汇和他人词汇随机排列，逐一呈现在屏幕上。若出现自我词汇，要求被试按“E”键；若出现他人词汇，要求被试按“I”键。被试做出按键反应后，计算机自动记录反应时，同时屏幕上会出现新的词汇。第三部分对亲社会词汇与非亲社会词汇和自我词汇与他人词汇进行联合归类。计算机将亲社会词汇、非亲社会词汇、自我词汇、他人词汇随机排列，逐一呈现在屏幕上。若出现自我词汇或亲社会词汇，要求被试按“E”键；若出现他人词汇或非亲社会词汇，要求被试按“I”键。被试做出按键反应后，计算机自动记录反应时，同时屏幕上会出现新的词汇。第四部分重复第三部分的内容。第五部分与第二部分基本相同，但反应键与第一部分相反，自我词汇按“I”键，他人词汇按“E”键。第六部分也是对自我词汇、他人词汇、亲社会词汇、非亲社会词汇进行联合归类，但要求被试对他人词汇和亲社会词汇按“E”键，对自我词汇和非亲社会词汇按“I”键。第七部分重复第六部分的内容。特别指出的是，第三部分和第六部分是第四部分和第七部分的练习，第一、二、五部分既是反应方式的练习，也能够激活目标词与属性词之间的联系，第四部分和第七部分提供了相容与不相容归类任务条件下的反应时，而计算内隐亲社会倾向时所用的反应时数据就来自第四部分和第七部分。被试完成内隐联想测验后，填写外显亲社会倾向量表，整个实验结束。

表 2.8　内隐联想测验实验程序

实验程序	任务描述	标签	呈现内容
1	初始属性概念辨别	亲社会—非亲社会	亲社会或非亲社会词汇
2	联想目标概念辨别	自我—他人	自我或他人词汇
3	初识联想任务(练习)	自我—亲社会，他人—非亲社会	所有词汇
4	初识联想任务(正式)	自我—亲社会，他人—非亲社会	所有词汇
5	相反目标概念辨别	他人—自我	自我或他人词汇
6	相反联想任务(练习)	他人—亲社会，自我—非亲社会	所有词汇
7	相反联想任务(正式)	自我—亲社会，他人—非亲社会	所有词汇

4.统计分析

本研究使用SPSS统计软件进行数据的整理和分析。

在数据整理部分，当被试反应时大于3000毫秒时以3000毫秒计算，小于300毫秒时以300毫秒计算，反应错误率超过20%的被试予以剔除。筛选后所得的有效数据中，高分组被试30人，其中男生8人，女生22人；低分组被试30人，其中男生16人，女生14人。为使实验数据便于进一步的统计分析，对实验中采用的反应时做对数转换，以转换后的结果为基础，对不相容和相容部分的反应时分别求平均，其差值作为内隐亲社会倾向的指标。

（三）研究结果

1.高、低公正世界信念组大学生的内隐亲社会倾向情况

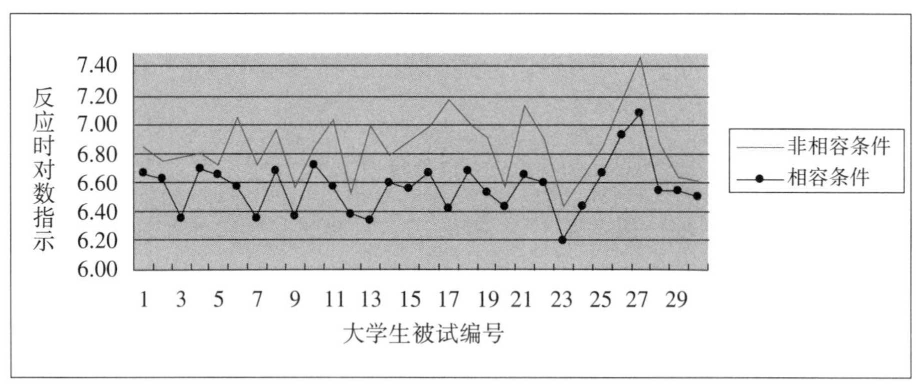

图2.1　高公正世界信念组大学生相容和非相容条件下反应时对数比较

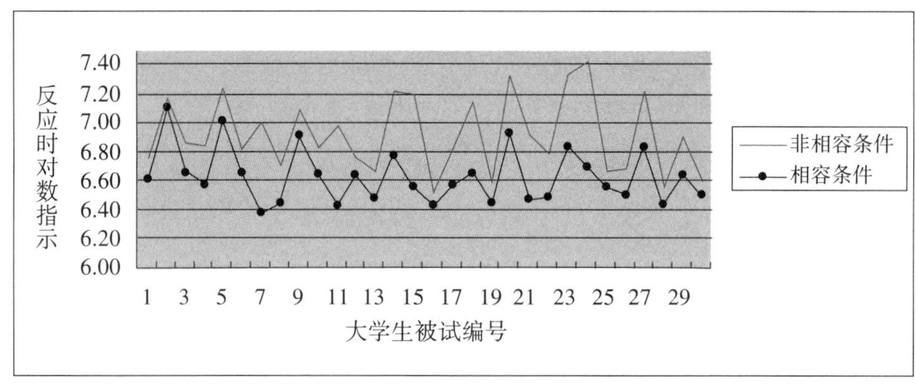

图2.2　低公正世界信念组大学生相容和非相容条件下反应时对数比较

结果表明，无论是高公正世界信念组大学生还是低公正世界信念组大学生，非相容条件下的反应时都要高于相容条件下的反应时（见图2.1和图2.2）。平均数差异的显著性检验的结果表明，无论是高分组被试还是低分组被试，在相容条件和非相容条件下的反应时差异均达到显著性水平。因此，无论公正世界信念的高低，大学生都具有内隐亲社会倾向。

2.高、低公正世界信念组大学生内隐和外显亲社会倾向的相关分析

相关分析的结果表明，对于高公正世界信念组大学生而言，内隐和外显亲社会倾向的相关为0.06（$p>0.05$）；对于低公正世界信念组大学生而言，内隐和外显亲社会倾向的相关为-0.08（$p>0.05$）。因此，无论公正世界信念是高是低，大学生的内隐亲社会倾向和外显亲社会倾向之间均无显著相关。

3.高、低公正世界信念组大学生内隐和外显亲社会倾向的差异

本研究分别比较了高、低公正世界信念组大学生在内隐和外显亲社会倾向上的差异，结果表明，高、低公正世界信念组大学生在内隐亲社会倾向反应时上的差异不显著，且公正世界信念和内隐亲社会倾向的相关为-0.04($p>0.05$)（见表2.9）。在外显亲社会倾向上，除公开、依从和情绪倾向外，高、低公正世界信念组大学生在外显亲社会倾向及其分维度匿名、利他和紧急倾向上的得分差异都显著，且公正世界信念和外显亲社会倾向之间的相关为0.36($p<0.01$)（见表2.10）。

表2.9　高、低公正世界信念组大学生在内隐亲社会倾向上的差异

	"目标—属性"不相容任务	"目标—属性"相容任务	内隐亲社会指标
高分组	6.86±0.23	6.57±0.18	0.29±0.17
低分组	6.91±0.26	6.61±0.19	0.30±0.19
t			0.14

表2.10　高、低公正世界信念组大学生在外显亲社会倾向上的差异

	亲社会倾向	公开倾向	匿名倾向	利他倾向	依从倾向	情绪倾向	紧急倾向
高分组	102.43 ±9.01	12.90 ±2.38	19.77 ±3.05	17.23 ±2.36	19.77 ±2.69	19.93 ±2.64	12.83 ±1.76
低分组	95.13 ±12.16	12.17 ±2.25	17.83 ±3.16	15.37 ±2.43	19.07 ±2.78	19.00 ±2.90	11.70 ±1.99
t	2.64*	1.16	2.41*	3.02**	0.99	1.30	2.34*

注：*$p<0.05$，**$p<0.01$。

（四）讨论

本研究结果表明，无论公正世界信念是高是低，大学生均表现出明显的内隐亲社会倾向。内隐亲社会倾向是一种内隐态度，格林沃尔德等人认为内隐态度是个体无法内省识别的，或者无法精确识别的过去经验的痕迹，这种痕迹调节着个体对社会对象的喜欢或不喜欢，进而左右着个体的感受、思考和行为。[①]本研究以大学生意识层面的公正世界信念得分作为分组依据，在亲社会倾向的内隐联想测验中却没有产生分组效应。换言之，大学生的公正世界信念水平并不能左右内隐亲社会倾向的高低。

研究结果还发现无论公正世界信念是高是低，内隐和外显的亲社会倾向的相关都不显著，即内隐与外显态度一致性系数（Implicit-Explicit Correspondence，IEC）较低。这说明内隐亲社会倾向和外显亲社会倾向可能是两种不同的心理结构，这与金戈等人的研究

① Greenwald, A. G., Banaji, M. R. "Implicit social cognition: Attitudes, self-esteem, and stereotypes", *Psychological Review*, vol. 102, no. 1 (1995), pp.4-27.

结果一致[①],支持了内隐和外显态度间的分离论。分离论认为内隐态度和外显态度的信息加工过程是不同的,外显态度是我们思维意识性的产物和自我反省的结果,而内隐态度是无意识的产物,两者的差异反映在数据上就表现出内隐和外显的相关较低。[②]

同时,本研究发现公正世界信念在内隐亲社会倾向上的分组效应不显著,但在外显亲社会倾向上的分组效应显著。即大学生具有内隐的亲社会倾向,尽管这种倾向不受大学生公正世界信念的影响,但是这种调节个体行为态度的内隐亲社会倾向在向外显亲社会倾向转变的过程中,会受到大学生公正世界信念的影响。具体来说,低公正世界信念的大学生虽然也具有内隐亲社会倾向,但是实际表现出的外显亲社会倾向较低。已有研究表明,个体亲社会倾向要受施助者、受助者和具体情境因素等各方面的影响,对于施助者而言,公正世界信念的高低是一个重要的影响因素,这和以往的研究相一致。[③]我们推测,高公正世界信念个体认为一个人的美好未来是作为其行为和个人品质的回报,且自己现在的投入会在将来得到应得的回报。因此,在内隐的亲社会倾向向外显亲社会倾向转变的过程中,高公正世界信念使得大学生认为自己的亲社会行为会在将来得到“好报”,因而现在所表现的亲社会行为是为了未来的“好报”而进行的投入。而低公正世界信念大学生即使具有内隐亲社会倾向,却因为对这种“回报”缺乏信心,所以外显的亲社会倾向较低,进而较少表现出亲社会行为。

附录1

公正世界信念量表

指导语:请仔细阅读下列题项,并根据自己的实际情况选择对应的选项。(社会赞许、匿名,不要顾虑)

编号	题项	选项					
		非常不同意	比较不同意	有点不同意	有点同意	比较同意	非常同意
1	我认为这个世界基本上是公正的	1	2	3	4	5	6
2	在很大程度上,我相信人们得到了他们应得的	1	2	3	4	5	6
3	我确信公正总是可以战胜不公正	1	2	3	4	5	6
4	从长远来说,我相信遭受不公正的人将会得到补偿	1	2	3	4	5	6

① 金戈:《内隐利他与外显利他和道德判断的关系》,西北师范大学硕士学位论文,2009年。

② 吴明证:《内隐态度的理论与实验研究》,华东师范大学博士学位论文,2004年。

③ Bierhoff, H. W. *Just World,Social Responsibility, and Helping Behavior.*Ross, M.,Miller,D.T.(Eds). *The Just Motive in Everyday Life.* Cambridege: Cambridge university Press, 2002, pp.189-203.

续表

编号	题项	选项					
		非常不同意	比较不同意	有点不同意	有点同意	比较同意	非常同意
5	我坚信在生活的各个领域(包括职业、家庭等方面)里,不公正是偶然的	1	2	3	4	5	6
6	我认为人们在做重大决定时会力求公正	1	2	3	4	5	6
7	在很大程度上,我相信在我身上发生的事都是我应得的	1	2	3	4	5	6
8	我通常都会受到公正的对待	1	2	3	4	5	6
9	我相信我通常都会得到我所应得的	1	2	3	4	5	6
10	总的来说,在我生活中发生的事都是公正的	1	2	3	4	5	6
11	在我的生活中,发生不公正事件是偶然的	1	2	3	4	5	6
12	我相信在我生活中发生的大部分事情是公正的	1	2	3	4	5	6
13	我认为凡是涉及我所做的重大决定通常是公正的	1	2	3	4	5	6

附录2

亲社会词汇和非亲社会词汇评定量表

指导语:以下为两个词汇评定量表,主要目的是考察该词汇与“亲社会”或“非亲社会”之间的相关程度,以及该词汇所包含的情绪色彩强度,因而每个词汇需要做两次选择。亲社会指一切自愿使他人获益的行为,包括助人、分享、谦让、合作、安慰、捐赠、自我牺牲等一切积极的、有社会责任感的属性,而非亲社会所包含的意思则与之相对。请根据你对该词汇的理解选择对应的选项。

(一)“亲社会”部分

词汇	该词汇与“亲社会”的相关程度							该词汇所包含的情绪色彩强度						
	毫无关系	基本无关	不太相关	说不清	有点关系	比较相关	非常相关	非常弱	比较弱	有点弱	不确定	有点强烈	比较强烈	非常强烈
关爱	1	2	3	4	5	6	7	1	2	3	4	5	6	7
关心	1	2	3	4	5	6	7	1	2	3	4	5	6	7
奉献	1	2	3	4	5	6	7	1	2	3	4	5	6	7
献给	1	2	3	4	5	6	7	1	2	3	4	5	6	7
帮助	1	2	3	4	5	6	7	1	2	3	4	5	6	7
帮衬	1	2	3	4	5	6	7	1	2	3	4	5	6	7
保护	1	2	3	4	5	6	7	1	2	3	4	5	6	7
保卫	1	2	3	4	5	6	7	1	2	3	4	5	6	7
抚慰	1	2	3	4	5	6	7	1	2	3	4	5	6	7
安慰	1	2	3	4	5	6	7	1	2	3	4	5	6	7

续表

词汇	该词汇与“亲社会”的相关程度							该词汇所包含的情绪色彩强度						
	毫无关系	基本无关	不太相关	说不清	有点关系	比较相关	非常相关	非常弱	比较弱	有点弱	不确定	有点强烈	比较强烈	非常强烈
合作	1	2	3	4	5	6	7	1	2	3	4	5	6	7
协作	1	2	3	4	5	6	7	1	2	3	4	5	6	7
分享	1	2	3	4	5	6	7	1	2	3	4	5	6	7
共享	1	2	3	4	5	6	7	1	2	3	4	5	6	7
谦让	1	2	3	4	5	6	7	1	2	3	4	5	6	7
礼让	1	2	3	4	5	6	7	1	2	3	4	5	6	7
同情	1	2	3	4	5	6	7	1	2	3	4	5	6	7
怜惜	1	2	3	4	5	6	7	1	2	3	4	5	6	7
支持	1	2	3	4	5	6	7	1	2	3	4	5	6	7
支援	1	2	3	4	5	6	7	1	2	3	4	5	6	7
呵护	1	2	3	4	5	6	7	1	2	3	4	5	6	7
爱护	1	2	3	4	5	6	7	1	2	3	4	5	6	7
分担	1	2	3	4	5	6	7	1	2	3	4	5	6	7
分摊	1	2	3	4	5	6	7	1	2	3	4	5	6	7

（二）“非亲社会”部分

词汇	该词汇与“非亲社会”相关程度							该词汇所包含的情绪色彩程度						
	毫无关系	基本无关	不太相关	说不清	有点关系	比较相关	非常相关	非常弱	比较弱	有点弱	不确定	有点强烈	比较强烈	非常强烈
冷漠	1	2	3	4	5	6	7	1	2	3	4	5	6	7
冷淡	1	2	3	4	5	6	7	1	2	3	4	5	6	7
拒绝	1	2	3	4	5	6	7	1	2	3	4	5	6	7
回绝	1	2	3	4	5	6	7	1	2	3	4	5	6	7
攻击	1	2	3	4	5	6	7	1	2	3	4	5	6	7
攻打	1	2	3	4	5	6	7	1	2	3	4	5	6	7
藐视	1	2	3	4	5	6	7	1	2	3	4	5	6	7
蔑视	1	2	3	4	5	6	7	1	2	3	4	5	6	7
辱骂	1	2	3	4	5	6	7	1	2	3	4	5	6	7
谩骂	1	2	3	4	5	6	7	1	2	3	4	5	6	7
欺骗	1	2	3	4	5	6	7	1	2	3	4	5	6	7
欺诈	1	2	3	4	5	6	7	1	2	3	4	5	6	7
排斥	1	2	3	4	5	6	7	1	2	3	4	5	6	7
嫌弃	1	2	3	4	5	6	7	1	2	3	4	5	6	7
指责	1	2	3	4	5	6	7	1	2	3	4	5	6	7
责备	1	2	3	4	5	6	7	1	2	3	4	5	6	7
责骂	1	2	3	4	5	6	7	1	2	3	4	5	6	7
数落	1	2	3	4	5	6	7	1	2	3	4	5	6	7
孤立	1	2	3	4	5	6	7	1	2	3	4	5	6	7
排外	1	2	3	4	5	6	7	1	2	3	4	5	6	7

续表

词汇	该词汇与“非亲社会”相关程度							该词汇所包含的情绪色彩程度						
	毫无关系	基本无关	不太相关	说不清	有点关系	比较相关	非常相关	非常弱	比较弱	有点弱	不确定	有点强烈	比较强烈	非常强烈
欺辱	1	2	3	4	5	6	7	1	2	3	4	5	6	7
欺负	1	2	3	4	5	6	7	1	2	3	4	5	6	7
轻蔑	1	2	3	4	5	6	7	1	2	3	4	5	6	7
轻视	1	2	3	4	5	6	7	1	2	3	4	5	6	7

第三章

大学生诚信心理结构及特点

“人无信不立。”对于个人而言，诚信是立身处世的根本准则；对于社会而言，诚信是支撑社会正常运行和平稳发展的重要保障。大学生作为社会中最富有朝气、创造性和生命力的群体，其诚信水平直接影响整个社会诚信环境的建设，进而影响国家和民族未来的发展前景。高等院校是培养大学生诚信心理品质的前沿阵地，掌握大学生诚信心理结构及特点，使大学生诚信心理适应其自身心理发展需要，是科学有效开展诚信教育的前提。因此，系统开展当代大学生诚信心理研究有助于提升大学生诚信教育的科学性和有效性，促进大学生形成正确的诚信观。

第一节 研究概述

一、诚信

(一)诚信的含义

我国古籍中关于“诚信”的论述非常丰富。在中国古代,“诚”和“信”有各自独立的词义,但意义非常相近。《说文解字》中把“诚”“信”互训,认为“诚,信也”。“诚”字最早出现于《尚书》“鬼神无常享,享于克诚”,以“诚”来形容笃信鬼神的虔诚。春秋至战国时期,以孔、孟为代表,先秦儒家对诚信进行了广泛而深入的阐发。孔子主要论“信”,认为“信”是君子必备的品行,是个人立身处世的重要前提,是从政治国的基本准则。孟子既论“信”,又论“诚”,把“信”提升到“五伦”的高度,提出“思诚”的命题并进行了详细的论述。荀子则把“诚”从做人之道扩展为治世之道,将“诚”“信”由家庭伦理、朋友伦理扩展为一般的交际伦理。第一个明确提出“诚信”这一概念的是管仲,他认为讲诚信是天下行为准则的关键。秦汉时期,“信”成为封建统治者大力提倡的伦理道德规范,是国家治理的重要内容。宋明时期,理学家从心性的视角论“诚”,逐渐形成对“诚”的确切理解,即“真实无妄”“诚实无欺”,包含了真诚、表里如一、言行一致、不自欺等内涵。明末清初,诚信思想逐渐附着了经世致用的痕迹,认为“诚”即“实有”,是“本”,指人们采取的一种尊重客观现实和客观规律的求实的态度,并身体力行,主张信义与利益兼顾。现代汉语对“诚信”的解释,取其“诚实守信”的基本含义,“诚”侧重于内在真诚、虔诚的品质,“信”则侧重于外在言行,言行一致、守信用,“诚信”强调内在的真诚和外化的信用的综合。综上所述,在中国文化背景下,“诚”“信”概念既相互联系,又各有侧重。

而西方人对于“诚信”的理解与中国人略有差异。陈丽君等人曾在中国和美国的大学中做过调查,发现在不同文化背景下,人们对于诚信的理解和选择行为存在差异。在西方文字里,“诚信”概念更强调“诚实”,是一个较整合的概念;在中国文化中,“诚信”包含了“诚”和“信”两个不同方面，具有“守信、正直和重义”等多元内涵。[①]

（二）诚信的性质

诚信通常被视为一种人格特质。燕国材指出，诚信是构成人格的重要因素，“人格乃是以诚为基础或核心的由仁、义、礼、智、信组成的完整结构”[②]。阿什顿（Ashton）等人在五因素人格模型的基础上提出了一个与坦诚有关的因素，将其列为大五因素之外的第六个因素[③]，并在后续对法语、韩语等七个语种的人格词汇学研究中证实了人格结构六因素结构模型[④]。王登峰、崔红对中国人的人格研究发现，大七人格结构中的善良维度包括利他、诚信、重感情三个因素，反映了个体诚信、正直的内在品质特点。该维度得分较高的个体通常会表现出温和、利他、诚信和重感情，而得分较低的个体则可能表现出挑剔、虚假和注重利益。[⑤]上述研究表明，诚信可能是人格结构中的重要组成部分，也是个体相对稳定的心理品质和行为倾向。

（三）诚信心理及其结构

早期针对诚信的心理学研究多是在考察人格结构的时候，将诚信作为人格结构的一个部分。随着研究的不断深入，越来越多的研究者开始探究诚信心理本身。

根据词汇学假设，在某一社会中长期使用的语言词汇能反映该文化中描述一个人所需要的基本构念，因此借助对语词的分析能够揭示出特定文化背景下个体人格的基本维度。陈劲从《辞源》中选择中国古代描述诚信的词汇，编制古代中国人诚信语词表，采用他人评定的方式，对历代典型的诚信人物进行评定。研究发现，古代中国人诚信心理结构包括义、敬、真、仁、勇五个正性维度和虚滑、欺诈、轻妄、奸狡四个负性维度；接着采用自评和他评相结合的方式，探索了当代中国人诚信心理结构，包含严谨性、宜人性、友善性、公正性四个正性维度，以及虚假、自私、世故、钻营四个负性维度。对古今中国人诚信心理结构进行比较发现，在正性维度上，“义”与“宜人性”、“敬”与“严谨性”、“真”与“公正性”、“仁”与“友善性”具有一定的重合，而“勇”这一维度在现代中国人诚信心理结构中则没有直接对应的维度。在负性维度上，古代人诚信心理结构中的“虚滑”维度与现代人诚

① 陈丽君、Joseph Petrick:《中美大学生情景判断商业诚信决策比较研究》，中国管理学年会论文，南京，2007年11月。

② 燕国材：《诚信教育的心理学问题》，《江西教育科研》2004年第1期，第3-6页。

③ Ashton, M. A.,Lee,K. “A theoretical basis for the major dimensions of personality”, *European Journal of Personality*, vol. 15, no. 5 (2001), pp.327-353.

④ Ashton, M. C., Lee, K., Perugini, M., et al. “A six-factor structure of personality-descriptive adjectives: Solutions from psycholexical studies in seven languages”, *Journal of Personality and Social Psychology*, vol. 86, no. 2 (2004), pp.356-366.

⑤ 王登峰、崔红：《解读中国人的人格》，北京：社会科学文献出版社2005年版，第82页。

信心理结构的各维度均有相关,"欺诈""轻妄""奸狡"与现代人诚信心理结构中的"世故""钻营"有一定的类似。[①]这表明中国人的诚信心理结构具有相对稳定性和变化发展性,即古代中国人诚信心理结构对现代中国人诚信心理结构具有深远持久的影响,但随着经济社会的发展,现代中国人诚信心理结构又具有一定的变化发展。

赵子真等人在陈劲研究的基础上,进一步探索了中国人的诚信心理结构,认为中国人的诚信心理结构包含实干重义、诚实信用、公正无欺和忠实可靠四个正性维度,以及自私欺人、钻营世故、多谋寡信、虚伪不实四个负性维度。[②]总体来看,二者关于当代中国人诚信心理结构的研究结果较为一致。

综上,本研究将诚信视为一种相对稳定的心理品质,并采用陈劲对"诚信"的定义,即"诚信"是个体在一定关系中所表现出的以真实无欺、善良正直为核心的相对稳定的心理品质和行为倾向。

二、大学生诚信心理的相关研究

(一)国内诚信心理相关研究

目前国内关于大学生诚信心理的研究主要从实证研究和理论探讨两个方面展开。

在实证研究部分,多是聚焦于某所高校大学生诚信现状或者大学生在某一具体领域的诚信缺失行为,主要以问卷调查为主,实验研究相对较少。例如蔡海江等人研究发现中国大学生在诚信上的积极因素占主导,与西方相比中国大学生在整体上并不落后,在多数维度上还表现出一定的优势。[③]沈跃进等人调查了体育学院大学生的诚信价值观和诚信水平,发现不同年级大学生之间存在诚信水平的显著差异,主要表现为从一年级到四年级呈下降趋势,一年级大学生的诚信价值观最为积极,四年级大学生的诚信价值观最消极;大学男生的诚信水平要显著低于女生;学业成绩优秀学生的诚信水平显著高于学业成绩差的学生。[④]在探究大学生诚信心理的影响因素方面,李洪伟等人借助解析结构模型建立了大学生诚信影响因素的层次递阶结构,即家庭经济条件、社会环境、网络与媒体导向、学校监督力度和校内利益分配是影响大学生诚信的最基础、最根本的因素;学

① 陈劲:《中国人诚信心理结构及其特征》,西南大学博士学位论文,2007年。

② 赵子真、吴继霞、吕倩倩、李世娟:《诚信人格特质初探》,《心理科学》2009年第3期,第626-629页。

③ 蔡海江、章可敦、杨华琴:《当代大学生诚信水平与诚信观的调查》,《中国临床康复》2005年第24期,第85-87页。

④ 沈跃进、陈强:《体育院校大学生诚信现状调查与分析——以考试为观察点》,《武汉体育学院学报》2008年第11期,第62-65页。

习态度是大学生诚信的最直接影响因素。[①]吴小林等人考察了诚信缺失的心理类型，发现从众心理、侥幸心理、吃亏心理、报复心理、无用心理、冒险心理以及低成本心理等是大学生诚信缺失的主要心理类型。[②]

在理论探讨部分，研究主要围绕大学生的诚信教育展开。例如唐月芬讨论了诚信缺失对于大学生心理的消极影响，并提出了相应的干预措施。[③]张君博等人从马斯洛的需要动机理论出发，认为诚信校园建设应遵循师生不同层次的心理需求，保障和增强师生产生诚信行为的心理因素，激发师生共建诚信校园的内生动力。[④]熊达则认为缺乏系统的公民意识教育是大学生诚信缺失的主要原因，需要通过加强规则意识教育促进大学生诚信习惯养成，提倡以荣誉意识教育推进大学生诚信道德觉醒，以奉献意识教育引导大学生高尚诚信。[⑤]

（二）国外诚信心理相关研究

国外有关诚信的研究是应社会生活的需求而兴起，主要集中于经济、道德伦理等领域。20世纪60年代，评价应聘者是否诚实的纸笔测验是西方诚信心理研究的开端，随后诚信测验被广泛应用于人力资源管理中。通过开发评价人员诚信与否的工具，在招聘和选拔过程中评价应聘者的诚实、诚信和可依赖性，选拔出具有良好诚信品德的个体，这种类型的测验在70年代后期逐渐被广泛使用。陈丽君总结了西方诚信心理的应用研究，发现西方诚信重操作甚于重理念，重分解甚于重概括；重制度甚于重宣教，重他律甚于重自律；重防范甚于重补救，重过程甚于重结果。[⑥]

针对大学生诚信心理的研究主要涉及学术诚信。例如布朗（Brown）等人分析了专业、性别、婚姻状况、年级、班级排名、平均成绩、性格特征等因素与大学生学术诚信的关系[⑦]；伊斯门（Eastman）等人研究发现思想道德意识与诚信行为之间存在显著的正相关[⑧]。

① 李洪伟、陶敏、宋平：《大学生诚信影响因素的解析结构模型研究》，《山东青年政治学院学报》2011年第1期，第60-63页。

② 吴小林、林静：《大学生诚信缺失的心理类型及其对策探析》，《国家教育行政学院学报》2010年第1期，第80-83页，5页。

③ 唐月芬：《诚信缺失对大学生心理的负面影响与干预策略》，《教育与职业》2015年第6期，第105-107页。

④ 张君博、李波：《基于高校师生诚信心理特征的诚信校园建设研究》，《江苏高教》2019年第8期，第87-91页。

⑤ 熊达：《培养公民意识：大学生诚信教育的路径选择与提升策略》，《湖南科技大学学报（社会科学版）》2020年第2期，第177-184页。

⑥ 陈丽君、王重鸣：《中西方关于诚信的诠释及应用的异同与启示》，《哲学研究》2002年第8期，第35-40页。

⑦ Brown, B. S., Weible, R. “Changes in Academic Dishonesty among MIS Majors between 1999 and 2004”, *Journal of Computing in Higher Education*, vol. 18, no. 1 (2006), pp.116-134.

⑧ Eastman, J. K., Lyer, R., Reisenwitz, T. H. “The impact of unethical reasoning on different types of academic dishonesty: An exploratory study”, *Journal of College Teaching & Learning*, vol. 5, no. 12 (2008), pp. 7-16.

在美国各所大学的规章制度中都有关于学术诚信的内容,并有详细的实施细则,对学生的学术诚信教育是事前预防型,其作用比事后处罚更加积极。[①]

在诚信心理的实验研究上,研究者多从诚实或欺骗的视角出发。格林和帕克斯顿(Greene,Paxton)检验了当面对可以通过不诚实手段获得更多利益时被试的神经活动,发现不诚实的个体做出不诚实行为或者偶尔做出诚实行为时前额叶控制加工区均出现了活动的增强[②]。科恩(Cohen)等人研究群体被试和个体被试在面对经济利益时的诚实或欺骗行为,发现群体和个体对待诚信的观念不同,对个体来说诚实是伦理道德要求,而对群体来说诚信更多是实现经济利益的策略。[③]

三、已有研究存在的不足

(一)诚信心理结构研究相对薄弱

个体的心理特点和文化环境存在交互作用,因而有关诚信的研究不能脱离个体所处的文化环境。王登峰等人的研究表明,西方的大五人格结构主要反映的是西方人的人格特点,跨文化一致性不强,西方的人格理论无法有效解释中国人的人格特点。[④]诚信作为我国自古以来就有的本土化概念,应立足于中国文化背景,开展本土化研究。

有关人格结构的研究要经过不断探索和反复验证才能确定一个相对稳定的人格结构模型,大学生诚信心理结构的研究也是如此。例如陈劲在中国人诚信心理结构研究中发现,20岁以下个体与其他年龄阶段的个体相比,在诚信心理正性、负性维度上都存在显著差异。[⑤]可能的原因是对于不同年龄阶段的人,诚信心理结构存在一定的发展变化,这意味着对中国人诚信心理结构的描摹与大学生诚信心理结构可能会存在一定的出入,并且大学阶段学生处于向社会人的过渡时期,尽管身心发展趋于成熟,但人格仍处于一定的变化发展中,且个体差异性较大。因此,有必要进行反复的探索与验证,以求科学有效地揭示大学生诚信心理结构。

---

① 常建勇:《美国大学生诚信管理体系运行机制及对我国的启示》,《中国青年研究》2008年第3期,第108-111页。

② Greene, J.D., Paxton, J.M."Patterns of neural activity associated with honest and dishonest moral decisions", *Proceedings of the National Academy of Sciences of the USA*, vol. 106, no. 30 (2009), pp.12506-12511.

③ Cohen, T. R., Gunia, B. C., & Sun, Y. K., et al. "Do groups lie more than individuals? Honesty and deception as a function of strategic self-interest", *Journal of Experimental Social Psychology*, vol. 45, iss.6(2009), pp.1321-1324.

④ 王登峰、崔红:《中国人人格结果的确认与形容词评定量表的评定结果》,《心理与行为研究》2003年第2期,第89-95页。

⑤ 陈劲:《中国人诚信心理结构及其特征》,西南大学博士学位论文,2007年。

（二）针对大学生诚信心理的研究略显不足

目前有关诚信的研究多集中于伦理学、经济学、法学等领域，心理学研究者对诚信的研究关注度不够，尤其是针对大学生诚信心理的实证研究相对较少。已有的研究内容仍局限于大学生诚信水平、大学生诚信缺失行为的动机与表现等一些最基本的个体及社会心理和行为的调查与描述，对大学生诚信心理本身的结构特点等方面的研究不够深入。同时，现有研究在探讨诚信心理时视角单一，认为诚信心理只包含积极成分，缺乏从正性和负性两个部分进行的探究。鉴于诚信心理的复杂性和微妙性，单一视角很难揭示大学生的诚信心理状况。因此，本研究将结合正性和负性两个视角，系统考察大学生诚信心理的结构与水平。

（三）缺乏成熟的大学生诚信心理测量工具

尽管西方已经有不少关于诚信的测量工具，但由于存在一定的文化背景差异，西方对于诚信的理解与中国人并不一致，使得这些测量工具并不适用于测量我国大学生的诚信心理。例如在国外大量涉及诚信的研究中，研究者会将员工的物质滥用（抽烟、酗酒、吸毒）等行为作为重要的参考依据，而在我国，这些内容与诚信的关联并不明显。

而国内针对大学生诚信心理的测量工具也不够成熟。现有问卷多是对大学生诚信行为或诚信缺失行为的调查，问卷结构的严谨性和科学性不足。诚信形容词评定量表虽然可以对诚信心理结构进行简明的测量，但也存在一定的局限性。一方面，形容词的含义较宽泛，且受限于个体的文化水平差异，每个人对词汇的理解可能存在差异，评定标准不一致，进而影响评价的准确性。另一方面，大学生诚信心理的某些特点往往很难用一个形容词进行准确概括描述，同时形容词表的测量也难以反映大学生真实的生活体验。因此，采用陈述句式的量表也许能更直观反映大学生的诚信心理。因此，本研究试图编制以自陈式项目为主，信效度较高且符合心理测量学规范的《大学生诚信心理问卷》。

四、研究设计

（一）研究目的

采用词汇法探索并验证当代大学生的诚信心理结构，并以该理论结构为基础，编制大学生诚信心理问卷，同时考察大学生诚信心理的现状特点。

（二）研究构想

本研究以大学生为被试，考察其诚信心理的结构及其现状特点。(1)采用词汇法对大学生进行测量，初步构建大学生的诚信心理结构。(2)以大学生诚信心理结构为基础编制《大学生诚信心理问卷》初始问卷，使用该问卷进行测试，验证大学生诚信心理结构并修订初始问卷。(3)使用《大学生诚信心理问卷》正式问卷进行测试，考察大学生诚信心理的现状特点。

第二节 ┆ 大学生诚信心理结构的探索

一、研究目的

本研究旨在采用词汇法探索大学生诚信心理结构，并以此作为《大学生诚信心理问卷》编制的理论基础。

二、研究方法

(一)被试

样本1：以重庆市某高校的在校大学生为被试，采用随机抽样的方法，抽取150名大学生参与词汇评定。

样本2：在我国东部、中部和西部地区选取5所本科院校，采用整群随机抽样的方法，对自编的《大学生诚信特质评定问卷Ⅰ》(见附录2)展开施测。共发放问卷806份，收回有效问卷621份，问卷有效率77.05%。其中东部地区174人，中部地区200人，西部地区247人；男生284人，女生337人；大一176人，大二149人，大三150人，大四146人；被试的平均年龄为20.62岁(SD=1.73)。

样本3：以重庆市某高校的在校大学生为被试，采用随机抽样的方法，对自编的《大学生诚信特质评定问卷Ⅱ》(见附录3)展开施测。共发放问卷400份，收回有效问卷328份，问卷有效率82%；其中男生152人，女生176人；大一86人，大二88人，大三77人，大四77人；被试的平均年龄为20.4岁(SD=1.69)。

(二)工具

采用自编的《诚信术语评定问卷》(见附录1)进行词汇筛选，该问卷由241个词汇构成，分别考察词汇的熟悉度和代表程度。使用《大学生诚信特质评定问卷Ⅰ》作为大学生诚信心理结构探索性因素分析的工具，该问卷由95个表征诚信的特质词构成。使用《大学生诚信特质评定问卷Ⅱ》作为大学生诚信心理结构验证性因素分析的工具,该问卷由17个正性特质词汇和20个负性特质词汇构成。以上三个问卷均采用Likert 5点计分。

(三)程序

本研究采用人格词汇法探索大学生的诚信心理结构。该方法基于以下假设:语言是人类文明的重要组成部分,自然界中一切与人类生存有关的事物都会反映在语言中,事物与人类的生存发展之间关系越密切,就越容易进入人们的语言系统,它们在语言系统中也会被描述得越详尽。随着时间的推移,人类语言中就包含了人类主要的特点,即当人们表现出某一特点,在语言中就会出现一个词来描述或指代它,这一特点与人类的生存之间关系越密切,描述它的词就会越丰富越精确。因此,对从自然语言中获得的词汇进行分析就可以得到一组数目有限的特质用以代表在该语言背景下人们行为的最核心的特点或本质。诚信既是一种人格特质,也可以通过个体的行为来反映,故可以采用词汇学研究范式探索。

《大学生诚信特质评定问卷Ⅰ》编制的具体步骤如下。(1)发放开放式问卷,收集大学生心目中诚信与不诚信个体一般具有的特征,并用词汇的形式去表征。(2)由四位心理学研究生评估这些词汇,剔除与诚信无关的词汇,采用词性归类以及频数、熟悉度等标准进行比较,选取最具代表性的词汇,并删除具有多层含义的复合词汇。(3)参照陈劲编制的诚信词汇表,同时抽取王登峰编制的中文人格特质形容词表中与诚信有关的词,与通过开放式问卷调查收集的词汇进行汇总分析,共获得241个词汇。[①](4)以这241个词汇为基础,编制《诚信术语评定问卷》,采用Likert 5点计分,请样本1的150名大学生被试评定词汇的熟悉度以及每个词汇反映诚信或不诚信个体典型特征的程度。计算出每个词汇的平均得分,删除熟悉度小于4分以及代表度小于3分的词汇,共得到正性词汇46个,负性词汇49个,这95个特质词构成《大学生诚信特质评定问卷Ⅰ》。

以样本2的621名大学生为被试,施测《大学生诚信特质评定问卷Ⅰ》,对收回的数据进行项目分析和探索性因素分析,删除拥有项目较少的因素后,获得包含17个正性特质词汇和20个负性特质词汇的《大学生诚信特质评定问卷Ⅱ》。以样本3的328名大学生为被试,施测《大学生诚信特质评定问卷Ⅱ》,对收回的数据进行验证性因素分析。

① 王登峰、方林、左衍涛:《中国人人格的词汇研究》,《心理学报》1995年第4期,第400-406页。

三、研究结果

(一)《大学生诚信特质评定问卷Ⅰ》的数据分析结果

1.项目分析

对收回的数据进行项目分析，求出被试总分，并按递增排序。选取得分最高的前27%的学生作为高分组，得分最低的后27%的学生作为低分组，进行独立样本t检验。结果显示所有词汇在高、低分组之间均存在显著差异($p<0.001$)。采用同质性检验筛选题项，删除与总分相关不显著以及共同性小于0.2的项目(因素负荷量小于0.45)。

2.探索性因素分析

对正性词汇部分和负性词汇部分分别进行探索性因素分析。正性词汇和负性词汇的KMO值分别为0.95和0.97，巴特利特球形检验显著($p<0.001$)，满足因素分析的基本条件。对数据进行主成分分析提取公共因素，通过正交极大方差旋转法获得多个因素，结合碎石图，删除拥有项目较少的小因素，最终获得大学生诚信心理正性维度和负性维度六因素结构模型(见表3.1与表3.2)。

表3.1　正性维度各因素及其因子载荷

	诚实无欺	正直守信	忠厚老实	共同度
可靠的	0.69			0.58
实在的	0.65			0.53
诚心诚意的	0.63			0.49
肝胆相照的	0.62			0.42
实事求是的	0.61			0.43
诚实的	0.57			0.44
一诺千金的		0.77		0.64
正人君子的		0.74		0.60
光明磊落的		0.64		0.56
坦诚相待的		0.60		0.50
守信用的		0.53		0.45
负责任的		0.52		0.45
忠厚的			0.82	0.74
老实的			0.80	0.65
诚恳的			0.67	0.60
淳朴的			0.62	0.46
厚道的			0.50	0.44
特征值	3.16	3.00	2.79	总和
贡献率(%)	18.60	17.66	16.44	52.70

由上表可知，正性词汇部分是一个由17个特质词汇构成的三因素结构模型，题项累计贡献率为52.70%。其中，因素一的特征值为3.16，贡献率为18.60%，包含6个特质词汇。这些特质词汇主要反映了个体诚实、真诚、可靠的心理特点，命名为“诚实无欺”。因素二的特征值为3.00，贡献率为17.66%，包含6个特质词汇。这些特质词汇主要反映了个体正直、公正、守信的行事特点，命名为“正直守信”。因素三的特征值为2.79，贡献率为16.44%，包含5个特质词汇。这些特质词汇主要反映了个体忠厚、淳朴的心理特点，命名为“忠厚老实”。

表3.2 负性维度各因素及其因子载荷

	阴险狡诈	钻营世故	虚伪寡信	共同度
口蜜腹剑的	0.74			0.68
狡猾的	0.71			0.68
阴险的	0.68			0.63
诡计多端的	0.67			0.62
两面三刀的	0.66			0.56
笑里藏刀的	0.63			0.56
偷奸耍滑的		0.72		0.66
阳奉阴违的		0.69		0.56
藏头露尾的		0.67		0.49
弄虚作假的		0.60		0.51
徇私舞弊的		0.58		0.50
媚上欺下的		0.55		0.50
投机取巧的		0.51		0.39
自欺欺人的			0.66	0.52
浮夸的			0.64	0.53
华而不实的			0.62	0.47
口是心非的			0.59	0.51
敷衍了事的			0.59	0.42
推卸责任的			0.58	0.44
自食其言的			0.47	0.39
特征值	3.76	3.55	3.31	总和
贡献率(%)	18.80	17.76	16.55	53.11

由上表可知，负性词汇部分是一个由20个特质词汇构成的三因素结构模型，题项累计贡献率为53.11%。其中，因素一的特征值为3.76，贡献率为18.80%，包含6个特质词。这些特质词汇主要反映了个体阴险、奸巧、狡诈的心理特点，命名为“阴险狡诈”。因素二的特征值为3.55，贡献率为17.76%，包含7个特质词汇。这些特质词汇主要反映了个体处事圆滑、不实的心理特点，命名为“钻营世故”。因素三的特征值为3.31，贡献率为16.55%，包含7个特质词汇。这些特质词汇主要反映了个体虚假不实、寡信的心理特点，命名为“虚伪寡信”。

3.信度检验

对删减题项后保留的问卷进行信度检验,正性维度和负性维度的克隆巴赫α系数分别为0.90和0.93,分半信度分别为0.90和0.92;各因素的克隆巴赫α系数在0.78~0.88,分半信度在0.81~0.87,表明问卷的信度指标良好(见表3.3)。

表3.3　大学生诚信特质评定问卷的信度系数

	诚实无欺	正直守信	忠厚老实	阴险狡诈	钻营世故	虚伪寡信	正性维度	负性维度
克隆巴赫α系数	0.78	0.82	0.80	0.88	0.84	0.80	0.90	0.93
分半信度	0.81	0.82	0.82	0.87	0.85	0.81	0.90	0.92

(二)《大学生诚信特质评定问卷Ⅱ》的数据分析结果

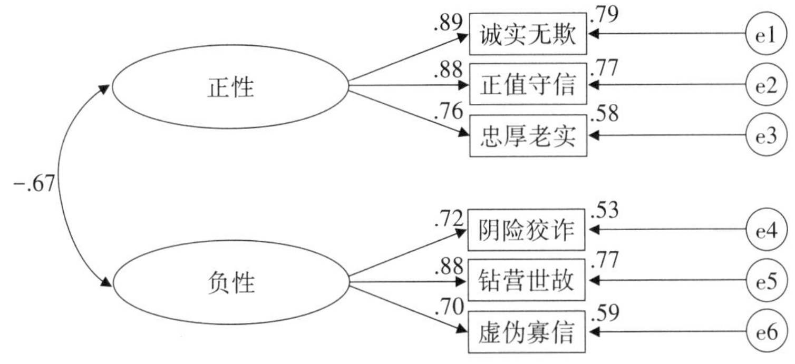

图3.1　大学生诚信心理结构的标准化路径图

为考察构想模型与实际模型拟合度,以样本3的328名大学生为被试,对模型进行了验证性因素分析,因子结构模型及标准化路径系数见图3.1。

大学生诚信心理结构的验证性因素分析结果表明各项拟合指标均符合心理测量学要求(见表3.4),即修订后的问卷模型拟合较好。

χ^2/df值为2.39,表示模型的适配度较为理想。SRMR值为0.01<0.05,GFI大于0.90,说明模型达到适配的标准。NFI、CFI、IFI、TLI、RFI值均大于0.95,说明假设理论模型与观察数据的整体适配度佳。RMSEA值为0.07<0.08,表示模型适配度较佳。因此,模型各项指标均达到了可接受的水平,问卷具有较好的结构效度。

表3.4　大学生诚信心理结构的验证性因素分析

指标	χ^2/df	RMSEA	SRMR	GFI	NFI	CFI	IFI	TLI	RFI
拟合指数	2.39	0.07	0.01	0.98	0.98	0.99	0.99	0.98	0.97

四、讨论

(一)关于诚信心理结构的探索

对于当代大学生而言,明礼诚信是立身处世之本,是其走向社会的"通行证"。大学生肩负着祖国未来的建设与发展重任,明晰大学生的诚信心理结构及其特点是迫切且必要的。本研究利用词汇法探讨了大学生诚信心理结构,经过探索性因素分析和验证性因素分析得出诚信心理结构涵盖诚实无欺、正直守信、忠厚老实三个正性维度和阴险狡诈、钻营世故、虚伪寡信三个负性维度。

就正性维度看,诚实无欺表现了个体内在真诚、真实无欺的品质,即个体言行一致,心口合一,在与他人交往中说真话,向别人传递真实信息,不恶意掩盖或歪曲事实真相。这也体现了诚信的基本内涵:真诚、诚实,遵从自我,与内心保持一致。[①]桂亚莉编制的诚实分问卷中也包含了"诚实"和"无欺"维度,用以表征真诚、不虚假的心理特点。[②]忠厚老实表现了个体为人淳朴、厚道的品质,是诚信心理结构的重要组成部分。受传统"内诚外信"思想的影响,中国人注重个体内心的忠实稳重,强调个体内在的忠诚品质,与赵子真的"忠实可靠"维度不谋而合。[③]正直守信表现了个体为人正直、行事光明磊落,以及守信用、讲信义的特点,而陈劲提出的"公正性"因素同样反映了个体的正直,桂亚莉的问卷中也包括"守信"这个维度,即本研究结果与以往研究结果一致。

大学生诚信心理结构还包括阴险狡诈、钻营世故、虚伪寡信三个负性维度。阴险狡诈指重心机、善计谋、奸诈狡猾。这类个体善于隐藏、伪装,会猜疑算计,不能以真实面目示人,表面和善,但暗地里不怀好意。钻营世故指处世圆滑、善钻营、不真实。钻营的人善找门路谋求名利,世故的人善于迎合、取悦对方,从不得罪人,在人际关系中表现圆滑,不会将自己真实的一面表露出来,让人很难对其有真实的了解,该维度与赵子真的"钻营世故"维度不谋而合。虚伪寡信指个体内心虚情假意、言行表里不一,不守信用,不值得信任。这类人热衷于逢场作戏,谄媚迎合,喜欢轻易地许诺却无法用实际行动完成。

(二)运用人格词汇法探讨大学生诚信心理的适合性

要全面揭示一个人的诚信心理结构,就需要把这个人所有与诚信有关的特点都罗列出来,再加上程度的评估,这将是一项浩大的工程。因此,需要使用一种简便的方法,就像"航海图"一样,用几条坐标轴,就可以清楚描述海洋的任一个角落。人格词汇法便是

① 姚景照、潘伟刚、秦启文:《关于诚信的理论思考》,《西南大学学报(社会科学版)》2010年第4期,第19-23页。

② 桂亚莉:《大学生诚信心理初步研究》,西南师范大学硕士学位论文,2004年。

③ 赵子真、吴继霞、吕倩倩、李世娟:《诚信人格特质初探》,《心理科学》2009年第3期,第626-629页。

这样一种方法。词汇学假设语言是人类生存和发展的重要工具,与人类生存和发展之间关系密切的因素会进入语言系统。词汇假设在构造词表时,选词范围、选词标准和选词的多少与要探析的诚信心理维度的数量、命名及所含的层面因素均有直接关系。与人的生存之间关系越密切的特征,在语言中描述它的词就会越丰富。诚信是个体一种稳定的心理品质和行为倾向,可以借鉴人格的研究方法,从描述诚信特点的形容词入手,来研究大学生的诚信心理结构。

(三)大学生诚信心理结构正负维度划分的合理性

问卷中特质词汇分为正性和负性两类,对正性词汇和负性词汇分别做因素分析,最终形成了正、负两维度诚信心理结构。那么诚信心理结构是否应包括负性特质呢?

人们总是生活在一定的社会文化环境中,受特定社会文化的制约。在现实生活中,我们都有这样的体验,我们不可能在任何情况下都做到诚实守信。例如对于敌人,我们过于诚实就会让其有可乘之机。在日常的交流中,受制于种种条件,我们也无法做到毫不掩饰地表达自己的真实想法。在儒家思想中,孔子认为"言必信,行必果,硁硁然小人哉!"(《论语·子路》),意思是说到一定做到,做事一定坚持到底,不问是非的固执己见,这是浅薄固执的小人的认识。孟子认为"大人者,言不必信,行不必果,惟义所在"(《孟子·离娄下》),即通达的人说话不一定句句守信,做事不一定非有结果不可,只要合乎道义就行,重点是"惟义所在",这是一种通权达变的思想。[①]中国文化强调"天人合一",强调人际关系的和谐以及人与自然的和谐。[②]我们要根据实际情况来进行变通,所谓"世事洞明皆学问,人情练达即文章",实际上也蕴含着这样的道理。因此,补充负性维度能够更为真实具体地揭示大学生诚信心理结构。

第三节 《大学生诚信心理问卷》的编制

一、研究目的

本研究旨在基于上述大学生诚信心理结构,编制《大学生诚信心理问卷》,为后续开展大学生诚信心理调查研究做好准备。

---

① 王公山:《先秦儒家诚信思想研究》,山东大学博士学位论文,2005年。

② 黄希庭:《再谈人格研究的中国化》,《西南师范大学学报(人文社会科学版)》2004年第6期,第5-9页。

二、研究方法

（一）被试

样本1：以重庆市某高校的在校大学生为被试，采用随机抽样的方法，对《大学生诚信心理问卷Ⅰ》进行预测验。共发放问卷400份，收回有效问卷332份；问卷有效率83%。

样本2：以重庆市某高校的在校大学生为被试，采用随机抽样的方法，使用《大学生诚信心理问卷Ⅱ》进行测试。共发放问卷400份，收回有效问卷361份；问卷有效率90.25%。

（二）工具

采用自编的《大学生诚信心理问卷Ⅰ》进行第一次探索性因素分析；使用《大学生诚信心理问卷Ⅱ》进行第二次探索性因素分析；使用《大学生诚信心理问卷》进行第三次探索性因素分析、验证性因素分析以及信效度检验。以上三个问卷均采用Likert 5点计分。

（三）程序

词汇中包含着人们的事物指向、他人指向和自我指向。事物指向是指我们在对待工作、名誉、地位等“非人”的事物时所表现出来的特点；他人指向是指我们在与他人交往时所表现出来的特点；而自我指向则是既跟做事无直接关系，又与对人无直接关系。这三种指向既包括个体内在的品质，也包括外在的行为特点。当个体按照事物指向、他人指向或是自我指向回答问题时，答案会更加准确且具体。[①]因此，本研究在编制《大学生诚信心理问卷》时，将基于这三种指向，编写与大学生实际生活经验相关的题项。

在《大学生诚信心理问卷Ⅰ》的编制中，首先，将大学生诚信心理结构中每个维度的形容词分离出来，请四位心理学专业研究生依据每一个形容词的含义，结合大学生具体的生活经验编写3个句子，分别体现出该形容词的事物指向、他人指向和自我指向。其次，结合诚信心理不同维度的具体内涵，对相关句子进行调整，并且在课堂上邀请学生进行小组讨论，判断句子的合适性，同时增补对应的心理特征及行为表现描述。最后，将所有句子汇总形成初始题项，请心理学专业研究生和老师依据含义明确、表达简练、能够准确反映大学生诚信心理结构且没有近似含义的标准，对题项进行修订和删改，最终形成包含61个题项的《大学生诚信心理问卷Ⅰ》。对《大学生诚信心理问卷Ⅰ》进行第一次预测，统计分析结果显示问卷的指标不够理想，故对题项进行修订，形成包含41个题项的《大学生诚信心理问卷Ⅱ》。接着使用《大学生诚信心理问卷Ⅱ》进行第二次测试，统计分

① 崔红、王登峰：《中国人的事物指向、他人指向和自我指向特点》，《北京大学学报（哲学社会科学版）》2002年第4期，第79~85页。

析结果表明已基本符合心理测量学要求，但鉴于题项数量较多，在精简了题项后，形成包含23个题项的《大学生诚信心理问卷》，即正式问卷（见附录4）。

三、研究结果

（一）《大学生诚信心理问卷Ⅱ》的数据分析结果

对《大学生诚信心理问卷Ⅱ》数据进行项目分析，将被试总分按递增排序，选取得分最高的前27%的学生作为高分组，得分最低的后27%的学生作为低分组，进行独立样本 t 检验，删除差异不显著的项目。采用同质性检验筛选题项，删除与总分相关不显著以及共同性小于0.2的题项。

使用主成分分析法对正性维度进行探索性因素分析，结果表明巴特利特球形检验显著（$p<0.001$），KMO值为0.91，满足因素分析的基本条件。从碎石图来看适合抽取3～4个因素；从经转轴后的因子负荷矩阵看，适合抽取3个因素。对数据进行主成分分析提取公共因素，通过正交极大方差旋转法获得3个因素（见表3.5）。

表3.5 《大学生诚信心理问卷Ⅱ》正性维度因素分析结果

题项	因素1	因素2	因素3	共同度
V2	0.79			0.68
V1	0.77			0.69
V3	0.75			0.63
V4	0.71			0.57
V6	0.58			0.45
V5	0.54			0.43
V21		0.67		0.49
V36		0.64		0.50
V30		0.62		0.47
V20		0.58		0.43
V31		0.56		0.46
V32		0.55		0.39
V47		0.43		0.32
V57		0.41		0.33
V42		0.40		0.42
V59			0.67	0.58
V39			0.66	0.44
V60			0.64	0.57
V26			0.53	0.50
V58			0.52	0.39
V11			0.50	0.52
特征值	4.10	3.28	2.85	总和
贡献率（%）	19.51	15.64	13.57	48.72

使用主成分分析法对负性维度进行探索性因素分析，结果表明巴特利特球形检验显著($p<0.001$)，KMO值为0.94，满足因素分析的基本条件。从碎石图来看适合抽取3~4个因素；从经转轴后的因子负荷矩阵看，适合抽取3个因素。对数据进行主成分分析提取公共因素，通过正交极大方差旋转法获得3个因素(见表3.6)。

表3.6 《大学生诚信心理问卷Ⅱ》负性维度因素分析结果

题项	因素4	因素5	因素6	共同度
V33	0.73			0.56
V35	0.68			0.50
V44	0.64			0.54
V51	0.59			0.45
V45	0.56			0.47
V43	0.55			0.49
V27	0.50			0.41
V29	0.47			0.39
V63		0.74		0.57
V62		0.72		0.56
V65		0.66		0.61
V52		0.53		0.41
V49		0.50		0.32
V50		0.49		0.50
V53		0.46		0.44
V14			0.66	0.53
V9			0.66	0.45
V23			0.65	0.56
V15			0.60	0.52
V22			0.59	0.47
特征值	3.71	3.24	2.78	总和
贡献率(%)	18.55	16.18	13.90	48.63

对《大学生诚信心理问卷Ⅱ》的探索性因素分析得到了包含正性维度和负性维度合计6个因素的结构模型。根据分析结果以及最初的诚信心理结构构想，我们将正性维度中的因素1命名为“忠厚老实”，因素2命名为“正直守信”，因素3命名为“诚实无欺”；将负性维度中的因素4命名为“钻营世故”，因素5命名为“阴险狡诈”，因素6命名为“虚伪寡信”。

尽管分析结果构建了一个两维度六因素模型，但不少题项的因子载荷以及共同度指标仍不够理想，并且问卷的题目数量过多，在实际测试时不够便捷，表明问卷还有待进一步改进。依据初测收集到的意见，同时征询多位心理学研究生和老师的意见，对部分题项进行了修改和删除，得到了包含23个题项的《大学生诚信心理问卷》。

(二)《大学生诚信心理问卷》的数据分析结果

1.探索性因素分析

使用《大学生诚信心理问卷》进行测试,对收回的数据进行探索性因素分析,步骤与《大学生诚信心理问卷Ⅱ》一致。对正性维度和负性维度分别进行探索性因素分析,KMO值分别为0.91和0.89,巴特利特球形检验均显著($p<0.001$),满足因素分析的基本条件。对数据进行主成分分析提取公共因素,正性维度和负性维度通过正交极大方差旋转法分别得到3个因素(见表3.7和表3.8)。

表3.7 《大学生诚信心理问卷》正性维度因素分析结果

题项	因素1	因素2	因素3	共同度
C32	0.72			0.55
C31	0.71			0.56
C9	0.64			0.45
C23	0.62			0.50
C43		0.82		0.68
C42		0.68		0.50
C44		0.62		0.45
C36		0.51		0.33
C1			0.79	0.67
C2			0.61	0.50
C5			0.52	0.30
C24			0.46	0.39
特征值	2.29	1.98	1.61	总和
贡献率(%)	19.08	16.51	13.41	49.00

表3.8 《大学生诚信心理问卷》负性维度因素分析结果

题项	因素4	因素5	因素6	共同度
C45	0.79			0.64
C28	0.71			0.57
C30	0.66			0.49
C41	0.65			0.49
C15		0.75		0.66
C13		0.72		0.57
C22		0.70		0.55
C16		0.50		0.33
C21			0.77	0.69
C20			0.75	0.61
C19			0.68	0.60
特征值	2.26	2.07	1.85	总和
贡献率(%)	20.59	18.86	16.82	56.27

2. 验证性因素分析

使用《大学生诚信心理问卷》选取新的被试进行测试，对收回的数据进行验证性因素分析（见图3.2和表3.9）。结果表明，χ^2/df=2.07<3，即模型有简约适配程度；RMSEA<0.05，SRMR<0.05；AGFI、IFI、GFI、CFI、TLI值均大于0.9，表明各项拟合指标均符合心理测量学要求，即修订后的问卷模型拟合较好。

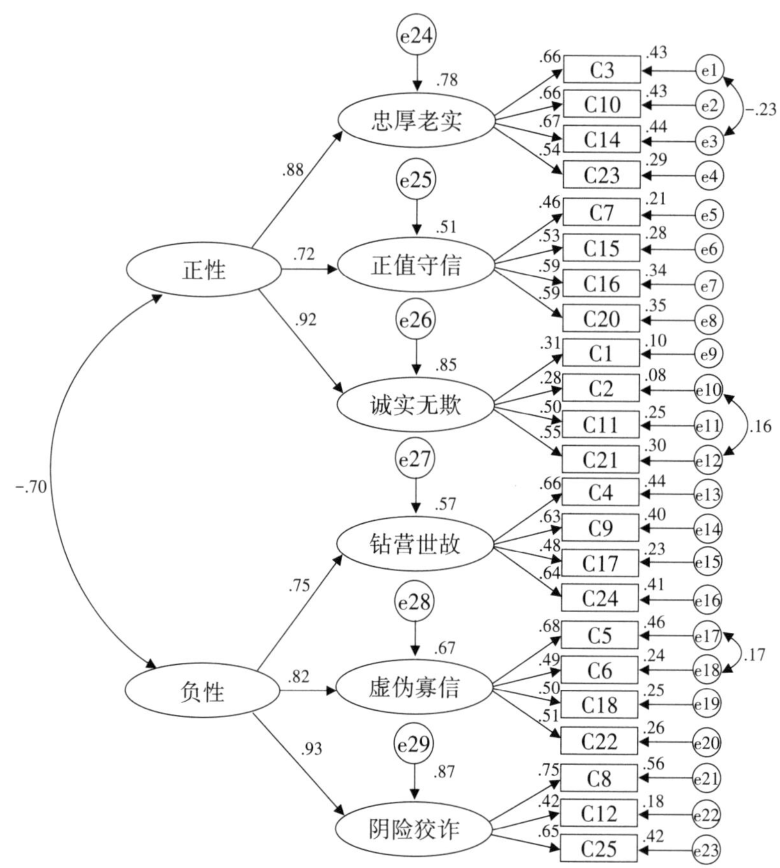

图3.2　大学生诚信心理问卷的标准化结构图

表3.9　《大学生诚信心理问卷》的验证性因素分析

指标	χ^2/df	RMSEA	SRMR	GFI	AGFI	CFI	IFI	TLI
拟合指数	2.07	0.04	0.04	0.94	0.92	0.92	0.92	0.90

3. 信效度检验

采用内部一致性信度和分半信度作为大学生诚信心理问卷的信度指标（见表3.10）。6个因素的内部一致性信度在0.51～0.72，分半信度在0.54～0.76；正性维度和负性维度的内部一致性信度分别为0.75和0.81，分半信度分别为0.77和0.85，表明本问卷的信度良好。

表3.10 《大学生诚信心理问卷》的信度系数

	因素1	因素2	因素3	因素4	因素5	因素6	正性维度	负性维度
内部一致性信度	0.70	0.63	0.51	0.72	0.66	0.68	0.75	0.81
分半信度	0.76	0.71	0.54	0.73	0.69	0.62	0.77	0.85

采用结构效度作为大学生诚信心理问卷的效度指标(见表3.11)。因素1、因素2、因素3与正性维度的相关在0.74～0.82,因素4、因素5、因素6与负性维度的相关在0.78～0.81,正性维度和负性维度的相关为-0.48,说明各因素较好地反映了问卷要测量的内容;各因素之间的相关系数在0.22～0.45,呈中等程度的相关,表明各因素既相互关联又具有一定的独立性,说明本问卷效度良好。

表3.11 《大学生诚信心理问卷》的效度系数

	因素1	因素2	因素3	因素4	因素5	因素6	正性
因素1	—						
因素2	0.45**	—					
因素3	0.42**	0.30**	—				
因素4	-0.40**	-0.24**	-0.24**	—			
因素5	-0.35**	-0.27**	-0.25**	0.41**	—		
因素6	-0.35**	-0.22**	-0.27**	0.47**	0.45**	—	
正性	0.82**	0.76**	0.74**	-0.39**	-0.38**	-0.36**	—
负性	-0.47**	-0.31**	-0.32**	0.81**	0.79**	0.78**	-0.48**

注:$p^{**} < 0.01$。

第四节 大学生诚信心理的特点

一、研究目的

本研究旨在考察大学生诚信心理的特点,为后续推进大学生诚信教育实践提供参考借鉴。

二、研究方法

(一)被试

在我国东部、中部和西部地区选取6所本科院校,采用整群随机抽样的方法,使用《大学生诚信心理问卷》进行施测。共发放问卷3300份,收回有效问卷2765份,问卷有效率

83.79%。其中,男生1484人,女生1281人;大一852人,大二583人,大三824人,大四506人;城镇965人,农村1800人;重点院校1222人,普通院校1543人;独生子女949人,非独生子女1816人。

(二)工具

本研究使用《大学生诚信心理问卷》考察大学生的诚信心理水平。本问卷由正性维度和负性维度两个部分组成,前者包含3个因素12个题项,后者包含3个因素11个题项,合计23个题项。采用Likert 5点计分,无反向计分题。

(三)统计分析

本研究使用SPSS统计软件进行数据的整理和分析,主要包括描述性统计、平均数差异的显著性检验等。

三、研究结果

本研究考察了不同性别、年级、学校类型、家庭居住地、是否独生子女等人口统计学变量下大学生诚信心理的现状与特点,具体结果如下。

1.大学生诚信心理的性别差异

对不同性别大学生的诚信心理进行独立样本t检验,结果表明男女大学生在诚信心理正性维度、负性维度及各因素上均存在显著性差异(见表3.12)。在正性维度上,女生在忠厚老实、正直守信和诚实无欺三个因素上的得分均显著高于男生;在负性维度上,男生在钻营世故、虚假寡信和阴险狡诈三个因素上的得分均显著高于女大学生。这意味着大学生诚信心理具有显著的性别差异。

表3.12 大学生诚信心理的性别差异

维度	男生		女生		t
	M	SD	M	SD	
忠厚老实	3.76	0.64	3.94	0.59	-7.78^{***}
正直守信	3.65	0.62	3.75	0.59	-4.13^{***}
诚实无欺	3.72	0.63	3.82	0.59	-4.46^{***}
正性维度	3.71	0.53	3.84	0.48	-6.63^{***}
钻营世故	2.41	0.81	2.02	0.75	13.05^{***}
虚伪寡信	2.55	0.75	2.32	0.69	8.25^{***}
阴险狡诈	2.25	0.85	1.95	0.71	10.03^{***}
负性维度	2.42	0.68	2.11	0.59	12.59^{***}

注:$^{*}p < 0.05$,$^{**}p < 0.01$,$^{***}p < 0.001$。

2. 大学生诚信心理的年级差异

对不同年级大学生的诚信心理进行方差分析，结果表明大学生诚信心理在正性维度、负性维度及各因素上均表现出显著的年级差异（见表3.13）。总体上看，大学生诚信心理正性维度上呈现出大一到大四逐渐下降的趋势；在负性维度上，表现出大一到大四逐渐上升的趋势。事后检验表明，大二与大三年级学生不论是在正性维度还是负性维度上，以及各因素上都无显著性差异；在正性维度及其各因素上，相较于大二、大三学生，大一学生的得分显著较高，大四学生的得分显著较低；在负性维度及其各因素上，相较于大二、大三学生，大一学生的得分显著较低，大四学生的得分显著较高。

表3.13　大学生诚信心理的年级差异（*M*±*SD*）

维度	大一	大二	大三	大四	*F*
忠厚老实	3.98±0.58	3.83±0.60	3.79±0.63	3.70±0.66	26.10***
正直守信	3.81±0.61	3.68±0.61	3.62±0.61	3.64±0.59	16.43***
诚实无欺	3.88±0.60	3.72±0.55	3.74±0.61	3.65±0.69	16.59***
正性维度	3.89±0.49	3.74±0.48	3.72±0.50	3.66±0.55	27.04***
钻营世故	2.02±0.71	2.24±0.75	2.24±0.80	2.60±0.90	57.37***
虚假寡信	2.23±0.69	2.39±0.68	2.48±0.71	2.83±0.74	78.31***
阴险狡诈	1.88±0.66	2.13±0.72	2.09±0.79	2.52±0.97	71.99***
负性维度	2.05±0.54	2.26±0.59	2.28±0.64	2.66±0.77	97.95***

注：$^{*}p < 0.05$，$^{**}p < 0.01$，$^{***}p < 0.001$。

3. 大学生诚信心理的学校类型差异

对不同学校类型大学生的诚信心理进行独立样本*t*检验，结果表明重点院校大学生与普通院校大学生在诚信心理各维度及其因素上均存在显著性差异（见表3.14）。具体来看，在忠厚老实、正直守信、诚实无欺因素及正性维度上，重点院校学生的得分均显著低于普通院校学生；在钻营世故、虚假寡信、阴险狡诈因素及负性维度上，重点院校学生的得分均显著高于普通院校学生。

表3.14　大学生诚信心理的学校类型差异

维度	重点院校		普通院校		*t*
	M	*SD*	*M*	*SD*	
忠厚老实	3.75	0.65	3.91	0.60	−6.53***
正直守信	3.66	0.61	3.73	0.61	−2.68**
诚实无欺	3.69	0.65	3.82	0.58	−5.58***
正性维度	3.70	0.54	3.82	0.48	−5.94***
钻营世故	2.40	0.85	2.11	0.75	9.35***
虚假寡信	2.62	0.74	2.30	0.69	11.66***
阴险狡诈	2.32	0.89	1.94	0.69	12.20***
负性维度	2.46	0.72	2.13	0.56	12.91***

注：$^{*}p < 0.05$，$^{**}p < 0.01$，$^{***}p < 0.001$。

4.大学生诚信心理的家庭居住地差异

对不同家庭居住地大学生的诚信心理进行独立样本t检验，结果表明来自城镇的大学生与来自农村的大学生在诚信心理各维度及其因素上均存在显著性差异（见表3.15）。具体来看，来自城镇的大学生在忠厚老实、正直守信及正性维度上的得分均显著低于来自农村的大学生，而在钻营世故、虚假寡信、阴险狡诈及负性维度上的得分均显著高于来自农村的大学生。

表3.15　大学生诚信心理的家庭居住地差异

维度	城镇		农村		t
	M	SD	M	SD	
忠厚老实	3.76	0.63	3.88	0.62	-0.51^{***}
正直守信	3.67	0.61	3.71	0.61	-1.96^{*}
诚实无欺	3.74	0.62	3.78	0.61	−1.57
正性维度	3.72	0.51	3.79	0.57	-3.50^{***}
钻营世故	2.36	0.83	2.17	0.79	5.72^{***}
虚假寡信	2.54	0.74	2.40	0.72	4.86^{***}
阴险狡诈	2.19	0.84	2.07	0.78	3.78^{***}
负性维度	2.38	0.68	2.22	0.65	5.73^{***}

注：$^{*}p < 0.05$，$^{**}p < 0.01$，$^{***}p < 0.001$。

5.大学生诚信心理在是否是独生子女上的差异

对独生子女与非独生子女大学生的诚信心理进行独立样本t检验，结果表明独生子女大学生与非独生子女大学生在诚信心理各维度及其因素上均存在显著性差异（见表3.16）。具体来看，独生子女大学生在忠厚老实、正直守信、诚实无欺及正性维度上的得分均显著低于非独生子女，在钻营世故、虚假寡信、阴险狡诈及负性维度上的得分均显著高于非独生子女。

表3.16　大学生诚信心理在是否是独生子女上的差异

维度	独生子女		非独生子女		t
	M	SD	M	SD	
忠厚老实	3.76	0.65	3.88	0.61	-4.58^{***}
正直守信	3.66	0.61	3.72	0.61	-2.54^{*}
诚实无欺	3.75	0.61	3.78	0.62	-2.27^{*}
正性维度	3.72	0.51	3.79	0.51	-3.74^{***}
钻营世故	2.33	0.82	2.18	0.80	4.63^{***}
虚假寡信	2.54	0.73	2.40	0.73	4.79^{***}
阴险狡诈	2.18	0.82	2.07	0.79	3.40^{***}
负性维度	2.37	0.67	2.23	0.65	5.13^{***}

注：$^{*}p < 0.05$，$^{**}p < 0.01$，$^{***}p < 0.001$。

四、讨论

本研究发现大学生诚信心理在不同性别、年级、学校类型、家庭居住地及是否是独生子女等人口统计学变量上均存在显著性差异。

在性别差异上,女生相较于男生在淳朴善良、诚实守信方面的得分更高,这与中国人人格研究中的性别差异结果一致①,即女生的情感更加丰富细腻,人际情感需求更多,因而更看重对人际关系的维护,所以对诚信具有更为积极的态度。对男生而言,社会的性别角色要求男生具备男子汉气概,对于生活中的一些小事无须斤斤计较,例如同伴之间一些小的约定没有完成也不会过于在意,从而导致男生对诚信的履约水平相对较低。同时,社会对男性在事业上的成功要求要高于女性,面对复杂的社会环境、激烈的社会竞争,为了更好地谋求实际利益,有时候不得不采用一些非常规手段。而社会环境对于成功的标准是重结果轻过程,对于这种现象表现出了一定程度的默许,因而男性在心理上对钻营世故、虚假寡信、阴险狡诈等的排斥度较低,可能会进一步强化男性消极维度的诚信观念和行为。再者,王云强、郭本禹在关于大学生道德人格的研究中发现,女生在与人为善、诚实简朴维度上的分数显著高于男大学生,男大学生更容易强调公正,也更容易做出危害性的行为,敢于冒更大的风险来取得利益。②因此,社会的期待与要求可能是导致大学生诚信心理性别差异的重要原因。

在年级差异上,低年级学生的正性维度得分更高,负性维度得分更低。可能的原因是一方面,大一学生刚刚踏入大学校园,面对新的角色和新的人生历程,对一切充满了希望,对未来也充满信心,总体上较为理想化,也更看重自身的道德修养和言行的自律,使自己各方面得到和谐发展,所以更多地表现出真诚、不欺骗,看重自己的诺言和信誉,容易信任他人,对诚信的总体评价也更为积极。另一方面,大一学生面对一个全新的环境,与他人之间还未建立起稳定、和谐的人际关系,为求得他人的认同,一些消极的观念可能会被掩盖,会按照社会所赞许的方式来做出反应。而进入高年级阶段,随着经验和阅历的增加,以及经历了比较多的人际挫折之后,大学生对于社会人际关系的复杂程度有了更深切的认识和体会,同时也亲身体会到了一些不诚信的行为和观念,从而一定程度上降低了诚信热情。特别是大学四年级要面临就业的巨大压力和残酷竞争,往往需要更多地考虑个人的利益与前途,大学生会为了获得一定的优势资源而采取非诚信的手段。

在学校类型差异上,重点院校大学生的表现不如普通院校大学生,在以往研究中也

---

① 王登峰、崔红:《解读中国人的人格》,北京:社会科学文献出版社2005年版。

② 王云强、郭本禹:《大学生道德人格特点的初步研究》,《心理科学》2011年第6期,第1436~1440页。

发现了类似的现象。例如在杨子珺的研究中，专科生的诚信水平显著高于本科生。[①]可能的原因是重点院校大学生的成绩更为优秀，而成绩优秀的学生在高中阶段往往是突出的，通常会被老师、家长、同学等给予较高的评价。而当一群成绩优异的学生聚在一起时，一部分学生就会发现自己在与他人的比较中失去了原有的优势，会产生较大的心理落差，因此会采取一些措施来弥补这种落差。同时，经过对比后，相对优秀的学生也会千方百计地去维持这种优势的存在。即重点院校大学生之间的竞争更为激烈，相互之间保持绝对真诚的可能性较低，为了获得比较后的优势而不得不采取一些方法，进而导致重点院校大学生的诚信心理水平较一般院校的大学生略低。

在家庭居住地差异上，来自城镇的学生在忠厚老实、正直守信及正性维度上的得分均显著低于来自农村的学生，而在负性维度上则显著高于来自农村的学生。主要原因是农村学生相较于城市学生而言，从小生长在一个较为传统、保守的环境里，所接受的传统思想教育更多，故而在诚信心理上更为积极。而城市的社会竞争较大，非诚信现象也更多，故而对城市学生积极诚信心理品质的形成带来阻力和冲击，并强化了其消极诚信心理。此外，农村学生由于受家庭经济条件的影响，生活更加独立，在自立自理能力培养过程中更懂得诚信的意义。相较城市学生来说，他们的社会背景相对单纯，社会关系较为简单，要想取得成功，只能依靠自己的努力进取。

在是否是独生子女差异上，非独生子女大学生表现出更为积极的诚信心理。主要原因是独生子女从小就是家庭的中心，不论在学习还是生活上，自己都处于一种受关注的状态，做事较多以自己为中心，不需要过多考虑其他人的看法。而非独生子女大学生由于家庭中同辈较多，父母的关注相对分散，自身有较强的独立性，懂得如何处理好人际关系，知道该以什么样的标准去和外界交往，并在与兄弟姐妹交往的过程中无形地培养了责任感和诚信观念。

附录1

诚信术语评定问卷

指导语：以下是涉及诚信的相关词汇，请您先评定对每个词汇的熟悉程度，1到5代表“非常不熟悉”到“非常熟悉”；然后评定该词汇是否能够描述诚信个体的典型特征，1到5分别代表“完全不能”到“完全能够”。

---

① 杨子珺：《大学生诚信价值观结构及其发展特点》，西南大学硕士学位论文，2007年。

(一)第一部分

词汇	熟悉度	代表程度	词汇	熟悉度	代表程度
忠诚的	1 2 3 4 5	1 2 3 4 5	诚实的	1 2 3 4 5	1 2 3 4 5
一言九鼎的	1 2 3 4 5	1 2 3 4 5	公正的	1 2 3 4 5	1 2 3 4 5
忠厚的	1 2 3 4 5	1 2 3 4 5	谦和的	1 2 3 4 5	1 2 3 4 5
言而有信的	1 2 3 4 5	1 2 3 4 5	诚恳的	1 2 3 4 5	1 2 3 4 5
乐于助人的	1 2 3 4 5	1 2 3 4 5	和善的	1 2 3 4 5	1 2 3 4 5
坦诚的	1 2 3 4 5	1 2 3 4 5	守时的	1 2 3 4 5	1 2 3 4 5
说到做到的	1 2 3 4 5	1 2 3 4 5	耿直的	1 2 3 4 5	1 2 3 4 5
积极进取的	1 2 3 4 5	1 2 3 4 5	虔诚的	1 2 3 4 5	1 2 3 4 5
大方的	1 2 3 4 5	1 2 3 4 5	负责的	1 2 3 4 5	1 2 3 4 5
朴实的	1 2 3 4 5	1 2 3 4 5	淳朴的	1 2 3 4 5	1 2 3 4 5
光明磊落的	1 2 3 4 5	1 2 3 4 5	善良的	1 2 3 4 5	1 2 3 4 5
自信的	1 2 3 4 5	1 2 3 4 5	慷慨的	1 2 3 4 5	1 2 3 4 5
公正的	1 2 3 4 5	1 2 3 4 5	老实的	1 2 3 4 5	1 2 3 4 5
坚持不懈的	1 2 3 4 5	1 2 3 4 5	本分的	1 2 3 4 5	1 2 3 4 5
勤奋的	1 2 3 4 5	1 2 3 4 5	实在的	1 2 3 4 5	1 2 3 4 5
有担当的	1 2 3 4 5	1 2 3 4 5	直爽的	1 2 3 4 5	1 2 3 4 5
说话算话的	1 2 3 4 5	1 2 3 4 5	忠贞的	1 2 3 4 5	1 2 3 4 5
谦逊的	1 2 3 4 5	1 2 3 4 5	严谨的	1 2 3 4 5	1 2 3 4 5
有爱心的	1 2 3 4 5	1 2 3 4 5	真挚的	1 2 3 4 5	1 2 3 4 5
言出必行的	1 2 3 4 5	1 2 3 4 5	正直的	1 2 3 4 5	1 2 3 4 5
信守承诺的	1 2 3 4 5	1 2 3 4 5	实干的	1 2 3 4 5	1 2 3 4 5
金口玉言的	1 2 3 4 5	1 2 3 4 5	安分守己的	1 2 3 4 5	1 2 3 4 5
诚至金开的	1 2 3 4 5	1 2 3 4 5	大公无私的	1 2 3 4 5	1 2 3 4 5
重信义的	1 2 3 4 5	1 2 3 4 5	克己奉公的	1 2 3 4 5	1 2 3 4 5
推心置腹的	1 2 3 4 5	1 2 3 4 5	表里如一的	1 2 3 4 5	1 2 3 4 5
正人君子的	1 2 3 4 5	1 2 3 4 5	坚持原则的	1 2 3 4 5	1 2 3 4 5
知错能改的	1 2 3 4 5	1 2 3 4 5	兢兢业业的	1 2 3 4 5	1 2 3 4 5
专一的	1 2 3 4 5	1 2 3 4 5	襟怀坦白的	1 2 3 4 5	1 2 3 4 5
真心实意的	1 2 3 4 5	1 2 3 4 5	一丝不苟的	1 2 3 4 5	1 2 3 4 5
孝顺的	1 2 3 4 5	1 2 3 4 5	勤勤恳恳的	1 2 3 4 5	1 2 3 4 5
勇敢的	1 2 3 4 5	1 2 3 4 5	光明正大的	1 2 3 4 5	1 2 3 4 5
执着的	1 2 3 4 5	1 2 3 4 5	肝胆相照的	1 2 3 4 5	1 2 3 4 5
自律的	1 2 3 4 5	1 2 3 4 5	严于律己的	1 2 3 4 5	1 2 3 4 5
尊老爱幼的	1 2 3 4 5	1 2 3 4 5	直言不讳的	1 2 3 4 5	1 2 3 4 5
仗义执言的	1 2 3 4 5	1 2 3 4 5	遵纪守法的	1 2 3 4 5	1 2 3 4 5
说话直白的	1 2 3 4 5	1 2 3 4 5	坦诚相待的	1 2 3 4 5	1 2 3 4 5
无私奉献的	1 2 3 4 5	1 2 3 4 5	诚心诚意的	1 2 3 4 5	1 2 3 4 5
敢作敢当的	1 2 3 4 5	1 2 3 4 5	开诚布公的	1 2 3 4 5	1 2 3 4 5
助人为乐的	1 2 3 4 5	1 2 3 4 5	童叟无欺的	1 2 3 4 5	1 2 3 4 5
尊重他人的	1 2 3 4 5	1 2 3 4 5	胸无城府的	1 2 3 4 5	1 2 3 4 5
信守不渝的	1 2 3 4 5	1 2 3 4 5	刚直不阿的	1 2 3 4 5	1 2 3 4 5
守约定的	1 2 3 4 5	1 2 3 4 5	言行一致的	1 2 3 4 5	1 2 3 4 5

续表

词汇	熟悉度	代表程度	词汇	熟悉度	代表程度
可依赖的	1 2 3 4 5	1 2 3 4 5	忠心耿耿的	1 2 3 4 5	1 2 3 4 5
心胸坦荡的	1 2 3 4 5	1 2 3 4 5	实事求是的	1 2 3 4 5	1 2 3 4 5
尽职的	1 2 3 4 5	1 2 3 4 5	守信用的	1 2 3 4 5	1 2 3 4 5
豁达的	1 2 3 4 5	1 2 3 4 5	有原则的	1 2 3 4 5	1 2 3 4 5
及时还债的	1 2 3 4 5	1 2 3 4 5	讲义气的	1 2 3 4 5	1 2 3 4 5
人缘好的	1 2 3 4 5	1 2 3 4 5	守规矩的	1 2 3 4 5	1 2 3 4 5
谨慎的	1 2 3 4 5	1 2 3 4 5	可信赖的	1 2 3 4 5	1 2 3 4 5
心胸开阔的	1 2 3 4 5	1 2 3 4 5	认真的	1 2 3 4 5	1 2 3 4 5
值得信任的	1 2 3 4 5	1 2 3 4 5	坦率的	1 2 3 4 5	1 2 3 4 5
疾恶如仇的	1 2 3 4 5	1 2 3 4 5	务实的	1 2 3 4 5	1 2 3 4 5
有始有终的	1 2 3 4 5	1 2 3 4 5	高尚的	1 2 3 4 5	1 2 3 4 5
意志坚定的	1 2 3 4 5	1 2 3 4 5	稳重的	1 2 3 4 5	1 2 3 4 5
心直口快的	1 2 3 4 5	1 2 3 4 5	可靠的	1 2 3 4 5	1 2 3 4 5
守口如瓶的	1 2 3 4 5	1 2 3 4 5	踏实的	1 2 3 4 5	1 2 3 4 5
明辨是非的	1 2 3 4 5	1 2 3 4 5	实话实说的	1 2 3 4 5	1 2 3 4 5
一诺千金的	1 2 3 4 5	1 2 3 4 5	公平的	1 2 3 4 5	1 2 3 4 5
讲信誉的	1 2 3 4 5	1 2 3 4 5	实干的	1 2 3 4 5	1 2 3 4 5
言必信行必果的	1 2 3 4 5	1 2 3 4 5	真诚的	1 2 3 4 5	1 2 3 4 5

(二)第二部分

词汇	熟悉度	代表程度	词汇	熟悉度	代表程度
狡猾的	1 2 3 4 5	1 2 3 4 5	势利的	1 2 3 4 5	1 2 3 4 5
阴险的	1 2 3 4 5	1 2 3 4 5	懒散的	1 2 3 4 5	1 2 3 4 5
狡诈的	1 2 3 4 5	1 2 3 4 5	傲慢的	1 2 3 4 5	1 2 3 4 5
有心机的	1 2 3 4 5	1 2 3 4 5	世故的	1 2 3 4 5	1 2 3 4 5
笑里藏刀的	1 2 3 4 5	1 2 3 4 5	马虎的	1 2 3 4 5	1 2 3 4 5
卑鄙的	1 2 3 4 5	1 2 3 4 5	多疑的	1 2 3 4 5	1 2 3 4 5
撒谎的	1 2 3 4 5	1 2 3 4 5	轻浮的	1 2 3 4 5	1 2 3 4 5
言过其实的	1 2 3 4 5	1 2 3 4 5	油滑的	1 2 3 4 5	1 2 3 4 5
装傻充愣的	1 2 3 4 5	1 2 3 4 5	轻率的	1 2 3 4 5	1 2 3 4 5
老奸巨猾的	1 2 3 4 5	1 2 3 4 5	虚伪的	1 2 3 4 5	1 2 3 4 5
狐假虎威的	1 2 3 4 5	1 2 3 4 5	虚荣的	1 2 3 4 5	1 2 3 4 5
做作的	1 2 3 4 5	1 2 3 4 5	藏头露尾的	1 2 3 4 5	1 2 3 4 5
心口不一的	1 2 3 4 5	1 2 3 4 5	嫉妒心强的	1 2 3 4 5	1 2 3 4 5
忘恩负义的	1 2 3 4 5	1 2 3 4 5	沽名钓誉的	1 2 3 4 5	1 2 3 4 5
贪小便宜的	1 2 3 4 5	1 2 3 4 5	见利忘义的	1 2 3 4 5	1 2 3 4 5
大言不惭的	1 2 3 4 5	1 2 3 4 5	尔虞我诈的	1 2 3 4 5	1 2 3 4 5
迟到早退的	1 2 3 4 5	1 2 3 4 5	出尔反尔的	1 2 3 4 5	1 2 3 4 5
圆滑的	1 2 3 4 5	1 2 3 4 5	阳奉阴违的	1 2 3 4 5	1 2 3 4 5
斤斤计较的	1 2 3 4 5	1 2 3 4 5	敷衍塞责的	1 2 3 4 5	1 2 3 4 5

续表

词汇	熟悉度	代表程度	词汇	熟悉度	代表程度
心胸狭窄的	1 2 3 4 5	1 2 3 4 5	随声附和的	1 2 3 4 5	1 2 3 4 5
爱找借口的	1 2 3 4 5	1 2 3 4 5	唯利是图的	1 2 3 4 5	1 2 3 4 5
暗箭伤人的	1 2 3 4 5	1 2 3 4 5	两面三刀的	1 2 3 4 5	1 2 3 4 5
搬弄是非的	1 2 3 4 5	1 2 3 4 5	阴险狡诈的	1 2 3 4 5	1 2 3 4 5
讹言惑众的	1 2 3 4 5	1 2 3 4 5	老谋深算的	1 2 3 4 5	1 2 3 4 5
小肚鸡肠的	1 2 3 4 5	1 2 3 4 5	自私自利的	1 2 3 4 5	1 2 3 4 5
推卸责任的	1 2 3 4 5	1 2 3 4 5	夸夸其谈的	1 2 3 4 5	1 2 3 4 5
油嘴滑舌的	1 2 3 4 5	1 2 3 4 5	阿谀奉承的	1 2 3 4 5	1 2 3 4 5
迟到早退的	1 2 3 4 5	1 2 3 4 5	道貌岸然的	1 2 3 4 5	1 2 3 4 5
城府深的	1 2 3 4 5	1 2 3 4 5	口蜜腹剑的	1 2 3 4 5	1 2 3 4 5
违约的	1 2 3 4 5	1 2 3 4 5	花言巧语的	1 2 3 4 5	1 2 3 4 5
爽约的	1 2 3 4 5	1 2 3 4 5	三心二意的	1 2 3 4 5	1 2 3 4 5
媚上欺下的	1 2 3 4 5	1 2 3 4 5	虚情假意的	1 2 3 4 5	1 2 3 4 5
狡辩的	1 2 3 4 5	1 2 3 4 5	自食其言的	1 2 3 4 5	1 2 3 4 5
自我中心的	1 2 3 4 5	1 2 3 4 5	居心叵测的	1 2 3 4 5	1 2 3 4 5
拖沓的	1 2 3 4 5	1 2 3 4 5	装模作样的	1 2 3 4 5	1 2 3 4 5
装聋作哑的	1 2 3 4 5	1 2 3 4 5	口是心非的	1 2 3 4 5	1 2 3 4 5
心虚的	1 2 3 4 5	1 2 3 4 5	信口开河的	1 2 3 4 5	1 2 3 4 5
遮遮掩掩的	1 2 3 4 5	1 2 3 4 5	偷奸耍滑的	1 2 3 4 5	1 2 3 4 5
见异思迁的	1 2 3 4 5	1 2 3 4 5	见风使舵的	1 2 3 4 5	1 2 3 4 5
敷衍的	1 2 3 4 5	1 2 3 4 5	投机取巧的	1 2 3 4 5	1 2 3 4 5
善于掩饰的	1 2 3 4 5	1 2 3 4 5	诡计多端的	1 2 3 4 5	1 2 3 4 5
空口白话的	1 2 3 4 5	1 2 3 4 5	冠冕堂皇的	1 2 3 4 5	1 2 3 4 5
自欺欺人的	1 2 3 4 5	1 2 3 4 5	反复无常的	1 2 3 4 5	1 2 3 4 5
食言的	1 2 3 4 5	1 2 3 4 5	华而不实的	1 2 3 4 5	1 2 3 4 5
傲慢的	1 2 3 4 5	1 2 3 4 5	轻诺寡信的	1 2 3 4 5	1 2 3 4 5
自以为是的	1 2 3 4 5	1 2 3 4 5	过河拆桥的	1 2 3 4 5	1 2 3 4 5
不择手段的	1 2 3 4 5	1 2 3 4 5	狂妄自大的	1 2 3 4 5	1 2 3 4 5
徇私舞弊的	1 2 3 4 5	1 2 3 4 5	厚颜无耻的	1 2 3 4 5	1 2 3 4 5
拐弯抹角的	1 2 3 4 5	1 2 3 4 5	朝三暮四的	1 2 3 4 5	1 2 3 4 5
轻易许诺的	1 2 3 4 5	1 2 3 4 5	损人利己的	1 2 3 4 5	1 2 3 4 5
心怀鬼胎的	1 2 3 4 5	1 2 3 4 5	浮夸的	1 2 3 4 5	1 2 3 4 5
钩心斗角的	1 2 3 4 5	1 2 3 4 5	剽窃的	1 2 3 4 5	1 2 3 4 5
说三道四的	1 2 3 4 5	1 2 3 4 5	信口雌黄的	1 2 3 4 5	1 2 3 4 5
绵里藏针的	1 2 3 4 5	1 2 3 4 5	抄袭的	1 2 3 4 5	1 2 3 4 5
谎言连篇的	1 2 3 4 5	1 2 3 4 5	隐瞒的	1 2 3 4 5	1 2 3 4 5
拾金不昧的	1 2 3 4 5	1 2 3 4 5	弄虚作假的	1 2 3 4 5	1 2 3 4 5
急功近利的	1 2 3 4 5	1 2 3 4 5	欺骗的	1 2 3 4 5	1 2 3 4 5
外强中干的	1 2 3 4 5	1 2 3 4 5	背信弃义的	1 2 3 4 5	1 2 3 4 5
滥竽充数的	1 2 3 4 5	1 2 3 4 5	爱出风头的	1 2 3 4 5	1 2 3 4 5
前后矛盾的	1 2 3 4 5	1 2 3 4 5	好大喜功的	1 2 3 4 5	1 2 3 4 5
墙头草两边倒的	1 2 3 4 5	1 2 3 4 5			

附录2

大学生诚信特质评定问卷 I

指导语：以下是个体诚信心理特征的词汇，请您认真考虑每个词在多大程度上适合描述您自己，并根据实际情况选择相应的选项。

词汇	选项					词汇	选项				
	非常不符合	大部分不符合	部分符合	大部分符合	非常符合		非常不符合	大部分不符合	部分符合	大部分符合	非常符合
诚恳的	1	2	3	4	5	有担当的	1	2	3	4	5
忠厚的	1	2	3	4	5	尽职的	1	2	3	4	5
老实的	1	2	3	4	5	偷奸耍滑的	1	2	3	4	5
藏头露尾的	1	2	3	4	5	高尚的	1	2	3	4	5
阳奉阴违的	1	2	3	4	5	投机取巧的	1	2	3	4	5
实干的	1	2	3	4	5	媚上欺下的	1	2	3	4	5
开诚布公的	1	2	3	4	5	实话实说的	1	2	3	4	5
童叟无欺的	1	2	3	4	5	坦率的	1	2	3	4	5
淳朴的	1	2	3	4	5	耿直的	1	2	3	4	5
弄虚作假的	1	2	3	4	5	不择手段的	1	2	3	4	5
尔虞我诈的	1	2	3	4	5	老奸巨猾的	1	2	3	4	5
厚道的	1	2	3	4	5	正直的	1	2	3	4	5
推心置腹的	1	2	3	4	5	守信用的	1	2	3	4	5
言过其实的	1	2	3	4	5	推卸责任的	1	2	3	4	5
讹言惑众的	1	2	3	4	5	华而不实的	1	2	3	4	5
认真的	1	2	3	4	5	敢作敢当的	1	2	3	4	5
公正的	1	2	3	4	5	言而有信的	1	2	3	4	5
轻诺寡信的	1	2	3	4	5	自欺欺人的	1	2	3	4	5
爱找借口的	1	2	3	4	5	两面三刀的	1	2	3	4	5
反复无常的	1	2	3	4	5	实在的	1	2	3	4	5
过河拆桥的	1	2	3	4	5	口蜜腹剑的	1	2	3	4	5
抄袭的	1	2	3	4	5	狡猾的	1	2	3	4	5
光明磊落的	1	2	3	4	5	见风使舵的	1	2	3	4	5
一诺千金的	1	2	3	4	5	表里如一的	1	2	3	4	5
正人君子的	1	2	3	4	5	阴险的	1	2	3	4	5
见利忘义的	1	2	3	4	5	阿谀奉承的	1	2	3	4	5
诡计多端的	1	2	3	4	5	沽名钓誉的	1	2	3	4	5
花言巧语的	1	2	3	4	5	浮夸的	1	2	3	4	5
损人利己的	1	2	3	4	5	信守不渝的	1	2	3	4	5
重信义的	1	2	3	4	5	徇私舞弊的	1	2	3	4	5
坦诚相待的	1	2	3	4	5	口是心非的	1	2	3	4	5
负责任的	1	2	3	4	5	诚实的	1	2	3	4	5
剽窃的	1	2	3	4	5	胸无城府的	1	2	3	4	5

续表

词汇	选项					词汇	选项				
	非常不符合	大部分不符合	部分符合	大部分符合	非常符合		非常不符合	大部分不符合	部分符合	大部分符合	非常符合
虚伪的	1	2	3	4	5	诚心诚意的	1	2	3	4	5
谎言连篇的	1	2	3	4	5	重信誉的	1	2	3	4	5
虚情假意的	1	2	3	4	5	出尔反尔的	1	2	3	4	5
装模作样的	1	2	3	4	5	踏实的	1	2	3	4	5
忠心耿耿的	1	2	3	4	5	刚直不阿的	1	2	3	4	5
忠诚的	1	2	3	4	5	信口开河的	1	2	3	4	5
襟怀坦白的	1	2	3	4	5	自食其言的	1	2	3	4	5
可信任的	1	2	3	4	5	居心叵测的	1	2	3	4	5
可依赖的	1	2	3	4	5	守口如瓶的	1	2	3	4	5
笑里藏刀的	1	2	3	4	5	可靠的	1	2	3	4	5
直言不讳的	1	2	3	4	5	肝胆相照的	1	2	3	4	5
坚持原则的	1	2	3	4	5	敷衍了事的	1	2	3	4	5
背信弃义的	1	2	3	4	5	善于掩饰的	1	2	3	4	5
违约的	1	2	3	4	5	欺骗的	1	2	3	4	5
实事求是的	1	2	3	4	5						

附录3

大学生诚信特质评定问卷Ⅱ

指导语:以下是个体诚信心理特征的词汇,请您认真考虑每个词在多大程度上适合描述您自己,并根据实际情况选择相应的选项。

词汇	选项					词汇	选项				
	非常不符合	大部分不符合	部分符合	大部分符合	非常符合		非常不符合	大部分不符合	部分符合	大部分符合	非常符合
可靠的	1	2	3	4	5	口蜜腹剑的	1	2	3	4	5
实在的	1	2	3	4	5	狡猾的	1	2	3	4	5
诚心诚意的	1	2	3	4	5	阴险的	1	2	3	4	5
肝胆相照的	1	2	3	4	5	诡计多端的	1	2	3	4	5
实事求是的	1	2	3	4	5	两面三刀的	1	2	3	4	5
诚实的	1	2	3	4	5	笑里藏刀的	1	2	3	4	5
一诺千金的	1	2	3	4	5	偷奸耍滑的	1	2	3	4	5
正人君子的	1	2	3	4	5	阳奉阴违的	1	2	3	4	5
光明磊落的	1	2	3	4	5	藏头露尾的	1	2	3	4	5
坦诚相待的	1	2	3	4	5	弄虚作假的	1	2	3	4	5
守信用的	1	2	3	4	5	徇私舞弊的	1	2	3	4	5

续表

词汇	选项					词汇	选项				
	非常不符合	大部分不符合	部分符合	大部分符合	非常符合		非常不符合	大部分不符合	部分符合	大部分符合	非常符合
负责任的	1	2	3	4	5	媚上欺下的	1	2	3	4	5
忠厚的	1	2	3	4	5	投机取巧的	1	2	3	4	5
老实的	1	2	3	4	5	自欺欺人的	1	2	3	4	5
诚恳的	1	2	3	4	5	浮夸的	1	2	3	4	5
淳朴的	1	2	3	4	5	华而不实的	1	2	3	4	5
厚道的	1	2	3	4	5	口是心非的	1	2	3	4	5
自食其言的	1	2	3	4	5	敷衍了事的	1	2	3	4	5
推卸责任的	1	2	3	4	5						

附录4

大学生诚信心理问卷

指导语:请仔细阅读下列题项,并根据自己的实际情况选择对应的选项。

题　项	非常不符合	比较不符合	不确定	比较符合	非常符合
1.对我不了解的事,我不会假装知道	1	2	3	4	5
2.存在外界压力时我也能说出自己真实的想法	1	2	3	4	5
3.我为人踏实肯干,从不炫耀自己	1	2	3	4	5
4.我很善于作表面文章	1	2	3	4	5
5.我常表面上答应别人的要求,实则一直拖延	1	2	3	4	5
6.我常常随口许诺	1	2	3	4	5
7.我做事不徇私情	1	2	3	4	5
8.我常对周围人当面一套,背后一套	1	2	3	4	5
9.在竞争时我会使些手段以获利	1	2	3	4	5
10.我为人处世很实在	1	2	3	4	5
11.我会如实填写简历,不会夸大	1	2	3	4	5
12.我常言不由衷地夸赞别人	1	2	3	4	5
13.我对朋友很忠诚	1	2	3	4	5
14.在评判是非对错时我能坚持真理	1	2	3	4	5
15.在日常生活中我能做到言行一致	1	2	3	4	5
16.周围人常说我很有城府,让人猜不透	1	2	3	4	5
17.我常为自己的行为找借口	1	2	3	4	5
18.在评优或选举时我能公正地投票	1	2	3	4	5
19.答应别人的事,我常想方设法去完成	1	2	3	4	5
20.我常揣测他人想法,附和他人的观点	1	2	3	4	5
21.朋友常说我为人淳朴	1	2	3	4	5
22.周围的人常说我很圆滑	1	2	3	4	5
23.我常在朋友面前搬弄是非	1	2	3	4	5

第四章 大学生社会自我结构及特点

良好的社会自我对于个体适应社会具有积极的促进作用。大学生处于从学校生活到社会生活的过渡阶段，其社会自我的发展状况直接影响着其现阶段的学校适应以及对于未来进入社会的准备。因此，对大学生社会自我进行深入的研究，有助于清晰地认识大学生社会自我的概念和结构，构建和完善有关社会自我的相关理论，进一步把握我国当代大学生社会自我的特点，进而为有效促进大学生社会自我的发展，奠定其良好社会适应的心理品质提供理论和实证支持。

第一节 研究概述

一、社会自我的概念

自从明确提出自我概念以来，众多心理学家就开始重视对社会自我概念的探讨与研究。詹姆斯(James)把社会自我作为经验自我中的一个子成分，他认为社会自我指一个人从同伴那里得到的承认，即他在别人心目中的形象。在很大程度上，我们如何看待自己取决于我们所扮演的社会角色。正如前文所言，我们加入某一团体并不是仅仅因为我们喜欢同伴，而是因为我们追求被认可和地位。总之，社会自我包括我们所占有的社会地位和我们所扮演的社会角色。但是社会自我不仅仅是这些地位和身份，更为重要的是我们所认为的被他人关注和认可的方式。[①]谢弗尔森(Shavelson)等人提出的多维度多层次自我概念模型中，社会自我是指个体对自己社会胜任的感知。[②]符号互动学派的创始人米德认为从本质上来看自我是一种社会存在，是整个社会系统和社会过程的组成部分，个体的自我只有通过社会及其中不断进行的互动才能产生和存在；在詹姆斯将自我结构粗略划分为主体我(I)和客体我(Me)的基础上，进一步阐述了两者间关系，即客体我是自我意识的对象和本体，主体我是自我的动力成分，客体我是自我活动的本体建构，制约着主体我的活动，而主体我是客体我发展变化的引导者，个人与社会的变化发展与改良都源于主体我的活动。[③]由此，可以看出社会经验对自我形成具有重要作用，没有社会经验，自我便不可能产生，可以说，自我是社会经验的产物。郭成和郭峰从个体在社会交往中的角色关系、地位及技能、体验等方面进行定义，认为社会自我是个体对自己在社会

---

① Byrne, B.M., Shavelson, R. J. “On the structure of social self-concept for pre-, early, and late adolescents: A test of the Shavelson, Hubner, and Stanton (1976) model”, *Journal of Personality and Social Psychology*, vol. 70, no. 3 (1996), pp.599-613.

② Shavelson, R. J., Bolus, R. “Self-concept: The interplay of theory and methods”, *Journal of Educational Psychology*, vol. 74, no. 1 (1982), pp.3-17.

③ 乔治·H.米德著、赵月瑟译:《心灵、自我与社会》,上海:上海译文出版社2008年版。

生活中所担任的各种角色的知觉，包括对角色关系、角色地位、角色规范、角色技能和角色体验的认知和评价，社会自我是自我概念的重要组成部分。[①]

社会自我产生于个体与他人的社会交往活动中，是个体对自己所扮演的社会角色、与他人的人际关系、在社会团体中的地位以及他人对自身的评价等的意识与认知。首先，社会自我是在人际交往过程中形成的，个体只有通过与他人的交往，才能够对自己所担任的不同角色及其关系进行充分觉知；同时，个体通过交往活动中的自我比较、与他人比较和自我反思，不断地调整自己的角色认识和活动方式，从而发展和完善社会自我。其次，社会自我的实质是个体对自身社会角色——角色自我的认知，通常包括对角色地位、对自己所扮演的各种角色所需要的技巧以及对自己在角色扮演过程中的各种体验的认知。可见，社会自我概念至少包括两方面的内容：(1)对自己人际交往状况的认知，即人际自我(角色关系)；(2)对自身社会角色的认知，即角色自我，包括对自身角色地位、角色技能和角色体验的认知。前者是个体对自身的人际关系状况的认知和评价，如"我和同学的关系不错，他们大都喜欢我"，是个体社会胜任感的间接来源，也是一般意义上的社会自我；后者是个体对自身的角色地位、角色技能和角色体验的认知和评价，如"我能够体谅他人的感受，并做出受他们尊重的行为"，它是个体社会胜任感的直接来源，也是更深层次的社会自我，对自我行为起到调节作用。

综上，本研究认为社会自我是指个体在人际交往中，对自己的角色关系、角色地位、角色技能及角色体验的认知和评价。角色关系属于个体的人际自我，角色地位、角色技能和角色体验属于个体的角色自我。

二、社会自我的结构

人们对社会自我的结构的认识经历了从单维模型到多维多阶段理论模型，再向多维度多层次理论模型发展的过程。早期，研究者们只是将社会自我视为自我概念的子成分之一，并未对其结构产生研究兴趣。爱德华兹(Edwards)发展了用于测量社会自我的社会自我多维度模型，他主张社会自我是个体对自己在社交情景下的情感、思维和行为的评价，也就是个体对自己的团体地位、社交技巧、社交参与、社交成功预期及他人评价的自我觉知。[②]谢弗尔森等人认为，社会自我与学业自我等其他自我概念一样都由下属具

---

① 郭成、郭峰：《自我概念与心理健康的关系及其教育建议》，《四川文理学院学报》2007年第2期，第72~74页。

② Edwards, A. L. *The Measurement of Personality Traits by Scales and Inventories.* Oxford: Holt, Rinehart & Winston, 1970.

体的自我构成，这里主要包括同伴和重要他人（见图4.1）。[①]有研究者把社会自我区分为个人关系（如丈夫、妻子）、种族和宗教（如非裔美国人、回教徒）、政治倾向（如民主主义者、和平主义者）、烙印群体（如酗酒者、罪犯）和职业爱好（如教授、艺术家）五种，有些身份是与生俱来的（如儿子、女儿），有些则是后天获得的（如教师、学生）。[②]

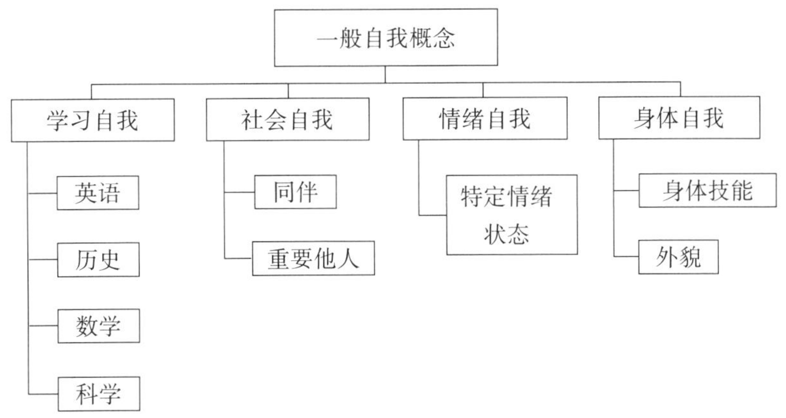

图4.1 谢弗尔森自我概念的多维多层次模型

伯恩（Byrne）对谢弗尔森提出的社会自我结构做了修订。他认为一方面，同伴是重要他人的一部分，可以将两者合并为一个部分。另一方面，由于自我概念形成于与他人的社会比较和社会互动过程中，且实证研究已经证明了这些过程，所以一般社会自我可以分为反映具体生活背景的两方面，即与学校环境相联系的社会自我和与家庭环境相联系的社会自我；还可以进一步细分，比如，社会自我—学校可被分为社会自我—同伴和社会自我—老师，社会自我—家庭可被分为社会自我—兄弟姐妹和社会自我—父母（见图4.2）。虽然，性别因素没有在这一结构中得到体现，但伯恩认为它是非常重要的。在青少年早期，个体与同性同伴相关的社会胜任感比与异性同伴相关的社会胜任感更占优势（见图4.3）。相对于前青少年期，青少年晚期的社会自我结构又增加了社会自我—同性同伴和社会自我—异性同伴两个因素。最终共有10个因素，它们分别是：一般社会自我概念、总体社会自我、社会自我—同性同伴、社会自我—异性同伴、社会自我—学校、社会自我—家庭、社会自我—同学、社会自我—老师、社会自我—父母、社会自我—兄弟姐妹。[③]

从上述模型可以看出，国外关于社会自我的结构研究可以分为两类，一类是根据个体在不同的社会活动情景下人际交往对象的不同，从社会关系、人际交往的角度构建社

① Shavelson, R. J., Hubner, J. J., Stanton, G. C. "Self-concept: Validation of construct interpretations", *Review of Educational Research*, vol. 46, no. 3 (1976), pp.407-441.

② 赵国祥，赵俊峰：《社会心理学原理与应用》，开封：河南大学出版社1990年版。

③ Hattie, J. *Self-Concept*. Hillsdale: Erlbaum, 1992.

会自我的维度，以谢弗尔森和伯恩等人的关系模型为代表；另一类是从个体的社交能力、社交技巧及其所衍生的角色地位等方面进行社会自我的维度建构，以爱德华兹的角色能力模型为代表，一般的自我概念测量中社会自我成分也多用与此类似的内容进行评价。

在国内，赵丽霞等人在已有研究的基础之上，对中国青少年社会自我的结构进行了初步的探索，认为青少年社会自我包含亲子关系、兄弟姐妹关系、师生关系、异性同学关系、邻里关系、陌生人关系、家庭地位、班级地位、同伴地位、角色体验、角色技能以及团体意识共12个方面。①

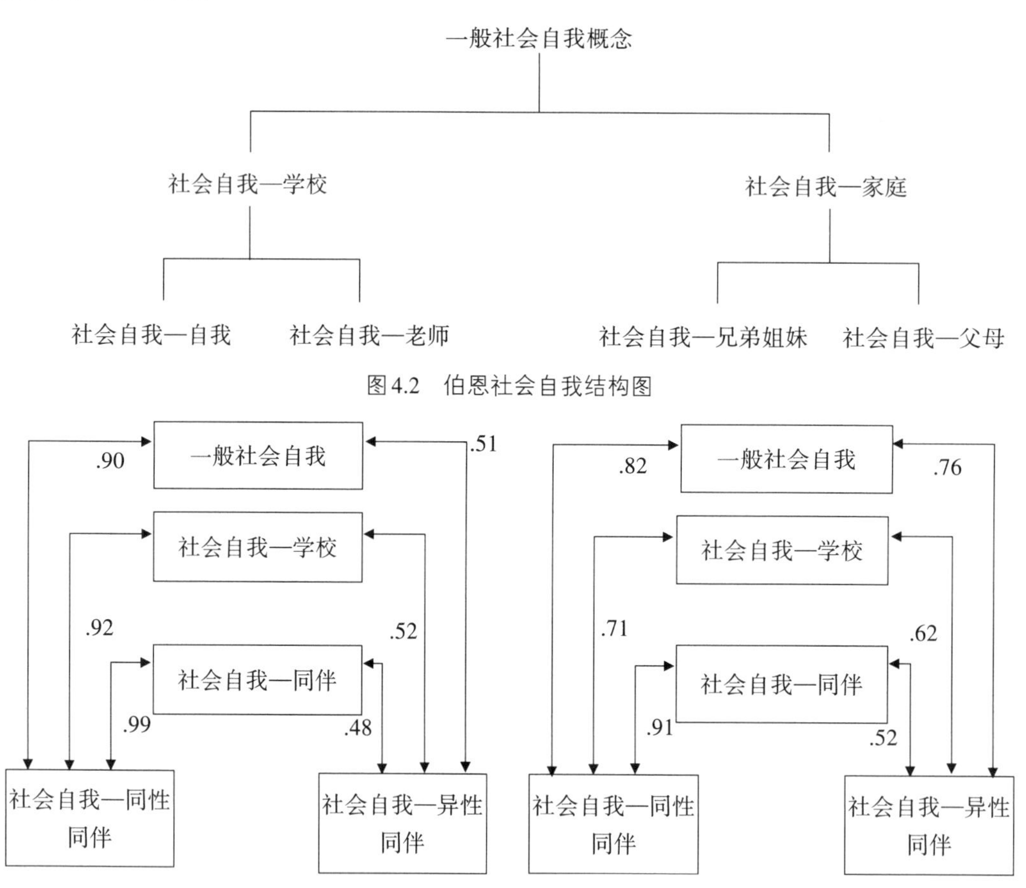

图4.2　伯恩社会自我结构图

图4.3　7年级、11年级学生社会自我—同性同伴、社会自我—异性同伴潜在的结构关系描述

三、社会自我的测量

对社会自我的测量，通常有两种。一种是使用一般自我概念量表中涉及社会自我的部分题项进行测量（例如自尊调查表、儿童自我概念量表、田纳西自我概念量表等）；另一种是使用独立的社会自我量表进行测量（例如德州社会行为问卷、社会自我概念量表）。

① 赵丽霞：《青少年社会自我发展特点研究》，西南师范大学硕士学位论文，2003年。

(1)自尊调查量表。该量表由库珀史密斯(Coopersmith)开发,包括一般自我、社会自我、家庭自我、学校自我和测谎题5个部分组成;分半信度为0.90,5周后的重测信度为0.88,3年后重测信度为0.70。①

(2)儿童自我概念量表。该量表由皮尔斯(Piers)和哈里斯(Harris)编制,用于儿童自我概念的自评,并于1979年修订;包含6个分量表,共80个项目,其中与社会自我有关的分量表有行为、合群两个分量表;该量表相隔两周的重测信度是0.81,3个月后的重测信度是0.74。②

(3)田纳西自我概念量表。该量表是美国田纳西州卫生部的一名心理治疗医生于1965年编制的,由100个自我描述的句子组成。其中90个题项用于描述自我概念,剩下的10个题项是测谎题。问卷包括9个维度,其中与社会自我有关的维度包括社会自我、家庭自我、自我认同、自我满意;量表相隔9周的重测信度为0.88。③

(4)德州社会行为问卷。该问卷旨在评价个体的自我价值感或社交能力。原量表由32个题项组成,黑尔姆赖希和斯塔普(Helmreich,Stapp)将其修订为两个独立且各自包含16个题项的分量表,以缩短测查时间。其特点是分量表与总量表的相关性相当,表与表之间以及不同性别间均分相等、分值分布相等,因子结构相对应。④

(5)社会自我概念量表。爱德华兹提出了社会自我的5个维度,农纳利(Nunnally)在此维度的基础上发展了包括81个题项的社会自我概念量表,该量表包括对团体地位、社交技巧、社交参与、社交成功预期、他人评价(对社交特质)的自我觉知以及社交能力6个维度。⑤史蒂文(Steven)和威廉(William)在农纳利研究的基础上,得到了包括45个题项的社会自我量表,其内部一致性信度为0.95;量表采用"非常同意～非常不同意"的四级计分法,量表总分在71～176,标准差为17.72。⑥

国内对社会自我单独进行探讨的问卷只有赵丽霞、张大均等编制的《青少年社会自

---

① Coopersmith, S. *The Antecedents of Self-esteem*. San Francisco: Freeman, 1967.

② Piers, E. V. Revised Manual for the *Piers-Harris Children's Self-Concept Scale*. Los Angeles: Western Psychological Services, 1984.

③ Marsh, H. W., Richards, G. E. "Tennessee self concept scale: Reliability, internal structure, and construct validity", *Journal of Personality and Social Psychology*, vol. 55, no. 4 (1988), pp.612-624.

④ Helmreich, R., Stapp, J. "Short forms of the Texas Social Behavior Inventory (TSBI), an objective measure of self-esteem", *Bulletin of the Psychonomic Society*, vol. 4, no. 5 (1974), pp.473-475.

⑤ Edwards, A. L. *The measurement of personality traits by scales and inventories*. NewYork: Holt, Rinehart & Winston, 1970.

⑥ Zorich, S., Reynolds, W. M. "Convergent and discriminant validation of measure of social self-concept", *Journal of Personality Assessment*, vol. 52, no. 3 (1988), pp.441-453.

我问卷》。[1]该问卷的结构由12个部分组成，合计60个题项；问卷各维度与总问卷的相关在0.40～0.69，各维度间的相关适中；《青少年社会自我问卷》与《青少年社会适应性问卷》的相关系数为0.62，说明问卷具有较好的校标效度。郭峰等人在赵丽霞等人研究的基础上对《青少年社会自我问卷》进行了修订，并制定了西南地区青少年社会自我的发展常模。修订后的《青少年社会自我问卷》包括9个维度，合计29个题项；修订版问卷的同质信度为0.84，相隔两周的重测信度为0.80，与德州社会行为问卷的相关系数为0.55。[2]

四、已有研究存在的不足

多数研究者认为，与学业自我一样，社会自我概念也是一个多维度多层次的结构，虽然伯恩等人已对这一结构设想进行了验证，但是迄今为止，单独对社会自我结构、发展特点及其相关因素的探索研究还并不多见。对社会自我的研究，大多数还仅仅局限于对自我概念中社会自我维度的简单描述，缺乏对社会自我的结构、发展特点及相关因素等方面的研究。同时，作为个体自我的重要成分，社会自我对青少年中后期到青年前期(高中至大学阶段)尤其重要。因此，有必要对大学生社会自我进行深入的研究，以便为促进大学生自我健康发展服务。

在国内已有相关研究中，除赵丽霞、张大均等编制了独立测量青少年社会自我的《青少年社会自我问卷》，郭峰、郭成等人修订了该问卷并制定了区域常模外，缺乏能够针对大学生群体社会自我的测量工具。因此，开发能够独立测量大学生社会自我的工具是推动相关研究继续深入的必然要求。

五、研究设计

(一)研究目的

采用访谈法和问卷调查法探索并验证当代大学生社会自我结构，并以该理论结构为基础，编制大学生社会自我问卷，同时考察大学生社会自我的现状特点。

(二)研究构想

本研究以大学生为被试，考察其社会自我的结构及其现状特点。(1)采用访谈法和问卷调查法对相关领域专家学者以及大学生群体进行调查，初步构建大学生的社会自我结构。(2)以大学生社会自我结构为基础编制《大学生社会自我问卷》初始问卷，使用该问卷

---

① 赵丽霞:《青少年社会自我发展特点研究》,西南师范大学硕士学位论文,2003。

② 郭峰:《青少年社会自我问卷修订及西南地区常模编制》,西南大学硕士学位论文,2006。

进行测试，验证大学生社会自我结构并修订初始问卷。(3)使用《大学生社会自我问卷》正式问卷进行测试，考察大学生社会自我的现状特点。

第二节 ┆ 大学生社会自我的理论构想与问卷编制

一、研究目的

本研究旨在探索大学生社会自我的结构，并以此为基础，编制大学生社会自我问卷，为后续开展大学生社会自我调查研究做好准备。

二、大学生社会自我结构的理论构想

为了构建科学合理的当代大学生社会自我结构模型，本研究总结了国内外关于社会自我理论与实证研究的成果，重点参考了国内学者赵丽霞、张大均与郭峰等人对青少年社会自我结构理论的探讨和研究结果，同时选取重庆地区大学生进行访谈以及发放专家咨询问卷，最后形成大学生社会自我结构的初步构想。

访谈从重庆市某高校招募被试，然后随机筛选19人进行访谈，其中女生11人，男生8人。开放式问卷选取重庆市两所高校共100名学生为被试，收回有效问卷85份，其中男生39人，女生46人；文科42人，理科43人；一年级27人，二年级23人，三年级20人，四年级15人。访谈与开放式问卷调查的结果表明，当代大学生对社会自我的认识主要表现为对人际交往、人际关系、社会交往中所扮演角色的体验以及交往技能的关注。除此之外，大学生还特别在意自己在他人心目的地位。这与已有的研究结果一致，同时也表明社会自我在大学生的心理结构中占有重要位置。

专家咨询问卷发送给校内外相关领域的心理学专家，共收回有效电子邮件24封。对反馈的意见进行分析，将赞成率为80%以上的内容确定为大学生社会自我的主要构成(见表4.1)，并据此对原有的理论结构进行优化。

表4.1　大学生社会自我专家咨询问卷调查结果

主要内容		赞成人数	赞成率(%)	专家建议
角色关系	同学关系（同性、异性）	24	100	大学生异性同学关系具有特殊的研究意义
	师生关系	24	100	
	亲子关系	21	87.5	
	兄弟姊妹关系	20	83.3	
	邻里关系	15	62.5	大多数大学生远离乡邻，可以删除
	陌生人关系	21	87.5	
角色地位	班级地位	20	83.3	对多数大学生而言，同伴是同学的一部分，建议将这两个成分合并为团体地位
	同伴地位	21	87.5	
	家庭地位	22	91.7	
	人际威信	20	83.3	威信与地位存在交互作用，不易区分
角色体验	角色差距	20	83.3	角色差距与冲突意义划分并不明确
	角色冲突	20	83.3	
角色技能	认知技能	21	87.5	
	行为技能	22	91.7	

通过对开放式问卷和专家咨询问卷进行分析，初步确定大学生社会自我结构由12个维度构成，具体包括：(1)亲子关系，即在家庭生活中对自己与父母之间关系好坏的认知与评价；(2)师生关系，即在校园的学习生活中对自己与老师之间关系好坏的认知与评价；(3)兄弟姐妹关系，即在家庭生活中对自己与兄弟姐妹之间关系好坏的认知和评价；(4)陌生人关系，即在社会交往过程中，对自己与陌生人交际难易程度及关系好坏的认知和评价；(5)异性同学关系，即在交往过程中对自己与异性同学交往难易程度及关系好坏的认知和评价；(6)同性同学关系，即在交往过程中对自己与同性同学之间关系好坏以及交往难易程度的认知和评价；(7)家庭地位，即对自己在家庭成员中的地位的认知与评价；(8)团体地位，即对自己在团体活动中的地位的认知与评价；(9)人际威信，即对自己在他人心中重要性的认知与评价；(10)角色体验，即对自己在各种活动中所扮演角色好坏的认知与评价；(11)角色技能，即对自己扮演各种角色时所用到的技能的认知与评价；(12)团体意识，即对自己能否轻松融入各种团体活动的认知与评价。

三、《大学生社会自我问卷》的编制

(一)研究方法

1.被试

样本1：在我国西部地区选取两所本科院校，采用随机抽样的方法，对自编的《大学生社会自我问卷Ⅰ》展开施测。共发放问卷600份，收回有效问卷479份，问卷有效率

79.83%。其中男生244人,女生235人;大一173人,大二160人,大三83人,大四63人。

样本2:在我国西部地区选取16所本科院校,采用随机抽样的方法,对自编的《大学生社会自我问卷Ⅱ》展开施测。共发放问卷3897份,收回有效问卷3635份,问卷有效率93.28%。其中男生1781人,女生1854人;大一1128人,大二1041人,大三801人,大四665人。

2.工具

采用自编的《大学生社会自我问卷Ⅰ》和《大学生社会自我问卷Ⅱ》进行项目分析、探索性因素分析;使用《大学生社会自我问卷》进行验证性因素分析和信效度检验。以上三个问卷均采用Likert 5点计分。

3.程序

根据访谈和开放式问卷调查的结果,参考以往同类型的调查问卷,编制出《大学生社会自我问卷》初始题项,形成包含85个题项的初始问卷《大学生社会自我问卷Ⅰ》。对《大学生社会自我问卷Ⅰ》进行第一次预测,对问卷进行项目分析和探索性因素分析,统计分析结果发现问卷的结构指标不够理想,故对结构进行优化,并对题项进行修订和增删,形成包含42个题项的《大学生社会自我问卷Ⅱ》。接着使用《大学生社会自我问卷Ⅱ》进行第二次测试,根据相关心理测量学标准修订题项,形成包含39个题项的《大学生社会自我问卷》,即正式问卷(见附录)。最后,对《大学生社会自我问卷》进行验证性因素分析和信效度检验。

(二)研究结果

1.《大学生社会自我问卷Ⅰ》的数据分析结果

对《大学生社会自我问卷Ⅰ》数据进行项目分析,将被试总分按递增排序,选取得分最高的前27%的学生作为高分组,得分最低的后27%的学生作为低分组,进行独立样本t检验。同时,对题项得分和总分做相关分析。结果表明,有13个题项不符合要求,予以剔除。

对剩下的题项做探索性因素分析,结果显示,《大学生社会自我问卷Ⅰ》的结构与理论构想的12个维度基本吻合,但部分因子的指标不够理想,故对部分维度进行了合并。具体来看,将团体地位和团体意识两维度合并为团体地位,将家庭地位与亲子关系两维度合并为家庭地位,将异性同学关系和同性同学关系两维度合并为异性同学关系,角色技能维度则分离为角色调节技能和角色认知技能两个部分。合并的主要原因是题项之间所表达的内容联系较为密切,不易做实质性区分;而对角色技能进行分离则是基于访谈与问卷调查中大学生更关注社会交往中角色技能的调节与认知，这意味着大学生越来越注重交际，社会自我在大学生交往过程中显得越来越重要。据此，本研究对大学生社会自我结构的理论建构进行了适当的调整，形成了由10个维度构成的大学生社会自我结构，具体包括兄弟姐妹关系、师生关系、异性同学关系、陌生人关系、家庭地位、人际威信、团体地位、角色体验、角色调节技能以及角色认知技能。在此基础上，对问卷的题项进行了修订和增删，形成包含42个题项的《大学生社会自我问卷Ⅱ》。

2.《大学生社会自我问卷Ⅱ》的数据分析结果

使用《大学生社会自我问卷Ⅱ》进行测试，对收回的数据进行项目分析和探索性因素分析，步骤与《大学生社会自我问卷Ⅰ》一致。项目分析结果表明，全部题项高低分组的差异均显著。

对《大学生社会自我问卷Ⅱ》进行探索性因素分析。问卷的KMO值为0.88，巴特利特球形检验显著($p<0.001$)，满足因素分析的基本条件。采用主成分分析法进行探索性因素分析，转轴方法为直接斜交转轴法。分析结果表明，特征值大于1的因子共有10个，且负荷值都大于0.50，共同解释了项目总方差的54.49%。为了进一步确定理论构想及问卷，需要对问卷的题目进行筛选。标准如下：项目负荷值(α)小于0.40，共同度(h)小于0.20，“概括”负荷(α^2/h^2)小于0.50；每个项目最大的两个“概括”负荷之差小于0.25，即$\left(\alpha_{i2} - \alpha_{22}\right)/h^2<0.25$。最终的筛选结果如下(见表4.2)。

表4.2 《大学生社会自我问卷Ⅱ》因素分析结果

题项	F1	F2	F3	F4	F5	F6	F7	F8	F9	F10	共同度
25	0.74										0.59
36	0.71										0.55
23	0.68										0.53
80	0.68										0.50
26	0.64										0.46
35	0.60										0.51
29		0.71									0.59
22		0.63									0.50
4		0.61									0.50
30		0.60									0.50
1		0.55									0.46
24			0.76								0.63
13			0.74								0.64
19			0.68								0.56
2			0.57								0.53
5				0.76							0.65

续表

题项	F1	F2	F3	F4	F5	F6	F7	F8	F9	F10	共同度
10				0.75							0.61
9				0.75							0.61
31					0.72						0.62
38					0.69						0.57
32					0.64						0.53
41					0.60						0.55
18						0.73					0.60
20						0.70					0.60
27						0.61					0.56
37						0.60					0.61
33							0.66				0.48
40							0.66				0.60
28							0.62				0.47
39							0.62				0.49
16								0.76			0.59
17								0.72			0.58
7								0.65			0.46
14									0.69		0.53
15									0.64		0.44
43									0.57		0.49
11										0.72	0.57
3										0.70	0.56
44										0.52	0.53
特征值	6.61	2.73	2.37	1.74	1.66	1.42	1.36	1.17	1.14	1.05	合计
解释变异量(%)	16.96	6.99	6.08	4.46	4.26	3.63	3.48	3.01	2.93	2.69	54.49

探索性因素分析的结果表明，问卷因子载荷指标良好，与优化后的大学生社会自我结构吻合，由此形成《大学生社会自我问卷》，即正式问卷。该问卷包括10个维度，合计39个题项。

3.《大学生社会自我问卷》的数据分析结果

为了进一步验证《大学生社会自我问卷》结构的合理性，对《大学生社会自我问卷》进行验证性因素分析。结果表明，χ^2/df=3.74>3，考虑到本研究中验证性因素分析的样本量较大，可以认为模型具有简约适配程度；RMSEA<0.05，CFI、TLI值均接近0.9（见表4.3），各项拟合指标基本符合心理测量学要求，可以认为修订后的问卷模型拟合较好。

表4.3 《大学生社会自我问卷》的验证性因素分析

指标	χ^2	df	χ^2/df	CFI	TLI	RMSEA
拟合指数	1469.44	393	3.74	0.86	0.87	0.04

对《大学生社会自我问卷》进行信效度检验。采用内部一致性信度、分半信度和重测信度作为《大学生社会自我问卷》的信度指标。从表中可以看出,大学生社会自我总问卷的内部一致性信度为0.86,10个维度的内部一致性信度在0.53~0.79。总问卷的分半信度为0.76,各维度的分半信度在0.52~0.79。选取重庆市某高校150人做相隔四周的重测信度,各维度的重测信度在0.51~0.78,总问卷的重测信度为0.81(见表4.4)。表明本问卷的信度在可接受范围内。

表4.4 《大学生社会自我问卷》的信度检验

维度	内部一致性信度	分半信度	重测信度
F1兄弟姐妹关系	0.79	0.79	0.78
F2师生关系	0.70	0.64	0.6
F3异性同学关系	0.72	0.70	0.71
F4陌生人关系	0.72	0.63	0.63
F5家庭地位	0.70	0.70	0.69
F6人际威信	0.70	0.71	0.71
F7团体地位	0.62	0.56	0.56
F8角色体验	0.57	0.54	0.55
F9角色调解技能	0.56	0.52	0.51
F10角色认知技能	0.53	0.55	0.56
总问卷	0.86	0.76	0.81

采用结构效度作为《大学生社会自我问卷》的效度指标(见表4.5)。各维度之间的相关以及维度与总分间的相关基本显著,维度间的相关在0.06~0.40,维度与总分之间的相关在0.39~0.63,表明各维度既相互关联又具有一定的独立性,说明本问卷效度在可接受范围内。

表4.5 《大学生社会自我问卷》的效度检验

维度	F1	F2	F3	F4	F5	F6	F7	F8	F9	F10
F1	—									
F2	0.29**	—								
F3	0.14**	0.32**	—							
F4	0.19**	0.22**	0.16**	—						
F5	0.27**	0.39**	0.33**	0.19**	—					
F6	0.18**	0.30**	0.40**	0.34**	0.29**	—				
F7	0.33**	0.26**	0.15**	0.15**	0.38**	0.17**	—			
F8	0.12**	0.09*	0.18**	0.28**	0.11**	0.22**	0.02	—		
F9	0.23**	0.25**	0.16**	0.17**	0.26**	0.12**	0.22**	0.03	—	
F10	0.27**	0.37**	0.23**	0.19**	0.26**	0.23**	0.18**	0.06*	0.31**	—
总问卷	0.59**	0.62**	0.57**	0.54**	0.63**	0.61**	0.52**	0.39**	0.46**	0.50**

注:$p^{*}<0.05$,$p^{**}<0.01$。

第三节 大学生社会自我的特点

一、研究目的

本研究旨在考察大学生社会自我的特点，为后续开展大学生社会自我的教育实践提供参考借鉴。

二、研究方法

(一)被试

在我国西部地区选取16所本科院校，采用随机抽样的方法，对自编的《大学生社会自我问卷Ⅱ》展开施测。共发放问卷3897份，收回有效问卷3635份，问卷有效率93.28%。其中男生1781人，女生1854人；大一1128人，大二1041人，大三801人，大四665人。

(二)工具

本研究使用《大学生社会自我问卷》考察大学生的社会自我水平。本问卷由兄弟姐妹关系、师生关系、异性同学关系、陌生人关系、家庭地位、人际威信、团体地位、角色体验、角色调节技能以及角色认知技能10个维度构成，合计39个题项。采用Likert 5点计分，其中第2、5、6、8、9、14、15、18、33题为反向计分题。

(三)统计分析

本研究使用SPSS统计软件进行数据的整理和分析，主要包括描述性统计、平均数差异的显著性检验等。

三、研究结果

本研究考察了不同性别、年级、家庭居住地、学校类型、是否独生子女等人口统计学变量下大学生社会自我的现状与特点，具体结果如下。

1.大学生社会自我的性别差异

对不同性别大学生的社会自我进行独立样本t检验，结果表明男、女大学生在总分上不存在显著性差异，但在家庭地位、人际威信、师生关系、异性同学关系、角色调节技能维度上的差异显著(见表4.6)。其中，女生在家庭地位、人际威信、异性同学关系因子上的得分显著高于男生；男生在师生关系和角色调节技能上的得分显著高于女生。

表4.6　大学生社会自我的性别差异

维度	男生		女生		t
	M	SD	M	SD	
家庭地位	3.82	0.69	3.89	0.70	-2.81^{**}
人际威信	3.31	0.58	3.38	0.54	-3.18^{**}
陌生人关系	3.22	0.83	3.16	0.79	1.75
团体地位	3.93	0.85	3.90	0.89	0.98
师生关系	3.61	0.77	3.43	0.76	5.78^{***}
异性同学关系	3.42	0.81	3.50	0.83	-2.46^{*}
兄弟姐妹关系	3.54	0.78	3.52	0.77	0.57
角色体验	3.07	0.85	3.07	0.83	−0.26
角色调节技能	3.81	0.69	3.76	0.68	2.02^{*}
角色认知技能	3.78	0.67	3.78	0.59	0.07
总问卷	3.55	0.42	3.55	0.40	0.13

注：$p^{*}<0.05$，$p^{**}<0.01$，$p^{***}<0.001$。

2.大学生社会自我的年级差异

对不同年级大学生的社会自我进行方差分析，结果表明各年级除家庭地位和异性同学关系两个维度外，其余各维度的年级差异均达到显著性水平；量表总分的年级差异也达到了显著性水平（见表4.7）。问卷总分的事后检验表明，大一学生的得分显著高于大二学生，年级发展的整体情况是大一＞大四＞大三＞大二，发展趋势图呈现U形曲线。各维度的事后检验表明，人际威信上，大一＜大四；陌生人关系上，其他三个年级均小于大四；团体地位上，其他三个年级均大于大二；师生关系上，大一＞大二，大一＞大三，大一＞大四；兄弟姐妹关系上，大一＞大二；角色体验上，大一＞大三；角色调节技能上，大一＞大四，大三＞大四。

表4.7　大学生社会自我的年级差异

维度	大一		大二		大三		大四		F
	M	SD	M	SD	M	SD	M	SD	
家庭地位	3.38	0.70	3.83	0.69	3.88	0.69	3.85	0.72	0.69
人际威信	3.31	0.57	3.37	0.52	3.35	0.55	3.43	0.58	4.46^{*}
陌生人关系	3.14	0.83	3.13	0.76	3.15	0.83	3.37	0.74	10.14^{***}
团体地位	3.96	0.91	3.64	1.02	3.99	0.74	4.00	0.75	21.41^{***}
师生关系	3.62	0.77	3.42	0.75	3.46	0.76	3.40	0.78	12.07^{***}
异性同学关系	3.44	0.84	3.41	0.83	3.53	0.82	3.50	0.79	2.50
兄弟姐妹关系	3.61	0.80	3.44	0.76	3.52	0.75	3.50	0.75	5.68^{***}
角色体验	3.12	0.87	3.06	0.82	2.99	0.84	3.11	0.78	3.72^{*}
角色调节技能	3.83	0.68	3.76	0.68	3.79	0.68	3.67	0.69	5.78^{***}
角色认知技能	3.83	0.62	3.74	0.57	3.78	0.62	3.73	0.67	3.24^{*}
总问卷	3.57	0.41	3.49	0.39	3.55	0.40	3.56	0.41	4.57^{**}

注：$p^{*}<0.05$，$p^{**}<0.01$，$p^{***}<0.001$。

此外，本研究还对家庭居住地、是否独生子女、学校类型等人口统计学变量进行了平均数差异检验，结果显示在这些因素上，大学生的总体社会自我并不存在显著性差异。

四、讨论

本研究探究了大学生社会自我在不同性别、年级、学校类型、家庭居住地、是否独生子女等人口统计学变量上的差异。

在性别差异上，男、女生整体社会自我发展水平没有差异。女生在家庭地位、人际威信、异性同学关系方面的发展水平显著高于男生；男生在师生关系和角色调节技能上的发展水平显著高于女生。已有研究表明，男生在男子气概、成就、领导者方面有较高的自我概念，而在社会性等方面的水平较低。[①]本研究的结果与已有研究不完全一致，原因可能是在大学阶段，男、女生的身体和心理发育已基本成熟，且他们面临的接触社会的机会是均等的，男、女生的交流沟通相较于中学时期有了明显的提高。因此，男、女生总体的社会自我发展水平没有差异。男、女生在某些具体维度上的发展存在差异，可能是女生偏感性与男生偏理性的思维风格差异所导致的。

在年级差异上，本研究发现：(1)总体上，大学生社会自我发展的年级差异表现为：大一学生的社会自我发展最好，大四学生次之，再次是大三，大二学生的社会自我发展最差，整体发展呈现U形曲线。这可能是因为大一新生刚刚从紧张的高三生活进入相对轻松的大学生活，他们对一切都抱着积极的态度并充满了向往，使得他们对社会自我的认识也同样产生了积极偏差，因此，其在社会自我问卷上的得分最高；大二学生社会自我问卷得分最低的重要原因是他们心中理想的大学生活和现实社会之间的落差，使他们开始怀疑自我，甚至全盘否定自我；大四学生由于心理更加成熟，经历的事情更多，其对自我的认识也就更加全面和稳定，因此其好于大三学生。(2)在各维度上，除家庭地位、异性同学关系两个维度外，其余维度均存在显著的年级差异。事后检验表明，人际威信上，大一<大四。陌生人关系上，其他三个年级均小于大四，可能是因为大四学生人格的成熟和人生阅历的丰富，使其更善于管理自己的外在表现，同时协调好与陌生人的关系。团体地位上，其他三个年级均大于大二，这可能是因为经过了大一时期的相互谦让和容忍的阶段后，大二同学之间的矛盾逐渐暴露出来，而这对他们来说是一个较新的问题，一时难以找到有效的解决办法，故他们在团体地位上的得分最低。师生关系上，大一学生

① Dusek, J. B., Flaherty, J. F., Hill, J. P. "The development of the self-concept during the adolescent years", *Society for Research in Child Development*, vol. 46, no. 4 (1981), pp.1-67.

得分高于其他三个年级，这可能是由于在高中以前，学生都视老师为最高权威，刚入大学时这个观念还来不及改变，因此大一学生对他们的师生关系评价最高。兄弟姐妹关系上，大一＞大二，可能是大一学生刚离家独自生活，对家人尤其是关系亲密的兄弟姐妹比较依赖。角色体验上，大一＞大三，可能是因为大一的新生更能投入到各种社会角色并用心感受其角色体验。角色调节技能上，大一＞大四，大三＞大四，可能是因为大四学生的重心在找工作上，因此对角色协调的重视程度相对较弱。

本研究结果还表明，大学生社会自我在家庭居住地、是否独生子女、学校类型等人口统计学变量上无显著性差异。这可能是因为个体首先是社会的人，不管他的家庭来源如何，就读的学校性质如何，都离不开与他人或是社会的交往。个体始终有着自己特定的社会角色，在大学阶段也都面临相似的角色问题，而上述变量突出的是生活环境的差异，对个体的人际交往的影响较弱。因此，大学生社会自我在上述变量上未表现出明显的差异。

附录

大学生社会自我问卷

指导语：请仔细阅读下列题项，并根据自己的实际情况选择对应的选项。

题项	完全不符合	比较不符合	不确定	比较符合	完全符合
1.同学们有委屈时，他们愿意向我倾诉	1	2	3	4	5
2.和陌生人说话，我很难开口	1	2	3	4	5
3.我能够根据交谈中的情景，推断出别人的想法和意图	1	2	3	4	5
4.在集体活动中，我的建议或想法很受重视	1	2	3	4	5
5.我觉得同学们都瞧不起我	1	2	3	4	5
6.为了让父母、老师和同学满意，我常常感到内心充满矛盾	1	2	3	4	5
7.父母通常能顾及我的心情	1	2	3	4	5
8.我觉得参加任何集体活动都是浪费时间	1	2	3	4	5
9.我的所作所为常常引起集体中其他成员的非议	1	2	3	4	5
10.和别人在一起时，我能察觉出别人细微的情绪变化	1	2	3	4	5
11.在公共场合，我和陌生人能自如地交往	1	2	3	4	5
12.对于同学的偶然失约，我不会介意	1	2	3	4	5
13.为了共同完成一件事，我会暂时放弃自己的不同想法	1	2	3	4	5
14.我常常觉得他人对我的期望是一种莫大的压力	1	2	3	4	5
15.在各项活动中，我常常感到有巨大的压力	1	2	3	4	5

续表

题 项	完全不符合	比较不符合	不确定	比较符合	完全符合
16.我觉得我跟异性同学更容易相处	1	2	3	4	5
17.出门旅游,我与陌生人能很快熟悉起来	1	2	3	4	5
18.我与异性同学很少交往	1	2	3	4	5
19.当同学遇到问题时,大都愿意找我帮忙或倾诉	1	2	3	4	5
20.我的父母对我很公正	1	2	3	4	5
21.在公共场合,我比较喜欢和陌生人主动交流	1	2	3	4	5
22.在关于我的一些事情上做决定时,父母会尊重我的意见	1	2	3	4	5
23.我的大多数要求父母都能够满足我	1	2	3	4	5
24.我和异性同学在一起能自如地讨论问题	1	2	3	4	5
25.我的很多心里话都愿意向兄弟姐妹们倾诉	1	2	3	4	5
26.大多时候,我的建议都会被同学们所采纳	1	2	3	4	5
27.平时,我的所作所为会得到大多数同学的赞成与肯定	1	2	3	4	5
28.我觉得与老师们交流是一件很自然、很愉快的事情	1	2	3	4	5
29.平时遇到老师时我会很自然地上前打招呼或问候	1	2	3	4	5
30.在我的成长过程中哥哥姐姐给了我很大的帮助	1	2	3	4	5
31.与父母在一起我感觉到很快乐	1	2	3	4	5
32.生活中的许多事情父母会听取我的意见	1	2	3	4	5
33.和异性朋友在一起时,我常常感到手足无措	1	2	3	4	5
34.我与大多数老师能够友好相处	1	2	3	4	5
35.我对弟弟妹妹们的事情很关心	1	2	3	4	5
36.和兄弟姐妹们在一起时,我感到很愉快	1	2	3	4	5
37.大学校园里,在我的成长过程中老师们给了很多指导或帮助	1	2	3	4	5
38.我能够原谅同学在生活中犯的错误,不会长时间耿耿于怀	1	2	3	4	5
39.在交往中我能够根据别人的情绪变化及时调整我的言行	1	2	3	4	5

第五章

大学生社会责任心结构及特点

“天下兴亡,匹夫有责”,强调的是个人对国家和民族存亡的责任自觉。社会性是人的本质属性,社会成员间责任依存关系的建立是社会生存与发展的前提。因此,个人的社会责任心是社会和谐稳定发展的重要影响因素,同时也决定着个体的人际交往、职业发展与社会适应等。大学生作为我国高素质人才群体,其社会责任心水平决定着国家、社会发展的前途与命运。因此,深入探究大学生社会责任心的结构及其特点具有重要的现实意义,也是促进大学生社会适应以及高校培养高素质人才的迫切需要。

第一节 研究概述

一、责任心与社会责任心

(一)责任心的概念

心理学界关于责任心概念的定义复杂多样,叶浩生经过整理后,将责任心的定义划分为静态的品质定义、情感定义和动态的认知定义。[①]品质观认为责任心是一种个性心理品质或者是一种重要的社会性品质;情感观认为责任心就是责任感,是由责任引起的一种感知和感受;认知观则把责任心看作一种对行为的预期和履行责任的意愿。还有一种观点将责任心的品质定义和认知定义结合起来,认为责任心是一种重要的人格特质、个性品质或态度特征,是个体对自我应负责任的自觉意识与积极履行的行为倾向。[②]

除了以上四类定义之外,还应包括一种结构式的定义,如施伦克尔(Schlenker)提出的责任心三角模型[③]和李明等人提出的责任心理三侧面模型[④]都属于结构式定义。

(二)社会责任心的概念

社会责任心的概念在经济学、政治学、教育学、社会学以及心理学领域都有所提及,国外心理学对社会责任心的关注最早源自对其心理内涵的界定以及工具的开发,高夫(Gough)等人最早将社会责任心看作对道德和社会事件的关心、对职责和忠诚的表现以及对特权的反对[⑤];伯科威茨和卢特曼(Berkowitz,Lutterman)在此概念基础上加入了利他

① 叶浩生:《责任内涵的跨文化比较及其整合》,《南京师大学报(社会科学版)》2009年第6期,第99-104页。

② 刘国华、张积家:《论责任心及其培养》,《烟台师范学院学报(哲社版)》1997年第3期,第66-71页。

③ Schlenker, B. R., Britt, T. W., & Pennington, J., et al. "The triangle model of responsibility", *Psychological Review*, vol. 101, no. 4 (1994), pp.632-652.

④ 李明、叶浩生:《责任心的多元内涵与结构及其理论整合》,《心理发展与教育》2009年第3期,第123-128页。

⑤ Gough, H. G., McClosky, H., Meehl, P. E. "A personality scale for social responsibility", *The Journal of Abnormal and Social Psychology*, vol. 47, no. 1 (1952), pp.73-80.

因素，他们将社会责任心定义为“帮助他人，即使从他人处不能获得任何好处”[①]；弗拉纳根（Flanagan）等人通过对多国青少年志愿者的研究与比较，将社会责任心看作一种对自己所在国家的公民承诺[②]。可以看出，早期社会责任心的范围被限定在个体生活的空间区域内，仅仅表现为对自己亲友以及国家的责任。但随着全球化发展，早期关于社会责任心的界定以及工具已经不适应联系日益紧密的世界，研究者将注意力扩大至全球范围内。斯塔雷特（Starrett）开发了全球社会责任心问卷，将社会责任心研究扩展到全球范围，并将其界定为“指代一种在个体社区中具备良好公民身份的社会态度和行为模式”，他指出这种社区是全球社区[③]；纳卡穆拉（Nakamura）等人在斯塔雷特的基础上开发了全球社会责任心问卷，并将全球社会责任心定义为“在全球范围内将每个人的责任与社会连接起来”[④]。可以看出，研究者在某种程度上达成了一定的共识，即社会责任心关心的是除了自我以外更为广泛的伦理问题。

国内涉及社会责任心概念的探讨主要见于早年的论文中。例如李雪将社会责任心定义为“个体对其在社会公共生活中所承担责任的正确认知和评价，并表现在情感和行为之中的一种个性心理品质”[⑤]；谭小宏将社会责任心定义为“个体在社会活动中对自己所应承担的社会责任的自觉意识和积极履行的行为倾向”[⑥]；肖波将社会责任心定义为“个体积极主动地履行社会道德职责和义务的个性心理品质”[⑦]。可以看出，国内研究者的普遍共识是社会责任心是一种个性心理品质，它比责任心更强调“社会”的作用。

（三）责任心与社会责任心的区别

责任心在英语中可以译为“conscientiousness”“responsibility”“liability”“accountability”“obligation”等，西方心理学领域往往采用的是“conscientiousness”和“responsibility”，其中“conscientiousness”在人格心理学领域最为常见，“responsibility”则在社会心理学领域最为常见。人格心理学研究中，常将“responsibility”看作“conscientiousness”的一个部分，“conscientiousness”往往被当作个体自身的一种冲动控制与负责任的特质，其焦点是

---

① Berkowitz, L., Lutterman, G. K. “The traditional socially responsible personality”, *The Public Opinion Quarterly*, vol. 32, no. 2 (1968), pp.169-185.

② Flanagan, C. A., Bowes, J. M., & Jonsson, B., et al. “Ties that bind: Correlates of adolescents’ civic commitments in seven countries”, *Journal of Social Issues*, vol. 54, no. 3 (1998), pp.457-475.

③ Starrett, R. H. “Assessment of global social responsibility”, *Psychological Reports*, vol. 78, no. 2 (1996), pp.535-554.

④ Nakamura, M., Watanabe-Muraoka, A. M. “Global Social Responsibility: Developing a Scale for Senior High School Students in Japan”, *International Journal for the Advancement of Counselling*, vol. 28, no. 3 (2006), pp.213-226.

⑤ 李雪：《中学生社会责任心结构及其发展特点研究》，西南师范大学硕士学位论文，2004年。

⑥ 谭小宏、秦启文：《责任心的心理学研究与展望》，《心理科学》2005年第4期，第991-994页。

⑦ 肖波：《青少年社会责任心问卷编制》，湖南师范大学硕士学位论文，2009年。

个体本身，强调的是个体的独立性，往往与工作表现、个人成就、健康等个人发展功能相联系。[1]在社会心理学研究中，"conscientiousness"又被看作"responsibility"的一个部分，"responsibility"聚焦于个体所处的环境，强调的是个体与环境的相互作用，往往与道德、角色义务、利他、责任归因等社会规范行为相联系。[2]

蒙塔达(Montada)等人将责任区分为社会责任和个人责任，个人责任是指人们对于自己的行为以及行为后果的责任，社会责任则主要指个体对他人的责任。对他人负责意味着要照顾他人，当它成为自愿或分内之事时，通常称之为社会责任。[3]可以看出，在西方研究中，责任与社会责任是不同的，"responsibility"通常既可以指个人责任心，也可以指社会责任心，为了区别两者，常用"consciousness"或"personal responsibility"来表示个人责任心，用"social responsibility"来表示社会责任心。在我国，研究者们对社会责任心与责任心的区分较为模糊，尚未深究二者的差异。

社会责任心与责任心的关系界定受制于研究者们对"社会"这个概念的理解。从狭义上看，"社会"特指抽象意义上的公共世界，社会责任心是责任心的下级层面，与其平行的还有自我责任心、家庭责任心、集体责任心等；从广义上看，"社会"指的是各种社会关系，那么社会责任心与责任心就仅仅是水平上的差异，只不过社会责任心更强调的是责任心在社会范畴中的作用及其社会意义，两者没有本质上的区别。责任嵌套于个体与他人的关系中，个体对自我责任的认知源于其社会身份及个体内部对该身份的认同[4]，由此责任成为人类群体性的必然要求和人内化了的行为规范或倾向[5]，其发生与发展是不能离开社会而论的，对社会责任的定义由最初的对朋友、国家的社会责任，进而扩展到对全球的社会责任，人们对于社会责任的范围界定越来越广，并不仅限于狭义的社会责任。布赖恩和赫什菲尔德(Bryan，Hershfield)的研究发现，对社会责任心的宣扬可以促使人们对自己负责，该发现驳斥了社会责任心不能应用于自我的看法这一传统观点。[6]在中国传统文化中，个体自我发展寓于社会发展之中，所谓"修身、齐家、治国、平天下"，四者是

---

① Jackson, J. J., Wood, D., & Bogg, T., et al. "What do conscientious people do? Development and validation of the Behavioral Indicators of Conscientiousness (BIC)", *Journal of Research in Personality*, vol. 44, no. 4 (2010), pp.501-511.

② Sousa, P. "A cognitive approach to moral responsibility: The case of a failed attempt to kill", *Journal of Cognition and Culture*, vol. 9, no. 3 (2009), pp.171-194.

③ Montada, L. *Responsibility: The Many Faces of a Social Phenomenon*. New York: Routledge, 2001.

④ Such, E., Walker, R. "Being responsible and responsible beings: Children's understanding of responsibility", *Children & Society*, vol. 18, no. 3 (2004), pp.231-242.

⑤ 叶浩生：《责任内涵的跨文化比较及其整合》，《南京师范大学学报(社会科学版)》2009年第6期：第99-104页。

⑥ Bryan, C. J., Hershfield, H. E. "You owe it to yourself: Boosting retirement saving with a responsibility-based appeal", *Journal of Experimental Psychology*, vol. 141, no. 3 (2012), pp.429-432.

层层递进、环环相扣的。因此,本研究中讨论的社会责任心是广义的社会责任心,其结构与责任心基本相同。

二、责任心与社会责任心的结构

(一)结构划分

基于前文对相关概念的探讨,本研究认为社会责任心与责任心的结构在本质上是一致的,只是在具体的内涵、外延上各有特点。然而已有研究关于责任心或是社会责任心的结构划分却并不一致,具体如下。

1.根据责任主体划分

第一,根据主体的心理过程划分。例如顾海根等人指出责任心由三个维度构成,即责任认知、责任情感和责任行为①;燕国材认为在责任认知、责任情感和责任行为之外,还应包括责任意志②;张积家认为责任心除了责任认知、责任情感、责任行为外,还应包括两个与个性特点相关的成分——责任动机与责任能力③。

第二,根据主体的人格特征划分。如科斯塔和麦克雷(Costa,McCrae)的研究表明,责任心有成就和可依赖性两个维度,科斯塔认为责任心维度包括自信、有条理、可依赖性、追求成就、自律、深思熟虑和胜任力④;罗伯茨(Roberts)等人用词汇法研究得出责任心的八个维度,分别是可靠性、有序性、冲动控制、果断性、守时性、规范性、传统型和勤奋型⑤;李雪从认知、情感和行为三个维度出发,认为中学生社会责任心由评价性、自控性、效能性、敏感性、灵活性、反映性、主动性、独立性和坚持性九个因素构成⑥。

第三,根据主体的认知、行为特征划分。如拉赫曼(Rachman)等人认为责任心有四个维度,即对过失负责、社会背景中的责任、对责任心的积极看法、认知和行动相结合⑦;刘建鸿将责任心划分为责任敏感性、责任判断、责任动机以及责任特性⑧。

---

① 顾海根、岑国桢、李伯泰:《行为责任判断的跨文化比较研究》,《心理发展与教育》1991年第2期,第1-6页。

② 燕国材:《论责任心及其培养》,《中学教育》1997年第10期,第3-7页。

③ 张积家:《试论责任心的心理结构》,《教育研究与实验》1998年第4期,第43-47页。

④ Costa, J. R. P. T., McCrae, R. R. "From catalog to classification: Murray's needs and the five-factor model", *Journal of Personality and Social Psychology*, vol. 55, no. 2 (1988), pp.258-265.

⑤ Roberts, B. W., Bogg, T., & Walton, K. E., et al. "A lexical investigation of the lower- order structure of conscientiousness", *Journal of Research in Personality*, vol. 38, no. 2 (2004), pp.164-178.

⑥ 李雪:《中学生社会责任心理结构及其发展特点研究》,西南师范大学硕士学位论文,2004年。

⑦ Rachman, S., Thordarson, D. S., & Shafran, R.,et al."Perceived responsibility: Structure and significance", *Behaviour Research and Therapy*, vol. 33, no. 7 (1995), pp.779-784.

⑧ 刘建鸿:《中学生责任心形成机制的研究:从自主性调节的视角》,华东师范大学博士学位论文,2009年。

2. 根据责任对象划分

根据责任对象的不同，责任心又可以被分为不同的类型。例如哈克斯蒂安（Hakstian）等人认为，责任心由传统聚焦责任心、分散责任心、运用责任心和个人聚焦责任心四个维度构成[①]；文策尔（Wentzel）认为社会责任心由人际关系责任心、社会公德责任心和公民角色责任心构成[②]；庞丽娟和姜勇认为幼儿责任心由自我责任心、他人责任心、集体责任心、任务责任心、承诺责任心和过失责任心六个维度构成[③]；程岭红在探究青少年责任心时，发现青少年社会责任心包括集体责任心、家庭责任心、同伴责任心、道德责任心以及社会发展责任心[④]。

3. 根据抽象程度划分

黄希庭和谭小宏则按抽象程度的不同把责任心分为总体责任心、一般责任心和特殊责任心，其中一般责任心和特殊责任心又可区分为任务责任心和过失责任心两种类型。[⑤]

4. 根据责任心的作用机制划分

施伦克尔等人提出的责任心三角模型把责任心划分为规则、事件和主体三要素，规则与事件结合成为对规则的理解，规则与主体结合成为主体意愿，事件和主体结合成为主体能否控制行为。[⑥]叶浩生提出了三侧面模型假设，从宏观上看，责任心包括文化情境和个体取向两个维度；从微观上看，责任心包括特质、情感和认知三个相互作用的侧面。[⑦]

（二）结构划分存在差异的原因

现有研究对社会责任心结构的划分存在较大分歧，主要原因如下。

（1）对社会责任心的理解不同。不少研究者是从理论层面建构社会责任心的结构，对社会责任心的内涵和外延界定的差异必定会造成理论结构的不同。

（2）研究方法的差异。现有研究社会责任心结构的方法主要有两种，一种是自上而下的方法，即在现有理论的基础上设计测验项目，编制问卷，通过因素分析验证理论构想中的结构。另一种是自下而上的方法，即根据词汇学假设，通过量表施测，对数据进行因

---

① Hakstian, A. R., Suedfeld, P., & Ballard, E. J., et al. “The ascription of Responsibility questionnaire: development and empirical extensions”, *Journal of Personality Assessment*, vol. 50, no. 2 (1986), pp.229-247.

② Wentzel, K. R. “Social competence at school: Relations between social responsibility and academic achievement”, *Review of Educational Research*, vol. 61, no. 1 (1991), pp.1-24.

③ 庞丽娟、姜勇：《幼儿责任心发展的研究》，《心理发展与教育》1999年第3期，第12-17页。

④ 程岭红：《青少年学生责任心问卷的初步编制》，西南师范大学硕士学位论文，2002年。

⑤ 黄希庭、谭小宏：《中学生责任心的理论建构研究》，《心理科学》2008年第1期，第11-15页。

⑥ Schlenker, B. R., Britt, T. W., & Pennington, J., et al. “The triangle model of responsibility”, *Psychological Review*, vol. 101, no. 4 (1994), pp.632-652.

⑦ 叶浩生：《责任内涵的跨文化比较及其整合》，《南京师范大学学报（社会科学版）》2009年第6期，第99-104页。

素分析来揭示存在的维度,这种方法多是在大五人格框架下对尽责性这个维度的测量,国外研究者多采用这种方式。前者更倾向于理论检验,而后者更倾向于经验的归纳,由此产生了结构上的分歧。

(3)文化差异。国外学者倾向于从主体人格特征的角度划分社会责任心的结构,而我国学者不仅从主体角度对社会责任心进行结构划分,还从责任对象的角度进行划分。究其原因可能是东西方文化的差异,西方个人主义文化背景下的责任更强调社会责任心对个人成长与社会发展的作用[①];我国传统文化更强调社会责任心中义务与奉献的部分,较西方文化更加重视责任关系,划分社会责任心的结构时还需考虑责任对象[②]。

(4)研究对象、研究领域等方面差异。社会责任心本身涉及的研究领域众多,它不仅是一种静态的心理品质,还是一个动态的心理过程,因此受个体差异和情境的影响较大。研究对象所属的群体不同、划分结构的出发点不同、研究的领域不同等都会造成社会责任心结构划分的差异。

三、责任心与社会责任心的测量

鉴于责任心与社会责任心在概念、结构上并不存在明显差异,多数研究在考察责任心或是社会责任心时并未做明显的区分。皮亚杰和科尔伯格最早对责任心进行了测量,他们分别采用对偶故事法和两难故事法研究儿童青少年的道德责任观念。[③]之后,对责任心的测量呈现多元化趋势,根据测量方式或是测量对象的不同可分为外显测量与内隐测量、自评与他评测量、个体与团队测量、经典测量与项目反应测量等。[④]本研究主要介绍外显测量与内隐测量。

(一)外显测量

责任心与社会责任心的外显测量主要采用的是问卷调查法,即采用问卷调查让被试自我报告。依据不同的测量目的,主要可分为三类:

(1)人格领域的责任心问卷。例如明尼苏达多相人格量表中包含关于社会责任感的分量表;加州心理调查表中关于责任心的测验;卡特尔16种人格因素量表中的G因素(有

① 刘勇、谭小宏:《中学生社会责任心的结构与发展特点研究》,《中国特殊教育》2008年第5期,第78-82页。
② 任亚辉:《中国传统儒家责任心理思想探究》,《心理学报》2008年第11期,第1221-1228页。
③ 张大均编:《教育心理学》,北京:人民教育出版社2015年版。
④ 李明:《责任心的多元研究与测量》,《心理学探新》2008年第3期,第14-17页,42页。

恒性)[①];高夫等人编制的社会责任心人格量表[②];等等。

(2)一般责任心问卷。国外主要有伯科威茨和卢特曼编制的社会责任心量表,该量表既可用于社会心理学研究,也可用于消费心理学研究[③];斯塔雷特将社会责任心研究扩展到全世界,开发了全球社会责任心问卷[④];哈里斯(Harris)从利他行为和助人行为角度编制了儿童社会责任心态度量表,该量表被翻译成多种语言在全球范围广泛使用[⑤]。国内主要有姜勇和庞丽娟编制的幼儿责任心问卷[⑥]、谭小宏编制的中学生责任心问卷[⑦]、李雪编制的中学生社会责任心问卷[⑧]等。

(3)特殊领域责任心问卷。如克兰德尔(Crandall)等人编制的学业成就责任问卷[⑨]、勒德洛(Ludlow)编制的工作责任心问卷[⑩],还有富利尼(Fuligni)编制的家庭义务感问卷[⑪]等。

(二)内隐测量

社会责任心是个体的一种个性心理品质,但同时由于个体的社会责任心会受到社会的评价,一定程度上反映了个体遵守社会规范的情况,因此它也属于道德品质的范畴。[⑫]这意味着测量个体的社会责任心时,可能会因为个体对自我状态的觉察不准确而出现偏差,也有可能因为社会赞许性而在测验中出现作伪。采用内隐测量来测量被试的社会责任心,是解决该问题的一个重要途径,也是对外显测量的重要补充。

---

① 郭永玉、贺金波:《人格心理学》,北京:高等教育出版社2010年版。

② Gough, H. G., McClosky, H., Meehl, P. E. “A personality scale for social responsibility”, *The Journal of Abnormal and Social Psychology*, vol. 47, no. 1 (1952), pp.73-80.

③ Berkowitz, L., Lutterman, G. K. “The traditional socially responsible personality”, *The Public Opinion Quarterly*, vol. 32, no. 2 (1968), pp.169-185.

④ Starrett, R. H. “Assessment of global social responsibility”, *Psychological Reports*, vol. 78, no. 2 (1996), pp.535-554.

⑤ Harris, D. B. “A scale for measuring attitudes of social responsibility in children”, *Journal of abnormal psychology*, vol. 55, no. 3 (1957), pp.322-326.

⑥ 姜勇、庞丽娟:《幼儿责任心维度构成的探索性与验证性因子分析》,《心理科学》2000年第4期,第417-420页,510页。

⑦ 谭小宏:《中学生责任心问卷的编制》,西南师范大学硕士学位论文,2004年。

⑧ 李雪:《中学生社会责任心结构及其发展特点研究》,西南师范大学硕士学位论文,2004年。

⑨ Crandall, V. C., Katkovsky, W., Crandall, V. J. “Children’s belief in their own control of reinforcements in intellectual-academic achievement situations”, *Child development*, vol. 36, no. 1 (1965), pp.91-109.

⑩ Ludlow, L. H. “The structure of the Job Responsibilities Scale: A multimethod analysis”, *Educational and Psychological Measurement*, vol. 59, no. 6 (1999), pp.962-975.

⑪ Fuligni, A. J., Tseng, V. “Attitudes toward family obligations among American adolescents with Asian, Latin American, and European backgrounds”, *Child Development*, vol. 70, no. 4 (1999), pp.1030-1044.

⑫ 李明:《责任心的多元研究与测量》,《心理学探新》2008年第3期,第14-17页,42页。

已有研究对责任心的内隐测量多是基于大五人格框架。例如斯蒂芬斯(Steffens)等人利用标准内隐联想测验程序,以89名心理学学生为研究对象,探索了大五人格的内隐—外显相关。[①]研究发现神经质、尽责性的内隐和外显测量存在较低的相关,但是在其他人格特质上则不存在显著相关(如外向性、开放性和宜人性)。格鲁姆(Grumm)等人的研究也发现大五人格中尽责性维度存在内隐效应,他认为人格内隐联想测验并不是简单地测量内隐自尊,更像是测量相关的内隐人格自我概念。[②]这显示了内隐联想测验在大五人格测量上的汇聚效度和区分效度。

格林沃尔德等人提出了一个内隐联想测验的变式——多因素特质内隐联想测验,用以多种结构的测量,并试图解决标准内隐联想测验中内隐自尊和内隐人格自我概念容易被混淆的问题。通过将"我"和"他人"作为目标概念,"尽责性"(如有组织性、注重实效、高效能干、认真细致)和"其他特质"(如宜人的、外向的、情绪稳定的、开放的)作为属性概念,测量尽责性的内隐效果[③],但该测量程序的信效度目前尚不清楚。

四、大学生社会责任心的相关研究

(一)国内大学生社会责任心相关研究

目前国内关于大学生社会责任心的实证研究相对较少,但对大学生社会责任感的研究较为丰富。不过,社会责任心与社会责任感并不完全一致。社会责任心是个体的个性心理品质,属于心理特征的范畴;社会责任感则是动态的情感体验,属于心理过程中的情绪活动。但社会责任心与社会责任感又是紧密联系的,社会责任心会通过社会责任认知、社会责任感和社会责任行为过程来实现。

在为数不多的实证研究中,研究者多是探讨社会责任心与其他心理变量之间的关系,针对大学生社会责任心现状特点的研究较为少见。例如冉汇真考察了大学生学习动机与社会责任心的关系,发现学习动机与社会责任心整体上呈显著正相关,且相互影响,互为因果。[④]陶金花和朱键军采用自编的大学生社会责任心问卷比较了"80后"与"90后"

---

① Steffens, M. C., Schulze-könig, S. "Predicting spontaneous big five behavior with implicit association tests", *European Journal of Psychological Assessment*, vol. 22, no. 1 (2006), pp.13-20.

② Grumm, M., Collani, G. v. "Measuring Big-Five personality dimensions with the implicit association test-Implicit personality traits or self-esteem?", *Personality and Individual Differences*, vol. 43, no. 8 (2007), pp.2205-2217.

③ Greenwald, A. G., Nosek, B. A., & Banaji, M. R., et al. "Validity of the salience asymmetry interpretation of the implicit association test: comment on Rothermund and Wentura", *Journal of Experimental Psychology: General*, vol. 134, no. 3 (2005), pp.420-425.

④ 冉汇真:《大学生学习动机与社会责任心的相关研究》,《教育评论》2013年第2期,第63~65页。

大学生的社会责任心水平，发现"90后"大学生在社会责任心总分以及集体责任心、同伴责任心、他人责任心、社会发展责任心四个维度上的得分显著高于"80后"大学生。[①]李丽娜等人以医学类大学生为被试，探究了精神信仰、社会责任心与利他行为的关系，发现大学生的社会信仰越高，对应的社会责任心水平就越高，越有可能表现出利他行为。[②]

（二）国外大学生社会责任心相关研究

国外有关大学生社会责任心的实证研究主要集中在20世纪90年代前后。查尔斯（Charles）研究了社会责任心、控制点与社会地位的相互关系，指出中等强度的控制点对应着最高的社会责任心，社会地位越高，社会责任心越强[③]；文策尔在分析美国政府和教育机构对学生进行社会责任教育相关文献的基础上，提出了社会责任教育的几个重点，即人际关系、公德心、道德角色、公民角色和家庭责任等，并通过教育实验证明了学生社会责任心的培养与学生专业成长的一致性，社会认知与社会行为的相关性[④]。威特（Witt）等人研究了社会责任心与大学生角色外行为和满意度的关系，认为随着满意度的增加，社会责任心对角色外行为的影响逐渐降低；且不管社会责任心如何，对大学满意度高的学生角色外行为都较高，而对大学不满意的学生中，高社会责任心水平大学生相较低社会责任心水平大学生会有较高的角色外行为。[⑤]

20世纪90年代中期以来，西方社会面临道德危机和信誉度下降的困境，来自杜威的实用主义进步运动要求学生参与政府活动和社区课程以提升其社会责任心。贝尔曼（Berman）据此提出社会责任心动机理论，认为不公正、榜样和自我效能感是孩子社会责任行为的内在动机，认为不同的年龄、经历和环境三种动机作用的大小有所不同，并提出提升孩子社会责任心的四条途径：（1）关爱环境；（2）树立亲社会和道德行为的榜样；（3）对责任行为技能的培养；（4）面对不公正行为时解决矛盾的有效方法的培养。[⑥]坎贝

---

① 陶金花、朱键军：《90后大学生社会责任心发展特点研究》，《安徽工业大学学报（社会科学版）》2014年第5期，第111-114页。

② 李丽娜、齐音、张帆、赵佳慧、胡继爽、刘映杰：《医学生精神信仰、社会责任心和利他行为的关系研究》，《中国高等医学教育》2021年第2期，第39-40页。

③ Jean-Charles, J. "Social responsibility, locus of control, and social class", *Journal of Social Psychology*, vol. 126, no. 4 (1986), pp.559-561.

④ Wentzel, K. R. "Social competence at school: Relations between social responsibility and academic achievement", *Review of Educational Research*, vol. 61, no. 1 (1991), pp.1-24.

⑤ Witt, L.A.,Silver,N.C. "The effects of social responsibility and satisfaction on extrarole behaviors", *Basic and Applied Social Psychology*, vol. 15, no. 3 (1994), pp.329-338.

⑥ Berman, S. *Children's Social Consciousness and the Development of Social Responsibility.* NewYork: State University of NewYork Press, 1997.

尔(Campell)根据贝尔曼关于儿童的社会责任心动机理论提出了提高大学生社会责任心水平的教学目标和教学方式,例如在教学目标层面有展示不公正、社会责任心榜样示范、提高自我效能感,在教学方式层面有班级演讲、阅读以及关于文化、性别、社会地位等话题的讨论等。①

近些年来,相关研究主要是围绕高等教育机构或者社会机构如何培养大学生的社会责任心,即理论对策的探讨,较少涉及大学生社会责任心的现状调查研究。例如科埃略(Coelho)以欧洲三所高等教育机构的学生为研究对象,通过访谈和问卷调查考察了学生对于个人、社会发展以及公民概念的看法,同时了解学生自身对于社会责任心的看法以及与前者概念之间的联系,进而探讨了高等教育机构开展社会责任心教育的有效途径。②

五、已有研究存在的不足

(一)社会责任心概念界定不清晰

目前,国外研究者对社会责任心概念的理解并不一致,主要体现在:第一,研究者对社会范畴的界定不同,部分研究者将社会界定为自己所生活的社区或国家,也有研究者将社会界定为全球社会;第二,有的研究者将社会责任心理解为对自己公民身份的认同和履行,也有的研究者将社会责任心理解为对更广泛的社会和道德事件的关注。而国内研究者对社会责任心概念的界定大都源自对责任心概念的简单加工,即责任心处于社会范畴中,对责任心和社会责任心本质的区分不明确。因此,开展社会责任心研究首先必须明确社会责任心的概念和范畴。

(二)社会责任心结构划分分歧较大

目前有关社会责任心的研究中主要有六种社会责任心结构划分方式,不同研究者在结构划分上争议较大,但对于自身划分依据的说明却又不充分。比如西方多是基于人格心理学的背景,从主体人格特征的角度,将责任心划分为可靠性、忠诚性、公正性、正直性等维度,这种静态划分方式强调稳定性;国内主要从主体心理过程的角度,将责任心划分为责任认知、责任情感和责任行为三维度。这种划分方式的不同主要基于东西方文化的差异。相较于西方,中国文化背景下的个体对于自己所处的社会责任关系情境尤为重

① Campell, C.D. *Promoting Social Responsibility in Graduate Psychology Training*. Ph.D., Graduate school of Clinical Psychology, George Fox University, 414N. Meridian, S. T., Newberg, O. R. 97132, 2002.

② Coelho, M., & Menezes, I. "Universitas: how do students perceive university social responsibility in three european higher education institutions?", *International Journal of Sustainability in Higher Education*, vol. 23, no. 4 (2022), pp.767-782.

视,不仅要考虑到社会责任心的稳定性,更要考虑其社会情境性。而现有研究者在进行社会责任心结构划分时要么忽视这种文化差异,要么片面强调这种文化差异,难以兼顾社会责任心稳定性与情境性并存。社会责任心的结构是开展社会责任心理论和实证研究的基础,结构划分的分歧必定会阻碍社会责任心研究的进行。究竟哪一种社会责任心结构的划分更为科学?这种划分方式相对于其他划分方式又有何优势?能否得到一个较为一致的结构划分方式,同时兼顾不同结构划分方式的特点?这些都是值得研究的问题。

(三)针对大学生社会责任心的研究较少

已有研究中关于责任心的实证研究较多,关于社会责任心的实证研究较少,而在为数不多的社会责任心实证研究中,也少有研究将大学生作为研究对象,导致大学生社会责任心研究出现理论研究与实证研究脱节的现象。大学阶段是大学生向社会人过渡的阶段,大学生往往具有更多的自我意识和自主权,逐渐由社会消耗者向社会建设者转型,他们的社会责任心与其他学生群体仍有许多不同之处。因此,我们需要构建科学的社会责任心理论基础,开发适合大学生身心特点的社会责任心测量工具,进而对大学生社会责任心开展更为系统的研究。

六、研究设计

(一)研究目的

采用文献分析法与问卷调查法探索当代大学生社会责任心的理论结构,并以该理论结构为基础,编制《大学生社会责任心问卷》,同时考察大学生社会责任心的现状特点。

(二)研究构想

本研究以大学生为被试,考察其社会责任心的结构及现状特点。(1)采用文献分析法与问卷调查法初步构建大学生社会责任心结构。(2)以大学生社会责任心结构为基础编制《大学生社会责任心问卷》初始问卷,使用该问卷进行测试,验证大学生社会责任心结构并修订初始问卷。(3)使用《大学生社会责任心问卷》正式问卷测试,考察大学生社会责任心的现状特点。

第二节 大学生社会责任心的理论构想与问卷编制

一、研究目的

本研究旨在探索心理定向视角下社会责任心的含义与结构，并以此为基础，编制《大学生社会责任心问卷》，为后续开展大学生社会责任心调查研究做好准备。

二、心理定向视角下社会责任心的含义与结构

（一）心理定向视角下社会责任心的含义

过往研究基于不同的视角对社会责任心的概念做了一定的探讨，本研究将从心理定向的视角考察社会责任心的含义与结构。心理定向最早出现在对重病患者的心理治疗中。多伊奇（Deutsch）在检验心理相互依存类型与心理定向之间的关系时，首次明确提出了“心理定向”的概念。他指出，人们有区别地将自己定向于不同的社会关系类型中，不同的定向反映了不同的认知过程、动机倾向和道德品质。他将“心理定向”界定为在既定情境中几乎一致的，集认知、动机和道德定向于一体的复合体，它会引导个体在该情境中的行为与反应。心理定向包括认知定向、动机定向和道德定向。认知定向是指人们通过关于他们自身和所处社会环境的结构性预期，主动地处理他们的社交世界，反映了他们对不同社会情境和不同人的组织信念。动机定向增加了起源于与个体情境相关的动机或者需要倾向的个人的、主观的特征。道德定向使个体定向于特定关系中的人们相互间的责任、权利和利益，为心理定向增加了“应该”“需要”或者必需的特征。[①]已有的研究较多地将心理定向运用于道德领域，而在社会责任心研究中还尚未引入心理定向的概念。

心理定向视角下的社会责任心是个体责任认知、动机和道德定向的统一体，是个体在长期社会责任活动中，形成的稳定的责任定向，体现了个体与该定向之间的责任心理关系。吉利根（Gilligan）等人提出，个体理解、感知和解决道德问题的方式，反映了他们的定向，而定向又强调了人们是什么样的，他们会变得怎样，或者他们想要追求什么。[②]下面将从心理定向的角度探讨社会责任心的基本特性，以求对社会责任心的含义有更深一步的理解。

---

① Deutsch, M.“Interdependence and Psychological Orientation”.In Derlega,V.J.,Grzelak,J.(Eds).*Cooperation and Helping Behaviour.* New York: Academic Press, 1982.

② Gilligan, C., Attanucci, J. “Two moral orientations: Gender differences and similarities”, *Merrill-Palmer Quarterly,* vol. 34, no. 3 (1988), pp.223-237.

1.稳定性与情境性

个体对于社会责任的认知以及情感因素会随情境的影响而有所波动，这是社会责任心的情境性，著名的责任扩散效应也证实个体的社会责任心在不同情境下会有不同甚至截然相反的表现。[①]而作为个体的一种人格特质，社会责任心又具有稳定性，威利斯（Wills）等人的实验发现一方面，外在压力增加时，高或低社会责任心被试的利他行为都会减少；另一方面，无论是否呈现榜样，高或低压力条件下，高社会责任心的被试比低社会责任心的被试都要表现出更多的利他行为。这说明社会责任心同时具有稳定性和情境性特征。[②]心理定向视角下的社会责任心研究是研究个体在既定社会责任情境下，其责任认知、动机、道德和行为的偏向特征，而不仅仅是责任对象角度下的责任行为研究，也不仅仅是主体自我卷入的人格特征研究，它是社会责任心跨情境一致性的体现，是社会责任心稳定性与情境性的结合。

2.定向性

早期从主体人格特征角度进行的研究认为社会责任心包括可靠性、公正性、忠诚性、尽职性等基本特质。[③]而罗伯茨等人通过对责任心次级结构的校标效度验证发现，责任心不同维度与不同效标之间的相关有很大差异，例如勤奋维度与工作奉献呈正相关，而传统维度则与工作奉献呈负相关，美德维度与工作风险的相关几乎为零。[④]德沃拉科娃（Dvorakova）等人的研究发现，个体对与自我系统更接近的承诺更为负责，如特定的个体、内部标准和规则或者其他重要的人。[⑤]由此可以推论，个体社会责任心在发生作用时，其心理定向是有所区别的。从心理定向的角度将个体置于大的社会背景下，探讨其在既定社会情境中形成的稳定的责任倾向，可以明确个体与每一种定向之间的责任心理关系。

3.整体性

在所有试图解释个体在发展过程中如何成为一个负责任的公民的理论中，最为明显的观点就是个体的情感和思维是社会行为的首要决定因素。[⑥]这意味着责任认知与情感

① Darley, J. M., Latane, B. “When will people help in a crisis?”, *Psychology Today*, no. 2 (1968), pp.54-57.

② Wills, J. A., Goethals, G. R. “Social responsibility and threat to behavioral freedom as determinants of altruistic behavior”, *Journal of Personality*, vol. 41, no. 3 (1973), pp.376-384.

③ Gough, H. G., McClosky, H., Meehl, P. E. “A personality scale for social responsibility”, *The Journal of Abnormal and Social Psychology*, vol. 47, no. 1 (1952), pp.73-80.

④ Roberts, B. W., Chernyshenko, O. S., & Stark, S., et al. “The structure of conscientiousness: An empirical investigation based on seven major personality questionnaires”, *Personnel Psychology*, vol. 58, no. 1 (2005), pp.103-139.

⑤ Dvorakova, J., Tylik, M. “Effect of values on responsibility perceived in moral action”, *Studia Psychologica*, vol. 49, no. 2 (2007), pp.167-175.

⑥ Bear, G. G., Manning, M. A., Izard, C. E. “Responsible behavior: The importance of social cognition and emotion”, *School Psychology Quarterly*, vol. 18, no. 2 (2003), pp.140-157.

对于责任行为具有不可替代的重要作用,然而许多研究者在理论探讨以及实证研究过程中往往会忽视其整体性。例如主体人格特征角度下的社会责任心仅仅强调的是个体的责任特质,而忽略了责任认知与情感的调节作用;责任对象角度下的社会责任心结构划分依据的是个体责任行为的作用对象,强调的是责任行为的差异。施伦克尔等人提出的责任心三角模型与叶浩生提出的三侧面模型假设虽然都较好地体现了责任心的整体性,但是责任心特别是社会责任心作为个体一种受评价的特质是个体道德品质的体现,应该包含道德成分,而不仅仅是一种行为解释过程,而这方面在责任心三角模型中并未得到体现。此外,社会责任心中的情感成分并不仅仅是一种情感体验,它还具有驱使个体做出责任行为的作用,因此,使用动机成分代替三侧面模型中的情感成分更为恰当。生活在社会中的个体对于责任、暴力等都有不同的理解,这形成了不同的道德动机,而这些道德动机又会潜移默化地影响他们的道德判断和行为。叶浩生认为责任心作为一种心理现象是行为的内在决定因素之一,但并不能包括责任行为。个体的认知、动机和道德应是组成其社会责任心的主要成分,三者不可分割,从任一单方面来探讨社会责任心都难免会有所偏颇。[①]基于心理定向的社会责任心是个体责任认知、动机和道德定向的统一体,反映了社会责任心认知、动机和道德相结合的整体特性。

综上所述,本研究从心理定向的视角将社会责任心定义为:个体以实现社会利益和促进社会发展为目的,定向于不同责任关系的认知、动机和道德的集合体。对于该定义,可以从三个方面加以理解:首先,社会责任心的最终目标是实现社会利益、促进社会发展;其次,个体的社会责任心是责任认知、动机和道德的集合体;最后,个体的责任定向是与某一责任关系类型相联系的。

(二)社会责任心的基本结构

社会责任心的结构是指构成个体社会责任心的心理成分,这些心理成分在每个个体身上都是相对固定的,即每个人都具有社会责任心的这些心理成分,但每个成分所占的比重不同,不同的心理成分导致了个体不同的社会责任心,从而产生不同的社会责任行为。

1.内外定向

目前,尚未有研究明确提出社会责任心的内外区分,但从已有研究中我们可以找出一些潜在的趋向。施瓦茨(Schwartz)将价值观依据概念的不同分为两极,其中就有主体价值观——成就(个人成功和能力)与力量(支配和财富),以及相反的公共价值观——仁

---

① 叶浩生:《责任内涵的跨文化比较及其整合》,《南京师范大学学报(社会科学版)》2009年第6期,第99~104页。

慈(关心认识的人)与普遍性(关心广泛的人和环境),施瓦茨将其称作自我增强和自我超越。[①]坦尼(Tangney)等人在研究道德情感与道德行为的关系时发现,负罪是他人定向的,羞愧是自我定向的,有些人可能会感到羞愧,但不会感到负罪。[②]凯泽(Kaiser)等人在研究责任心对生态行为的预测作用时提出,人们至少可以从两个方面感到责任,一个方面是道德责任,另一个方面是传统责任。道德责任感与道德概念(如福利、他人的权利、公平考虑)有关,依赖于人们的自我责任归因和内疚感;传统责任感以社会习惯或传统为基础,并呼吁权力,依赖于个体意识到的社会期待和个体完成这些期待的意愿。[③]由此可以假设,社会责任心存在两种定向——内部定向与外部定向。内部定向的关注点在主体自身——"我是否做到",是被动的,强调自身对社会期待与规则的遵从,以避免他人的指责;外部定向的关注点在自身之外——"社会是否需要",是主动的,强调对他人和社会需要的关注和满足,以避免对自己良心的谴责。

2. 人与规则定向

伯科威茨和卢特曼将社会责任态度划分为帮助他人的个体责任(帮助他人,尽管从他人处得不到任何好处)和处理更为广泛的社会事件的个体责任(如失业和社会安全)。[④]尽管还未有实证研究证明社会责任心对人与规则有定向区分,但在道德领域,已经有不少研究证实这两种定向的存在。吉利根提出由于男性更具分离性和客观化倾向,他们的道德推理更倾向于公平或者规则定向;由于女性更为敏感以及更能感知到与他人的相互依赖,她们的道德推理更倾向于关爱和关系定向,强调关心和善行以及关心个体自身。[⑤]但也有研究发现,道德定向与个体的感知和感觉水平、人格特质(内外倾向性)以及年龄有关,而与性别无关。[⑥]还有的研究发现道德定向存在文化差异,中国青少年相较于

① Schwartz, S. H. "Universals in the content and structure of values: Theoretical advances and empirical tests in 20 countries", *Advances in Experimental Social Psychology*, vol. 25(1992), pp.1-65.

② Tangney, J. P., Stuewig, J., Mashek, D. J. "Moral emotions and moral behavior", *Annual Review of Psychology*, vol. 58 (2007), pp.345-372.

③ Kaiser, F. G., Shimoda, T. A. "Responsibility as a predictor of ecological behavior", *Journal of Environmental Psychology*, vol. 19, no. 3 (1999), pp.243-253.

④ Berkowitz, L., Lutterman, K.G. "The traditional socially responsible personality", *The Public Opinion Quarterly*, vol. 32, no. 2 (1968), pp.169-185.

⑤ Gilligan, C., Attanucci, J. "Two moral orientations: Gender differences and similarities", *Merrill-Palmer Quarterly*, vol. 34, no. 3 (1988), pp.223-237.

⑥ Glover, R. J. "Discriminators of moral orientation: Gender role or personality?", *Journal of Adult Development*, vol. 8, no. 1 (2001), pp.1-7.

“理”，更重视“情”。[①]由此可见，社会责任心与道德、利他、亲社会行为等领域有较多重合，关爱和公正的道德原则也是社会责任心的中心。因此，我们可以假设个体的社会责任心存在两种定向，即人的定向和规则的定向。人的定向主张关爱优先，强调对人的保护以及回应；规则定向主张公平与制度优先，强调对规则与秩序的维护。

综上所述，本研究从人的定向、规则的定向、内部定向和外部定向四个方面出发，将社会责任心划分为主体责任心、他人责任心、义务责任心和公共责任心（见表5.1）。主体责任心指的是个体通过维护自身利益与发展，达到维护社会利益、促进社会发展的目的，包括对自我身心健康的维护，对自我人格独立性、完整性的维护，促使自己人生目标的实现，促使自己从困境中脱离出来，等等。义务责任心指的是个体通过履行外界赋予自身的规定性任务，达到实现社会利益、促进社会发展的目的，包括积极承担自己分内事务，对自己的行为以及行为后果负责，等等。他人责任心指的是个体通过维护他人利益与发展，达到实现社会利益、促进社会发展的目的，包括关心他人、帮助他人等。公共责任心指的是个体通过维护社会公共资源与秩序，达到实现社会利益、促进社会发展的目的，包括保护社会公共财产资源、关注社会时事、维护社会公平公正等。

表5.1　基于心理定向的社会责任心结构的理论构想

维度	人的定向（关爱的、怜悯的；强调关心和善行；较多的情感卷入）	规则的定向（公正的、客观的；强调规则和秩序；较少的情感卷入）
内部定向（传统责任；强调主体自身对社会期待与规则的遵从；被动的；关注点在自身；依赖于个体意识到的社会期待和他/她完成这些期待的意愿；主体通过对自己行为的限制，以避免自己直接造成负面影响）	主体责任心	义务责任心
外部定向（道德责任；强调对他人和社会需要的关注和满足；主动的；关注点在自身外部；依赖于个体的自我责任归因和内疚感；负面影响并非由主体直接造成的，主体行为是对负面影响的主动修复）	他人责任心	公共责任心

（三）大学生社会责任心表现的探索

为了探索大学生社会责任心的具体表现，本研究拟定了三个开放式问题，分别是“作为大学生，您认为什么是社会责任心？具体应该包括哪些方面？”“根据您的观察，您认为有社会责任心的大学生具有哪些表现？”“根据您的观察，您认为没有社会责任心的大学生具有哪些表现？”。采取随机抽样的方法，调查重庆某高校在校大学生150人，收回有效问卷137份。

---

① Mahk. “Moral orientation and moral judgment in adolescents in Hong Kong, Mainland China, and England”, *Journal of Cross-Cultural Psychology*, vol. 20, no. 2 (1989), pp.152-177.

对调查结果进行系统整理归类后发现,大学生对于社会责任心的理解主要可以分为以下几类:(1)维护自我身心健康,例如珍爱生命、热爱生活、劳逸结合等;(2)促进自我能力与修养的发展,例如努力学习、珍惜时光、有理想、有追求等;(3)做好本职工作,即明确自己的身份及不同身份下的责任,例如遵纪守法等;(4)对自己的行为负责,例如不推卸责任、有担当、言出必行、做事前三思而后行等;(5)关心、帮助他人,例如孝敬父母、关心朋友、团结友爱等;(6)关注弱势群体,帮助有困难的人,例如见义勇为、参与公益活动等;(7)关心社会发展,例如关注时事、拥有社会归属感与使命感、爱国等;(8)维护社会公平秩序,例如制止不文明行为、维护公共财产资源等。从以上结果可以发现,八个类型均可以归属到前文提到的心理定向视角下大学生社会责任心的理论结构中,其中类型(1)(2)可以归为主体责任心,类型(3)(4)可以归为义务责任心,类型(5)(6)可以归为他人责任心,类型(7)(8)可以归为公共责任心。这表明开放式问卷调查的结果与上文的理论构想基本吻合,可以按照上文的社会责任心结构理论构想进行问卷编制。

三、大学生社会责任心问卷的编制

(一)研究方法

1.被试

样本1:在我国西部地区选取两所本科院校,采用随机抽样的方法,对自编的《大学生社会责任心问卷Ⅰ》展开施测。共发放问卷300份,收回有效问卷256份,问卷有效率85.33%。其中男生102人,女生154人;大一76人,大二83人,大三65人,大四32人。

样本2:在我国西部地区选取一所本科院校,采用随机抽样的方法,对自编的《大学生社会责任心问卷Ⅱ》展开施测。共发放问卷300份,收回有效问卷261份,问卷有效率87%。其中男生91人,女生170人;大一12人,大二151人,大三53人,大四45人。

2.工具

采用自编的《大学生社会责任心问卷Ⅰ》进行第一次项目分析和探索性因素分析;使用《大学生社会责任心问卷Ⅱ》进行第二次项目分析和探索性因素分析;使用《大学生社会责任心问卷》进行验证性因素分析以及信效度检验。以上三个问卷均采用Likert 5点计分。

3.程序

根据开放式问卷调查的结果,参考以往同类型的调查问卷,编制出《大学生社会责任心问卷》初始题项,请心理学专业研究生和老师依据含义明确、表达简练、能够准确反映大学生社会责任心理论结构且没有近似含义的标准，对题项进行修订和删改，最终形成包含33个题项的《大学生社会责任心问卷Ⅰ》。对《大学生社会责任心问卷Ⅰ》进行第一次预测，统计分析结果显示问卷的指标不够理想，故对题项进行修订，形成包含26个题项的《大学生社会责任心问卷Ⅱ》。接着使用《大学生社会责任心问卷Ⅱ》进行第二次测试，根据相关心理测量学标准修订并精简题项后，形成包含15个题项的《大学生社会责任心问卷》，即正式问卷（见附录）。

（二）研究结果

1.《大学生社会责任心问卷Ⅰ》的数据分析结果

对《大学生社会责任心问卷Ⅰ》数据进行项目分析，将被试总分按递增排序，选取得分最高的前27%的学生作为高分组，得分最低的后27%的学生作为低分组，进行独立样本*t*检验，删除差异不显著的项目。采用同质性检验筛选题项，删除与总分相关不显著以及共同性小于0.2的题项。项目分析结果显示，所有题项的平均数差异检验均显著（$p<0.001$），且所有题项与总分的相关在0.2～0.7（$p<0.001$），但第1、6、12、15、20、26、33题的相关系数较低（小于0.4），考虑删除。题项间的同质性检验发现，第1、6、9、12、15、20、25、26、33题的共同度小于0.16，第29题的共同度小于0.2。结合题项本身的表述决定删除共同度小于0.16的题项，保留第29题。

对项目分析后保留的24道题做探索性因素分析。问卷的KMO值为0.87，巴特利特球形检验显著（$p<0.001$），满足因素分析的基本条件。对数据进行主成分分析提取公共因素，通过正交极大方差旋转法获得多个因素，结合碎石图，删除拥有项目较少的小因素，最终获得大学生社会责任心四因素结构模型（见表5.2）。

表5.2 《大学生社会责任心问卷Ⅰ》因素分析结果

题项	因素1	因素2	因素3	因素4	共同度
义务14	0.73				0.57
义务32	0.67				0.53
义务2	0.67				0.47
义务8	0.63				0.48
义务16	0.53				0.40
义务3	0.50				0.42
义务18	0.45				0.45
他人4		0.75			0.59
他人22		0.73			0.63
他人23		0.72			0.60
他人30		0.68			0.51
他人19		0.63			0.52

续表

题项	因素1	因素2	因素3	因素4	共同度
公共5			0.86		0.75
公共7			0.76		0.68
公共27			0.59		0.55
公共31			0.57		0.55
公共13			0.55		0.41
公共24			0.48		0.39
主体11				0.83	0.78
主体17				0.65	0.52
主体10				0.50	0.46

基于以下标准对保留的题目进行再次筛选:(1)保留因子载荷大于0.4的题项;(2)删除在两个及两个以上因素上都载荷较高的题项;(3)若一个因素少于三个题项,则删除该因素内的题项。故删除第21、28、29题。对于保留的题项,修改了部分题项的表述,如将义务责任心维度下的题项“我清晰地知道自己在不同社会角色下的责任,并且愿意承担它”修改为“我明白自己在不同社会角色下的责任”,公共责任心维度下的题项“对于社会上的一些不文明现象,我常予以制止”修改为“看见违反公共秩序的行为,我会站出来指责”,使题项更为清晰易懂。为了保证各因素题项数量大致相等,新增了部分题项,如“我很注意养成良好的生活习惯”“我常为自己制定切实可行的学习与工作计划”“对于自己的过失,我有勇气承认,并尽力弥补”“如果处于消极状态中,我会督促自己尽快调整好状态”,得到了包含26个题项的《大学生社会责任心问卷Ⅱ》。

2.《大学生社会责任心问卷Ⅱ》的数据分析结果

使用《大学生社会责任心问卷Ⅱ》进行测试,对收回的数据进行项目分析和探索性因素分析,步骤与《大学生社会责任心问卷Ⅰ》一致。项目分析主要采取临界比率法和共同度判断标准筛选题项,同时增加题项与总分相关的判断标准(见表5.3)。结果表明,第4、6、7、23、26题的题总相关、共同度和因子载荷均不达标,故予以删除。

表5.3 《大学生社会责任心问卷Ⅱ》项目分析结果

题号	题总相关	共同度	因子载荷
1	0.50	0.26	0.51
2	0.45	0.19	0.44
3	0.48	0.21	0.46
4	0.36	0.12	0.34
5	0.53	0.28	0.53
6	0.26	0.04	0.20
7	0.38	0.13	0.36
8	0.46	0.20	0.45

续表

题号	题总相关	共同度	因子载荷
9	0.52	0.28	0.53
10	0.49	0.24	0.49
11	0.49	0.23	0.47
12	0.48	0.24	0.49
13	0.59	0.38	0.62
14	0.49	0.26	0.51
15	0.52	0.27	0.52
16	0.45	0.19	0.44
17	0.51	0.26	0.51
18	0.42	0.18	0.43
19	0.44	0.21	0.46
20	0.48	0.23	0.48
21	0.51	0.27	0.52
22	0.56	0.32	0.57
23	0.34	0.12	0.34
24	0.60	0.38	0.61
25	0.56	0.34	0.58
26	0.39	0.13	0.37

探索性因素分析中，问卷的KMO值为0.87，巴特利特球形检验显著($p<0.001$)，满足因素分析的基本条件。对数据进行主成分分析提取公共因素，通过正交极大方差旋转法获得多个因素，结合碎石图，依据特征值抽取因子，并按照上文所述标准再次筛选题项，在筛选题项的同时，结合前文确立的心理定向视角下大学生社会责任心的理论结构，多次重复探索，剔除无效题项，直至抽取出的因子数目及各因子下所包含的题项趋于稳定（见表5.4）。结果表明，第2、11、12、13、15、20题不符合标准，予以删除，得到了包含15个题项的《大学生社会责任心问卷》。

表5.4 《大学生社会责任心问卷Ⅱ》因素分析结果

题号	因素1	因素2	因素3	因素4	共同度
公共21	0.78				0.50
公共24	0.78				0.39
公共5	0.65				0.53
公共3	0.56				0.45
主体1		0.67			0.54
主体9		0.66			0.39
主体25		0.65			0.53
主体18		0.63			0.57
义务16			0.74		0.65
义务14			0.68		0.50

续表

题号	因素1	因素2	因素3	因素4	共同度
义务19			0.67		0.53
义务10			0.53		0.65
他人17				0.76	0.53
他人22				0.62	0.68
他人8				0.58	0.56
特征值	4.18	1.64	1.13	1.07	总和
贡献率(%)	27.84	10.91	7.55	7.11	53.40

对《大学生社会责任心问卷Ⅱ》的探索性因素分析得到了四因素结构模型。根据分析结果以及最初的大学生社会责任心理论构想，我们将因素1命名为“公共责任心”，体现的是大学生维护社会公共资源与秩序的行为表现；因素2命名为“主体责任心”，体现的是大学生维护自身利益与发展的行为表现；因素3命名为“义务责任心”，体现的是大学生履行自身义务的行为表现；因素4命名为“他人责任心”，体现的是大学生关心和帮助他人的行为表现。

3.《大学生社会责任心问卷》的数据分析结果

对《大学生社会责任心问卷》进行验证性因素分析。结果表明，χ^2/df=2.93<3，即模型有简约适配程度；RMSEA<0.05，SRMR<0.05；NFI、RFI、IFI、GFI、CFI、TLI值均大于0.9(见表5.5)，各项拟合指标均符合心理测量学要求，即修订后的问卷模型拟合较好。

表5.5 《大学生社会责任心问卷》的验证性因素分析

指标	χ^2/df	RMSEA	SRMR	NFI	RFI	IFI	GFI	CFI	TLI
拟合指数	2.93	0.05	0.04	0.92	0.90	0.95	0.97	0.95	0.93

对《大学生社会责任心问卷》进行信效度检验。采用内部一致性信度作为大学生社会责任心问卷的信度指标。公共责任心、主体责任心、义务责任心、他人责任心以及总问卷的内部一致性信度分别为0.68，0.68，0.58，0.72及0.83，即本问卷与各维度的信度均在可接受范围内。

采用结构效度作为《大学生社会责任心问卷》的效度指标(见表5.6)。各维度之间的相关以及维度与总分间的相关均显著，维度间的相关在0.33～0.47，维度与总分之间的相关在0.73～0.79，表明各维度既相互关联又具有一定的独立性，说明本问卷效度良好。

表5.6 《大学生社会责任心问卷》的效度检验

维度	主体责任心	义务责任心	他人责任心	公共责任心
主体责任心	—			
义务责任心	0.47**	—		
他人责任心	0.47**	0.42**	—	
公共责任心	0.39**	0.33**	0.42**	—
总问卷	0.79**	0.74**	0.73**	0.74**

注：$p^{**} < 0.01$。

第三节 ┆ 大学生社会责任心的特点

一、研究目的

本研究旨在考察大学生社会责任心的特点，为后续推进大学生社会责任心教育实践提供参考借鉴。

二、研究方法

（一）被试

在我国西部地区选取5所本科院校，采用整群随机抽样的方法，使用《大学生社会责任心问卷》进行施测。共发放问卷1000份，收回有效问卷889份，问卷有效率88.9%。其中，男生431人，女生458人；大一217人，大二212人，大三420人，大四40人；城镇398人，农村491人；重点院校262人，普通院校627人。

（二）工具

本研究使用《大学生社会责任心问卷》考察大学生的社会责任心水平。该问卷由公共责任心、主体责任心、义务责任心、他人责任心4个维度构成，合计15个题项。采用Likert 5点计分，无反向计分题。

（三）统计分析

本研究使用SPSS统计软件进行数据的整理和分析，主要包括描述性统计、平均数差异的显著性检验等。

三、研究结果

本研究考察了大学生社会责任心的总体表现以及不同性别、年级、学校类型、家庭居住地等人口统计学变量下大学生社会责任心的现状与特点，具体结果如下。

1.大学生社会责任心的总体表现

对大学生社会责任心的总体表现进行描述统计，结果如下（见表5.7）。大学生社会责任心的总体平均分为3.65，说明大学生的社会责任心处于中等偏上水平。从各维度来看，大学生社会责任心的各维度均处于中等偏上水平，发展相对均衡，其中义务责任心的总均分最高（*M*=3.92），其次是主体责任心、他人责任心，最低的是公共责任心。

表5.7　大学生社会责任心的描述统计

	社会责任心	主体责任心	义务责任心	他人责任心	公共责任心
M±*SD*	3.65±0.52	3.74±0.72	3.92±0.62	3.69±0.71	3.25±0.72

2.大学生社会责任心的性别差异

对不同性别大学生的社会责任心进行独立样本*t*检验，结果表明男、女大学生在社会责任心及其各维度上均存在显著性差异（见表5.8）。除了公共责任心维度男生得分显著高于女生外，总体社会责任心、主体责任心、义务责任心以及他人责任心维度上，女生得分均显著高于男生。

表5.8　大学生社会责任心的性别差异

维度	男		女		*t*
	M	*SD*	*M*	*SD*	
总体社会责任心	3.59	0.55	3.69	0.48	3.00**
主体责任心	3.64	0.76	3.82	0.67	3.83**
义务责任心	3.83	0.66	4.00	0.57	3.93**
他人责任心	3.56	0.74	3.81	0.66	5.18**
公共责任心	3.32	0.73	3.18	0.71	2.88**

3.大学生社会责任心的年级差异

对不同年级大学生的社会责任心进行方差分析，结果表明不同年级大学生在义务责任心和公共责任心上存在显著差异，在总体社会责任心、主体责任心和他人责任心上不存在显著差异（见表5.9）。事后检验表明，在义务责任心上，大四学生的得分显著低于大一、大二和大三的学生；在公共责任心上，大一学生的得分显著低于大三和大四的学生。

表5.9　大学生社会责任心的年级差异

变量	大一		大二		大三		大四		F	事后比较
	M	SD	M	SD	M	SD	M	SD		
总体社会责任心	3.64	0.52	3.63	0.54	3.66	0.51	3.65	0.51	0.13	
主体责任心	3.72	0.76	3.74	0.73	3.72	0.69	3.95	0.69	1.31	
义务责任心	3.98	0.62	3.90	0.59	3.94	0.63	3.57	0.64	5.22^{**}	4<1;4<2;4<3
他人责任心	3.77	0.74	3.67	0.74	3.67	0.68	3.59	0.76	1.28	
公共责任心	3.13	0.73	3.21	0.76	3.30	0.70	3.46	0.63	3.96^{**}	1<3;1<4

注:$p^{**} < 0.01$。

4.大学生社会责任心的学校类型差异

对不同学校类型大学生的社会责任心进行独立样本t检验,结果表明普通院校大学生的义务责任心得分显著高于重点院校大学生,而重点院校大学生公共责任心的得分显著高于普通院校大学生,而在总体社会责任心、主体责任心和他人责任心维度上,普通院校与重点院校大学生的得分差异不显著(见表5.10)。

表5.10　大学生社会责任心的学校类型差异

维度	重点院校		普通院校		t
	M	SD	M	SD	
总体社会责任心	3.69	0.57	3.63	0.49	1.41
主体责任心	3.80	0.76	3.71	0.70	1.82
义务责任心	3.83	0.66	3.96	0.60	2.90^{**}
他人责任心	3.73	0.74	3.68	0.70	1.01
公共责任心	3.39	0.76	3.19	0.70	3.76^{**}

注:$p^{**} < 0.01$。

5.大学生社会责任心的家庭居住地差异

对不同家庭居住地大学生的社会责任心进行独立样本t检验,结果表明来自城镇的大学生与来自农村的大学生在总体社会责任心以及各维度上均不存在显著性差异(见表5.11)。

表5.11　大学生社会责任心的家庭居住地差异

维度	城镇		农村		t
	M	SD	M	SD	
总体社会责任心	3.65	0.55	3.65	0.49	0.54
主体责任心	3.74	0.75	3.72	0.69	0.34
义务责任心	3.88	0.66	3.96	0.58	1.70
他人责任心	3.66	0.71	3.72	0.71	1.23
公共责任心	3.30	0.73	3.20	0.71	1.89

四、讨论

本研究考察了大学生社会责任心的总体表现,以及不同人口统计学变量下大学生社会责任心的现状与特点。

在大学生社会责任心的总体表现上,大学生社会责任心总分以及各维度得分均处于中等偏上水平;各维度中得分最高的是义务责任心,其次由高到低分别是主体责任心、他人责任心和公共责任心。总体来说,内部定向的维度(主体和义务)高于外部定向的维度(他人和公共)。这说明大学生社会责任心更加强调个体内部所承担的责任,对于外部责任心的重视程度不够,这与王燕的研究一致。[①]其调查结果显示,当代大学生对于自己、家庭和职业的责任观总体而言是积极向上的,而对于他人、集体和社会的责任观则需要加强。当代大学生的社会责任观表现出向个人利益倾斜的倾向,当代大学生力求能够在社会与个人之间找到"折中点",既要承担对社会的责任,又要保证自己的个人利益不受损害,或者将这种损害降到最低。在王燕的研究中,自己、家庭和职业责任观基本可囊括至本研究中的内部责任心中,他人、集体和社会责任观基本可囊括至本研究中的外部责任心中。这说明大学生的社会责任心很大一部分仍处于道德他律阶段,还未上升至自律阶段,他们的社会责任心多符合社会向其提出的要求与期待,但缺乏一定的主动性。究其原因,可能是我们在对大学生进行思想道德教育时多采用对照书本、课堂教授的形式,缺乏情感体验和实际操作,从而导致大学生对于社会责任可能会从理性上认识到"我应该做什么""社会希望我做什么",但缺乏对"我还能做什么""我想要做什么"的反思。这也提醒我们在开展大学生社会责任心教育时应丰富教育形式,采取理论传授、情感唤起和现实体验等多种形式的结合。

在性别差异上,男、女大学生在总体社会责任心和各维度上均存在显著性差异,男生的公共责任心高于女生,而女生总体社会责任心高于男生,且在主体责任心、义务责任心和他人责任心维度上均高于男生。这表明社会责任心发展存在性别上的不平衡现象,整体呈现"女高男低"的状况。回顾以往研究,有观点认为男、女生在社会责任心上不存在显著差异[②],也有研究认为女生的社会责任心显著高于男生[③],本研究结果支持了第二种观点,即女生的总体社会责任心高于男生。这可能是由于女生心理上的成熟早于男生,更加清楚自身承担的义务并且愿意承担它。具体从各维度来看,女生的主体责任心和义

① 王燕:《当代大学生责任观的调查报告》,《青年研究》2003年第1期,第17-22页。

② 赵兴奎:《大学生社会责任心结构及发展特点》,西南师范大学硕士学位论文,2007年。

③ 刘海涛、郑雪、聂衍刚:《大学生社会责任感的发展特点及影响因素》,《宁波大学学报》2011年第3期,第35-39页。

务责任心显著高于男生，原因可能是相对于男性被贴上的突破、创新、主导者等角色标签，社会更多地赋予女性温顺、服从的传统角色标签，使得她们比男性更加愿意满足社会期待，服从社会规则。女生的他人责任心显著高于男生，男生的公共责任心显著高于女生，这个结论是对吉利根等人的结论的进一步支持，其研究认为男性更具分离性和客观化倾向，他们的道德推理更倾向于公平或者规则定向，而由于女性更为敏感以及更能感觉与他人的相互依赖，她们的道德推理更倾向于关爱和关系定向，强调关心和善行以及关心个体自身。[①]因此，女生相较于男生，心思更为细腻，感情更加丰富，更能体会他人的痛苦，重视个体的幸福；男生相较于女生，更加注重公平与秩序，更持有一种领导者及社会救赎者的姿态看待自身的责任，重视社会整体的和谐。

在年级差异上，大四学生的义务责任心显著低于其他年级的大学生，而大一学生的公共责任心显著低于大三和大四的学生。在义务责任心维度，各年级得分大致呈下降趋势；在公共责任心维度，各年级得分呈上升趋势。以往研究表明，不同年级大学生的社会责任心有所差异，但差异情况各不相同，程岭红研究发现，大二是大学生责任心的最低点[②]；罗香群研究发现，大学生在责任认知和责任行为两个维度上，呈现两端高、中间低的发展趋势，自我责任心在大一最高，集体责任心在大四表现最突出[③]。研究者得出的结论不同的原因可能在于选择的样本差异以及各自划分的维度不同。而本研究中大四学生的义务责任心显著低于其他年级的学生，可能是由于大四学生正处于毕业阶段，面临求职、深造、毕业等多种情境，面对各方压力，暂时忽略了自身承担的职责和义务，转而集中精力于缓解这些压力。大三、大四学生的公共责任心显著高于大一学生，可能是因为大三、大四学生心理上逐渐成熟，甚至有一部分学生已经参与到社会事务中，心理上的成人感使他们逐渐以社会责任人、社会主人翁的角色要求自己。

在学校类型差异上，不同学校类型大学生的总体社会责任心不存在显著差异，但普通院校大学生在义务责任心上的得分显著高于重点院校大学生，而重点院校大学生在公共责任心上的得分显著高于普通院校大学生。以往大学生社会责任心学校类型差异研究有两种结果，既有研究发现普通院校大学生社会责任心水平及各维度均显著高于重点院校大学生[④]，也有研究发现重点院校大学生社会责任心水平显著高于普通院校大学生[⑤]。

---

① Gilligan, C., Attanucci, J. “Two moral orientations: Gender differences and similarities”, *Merrill-Palmer Quarterly*, vol. 34, no. 3 (1988), pp.223-237.

② 程岭红：《青少年学生责任心问卷的初步编制》，西南师范大学硕士学位论文，2002年。

③ 罗香群：《大学生责任心问卷的编制与应用研究》，福建师范大学硕士学位论文，2007年。

④ 赵兴奎：《大学生社会责任心结构及发展特点》，西南师范大学硕士学位论文，2007年。

⑤ 程岭红：《青少年学生责任心问卷的初步编制》，西南师范大学硕士学位论文，2002年。

本研究从心理定向的角度考察大学生社会责任心，结果表明不同学校类型大学生其总体的社会责任心不存在显著差异，但社会责任心的倾向性不同，究其原因可能在于不同学校类型大学生感受到的社会期待不同，普通院校的大学生可能更多地感受到来自父母、教师的关于完成自身任务的期待，而重点院校的大学生可能更多地感受到建设社会、奉献自我的期待，不同的期待导致他们不同的抱负水平，从而导致不同的责任倾向。

在家庭居住地上，来自城镇和农村的学生在总体社会责任心以及各维度上的差异均不显著。这与以往的研究有所不同，以往研究表明来自农村的大学生，其社会责任心高于来自城镇家庭的大学生，研究者认为长期生活在相对固定的环境中使得农村学生比城镇学生更具有集体主义意识。[①]而本研究中出现的差异不显著可能是由于社会发展迅速，农村与城镇之间的差距逐步缩小，不少农村家庭的学生也选择到城镇中学习深造，越来越相似的教育与生活经历使得他们在社会责任心方面的差异也逐步变小。

附录

大学生社会责任心问卷

指导语：请仔细阅读下列题项，并根据自己的实际情况选择对应的选项。

题　项	非常不符合	比较不符合	不确定	比较符合	非常符合
1. 我很注意养成良好的生活习惯	1	2	3	4	5
2. 我常主动关心家人和朋友的近况	1	2	3	4	5
3. 我常关注有关社会时事问题的网页和报纸	1	2	3	4	5
4. 我常衡量自己的言行是否符合社会道德标准	1	2	3	4	5
5. 我常为自己制定切实可行的学习与工作计划	1	2	3	4	5
6. 看到浪费或者破坏公共财产资源的行为，我会主动制止	1	2	3	4	5
7. 对于自己的过失，我有勇气承认并尽力弥补	1	2	3	4	5
8. 如果身边有朋友沉溺于不良嗜好，我会主动帮助他	1	2	3	4	5
9. 看到不公平、不合理之事，我会站出来说话	1	2	3	4	5
10. 我明白自己在不同社会角色下的责任	1	2	3	4	5
11. 如果处于消极状态中，我会督促自己尽快调整好状态	1	2	3	4	5
12. 我热衷于参加公益活动	1	2	3	4	5
13. 我很重视在日常学习生活中提升自己的能力与修养	1	2	3	4	5
14. 我通常都能认真负责地完成自己承担的任务	1	2	3	4	5
15. 看见违反公共秩序的行为，我会站出来指责	1	2	3	4	5

① 金盛华、孙娜、史清敏、田丽丽：《当代中学生价值取向现状的调查研究》，《心理学探新》2003年第2期，第30-34页。

第六章 大学生生命质量观结构及特点

随着社会经济的快速发展,人们在关注生活质量的同时也越来越重视生命质量。进入21世纪以来,如何在现有物质环境与资源条件下提高人们的生命质量逐渐成为多个学科共同关注的话题。从心理学视角对大学生生命质量观开展研究,编制科学有效的大学生生命质量观测量工具,探讨大学生生命质量观的现状特点,有助于深入了解当代大学生的生命质量观,也可为系统开展大学生生命质量教育,促进大学生形成积极向上的生命质量观提供参考借鉴。

第一节 ┆ 研究概述

一、生命质量与生命质量观的概念

有关生命质量的研究起源较早，开始至今大致经历了三个阶段。第一个阶段是研究早期（20世纪30年代至50年代），该阶段研究者将生命质量作为一个社会学指标来反映社会发展水平和人民生活的好坏。第二个阶段是研究分化期（20世纪50年代至70年代），基于社会学指标来源的不同，生命质量研究逐渐分为两大流派。一类采用客观社会学指标，另一类采用主观生命质量指标，后者强调用个体主观感受来反映个体的生命质量。第三个阶段是研究成熟期（20世纪70年代末至今），即社会学领域生活质量研究鼎盛的同时，伴随着现代医学的发展和医学模式的转变，医学领域也开展了广泛的生命质量研究，进而形成了研究热潮，延续至今。①

从生命质量的研究成果来看，目前多集中于医学领域，主要探究不同疾病患者的生命质量现状及提高生命质量的方法。心理学领域有关生命质量的研究始于第二个阶段，研究者采用主观幸福感、幸福生活预期等比较有代表性的主观生命质量指数来评价个体的生命质量。尽管心理学领域对生命质量的研究开始较早，但迄今为止的研究数量依然较少，研究内容也并不丰富。

目前，由于学科领域以及研究视角的不同，生命质量的概念仍未有统一的界定。基于不同领域需求的不同，主要可分为以下三个层次（见表6.1），分别是医学领域与健康相关的生命质量（生存质量）、社会学领域与日常生活相关的生命质量（生活质量），以及心理学领域与自我实现相关的生命质量（狭义生命质量）。

---

① 方积乾：《生存质量测定方法及应用》，北京：北京大学医学出版社2000年版。

表6.1 生命质量的概念层次

	基层	中层	高层
主要内容	生存质量	生活质量	(狭义)生命质量
模式	生物模式	生物社会模式	生物社会心理模式
心理模式(主要的需求层次)	生理(食、睡、性)、维持生存	生理、安全、爱与归属、尊重	生理、安全、爱与归属、尊重、自我实现
主要应用领域	医学领域	社会学领域	心理学领域

医学领域的生命质量(生存质量)主要指个体对生存环境的满意程度。医学领域早期对生命质量概念的理解集中于机体功能状态发展,例如维持基本生存的生理性指标,或是依据死亡率、期望寿命等。随着现代医学模式的转变,医学领域也开始关注除生理之外的心理与社会功能。但医学领域关于生命质量的研究对象多为特殊人群,例如老年人、癌症病人或是精神病人等,因此医学领域有关生命质量的概念不一定适用于其他领域。

社会学领域的生命质量(生活质量)更多地与个体日常生活中的衣食住行联系在一起。如卡尔曼(Calman)认为生命质量是指某一特定时间个人的期望与现实生活体验之间的差距,这种差距随着人一生的发展而不断变化,通过提升自己可以使现实与期望更为接近,缩小这种差距就意味着改善生命质量。①

心理学领域的生命质量(狭义生命质量)强调的是个体对生活总体的幸福感和满意度。豪恩可韦斯特(Hörnquist)认为生命质量就是个体的幸福感和生活满意度,是个体对总的生活及有关生理、精神、社会关系、地位、行为活动能力和婚姻生活六个方面的主观感受,以及个体的需要被满足的程度或个体感到幸福的程度。②万崇华认为,生命质量具有层次性、动态性、相对性,不仅包含人的生理、安全、爱与归属、自尊、自我实现的需求,同时也会受到主客观因素的影响,基于不同的个体、时间、环境、条件等会得出不同的生命质量答案。③

通过对不同领域生命质量概念的陈述,可以总结出以下几点:(1)生命质量是一个多维的概念,包括身体机能、心理功能和社会功能等;(2)生命质量是主观的评价指标(主观体验),应由个体自身来评价;(3)生命质量是有文化依赖性的,必须建立在一定的文化价值体系下。世界卫生组织(WHO)指出生命质量是不同文化和价值体系中的个人对与他

① Calman, K. C. "Quality of life in cancer patients-An hypothesis", *Journal of Medical Ethics*, 1984, vol. 10, no. 3 (1984), pp.124-127.

② Hörnquist, J. O. "The concept of quality of life", *Scandinavian Journal of Social Medicine*, vol.10, no. 2 (1982), pp.57-61.

③ 万崇华:《生命质量的测定与评价方法》,昆明:云南大学出版社1999年版,第71-73页。

们的目标、期望、标准以及所关心的事情有关的生存状况的体验。它涵盖了个体的生理健康、心理状态、独立能力、社会关系、个人信仰以及与周围环境的关系等内容,能够较好地概括不同领域有关生命质量的概念内涵,同时该定义又是一个典型的心理模式的概念界定。

"观"即"观念""看法"。观念是大脑对主客观环境的反映,既包括对外在世界的客观认识,也包括对外在世界的主观评价。它是行为的指挥者,支配行为的发生,影响行为的结果。因此,生命质量观就是对生命质量的观念或看法,包括对生命质量的认识(回答"生命质量是什么")和对生命质量的主观评价(回答"什么样的生命是高质量的")。张雯和张大均在大学生生命质量观的初步研究中对生命质量观的概念进行了操作性定义,认为生命质量观理应包含个体的要求、意向、认识和愿望四个层面,涉及人的需要满足、个体的态度和看法以及个体的愿望和目标实现等,它需要回答"想要过怎样的生活""怎样的生活状态才是质量高的""怎样的生命过程才是质量高或者有意义的"等问题。[①]本研究综合考量了世界卫生组织对生命质量的定义以及已有关于生命质量观的研究,将生命质量观定义为个体对满足生理、心理需要的物质和社会条件的要求和意向,以及对自身发展和生命意义追求的认识和愿望。

二、生命质量与生命质量观的结构

生命质量的结构模型体现了研究者对生命质量概念的深入理解,探究生命质量结构是开展生命质量研究的基础。目前,生命质量结构模型的研究结果尚未达成一致。从最早起源于马斯洛的需要层次理论模型,到建立在心理健康、幸福感、信念、生活满意度和社会期望或个体独特感知基础上的经典模型,基于研究者对生命质量的不同理解,形成了多样的生命质量结构模型(见表6.2)。

表6.2　生命质量结构模型

研究者	时间	生命质量构成
格罗戈诺(Grogono)	1971年	工作、娱乐、躯体疾患、心理疾患、交往、睡眠、独立性、饮食、排泄、性行为
内杰曼(Najman)	1981年	客观的可察及的生命质量的改变,个体主观感觉的改变
施舟人、莱维特(Schipper,Levitt)	1985年	身体机能、心理状态、社会活动、身体良好状况
韦尔(Ware)	1987年	身体、心理和社会三个方面(癌症病人研究)
布卢姆(Bloom)	1991年	身体状态、心理状态、精神健康、社会良好状态
艾伦森(Aaronson)	1991年	疾病症状和治疗毒副作用、机能状态、对不幸的心理承受能力、社交活动、性行为和体形、对医疗的满意程度

① 张雯:《大学生生命质量观的初步研究》,西南大学硕士学位论文,2007年。

续表

研究者	时间	生命质量构成
弗雷尔(Ferrell)	1995年	身体健康状况:各种生理功能和活动有无限制、休息与睡眠是否正常等 心理健康情况:含智力、情绪、紧张刺激等 社会健康状况:含社会交往和社会活动、家庭关系、社会地位 精神健康状况:含对生命价值的认识、宗教信仰和精神文化等
世界卫生组织(WHO)	1999年	生理领域、心理领域、独立性领域、社会关系领域、环境领域、精神支柱/宗教/个人信仰领域
维恩霍文(Veenhoven)	2000年	对环境的适应能力(环境机遇或社会资本) 个体的生活能力(个体能力或者心理资本) 生命的外部效用(良好的生活除了生活本身,还要有更高的价值目标) 内部的生活评价(内心的生活结果或者说感觉到的生活质量)
杰基·布朗(Jackie Brown)	2004年	家庭关系、与他人关系、情绪健康、宗教或精神信仰、独立性、灵活性和自主性、社会和闲暇活动、社会团体、经济或者生活标准、自我健康及他人健康(老年人研究)

虽然研究者关于生命质量结构的研究结果并不完全一致,但也存在一些共识。一方面,生命质量是一个多维结构,绝大多数研究者认同生命质量结构应涵盖生理、心理和社会三个维度,只是相应维度的具体内容略有侧重。例如生理维度主要包括精力、生活自理能力、体力及日常生活活动能力等;心理维度主要包括智力、压力刺激、情绪、生活满足感、关心与爱、幸福感等;社会维度主要包括社会交往、家庭关系、社会地位等。另一方面,生命质量结构虽然包含了广泛的内容,但不同内容之间却存在数量和方向上的差异。

既然生命质量观是对生命质量基本问题的主观看法或观念,那么生命质量的结构也应当是生命质量观的核心内容。因此,虽然国内外直接关于生命质量观的研究极少,但是对生命质量观的研究仍然能够在剖析生命质量结构的基础上进行。目前,在大学生生命质量结构研究领域,研究者所使用的测量工具大多是世界卫生组织编制的生命质量问卷。[①]该问卷由生理健康、心理状态、独立能力、社会关系、个人信仰、与周围环境的关系六个部分组成。生命质量问卷的结构虽不能直接被视作生命质量观的结构,但可以作为参考被纳入大学生生命质量观问卷的结构中。具体来说,生命质量评价基本上包括生理功能、心理功能、角色活动、社会适应能力和对健康状况的总体感受等。这为生命质量观的深入研究提供了重要的理论依据和实证支持。张雯和张大均则在收集和整理大学生对生命质量的整体认识的基础上构建了生命质量观的初步结构模型,认为生命质量观包括生理健康、物质环境、社会地位、精神信念、心理自我、自我发展和利他奉献。[②]

---

① 韩耀风、郝元涛、方积乾:《在跨文化生存质量研究中WHOQOL-100的项目功能差异分析》,《中国卫生统计》2009年第4期,第338-339页,343页。

② 张雯:《大学生生命质量观的初步研究》,西南大学硕士学位论文,2007年。

三、大学生生命质量的相关研究

目前国内外涉及大学生生命质量观的研究很少,主要是围绕大学生生命质量的影响因素进行研究。前文提到,生命质量偏向于个体的实际体验,而生命质量观则侧重于个体的意向和愿望。尽管二者并不相同,但生命质量的相关研究对于生命质量观而言仍具有一定的参考价值。下面将从国内、国外两个方面去回顾生命质量的相关研究。

(一)国内大学生生命质量相关研究

首先,生活压力对大学生生命质量的影响较大。杨丽等人研究发现负性生活事件和身体疾病对大学生的生命质量具有显著的负向影响。[①]与此同时,经济拮据导致的生活压力大也会显著降低大学生的生活质量。例如周舒冬等人研究发现贫困生在人际关系、自信、受外界影响、适应性以及恋爱五个方面的表现均显著低于非贫困生。[②]其次,学校环境和学业压力与大学生的生命质量联系密切。舒剑萍与何宏宝的研究表明影响大学生生命质量的因素主要包括专业兴趣、对学习成绩的期望值、实际学习成绩等。[③]曹友琴等人的研究表明学校满意度、学业压力以及健康生活方式能够显著预测大一新生的生命质量。[④]再者,体育锻炼对大学生生命质量同样具有重要影响。例如杨秋雨[⑤]和韩贝宁[⑥]等人的研究都表明适度的体育锻炼能够显著提升个体的身心状态,促进积极的情绪体验与感知,进而促进生活质量的提升。此外,家庭因素也在一定程度上影响大学生的生命质量。例如苗春霞等人的研究表明父母的受教育程度、父母关系、家庭教养方式等都能够显著预测大学生的生命质量,即父母受教育程度高,关系和睦,采用民主型教养方式,则大学生生命质量更高。[⑦]

(二)国外大学生生命质量相关研究

国外关于大学生生命质量的研究多集中于压力与个体特质方面。在压力研究方面,

---

① 杨丽、刘洪波、冯晓红:《大学新生生活质量状况及相关因素分析》,《中国公共卫生》2006年第6期,第642-643页。

② 周舒冬、邹宇华、张东枚、李丽霞、李燕芬:《大学贫困生生活状况与心理健康状况调查》,《中国学校卫生》2005年第6期,第460-461页。

③ 舒剑萍、何宏宝:《大学生学业成就与其生活质量的关系》,《中国临床康复》2003年第30期,第4098-4099页。

④ 曹友琴、荣冬芸、赵晓宁、彭佳、吕宝坤、曹煜:《贵阳高校新生健康生活方式与生命质量的关系》,《现代预防医学》2021年第5期,第907-910页。

⑤ 杨秋雨、员美娜、李晓萱、梁圣珺、黄天翔、秘迎君:《大学生手机使用、睡眠及体力活动状况对其生命质量的影响》,《职业与健康》2022年第19期,第2697-2702页,2707页。

⑥ 韩贝宁、马婧宇、梁青:《身体锻炼对大学生生命质量的影响:一个链式中介模型》,《浙江体育科学》2020年第6期,第69-76页。

⑦ 苗春霞、周崔红、孙泓、李寒寒、刘慎军、卓朗、许建强、郑娟:《大学生生命质量现状及家庭影响因素分析》,《中国健康教育》2020年第3期,第224-229页。

瓦埃兹(Vaez)等人通过比较大学一年级学生与已经工作的同龄群体发现,大学生无论男女,在总体生命质量感受上都比已经工作的同龄群体低,主要原因是二者受到的压力不同,对生命质量感受存在差异。①格普查普(Gupchup)等人研究证实学生的生活压力与精神健康呈显著负相关,生活压力越大,导致精神健康状况更差,生命质量水平也更低。②个体自身所具有的特点也会对生命质量产生一定的影响。例如布莱尔(Blair)所做的一项与大学生个体化(从自己出身的家庭分离并自治的能力)、恋爱风格、健康相关的生命质量研究发现,高水平代际混合和代际三角以及高水平依赖式恋爱风格和未遂的爱与低水平的心理健康显著相关;高水平代际混合及高水平依赖式恋爱风格与低水平的身体健康显著相关;友谊式恋爱风格和充满热情的恋爱风格更有利于心理健康。③也有研究发现男女学生自我评定的心理健康与自我感知的生命质量联系更为紧密。④

四、已有研究存在的不足

从文献回顾可以发现,已有研究对生命质量做了有益的探索并取得了一些成果,但也存在一些不足之处,主要包括以下三个方面。

(1)缺乏认知层面的考察。现有研究多关注大学生实际的生命质量水平,围绕生命质量的影响因素展开,缺乏对大学生生命质量认知观念的探讨,即难以掌握大学生对于生命质量本身的意向和愿望,一定程度上阻碍了大学生生命质量研究的深入。

(2)缺乏有针对性的系统研究。生命质量观是大学生对自身生活标准和生命愿望的整体化认识和观念,是理想和现实两方面综合的产物,反映了大学生自我认知和自我观念的心理发展水平,理应受到重视。然而,已有研究多是基于其他价值观视角来推测大学生的生命质量观,这难以全面反映大学生生命质量观的现状和特点。

(3)测量工具有限。现有生命质量观研究才刚刚起步,有其自身的体系和范畴,已有的生命质量量表和其他价值观量表并不能准确涵盖生命质量观所考察的内容,仍需进一步明晰生命质量观的结构和成分,进而开发有针对性的生命质量观测量工具。

---

① Vaez, M., Kristenson, M., Laflamme, L. “Perceived quality of life and self-rated health among first-year university students”, *Social Indicators Research*, vol. 68, no. 2 (2004), pp.221-234.

② Gupchup, G. V., Borrego, M. E., Konduri, N. “The impact of student life stress on health related quality of life among doctor of pharmacy students”, *College Student Journal*, vol. 38, no. 2 (2004), pp.292-302.

③ Blair, A. *Individuation, Love Styles and Health-Related Quality of Life among College Students.* Florida: University of Florida, 2000.

④ Murphy, J. G., Hoyme, C. K., Colby, S. M.,et al. “Alcohol consumption, alcohol-related problems, and quality of life among college students”, *Journal of College Student Development*, vol. 47, no. 1 (2006), pp.110-121.

五、研究设计

(一)研究目的

采用专家访谈法与问卷调查法探索当代大学生生命质量观的理论结构,并以该理论结构为基础,编制大学生生命质量观问卷,同时考察大学生生命质量观的现状特点。

(二)研究构想

本研究以大学生为被试,考察其生命质量观的结构及其现状特点。(1)采用专家访谈法与问卷调查法初步构建大学生生命质量观结构。(2)以大学生生命质量观结构为基础编制《大学生生命质量观问卷》初始问卷,使用该问卷进行测试,验证大学生生命质量观结构并修订初始问卷。(3)使用《大学生生命质量观问卷》正式问卷进行测试,考察大学生生命质量观的现状特点。

第二节 大学生生命质量观的理论构想与问卷编制

一、研究目的

本研究旨在探索大学生生命质量观的结构,并以此为基础,编制《大学生生命质量观问卷》,为后续开展大学生生命质量观调查研究做好准备。

二、大学生生命质量观的理论构想

本研究主要采用访谈法和问卷调查法探索大学生生命质量观的结构。首先,采取随机抽样的方法,使用开放式问卷调查重庆某高校在校大学生75人。根据问卷初步分析的结果编写了结构化访谈提纲,并依据该提纲对10名在校大学生进行深入访谈。其次,采取内容分析法对开放式问卷调查结果进行整理归类,并结合已有研究结果以及后续的访谈资料,选取出现频次较多的词汇,初步形成大学生生命质量观的基本结构。接着,为进一步确证大学生生命质量观的定义、分类标准与结构的科学性,采用信函或电子邮件形式,邀请相关领域的心理学专业老师和研究生对上述内容进行系统评价并给出相应的补充意见。最后,本研究参考了学者的补充意见,并结合开放式调查和访谈内容对初始结构进行了修订,最终确立了大学生生命质量观的理论构想,即大学生生命质量观结构包含4个维度12个因素(见表6.3)。

表6.3 生命质量观的初始结构内涵

维度	因素	内涵
物质环境	物质条件	对基本物质经济条件的要求、对生活水平的认识以及对物质享受的意向
	生态环境	对气候条件及生态环境的要求与意向
社会生活	名誉地位	对名誉、地位以及影响力的认识和意向
	社会贡献	实现自己人生价值,为他人和社会奉献的意向
	收入水平	对经济收入多少的要求与认识
	人际关系	对自己所在社会团体中人与人之间直接相互作用关系的愿望与意向
	婚恋家庭	对恋爱婚姻的意向以及家庭成员状态及其互动状况的愿望
生理情况	生理健康	对健康和活动能力的要求以及对体育锻炼的认识
	形体容貌	对身体体型、面容相貌的意向与愿望
心理情况	精神信念	对信仰和幸福的认识以及对生活的信心
	心理自我	对进取、实现个人理想抱负的认识和个人能力发展的愿望
	自我发展	对自己内心目标和意向的洞察以及对自我心理的管理和控制的认识

三、大学生生命质量观问卷的编制

(一)研究方法

1.被试

样本1:在我国西部地区选取两所本科院校,采用随机抽样的方法,对自编的《大学生生命质量观问卷Ⅰ》展开施测。共发放问卷600份,收回有效问卷460份,问卷有效率76.67%。其中男生244人,女生216人;大一57人,大二168人,大三139人,大四96人。

样本2:在我国东部、中部和西部地区选取七所本科院校,采用随机抽样的方法,对自编的《大学生生命质量观问卷》展开施测。共发放问卷2000份,收回有效问卷1767份,问卷有效率88.35%。其中男生854人,女生913人;大一506人,大二552人,大三466人,大四243人。

2.工具

采用自编的《大学生生命质量观问卷Ⅰ》进行第一次项目分析和探索性因素分析;使用《大学生生命质量观问卷》进行探索性因素分析、验证性因素分析以及信效度检验。以上两个问卷均采用Likert 5点计分。

3.程序

根据开放式问卷调查的结果,参考相近的生命质量问卷,编制出《大学生生命质量观问卷》初始问卷,即包含48个题项的《大学生生命质量观问卷Ⅰ》。对《大学生生命质量观问卷Ⅰ》进行第一次测试,统计分析结果显示与初始的理论结构有一定的出入,根据相关心理测量学标准删减修订题项,形成包含36个题项的《大学生生命质量观问卷》(见附录)。对《大学生生命质量观问卷》进行第二次测试,结果表明问卷符合心理测量学指标要求,该问卷可以作为正式问卷。

(二)研究结果

1.《大学生生命质量观问卷Ⅰ》的数据分析结果

对《大学生生命质量观问卷Ⅰ》数据进行项目分析,将被试总分按递增排序,选取得分最高的前27%的学生作为高分组,得分最低的后27%的学生作为低分组,进行独立样本t检验,删除差异不显著的项目。采用同质性检验筛选题项,删除与总分相关不显著以及共同性小于0.2的题项。项目分析结果显示,所有题项的平均数差异检验均显著($p<0.001$),且所有题项与总分的相关均在0.4之上($p<0.001$),因此保留全部题项。

对进行项目分析后的全部题项做探索性因素分析。问卷的KMO值为0.87,巴特利特球形检验显著($p<0.001$),满足因素分析的基本条件。对数据进行主成分分析提取公共因素,通过正交极大方差旋转法获得多个因素,结合碎石图,删除拥有项目较少的小因素,最终获得大学生生命质量观十因素结构模型(见表6.4)。

表6.4 《大学生生命质量观问卷Ⅰ》因素分析结果

	1	2	3	4	5	6	7	8	9	10	共同度
人际关系2	0.70										0.61
人际关系1	0.57										0.52
收入水平3		1.00									0.57
收入水平4		0.85									0.49
收入水平2		0.78									0.58
收入水平1		0.51									0.55
物质环境1			−0.86								0.63
物质环境2			−0.79								0.73
物质环境5			−0.57								0.63
物质环境4			−0.51								0.66
物质环境3			−0.48								0.68
生理健康1				0.69							0.62
生理健康3				0.60							0.60
生理健康2				0.53							0.74
自我发展2					−0.94						0.63
自我发展3					−0.86						0.67
自我发展1					−0.81						0.62
自我发展4					−0.77						0.56
心理自我3					−0.43						0.62
心理自我1					−0.40						0.51
精神信念3						−0.84					0.64
精神信念1						−0.80					0.54

续表

	1	2	3	4	5	6	7	8	9	10	共同度
精神信念2						−0.74					0.61
婚姻家庭2							0.83				0.69
婚姻家庭3							0.65				0.62
婚姻家庭4							0.64				0.63
婚姻家庭1							0.44				0.65
社会贡献2								1.11			0.64
社会贡献3								0.89			0.63
社会贡献1								0.77			0.67
形体容貌1									0.84		0.62
形体容貌2									0.80		0.68
形体容貌3									0.54		0.71
名誉地位1										−0.90	0.56
名誉地位3										−0.76	0.60
名誉地位2										−0.75	0.60

十因素结构模型只保留因子载荷大于0.4的题项，删除了在两个及两个以上因素上都载荷较高的题项，并且当一个因素少于三个题项时，则删除该因素内的题项，最终得到了包含36个题项的《大学生生命质量观问卷》，各因素的具体内涵如下（见表6.5）。

表6.5　生命质量观的最终结构内涵

维度	因素	内涵
物质环境	物质环境	对基本物质与生态环境条件的要求以及对生活水平的认识和对物质享受的意向
社会生活	名誉地位	对名誉、地位以及影响力的认识和意向
	社会贡献	实现自己人生价值，为他人和社会奉献的意向
	收入水平	对经济收入多少的要求与认识
	人际关系	对自己所在社会团体中人与人之间直接相互作用关系的愿望与意向
	婚姻家庭	对恋爱婚姻的意向以及家庭成员状态及其互动状况的愿望
生理情况	生理健康	对健康和活动能力的要求以及对体育锻炼的认识
	形体容貌	对身体体型、面容相貌的意向与愿望
心理情况	精神信念	对信仰和幸福的认识以及对生活的信心
	自我认知	对自己内心目标意向的洞察，对自我管理控制的认识以及个人能力发展的认识与愿望

2.《大学生生命质量观问卷》的数据分析结果

对《大学生生命质量观问卷》进行验证性因素分析。结果表明，χ^2/df=3.28接近3，即模型有较为简约的适配程度；RMSEA＜0.05，SRMR＜0.05；NFI、CFI、TLI值均大于0.9（见表6.6），各项拟合指标均符合心理测量学要求，即修订后的问卷模型拟合较好。

表6.6　《大学生生命质量观问卷》的验证性因素分析

指标	χ^2/df	RMSEA	SRMR	NFI	CFI	TLI
拟合指数	3.28	0.04	0.04	0.99	0.99	0.99

对《大学生生命质量观问卷》进行信效度检验。采用内部一致性信度和分半信度作为《大学生生命质量观问卷》的信度指标(见表6.7)。结果表明,《大学生生命质量观问卷》各维度的内部一致性信度在0.65~0.81,分半信度在0.63~0.78;总问卷的内部一致性信度为0.92,分半信度为0.87。即本问卷与各维度的信度均在可接受范围内。

表6.7 《大学生生命质量观问卷》的信度检验

维度	内部一致性信度	分半信度
物质环境	0.75	0.71
收入水平	0.79	0.76
名誉地位	0.71	0.70
社会贡献	0.72	0.69
人际关系	0.67	0.67
婚姻家庭	0.66	0.70
自我认知	0.81	0.78
精神信念	0.68	0.71
生理健康	0.68	0.64
形体容貌	0.65	0.63
总问卷	0.92	0.87

采用结构效度作为《大学生生命质量观问卷》的效度指标(见表6.8)。结果表明,各维度之间的相关以及维度与总分间的相关均显著,维度间的相关在0.17~0.54,维度与总分之间的相关在0.60~0.71,表明各维度既相互关联又具有一定的独立性,说明本问卷效度良好。

表6.8 《大学生生命质量观问卷》的效度检验

	1	2	3	4	5	6	7	8	9	10
1 物质环境	–									
2 收入水平	0.45**	–								
3 名誉地位	0.42**	0.50**	–							
4 社会贡献	0.34**	0.18**	0.43**	–						
5 人际关系	0.39**	0.24**	0.40**	0.46**	–					
6 婚姻家庭	0.45**	0.31**	0.40**	0.42**	0.45**	–				
7 自我认知	0.45**	0.18**	0.36**	0.49**	0.53**	0.52**	–			
8 精神信念	0.34**	0.22**	0.38**	0.42**	0.37**	0.43**	0.51**	–		
9 生理健康	0.43**	0.17**	0.32**	0.41**	0.40**	0.44**	0.54**	0.48**	–	
10 形体容貌	0.43**	0.49**	0.42**	0.22**	0.30**	0.41**	0.32**	0.36**	0.35**	–
总问卷	0.70**	0.60**	0.71**	0.64**	0.67**	0.71**	0.70**	0.66**	0.65**	0.66**

注:$p^{**} < 0.01$。

第三节 大学生生命质量观的特点

一、研究目的

本研究旨在考察大学生生命质量观的特点，为后续推进大学生生命质量教育实践提供参考借鉴。

二、研究方法

（一）被试

在我国东部、中部和西部地区选取七所本科院校，采用整群随机抽样的方法，使用《大学生生命质量观问卷》进行施测。共发放问卷2000份，收回有效问卷1767份，问卷有效率88.35%。其中男生854人，女生913人；大一506人，大二552人，大三466人，大四243人。

（二）工具

本研究使用《大学生生命质量观问卷》考察大学生的生命质量观。该问卷由物质环境、收入水平、名誉地位、社会贡献、人际关系、婚姻家庭、自我认知、精神信念、生理健康、形体容貌10个维度构成，合计36个题项。采用Likert 5点计分，无反向计分题。

（三）统计分析

本研究使用SPSS统计软件进行数据的整理和分析，主要包括描述性统计、平均数差异的显著性检验等。

三、研究结果

本研究考察了大学生生命质量观的总体表现以及不同性别、年级等人口统计学变量下大学生生命质量观的现状与特点，具体结果如下。

1.大学生生命质量观的总体表现

对大学生生命质量观的总体表现进行描述统计，结果如下（见表6.9）。大学生生命质量观的总体平均分为3.91，说明大学生的生命质量观总体处于中等偏上水平。从各维度来看，大学生生命质量观的各维度均处于中等偏上水平，但不同维度发展略有差异，其中在生理健康、自我认知、人际关系、社会贡献等方面得分较高，而在收入水平、形体容貌以及名誉地位等方面得分较低。

表6.9 大学生生命质量观的描述统计

	M	SD
物质环境	4.01	0.71
收入水平	3.21	0.96
名誉地位	3.68	0.89
社会贡献	4.08	0.78
人际关系	4.20	0.78
婚姻家庭	3.93	0.73
自我认知	4.20	0.65
精神信念	4.01	0.76
生理健康	4.23	0.68
形体容貌	3.57	0.87
生命质量观总体	3.91	0.52

2. 大学生生命质量观的性别差异

对不同性别大学生的生命质量观进行独立样本t检验，结果表明女大学生在生命质量观总体及其各维度上的得分均显著高于男大学生(见表6.10)。

表6.10 大学生生命质量观的性别差异

维度	男		女		t
	M	SD	M	SD	
物质环境	3.90	0.75	4.11	0.65	17.75^{***}
收入水平	3.07	0.95	3.33	0.95	15.95^{***}
名誉地位	3.61	0.86	3.75	0.90	5.46^{*}
社会贡献	4.00	0.86	4.15	0.70	8.95^{**}
人际关系	4.10	0.79	4.29	0.76	13.33^{***}
婚姻家庭	3.81	0.74	4.04	0.71	22.35^{***}
自我认知	4.06	0.71	4.33	0.57	39.79^{***}
精神信念	3.85	0.82	4.15	0.67	35.10^{***}
生理健康	4.07	0.73	4.38	0.58	50.14^{***}
形体容貌	3.37	0.85	3.75	0.88	44.55^{***}
生命质量观总体	3.78	0.52	4.03	0.49	50.91^{***}

注：$p^{*} < 0.05$，$p^{**} < 0.01$，$p^{***} < 0.001$。

3. 大学生生命质量观的年级差异

对不同年级大学生的生命质量观进行方差分析，结果表明，不同年级大学生在生命质量观总体、名誉地位和人际关系上存在显著差异，在其余维度不存在显著差异(见表6.11)。事后检验表明，在生命质量观总体和人际关系上，大一学生的得分显著高于大三的学生；在名誉地位上，大一学生的得分显著高于大三和大四的学生。

表6.11 大学生生命质量观的年级差异

维度	大一		大二		大三		大四		F	事后比较
	M	SD	M	SD	M	SD	M	SD		
物质环境	4.05	0.78	3.95	0.70	3.96	0.63	4.12	0.71	2.03	
收入水平	3.27	0.93	3.13	0.97	3.19	0.90	3.22	0.95	1.00	
名誉地位	3.84	0.94	3.68	0.84	3.54	0.84	3.58	0.86	5.70***	1>3,1>4
社会贡献	4.18	0.81	4.06	0.72	4.01	0.77	4.02	0.83	2.49	
人际关系	4.31	0.79	4.22	0.73	4.09	0.79	4.17	0.76	3.82**	1>3
婚姻家庭	3.99	0.81	3.93	0.70	3.91	0.65	3.81	0.77	1.68	
自我认知	4.28	0.65	4.22	0.63	4.12	0.61	4.14	0.81	3.23	
精神信念	4.11	0.77	3.98	0.75	3.91	0.73	4.03	0.76	3.56	
生理健康	4.30	0.69	4.19	0.64	4.21	0.68	4.20	0.73	1.27	
形体容貌	3.66	0.87	3.57	0.91	3.50	0.84	3.51	0.88	1.83	
总问卷	4.00	0.58	3.89	0.49	3.84	0.46	3.88	0.53	4.53**	1>3

注：$p^{**} < 0.01$，$p^{***} < 0.001$。

四、讨论

本研究考察了大学生生命质量观的总体表现以及不同人口统计学变量下大学生生命质量观的现状与特点。

在大学生生命质量观的总体表现上，大学生生命质量观总平均分以及各维度得分均处于中等偏上水平，但各维度发展并不均衡，由高到低依次是生理健康、人际关系、自我认知、社会贡献、精神信念、物质环境、婚姻家庭、名誉地位、形体容貌、收入水平。而张雯和张大均关于大学生生命质量观的初步研究发现，生命质量观各维度得分由高到低依次是生理健康、精神信念、物质环境、心理自我、社会地位、自我发展、利他奉献。[①]综合两次研究结果可以发现，生理健康维度得分均显著高于其他维度，这表明我国大学生较为重视生理健康，把生理健康放在生活中的首位。同时，本研究中社会贡献得分较高，但早期研究中的利他奉献则得分最低，表明大学生更倾向于为社会作出贡献，实现自身的社会价值，而对日常生活中的利他行为则相对没有那么看重。此外，本研究中形体容貌、收入水平得分最低，说明大学阶段个体更注重心理层面的满足，对外在的收入以及容貌的影响看得较轻。可能的原因是大学生主要生活在校园中，仍以学习生活为主导，尚未正式步入社会中的他们对于经济收入与形体容貌的需求不高。

在性别差异上，女大学生在生命质量观总体和各维度上的得分均显著高于男大学生。然而，已有关于生命质量的研究发现男大学生的生命质量得分要显著高于女生，其

① 张雯：《大学生生命质量观的初步研究》，西南大学硕士学位论文，2007年。

中体育投入或是体育锻炼的差异起了重要作用。[①②]可能的原因是生命质量观突出的是个体对于生命质量的愿望与诉求,而生命质量考察的则是实际情况。即女大学生对于生命质量所涉及的内容的期待更高,但在现实生活中,性别差异使得男生相较于女生更容易获得高生命质量。

在年级差异上,不同年级大学生在生命质量观总体、名誉地位和人际关系上存在显著差异,在其他维度上的差异不显著。尽管多个维度的差异不显著,但可以看出低年级学生的得分普遍要高于高年级学生的得分,即得分随着年级的增长呈现下降的趋势。这也同已有研究一致,即所处年级越高,对其生命质量观总体越不利。[③]舒剑萍等人关于大学生生命质量的调查研究同样表明,比较不同年级生命质量观总体,大四学生得分最低,在生理、独立性、社会和环境领域,大四学生均显著低于其他年级学生。[④]这意味着随着年龄的增长,大学生的生命质量要求更加接近现实,大一新生对大学生活的向往与要求最高,而进入高年级阶段则开始降低期待。大四学生即将毕业,不少学生已走向社会实践,现实的社会生活体验导致其生命质量观总体得分显著降低。

附录

大学生生命质量观问卷

指导语:请仔细阅读下列题项,并根据自己的实际情况选择对应的选项。

题　项	非常不符合	比较不符合	不确定	比较符合	非常符合
1.丰富的物质资源是高质量生活必不可少的	1	2	3	4	5
2.高收入群体的生活质量要高于低收入群体	1	2	3	4	5
3.稳定的朋友圈子是一个人正常生活必不可少的	1	2	3	4	5
4.优雅舒适的环境是高质量生活的标准	1	2	3	4	5
5.俗话说“地灵人杰”,好的生态环境会提高人的生活质量	1	2	3	4	5
6.有好的身体才有好的生活	1	2	3	4	5

---

① 宋海燕、吴永慧:《大学生体育投入与生命质量关系的性别差异研究》,《北京体育大学学报》2012年第8期,第102-105页,110页。

② 杨洋、马长会、李晓焕:《河北省大学生生命质量状况与健康促进策略研究》,《北华航天工业学院学报》2012年第1期,第57-59页。

③ 舒剑萍、毛宗福、尹平、蒙衡:《大学生生命质量影响因素Logistic回归分析》,《中国公共卫生》2006年第9期,第1125-1127页。

④ 舒剑萍、何宏宝、李景玉:《大学生生命质量调查》,《医学临床研究》2002年第8期,第401-406页。

续表

题项	非常不符合	比较不符合	不确定	比较符合	非常符合
7.高质量的生活建立在高收入的基础上	1	2	3	4	5
8.衡量一个的人生活水平首先应该看其经济收入	1	2	3	4	5
9.一个受到他人拥戴和尊敬的人,生命更加充实	1	2	3	4	5
10.具有社会影响力或他人影响力是评价高质量生命的标准	1	2	3	4	5
11.有执着追求并坚持不懈的人是幸福的	1	2	3	4	5
12.一个乐于奉献、勇于付出的人,人生的价值更大	1	2	3	4	5
13.生命只有在对他人的奉献中才能达到最大限度的幸福感和满足感	1	2	3	4	5
14.一个人的人生价值取决于他对社会和他人的奉献程度	1	2	3	4	5
15.一个人的人际交往能力对他整个生命历程影响很大	1	2	3	4	5
16.仅仅吃饱穿暖是不够的,人应有更高水平的物质要求	1	2	3	4	5
17.高质量的生活必须有一个和睦美满的家庭	1	2	3	4	5
18.低收入人群很难追求高质量的生活	1	2	3	4	5
19.没有爱情的人,生命质量是很低的	1	2	3	4	5
20.如果体型太胖或者太瘦,我会适当瘦身或增肌	1	2	3	4	5
21.了解自己评价生命质量的标准是非常必要的	1	2	3	4	5
22.美满的婚姻或恋爱是一个人幸福的基础	1	2	3	4	5
23.知道怎样使自己的生活更充实的人,更容易有高品质的生活	1	2	3	4	5
24.体型相貌漂亮的人更幸福,更受人喜爱	1	2	3	4	5
25.应该给自己定更高的目标,不能够只要求跟大多数人相当就可以了	1	2	3	4	5
26.人活着就应该为理想拼搏,努力实现愿望	1	2	3	4	5
27.追求并实现人生目标的人是很幸福的	1	2	3	4	5
28.没有信仰和追求的人,生活质量低下	1	2	3	4	5
29.对生活的信心来源于坚定的信念	1	2	3	4	5
30.好的社会名誉将使自己的生命更加高贵	1	2	3	4	5
31.同等条件下我会选择环境气候更宜人的城市工作、生活	1	2	3	4	5
32.适度的体育锻炼是保持健康活力的前提条件	1	2	3	4	5
33.没有家庭的支持与温暖,人生的价值会大打折扣	1	2	3	4	5
34.只要条件允许,我会在形体训练和美容上花费更多	1	2	3	4	5
35.保持健康的身体是每个要求生活品质的人都应该做到的	1	2	3	4	5
36.每个人都应该不断地发展自我、超越自我	1	2	3	4	5

第七章

大学生金钱观结构及特点

随着我国经济的快速发展，人们参与的社会经济活动越来越多，与金钱打交道也越来越频繁。金钱观作为人们对于金钱的基本认识和看法，已成为人们处理经济事务过程中产生的心理与行为的重要影响因素。对于处在我国社会经济转型时期的大学生而言，其金钱观不仅影响到他们的心理健康和人格发展，还会影响到他们的社会适应心理与行为。因此，开展大学生金钱观的研究具有重要的理论价值和现实意义。

第一节 研究概述

一、金钱与金钱观

金钱是对物质世界控制能力的数量化表现。可以说,金钱在生活中是无处不在的,它早就渗透了人们衣食住行的各个方面。由于金钱时时刻刻处于人与自然、人与社会、人与人的关系中,所以人们对金钱的研究也由来已久。在经济学上,金钱被界定为"一种交换工具""一种价值尺度"和"价值的储存物"等。经济学从理性的角度分析,把金钱视为工具,认为人是"理性人"。[①]但现实是人在金钱面前很难保持理性,金钱带给人们的意义也远非如此单调和中性,一旦金钱和人发生关系,就具有了极大的魔力,成为影响人心理和行为的重要因素。在现代社会,金钱越来越"畅通无阻地、毫无保留地发展成为一种绝对的心理性价值",成为"一种控制我们实践意识、牵动我们全部注意力的终极目标"。[②]

人在和金钱发生关系的活动中,形成了对金钱方方面面的认识和看法,并内化为种种对金钱的观念,这就是金钱观。金钱观不是一成不变的,它受到很多因素的影响。随着社会形态、经济制度、历史文化的发展变化,人的金钱观也在不断地发展变化。例如在我国古代,由于受小农经济、重农抑商政策以及儒家"重义轻利"的义利观的影响,人们普遍忌讳金钱、鄙视金钱,重伦理道德和精神追求而轻视物质欲求,认为道德比物质利益更重要,所谓"德本财末"(《礼记·大学》),"君子谋道不谋食,忧道不忧贫,小人反是"(《论语·卫灵公》);在如何获取金钱上,倡导"君子爱才,取之有道",要用正当合法的手段获取金钱;在支配金钱上,提倡量入为出、勤俭节约。[③]在新中国成立后的很长一段时间,我国实行计划经济的经济体制,受计划经济价值观的影响,人们重宏观利益轻微观利益,重平

① 艾德里安·弗恩海姆、迈克尔·阿盖尔著,李丙太、高卓、张葆华译:《金钱心理学》,北京:新华出版社2001年版。

② 西美尔著,顾仁明译:《金钱、性别、现代生活风格》,上海:学林出版社2000年版。

③ 于铭松、刑燕:《重义轻利:儒家的经济价值观》,《华北电力大学学报(社会科学版)》2001年第4期,第66-68页,76页。

均轻差别，重公平轻效率，重精神鼓励轻物质鼓励，重协作轻竞争，重奉献轻索取。[①]那个时期，人们对金钱问题仍然讳莫如深，对索取个人利益者会严厉批判。随着改革开放和市场经济的建立和发展，人的主体意识和利益意识成了社会经济价值观的核心。人们对金钱的看法，对获取和支配金钱的看法发生了变化和转移。人们不再忌讳金钱，而是敢于谈金钱，敢于追求金钱；人们的物质欲望空前高涨，消费意识和消费能力也迅速增强。在有些人群中，"金钱本位"成为个人意识的核心，出现对金钱的崇拜倾向。在当今世界一体化、经济全球化、文化多元化大背景下，我国市场经济得到了高速发展，人们比以往更多地参与到了经济生活中，更多地与金钱打交道，与金钱的关系也越来越紧密和错综复杂，人们的金钱观又发生了很大的变化，对金钱的态度、对金钱的价值、对金钱的行为等都有了与传统很大的差别。

大学生作为"时代的风向标"，社会的转型、价值观的变化、文化的交融与冲突首先会深刻地表现在他们身上。如果他们对金钱没有科学合理的认识，金钱甚至会对他们的心理健康产生不利的影响。从大学生的心理活动出发，金钱观会影响大学生的认知、情感和行为。在认知上，大学生具有的金钱观可以影响他们对事物和问题的认识和评价。例如有些大学生分析问题、看待事物都偏重从金钱的角度去分析和评价，认为有钱有经济利益的事物才有价值。在情感上，金钱的有无、多少，对金钱的认识常常会引起大学生情感的起伏变化。在行为上，金钱观会影响到大学生的消费行为、交往行为，不良的金钱观导致大学生违法犯罪也并非鲜见。因此，金钱观作为影响大学生心理和行为的重要动因，是一个十分值得研究的课题。

二、金钱观的测量

如何才能了解个体的金钱观呢？以往直接考察个体金钱观的研究相对较少，多是探究个体对金钱的态度，具体指的是个体对金钱所持的评价和行为倾向。研究者多采用问卷或是自陈量表的形式对个体的金钱态度进行测量。下面介绍常见的金钱态度的测量工具。

（一）金钱态度量表（Money Attitude Scale，MAS）

山内和坦普勒（Yamauchi，Templer）编制了金钱态度量表，该量表确定出金钱态度的4个维度：权力—声望、保持力—时间、不信任和焦虑。该量表合计29个题项，其中权力—声望维度包含9个题项，得分高的人往往利用金钱来影响他人；保持力—时间维度包含

① 周莉：《国内经济价值观研究述评》，《理论月刊》2005年第12期，第158~160页。

7个题项,得分高的人通常具有谨慎的财务计划;不信任维度包含7个题项,得分高的人往往对带有金钱的情境表现出犹豫与怀疑;焦虑维度包含6个题项,代表视金钱为焦虑的来源。①

(二)金钱伦理量表(Money Ethics Scale,MES)

唐(Tang)等人进行了大量关于金钱意义的调查,在此基础上编制了一个人们对于金钱伦理意义认识的金钱伦理量表。该量表基于态度的ABC模型,即情感(Affective)、行为(Behavioral)及认知(Cognitive)模型。最初该量表包含30个题项,由6个因素组成,分别是好、邪恶、成就、尊重、预算以及自由。其中,好、邪恶属于情感维度,预算属于行为维度,成就、尊重、自由属于认知维度。后来,在此基础上简化出一个包含3个因素的简化量表,3个因素分别是成就、预算以及罪恶。②为了研究的需要,唐在金钱伦理量表的基础上又开发了金钱喜好量表,但其实算是金钱伦理量表的一个组成部分。它包含9个题项,由富有、动机、重要性3个因素构成。③

(三)金钱信念及行为量表(Money Belief and Behavior Scale,MBBS)

富尔汉姆(Furnham)等人从3个异质测量中抽取项目组成了金钱信念及行为量表。该量表合计60个题项,采用Likert 7点计分。这些题项来自山内和坦普勒早期金钱态度量表中的62个题项和鲁宾斯坦(Rubenstein)编制的迈达斯量表(迈达斯是古希腊神话中的一位国王,爱财,能点石成金)以及高柏和路易斯(Goldberg,Lewis)在他们1978年出版的著作《金钱的疯狂》中提及的一些问题。该量表的克隆巴赫α系数为0.84,由困扰、权力、保持力、安全、不充分以及成就6个因素组成。④

(四)金钱重要性量表(Money Importance Scale,MIS)

米切尔(Mitchell)等人开发了金钱重要性量表,这个量表比其他量表的测量范围要狭窄一些。研究者编制这一量表是为了反映个体对金钱重要性的一些观念和行为。它由7个分量表组成,分别是金钱价值重要性、金钱的个人卷入性、思考财务问题的时间、财务问题的知识、处理财务危机的灵活度、处理金钱的技巧以及把金钱视为权力与地位来

---

① Yamauchi, K. T., Templer, D. I. “The development of a money attitude scale”, *Journal of Personality Assessment*, vol. 46, no. 5 (1982), pp.522-528.

② Tang, L. P. “The Development of a Short Measure of the Money Ethic Scale”, *The Annual Convention of the Southwestern Psychological Association* ,1992.

③ Tang, L. P., Tillery, K. R.,Lazarevski, B., Luna-Arocas, R. “The love of money and work-related attitudes:Money profiles in Macedonia”, *Journal of Managerial Psychology*, vol. 19, no. 5 (2004), pp.542-548.

④ Furnham, A.F.“Many sides of the coin: The psychology of money usage”, *Personality and Individual Differences*, vol. 5, no. 5 (1984), pp.501-509.

源的程度。这些分量表具有良好的信度和效度。①

(五)金钱心理问卷

国内有关金钱心理的测量工具较少,多采用杜林致、乐国安编制的金钱心理问卷。该问卷合计19个题项,由认知因素、情感因素和行为因素3个维度构成,每个维度下又包含两个因素,分别是成功与内在动力、好与坏、预算与捐款。问卷总体的克隆巴赫α系数为0.59,各维度的克隆巴赫α系数在0.52～0.83。各因素与总分的相关在0.14～0.71,而各因素之间的相关在0.03～0.12。②

三、大学生金钱观的相关研究

(一)国内大学生金钱观相关研究

国内有关大学生金钱心理的研究很少,一些研究从理论角度探讨了大学生金钱观教育的重要性以及可能的实现途径,而涉及金钱观的实证研究仅有杜林致、乐国安等人做的少量探索,主要是考察大学生金钱心理特征与自我价值的关系、金钱心理与不道德工作行为的关系两个方面。具体来看:

杜林致、乐国安使用金钱心理问卷考察了大学生金钱心理特征及其与自我价值的关系,发现大学生总体上对金钱持积极、认可的态度,但不把金钱视为成功的标志。大学生金钱心理类型可分为四种:金钱冷漠者、金钱崇拜者、金钱豁达者、金钱拒斥者,其中第一种类型的人所占比例最大(31.5%),第二、三种类型的人所占比例基本相近(28.77%,29.11%),第四种类型的人所占比例最小(10.62%)。金钱崇拜者对金钱持最为积极的态度,他们的自信心和争胜心最强,自卑感较弱;金钱冷漠者对金钱持较为消极的态度,他们的自信心、争胜心偏弱,自卑感偏强;金钱豁达者对金钱持较积极的态度,他们的自信心和争胜心较强,自卑感最弱;金钱拒斥者对金钱抱着最为消极的否定态度,他们的自信心、争胜心偏弱,而自卑感最强。③

杜林致还研究了金钱心理与不道德行为的关系。通过随机抽取204名企业管理人员和395名大学生为被试,采用金钱心理问卷和不道德工作行为情境问卷,调查分析管理人

---

① Mitchell, T. R., Mickel, A. E. "The meaning of money: An individual-difference perspective", *The Academy of Management Review*, vol. 24, no. 3 (1999), pp.568-578.

② 杜林致、乐国安、Tang Li-Ping Thomas:《中国大学生金钱心理特征及其与自我价值关系研究》,《心理科学》2003年第5期,第915-916页。

③ 杜林致、乐国安、Thomas Li-Ping Tang:《中国大学生金钱心理特征及其与自我价值关系研究》,《心理科学》2003年第5期,第915-916页。

员和大学生的金钱心理类型及其发生不道德工作行为可能性的差异。结果表明,金钱崇拜者和金钱不满者与金钱排斥者、金钱冷漠者相比,更可能在工作压力的情境下从事不道德行为;金钱冷漠者和金钱排斥者比金钱崇拜者更可能受到不道德组织氛围的影响;在工作压力、从众、组织氛围等情境中,大学生比管理人员更容易发生不道德工作行为。[①]

(二)国外大学生金钱观相关研究

国外学者对于大学生金钱观的直接研究较少,但对金钱态度的研究较为丰富,主要围绕金钱态度的个体差异性以及金钱态度对个体消费以及心理健康的影响两个部分展开。具体来看:

金钱态度在性别上的差异最为显著。梅迪纳(Medina)等人在研究中证实了金钱态度的性别差异,并且发现男性在金钱态度的权力(声望)、不信任(焦虑)及质量维度上的分数比女性要高。[②]另外,利姆(Lim)等人也发现,在金钱态度上,男性更关注权力及焦虑维度,而女性更关注预算、保持力及评估维度。[③]在年龄方面差异上,有研究发现随着年龄的增长,个体倾向于做更多预算并且对金钱具有更少的负面态度,年轻人与年纪大的人相比花钱更粗犷。[④]罗伯茨(Roberts)等人发现收入及教育水平都与财务计划呈正相关,年龄、职业可以显著预测权力与声望维度,女性被发现对于其消费能力(不信任维度)表现出更高水平的自信,年龄还是唯一预测金钱态度中焦虑维度的变量。[⑤]

金钱态度在人格变量上同样具有显著差异。在内外控上,利姆等人发现内控者倾向于预算自己的金钱,而外控者倾向于把金钱视为权力之源并将金钱作为评估工具,并且他们表现出更多的吝啬行为。[⑥]在神经质与内外向人格上,斯皮内拉(Spinella)等人发现,金钱态度与神经质类型密切相关。高神经质类型者在金钱态度上具有更大的冲动性及更低的动机、管理和计划性。[⑦]另外,有研究者还从金钱态度出发,提出了四种金钱人格

---

① 杜林致:《金钱心理与不道德工作行为:管理人员和大学生比较研究》,《西北师范大学学报》2007年第1期,第95-102页。

② Medina, J. F., Saegert, J., Gresham, A. “Comparison of Mexican-American and Anglo-American attitudes toward money”, *The Journal of Consumer Affairs*, vol. 30, no. 1 (1996), pp.124-145.

③ Lim, V. K. G., Teo, T. S. H., Loo, G. L. “Sex, financial hardship and locus of control: An empirical study of attitudes towards money among Singaporean Chinese”, *Personality and Individual Differences*, vol. 34, no. 3 (2003), pp.411-429.

④ 艾德里安·弗恩海姆、迈克尔·阿盖尔著,李丙太、高卓、张葆华译:《金钱心理学》,北京:新华出版社2001年版。

⑤ Roberts, J. A., Cesar J. “Demographics and money attitudes: A test of Yamauchi and Templers (1982) money attitude scale in Mexico”, *Personalty and Individual Differences*. Vol. 27, no. 1 (1999), pp.19-35.

⑥ Lim, V. K. G., Teo, T. S. H., Loo, G. L. “Sex, financial hardship and locus of control: An empirical study of attitudes towards money among Singaporean Chinese”, *Personality and Individual Differences*, vol. 34, no. 3 (2003), pp.411-429.

⑦ Spinella, M., Lester, D. “Money attitudes and personality”, *Psychological Reports*, vol. 96, no. 3 (2005), p.782.

类型:驱动者、慈悲者、分析者和表达者;另有研究者从认知、情感、行为三个成分入手,总结归纳出四种金钱人格即金钱排斥者、金钱冷漠者、金钱不满者和金钱崇拜者。①

金钱态度与消费有着密切的联系,它影响消费者的消费方式、消费观念、消费行为,尤其影响冲动购买行为。在金钱态度与消费行为的关系上,此类问题一直是研究的重点。有研究以中国大学生为被试,研究了金钱态度与消费方式的关系,发现把金钱视为权力或声望者倾向于是质量、新颖的消费者,对其财务管理能力不信任者因购物时有态度选择而困惑,金钱焦虑者倾向于价格谨慎消费及品牌价格平衡消费。②关于金钱态度与冲动购买行为,汉利(Hanley)等人研究发现,冲动购买者比正常购买者具有更低的自尊,他们认为金钱具有提高自尊的象征意义。③有研究者认为,金钱态度上的焦虑因素是导致出现冲动购买行为的一个重要因素,冲动购买行为可以降低焦虑。④冲动购买者将购买活动作为减轻压力和焦虑的一种方式。⑤另外,金钱态度的权力—声望维度也能影响冲动购买行为。例如,罗伯茨和琼斯(Jones)以大学生为被试研究了金钱态度、信用卡使用及冲动购买行为的关系。结果发现,金钱态度的权力—声望、不信任维度与冲动购买行为存在很高的相关,而信用卡的使用是这一关系的中介变量。⑥罗伯茨和塞普尔韦达(Sepulveda)研究了墨西哥文化下的金钱态度与冲动购买行为之间的关系,发现权利—声望对冲动购买行为有部分正相关,保持力—时间与之呈负相关,焦虑与之呈正相关。⑦

在金钱态度与心理健康关系的探讨中,一项跨文化研究发现,金钱会给人们带来忧虑、不安等负性情绪,并且造成社会的疏离感,显著降低人们的幸福感。⑧麦克卢尔(Mcclure)研究了金钱态度与总体病理倾向(焦虑、神经质、内倾)的关系,发现金钱态度与总

① 杜林致,乐国安:《国外金钱心理研究综述》,《西北师大学报(社会科学版)》2002年第2期,第61-65页。

② Chan, S. Y. F. "The exploratory relationship between money attitude and consumer style", *Australian Journal of Psychology*, vol. 55, no. 1 (2003), pp.119.

③ Hanley, A., Wilhelm, M. S. "Compulsive buying: An exploration into self-esteem and money attitudes", *Journal of Economic Psychology*, vol. 13, no. 1 (1992), pp.5-18.

④ Valence, G., d'astous, A., Fortier, L. "Compulsive buying: Concept and measurement", *Journal of Consumer Policy*, vol. 11, no. 4 (1988), pp.419-433.

⑤ Desarbo, W. S., Edwards, E. A. "Typologies of compulsive buying behavior: A constrained cluster wise regression approach", *Journal of Consumer Psychology*, vol. 5, no. 3 (1996), pp.231-262.

⑥ Roberts, J. A., Jones, E. "Money attitude, credit card use, and compulsive buying among American college students", *The Journal of Consumer Affairs*, vol. 35, no. 2 (2001), pp.213-240.

⑦ Roberts, J. A., Sepulveda, C. J. "Money attitude and compulsive buying: An exploratory investigation of the emerging consumer culture in Mexico", *Journal of International Consumer Marketing*, vol. 11, no. 4 (1999), pp.53-74.

⑧ Kim, S. "Does a money-is-all attitude cause alienation? A cross-cultural comparison of Korea, the US and Sweden", *International Journal of Consumer Studies*, vol. 38, no. 6 (2014), pp.650-659.

体病理倾向相关,但是与具体内容(焦虑、神经质、内倾)不存在相关。[①]

四、现有研究存在的问题

目前,国内外研究者从各自的研究目的出发对于金钱态度的研究各有侧重。而个体对于金钱的认识是系统性的,包括对金钱认识的方方面面,已有研究缺乏整体性和系统性,对于金钱的态度和观念的研究不够深入,难以揭示个体对金钱的全面性认识。

从国内研究现状可以看出,研究者从心理学视角开展的金钱及相关研究十分薄弱,个别研究对于金钱心理的探索在很大程度上都是参照国外研究的范式或内容,不管是在测量工具的编制以及研究内容上都缺乏本土化探讨。当前,我国正处于市场经济飞速发展时期,金钱也越来越成为影响人们心理和行为的重要变量。大学生是社会发展的中坚力量,深入把握大学生对于金钱的认识,引导大学生树立正确合理的金钱观至关重要。因此,从本国国情出发,深入研究大学生的金钱心理无疑具有非常重要的意义。

五、研究设计

(一)研究目的

采用文献分析法与问卷调查法探索当代大学生金钱观的理论结构,并以该理论结构为基础,编制《大学生金钱观问卷》,同时考察大学生金钱观的现状特点。

(二)研究构想

本研究以大学生为被试,考察其金钱观的结构及现状特点。(1)采用文献分析法与问卷调查法初步构建大学生金钱观结构。(2)以大学生金钱观结构为基础编制《大学生金钱观问卷》初始问卷,使用该问卷进行测试,验证大学生金钱观结构并修订初始问卷。(3)使用《大学生金钱观问卷》正式问卷进行测试,考察大学生金钱观的现状特点。

---

① McClure, R. F. "The relationship between money attitudes and overall pathology", *Psychology: A Quarterly Journal of Human Behavior*, vol. 21, no. 1 (1984), pp.4-6.

第二节 大学生金钱观的理论构想与问卷编制

一、研究目的

本研究旨在探索当代大学生金钱观的含义与结构，并以此为基础，编制《大学生金钱观问卷》，为后续开展大学生金钱观调查研究做好准备。

二、大学生金钱观的理论构想

(一)大学生金钱观概念与维度构想

金钱观是一个本土化概念。国外研究多表述为“金钱意义”与“金钱态度”，但对二者没有给出明确的定义；国内学者认为金钱观就是对金钱的认识和看法[①]。有研究者从金钱观与世界观、人生观、价值观的关系入手，认为金钱观是世界观、价值观、人生观的重要组成部分。[②]目前，有关金钱观的内涵更多的是从伦理道德角度进行讨论，较少有研究从心理学的角度来界定。

本研究认为金钱观是个体对金钱的认识所形成的观念系统。它包括两个方面的内涵：(1)金钱观不属于认识活动的过程，而是一种认识活动的结果，即金钱观念；(2)金钱观是一个观念系统，具体来说，人对金钱的认识、态度以及金钱对于不同个体的意义都不是单一的，因此，人的金钱观是一个多维度、多层面的观念系统。

由于对金钱观的心理学研究较少，我们没有可借鉴的直接资料，所以在本研究中，我们从认识事物的基本程序和内容，即“是什么”“为什么”“怎么样”的思路出发，尝试将金钱观的结构对应地建构为三大方面(维度)，即金钱本质观、金钱价值观和金钱行为观。其中，金钱本质观是对金钱“是什么”的认识，是指个体对金钱本质的认识和看法；金钱价值观是对金钱“为什么”的认识，是个体以自己的需要为尺度所形成的对金钱重要性的认识和看法；金钱行为观是对金钱“怎么样”的认识，是指个体对与金钱相关的行为及行为倾向的认识和看法。从金钱观的这三大维度出发，我们尝试建构金钱观的一阶因素，理论依据如下。

---

① 何俊彦、姚子青、蔡飞、黄维真、蔡剑雄：《国内大学生金钱观研究综述》，《科教文汇(上旬刊)》2014年第2期，第196-198页。

② 徐玲、刘建军：《金钱观与世界观、价值观、人生观的关系》，《真理的追求》1997年第9期，第25-28页。

1.金钱本质观

对于金钱本质的认识,带有很深的哲学意味。哲学家西美尔在其著作《货币哲学》中深刻论述了金钱本质的问题。他认为人们将金钱(货币)——一种获得其他物品的纯粹手段,视作一件独立的物品;金钱在整个过程中的意义,只是通向最后目标并享用的一系列步骤中的一个环节,如果在心理上因为这一环节导致目标不能达成,我们对目标的意识就会停留在金钱上。①由此可以看出,人对于金钱本质的认识存在手段和目的的矛盾。

2.金钱价值观

张进辅等人认为,价值观是个体以自身需要为尺度对客体重要性的认识②,我们对金钱价值观的界定来自这一定义。心理学家奥尔德弗(Alderfer)于1969年提出的新人本主义需要理论把人的需要分为三类,即存在需要、关系需要和成长需要。③存在需要关系到机体的存在或生存,包括衣、食、住以及工作组织为使其得到这些因素而提供的手段。这实际上相当于马斯洛需要层次理论中的生理需要和安全需要。关系需要是指发展人际关系的需要。这种需要通过在工作中或工作以外与其他人的接触和交往得到满足。它相当于马斯洛理论中感情上的需要和一部分尊重需要。成长需要是个人自我发展和自我完善的需要。这种需要通过发展个人的潜力和才能,才能得到满足。它表示个人谋求发展的内在愿望,相当于马斯洛理论中的自我实现的需要和尊重的需要。综上,本研究认为金钱价值观就包括以上三个部分(存在需要、关系需要和成长需要)。

3.金钱行为观

行为是受思想支配而表现出来的外在活动,个体对于金钱的认识归根到底要反映在自身的外在行为表现上。因此,本研究将从金钱的获取方式和支配方式两种行为角度出发,考察个体对金钱观行为层面的认同。

综上,本研究对大学生金钱观维度与内涵的建构如下(见表7.1)。

表7.1 大学生金钱观维度与内涵的建构

二阶结构	一阶结构	成分内涵
金钱本质观	存在目的	金钱是人存在的目的
	手段工具	金钱是人实现目的的手段
金钱价值观	生存性价值	金钱是人生存的基本物质基础,具有维持人的基本生存的价值
	关系性价值	金钱具有建立、维持、提升和改变人的社会及人际关系的价值
	发展性价值	金钱具有给人提供、使人获得更多更好的发展机会,并促使人发展自己、实现自我的价值
金钱行为观	获取手段	对于获取金钱手段的认识和看法,表现为是倾向于激进冒险还是合法谨慎
	支配方式	对于金钱支配方式的认识和看法,表现为是倾向于注重现代消费还是传统节俭

① 西美尔著,顾仁明译:《金钱、性别、现代生活风格》,上海:学林出版社2000年版。

② 黄希庭、郑涌:《当代中国大学生心理特点与教育》,上海:上海教育出版社1999年版。

③ 李振文:《管理心理学》,武汉:华中科技大学出版社2002年版。

(二)大学生金钱观的理论模型探索

为了探索大学生对于金钱观的具体认识,本研究选取了心理学领域相关研究方向的专家与学生进行了开放式和半开放式问卷调查。其中本科生96人,专家11人,研究生14人。

对于大学生的问卷调查,我们设计了四道题目,包括:“从你的理解出发,谈谈金钱的本质是什么”“你认为金钱对你来说有什么样的重要性和价值?”“对于金钱的获取和支配,你有些什么样的看法?”“请详细谈谈你的金钱观”。对于专家和研究生的调查,我们根据大学生金钱观维度与内涵的建构,从金钱本质观、金钱价值观以及金钱行为观三大维度下的七个因素有针对性地编制了《大学生金钱观评价问卷》,让他们对大学生金钱观的结构进行评定,采用Likert 4点计分。事后对部分专家、研究生和大学生进行个别深入访谈,请他们谈谈对自己所做评定的解释和说明。

从大学生开放式问卷的回答中,我们可以看出大学生对金钱的认识和看法集中表现在四个方面。(1)对金钱价值的认识。其中三种价值与我们的理论构想一致,即生存性价值、关系性价值和发展性价值。除此之外,大学生还认为金钱存在享乐性价值,即认为金钱可以增加生活的乐趣,有钱可以更好地享受生活。(2)对金钱行为的认识。其中两个方面和我们的理论构想一致,即获取手段、支配方式。除此之外,大学生还表现出对金钱支配方向的认识,即金钱用到何处,表现在具有利己和利他的倾向。(3)对金钱获取多少,即占有欲的认识。比如表现在认为“钱不在多,够花就行”还是“金钱要越多越好”的差别上。但是占有欲归根到底仍是由行为层面来实现,即这个方面仍属于对于金钱行为的认识,所以我们将它归纳到金钱行为观之下,作为一个子维度。(4)对金钱本质的看法,大学生普遍是经济学上的认识,比如认为金钱是“一般等价物”或“货币”等。

而对专家和研究生的调查结果表明(见表7.2),专家和研究生对于金钱价值观及金钱行为观各因素的赞成度很高,肯定支持了这两个维度的建构,但是对于金钱本质观中的两个因素的赞成度很低。经过访谈,发现主要原因如下。一方面是维度及其内涵建构不合理。即认为金钱本质观两个因素哲学化较强,同时这两个因素与价值观维度存在交叉。因为从价值观的分类来说,一种角度就是分为目的性价值和工具性价值,而价值观的各维度是目的性和工具性的一种反映,所以存在交叉。另一方面,从测量学的角度来说,这两个因素设计得过于绝对,容易产生社会赞许效应。

表7.2 《大学生金钱观评价问卷》的结果(平均分)

二阶因素	一阶因素	专家	研究生
金钱本质观	存在目的	2.24	2.47
	手段工具	2.61	2.73
金钱价值观	生存性价值	3.75	3.81
	关系性价值	3.86	3.87
	发展性价值	3.78	3.87
金钱行为观	获取手段	4.00	4.00
	支配方式	4.00	4.00

经过以上分析,综合理论构想、专家咨询及开放式问卷调查结果,我们认为金钱本质观这一维度构想不合理。经过修正,将金钱观的理论模型建构如下(见图7.1)。

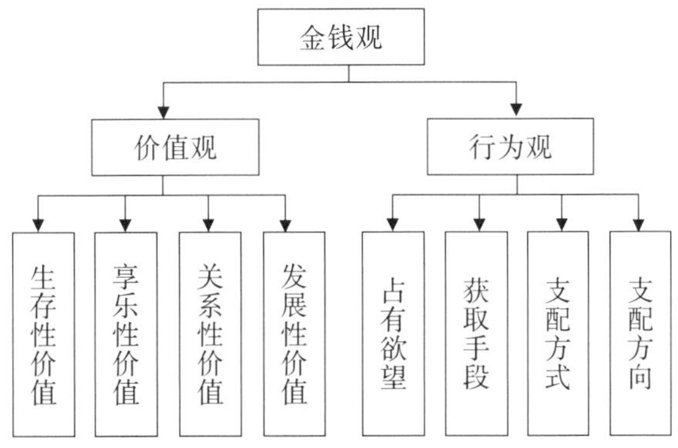

图7.1 大学生金钱观的理论模型

各因素的具体含义如下。

金钱价值观指大学生以自身需要为尺度所形成的对金钱重要性的认识和看法。包括四个维度:(1)生存性价值,指金钱是人生存的基本物质保障,具有给人提供各种生存物质条件的价值;(2)享乐性价值,指金钱具有给人提供更好的生活条件,使人更好地享受生活,增加生活享乐性的价值;(3)关系性价值,指金钱具有建立、维持、提升和改变人的人际关系的价值;(4)发展性价值,指金钱具有给人提供、使人获得更多更好的发展机会和条件,从而去发展自我、实现自我的价值。

金钱行为观指大学生对与金钱相关的行为及行为倾向的认识和看法。包括四个维度:(1)占有欲望,指获取金钱、占有金钱的欲望的程度,表现为占有欲望是强烈还是平和。(2)获取手段,指对金钱获取手段的认识和看法,表现为是倾向于激进冒险还是谨慎有道。(3)支配方式,指对金钱支配方式的认识和看法,表现为是倾向于注重消费还是传统节俭。(4)支配方向,指对金钱支配方向的认识和看法,表现为是有更多利己倾向还是利他倾向。

二、《大学生金钱观问卷》的编制

（一）研究方法

1.被试

样本1:在我国西部地区选取两所本科院校,采用随机抽样的方法,对自编的《大学生金钱观问卷Ⅰ》展开施测。共发放问卷500份,收回有效问卷476份,问卷有效率95.2%。其中男生177人,女生299人;大一172人,大二183人,大三95人,大四26人。

样本2:在我国西部地区选取八所本科院校,采用随机抽样的方法,对自编的《大学生金钱观问卷》展开施测。共发放问卷1300份,收回有效问卷1143份,问卷有效率87.92%。其中男生529人,女生614人;大一395人,大二202人,大三323人,大四223人。

2.工具

采用自编的《大学生金钱观问卷Ⅰ》进行项目分析、探索性因素分析;使用《大学生金钱观问卷》进行验证性因素分析和信效度检验。以上两个问卷均采用Likert 5点计分。

3.程序

根据开放式问卷调查的结果,参考以往同类型的调查问卷,编制出《大学生金钱观问卷》初始题项。邀请教育心理学专家3人、教育心理学专业研究生15人,要求在不改动项目内容的基础上对题项进行优化,保证每一个维度包含8个以上预测题目,最终形成包含69个题项的《大学生金钱观问卷Ⅰ》。对《大学生金钱观问卷Ⅰ》进行第一次预测,根据项目分析、探索性因素分析结果,对问卷进行了修订,形成包含35个题项的《大学生金钱观问卷》,即正式问卷(见附录)。最后,对《大学生金钱观问卷》进行验证性因素分析和信效度检验。

（二）研究结果

1.《大学生金钱观问卷Ⅰ》的数据分析结果

对《大学生金钱观问卷Ⅰ》数据进行项目分析,将被试总分按递增排序,选取得分最高的前27%的学生作为高分组,得分最低的后27%的学生作为低分组,进行独立样本t检验,删除差异不显著的项目。采用同质性检验筛选题项,删除与总分相关不显著以及共同性小于0.2的题项。项目分析结果显示,所有题项的平均数差异检验均显著($p<0.001$),表明预测问卷题项具有良好的鉴别力,可以保留全部题项。

对项目分析后保留的全部题项做探索性因素分析。问卷的KMO值为0.87,巴特利特球形检验显著($p<0.001$),满足因素分析的基本条件。由于理论模型由两阶八因素构

成,因此本研究分别对一阶和二阶进行因素分析。

在一阶因素分析中,对问卷调查进行主成分分析和正交旋转因素分析。根据陡阶检验结果及碎石图,抽取8个因素,共解释总变异的51.88%。为了进一步确定理论构想及问卷,需要对问卷的题目进行筛选。标准如下:项目负荷值(α)小于0.40,共同度(h)小于0.20,"概括"负荷(α^2/h^2)小于0.50;每个项目最大的两个"概括"负荷之差小于0.25,即$\left(\alpha_{i2}-\alpha_{22}\right)/h^2<0.25$。因素分析结果如下(见表7.3)。

表7.3 《大学生金钱观问卷Ⅰ》一阶因素分析结果

题项	关系性价值	发展性价值	获取手段	享乐性价值	支配方向	生存性价值	支配方式	占有欲望	共同度
12	0.76								0.66
40	0.69								0.58
21	0.67								0.65
30	0.65								0.52
43	0.60								0.51
15		0.69							0.55
50		0.68							0.59
22		0.65							0.50
4		0.64							0.48
58		0.57							0.44
41		0.52							0.46
34			0.81						0.71
53			0.77						0.61
62			0.58						0.44
7			0.54						0.36
25				0.61					0.52
32				0.57					0.53
35				0.54					0.51
31				0.54					0.48
48				0.44					0.37
27					0.72				0.56
46					0.70				0.52
18					0.64				0.56
37					0.56				0.52
1						0.67			0.52
10						0.61			0.46
19						0.55			0.47
28						0.55			0.39
36							0.70		0.55
8							0.62		0.53
17							0.61		0.42

续表

题项	关系性价值	发展性价值	获取手段	享乐性价值	支配方向	生存性价值	支配方式	占有欲望	共同度
65							0.53		0.44
6								0.75	0.66
13								0.72	0.61
64								0.59	0.42
特征值	6.58	2.97	1.85	1.53	1.37	1.18	1.16	1.01	
累计解释率	8.85%	17.69%	24.27%	30.79%	36.83%	42.37%	47.81%	51.88%	

鉴于金钱观理论模型的建构，上述因素结构群可能含有更高阶、更简单、更有解释力的因素，因此尝试做二阶因素分析。

在二阶因素分析中，把一阶因素分析获得的8个成分作为新变量群进行因素分析。采用主成分分析和方差极大斜交旋转法，在不限定因素个数的情况下，结果旋转得出两个因素，共解释总变异量的54.55%。因素分析结果如下（见表7.4）。

表7.4 《大学生金钱观问卷Ⅰ》二阶因素分析结果

因素	1	2	共同度
发展性价值	0.82		0.68
关系性价值	0.77		0.64
生存性价值	0.75		0.58
享乐性价值	0.77		0.70
支配方向		0.71	0.51
支配方式		0.63	0.43
获取手段		0.64	0.43
占有欲望		0.58	0.40
特征值	2.84	1.52	
累计解释率(%)	31.82	54.55	

对《大学生金钱观问卷Ⅰ》的探索性因素分析得到了两阶八因素结构模型。根据分析结果以及最初的大学生金钱观的理论构想，我们将一阶因素分析中的因素1命名为“关系性价值”，主要指认为金钱具有建立、维持、提升和改变人的人际关系的价值；因素2命名为“发展性价值”，指认为金钱具有给人提供、使人获得更多更好的发展机会，从而去发展自我、实现自我的价值；因素3命名为“获取手段”，主要指大学生对于获取金钱手段的认识和看法，表现为是倾向于合法谨慎还是激进冒险；因素4命名为“享乐性价值”，主要指金钱具有给人提供更好的生活条件、使人更好地享受生活、提升生活享乐性的价值；因素5命名为“支配方向”，指大学生对于将金钱支配到何处的认识和看法，表现为是有更多的利他倾向还是利己倾向；因素6命名为“生存性价值”，指金钱是人生存的基本物质保障，具有给人提供各种生存物质条件的价值；因素7命名为“支配方式”，指大学生对于金

钱支配方式的认识和看法，表现为是倾向于传统节俭还是注重现代消费；因素8命名为“占有欲望”，指大学生对占有多少金钱及程度的认识和看法，表现在占有欲望上是强烈还是平和。对析出的八个因素进行二阶因素分析，获得了两个维度。维度一包括了生存性价值、享乐性价值、关系性价值及发展性价值四个因素，与构想“金钱价值观”各维度一致，主要表达当代大学生以自身需要为尺度对金钱的重要性的认识和看法，故命名为“金钱价值观”；维度二包括了占有欲望、获取手段、支配方式及支配方向四个因素，与构想“金钱行为观”各维度一致，主要表达当代大学生对与金钱相关的行为及行为倾向的认识和看法，故命名为“金钱行为观”。

2.《大学生金钱观问卷》的数据分析结果

对《大学生金钱观问卷》进行验证性因素分析。为了对该模型进行检验，本研究还设置了两个可供比较的模型。

模型1(一阶八因素模型)：假设不存在二阶因素，八个一阶因素两两相关。

模型2(二阶因素模型)：假设只存在二阶因素。

结果表明，二阶八因素模型的χ^2/df=2.56<3，即模型有简约适配程度；RMSEA<0.05；NFI、RFI、IFI、CFI、TLI值均大于0.9(见表7.5)，各项拟合指标均符合心理测量学要求，即修订后的问卷模型拟合较好。并且，从一阶八因素模型开始，衡量模型好坏的指标在逐步地改善。因此，二阶八因素模型要优于其他比较模型。

表7.5 《大学生金钱观问卷》的验证性因素分析

模型	χ^2/df	NFI	RFI	IFI	TLI	CFI	RMSEA
一阶八因素模型	3.00	0.97	0.97	0.98	0.98	0.98	0.04
二阶因素模型	2.80	0.98	0.97	0.98	0.98	0.98	0.04
二阶八因素模型	2.56	0.98	0.98	0.99	0.99	0.99	0.04

对《大学生金钱观问卷》进行信效度检验。采用内部一致性信度和分半信度作为《大学生金钱观问卷》的信度指标。从表中可以看出，《大学生金钱观问卷》的8个成分的内部一致性信度在0.53～0.81，分半信度在0.53～0.77。总问卷的内部一致性信度为0.82，分半信度为0.80(见表7.6)。即本问卷与各维度的信度均在可接受范围内。

表7.6 《大学生金钱观问卷》的信度检验

变量	内部一致性信度	分半信度
生存性价值	0.59	0.58
享乐性价值	0.73	0.68
关系性价值	0.81	0.75
发展性价值	0.76	0.77
占有欲望	0.53	0.53

续表

变量	内部一致性信度	分半信度
获取手段	0.68	0.70
支配方式	0.54	0.59
支配方向	0.65	0.67
金钱价值观	0.88	0.85
金钱行为观	0.71	0.69
总问卷	0.82	0.80

采用结构效度作为《大学生金钱观问卷》的效度指标(见表7.7)。各因素、维度之间的相关以及与总分间的相关均显著,各因素间的相关在0.11～0.60,因素、维度与总分之间的相关在0.28～0.87,表明问卷各因素各维度既相互关联又具有一定的独立性,说明本问卷效度良好。

表7.7 《大学生金钱观问卷》的效度检验

	1	2	3	4	5	6	7	8	9	10
生存性价值	—									
享乐性价值	0.43	—								
关系性价值	0.38	0.60	—							
发展性价值	0.50	0.55	0.55	—						
占有欲望	0.20	0.30	0.26	0.20	—					
获取手段	0.11	0.33	0.26	0.11	0.21	—				
支配方式	0.18	0.16	0.13	0.11	0.18	0.17	—			
支配方向	0.15	0.23	0.17	0.13	0.30	0.31	0.24	—		
金钱价值观	0.67	0.83	0.83	0.82	0.28	0.24	0.11	0.19	—	
金钱行为观	0.22	0.33	0.26	0.15	0.57	0.65	0.67	0.73	0.26	—
金钱观	0.54	0.80	0.78	0.72	0.47	0.47	0.28	0.47	0.87	0.43

第三节 大学生金钱观的特点

一、研究目的

本研究旨在考察大学生金钱观的特点,为后续推进大学生金钱观的教育实践提供参考借鉴。

二、研究方法

(一)被试

在我国西部地区选取八所本科院校,采用整群随机抽样的方法,使用修订后的《大学生金钱观问卷》进行施测。共发放问卷1300份,收回有效问卷1143份,问卷有效率87.92%。其中男生529人,女生614人;大一395人,大二202人,大三323人,大四223人;来自大城市90人,中小城市271人,城镇284人,农村498人;独生子女365人,非独生子女778人。

(二)工具

本研究使用《大学生金钱观问卷》考察大学生的金钱观。该问卷由金钱价值观和金钱行为观两个维度构成,前者包括生存性价值、享乐性价值、关系性价值及发展性价值四个因素,后者包括占有欲望、获取手段、支配方式及支配方向四个因素,合计35个题项。采用Likert 5点计分,无反向计分题。

(三)统计分析

本研究使用SPSS统计软件进行数据的整理和分析,主要包括描述性统计、平均数差异的显著性检验等。

三、研究结果

本研究考察了在不同性别、年级、家庭居住地以及是否是独生子女等人口统计学变量下大学生金钱观的现状与特点,具体结果如下。

1.大学生金钱观的性别差异

对不同性别大学生的金钱观进行独立样本t检验,结果表明男、女大学生在金钱价值观与金钱行为观上均存在显著性差异(见表7.8)。具体来看,除生存性价值、支配方式、支配方向以外,其他因素在性别上的差异均达到显著性水平,且表现为男生的得分显著高于女生。这说明在金钱价值观上,男生比女生更注重金钱对自身的价值,尤其是更注重金钱的享乐性价值、关系性价值和发展性价值。在金钱行为观上,占有欲望及获取手段两个因素性别差异显著。这说明男生对金钱的占有欲望更为强烈,女生则较为平和;男生在金钱的获取手段上更倾向于激进冒险,女生则倾向于谨慎有道。

表 7.8　大学生金钱观的性别差异($M±SD$)

变量	男生	女生	t
生存性价值	4.02±0.69	4.06±0.63	−1.27
享乐性价值	3.05±0.81	2.92±0.78	2.71**
关系性价值	3.21±0.89	2.99±0.87	4.33***
发展性价值	3.85±0.67	3.73±0.65	3.06**
占有欲望	2.30±1.00	2.15±0.83	2.90**
获取手段	1.64±0.69	1.47±0.54	4.66***
支配方式	2.20±0.68	2.24±0.70	−0.82
支配方向	2.16±0.73	2.15±0.65	0.39
金钱价值观	3.52±0.61	3.40±0.59	3.23**
金钱行为观	2.05±0.49	1.98±0.43	2.43*

注：$p^{*} < 0.05$，$p^{**} < 0.01$，$p^{***} < 0.001$。

2.大学生金钱观的年级差异

对不同年级大学生的金钱观进行方差分析，结果表明大学生金钱观在总分、金钱价值观以及金钱行为观上均表现出显著的年级差异(见表7.9)。具体来看，整体上，大学生金钱观在年级上差异极为显著。事后检验表明，在总的金钱观上，表现为大三＞大二＞大一，大四＞大二＞大一。在金钱价值观上，表现为大三＞大二＞大一，大四＞大一；金钱行为观上，表现为大四＞大一，大三＞大一。此外，大三学生在金钱价值观上的得分最高，大四学生在金钱行为观上的得分最高。金钱价值观各因素方差分析结果表明，除生存性价值以外，其他因素在年级上均呈现显著性差异。具体表现为：在享乐性价值上，大三＞大二＞大一、大四＞大一；在关系性价值上，大二＞大一、大三＞大一、大四＞大一；在发展性价值上，大四＞大二＞大一。这说明大三、大四学生最看重金钱的享乐性价值，大一学生最不看重金钱的关系性价值，大四学生最看重金钱的发展性价值。金钱行为观各因素方差分析结果表明，除了支配方向外，其他因素在年级上均呈现显著性差异。具体表现为：在占有欲望上，大四＞大一＞大二；在获取手段上，大三＞大二＞大一、大四＞大一；在支配方式上，大四＞大一、大三＞大一、大二＞大一；在支配方向上，大三＞大一。

表 7.9　大学生金钱观的年级差异($M±SD$)

变量	大一	大二	大三	大四	F	事后比较
生存性价值	4.01±0.66	4.03±0.62	4.12±0.63	4.01±0.70	1.84	3＞1
享乐性价值	2.82±0.76	2.96±0.78	3.14±0.78	3.05±0.81	10.64***	3＞2、1；4＞1
关系性价值	2.87±0.89	3.13±0.85	3.25±0.84	3.22±0.90	14.35***	2＞1；3＞1；4＞1
发展性价值	3.66±0.70	3.75±0.67	3.86±0.65	3.92±0.56	9.35***	4＞2、1
占有欲望	2.17±0.97	2.13±0.88	2.23±0.86	2.36±0.91	2.90**	4＞1、2
获取手段	1.47±0.59	1.50±0.56	1.65±0.68	1.59±0.63	5.62**	3＞2、1；4＞1

续表

变量	大一	大二	大三	大四	F	事后比较
支配方式	2.11±0.71	2.28±0.62	2.27±0.64	2.31±0.69	5.72**	2>1;3>1;4>1
支配方向	2.10±0.68	2.28±0.62	2.27±0.64	2.31±0.69	1.81	3>1
金钱价值观	3.32±0.58	3.45±0.60	3.58±0.60	3.55±0.59	13.12***	3>2、1;4>1
金钱行为观	1.93±0.45	1.99±0.42	2.07±0.46	2.08±0.48	7.41***	3>1;4>1
金钱观	2.76±0.43	2.8±50.45	2.96±0.44	2.94±0.42	16.65***	3>2、1;4>2、1

注：$p^{**}<0.01$，$p^{***}<0.001$。

3.大学生金钱观的家庭居住地差异

对不同家庭居住地大学生的金钱观进行方差分析，结果表明大学生金钱观总分以及金钱价值观得分在家庭居住地上的差异不显著，但在金钱行为观上差异显著（见表7.10）。事后检验表明，这种差异体现在来自中小城市和农村的大学生上，前者的得分大于后者。在各因素上，生存性价值、占有欲望、支配方式及支配方向四个因素上家庭居住地差异显著。来自农村的大学生在生存性价值上得分最低，在占有欲望、支配方式和支配方向三个因素上的得分也最低。

表7.10　大学生金钱观的家庭居住地差异($M±SD$)

变量	1大城市	2中小城市	3城镇	4农村	F	事后比较
生存性价值	4.10±0.62	4.08±0.70	4.08±0.60	3.98±0.66	2.56*	2>4;3>4
享乐性价值	3.10±0.76	3.02±0.82	2.97±0.79	2.93±0.78	1.63	
关系性价值	3.05±0.84	3.03±0.89	3.06±0.89	3.14±0.88	1.17	
发展性价值	3.82±0.63	3.80±0.68	3.78±0.64	3.76±0.66	2.56	
占有欲望	2.36±0.96	2.33±0.96	2.20±0.90	2.13±0.87	3.77**	1>4;2>4
获取手段	1.50±0.67	1.53±0.62	1.55±0.62	1.56±0.60	0.28	
支配方式	2.37±0.79	2.28±0.712	2.27±0.67	2.14±0.62	5.12**	1>4;2>4;3>4
支配方向	2.16±0.70	2.25±0.73	2.14±0.71	2.10±0.63	2.79*	2>4
金钱价值观	3.50±0.50	3.47±0.61	3.46±0.58	3.44±0.61	0.35	
金钱行为观	2.06±0.50	2.06±0.46	2.02±0.47	1.96±0.43	3.74**	2>4
金钱观	2.91±0.42	2.89±0.44	2.87±0.43	2.83±0.44	1.59	

注：$p^{**}<0.01$，$p^{***}<0.001$。

4.大学生金钱观在是否是独生子女上的差异

对独生子女与非独生子女大学生的金钱观进行独立样本t检验，结果表明，大学生金钱观在是否是独生子女上的差异不显著，在金钱价值观上差异也不显著，但在金钱行为观上差异显著（见表7.11）。在整体上表现为独生子女大学生的得分高于非独生子女大学生；在金钱行为观上的差异主要表现为独生子女大学生在占有欲望和支配方式上的得分要显著高于非独生子女；在金钱价值观上二者虽然差异不显著，但是在关系性价值上存在显著性差异，表现为非独生子女大学生的得分高于独生子女大学生。

表7.11 大学生金钱观在是否独生子女上的差异（$M \pm SD$）

变量	是独生子女	非独生子女	t
生存性价值	4.08±0.64	4.02±0.66	1.36
享乐性价值	3.00±0.78	2.97±0.79	0.63
关系性价值	3.00±0.88	3.13±0.88	-2.31^{*}
发展性价值	3.81±0.65	3.77±0.66	0.91
占有欲望	2.30±0.94	2.17±0.90	2.28^{*}
获取手段	1.51±0.62	1.56±0.62	−1.22
支配方式	2.31±0.70	2.18±0.66	3.20^{**}
支配方向	2.19±0.70	2.13±0.67	1.43
金钱价值观	3.46±0.59	3.46±0.60	−0.04
金钱行为观	2.05±0.47	1.99±0.45	2.14^{*}
金钱观	2.88±0.43	2.85±0.44	0.88

注：$p^{*} < 0.05$，$p^{**} < 0.01$。

四、讨论

本研究考察了大学生金钱观在不同人口统计学变量下的现状与特点。

在性别差异上，本研究结果表明大学生金钱观在总体上存在显著的性别差异，在金钱价值观和金钱行为观上差异也显著。在金钱价值观上，除了生存性价值女生高于男生外，其余各个方面的价值男生都要高于女生，但差异不显著。在我国，受传统文化的影响，男女的社会角色及分工一直倾向于所谓“男主外，女主内”的观念，女性更多地被赋予“持家者”的社会角色，更多地与金钱的生存性功能相结合，这可能是女生在生存性价值上得分高于男生的原因。而男性作为家庭的经济支柱，要承担更多的责任，他们必须获得事业的成功并通过更多的途径去获取金钱，所以金钱对于男性的功能性要复杂得多。另外，女性在社会化发展过程中，其经济社会化发展要落后于男性。父母给女孩的零花钱往往少于男孩，因而女孩不像男孩那样有更多的钱去做一些自己想做的事情。[①]总之，因传统性别角色及男女社会分工的不同，以及男女经济社会化培养方式及发展水平的不同，男大学生在金钱价值的认识上要更加多元化，这可能就是本研究中男生比女生更看重金钱的享乐性、关系性以及发展性价值的原因。正因为男生比女生更看重金钱对自身各方面的价值，所以男生对于金钱的占有欲望比女生更为强烈，想要去获得更多的金钱。

① 艾德里安·弗恩海姆、迈克尔·阿盖尔著，李丙太、高卓、张葆华译：《金钱心理学》，北京：新华出版社2001年版。

在获取手段上,男生比女生表现得更为激进冒险,原因一方面可能是男生比女生更看重金钱的价值,占有欲望更强,想通过各种手段去获取更多的金钱,从而更加激进冒险;另一方面可能是男女的人格特质不同。卢勤和黄丽姗发现,男大学生在人格特质的敢为性上要大于女生。因此可以推测,男大学生在人格特质上更多的冒险性和敢为性是导致他们与女生相比在获取金钱的手段上更为激进冒险的原因。①

在年级差异上,本研究发现大学生金钱观在年级上呈现不平衡性和差异性。在金钱价值观方面,随着年级的发展,大学生越来越看重金钱对于自身的价值,到了大三达到最高点,表现为大三>大四>大二>大一。在具体因素上,除了生存性价值之外,其他因素在年级上均呈现显著性差异。在享乐性上,大三>大四>大二>大一;在关系性上,大三>大四>大二>大一;在发展性上,大四>大三>大二>大一。这可能是因为,大一的学生刚刚进入大学,受到社会和媒体各种价值观念的影响较小,独立占有和支配金钱的时间较短。同时,由于大一学生的大学生活和学习相对单纯,除了学习之外,没有太多的娱乐生活、人际交往,生涯规划也尚未开始或刚刚开始,所以,以金钱满足自身的需要比较单一,故他们在金钱价值观上的得分最低。大三学生在金钱价值观上的总分最高,可能是因为大三学生经过三年的大学生活,受社会和媒体的影响逐渐加深,更加认识到金钱在各个方面对于自身的重要性。同时,大三是大学生活中参与各种人际活动和娱乐消费最多的时段,大三学生以金钱满足自身的需求也增多,更多元化,故在金钱价值观上得分最高。虽然大四学生的金钱价值观相对大三学生低一些,但是发展性价值上的得分最高。这可能是因为大四学生的主要任务是进行生涯规划,进行职业的选择和就业以及准备进一步深造,他们的需要更为具体,相对大三学生来说,他们减少了很多人际交往和娱乐活动,金钱对于自身的最大价值就是发展性的价值,故他们在金钱价值观上的得分低于大三学生,但发展性价值上得分最高。在金钱行为观方面,年级差异仍然存在。在占有欲望上,大四>大三>大一>大二。大四学生的占有欲望最强烈,可能是由于其社会化发展水平最高,受社会和媒体各种价值观影响最深,对社会的认识最为深刻,对金钱的重要性感受最为强烈。大一学生相对大二学生占有欲望更强烈,可能是因为大一学生刚进入大学,社会上的金钱观和社会风气打破了他们已有的观念,但由于他们的心理发展相对最不成熟,还没有形成自己的价值观和道德判断标准,所以内心受到的触动最大,占有欲望也比较强烈。而大二学生的心理发展相对成熟,已经开始形成自己的价值观和道德判

① 卢勤、黄丽姗:《大学生人格维度上的性别差异研究》,《西南民族大学学报(人文社科版)》2005年第2期,第370-373页。

断标准，所以较大一学生低。在获取手段上，大三学生的得分最高，这可能是因为大三学生在金钱价值观上得分最高，在获取手段上也显得越激进冒险。大四学生面临求职就业，受到诚信教育和诚信规则的影响，在获取手段上更倾向于谨慎有道，故得分比大三学生要低。在支配方式上，大四＞大二＞大三＞大一。大四学生的得分最高可能是由于大四学生的金钱观和消费观已经发展得较为成熟，且他们即将步入社会，在金钱的支配方式上更加注重现代消费。大二学生高于大三学生可能是因为经过了大一的消费单一化后，大二学生的消费意识逐渐增强，但是同时理财意识却又很薄弱，自我控制能力较弱，而大三学生的理财意识逐渐增强，所以大二学生比大三学生更注重消费，更乐于消费。在支配方向上，大四学生得分最高。可能是由于受金钱价值观的影响，大四学生更倾向于利己。

在家庭居住地差异上，本研究发现，大学生金钱观整体上的差异不显著。在金钱价值观各因素上，仅仅生存性价值差异显著，表现为大城市＞中小城市＞城镇＞农村。这可能是因为相对于农村来说，大城市、中小城市和城镇的生活压力要大于农村，很多生活资料需要用金钱来换取，而农村的基本生活资料都能够自给自足，因而来自前三地的大学生在该因素上的得分要高于来自农村的大学生。在金钱行为观上，家庭居住地的差异显著，具体表现在占有欲望、支配方向、支配方式上，农村来源要低于其他来源。在占有欲望上，大城市和中小城市与农村来源差异显著。这可能是因为大城市和中小城市是开放程度最高、新观念最活跃的地方，来自此地的大学生受到各种价值观的影响最深，物质欲望最为强烈，所以对金钱的占有欲望最强烈；而农村受传统文化道德的影响较深，物质欲望较为淡薄，所以来自农村的大学生在金钱占有欲望上的得分最低，对金钱的占有最平和。在支配方式上，表现为大城市＞中小城市＞城镇＞农村。这可能是由于生活环境的不同，农村在消费观念上最为保守，所以在支配方式上来自农村的大学生要更传统节俭，而其他来源的大学生更注重现代消费。

在是否是独生子女差异上，本研究结果表明，在金钱价值观各因素上，非独生子女大学生更注重金钱的关系性价值，认为金钱在建立、维持、提升及改变一个人的人际关系上的价值更大。而根据风笑天等人的研究，独生子女大学生比非独生子女大学生在处理人际关系上的能力要强一些。[①]那么，为什么在金钱的关系性价值上，独生子女大学生要低于非独生子女大学生呢？这可能是因为独生子女大学生更善于处理人际关系，具有更多、更好的人际关系的处理技巧，金钱虽然具有建立、维持、提升和改变人际关系的价值，但只是他们处理人际关系技巧中的一种，所以对他们来说这种价值相对较小。在占有欲

① 风笑天：《独生子女青少年的社会化过程及其结果》，《中国社会科学》2000年第6期，第118-131页，208页。

望上，独生子女对金钱的占有欲望更强烈，这可以从其家庭环境中找寻原因。风笑天指出，“三口之家”是绝大多数独生子女家庭在规模上的主要特征，子女成为家庭中心、亲子关系日趋平等是独生子女家庭关系的特点，集体化的休闲娱乐及潮流化、智力化的子女消费是独生子女家庭生活方式上的明显特征。正是这样的家庭环境，容易导致独生子女的“唯我”倾向。①叶庆松研究发现，独生子女的“唯我”意识相对强烈，这可能就是导致独生子女对物质和金钱的占有欲望更强的重要原因。②在支配方式上，独生子女大学生更注重消费，这可能是因为独生子女大学生的家庭社会经济地位较高，物质基础较好，并且更多地受到现代观念的影响，所以他们的消费观念也更开放。

附录

大学生金钱观问卷

指导语：请仔细阅读下列题项，并根据自己的实际情况选择对应的选项。

题　项	非常不符合	比较不符合	不确定	比较符合	非常符合
1.有钱走遍天下，没钱寸步难行	1	2	3	4	5
2.拥有足够的金钱，一个人会有更好的发展	1	2	3	4	5
3.金钱生不带来，死不带走，没必要过分追求	1	2	3	4	5
4.赚钱应该取之有道	1	2	3	4	5
5.超前消费是不可取的	1	2	3	4	5
6.金钱是我们日常生活中衣食住行的来源	1	2	3	4	5
7.有钱人更容易获得别人的尊重	1	2	3	4	5
8.钱不在多，够花就行	1	2	3	4	5
9.有钱，会更容易实现自己的目标	1	2	3	4	5
10.借贷消费总不如自己攒钱消费让人觉得踏实	1	2	3	4	5
11.与其把钱用来吃喝玩乐，不如捐给那些需要帮助的人	1	2	3	4	5
12.金钱是得到物质享受的必要条件	1	2	3	4	5
13.有钱更能赢得他人的认可	1	2	3	4	5
14.金钱可以帮助人实现自己的理想	1	2	3	4	5
15.生活的享乐来源于金钱	1	2	3	4	5
16.人人都有义务为困难的人提供资助	1	2	3	4	5
17.没钱，在现代社会中是无法生存的	1	2	3	4	5
18.没钱人往往不受他人重视	1	2	3	4	5

① 风笑天：《独生子女家庭：一种新的生活方式》，《社会科学辑刊》1994年第5期，第28-32页。

② 叶庆松：《第一代独生子女大学生的生活现状与特点》，《青年研究》1998年第6期，第39-46页。

续表

题　项	非常不符合	比较不符合	不确定	比较符合	非常符合
19.有钱会让人觉得有归属感	1	2	3	4	5
20.金钱象征着生活的品位和情调	1	2	3	4	5
21.只要能赚钱,手段可以不考虑	1	2	3	4	5
22.金钱可以让人自由自在	1	2	3	4	5
23.金钱来之不易,能省则省	1	2	3	4	5
24.我觉得没有充分的理由为他人捐款	1	2	3	4	5
25.比起没钱的人,那些有钱人更受欢迎	1	2	3	4	5
26.赚钱就是为了使自己能够得到更好的发展	1	2	3	4	5
27.有钱让人羡慕	1	2	3	4	5
28.有钱应该更多地回报社会	1	2	3	4	5
29.有钱可以得到更多的享乐	1	2	3	4	5
30.金钱可以使人获得更多更好的发展机会	1	2	3	4	5
31.想要赚钱就要不择手段	1	2	3	4	5
32.有些人发展得不好,一个重要原因就是没有足够的金钱	1	2	3	4	5
33.只有钻空子才能赚到大钱	1	2	3	4	5
34.钱越多越好	1	2	3	4	5
35.应该始终保持勤俭节约的传统	1	2	3	4	5

第八章 大学生恋爱价值观的发展特点

恋爱与婚姻对个体而言是人生的重大事件,而个体的婚恋应对方式受其婚恋价值观的影响。青春期大学生随着生理和心理的快速发展变化,与异性交往的愿望开始变得强烈,因而如何对待恋爱成为他们面临的非常重要的人生课题。在大学阶段,个体因恋爱、异性交往而产生的心理和行为问题频发,有的甚至导致了悲剧的后果。恋爱价值观作为个体对待恋爱的一种内部标准和价值尺度,直接影响个体的恋爱心理与行为。因此,研究大学生恋爱价值观既是大学生恋爱心理研究的迫切需要,也是促进大学生健康发展和积极适应社会的现实需要。

第一节 研究概述

一、恋爱价值观

国内外关于恋爱价值观概念的直接研究较少，对恋爱观概念的描述则较为丰富。如“恋爱观是人们对待恋爱与爱情的基本态度，它是由人们的世界观、人生观和价值观决定的”[①]；“恋爱观是一个人的世界观、人生观、价值观在恋爱问题上的具体体现，一个正确的恋爱观会引导人们走向健康、幸福和美好的生活”[②]；“恋爱观是个体对爱情问题的主观看法、观念和态度，是个人的世界观、人生观、价值观在恋爱问题上的体现，对人们的恋爱婚姻实践具有导向作用”[③]。

恋爱价值观是恋爱观的下位概念。李颖认为，恋爱价值观是指青年在恋爱过程中必须承担的对社会、对他人的责任与贡献以及社会、他人对青年恋爱需要的尊重与满足的统一。[④]黄希庭、郑涌认为，恋爱价值观是人们的价值观在恋爱问题上的具体体现，是回答为什么恋爱、选择什么样的恋爱对象以及怎样追求爱情生活等的观念系统。[⑤]恋爱价值观也是价值观的下位概念。张进辅认为，价值观是人们以自身的需要为尺度对事物重要性认识的观念系统。可见，价值观至少有两个核心内容——“价值”和“标准”。[⑥]因此，价值观是人们以自身的需要为尺度对事物重要性认识的观念系统，它支配着人们的行为。

① 李庆祝：《当代大学生恋爱心态及其对策》，《华北煤炭医学院学报》2002年第6期，第798-799页。

② 卢春莉：《当代中国大学生恋爱观的新动态探析》，《山西农业大学学报（社会科学版）》2003年第3期，第271-274页。

③ 宋新雅：《“00后”大学生恋爱观及其引导——以陕西省部分高校为例》，《内蒙古师范大学学报（教育科学版）》2021年第1期，第29~35页。

④ 李颖：《引导大学生树立正确的恋爱价值观促进青年的健康成长》，《广州师院学报（社会科学版）》2000年第12期，第92-95页。

⑤ 黄希庭、郑涌等：《当代中国大学生心理特点与教育》，上海：上海教育出版社1999年版。

⑥ 张进辅：《现代青年心理学》，重庆：重庆出版社2002年版。

综上,依据价值观概念,综合已有恋爱价值观的研究,本研究认为:恋爱价值观就是个体对待恋爱的一种内部标准和价值尺度。恋爱的价值尺度主要回答什么样的恋爱是值得的、重要的。恋爱的标准主要回答选择什么样的人恋爱。因此,恋爱价值观观念系统的核心内容是恋爱动机和择偶标准。

二、恋爱价值观的结构

目前,国内外对于恋爱价值观结构的研究还不多。张进辅认为,大学生恋爱价值观包括恋爱动机、择偶标准与恋爱生活态度等方面。[①]廖铁等研究者认为,大学生恋爱价值观包括恋爱动机,择偶标准,大学生对爱情与学业、事业的看法,大学生对爱情的心理承受度,等等。[②]欧晓霞认为,大学生恋爱价值观包括对爱情在人生中的重要性的态度、恋爱动机、择偶标准、性爱伦理等方面。[③]

由此可见,各研究者对大学生恋爱价值观的结构建构存在分歧,但他们都一致认为大学生恋爱价值观的结构包括恋爱动机与择偶标准。这说明,恋爱动机与择偶标准是恋爱价值观结构的核心成分。

三、恋爱价值观的测量工具

目前,国内关于恋爱价值观的测量工具大多是自编问卷。例如冯涛、张进辅等自编了《婚恋价值观问卷》,该问卷包括恋爱生活态度(恋爱的严肃性、动机,恋爱后的行为表现,等等),家庭婚姻生活态度(夫妻地位,对婚姻中感情、性、子女的态度),以及对恋爱、婚姻在人生中的重要性的看法,对某些社会现象的看法(如婚前性行为、婚外恋等),等等。[④]赵洪伟等人编制了《大学生恋爱与性心理状况调查问卷》,该问卷包括爱情价值观(对爱情与学业的关系的看法、爱情态度、恋爱动机)、爱情道德观(爱情道德感及行为选择、对三角恋与多角恋的看法、对多角恋的行为选择)、性观念(对婚前性行为的看法、对性接触容许度的看法)。[⑤]

---

① 张进辅:《现代青年心理学》,重庆:重庆出版社2002年版。

② 廖轶、李婧、李纪滨:《南京大学生婚恋观的调查与研究》,《科技信息》2007年第21期,第21-25页。

③ 欧晓霞:《当代大学生恋爱价值观的调查研究》,《廊坊学院学报》2006年第4期,第151-154页。

④ 冯涛、张进辅、韦毅嘉、廖莎莎:《西南地区高等院校大学生458份婚恋生活态度问卷分析》,《中国临床康复》2006年第10期,第42-44页。

⑤ 赵洪伟、董玫玫:《大学生恋爱心理及性心理的调查与分析》,《辽宁教育研究》2006年第4期,第93-95页。

四、恋爱价值观的特点

目前,关于恋爱价值观特点的研究主要从恋爱动机及择偶标准两个方面展开。

(一)关于恋爱动机的特点

恋爱动机是产生恋爱行为的内部动力,恋爱动机由恋爱需要引起,并直接指向恋爱目标。恋爱动机决定人们的恋爱目标及恋爱生活方式的选择。因此,恋爱动机是恋爱价值观研究的重要内容。熊吕茂等人调查了大学生的恋爱动机,在回答“你为什么谈恋爱”这一问题中,45.6%的学生选择“寻找情投意合的伴侣”,16.5%的学生选择“为了丰富自己的精神生活”,42.1%的学生选择“为未来积累经验”,13.1%的学生认为“有人爱可以证明自己的魅力”,还有32.9%的学生选择了“其他”这一选项。[①]上述研究揭示了当代大学生的恋爱动机呈现多元化的特点。

(二)关于择偶标准的特点

择偶标准是人们选择婚恋对象时的价值取向,表现为对婚恋对象条件的要求。它是恋爱价值观的另一核心成分,由于个体所处的社会生活地位和条件存在差异,不同的个体表现出不同的婚恋择偶标准。赵洪伟、董玫玫的调查表明,从总体上看,大学生的择偶标准呈现出以下特点:第一,重视个人素质,如“品德”及“才华”等个人内在素质;第二,重视情感因素,如“感情”“性格”等;第三,重视健康情况;第四,明显的差异性,例如男生对女生的“外貌”要求较多,感性因素较重,女生更注重男生的“才华”,理性因素较重,而男生对“贞操”的要求比女生高。[②]

五、已有研究的不足

从研究视角来看,从心理学角度对恋爱价值观进行系统考察的研究极其缺乏。目前对于恋爱问题的研究,主要集中在伦理学、社会学、政治学及教育学等领域。心理学界对恋爱的研究,尤其是对大学生恋爱心理的研究主要集中于爱情探讨,而对于大学生恋爱价值观的系统研究则较为匮乏。

从研究内容来看,对恋爱价值观的研究大多放在婚恋观的研究中,鲜有将恋爱价值观独立出来进行深入研究。对恋爱价值观的研究外延过于宽泛,许多涉及对恋爱的看法、观点的内容都放入了恋爱价值观中。而对于恋爱价值观中的核心成分——恋爱动机

---

① 熊吕茂、肖瑛、祁淑静:《大学生的恋爱心理及现象透析》,《湖南第一师范学报》2003年第4期,第58-60页。

② 赵洪伟、董玫玫:《大学生恋爱心理及性心理的调查与分析》,《辽宁教育研究》2006年第4期,第93-95页。

和择偶标准的研究不够系统深入。

从研究方法来看，关于恋爱价值观的研究大多是根据经验进行理论分析或者进行简单的问卷调查。理论分析受研究者经验和偏见的影响较大，问卷调查受测量工具的影响较大。因此，大学生恋爱价值观的研究需要信度、效度更好的测量工具。

六、研究设计

（一）研究目的

采用文献分析法、访谈法以及问卷调查法探索当代大学生恋爱价值观的理论结构，并以该理论结构为基础，编制《大学生恋爱价值观问卷》，同时考察大学生恋爱价值观的现状特点。

（二）研究构想

本研究以大学生为被试，考察其恋爱价值观的结构及现状特点。(1)采用文献分析法、访谈法以及问卷调查法初步构建大学生恋爱价值观结构。(2)以大学生恋爱价值观结构为基础编制《大学生恋爱价值观问卷》初始问卷，使用该问卷进行测试，验证大学生恋爱价值观结构并修订初始问卷。(3)使用《大学生恋爱价值观问卷》正式问卷进行测试，考察大学生恋爱价值观的现状特点。

第二节 大学生恋爱价值观的理论构想与问卷编制

一、研究目的

本研究旨在探索当代大学生恋爱价值观的结构，并以此为基础，编制《大学生恋爱价值观问卷》，为后续开展大学生恋爱价值观调查研究做好准备。

二、大学生恋爱价值观的理论构想

（一）大学生恋爱价值观的初步构想

结合前文所述，本研究认为大学生恋爱价值观主要由两个部分组成——恋爱动机与择偶标准。为构建出符合我国大学生实际的恋爱价值观理论模型，我们对国内相关问卷中的恋爱动机和择偶标准分问卷进行了分析，提取出涉及恋爱价值观的内容，为本研究中大学生恋爱价值观理论模型的构建提供借鉴。

1.恋爱动机的维度构想

黄希庭、郑涌将大学生的恋爱动机分为空虚寂寞型、从众型、情感型、功利型、消遣体验型、生理欲求型、时尚攀比型等。[①]吉红、王志峰认为大学生的恋爱动机主要包括从众心理、浪漫心理，游戏心理、占有心理、奉献心理、放纵心理。[②]崔海波的研究表明，大学生的恋爱动机类型主要有动力型、享乐型、功利型、伴侣型、从众型和感情寄托型。[③]对上述涉及恋爱动机的研究进行分析，本研究认为恋爱动机的初步结构应当包含情感性、性爱性、游戏性、消遣性、体验性、功利性、成长性、从众性和伴侣性。

2.择偶标准的维度构想

肖沛雄、陈国海等人将择偶标准划分为精神满足型、感官满足型和功利满足型三类。[④]张进辅根据青年在选择恋人时所考虑的因素不同，将青年的择偶标准分为外貌型、物质型、精神型、综合型四类。[⑤]钟道平的研究认为青年的择偶标准主要包括生理条件、经济条件、性格人品、社会地位。[⑥]阎晓军认为大学生的择偶标准主要有性格取向、家庭取向、爱情取向、社会取向。[⑦]对上述涉及择偶标准的研究进行分析，本研究认为择偶标准的初步结构应当包含外表、个性品质、家庭背景和才智四个部分。

综上，本研究关于大学生恋爱价值观的初步构想如下（见图8.1）。

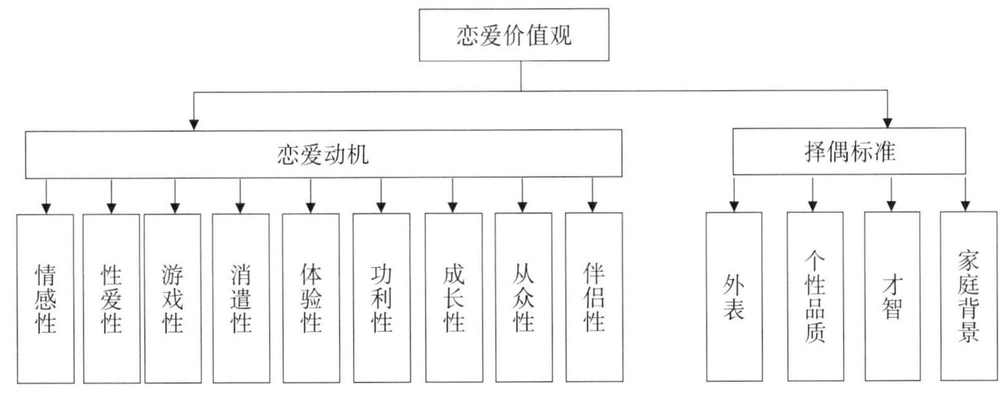

图8.1　大学生恋爱价值观的初步构想

① 黄希庭、郑涌：《当代中国青年价值观研究》，北京：人民教育出版社2005年版。

② 吉红、王志峰：《大学生心理健康与调适》，北京：中央编译出版社2006年版。

③ 崔海波：《当代大学生恋爱观教育探析》，《玉林师范学院学报（哲学社会科学版）》2004年第6期，第108-111页。

④ 肖沛雄、陈国海、许国彬：《大学生心理与训练》，广州：中山大学出版社1999年版。

⑤ 多萝西·罗吉斯著，张进辅、张庆林等译：《当代青年心理学》，重庆：重庆出版社1998年版。

⑥ 钟道平：《近十余年我国青年择偶标准研究述评》，《青年研究》2003年第2期，第13-18页。

⑦ 阎晓军：《独生子女和非独生子女大学生婚恋观的比较研究》，《健康心理杂志》2003年第2期，第81-83页，4页，6页。

(二)大学生恋爱价值观的理论模型探索

为了探索大学生恋爱价值观的具体内容，本研究在重庆市某高校随机选取10名大学生进行访谈，并对28名本科大学生进行开放式问卷调查。开放式问卷包含恋爱动机和择偶标准方面的两个问题，分别是“你认为大学生恋爱的目的有哪些，请尽可能多地写出来”;“在选择恋人时，你会看重恋人的哪些方面，请尽可能多地写出来”。采用内容分析法对开放式问卷结果进行归类整理，并选取出现频率较高的词组与句子作为维度内容。结果发现，恋爱动机包括七大因素:情感性、体验性、面子性、婚姻性、功利性、消遣性、性爱性;择偶标准包括四大因素:个性品质、才智、外表、家庭背景。

根据文献分析、访谈及开放式问卷调查结果，大学生恋爱价值观主要包括恋爱动机与择偶标准两个部分。其中，恋爱动机维度中，游戏性可以合并到实践调查的体验性中;从众性可以合并到实践调查的面子性中;成长性可以合并到实践调查的功利性中;伴侣性可以合并到实践调查的婚姻性中;择偶标准维度中，理论分析的结构维度与实践调查的结构维度完全一致。因此，本研究构建的大学生恋爱价值观的初步理论模型如表8.1:

表8.1　大学生恋爱价值观的初步理论模型

维度	因素	含义
恋爱动机	情感性	以满足情感与爱情的需要为目的而恋爱的一种内部动力
	性爱性	以满足自己的生理需要，缓解性压抑、性欲望为目的而恋爱的一种内部动力
	体验性	以体验恋爱过程、丰富恋爱经验或视恋爱为游戏而恋爱的一种内部动力
	婚姻性	以寻找终身伴侣、建立家庭等为目的而恋爱的一种内部动力
	功利性	以满足自己的经济、社会地位及事业发展等需要为目的而恋爱的一种内部动力
	面子性	以满足自己的面子需要、自我确证为目的而恋爱的一种内部动力
	消遣性	以打发时间、消遣娱乐、驱逐空虚、排遣孤独寂寞、调剂学习压力等为目的而恋爱的一种内部动力
择偶标准	外表	选择恋爱对象看重对方的相貌、身材、身高与体重、穿着打扮、健康状况等尺度
	才智	选择恋爱对象看重对方的学识与才华、学历、能力、智力等尺度
	个性品质	选择恋爱对象看重对方的人品、气质、性格、价值观、兴趣爱好等尺度
	家庭背景	选择恋爱对象看重对方的家庭经济状况、父母职业、父母社会地位、家庭来源地等尺度

二、《大学生恋爱价值观问卷》的编制

(一)研究方法

1.被试

样本1:在我国西部地区选取三所本科院校，采用随机抽样的方法，对自编的《大学生恋爱价值观问卷Ⅰ》展开施测。共发放问卷550份，收回有效问卷510份，问卷有效率

92.73%。其中男生230人，女生280人；大一102人，大二214人，大三100人，大四94人。

样本2：在我国中部和西部地区选取七所本科院校，采用随机抽样的方法，对自编的《大学生恋爱价值观问卷Ⅱ》展开施测。共发放问卷2200份，收回有效问卷2014份，问卷有效率91.55%。其中男生779人，女生1235人；大一585人，大二666人，大三530人，大四233人。

2.工具

采用自编的《大学生恋爱价值观问卷Ⅰ》和《大学生恋爱价值观问卷Ⅱ》进行项目分析、探索性因素分析；使用《大学生恋爱价值观问卷》进行验证性因素分析和信效度检验。以上三个问卷均采用Likert 5点计分。

3.程序

根据访谈和开放式问卷调查的结果，参考以往同类型的调查问卷，编制出《大学生恋爱价值观问卷》初始题项，形成包含60个题项的初始问卷《大学生恋爱价值观问卷Ⅰ》。对《大学生恋爱价值观问卷Ⅰ》进行第一次预测，对问卷进行项目分析和探索性因素分析，统计分析结果显示问卷的指标不够理想，故对题项进行修订，形成包含50个题项的《大学生恋爱价值观问卷Ⅱ》。接着使用《大学生恋爱价值观问卷Ⅱ》进行第二次测试，根据相关心理测量学标准修订题项，形成包含42个题项的《大学生恋爱价值观问卷》，即正式问卷（见附录）。最后，对《大学生恋爱价值观问卷》进行验证性因素分析和信效度检验。

（二）研究结果

1.《大学生恋爱价值观问卷Ⅰ》的数据分析结果

对《大学生恋爱价值观问卷Ⅰ》数据进行项目分析，将被试总分按递增排序，选取得分最高的前27%的学生作为高分组，得分最低的后27%的学生作为低分组，进行独立样本t检验。结果显示全部题项的高低分组之间均存在显著差异，表明题项具有良好的鉴别力。

对全部题项做探索性因素分析，结果表明，对于恋爱动机分问卷，体验性因子的部分题项在情感性与消遣性上有较高的负荷。仔细分析体验性的题项发现，所测的内容为情感性体验，有部分测的是消遣性，因此分别并入情感性与消遣性维度，删除其他体验性的题目。在消遣性维度中，由于对消遣性的界定不够准确，所测的题项分为了两类，一类题目是测的消遣性，一类是测的玩乐性，因此，删除了玩乐性的题目。在婚姻性、功利性、面子性维度中删除了与测验维度不相关的内容及负荷值在0.40以下的题项，最终留下34道题作为恋爱动机的正式问卷内容。对于择偶标准分问卷，采用了和上述相同的分析步骤，删除了“找恋人时，我会看重他/她的身体健康”“找恋人时，我会看重他/她的年龄”2个题项，最终保留16道题作为择偶标准分问卷的正式内容。

根据初测问卷的修订结果，最终确定大学生恋爱价值观的结构模型如下（见图8.2）：

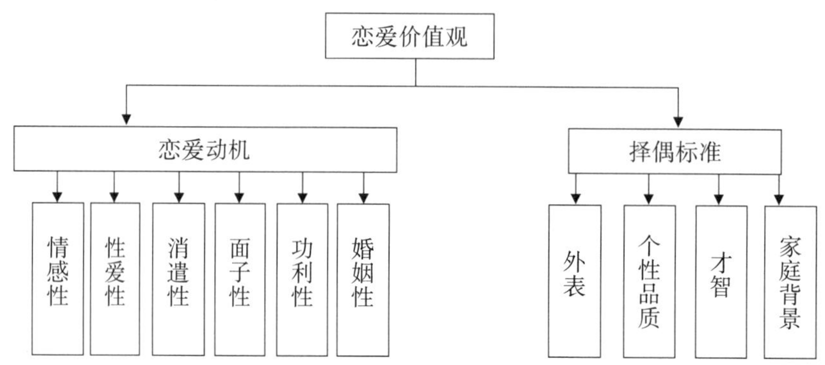

图8.2　大学生恋爱价值观的结构模型

2.《大学生恋爱价值观问卷Ⅱ》的数据分析结果

使用《大学生恋爱价值观问卷Ⅱ》进行测试，对收回的数据进行项目分析和探索性因素分析，步骤与《大学生恋爱价值观问卷Ⅰ》一致。项目分析结果表明，全部题项高低分组的差异均显著。

在恋爱动机分问卷的探索性因素分析中，问卷的KMO值为0.90，巴特利特球形检验显著（$p<0.001$），满足因素分析的基本条件。采用主成分分析法对恋爱动机分问卷的34道题进行探索性因素分析，转轴方法为直接斜交转轴法。分析结果表明，特征值大于1的因子共有6个，且负荷值都大于0.40，共同解释了项目总方差的57.46%。为了进一步确定理论构想及问卷，需要对问卷的题目进行筛选。标准如下：项目负荷值（α）小于0.40，共同度（h）小于0.20，“概括”负荷（α^2/h^2）小于0.50；每个项目最大的两个“概括”负荷之差小于0.25，即$\left(\alpha_{i2}-\alpha_{22}\right)/h^2<0.25$。最终的筛选结果如下（见表8.2）。

表8.2　《大学生恋爱价值观问卷Ⅱ（恋爱动机部分）》因素分析结果

项目	因素1	因素2	因素3	因素4	因素5	因素6	共同度
Q37	0.75						0.58
Q34	0.66						0.62
Q19	0.66						0.66
Q47	0.59						0.60
Q11		0.70					0.48
Q2		0.61					0.45
Q50		0.53					0.50
Q39		0.52					0.46

续表

项目	因素1	因素2	因素3	因素4	因素5	因素6	共同度
Q40			0.82				0.66
Q48			0.80				0.64
Q29			0.73				0.56
Q24			0.72				0.53
Q8			0.61				0.40
Q6				0.86			0.78
Q13				0.78			0.68
Q32				0.76			0.69
Q26				0.67			0.61
Q28					0.73		0.61
Q31					0.69		0.54
Q41					0.63		0.57
Q17					0.62		0.54
Q22					0.60		0.48
Q46						−0.74	0.63
Q14						−0.65	0.57
Q4						−0.63	0.51
Q36						−0.62	0.63
Q33						−0.56	0.49
特征值	6.81	3.14	2.45	1.42	1.10	1.04	合计
贡献率	23.95%	11.12%	8.77%	4.89%	4.00%	3.72%	57.46%

根据因素分析的结果，分析问卷，发现因素1的题项全部来自理论构想中的性爱性，因此命名为“性爱性”；因素2测试的题项主要来自理论构想中的情感性，部分来源于体验性，体验性有个别题所测的内容实际上是情感体验的内容，如“谈恋爱可以使我多一份情感的支撑”，因此命名为“情感性”；因素3测试的题项主要来自理论构想中的婚姻性，因此命名为“婚姻性”；因素4测试的题项主要来自理论构想中的面子性，因此命名为“面子性”；因素5测试的题项主要来自理论构想中的功利性，因此命名为“功利性”。因素6测试的题项主要来自理论构想中的消遣性，因此命名为“消遣性”。由此，形成大学生恋爱动机分问卷的正式问卷。该问卷包括6个因素，共计27个题项。

在恋爱动机分问卷的探索性因素分析中，问卷的KMO值为0.85，巴特利特球形检验显著（$p<0.001$），满足因素分析的基本条件。采用主成分分析法对择偶标准分问卷的16个题进行探索性因素分析，转轴方法为直接斜交转轴法。分析结果表明，特征值大于1的因子共有4个，且负荷值都大于0.40，共同解释了项目总方差的57.78%。题项的筛选标准和恋爱动机分问卷一致，最终的筛选结果如下（见表8.3）。

表 8.3 《大学生恋爱价值观问卷Ⅱ(择偶标准部分)》因素分析结果

项目	因素1	因素2	因素3	因素4	共同度
Q45	0.83				0.70
Q25	0.81				0.64
Q15	0.70				0.73
Q38	0.64				0.55
Q30		0.76			0.55
Q20		0.69			0.52
Q7		0.66			0.48
Q49		0.60			0.46
Q23			-0.87		0.73
Q5			-0.82		0.66
Q18			-0.63		0.46
Q35			-0.56		0.51
Q3				-0.82	0.69
Q9				-0.80	0.68
Q42				-0.45	0.41
特征值	4.73	2.22	1.52	1.01	合计
贡献率	26.98%	14.77%	10.11%	5.92%	57.78%

根据因素分析的结果,分析问卷,发现因素1的题项全部来自理论构想中的家庭背景,因此命名为“家庭背景”;因素2测试的题项全部来自理论构想中的个性品质,因此命名为“个性品质”;因素3测试的题项全部来自理论构想中的外表,因此命名为“外表”。因素4测试的题项全部来自理论构想中的才智,因此命名为“才智”。由此,形成大学生择偶标准分问卷的正式问卷。该问卷包括4个因素,共计15个题项。

综上,将恋爱动机分问卷保留的27个题项与择偶标准分问卷保留的15个题项共同构成《大学生恋爱价值观问卷》,即正式问卷。

3.《大学生恋爱价值观问卷》的数据分析结果

根据探索性因素分析的结果,大学生的恋爱动机是一个一阶六因素结构。对这六个因素做相关分析,结果显示六个因素之间存在显著性相关。这意味着因子结构可能蕴涵着高阶因子,因此把探索性因素分析所获得的六个因子作为新变量,采用主成分分析和斜交旋转法,抽取出特征值大于1的2个因子,2个因子共解释了总方差的56.65%。第一个因子包括了消遣性、功利性、面子性和性爱性四个因素,这四个因素是恋爱动机中比较消极的动机,因此命名为“消极动机”;第二个因子包括了婚姻性和情感性两个因素,是恋爱动机中比较积极的动机,因此命名为“积极动机”。这样就形成了大学生恋爱动机的二阶两因素一阶六因素的模型。为了对该模型进行检验,本研究对大学生恋爱动机的一阶六因素模型（M1）和二阶两因素一阶六因素模型（M2）进行了验证比较，结果如下（见表8.4）。

表8.4 《大学生恋爱价值观问卷（恋爱动机部分）》的验证性因素分析

模型	χ^2	df	χ^2/df	AGFI	IFI	TLI	CFI	GFI	RMSEA
M1	1508.08	351	4.71	0.86	0.88	0.87	0.88	0.89	0.06
M2	1169.78	351	3.75	0.90	0.91	0.90	0.91	0.91	0.05

从表中可以看出，M2模型的拟合指数均明显优于M1模型，并且符合本研究根据文献分析和开放式调查获得的大学生恋爱动机的理论构想，因此，可以认为M2是较优模型。综上，根据验证性因素分析与探索性因素分析的结果，大学生恋爱动机结构是一个二阶两因素一阶六因素模型。该模型拟合度较好，并且恋爱动机的每一个测量模型合理，即问卷的题项能够有效反映所对应的因子，这表明以第二次测试问卷分析后保留下来的题项作为大学生恋爱动机分问卷的正式题项在结构上是合理的。

对择偶标准分问卷进行分析，流程同恋爱动机分问卷。根据探索性因素分析的结果，择偶标准是一个一阶四因子模型。对这四个因素做相关分析，结果显示四个因素之间存在显著性相关，可能存在高阶因子。故做二阶因素分析，采用主成分分析和斜交旋转法，抽取出特征值大于1的2个因子，2个因子共解释了总方差的58.48%。第一个因子包括了家庭背景和外表两个因素，这两个因素是择偶标准中的外在因素，因此命名为“外在标准”；第二个因子包括了个性品质和才智两个内在因素，因此命名为“内在标准”。这样就形成了大学生恋爱的二阶二因素一阶四因素的模型。因此，本研究将大学生恋爱动机的一阶四因素模型（M3）和二阶二因素一阶四因素模型（M4）进行了验证比较，结果如下（见表8.5）。

表8.5 《大学生恋爱价值观问卷（择偶标准部分）》的验证性因素分析

模型	χ^2	df	χ^2/df	NFI	IFI	TLI	CFI	GFI	RMSEA
M3	37.05	105	4.82	0.89	0.91	0.89	0.91	0.95	0.06
M4	37.05	105	4.47	0.90	0.92	0.90	0.92	0.95	0.06

从表中可以看出，M4模型拟合指标略优于M3模型，并且符合本研究的理论构想。所以我们认为M4是较优模型，即大学生择偶标准结构是一个二阶二因素一阶四因素模型，M3属于其竞争模型。综上，根据验证性因素分析与探索性因素分析的结果，可知二阶二因素一阶四因素的大学生择偶标准拟合度较好，并且择偶标准的每一个测量模型合理，即问卷的题项能够有效反映所对应的因子，这表明以第二次测试问卷分析后保留下来的题项作为大学生择偶标准分问卷的正式题项在结构上是合理的。

对《大学生恋爱价值观问卷》进行信效度检验。采用内部一致性信度和分半信度作为大学生恋爱价值观问卷的信度指标。从表中可以看出,《大学生恋爱价值观问卷》的十个因子的内部一致性信度在0.62～0.84。分问卷与总问卷的内部一致性信度均在0.80以上。分半信度在0.59～0.84,分问卷与总问卷的分半信度在0.75以上(见表8.6)。即本问卷的信度在可接受范围内。

表8.6 《大学生恋爱价值观问卷》的信度检验

变量		内部一致性信度	分半信度
恋爱动机	消遣性	0.79	0.75
	性爱性	0.84	0.84
	婚姻性	0.79	0.78
	面子性	0.76	0.73
	情感性	0.62	0.59
	功利性	0.76	0.73
择偶标准	家庭背景	0.80	0.80
	个性品质	0.78	0.75
	才智	0.64	0.59
	外表	0.76	0.74
恋爱动机分问卷		0.88	0.85
择偶标准分问卷		0.80	0.75
恋爱价值观总问卷		0.88	0.78

采用结构效度作为《大学生恋爱价值观问卷》的效度指标(见表8.7和表8.8)。除家庭背景与个性品质相关不显著外,其他相关均达到显著性水平。这说明各因子构成了一个有机联系的整体。各因子之间相关在0.03～0.56,各分问卷与其组成因子的相关在0.52～0.75,各因子与总问卷的相关在0.29～0.89,分问卷与总问卷的相关在0.74～0.89。表明问卷各因素既相互关联又具有一定的独立性,说明本问卷效度良好。

表8.7 《大学生恋爱价值观问卷(恋爱动机部分)》的效度检验

变量	消遣性	性爱性	婚姻性	面子性	情感性	功利性	恋爱动机
消遣性	—						
性爱性	0.54^{**}	—					
婚姻性	0.14^{**}	0.17^{**}	—				
面子性	0.47^{**}	0.49^{**}	0.15^{**}	—			
情感性	0.42^{**}	0.20^{**}	0.34^{**}	0.15^{**}	—		
功利性	0.35^{**}	0.50^{**}	0.19^{**}	0.56^{**}	0.05^{*}	—	
恋爱动机	0.75^{**}	0.75^{**}	0.52^{**}	0.71^{**}	0.54^{**}	0.65^{**}	—
恋爱价值观	0.66^{**}	0.63^{**}	0.47^{**}	0.59^{**}	0.54^{**}	0.60^{**}	0.89^{**}

注:$p^{*} < 0.05$,$p^{**} < 0.01$。

表8.8 《大学生恋爱价值观问卷(择偶标准部分)》的效度检验

变量	家庭背景	个性品质	才智	外表	择偶标准
家庭背景	—				
个性品质	0.03	—			
才智	0.33**	0.38**	—		
外表	0.48**	0.20**	0.24**	—	
择偶标准	0.73**	0.52**	0.72**	0.73**	—
恋爱价值观	0.62**	0.29**	0.39**	0.66**	0.74**

注：$p^{**} < 0.01$。

第三节 大学生恋爱价值观的特点

一、研究目的

本研究旨在考察大学生恋爱价值观的特点，为后续推进大学生恋爱价值观的教育实践提供参考借鉴。

二、研究方法

(一)被试

在我国中部和西部地区选取七所本科院校，采用随机抽样的方法，对自编的《大学生恋爱价值观问卷》进行施测。共发放问卷2200份，收回有效问卷2014份，问卷有效率91.55%。其中男生779人，女生1235人；大一585人，大二666人，大三530人，大四233人；城市学生421人，乡镇学生540人，农村学生1053人；从恋爱状况来看，正在恋爱中的630人，有过恋爱但已分手的485人，不曾恋爱但有恋爱想法的494人，不曾恋爱且无恋爱想法的405人。

(二)工具

本研究使用《大学生恋爱价值观问卷》考察大学生的恋爱价值观。该问卷由恋爱动机和择偶标准两个分问卷构成，前者包括消遣性、性爱性、婚姻性、面子性、情感性和功利性六个因子，后者包括家庭背景、个性品质、才智和外表四个因子，合计42个题项。采用Likert 5点计分，无反向计分题。

(三)统计分析

本研究使用SPSS统计软件进行数据的整理和分析,主要包括描述性统计、平均数差异的显著性检验等。

三、研究结果

本研究考察了大学生恋爱价值观的总体表现以及不同性别、年级、学校类型、家庭居住地等人口统计学变量下大学生恋爱价值观的现状与特点,具体结果如下。

1.大学生恋爱价值观的总体表现

对大学生恋爱价值观的总体表现进行描述统计,结果如下(见表8.9)。总体来看,绝大多数因子的平均分处于中等水平。恋爱动机分问卷各因子的平均得分排序为:情感性>婚姻性>消遣性>性爱性>功利性>面子性。由此可见,大学生恋爱价值观各因子的水平是不平衡的,具体表现为情感性、婚姻性、消遣性得分较高,而性爱性、功利性和面子性得分较低。择偶标准分问卷各因子的平均得分排序为:个性品质>才智>外表>家庭背景。这表明当代大学生在恋爱中较为看重对方的个性品质,对家庭背景的重视程度较低。

表8.9 大学生恋爱价值观的描述统计

因子	面子性	情感性	婚姻性	性爱性	功利性	消遣性	外表	家庭背景	个性品质	才智
M	1.95	3.62	3.01	2.20	1.99	2.78	3.03	2.42	4.07	3.62
SD	0.78	0.70	0.92	0.93	0.71	0.89	0.86	0.89	0.63	0.85

2.大学生恋爱价值观的性别差异

对不同性别大学生的恋爱价值观进行独立样本t检验,结果表明男、女大学生在恋爱动机和择偶标准上均存在显著性差异(见表8.10)。具体来看,在恋爱动机上,除了功利性动机没有显著性差异外,其余因子的性别差异均显著,表现为男生得分显著高于女生。在择偶标准上,除了个性品质没有显著性差异外,其余因子的性别差异均显著,表现为女生更看重家庭背景和才智,而男生更看重外表。

表8.10 大学生恋爱价值观的性别差异

因子	男	女	t
	$M \pm SD$	$M \pm SD$	
面子性	2.07±0.86	1.87±0.71	32.68^{***}
情感性	3.72±0.67	3.56±0.71	25.12^{***}
婚姻性	3.07±0.93	2.98±0.91	5.05^{*}
性爱性	2.57±0.985	1.95±0.80	242.61^{***}
功利性	2.01±0.727	1.97±0.70	1.29

续表

因子	男	女	t
	$M \pm SD$	$M \pm SD$	
消遣性	3.00±0.90	2.62±0.85	91.44^{***}
家庭背景	2.22±0.85	2.55±0.90	64.95^{***}
个性品质	4.07±0.63	4.07±0.63	0.02
外表	3.15±0.88	2.96±0.85	24.94^{***}
才智	3.25±0.88	3.85±0.74	264.19^{***}

注：$p^{*} < 0.05$，$p^{***} < 0.001$。

3. 大学生恋爱价值观的年级差异

对不同年级大学生的恋爱价值观进行方差分析，结果表明不同年级大学生在恋爱动机和择偶标准上均存在显著性差异（见表8.11）。具体来看，在恋爱动机上，除了性爱性的年级差异不显著外，其余因子都存在显著性差异。面子性、婚姻性、功利性的得分均随着年级的增长呈现上升趋势。情感性与消遣性的得分随着年级的增长出现下降趋势。在择偶标准上，所有因子的年级差异均显著。家庭背景的得分随着年级的增长呈现上升趋势；个性品质随着年级的增长出现下降的趋势；外表得分随着年级的增长出现上升的趋势，大一、大二学生对外表的重视程度较低，大三学生对外表最为看重，大四学生对外表的要求有所下降。大一、大二、大三学生的才智得分不断增高，三年级到达最高点，一、四年级在才智上的得分大致接近。

表8.11　大学生恋爱价值观的年级差异（$M \pm SD$）

因子	大一	大二	大三	大四	F	事后比较
面子性	1.92±0.78	1.90±0.74	1.99±0.80	2.06±0.84	3.47^{*}	4>3>1>2
情感性	3.72±0.68	3.62±0.71	3.58±0.71	3.48±0.68	7.30^{***}	1>2>3>4
婚姻性	2.89±0.94	2.96±0.92	3.13±0.88	3.22±0.86	11.24^{***}	4>3>2>1
性爱性	2.17±0.90	2.15±0.94	2.23±0.94	2.30±0.95	1.91	
功利性	1.88±0.64	1.95±0.71	2.05±0.70	2.70±0.83	14.98^{***}	4>3>2>1
消遣性	2.86±0.90	2.76±0.87	2.72±0.89	2.70±0.87	3.03^{*}	1>2>3>4
家庭背景	2.23±0.86	2.40±0.86	2.58±0.91	2.61±0.89	18.39^{***}	4>3>2>1
个性品质	4.10±0.58	4.08±0.65	4.08±0.62	3.91±0.68	5.91^{**}	1>3>2>4
外表	2.98±0.88	3.00±0.87	3.11±0.84	3.08±0.85	2.63^{*}	3>4>2>1
才智	3.52±0.87	3.67±0.85	3.71±0.83	3.52±0.83	6.60^{***}	3>2>4>1

注：$p^{*} < 0.05$，$p^{**} < 0.01$，$p^{***} < 0.001$。

4. 大学生恋爱价值观的家庭居住地差异

对不同家庭居住地大学生的恋爱价值观进行方差分析，结果表明不同家庭居住地大学生在恋爱动机和择偶标准上均存在显著性差异（见表8.12）。具体来看，在恋爱动机上，功利性、性爱性与消遣性的得分存在显著性差异，表现为城市学生＞乡镇学生＞农村学生；面子性、情感性以及婚姻性上的得分差异不显著。在择偶标准上，家庭背景、外表与才智的得分存在显著性差异，表现为城市学生＞城镇学生＞农村学生；在个性品质上的差异不显著。

表8.12　大学生恋爱价值观的家庭居住地差异（$M \pm SD$）

因子	1城市	2乡镇	3农村	F	事后比较
面子性	1.99±0.81	1.98±0.79	1.92±0.76	1.81	
情感性	3.66±0.68	3.62±0.72	3.61±0.70	0.74	
婚姻性	2.98±0.87	3.03±0.93	3.01±0.93	0.29	
性爱性	2.31±0.94	2.22±0.95	2.13±0.90	6.40^{*}	1＞2＞3
功利性	2.10±0.72	2.05±0.71	1.91±0.70	13.39^{***}	1＞2＞3
消遣性	2.88±0.87	2.75±0.87	2.74±0.90	3.81^{*}	1＞2＞3
家庭背景	2.80±0.93	2.49±0.86	2.23±0.83	67.42^{***}	1＞2＞3
个性品质	4.10±0.65	4.03±0.66	4.08±0.66	1.53	
外表	3.31±0.83	3.07±0.85	2.90±0.86	36.72^{***}	1＞2＞3
才智	3.76±0.84	3.63±0.84	3.55±0.85	9.69^{***}	1＞2＞3
恋爱动机	2.65±0.51	2.61±0.55	2.55±0.54	5.71^{*}	1＞2＞3
择偶标准	3.49±0.55	3.31±0.55	3.19±0.53	47.74^{***}	1＞2＞3

注：$p^{*} < 0.05$，$p^{***} < 0.001$。

5.不同恋爱状况大学生的恋爱价值观差异

对不同恋爱状况大学生的恋爱价值观进行方差分析，结果表明不同恋爱状况大学生在恋爱动机和择偶标准上均存在显著性差异（见表8.13）。具体来看，在恋爱动机上，面子性、情感性、功利性、性爱性与消遣性的得分是不曾恋爱但有此打算＞有过恋爱但已分手＞正在恋爱＞不曾恋爱无此打算；婚姻性的得分是不曾恋爱无此打算＞正在恋爱＞不曾恋爱但有此打算＞有过恋爱但已分手；四种恋爱状况的学生在婚姻性与情感性的得分都大于3分，四类学生在性爱性上的得分都较低；相比较而言，不曾恋爱但有此打算的学生比其他恋爱状况的性爱性动机得分更高。在择偶标准上，外表的得分呈现有过恋爱但已分手＞不曾恋爱但有此打算＞正在恋爱＞不曾恋爱无此打算；才智的得分呈现不曾恋爱无此打算＞正在恋爱＞有过恋爱但已分手＞不曾恋爱但有此打算；家庭背景与个性品质的差异则不显著。从平均分来看，四种恋爱状况的学生在才智上的得分都较高，四种恋爱情况的学生在外表上的得分都较低；相比较而言，有过恋爱但已分手的学生在外表上的得分更高。

表8.13　不同恋爱状况大学生恋爱价值观的差异($M±SD$)

因子	1	2	3	4	F	事后比较
面子性	1.93±0.77	1.98±0.82	2.10±0.77	1.76±0.69	15.25^{***}	3>2>1>4
情感性	3.64±0.70	3.65±0.70	3.76±0.65	3.39±0.72	22.73^{***}	3>2>1>4
婚姻性	3.12±0.91	2.94±0.94	3.08±0.87	3.62±0.70	10.25^{***}	4>1>3>2
性爱性	2.14±0.90	2.27±0.01	2.33±0.90	2.02±0.88	10.242^{***}	3>2>1>4
功利性	1.99±0.71	2.03±0.74	2.03±0.69	1.90±0.70	3.16^{*}	3>2>1>4
消遣性	2.74±0.89	2.89±0.88	2.96±0.85	2.44±0.85	30.74^{***}	3>2>1>4
家庭背景	2.38±0.89	2.51±0.94	2.41±0.81	2.39±0.92	1.28	
个性品质	4.02±0.65	4.08±0.63	4.10±0.61	4.41±0.61	1.68	
外表	2.94±0.83	3.16±0.89	3.14±0.83	2.88±0.87	12.53^{***}	2>3>1>4
才智	3.66±0.85	3.61±0.89	3.52±0.84	3.67±0.79	3.03^{*}	4>1>2>3
恋爱动机	2.59±0.53	2.62±0.54	2.71±0.51	2.39±0.54	23.86^{***}	3>2>1>4
择偶标准	3.25±0.55	3.34±0.58	3.29±0.53	3.26±0.57	2.69^{*}	2>3>4>1

注：1代表正在恋爱，2代表有过恋爱但已分手，3代表不曾恋爱但有此打算，4代表不曾恋爱无此打算。$p^{*}<0.05$，$p^{***}<0.001$。

四、讨论

本研究考察了大学生恋爱价值观的总体表现以及不同人口统计学变量下大学生恋爱价值观的现状与特点。

在恋爱价值观的总体表现上，绝大多数因子得分位于中等水平。在恋爱动机方面，大学生情感性、婚姻性、消遣性得分较高，各因子得分的排序为：情感性>婚姻性>消遣性>性爱性>功利性>面子性，表明大学生恋爱的目的主要是结婚、寻找终身伴侣、满足情感与爱的需要。由此可见，当今大学生的恋爱主要是趋向情感与婚姻，说明他们的恋爱观总体上是比较传统的、忠诚的。同时由于大学的学习方式较中学发生了很大的转变，大学生拥有较多的课余时间，因此容易体验到孤独和寂寞。这个阶段的他们往往通过恋爱来排遣内心的空虚，寻求新的刺激，消磨无聊时光，缓解学习压力，等等，因而消遣性得分也较高。大学生之所以表现出这些恋爱动机，是因为大学生正处在一个"心理断奶期"，有着强烈的归属与爱的需要，他们希望与异性建立亲密关系，渴望得到异性的认同和接纳。在恋爱关系中，当被对方接纳、关心、信赖、理解、承诺时，归属感和安全感会得到极大的满足。在择偶标准方面，不同因子得分的排序为：个性品质>才智>外表>家庭背景。个性品质、才智与外表得分较高，家庭背景得分较低，说明大学生在择偶时较看重对方的内在素质及外表，不太看重个人以外的家庭条件。由于当今大学生思想开放、进取心较强，更注重通过自身的能力来创造属于自己的事业，培育幸福的婚姻，所以在恋爱时他们并不首先考虑对方的家庭背景。同时，在大学生看来，能找到一个相貌与身材好的恋人既可以满足自己的感官需要，又可以体现自己的魅力与价值。综上表明我国大学生恋爱价值观在总体上是积极向上的。

在性别差异上，研究结果表明，大学生恋爱价值观存在显著的性别差异。在恋爱动机上，男生在众多因子上的得分都显著高于女生，说明男生在恋爱动机上更加多元、更加开放，反过来也表明女生在恋爱动机上更加传统、更加保守，这与江剑平等人的研究结果基本一致[①]。男生的情感性动机高于女生，表明男生的情感需求比女生更强烈，这与孙景艳的研究结果基本相似[②]。出现上述结论可能与所编制的题项有关系。通过分析题项发现，情感性动机所测的题项偏重对爱情的追求，而不是单纯地为了情感的支撑与需要。那么，真正面对爱情时，男生比女生更理性与慎重。男生的面子性、性爱性、消遣性强于女生，这主要是男生的生理性与心理性因素共同影响的结果。在择偶标准上，从整体来看，男女生都看重恋爱对象的个性品质，并且差异不显著，这与赵洪伟、董玫玫的研究结论基本一致[③]。"性格决定成败"是当今社会的一句名言。实际上，性格在一定程度上确实能预测一个人的成功与失败。由于个性品质主要通过性格体现出来，因此，大学生在选择恋人时较为看重对方的个性品质，目的是希望对方能在事业上取得更大的成功，同时良好的个性品质可以使恋人成为自己的榜样参照，从而使自己获得更加积极的改变。男、女大学生在择偶时，对家庭背景的要求都偏低。相比较而言，女生更看重恋爱对象的家庭背景。出现这种结论可能是受传统家庭教育和社会期望的影响，男生被赋予的角色特征是强大的、勇敢的、坚强的、自信的、独立的；女生被赋予的角色往往是依赖的、温柔的、弱小的、受支配的，因而希望男方家庭条件优越，能力出众，以此获得安全感、满足感。这也是为什么女生更看重男性才智的一个重要原因，这与孙景艳的结论基本一致[④]。男生对恋爱对象的外表要求较高，而女生对恋爱对象的外表要求较低，表明男生比女生更注重视觉感受，这与以往的研究结果是基本一致的。

在年级差异上，本研究发现，在恋爱动机上，婚姻性随着年级的升高呈现上升的趋势。这是因为低年级学生年龄较小，对待婚姻问题还不够成熟，也不想过早承担婚姻的责任，对待婚姻的态度较随意。年级越高的大学生越临近毕业，恋爱动机越趋于理性与现实，因而他们的恋爱通常以婚姻为目的。情感性随年级的升高而不断下降是由于低年

① 江剑平、林玮、黄健、黄浩、李淑冰:《福建师大学生恋爱状况调查研究》,《中国学校卫生》2000年第2期,第110-111页。
② 孙景艳:《对当代女大学生恋爱价值的思考》,《大连大学学报》2001年第5期,第30-33页。
③ 赵洪伟、董玫玫:《大学生恋爱心理及性心理的调查与分析》,《辽宁教育研究》2006年第4期,第93-95页。
④ 孙景艳:《对当代女大学生恋爱价值的思考》,《大连大学学报》2001年第5期,第30-33页。

级大学生受现实因素的影响较小，他们恋爱时往往更看重情感，较少考虑恋爱的结果。吴继红、卢莉丽的研究表明，低年级的学生对恋爱的渴求更加强烈，可能是低年级学生处于适应期与迷茫期，心理上对爱情的需要更强烈。随着年级的升高，他们体验到的学习和职业压力也与日俱增，因此恋爱的情感性动机逐渐减弱。[①]另外，本研究发现，大学生在性爱性动机上的得分较低，可能的原因是受传统观念的制约，大学生在题项选择过程中一定程度上受到社会赞许效应的影响。功利性得分较低并且随年级升高而升高，说明越临近毕业心理上承受的职业压力越大，他们的情感性动机降低，而将更多的时间花在找工作上。面子性的得分在四个年级上都比较低，表现出四年级＞三年级＞一年级＞二年级的特征，二年级大学生在面子性上得分最低，可能是由于二年级是大学阶段最美好的时光，大学生已基本适应大学环境但仍对大学抱有新鲜感，同时学业和工作压力都比较小，因而有更多时间花在如何经营一段完美的爱情上，恋爱也更加投入。感情的真挚和热烈往往使他们并不过多顾及面子问题。在择偶标准上，大学生在择偶时不太看重对方的家庭背景，但相比而言高年级学生更希望自己的恋人具有良好的家庭背景。这个结果与现实生活也相吻合，表明年龄越大的个体在恋爱时越倾向于背景信息的匹配和选择。个性品质是各年级大学生在择偶时都极其看重的因素，尤其是低年级学生在择偶时将对方的人品、兴趣爱好、价值观、性格等作为最重要的标准之一，但随着年级的升高有下降趋势。原因可能是低年级学生刚刚接触到恋爱，看重对方的个性品质是希望自己和恋人性格相投，拥有更多的共同语言和心灵的默契，从而使爱情能顺利发展。外表因子得分随着年级的增长出现上升的趋势，这是因为年级越高的学生越倾向于以婚姻为目的的恋爱，恋人具有良好的外在形象不仅能满足他们的面子心理，同时也是对自我魅力的一种确证。才智也是大学生恋爱时重点考虑的因素，尤其是二、三年级。这是由于二、三年级是大学生个人能力发展最快的时期，找到与自己才智相匹配的恋人也能更好地促进自己的发展。

在家庭居住地差异上，本研究发现，大学生恋爱价值观存在显著性差异。在恋爱动机上，功利性、性爱性与消遣性的得分是城市学生＞城镇学生＞农村学生，表明农村学生的恋爱观最为传统，城市学生最开放。在择偶标准上，家庭背景、外表、才智的得分是城市学生＞城镇学生＞农村学生，这表明，城市与城镇学生的恋爱动机更为开放与现实，择偶标准呈现多元化的趋势。出现上述差异的可能原因是，一方面，城市与城镇的学生生

---

① 吴继红、卢莉丽：《洛阳地区大学生恋爱观调查研究》，《北京航空航天大学学报(社会科学版)》，2008年第3期，第74-76页。

活在一个比较开放的、物质的环境中，所接受到的新观念、新思想比农村学生多，接受速度也更快，因而功利性与消遣性恋爱动机比农村学生表现得更明显，城市学生的性观念比农村学生开放，为了性而恋爱的认同度显然要高于农村学生，当然也可能是受传统观念的影响，农村学生没有真实作答。另一方面，城市与城镇学生在择偶标准上比农村学生要求更高，主要是农村学生相对于城市与城镇学生的家庭条件较差，因而对恋人的要求也没那么挑剔。

本研究还探讨了不同恋爱状况大学生的恋爱价值观差异，结果表明，大学生恋爱价值观在恋爱动机与择偶标准上存在显著性差异。在恋爱动机上，面子性、情感性、功利性、性爱性与消遣性的得分均呈现不曾恋爱但有此打算＞有过恋爱但已分手＞正在恋爱＞不曾恋爱无此打算，婚姻性的得分情况则呈现不曾恋爱无此打算＞正在恋爱＞不曾恋爱但有此打算＞有过恋爱但已分手。在择偶标准上，外表的得分情况呈现有过恋爱但已分手＞不曾恋爱但有此打算＞正在恋爱＞不曾恋爱无此打算，才智的得分呈现不曾恋爱无此打算＞正在恋爱＞有过恋爱但已分手＞不曾恋爱但有此打算。这表明是否有恋爱经历与恋爱想法影响着大学生的恋爱价值观。出现上述差异的可能原因是不曾恋爱但有此打算的学生恋爱动机表现得较为多元化，主要是因为恋爱对他们更具有新鲜感与吸引力，他们想通过恋爱来确证自我，满足生理与心理需要。而在婚姻性的恋爱动机上，不曾恋爱无此打算的学生更追求以婚姻性为目的的恋爱，说明他们具有传统的恋爱价值观，而有过恋爱但已分手的学生不太看重以婚姻为目的的恋爱，可能是失过恋的人对爱情承诺失去了信心，不再相信天长地久的恋爱。此外，有过恋爱但已分手的学生较看重对方的外表，说明他们仍然想找到条件优越的人生伴侣。不曾恋爱无此打算的学生较看重对方的才智，是因为他们主要以学业为主，更希望自己与恋人拥有较高且相匹配的才智水平。

附录

大学生恋爱价值观问卷

指导语:请仔细阅读下列题项,并根据自己的实际情况选择对应的选项。

题项	非常不符合	比较不符合	不确定	比较符合	非常符合
1.恋爱是为了寻求爱与归属感	1	2	3	4	5
2.找恋人时,我会看重他/她的能力	1	2	3	4	5
3.学习生活太枯燥,恋爱可以寻求一些新的刺激	1	2	3	4	5
4.找恋人时,我会看重他/她的相貌	1	2	3	4	5
5.周围的同学都有恋人了,自己没有会很没魅力	1	2	3	4	5
6.找恋人时,我会看重他/她的性格	1	2	3	4	5
7.恋爱是寻找婚姻配偶的最好机会	1	2	3	4	5
8.找恋人时,我会看重他/她的学识和才华	1	2	3	4	5
9.恋爱是为了追求纯真浪漫的爱情	1	2	3	4	5
10.有些同学谈恋爱了,自己也该找个恋人	1	2	3	4	5
11.恋爱可以驱逐我内心的空虚	1	2	3	4	5
12.找恋人时,我会看重他/她的家庭经济状况	1	2	3	4	5
13.恋爱可以多一个人分担我的经济压力	1	2	3	4	5
14.找恋人时,我会看重他/她的身高和体重	1	2	3	4	5
15.恋爱可以缓解我的性压抑	1	2	3	4	5
16.找恋人时,我会看重他/她的价值观	1	2	3	4	5
17.恋爱有助于提高我的社会地位	1	2	3	4	5
18.找恋人时,我会看重他/她的外形	1	2	3	4	5
19.恋爱是为了找到人生的另一半进行家庭生活	1	2	3	4	5
20.找恋人时,我会看重他/她父母的职业	1	2	3	4	5
21.大学生没有恋人会被人瞧不起	1	2	3	4	5
22.恋爱可以帮我获得一份好工作	1	2	3	4	5
23.恋爱的最终归属就应该是婚姻	1	2	3	4	5
24.找恋人时,我会看重他/她的兴趣爱好	1	2	3	4	5
25.恋爱可以帮我发展事业	1	2	3	4	5
26.周围的同学都谈恋爱了,自己没谈会很没面子	1	2	3	4	5
27.恋爱可以调剂我紧张的学习压力	1	2	3	4	5
28.恋爱可以满足我的生理需要	1	2	3	4	5
29.找恋人时,我会看重他/她的穿着打扮	1	2	3	4	5
30.恋爱可以充实我孤独寂寞的大学生活	1	2	3	4	5
31.恋爱可以释放我的性欲望	1	2	3	4	5
32.找恋人时,我会看重他/她的家庭来源地	1	2	3	4	5
33.恋爱可以使我多一分情感的支撑	1	2	3	4	5

续表

题项	非常不符合	比较不符合	不确定	比较符合	非常符合
34.恋爱是为了寻找结婚对象	1	2	3	4	5
35.恋爱是为了消费时有人埋单	1	2	3	4	5
36.找恋人时,我会看重他/她的智力	1	2	3	4	5
37.找恋人时,我会看重他/她父母的社会地位	1	2	3	4	5
38.恋爱可以消磨我无聊的时光	1	2	3	4	5
39.恋爱是为了寻找性伴侣	1	2	3	4	5
40.恋爱是为了给婚姻做准备	1	2	3	4	5
41.找恋人时,我会看重他/她的人品	1	2	3	4	5
42.恋爱可以满足我对爱情的需要	1	2	3	4	5

第九章

大学生社会幸福感结构特点及与父母教养方式的关系

幸福是每个人关心和追求的目标,而幸福感正是心理学中用来衡量个体感知幸福程度的概念。社会幸福感是指个体在社会领域和社会关系中与社会任务相联系的个体幸福感受和体验,它表明个体社会适应的程度。目前我国对大学生社会幸福感的研究较为缺乏,因此开展相关研究,既可为培养大学生的健康心理品质、促进大学生良好的社会适应提供心理学依据,也可为促进我国青少年社会幸福感的科学研究提供参考借鉴。

第一节 ┆ 研究概述

一、社会幸福感的概念

社会幸福感(Social Well-Being)的概念最早出现在世界卫生组织对心理健康的定义中。世界卫生组织将心理健康定义为“身体、精神和社会幸福感,而不仅仅是没有疾病”[①]。但是,在心理学研究领域,相对于主观幸福感和心理幸福感来说,社会幸福感的概念还比较模糊,研究者们尚未达成共识,从而出现了如下基于不同角度的见解。

苏珊娜(Suzanne)等研究者认为,社会幸福感是对社会事件和社会问题的判断,这些事件包括婴儿死亡率、失业、贫困老龄人、虐待儿童、毒品滥用、自杀、学生辍学和酒后车祸等。[②]拉尔森(Larson)认为,社会幸福感是个体对自己与他人相处的质量以及自己与社会组织等社会机构的联结程度的评估。[③]麦克道尔(McDowell)和纽维尔(Newell)将社会幸福感的概念进一步延伸,不单单从个体与社会的联结程度进行界定,还从个体社会适应的角度对概念进行了界定,并在此基础上提出了社会幸福感的两个维度[④],从而将社会幸福感的研究往前推进了一大步。沃恩和皮尔斯(Wann,Pierce)认为社会幸福感是个体对社会生活(如集体自尊)的满意感,或者是指社会方面的幸福感(如孤独),可以用社会生活满意度量表对其进行评定。[⑤]赖斯(Rice)等人用自尊和社会自我效能感两个概念来

---

① Hattie, J. A., Myers, J. E., Sweeney, T. J. “A factor structure of wellness: Theory, assessment, analysis, and practice”, *Journal Counseling & Development*, vol. 82 ,no.3(2004), pp.354-364.

② Suzanne, M., Shelley, D. C., Peter, N. “America’s social well-being index for p93”, *Christian Science Moniter*, vol. 87, no. 224 (1995), p.2.

③ Larson, J. S. “The measurement of social well-being”, *Social Indicators*, vol. 28, no. 3 (1993), pp.285-296.

④ Mcdowell, J., Newell, C. *Measure health: A guild to rating scales and questionnaires*. New York: Oxford, 1987.

⑤ Wann, D.L., Pierce, S. “The relationship between sport team identification and social well-being: Additional evidence supporting the team identification-social psychological health model”, *North American Journal of Psychology*, vol. 7, no. 1 (2005), pp.117-124.

评定社会幸福感。这里的社会自我效能感是指个体在社会情境中的效能感。[①]凯斯(Keyes)认为,社会幸福感是指个体对自己与他人、集体和社会之间的关系质量以及对其生活环境和社会功能的自我评估。[②]

总结已有研究发现,众多学者对社会幸福感的界定虽然不尽一致,但也有共同之处。从总体上看,研究者都是从社会层面来研究个体的幸福感,都把个体看作植根于社会结构和社会集体中的个体,认为个体在社会中需要面对一系列的社会任务和社会挑战,而要了解个体最佳的心理机能和心理健康,就要关注个体幸福感的社会特点和个体的社会特征。另一方面,已有的社会幸福感概念定义大多都强调个体的主观感受,认为社会幸福感是同个人的感受以及个体的评估联系在一起的。综上,本研究认为社会幸福感是指个体对自己社会生活质量的体验和评估。

二、社会幸福感的结构

关于社会幸福感的结构,麦克道尔和纽维尔认为社会幸福感应当由两个重要组成部分,分别是社会适应和社会支持。社会适应包括关系的满意度、社会角色的扮演、社会环境的适应三个方面;社会支持是指个体在社会中所获得的他人支持,即个体在社会中与哪些人在一起感到安全和舒适,认为哪些人是可靠的、值得信任的。[③]

在健康模式指导下,凯斯从个体社会机能健康与否的层面提出了社会幸福感的五个维度:社会整合、社会认同、社会贡献、社会实现和社会和谐。在对美国成人的随机抽样研究中,实证调查也较好地支持了这一社会幸福感的理论模型。[④]此理论模型也为本研究提供了最适合的模型基础(见图9.1)。

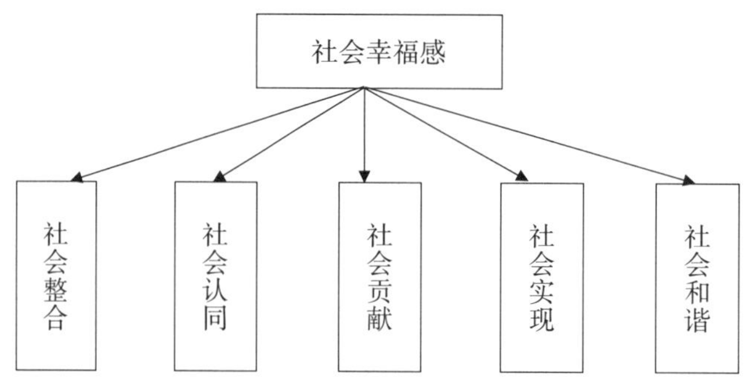

图9.1 凯斯的社会幸福感结构

---

① Rice, K. G., Cummins, P. N. "Late adolescent and parent perceptions of attachment: An exploratory study of personal and social well-being", *Journal of Counseling& Development*, vol. 75,no.1(1996), pp.50-57.

② Keyes, C.L. M. "Social well-being", *Social Psychology Quarterly*, vol. 61, no. 2 (1998), pp.121-140.

③ Mcdowell, J., Newell, C. *Measure health: A guild to rating scales and questionnaires.* New York: Oxford, 1987.

④ Keyes, L. M. "Social well-being", *Social Psychology Quarterly*, vol. 61, no. 2 (1998), pp.121-140.

三、社会幸福感的测量

(一)麦克道尔与纽维尔对社会幸福感的测量

麦克道尔和纽维尔选取了信效度较高的社会适应量表和社会支持问卷对社会幸福感进行测量。社会适应测量选取的是韦斯曼(Weissman)编制的社会适应量表,该量表合计42个题项,内部一致性信度为0.74,再测信度为0.80,此量表与其他社会适应量表的相关系数在0.44～0.59。[①]社会支持测量选取的是萨拉森(Sarason)等研究者编制的社会支持问卷,该量表有27个题项,内部一致性系数为0.97,再测信度为0.90,与乐观量表的相关系数为0.57。[②]用这两个量表来对社会幸福感进行测量,只能算是开启社会幸福感测量的开端,而非完备阶段,麦克道尔和纽维尔对社会幸福感进行的开创性研究,为后续研究提供了借鉴。

(二)凯斯对社会幸福感的测量

凯斯根据社会幸福感的五个维度,即社会整合、社会认同、社会贡献、社会实现和社会和谐,使用社会混乱状态量表、社区卷入量表、一般生成量表、邻里关系量表和知觉约束量表五个量表中的一些题项来对社会幸福感进行测量。量表合计14个题项,其中社会整合3题,社会认同3题,社会贡献3题,社会实现3题以及社会和谐2题。该量表中除了社会和谐分量表的内部一致性信度为0.41之外,其余分量表的内部一致性信度均在0.60～0.73。经过验证性因素分析,凯斯所提出的社会幸福感五个维度的模型是最优模型,各项指标均达到了较为理想的水平。[③]

(三)国内对社会幸福感的测量

苗元江和王青华引进并修订了凯斯的社会幸福感量表,考查其在中国文化背景下的适用性。经因素分析后保留的原始社会幸福感量表题项共有10题,其中社会整合2题,社会认同2题,社会贡献2题,社会实现2题以及社会和谐2题。量表所有题项的内部一致性信度为0.71,各分量表的内部一致性信度为0.37～0.75。[④]后续实证研究表明,该问

---

① Weissman M.M. *Social adjustment scale-self report (SAS-SR): User's manual*. New York: Multi-Health Systems Incorporated, 1999.

② Sarason I.G., Levine H.M., Basham R.B., et al. "Assessing social support: The social support questionnaire", *Journal of Personality and Social Psychology*, vol. 44, no. 1 (1983), pp.127-139.

③ Keyes, L. M. "Social well-being", *Social Psychology Quarterly*, vol. 61, no. 2 (1998), pp.121-140.

④ 苗元江、王青华:《大学生社会幸福感调查研究》,《赣南师范学院学报》2009年第4期,第76-81页。

卷的信效度良好。①也有国内研究者直接对凯斯的社会幸福感量表进行了翻译，使用原始的15个题项进行施测，发现原始量表各维度的内部一致性信度在0.75～0.92。②

通过对国内外社会幸福感测量工具的回顾，本研究发现，国外研究者用于测量社会幸福感的工具大都是几个量表的简单组合，而缺乏一个完整的用于测量社会幸福感的工具。而在国内，有关社会幸福感的研究才刚刚起步，在概念界定、理论构建等诸多方面还不成熟，有关社会幸福感的测量工具仅仅是在国外社会幸福感量表的基础上进行修订，缺乏基于中国文化背景的本土测量工具，一定程度上阻碍了我国社会幸福感研究的推进。

四、已有研究存在的不足

通过上述回顾和总结可以看出，已有研究仍存在诸多不足之处。

首先，研究者对于社会幸福感的理解不一致，不同的研究者从不同的角度对社会幸福感进行界定，多数研究者都将"关系及其质量"作为评价社会幸福感的指标，而实际上社会幸福感不仅仅包括这些。

其次，社会幸福感的概念界定出入较大，导致对其的理论构建不统一，即不同的研究者对社会幸福感的维度划分很不一致，所以用于测量社会幸福感的测量工具多种多样。社会幸福感是幸福感研究的一个全新视角，而国外有关社会幸福感的测量工具却是一些量表部分题项的组合，这种简单的量表组合难以揭示社会幸福感的本质。鉴于此，本研究依据构建的理论，尝试编制适合对我国大学生社会幸福感进行测量的问卷，以丰富该领域的研究。

再者，从研究对象来看，以往有关社会幸福感的研究始于西方对成年个体的研究，对大学生的研究较少，不同研究的结论也存在一些矛盾。国内关于社会幸福感的研究也不丰富，特别是以大学生为对象的研究较少，研究对象的单一性不利于本土社会幸福感研究的深入，因此有必要加强不同群体的社会幸福感研究，以获取丰富的资料，并与以往研究结论相比较。

最后，当前对社会幸福感的研究主要集中在西方国家，国内研究较为匮乏，且已有研究也多是借鉴国外相关研究，侧重于对社会幸福感的概念、结构以及测量方式等方面的探索，但始终缺乏基于中国文化背景的本土测量工具。

---

① 何安明、张钰睿、惠秋平：《大学生感恩与社会幸福感的关系：手机冷落行为的中介作用和负性生活事件的调节作用》，《心理发展与教育》2023年第4期，第505-512页。

② 马骊：《大学生感戴状况及其与社会幸福感的关系：归因方式的中介作用》，《中国健康心理学杂志》2020年第8期，第1230-1234页。

五、研究设计

(一)研究目的

(1)采用访谈法以及问卷调查法探索当代大学生社会幸福感的理论结构,并以该理论结构为基础,编制大学生社会幸福感问卷,同时考察大学生社会幸福感的现状特点。

(2)考察大学生社会幸福感和父母教养方式之间的关系,进而探讨父母教养方式对个体社会幸福感的影响。

(二)研究构想

本研究以大学生为被试,考察其社会幸福感的结构、现状特点以及与父母教养方式的关系。(1)采用访谈法以及问卷调查法初步构建大学生社会幸福感的结构。(2)以大学生社会幸福感结构为基础编制《大学生社会幸福感问卷》初始问卷,使用该问卷进行测试,验证大学生社会幸福感结构并修订初始问卷。(3)使用《大学生社会幸福感问卷》正式问卷测试,考察大学生社会幸福感的现状特点。(4)采用问卷调查法考察大学生社会幸福感与父母教养方式的关系。

第二节 ┆ 大学生社会幸福感的理论构想与问卷编制

一、研究目的

本研究旨在探索当代大学生社会幸福感的结构,并以此为基础,编制《大学生社会幸福感问卷》,为后续开展大学生社会幸福感调查研究做好准备。

二、大学生社会幸福感的理论构想

(一)大学生社会幸福感的初步构想

本研究主要采用访谈法和问卷调查法探索大学生社会幸福感的初步结构。根据访谈目的,编拟访谈提纲,具体包含如下内容:“您怎样理解什么是社会幸福感?”“您满意目前自己在集体或社会中的生活状况吗?”“您觉得自己在集体或社会中怎样做才能感到幸福?”。访谈之前提前和访谈对象约好时间和地点,并明确访谈内容。本研究共访谈了20个在校本科大学生,并对访谈内容进行整理分析。在访谈过程中,经访谈者同意进行录音,访谈结束后,立即将访谈录音转录成文字,并对内容进行分析和编码。

为了弥补开放式访谈的不足,本研究还拟定了社会幸福感开放式问卷,对大学生进行调查,以进一步验证开放式问卷调查所获取的信息。本问卷共有四个开放式的题项,为了收集到更多、更准确的信息,在被试作答前,问卷中已给出社会幸福感的相关概念,让被试在理解概念的基础上回答。四个开放式问题分别是“对于大学生社会幸福感这个话题,您有什么想说的? 谈谈您对社会幸福感的看法”“您理解的社会幸福感都包括些什么?(把您所能想到的都写下来,越多越好,形式不限)”“您觉得怎样做能增强您的社会幸福感?(把您所能想到的都写下来,越多越好,形式不限)”“您认为能体现社会幸福感的情境或事件有哪些?(把您所能想到的都写下来,越多越好,形式不限)”。采取随机抽样的方法,调查重庆和河北两所高校在校大学生100人,收回有效问卷95份。

根据对访谈内容的整理及编码,结合开放式问卷调查的结果,我们发现大学生对社会幸福感的看法主要有如下七项指标:

(1)群体的归属感和安全感:在群体、社会中感到安全,信任集体,等等;

(2)社会支持感:包括家人及朋友的支持和关心等;

(3)社会贡献感:愿意为社会贡献自己的力量,个人为社会创造价值,等等;

(4)社会责任感:承担自己应尽的社会义务和责任,做好自己的事情,等等;

(5)社会认同感:社会对个人的认同,社会对个人的尊重及对个人需要的满足;个人对社会的认同,认同社会是安定的,对社会比较满意;等等;

(6)社会进步感:社会的不断发展和进步让个人感到幸福等;

(7)社会和谐一致感:个人能很好地适应社会,人与人之间和谐、人与社会和谐、人与环境和谐,等等。

(二)大学生社会幸福感的理论模型探索

本研究在参阅国内外有关社会幸福感的文献资料的基础上,考虑访谈和开放式问卷调查的结果,结合有关专家咨询,将社会幸福感界定为:个体对其社会生活质量的自我评估。具体包括个体对社会的整合感、对社会的认同感、对社会的贡献感、对社会发展潜力的信任感以及与社会的和谐一致感。

在确定社会幸福感定义的基础上,根据访谈和开放式问卷分析的结果发现,大学生社会幸福感的理论维度与凯斯所构建的维度存在一定的相似性,所以本研究将大学生社会幸福感构想为一个一阶五因子的结构,具体各因子的含义如下。

1.社会整合

社会整合是指个体对于他们所属的集体或社会的归属感和安全感,是个体对自己与集体或社会之间关系质量的评估。这与凯斯的界定有所不同,主要体现在凯斯界定的社会整合仅包含归属感,而本研究界定的社会整合除了个体在集体或社会中感受到的归属感之外,还包括在集体或社会中感受到的安全感。

2.社会认同

社会认同包括个人对社会的认同和社会对个人的认同两方面。个人对社会的认同是指个人对认可或肯定自己所处社会的程度的评估,包括对社会中他人、社会合作、社会运作的感知;社会对个人的认同是指社会对个人的尊重以及对个人需要的满足。

3.社会贡献

社会贡献是指个体对其社会价值的自我评估,即相信自己对社会的重要性,相信自己能够为社会创造价值。这与凯斯的界定相似,它反映了个体感到他在这个世界上所做的事情是被社会所重视的以及对社会有贡献的程度。

4.社会实现

社会实现是指个体对社会进步以及社会发展潜能的评估,即对未来社会充满信心,相信社会将不断进步和完善。这与凯斯的界定基本一致,它指的是对社会发展的信任以及对社会具有发展潜力的信心。

5.社会和谐

社会和谐是指个体对自身与社会环境之间的关系和谐与平衡质量的评估。包括对社会生活环境的适应、对社会角色的适应以及对社会活动的适应。这个概念与凯斯的界定完全不同,凯斯界定的社会和谐是对社会生活质量、社会组织及其运作的感知,包括对认识世界的关注。而本研究中所界定的社会和谐更多地是指社会适应,因为社会适应的本质含义就是和谐与平衡,是指个体与社会环境之间关系的和谐与平衡,是个体在与社会环境交互作用的过程中,主动地顺应环境,调控和改变环境,最终达到与环境相和谐的平衡状态。

三、《大学生社会幸福感问卷》的编制

(一)研究方法

1.被试

样本1:在我国西部地区选取一所本科院校,采用随机抽样的方法,对自编的《大学生

社会幸福感问卷Ⅰ》展开施测。共发放问卷300份，收回有效问卷284份，问卷有效率94.67%。其中男生155人，女生129人；大一122人，大二96人，大三37人，大四29人。

样本2：在我国东部地区选取五所本科院校，采用整群分层抽样的方法，对自编的《大学生社会幸福感问卷Ⅱ》展开施测。共发放问卷1016份，收回有效问卷995份，问卷有效率97.93%。其中男生439人，女生556人；大一268人，大二342人，大三201人，大四184人。

样本3：在我国东部地区和西部地区选取两所本科院校，采用随机抽样的方法，对自编的《大学生社会幸福感问卷Ⅲ》展开施测。共发放问卷650份，收回有效问卷606份，问卷有效率93.23%。其中男生297人，女生309人；大一150人，大二162人，大三169人，大四125人。

样本4：在我国东部地区、中部地区和西部地区各选取一所本科院校，采用随机抽样的方法，对自编的《大学生社会幸福感问卷》展开施测。共发放问卷600份，收回有效问卷541份，问卷有效率90.17%。其中男生224人，女生317人；大一135人，大二196人，大三98人，大四112人。

2.工具

采用自编的《大学生社会幸福感问卷Ⅰ》《大学生社会幸福感问卷Ⅱ》《大学生社会幸福感问卷Ⅲ》进行项目分析、探索性因素分析；使用《大学生社会幸福感问卷》进行验证性因素分析和信效度检验。以上四个问卷均采用Likert 6点计分。

3.程序

基于探索的五维度理论模型，根据访谈和开放式问卷调查的结果，参考以往同类型的调查问卷，编制出《大学生社会幸福感问卷》初始题项，形成包含54个题项的初始问卷《大学生社会幸福感问卷Ⅰ》，其中反向计分题18个。使用《大学生社会幸福感问卷Ⅰ》进行第一次测试，对问卷进行项目分析和探索性因素分析，统计分析结果显示问卷的指标不够理想，故对题项进行修订，形成包含33个题项的《大学生社会幸福感问卷Ⅱ》。使用《大学生社会幸福感问卷Ⅱ》进行第二次测试，部分指标依然不够理想，继续对题项进行增删和修改，形成包含38个题项的《大学生社会幸福感问卷Ⅲ》。使用《大学生社会幸福感问卷Ⅲ》进行第三次测试，根据相关心理测量学标准修订题项，形成包含22个题项的《大学生社会幸福感问卷》，即正式问卷（见附录）。最后，使用《大学生社会幸福感问卷》进行第四次测试，做验证性因素分析和信效度检验。

(二)研究结果

1.《大学生社会幸福感问卷Ⅰ》的数据分析结果

对《大学生社会幸福感问卷Ⅰ》的数据进行项目分析,通过题项的鉴别力以及题项和总分的相关(题总相关)两个指标来进行考察。将被试总分按递增排序,选取得分最高的前27%的学生作为高分组,得分最低的后27%的学生作为低分组,进行独立样本 t 检验。结果显示,第5、36题的决断值未达到显著性水平,故删除。对剩余的52个题项进行题总相关分析,结果均达到显著性相关。

接着对52个题项进行初步的探索性因素分析。先后删除第8、28、16、27、12、2、19、18、42、41、7、51、44、20、3、13、9、14、54、48、15、10、25、47、31、24、35、21、53、39题,最后保留22个题项。初步探索性因素分析结果表明,五维度结构较为清晰,与理论构想较为符合(见表9.1)。

表9.1 《大学生社会幸福感问卷Ⅰ》因素分析结果

题项	F1	F2	F3	F4	F5	共同度
A22	0.72					0.59
A45	0.57					0.60
A4	0.57					0.48
A23	0.53					0.57
A37	0.48					0.52
A46	0.47					0.55
A29		−0.88				0.78
A30		−0.68				0.60
A52		−0.66				0.62
A40		−0.58				0.57
A1			0.63			0.46
A11			0.62			0.57
A6			0.60			0.55
A17			0.58			0.58
A32				−0.78		0.67
A34				−0.76		0.67
A33				−0.67		0.58
A43				−0.43		0.57
A38					−0.71	0.60
A49					−0.62	0.64
A50					−0.54	0.64
A26					−0.44	0.41
特征值	7.52	1.61	1.37	1.19	1.13	合计
解释变异量(%)	34.18	7.32	6.21	5.39	5.14	58.24

从上表可以看出,因素分析结果与社会幸福感五维度基本符合。但是社会认同维度与最初的理论构想不太相符,主要表现为探索性因素分析获得的结果比原来的维度更具体,据此对大学生社会幸福感的结构进行进一步的修订。将社会认同维度的概念重新界定为:社会或集体对个人的认同,包括社会或集体对个人的尊重、对个人需要的满足等。据此,《大学生社会幸福感问卷Ⅱ》在修正了社会认同维度概念的基础上,补充了部分题项,形成第二次测试的问卷。

2.《大学生社会幸福感问卷Ⅱ》的数据分析结果

使用《大学生社会幸福感问卷Ⅱ》进行测试,对收回的数据进行项目分析和探索性因素分析,步骤与《大学生社会幸福感问卷Ⅰ》一致。项目分析结果表明,全部题项高低分组的差异均显著。故对全部33个题项进行探索性因素分析。

问卷的KMO值为0.92,巴特利特球形检验显著($p<0.001$),满足因素分析的基本条件。对数据进行主成分分析提取公共因素,通过正交极大方差旋转法获得多个因素,结合碎石图,删除拥有项目较少的小因素,获得大学生社会幸福感五维度结构模型(见表9.2)。

表9.2 《大学生社会幸福感问卷Ⅱ》因素分析结果

题项	F1	F2	F3	F4	F5	共同度
A3	0.77					0.62
A13	0.62					0.56
A8	0.61					0.56
A18	0.58					0.55
A23	0.44					0.52
A24		0.70				0.63
A29		0.63				0.60
A19		0.62				0.57
A4		0.58				0.52
A9		0.56				0.55
A6			0.80			0.66
A11			0.74			0.65
A16			0.74			0.63
A30				0.677		0.62
A25				0.510		0.57
A15				0.440		0.53
A27					0.76	0.67
A26					0.62	0.62
A31					0.57	0.65
A17					0.50	0.58
特征值	6.88	1.44	1.42	1.09	1.01	合计
解释变异量(%)	34.42	7.18	7.09	5.46	5.06	59.21

由上表可以看出，社会幸福感五维度模型结构较好，但社会认同维度的指标仍不太理想，所以再次对其进行修订。所谓“认同”，主要包括自我认同和社会认同两个方面，如果说自我认同是对“我是谁”的回答，那么社会认同便是“我”对“社会”的观念与态度。[①]在查阅了大量有关社会认同的文章后，本研究对社会认同的概念进行了再次修订。对于维度概念，首先应只选取一个方面对其进行界定，而不是从两个方面都对其进行界定。第一次测试中对社会认同概念的界定是从两个方面来描述的，这导致了探索性因素分析的结果更具体，所探索出的题项大都是从其中一个方面对社会认同进行的描述，因此在第二次测试时对这一维度进行了修订，从社会对个体的角度对其重新界定。但是在二测时又发现，社会认同的探索性因素分析结果仍不够完善，这可能是因为其他维度（例如社会整合、社会实现等）都是从个体对社会的角度所编制的题项，而不是从社会对个人的角度来描述，所以此次将界定社会认同的角度修订为同其他维度一致，以期获得更完善的结构。为此，本研究从个体对社会评估的角度，将社会认同界定为：个体对认可或肯定自己所处社会的程度的评估，包括个体对社会中他人、社会合作以及社会运作的感知。修订的《大学生社会幸福感问卷Ⅲ》在进一步调整了社会认同维度概念及其题项的基础上，补充了部分题项，形成第三次测试的问卷。

3.《大学生社会幸福感问卷Ⅲ》的数据分析结果

使用《大学生社会幸福感问卷Ⅲ》进行测试，对收回的数据进行项目分析和探索性因素分析，步骤与《大学生社会幸福感问卷Ⅰ》一致。项目分析结果表明，全部题项高低分组的差异均显著。故对全部38个题项进行探索性因素分析。

问卷的KMO值为0.91，巴特利特球形检验显著（$p<0.001$），满足因素分析的基本条件。对数据进行主成分分析提取公共因素，通过正交极大方差旋转法获得多个因素，结合碎石图，删除拥有项目较少的小因素，再次获得大学生社会幸福感五维度结构模型（见表9.3）。

表9.3　《大学生社会幸福感问卷Ⅲ》因素分析结果

题项	F1	F2	F3	F4	F5	共同度
A19	0.66					0.59
A9	0.61					0.52
A24	0.56					0.54
A4	0.46					0.34
A5		−0.71				0.69

① 王力平：《关系与身份：中国人社会认同的结构与动机》，《长春工业大学学报（社会科学版）》2009年第1期，第50-52页。

续表

题项	F1	F2	F3	F4	F5	共同度
A35		−0.71				0.58
A25		−0.65				0.63
A20		−0.56				0.58
A37		−0.51				0.58
A36			0.68			0.55
A27			0.66			0.56
A22			0.54			0.47
A32			0.44			0.49
A16				0.67		0.50
A1				0.66		0.57
A6				0.59		0.56
A11				0.537		0.55
A13					0.73	0.57
A23					0.69	0.55
A8					0.63	0.61
A33					0.47	0.41
A28					0.43	0.43
特征值	6.55	1.65	1.59	1.10	1.01	合计
解释变异量(%)	29.78	7.48	7.13	5.00	4.58	53.97%

由上表可以看出，经探索性因素分析后得到的社会幸福感五维度模型结构较好，各维度的因子载荷指标较为理想，可作为大学生社会幸福感理想的结构模型。保留的题项构成《大学生社会幸福感问卷》正式问卷。问卷包含五个维度，分别是社会实现、社会和谐、社会认同、社会整合以及社会贡献。

4.《大学生社会幸福感问卷》的数据分析结果

对《大学生社会幸福感问卷》进行验证性因素分析。结果表明，χ^2/df=2.20＜3，即模型有较为简约的适配程度；RMSEA≤0.05，SRMR≤0.05，GFI、AGFI、TLI、CFI的值均大于0.9（见表9.4），各项拟合指标均符合心理测量学要求，即修订后的问卷模型拟合较好。

表9.4 《大学生社会幸福感问卷》的验证性因素分析

指标	χ^2	df	χ^2/df	RMSEA	SRMR	GFI	AGFI	TLI	CFI
拟合指数	427.50	194	2.20	0.05	0.05	0.93	0.91	0.92	0.93

对《大学生社会幸福感问卷》进行信效度检验。采用内部一致性信度和分半信度作为《大学生社会幸福感问卷》的信度指标（见表9.5）。结果表明，《大学生社会幸福感问卷》各维度的内部一致性信度在0.66～0.79，分半信度在0.58～0.77；总问卷的内部一致性信度为0.88，分半信度为0.83；即本问卷与各维度的信度均在可接受范围内。

表9.5 《大学生社会幸福感问卷》的信度系数

维度	内部一致性信度	分半信度
社会整合	0.66	0.66
社会认同	0.66	0.66
社会贡献	0.69	0.58
社会实现	0.68	0.69
社会和谐	0.79	0.77
社会幸福感总问卷	0.88	0.83

采用结构效度作为《大学生社会幸福感问卷》的效度指标(见表9.6)。结果表明,各维度之间的相关以及维度与总分间的相关均显著,维度间的相关在0.41～0.57,维度与总分之间的相关在0.73～0.77,表明各维度既相互关联又具有一定的独立性,说明本问卷效度良好。

表9.6 《大学生社会幸福感问卷》的效度检验

因素	社会整合	社会认同	社会贡献	社会实现	社会和谐
社会整合	—				
社会认同	0.51^{**}	—			
社会贡献	0.43^{**}	0.45^{**}	—		
社会实现	0.41^{**}	0.57^{**}	0.54^{**}	—	
社会和谐	0.46^{**}	0.43^{**}	0.52^{**}	0.43^{**}	—
社会幸福感总问卷	0.73^{**}	0.77^{**}	0.77^{**}	0.76^{**}	0.77^{**}

注:$p^{**} < 0.01$。

第三节 ┆ 大学生社会幸福感的特点

一、研究目的

本研究旨在考察大学生社会幸福感的特点,为后续开展提升大学生社会幸福感的教育实践提供参考借鉴。

二、研究方法

(一)被试

在我国东部地区和西部地区选取三所本科院校,采用整群随机抽样的方法,使用修订后的《大学生社会幸福感问卷》进行施测。共发放问卷600份,收回有效问卷528份,问卷有效率88%。其中男生218人，女生310人；大一132人，大二191人，大三94人，大四111人；独生子女145人，非独生子女383人。

（二）工具

本研究使用《大学生社会幸福感问卷》考察大学生的社会幸福感。该问卷由社会实现、社会和谐、社会认同、社会整合以及社会贡献5个维度构成，合计22个题项。采用Likert 6点计分，除去第16题为反向计分题外，其余题项均为正向计分。

（三）统计分析

本研究使用SPSS统计软件进行数据的整理和分析，主要包括描述性统计、平均数差异的显著性检验等。

三、研究结果

本研究考察了大学生社会幸福感的总体表现以及不同性别、年级等人口统计学变量下大学生社会幸福感的现状与特点，具体结果如下。

1.大学生社会幸福感的总体表现

对大学生社会幸福感的总体表现进行描述统计，结果如下（见表9.7）。大学生社会幸福感的总体平均分为4.48，说明大学生的社会幸福感总体处于中等偏上水平。从各维度来看，大学生社会幸福感的各维度均处于中等偏上水平，但不同维度发展略有差异，其中在社会贡献、社会实现以及社会和谐方面得分较高，而在社会整合和社会认同方面得分较低。

表9.7 大学生社会幸福感的描述统计

维度	*M*±*SD*
社会整合	4.25±0.79
社会认同	4.09±0.89
社会贡献	4.73±0.62
社会实现	4.75±0.69
社会和谐	4.52±0.75
社会幸福感	4.48±0.53

2.大学生社会幸福感的性别差异

对不同性别大学生的社会幸福感进行独立样本t检验，结果表明男女大学生在社会幸福感整体上不存在显著性差异（见表9.8）。从具体维度来看，社会整合、社会和谐两个维度的性别差异显著，具体表现为男生的得分显著高于女生。

表9.8　大学生社会幸福感的性别差异($M±SD$)

维度	男	女	t
社会整合	4.35±0.74	4.18±0.81	5.75*
社会和谐	4.64±0.73	4.43±0.76	10.20**
社会幸福感	4.53±0.56	4.45±0.51	2.93

注:$p^{*}<0.05$,$p^{**}<0.01$。

3.大学生社会幸福感的年级差异

对不同年级大学生的社会幸福感进行方差分析,结果表明大学生社会幸福感在整体上不存在显著的年级差异。从具体维度来看,社会整合与社会认同两个维度的年级差异达到显著性水平。事后检验表明,在社会整合维度上,大三时水平最高,且显著高于大二时的水平;在社会认同维度上,大一时水平最高,大三时水平最低,且大一时的水平显著高于大三时的水平(见表9.9)。

表9.9　大学生社会幸福感的年级差异($M±SD$)

维度	大一	大二	大三	大四	F	事后比较
社会整合	4.25±0.69	4.10±0.83	4.41±0.81	4.38±0.75	4.74**	2<1<4<3
社会认同	4.29±0.74	4.01±0.87	4.01±1.06	4.03±0.89	3.24*	3<2<4<1

注:$p^{*}<0.05$,$p^{**}<0.01$。

4.大学生社会幸福感在是否是独生子女上的差异

对独生子女与非独生子女大学生的社会幸福感进行独立样本t检验,结果表明,大学生整体社会幸福感在是否是独生子女上的差异不显著,但在社会认同和社会和谐维度上差异显著(见表9.10)。具体表现为,在社会认同上非独生子女的得分显著高于独生子女;在社会和谐上独生子女的得分显著高于非独生子女;在其他维度上不存在显著性差异。

表9.10　大学生社会幸福感在是否独生子女上的差异($M±SD$)

维度	独生子女	非独生子女	t
社会认同	3.95±0.99	4.14±0.84	4.69*
社会和谐	4.64±0.77	4.47±0.75	5.13*

注:$p^{*}<0.05$。

四、讨论

本研究考察了大学生社会幸福感的总体表现以及不同人口统计学变量下大学生社会幸福感的现状与特点。

总体上，社会幸福感各维度和总分的平均分都超过4分，表明我国大学生的社会幸福感处于中等偏上水平。其中，我国大学生的社会实现得分是最高的，这可能是因为我国是社会主义国家，社会生产力的提升以及民主政治的发展，让我们对未来社会充满信心，加之经济的飞速发展、人民生活水平的日益提高，更让我们体验到了社会进步带给我们的利益。大学生是社会大家庭中的一员，也是具有代表性的群体，他们有着较高的文化水平和灵活的头脑，善于发现和分析问题，他们热爱祖国、关心时事、关心未来社会的发展，他们对未来社会抱有更大的期望，相信社会发展的潜力，对未来社会充满信心，他们相信社会将不断进步和完善，并且能展望到他们是社会发展的潜在受益者。此外，社会实现也与自我实现以及个人成长的主题相似，社会实现不仅包含了不断成长的愿望和努力，也涵盖了个体自我成长与发展的思想，所以大学生社会实现维度的得分最高。同时，社会认同维度得分最低。这可能是因为我国尚处于社会主义初级阶段，生产力发展还不够平衡，由此引发了一系列的社会问题。不良社会现象影响了大学生对当前社会认可或肯定的程度，使得社会认同的得分相对其他维度较低。总之，我国大学生的社会幸福感水平较高，大学生能够感受到自己是社会中的一员，并且在社会中感到安全、舒适；对社会比较认可，相信自己能够为社会作出贡献；相信未来社会将不断进步和完善，也相信自己能够很好地适应社会。

在性别差异上，研究结果显示，大学生社会幸福感的性别差异不显著，但在社会整合和社会和谐两个维度上差异显著，具体表现为男生得分显著高于女生。这可能是因为传统男女性别角色的差异，使得社会观念中对男女角色期望不同，社会往往赋予男性更多的社会责任，总是期望男性更加自立。同时男性在社会规范的要求下，对外在的关注和人际活动要远远多于女性，这使得他们对社会的理解较女性更为深刻，从而比女性拥有更高的社会整合和社会和谐水平。

在年级差异上，研究结果表明，大学生社会幸福感的年级差异不显著。从具体维度来看，社会整合和社会认同两个维度的年级差异达到显著水平，即社会整合在三年级时水平最高，且显著高于二年级的水平；社会认同在一年级时水平最高，且显著高于三年级的水平。在社会整合上，大三时的水平显著高于大二时的水平，这可能是因为在经过了两年的大学生活历练之后，大学生积累了一定的社会经验，不论是参加社团活动还是班级、学校组织的各项活动，都能更好地融入集体，并能感受到自己是团体中的一员，他们在团体中感到安全，可以在团体中充分展现自己的才能，团体的凝聚力很强，所有这些都使得他们的社会整合水平最高。而在大二时期，由于刚经历过大一时对大学生活的适应阶段，一切都刚刚步入正轨，大学生开始逐渐参与到丰富多彩的大学生活中，对团体的归属感处于建立、还不够稳定的阶段，因此，此时的社会整合水平较低。在社会认同上，大一学生的水平显著高于大三学生的水平。对于大一学生来说，他们顺利通过高考，进入了梦寐以求的大学，身心都得到了放松，崭新的大学生活为他们提供了充分表现自我的平台，也为他们拓展了更广的人际关系，从而使得他们保持着较高的社会认同。对于大三的学生来说，他们开始面临融入社会的压力，经过两年的大学生活，随着思维的不断发展，关心时事的他们对一些社会现象有了自己更深的理解和体会，他们开始辩证地看待一些事情，思考自己赖以生存的社会，这些都使得他们的社会认同处于较低水平。

在是否是独生子女差异上，本研究结果表明，大学生社会幸福感在是否为独生子女上不存在显著性差异，在社会认同和社会和谐维度上存在显著差异。具体来看，在社会认同上非独生子女的得分显著高于独生子女，这主要是因为非独生子女在与兄弟姐妹共同成长的环境中，容易与他人交流，为人较为友善，对社会中他人的认可能够提升对社会的认同。而独生子女相对非独生子女而言更偏向以自我为中心，自我意识较为突出，对于他人与社会的评价多是基于自身的体验和看法，因而社会认同水平较低。在社会和谐上，独生子女的得分显著高于非独生子女，这可能是因为独生子女在家庭环境中得到更多来自父母的关爱，这种关爱和支持使得他们更加自信，在社会生活中更容易适应当前的社会环境，进而表现出更高的社会和谐水平。

第四节 大学生社会幸福感与父母教养方式的关系

目前，涉及大学生社会幸福感的影响因素的研究较少，少数研究也都是考察个体因素（如基本心理需要[①]、一般自我效能感[②]等）对社会幸福感的影响，较少涉及家庭因素的影响。而家庭作为个体成长的摇篮，对个体的心理培育以及行为塑造影响深远。其中，父母教养方式又是家庭众多影响因素中最核心的要素，它对个体的社会化和心理健康发挥着关键作用。因此，有必要探讨父母教养方式对大学生社会幸福感的影响。

---

① 张晓州、罗杰：《社会幸福感在大学新生基本心理需要与生命意义感关系间的中介作用》，《贵州师范大学学报（自然科学版）》2021年第2期，第99-105页。

② 张晓州、彭婷、洪颖、罗杰：《一般自我效能感对大学新生人际信任的影响：社会幸福感的中介作用》，《信阳师范学院学报（哲学社会科学版）》2021年第1期，第72-77页。

一、研究目的

本研究旨在考察父母教养方式对大学生社会幸福感的影响。

二、研究方法

（一）被试

在我国东部地区和西部地区选取三所本科院校，采用整群随机抽样的方法，使用《大学生社会幸福感问卷》和《父母教养方式量表》进行施测。共发放问卷600份，收回有效问卷528份，问卷有效率88%。其中男生218人，女生310人；大一132人，大二191人，大三94人，大四111人。

（二）工具

大学生社会幸福感采用本研究自编的《大学生社会幸福感问卷》进行考察。该问卷由社会实现、社会和谐、社会认同、社会整合以及社会贡献5个维度构成，合计22个题项。采用Likert 6点计分，除去第16题为反向计分题外，其余题项均为正向计分。

父母教养方式采用《父母教养方式量表》进行考察。[①]该量表系美国心理学家鲍姆林德（Baumrind）编制，麦考比和马林（Macobby，Martin）在此基础上做了进一步修订。量表由反应性和要求性两个维度构成，其中反应维度分成拒绝和接纳两种水平，要求维度分成容许和控制两种水平。量表合计16个题项，采用Likert 4点计分，除去第1、2、4题为反向计分题外，其余题项均为正向计分。反应维度的分数越高，表明父母对子女更多偏重拒绝（敌意的）；分数越低表明父母对子女更多偏重接纳（爱、温暖）。要求维度的分数越高，表明父母对子女更多偏重容许（自主、自由）；分数越低表明父母对子女更多偏重控制。根据反应维度和要求维度的分数将父母教养方式分为四种类型，即权威型、专制型、忽视型、溺爱型。本研究中量表的内部一致性信度系数为0.70。

（三）统计分析

本研究使用SPSS统计软件进行数据的整理和分析，主要包括描述性统计、相关分析、平均数差异的显著性检验以及回归分析等。

---

① Mccoby E.E., Martin, J. A. “Socialization in the context of the family: Parent-child interaction”, *Handbook of Child Psychology*, vol. 44(1983), pp.1-101.

三、研究结果

1.大学生社会幸福感与父母教养方式的相关分析

将社会幸福感各维度及总分与父母教养方式各维度(父亲反应、父亲要求、母亲反应、母亲要求)进行相关分析,具体结果如下(见表9.11)。大学生社会幸福感整体与父母教养方式呈显著的负相关。其中父亲反应与社会幸福感及其各维度均呈显著负相关;父亲要求除了与社会认同、社会实现相关不显著之外,与其他维度及总量表均呈显著的负相关;母亲反应除与社会认同相关不显著之外,与其他维度及总量表均呈显著的负相关;母亲要求除了与社会认同和社会实现相关不显著之外,与其他维度及总量表均呈显著的负相关。

表9.11　大学生社会幸福感与父母教养方式的相关分析

变量	父亲反应	父亲要求	母亲反应	母亲要求
社会整合	-0.15^{**}	-0.12^{**}	-0.10^{*}	-0.09^{*}
社会认同	-0.11^{**}	-0.06	-0.06	-0.06
社会贡献	-0.17^{**}	-0.14^{**}	-0.09^{*}	-0.14^{**}
社会实现	-0.18^{**}	-0.02	-0.14^{**}	-0.03
社会和谐	-0.15^{**}	-0.13^{**}	-0.15^{**}	-0.16^{**}
社会幸福感	-0.21^{**}	-0.14^{**}	-0.15^{**}	-0.14^{**}

注:$p^{*} < 0.05$,$p^{**} < 0.01$。

2.父母不同教养方式类型对大学生社会幸福感的影响

以父亲、母亲四种不同的教养方式类型为自变量,以子女的社会幸福感及其各维度为因变量,进行方差分析,比较不同教养方式类型下成长的大学生其社会幸福感的差异,结果如下(见表9.12和表9.13)。具体来看,父亲不同教养方式类型下的大学生在社会幸福感及其各维度上都存在显著性差异。采取忽视型的教养方式,其子女的社会幸福感水平最低;采取权威型的教养方式,其子女的社会幸福感水平最高。母亲不同教养方式类型下的大学生在社会幸福感及其各维度上也都存在显著性差异。采取忽视型的教养方式,其子女的社会幸福感水平最低;采取权威型的教养方式,其子女的社会幸福感水平最高。

表9.12　父亲不同教养方式类型对大学生社会幸福感的影响

父亲	社会整合	社会认同	社会贡献	社会实现	社会和谐	社会幸福感
权威型	4.67±0.65	4.60±0.87	5.18±0.53	5.14±0.53	4.91±0.82	4.91±0.53
专制型	4.26±0.81	4.13±0.87	4.87±0.64	4.55±0.72	4.69±0.79	4.53±0.53
忽视型	4.16±0.77	4.00±0.86	4.63±0.61	4.66±0.71	4.39±0.74	4.38±0.52
溺爱型	4.32±0.81	4.12±0.91	4.79±0.61	4.85±0.62	4.61±0.71	4.56±0.52
F	5.11^{***}	4.87^{***}	10.07^{***}	7.81^{***}	7.37^{***}	12.66^{***}

注:$p^{***} < 0.001$。

表9.13　母亲不同教养方式类型对大学生社会幸福感的影响

母亲	社会整合	社会认同	社会贡献	社会实现	社会和谐	社会幸福感
权威型	4.64±0.68	4.46±0.78	5.07±0.53	5.07±0.50	4.95±0.66	4.85±0.43
专制型	4.18±0.83	4.06±0.94	4.95±0.63	4.55±0.84	4.70±0.88	4.52±0.57
忽视型	4.18±0.76	4.01±0.88	4.64±0.61	4.67±0.68	4.35±0.74	4.38±0.52
溺爱型	4.27±0.82	4.10±0.90	4.73±0.62	4.82±0.66	4.61±0.71	4.52±0.53
F	4.60^{**}	3.37^{*}	8.29^{***}	6.45^{***}	11.69^{***}	11.43^{***}

注：$p^{*}<0.05$，$p^{**}<0.01$，$p^{***}<0.001$。

3.父母不同教养方式各维度与大学生社会幸福感的回归分析

进一步探究父母教养方式本身对大学生社会幸福感的影响。以父母教养方式的各维度为自变量，以大学生社会幸福感为因变量，进行回归分析，结果如下（见表9.14）。在父母教养方式中，父亲反应和要求可以显著负向预测子女大学阶段的社会幸福感。

表9.14　父亲、母亲不同教养方式各维度与大学生社会幸福感的回归分析

	R	R^2	Beta	t
父亲反应	0.21	0.04	−0.20	−4.67
父亲要求	0.24	0.06	−0.12	−2.74

四、讨论

相关分析结果表明，父母教养方式与大学生的社会幸福感呈显著负相关。在进一步的回归分析中发现，父亲反应和父亲要求均可以预测大学生的社会幸福感，简言之，父亲教养方式与子女大学阶段社会幸福感的联系更为紧密。

父亲反应与社会幸福感及其各维度均呈显著负相关，母亲反应除了与社会认同相关不显著之外，与社会幸福感其他维度及总体也均呈显著负相关。父母反应得分越高，表明父母对子女更多偏重拒绝；分数越低，表明父母对子女更多偏重接纳。这意味着当父母接纳子女，给予子女更多的爱和温暖时，子女也会像父母对待他们那样更多地去关心他人、信任他人，并能够在集体生活中与他人和谐相处，能够充分发挥自己的潜能，这些都使得子女具有较高的社会幸福感。当父母采取拒绝、否认的态度对待子女时，会使子女产生一种不安全感，导致他们不敢信任他人，难以与他人友好相处，社会适应能力较差，进而使得他们的社会幸福感水平较低。

父亲要求和母亲要求除了在社会认同和社会实现上相关不显著之外，在社会幸福感其他维度及总体上都呈显著负相关。父母要求得分越高，表明父母对子女更多偏重容许；分数越低，表明父母对子女更多偏重控制。这意味着当父母适当地控制子女的活动，

同时也提出适当且合理的要求时，这种互相尊重、互相信任、互相支持的态度更容易让子女积极上进、友善、自信地成长，这使得他们的社会幸福感水平也相对较高；父母一味地采取宽容、溺爱的方式，对子女没有任何限制要求，并且对子女的需求有求必应，这种教养方式会让子女养成以自我为中心的习惯，还会影响他们的社会性发展，进而导致较低水平的社会幸福感。

回归分析结果表明，父亲教养方式对大学生的社会幸福感有着重要影响。当父亲给予子女更多的爱和温暖，关心孩子，并适当对子女活动提出要求时，将会提升子女对生活的满意度，并持续作用于子女离开家庭以后的集体生活，因而子女的社会幸福感水平也较高。正如著名的心理学家格尔迪说："父亲的出现是一种独特的存在，对培养孩子有一种特别的力量。"中国古训也有"子不教，父之过"的名言，也说明了父亲在教育子女中的重要性。国外教育学家甚至提倡父爱比母爱对孩子的教育更为重要。他们认为，父亲可以教给孩子很多母亲不会的东西，比如勇气、探险精神、威严和坚强等。父亲以博大的胸怀对待子女，同时也提出适当发挥作用而合理的要求，会对子女产生积极的影响，他们既信任父亲又敬佩父亲，父亲的榜样形象会促使孩子自立自强，健康成长。

从父亲和母亲四种不同教养方式类型来看，四种不同的教养方式类型在社会幸福感及其各维度上都存在显著性差异，具体表现为权威型的教养方式，子女的社会幸福感水平最高；忽视型的教养方式，子女的社会幸福感水平最低。权威型的父母，他们对子女温暖而严厉，对子女的需要能及时做出反应，能够促进子女形成合理的观念，表达合适的情感。而忽视型的父母对子女的事情不感兴趣，对子女的活动和去向知之甚少，他们不爱同子女沟通，也很少关注子女的想法和情感。两种截然不同的教养方式必然会导致不同的社会幸福感水平，权威型教养方式下的子女独立性强，自尊心强，对同伴友善，对父母尊重，具有更多的社会责任感和成就倾向，社会幸福感水平也较高；忽视型教养方式下的子女大都喜怒无常，他们常常无法专心做事，对冲动的情绪和负性情感的控制能力较弱，社会责任感不强，社会幸福感水平也较低。

总之，在家庭教育中，我们应该提倡教育的情感化和民主化，让家庭成员之间彼此信任、互相尊重、互相理解，这样的家庭环境会促使子女在亲密和谐的氛围中形成热爱生活的个性习惯，同时提升其对社会的爱与尊重，进而提升其社会幸福感。

附录

大学生社会幸福感问卷

指导语:请仔细阅读下列题项,并根据自己的实际情况选择对应的选项。

题 项	非常不同意	比较不同意	有点不同意	有点同意	比较同意	非常同意
1.在集体中,我觉得自己与他人的关系是亲密的	1	2	3	4	5	6
2.我觉得社会像个大家庭	1	2	3	4	5	6
3.我认为自己是一个对社会有价值的人	1	2	3	4	5	6
4.对我们每个人来说,世界会变得越来越好	1	2	3	4	5	6
5.我能很好地适应周围的环境	1	2	3	4	5	6
6.在集体中,我感到安全和舒适	1	2	3	4	5	6
7.总的来说,我对我所在的社会感到满意	1	2	3	4	5	6
8.我理解自己所做事情的价值和意义	1	2	3	4	5	6
9.我认为目前存在的一些社会问题可以不断得到改善	1	2	3	4	5	6
10.我可以很快地适应不同的生活方式	1	2	3	4	5	6
11.我能感受到集体的凝聚力	1	2	3	4	5	6
12.总体上,我认为我所在的社会是有秩序的,并不混乱	1	2	3	4	5	6
13.我有自己的目标,并为之努力着	1	2	3	4	5	6
14.我相信未来社会经济富裕、安定团结	1	2	3	4	5	6
15.我觉得自己可以很好地适应社会	1	2	3	4	5	6
16.我从来没觉得自己属于某个团体	1	2	3	4	5	6
17.多数情况下,我觉得我所在的社会是民主、公正的	1	2	3	4	5	6
18.我觉得做好自己的事情,承担自己应尽的社会义务和责任,就是为社会做贡献	1	2	3	4	5	6
19.我相信社会福利、社会保障等事业将不断发展和完善	1	2	3	4	5	6
20.即使环境发生了变化,我也可以很快与环境保持和谐一致	1	2	3	4	5	6
21.我的日常活动也可以为社会创造出一些价值	1	2	3	4	5	6
22.总的来说,我对学校组织的各种活动可以应付自如	1	2	3	4	5	6

第十章

情境的社会属性对大学生情绪表达的影响

恰当的情绪表达是情绪健康的重要内容,也是制约个体社会适应的心理动力要素之一。情境是影响情绪表达的重要因素,对两者之间关系的探讨既有重要的理论价值,又有积极的现实意义。因此,本研究采用实验法对情境的两种社会属性(即交往双方的性别异同及熟悉度)对大学生情绪表达的影响进行了探索性研究,目的在于增进大学生对情绪表达的理解,帮助大学生学会灵活运用不同的情绪表达方式来适应社会情境,以更积极的态度面对自己的情绪困扰,更好地适应大学生活和社会环境。

第一节 研究概述

一、情绪表达的概念

情绪是多成分的复合过程,包含生理反应、主观体验和外显表情三种成分。体验是情绪的心理实体,情绪表达是情绪的外显模式①,情绪表达行为作为情绪的突出外在表现,不仅是个体情绪和社会性发展的重要评价标准之一,还具有适应作用和信号作用,对于促进人际关系和谐和心理健康发展有重要意义。情绪表达的研究可以追溯到19世纪70年代达尔文的研究,他从进化论的角度来研究人类和动物的情绪表达,强调情绪表达在个体生存适应中的作用。

随着研究的深入,情绪表达(emotional expression)概念的内涵越来越集中,外延越来越窄。欣德(Hinde)认为外部可见的情绪表达行为是个体内在感受的向外表达。②格罗斯和约翰(Gross,John)将情绪表达定义为:和情绪体验相联系的典型的行为变化(包括面部的、言语的、体态的),比如微笑、大笑、皱眉、跑到屋外大叫或哭泣等。③这些定义都强调可观察的行为反应以及与情绪体验的相关性。在综合以往各种观点的基础上,本研究认为情绪表达是个体内在情绪体验的外在行为表现。

二、情绪表达性的结构

关于情绪表达性是单维还是多维结构,目前尚存在争论。克林(Kring)等人把情绪表达性定义为一个简单的单维结构(从高到低的连续体)。④格罗斯和约翰提出了情绪表

① 孟昭兰:《情绪心理学》,北京大学出版社2005年版。

② Hinde, R. A. "Was 'The expression of the emotions' a misleading phrase", *Animal Behavior*, vol. 33, no. 3 (1985), pp.985-992.

③ Gross, J. J., John, O. P. "Revealing feelings: Facets of emotional expressivity in self-reports, peer ratings and behavior", *Journal of Personality and Social Psychology*, vol. 72, no. 2 (1997), pp.435-448.

④ Kring, A. M., Smith, D. A., Neale, J. M. "Individual differences in dispositional expressiveness: Development and validation of the Emotional Expressivity Scale", *Journal of Personality and Social Psychology*, vol. 66, no. 5 (1994), pp.934-949.

达的多维模型,认为情绪表达存在三个维度,即正面表达、负面表达和冲动强度。正面表达指的是在正性情绪表达上的个体差异,负面表达指的是在负性情绪表达上的个体差异,冲动强度指的是个体情绪反应倾向的强度。[①]后来,格罗斯和约翰等通过考察六种自陈情绪表达问卷,最终确立了一般情绪表达的五因素结构,包括表达自信、积极自信、消极自信、冲动强度、掩饰(见图10.1)。[②]此定义实际上是在原来三维度的基础上加入了表达自信心和掩饰两个因素,其中表达自信心指的是个体做出适应情境的情绪表达的能力,掩饰指的是个体向别人隐藏自己情绪的意图。从单维结构到多维结构,研究者针对情绪表达的结构提出了各种观点,但本研究认为情绪表达的核心结构仍是正面表达、负面表达以及冲动强度这三个因素。

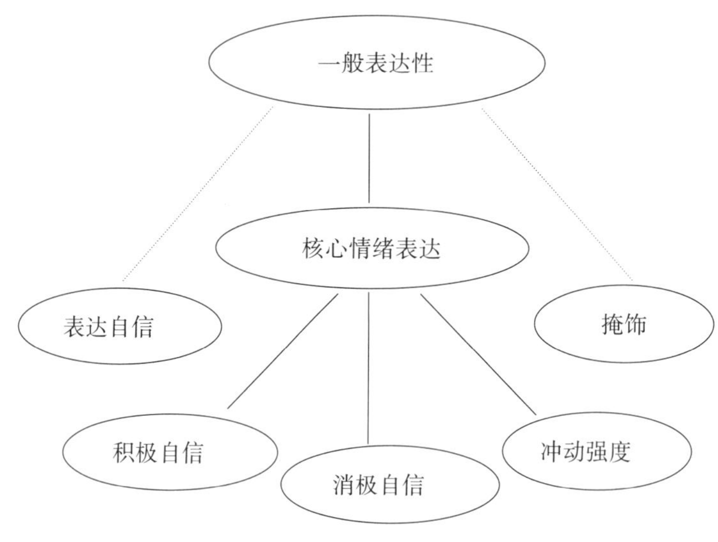

图10.1　情绪表达性的层次模型

三、情绪表达的实证研究

(一)情绪表达功能作用的研究

1.情绪表达与人际交往

情绪表达的重要性在社会互动方面得到了很好的证明。提供适当的反应是个体间互动的最低要求,如果对方没什么反应或者有些不相关的反应,人际互动也就会因此中断。格罗斯通过研究发现,不管是降低正性情绪还是负性情绪的表达,都会掩盖重要的

① Gross, J. J., John, O. P. "Facets of emotional expressivity: Three self-report and their correlates", *Personality and individual differences*, vol. 19, no. 4 (1995), pp.555-568.

② Gross, J. J., John, O. P. "Mapping the domain of emotional expressivity: Multi-method evidence for a hierarchical model", *Journal of Personality and Social Psychology*, vol. 74, no.1 (1998), pp.170-191.

社会互动信息，同时监控自己的面部表情和声音信号而分散了对交流伙伴情绪信息的注意，因而会对社会沟通和社会互动产生消极影响。[①]巴特勒(Butler)及其同事也发现，情绪抑制会降低和终止人际信息交流，并且与情绪抑制者交往的人会产生一种独特的生理压力，比如血压升高等。[②]

情绪表达对亲密感的发展是必需的。扩大并加深相互表露，是亲密关系增强的特征；了解他人的情感并让他人了解自己的感受，是亲密性的中心特征。情绪表达提供了个体的社会意图、对目前关系的感觉等信息(比如，微笑表示有接受的意愿，皱眉意味着可能有冲突)，对确立人际距离和双方的相对地位是至关重要的。因此可以推定，与善于情绪表达的人交往，个体能体会到更多的情感协调，也更愿意与之建立和维持亲密关系。但这种解释也有待进一步验证，现有的一些研究结果表明：某些夫妻在表达出他们对对方的愤怒后感觉更好，因为他们通过解决冲突获得了更大的满足感；相反，情绪的表达也可能使双方感觉更糟糕，因为他们通常用伤害性的言语攻击对方，意在伤害而不是解决问题。[③]

2.情绪表达与身心健康

情绪表达会影响生理健康。格罗斯通过大量实验和调查研究证明，降低情绪表达行为，不会降低情绪的心理体验，甚至会增强情绪的生理反应。[④]情绪表达对于生理健康的影响已经得到了确认，如抑制消极情绪可增加患癌症的风险；积极的情绪表达可以提高肺癌患者的心理适应能力并提高其健康水平，选择直接应对(如表达愤怒)的肺癌患者更有机会存活下来。[⑤]

同时，情绪表达也与心理健康存在显著相关。抑郁青少年存在期待性快感体验受损，更倾向于抑制表达情绪，其快感缺失与个体情绪表达存在相关关系。[⑥]在一项关于大学生情绪向性、表达性与心理健康的关系研究中，研究者发现，情绪表达与人际敏感、敌

---

① Gross, J. J. “Emotion regulation: Affective, cognitive, and social consequences”, *Psychophysiology*, vol. 39, no. 3 (2002), pp.281-291.

② Butler, E. A., Egloff, B., & Wihelm, F. H., et al. “The social consequences of expressive suppression”, *Emotion*, vol.3, no.1 (2003), pp.48-67.

③ Kennedy-Moore, E., Watson, J. C. *Expressing emotion: Myths, Realities, and Therapeutic Srategies.* New York: The Guildford Press, 1999.

④ Gross, K.,D'Ambrosio, L. “Framing emotional response”, *Political Psychology*, vol. 25, no. 1 (2004), pp.1-29.

⑤ Stanton, A. L., Danoff-Burg, S., & Cameron, C. L., et al. “Emotionally expressive coping predicts psychological and physical adjustment to breast cancer”, *Journal of Consulting and Clinical Psychology*, vol. 68, no. 5 (2000), pp.875-882.

⑥ 何庆欢，豆春霞，彭子文等：《抑郁青少年快感缺失与情绪表达的相关研究》，《中国健康心理学杂志》2011年第10期，第1242-1245页。

对、抑郁、焦虑等因子均呈显著负相关，且对人际敏感、敌对有着显著的回归效应。[①]有研究者则认为，情绪调节和情绪表达与个体人际交往质量有紧密联系，而人际交往质量会进一步影响心理健康，比如人际交往质量差的个体比人际交往质量高的个体有更多的心理问题。[②]由此可以看出，情绪表达对个体心理健康的影响可能有两种途径，一是直接对心理产生影响，二是通过人际交往过程间接影响心理健康。随着研究的不断深入，研究者们对情绪表达的概念结构有了更好的理解，开始对患者进行评定以确定情绪表达的临床适应效果，并设想通过改变个体的表达性行为来提升生理和心理的健康水平。

（二）情绪表达的相关因素研究

1.情绪表达规则

埃克曼和弗里森（Ekman，Friesen）认为，情绪表达规则是个体在社会化过程中获得的、用以指导特定社会情境下表现社会期望情绪的一套准则，对情绪表达规则的深入研究，有助于理解不同文化背景下的情绪表达差异，以及相同文化背景下的不同群体的情绪表达差异。[③]

（1）文化差异。

对东亚文化背景群体和西方文化背景群体的情绪反应差异性进行比较研究发现，一方面，情绪表达行为比生理反应、情绪体验更易受到文化的影响。情绪中可被他人观察到的成分容易受到文化的影响，而情绪表达行为是情绪的外在表现，更易受到文化的约束和调节。不少研究都证实了这一点，例如有研究发现亚洲人比西方人报告了更少的情绪体验，表现了更少的情绪表达行为，但是他们在生理反应上没有表现出差异性。[④]这种研究结果说明，情绪表达的文化模式可能会调节个体的主观体验和情绪表达行为，但是不会改变情绪反应的生理成分。另一方面，情绪表达的文化差异在社会性情境中比非社会性情境中更易发生。例如，单独在房间里看电影片段时，华裔和欧裔美国人之间、日本和美国的成年男性之间，在生理反应、主观体验以及表达行为方面都无文化性的群体差异。[⑤]

---

① 邓丽芳，郑日昌：《大学生的情绪向性、表达性与心理健康关系的研究》，《心理发展与教育》2003年第2期，第69-73页。

② Gray, S.M., Heatherington, L. "The importance of social context in the facilitation of emotioanl expression in man", *Journal of Social and Clinical Psychology*, vol. 22, no. 3 (2003), pp.294-314.

③ Ekman, P., Friesen, W.V. "The repertoire of nonverbal behavior: Categories, origins, usage, and coding", *Semiotica*, vol.1, no.1 (1969), pp.49-98.

④ Drummond, P. D., Quah, S. H. "The effect of expressing anger on cardiovascular reactivity and facial blood flow in Chinese and Caucasians", *Psychophysiology*, vol. 38, no.2 (2001), pp.190-196.

⑤ Chentsova-Dutton, Y. E., Tsai, J. L. "Self-focused attention and emotional reactivity: The role of culture", vol. 98, no. 3 (2010), pp.507-519.

但是,当要求主试和被试进行连续的交流(主试要求被试做出情绪性的面部表情),或者被试之间进行交流(夫妻双方讨论其关系中的某方面冲突),或者被试被另外一个人观察,情绪表达的文化差异就会凸显出来。此外,还有研究考察了文化在非言语情绪表达中的作用,结果表明,集体主义和个人主义文化对非言语情绪表达的影响较大,个人主义文化中的个体更容易表达情绪,而集体主义文化中的个体更容易压制自己的情绪。[①]

(2)性别差异。

人们一般认为女性比男性更情绪化,女性对情绪的表达比男性更多。但实际上情绪表达的性别差异与许多其他因素如情境、情绪性质等相关。

情绪表达的性别差异取决于情绪事件的情境性质。比如在他人导向的情境中,女性比男性表现出更多的积极情绪,但是男性在自我导向的情境中会比女性表现出更多的积极情绪[②];女性对高兴和悲伤情绪的刻板性表达主要与人际的、社会性的情境相联系,如跟家人和朋友的关系[③]。因此情绪表达的性别差异与关系导向的情境存在更为明显的相关。另外情绪表达的性别差异还与情绪的种类、性质有关。与男性相比,女性对羞愧、害怕、悲伤等情绪更具表达性,并且报告了更高水平的悲伤和沮丧。[④]但是有关愤怒情绪的研究结果却并不一致,一些研究发现男性更多地表达他们的愤怒情绪,并且表达的强度比女性高[⑤],但其他一些研究并未发现这样的性别差异。[⑥]关于情绪表达的性别差异最常见的解释是,男孩和女孩社会化的程度非常不同,到了成年期,表达规则更许可女性表达她们的情绪,但表达规则对男性的情绪表达具有更多的效应。

2.个体特征

在同一文化同一群体内个体的情绪表达仍然会存在差异,这时个体自身的某些特征就成为情绪表达差异的来源。研究者们对此进行的研究主要集中在个体的人格特质以及年龄上。

---

① 周爱保、谢珮:《文化在非言语情绪表达中的作用》,《西南民族大学学报(人文社会科学版)》2022年第11期,第216-222页。

② Hess, U., Adams, J. R.B., Kleck, R.E.“Who may frown and who should smile? Dominance, affiliation, and the display of happiness and anger”, *Cognition & Emotion*, vol. 19, no. 4 (2005), pp.515-536.

③ Hutson-Comeaux, S. L., Kelly, J. R. “Gender stereotypes of emotional reactions: How we judge an emotion as valid”, *Sex Roles*, vol. 47, no. 1-2 (2002), pp.1-10.

④ Ebert, I. D., Steffens, M. C., Kroth, A. “Warm, but maybe not so competent? Contemporary implicit stereotypes of women and men in Germany”, *Sex Roles*, vol. 70, no. 9-10 (2014), pp.359-375.

⑤ Becker, D. V., Kenrick, D. T., & Neuberg, S. L.,et al. “The confounded nature of angry men and happy women”, *Journal of Personality and Social Psychology*, vol. 92, no. 2 (2007), pp.179-190.

⑥ Karnadewi, F., Lipp, O. V. “The processing of invariant and variant face cues in the garner paradigm”, *Emotion*, vol.11, no.3 (2011), pp.563-571.

(1)人格特质。

大五人格中的外倾性和神经质这两种变量会影响个体的情绪表达。从理论概念上来说,外倾性和神经质会影响情绪产生过程的前三步,即个体面对和选择的环境、个体评价情绪刺激的方式、情绪反应倾向的阈限和强度,以及情绪的主观体验。格罗斯的研究也证实,情绪表达性与大五人格中的神经质和外倾性呈正相关,而进一步的研究还发现,外倾性和神经质并不能调节情绪体验和情绪表达之间的关系。[①]还有的研究表明,大学生的外倾型人格、真实自我呈现策略与正性情绪表达关系密切,真实自我呈现策略在外倾型人格与正性情绪表达的关系中存在部分中介效应。[②]这意味着大五人格中的外倾性和神经质通过影响情绪产生过程的前三步而非反应调节环节来影响最终的情绪表达行为。

(2)年龄特征。

人们一般认为,个体会随着年龄的增加而越来越不愿意表达自己的情绪。通过采用自我报告法和行为观察法,研究者们考察了情绪表达行为是否和主观体验一样随年龄的增长而减少,但得到的结果较为复杂。劳顿(Lawton)的研究发现,尽管与年轻人相比,老年人的生理反应减弱了,但对情绪信息的自发反应在主观和行为水平上仍然完好无损。[③]老年人与年轻人相比,抑制或增强情绪所产生的行为反应和情绪体验,不管是自我报告还是在生理反应上都没有年龄差异。[④]老年人的情绪体验,不管是在强度还是持久性上,都没有表现出随年龄的增长而下降的趋势。而且,研究者还发现老年人与年轻人相比更少加工负性信息。[⑤]

综合以上研究,我们可以发现不管是自我报告法,还是行为观察法,都没有获得情绪表达行为随年龄的增长而减少的证据。同时研究结果也表明,负性情绪表达随着年龄的增长反而有所下降。这可能是由于丰富的生活经验,提高了老年人对事物的熟悉度和适应能力。

---

① Gross, J. J., John, O., Richards,J.M. "The dissociation of emotion expression from emotion experience: A personality perspective", *Personality and Social Psychology Bulletin*, vol. 26, no. 6 (2000), pp.712-726.

② 陈飞鸿、庄耿森、王端婷等:《371 名大学生微信朋友圈人格、自我呈现策略与情绪表达的关系》,《中国校医》2022 年第 6 期,第 405-407 页,480 页。

③ Lawton, M. P. "Emotion in later life", *Current Directions in Psychological Science*, vol. 10, no.4(2001), pp.120-123.

④ Kunzmann, U., Kupperbusch, C. S., Levenson, R. W. "Behavioral inhibition and amplification during emotional arousal: A comparison of two age groups", *Psychology and Aging*, vol. 20, no .1 (2005), pp.144-158.

⑤ Charles, S. T., Mather, M., Carstensen, L. L. "Aging and emotional memory: The forgettable nature of negative images for older adults", *Journal of Experimental Psychology: General*, vol. 132, no.2(2003), pp.310-324.

3.情境

现有的情绪理论和最近的实证研究表明，情绪表达行为很容易受到社会性因素的影响。情境与情绪体验本身相比，可能是情绪表达行为更有利的决定因素。

(1)他人在场。

他人在场可以修正情绪表达行为。瓦格纳和李(Wagner，Lee)回顾了单独和社会性情境下的情绪表达的有关研究，总结出两点结论：一方面，社会性情境会使个体增加面部情绪表达，如在其他儿童在场的情境下，儿童看到有趣的故事时微笑和大笑的次数比单独在场的时候要多；另一方面，社会性情境会抑制情绪的面部表达，如与儿童单独在场的时候相比，主试在场会抑制儿童的面部表情。[①]雅格比(Jakobs)等人的研究也发现，比起更具社会性的情境，单独在场的被试看悲伤电影片段时表现出了更多消极的情绪表达，也就是说他人在场抑制了情绪表达。[②]那么，实际上到底是怎样的呢？李的研究可以提供参考，其他人(主试)在场的情境下，被试在谈论积极的过去经验时表现出更多的微笑，而在谈论消极经验时却表现出更少的消极表情。[③]可能的解释是，另外一个人的在场提供了额外的刺激，也就是说当某一情绪刺激呈现时有另外的人在场，这些刺激会联合起来影响个体的情绪表达。当某一情境的社会性很小时(如单独看电影片段)，个体的情绪表达很少受到表达规则的影响，因为缺少社会性的刺激来激发这些规则。

此外，其他人物理上在场或不在场对情境的社会性和情绪表达也有影响。例如，在看幽默电影时，让被试认为并相信朋友就在隔壁房间看相同的电影，被试微笑的次数和朋友在身边一起看时是一样的[④]，在看悲伤的电影时也有类似的效应[⑤]。雅格比等人对弗莱德伦特(Fridlund)的研究进行了修正和扩展，进一步证明了情境的社会性对情绪表达的影响仅限于他人在场或不在场，而朋友是不是在做相同的任务对微笑的次数并没有影响。[⑥]

① Wagner, H. L., Lee, V. *Facial Behavior Alone and in the Presence of Others.* In Philippot,P.,Feldman,R.S.,Coats,E.J.(Eds).*The Social Context of Nonverbal Behavior.* Cambridge: Cambridge University Press, 1999.pp.262-286.

② Jakobs, E., Manstead, A. S. R., Fischer, A. H. "Social context effects on facial activity in a negative emotional setting", *Emotion*, vol. 1, no. 1 (2001), pp.51-69.

③ Lee, V., Wagner, H. "The effect of social presence on the facial and verbal expression of emotion and the interrelationships among emotion components", *Journal of Nonverbal Behavior*, vol. 26, no 1 (2002), pp.3-25.

④ Parrott, W. Gerrod. *Emotions in social psychology: Essential readings.* New York: Psychology Press, 2001, pp.265-280.

⑤ Fridlund, A. J., Kenworthy, K. G., Jaffey, A. K. "Audience effects affective imagery: Replication and extension to dysphoric imagery", *Journal of Nonverbal Behavior*, vol. 16 (1992), pp.191-212.

⑥ Jakobs, E., Manstead, A. S. R., Fischer, A. H. "Social motives and Emotional feelings as determinants of facial display: the case of smile", *Personality and Social Psychology Bulletin*, vol. 25, no.4 (1999), pp.424-435.

(2)在场他人的特点。

对方的性别会影响个体的情绪表达。在个体一生的发展中,尤其是在青少年时期和成年早期,社会交往会因交往对象是同性还是异性而大为不同,这种差异会通过许多重要的行为表现出来,包括情绪表达行为。大量研究表明,个体在跟同性的人互动时比跟异性的人互动时表现出了更多的表达行为。门兹(Mendes)等通过测量被试的心血管反应,发现对同性陌生人的情绪表达会被体验为一种挑战,而对异性陌生人的情绪表达则会被体验为一种威胁。[①]挑战被知觉为积极的,而威胁被知觉为消极的,这可能是造成与同性或异性互动时情绪表达差异的原因。

在场的其他人与个体的关系也会影响个体的情绪表达。瓦格纳和李指出,情境的社会性可以根据其他人的角色、在场的人之间的关系相区别,当在场的其他人是被试的朋友时,个体对情绪的面部表达会增加,但是如果在场的是陌生人时,相应表达就会减少。[②]总结关于这方面的研究可以得出以下结论:积极情绪的表达会因熟悉的人在场而变得更为容易,而消极情绪的表达则会因为不熟悉的人在场而受到限制。

四、情绪表达的方法学研究

在实验室进行情绪表达的研究,一般遵循如下范式:(1)在明确控制的环境中引发特定的情绪;(2)采用标准化的量表获得被试自我报告的情绪体验;(3)通过仪器获得被试的生理反应;(4)观察并记录被试的情绪表达行为;(5)对情绪表达行为进行客观编码。虽然实验的范式基本相同,但研究者们采用的实验任务却有多种,包括观看电影片段、情绪再体验任务以及讨论特定情绪话题等。

(一)情绪性电影

被试观看电影短片或片段(3分钟左右),这些电影片段经过筛选,可以引发特定情绪。在被试观看电影时,测量被试的生理反应并记录其面部表情。在每段电影结束之后,要求被试对自己体验到的情绪强度进行等级评定,也有些研究要求被试用有刻度的转盘来表明每一时段的情绪反应。这种方法,不依赖于被试的回忆或想象,是一种固定的刺激,主试容易对其进行控制。在引发特定情绪的研究中,此方法是最为常用的。[③]

---

① Mendes, W. B., Reis, H., Seery, M. D., et al. "Cardiovascular correlates of emotional expression and suppression: Do content and gender context matter", *Journal of Personality and Social Psychology*, vol. 84, no. 4 (2003), pp.771-792.

② Wagner, H. L., Lee, V. *Facial Behavior Alone and in the Presence of Others.* In Philippot,P.,R.S.,Coats,E.J.(Eds).*The Social Context of Nonverbal Behavior.* Cambridge: Cambridge University Press, 1999.pp.262-286.

③ Mauss, I. B., Levenson, R. W., McCarter, L., et al. "The tie that binds? Coherence among emotion experience, behavior, and physiology", *Emotion*, vol. 5, no. 2 (2005), pp.175-190.

(二)情绪再体验任务

对每种需要再体验的目标情绪,给被试一段描述和相应的情绪标签,要求被试回忆生活中体验到特定情绪特别强烈的时期,并且回忆那段经历。当被试重新回忆并体验到特定情绪时,发信号通知主试并接着体验15秒。在这15秒内记录下被试的生理反应和面部表情。实验结束后要求被试对自己体验到的情绪强度进行等级评定。这种任务需要事先进行练习,并依赖于被试过去的经验,在蔡(Tsai)等人的研究中应用得最多。①

(三)特定话题谈论

该方法要求夫妻双方完成3段15分钟的对话,每段的话题都和他们的婚姻相关(如日常事件、婚姻问题、令人高兴的计划)。在这一过程中测量并记录被试的生理反应,并记录和编码被试的情绪表达行为。谈话结束后,夫妻双方观看录像并用刻度转盘对每一时刻的情绪体验进行评价。后来这种方法在情绪表达的研究中被广泛采用,主试可以给出特定的几个话题让被试进行谈论,也可以先给出目标情绪,让被试自己列出几个问题并确定其强度,选择中等强度的事件进行谈论。

(四)情境故事

以文字材料的形式向被试呈现一系列设计好的情绪故事,每个情绪故事由几个句子构成,可以引发特定情绪。被试阅读完之后对故事中主人公的反应进行评价,包括反应的强度和恰当性等,也可以让被试想象如果自己遇到这种情境会如何反应。这种方法材料易得,程序简单,但是会受到被试的文字理解力、情节想象力以及社会评价的影响。

五、已有研究存在的不足

情境是影响情绪表达非常重要的因素,甚至许多文化的、社会的规则在调节情绪表达时也取决于情境的需要。目前关于情境对情绪表达的影响已经有了一些研究,比如其他人的在场、在场的其他人与个体的关系、在场的其他人的性别、其他人的在场与不在场等对情绪表达的影响。这些研究为我们了解情境在情绪表达中的作用提供了实证经验和参考。但目前的研究存在以下不足:一方面只考虑单一因素对情绪表达的影响的研究较多,但在实际情境中,情绪表达会受到多因素的影响,因而需综合考虑各种因素对情绪表达的影响;另一方面缺乏对情绪表达的深层次问题的研究,对于情境的哪些社会属性是决定个体情绪表达的关键因素,这些因素之间有什么内在的联系,等等,现有研究并没

---

① Tsai, J. L., Chentsova-Dutton, Y., Freire-Bebeau, L., et al. "Emotional expression and physiology in European Americans and Hmong Americans", *Emotion*, vol. 2, no. 4 (2002), pp.380-397.

有进行较为深入的探讨。

综合已有的关于情境对情绪表达的影响的研究，我们发现在场他人的特点及他人与个体之间的关系对情绪表达有着重要的影响。就在场他人的特点而言，性别是一个重要因素。而就他人与个体之间的关系而言，可以是陌生人、一般认识的人、朋友、恋人或亲人等关系层次，它包括了各种社会性因素如亲密度、熟悉度以及社会支持等，而熟悉度是其中一个重要的社会属性，贯穿这一关系的始终。因此，本研究将切入点放在个体与在场他人的性别异同以及熟悉度这两种社会属性上，考察性别异同和熟悉度这两种情境的社会属性对大学生情绪表达的影响。

六、研究设计

（一）研究目的

探索情境的社会属性（双方的性别异同、双方的熟悉度）对个体情绪表达数量的影响，以及对个体情绪表达控制程度的影响。

（二）研究思路

1.情绪的种类

根据实验室研究的需要并结合大学生的实际情况，本研究选择正性情绪和负性情绪各一种，即高兴和厌恶。高兴是大学生最经常表达的正性情绪，而且容易在实验室引发。选择厌恶这种负性情绪的原因是，与其他负性情绪相比，厌恶几乎是一种本能的情绪反应，在实验室非常容易引发，而且有着很明显和独特的面部表情。虽然恐惧这种情绪也具有以上特点，但研究过程中容易对被试造成不良影响，因而本研究不选择恐惧作为负性情绪。

2.情境的社会性

以往的研究采用的是主试和被试之间的性别异同设置，也就是说主试或其助理跟被试是同性别或者异性别，在这种设置之下考察被试的情绪表达。考虑到研究的可操作性，本研究采用被试之间的性别异同设置，也就是说将被试分为同性别组、异性别组。

考察双方的熟悉程度对情绪表达的影响，可以选择陌生人、一般同学、朋友、恋人等不同熟悉程度的关系层次。但是一般同学、朋友、恋人之间的关系除了熟悉度之外，还会涉及其他诸如亲密性、信任感、社会支持等社会性因素。因此，我们选择陌生人作为研究对象，让彼此陌生的被试事先进行短时间的交流，与完全没有交流的陌生人相比，其差异很大部分上就是熟悉度上的差异，同时两人的关系却不涉及亲密性等其他社会性因素。

第二节 情境的社会属性影响大学生情绪表达的研究

一、研究假设

假设1:同性别他人在场会促进个体对正性情绪的表达,而异性别他人在场则会抑制个体对负性情绪的表达。

假设2:随着与他人熟悉度的增加,个体会表现出更多的情绪表达。

假设3:女性比男性有更多的情绪表达。

二、研究设计

实验室实验法,采用2(同性别、异性别)×2(无互动、有互动)×2(正性、负性)混合实验设计。

(一)自变量

双方的性别异同:两个同性别的人被分为一组即为“同性别组”,两个异性别的人被分为一组即为“异性别组”。

双方的熟悉度:在参加实验之前,实验选择的被试相互之间并不认识。实验开始时,如果不给被试进行交流的时间和机会,这组被试是完全陌生的“无互动组”;如果先让陌生的被试进行认识和交流,这组被试是相对熟悉的“有互动组”。

情绪事件的正负性:选择“高兴”作为正性情绪,“厌恶”作为负性情绪。

(二)因变量

在情绪事件中,被试符合编码系统的面部表情和行为作为因变量,以频率作为评分标准。

(三)控制变量

需要保证实验中被试情绪表达的变化是由情境的社会性引起的,而非其他的无关因素,因此需要对一些额外变量进行控制。

1.情绪事件的强度

除了情绪事件的性质,情绪事件的强度也会影响被试的情绪表达。情绪刺激的强度过高或过低都不利于区分被试情绪表达的差异,因此通过对情绪的评定,我们将情绪事件的强度控制在中等的范围之内。

2.个体的情绪表达程度

在面对同样的情绪事件时，高情绪表达程度的个体倾向于更多更明显地表达自己的情绪，而低情绪表达程度的人恰恰相反，有时甚至几乎没有外显的有关他们内心体验的信号。因此，在考察情境对情绪表达的影响时，我们通过发放情绪表达问卷来筛选被试，从而对因被试本身的情绪表达程度引起的情绪表达的差异进行控制。

三、实验研究

（一）刺激材料的准备

1.材料的筛选

准备多组电影片段进行初步筛选，最终确定5个电影片段，其中引发高兴、厌恶情绪的片段各1个，中性片段3个。中性片段选自《BBC自然风情写真》，3个中性片段的时间都为1分钟30秒。高兴片段选自《憨豆先生》，时间为4分钟25秒。厌恶片段选自《撕裂人》，时间为4分钟50秒。

由心理学专业的研究生对这5个电影片段进行评定，在每个片段放映完毕后，对每个片段能够引发被试情绪感受的程度进行1～6等级的评价，完成包含6种常见情绪（高兴、厌恶、难过、愤怒、惊奇、恐惧）的列表。各电影片段评价结果见表10.1和表10.2。

表10.1　电影片段的专家评价结果表（$M\pm SD$）

	中性1	中性2	中性3	正性	负性
高兴	2.06±1.12	1.63±0.81	2.31±1.20	5.56±0.63	1.00±0.00
惊奇	3.38±1.59	3.13±1.54	2.37±1.26	1.56±0.81	2.37±1.02
难过	1.06±0.25	1.00±0.00	1.00±0.00	1.00±0.00	2.56±1.71
愤怒	1.00±0.00	1.00±0.00	1.00±0.00	1.00±0.00	1.62±0.96
厌恶	1.00±0.00	1.00±0.00	1.00±0.00	2.19±1.22	5.56±0.73
恐惧	1.00±0.00	1.00±0.00	1.00±0.00	2.00±1.10	4.00±1.63

表10.2　电影片段的专家一致性系数

	肯德尔和谐系数
中性片段1	0.65^{***}
中性片段2	0.65^{***}
中性片段3	0.61^{***}
正性片段	0.73^{***}
负性片段	0.79^{***}

注：$p^{***} < 0.001$。

由以上结果可以看出，中性片段在愤怒、厌恶、恐惧这三种情绪上的得分极低（1=非常弱），在惊奇、高兴情绪上的得分比上面三种情绪稍高，可能是因为所截取的中性片段是自然风景片段，可引起新奇、愉悦的感受。正性片段在高兴情绪上的得分显著高于其他情绪，且其他情绪的得分都低于3，符合刺激材料的筛选要求。负性片段在厌恶、恐惧情绪上的得分显著高于其他情绪，虽然这一片段的目标情绪是厌恶，但材料本身不可避免会激发恐惧情绪，而恐惧也属于负性情绪。所选取的各片段的肯德尔和谐系数均在0.60以上，且均达极其显著水平。因此，各电影片段基本符合实验要求，可以作为本实验中引发被试情绪反应的刺激材料。

2.材料的组织

由电脑控制、采用投影仪自动播放电影片段，5个片段放映的顺序为：中性1→高兴→中性2→厌恶→中性3，其中中性片段1的目的是使被试尽快适应实验，中性片段2的作用是降低前面高兴片段给后续的厌恶片段造成的影响，中性片段3的作用是缓解厌恶片断给被试造成的后续影响。每个片段放映完毕之后会有1分钟的空白时间。

（二）被试

1.被试的筛选

采用克林（Kring）等编制、陈会昌翻译的情绪表达量表，筛选情绪表达性程度大致相同的被试。[①]在这一量表中，情绪表达被定义为“个体向外表现出其情绪的程度”，采用Likert 6点计分（1＝从不，6＝总是），得分越高表示越乐于情绪表达。研究表明，该量表具有较好的信效度。[②]克林采用这一量表对大学生进行测试，得出了如下常模：女性（66.0±12.71），男性（61.25±12.69）。但根据以往的研究，西方人和东方人在情绪表达上存在差异，西方人比东方人更具表达性，因而这一常模可能并不适用于我国大学生。

本研究采用该量表对300名大学生进行测试，有效数据为281份。本次测量中情绪表达量表的内部一致性信度为0.86，表明该量表具有良好的信度。选择得分在平均数上下1个标准差范围内的大学生作为本研究的被试，并认为其情绪表达性水平基本一致（见表10.3）。

表10.3　被试选择标准

	平均分	标准差	N
女性	62.62	10.00	141
男性	57.59	11.22	140
总计	60.22	10.96	281

---

① Kring, A. M., Smith, D. A. Neale, J. M. “Individual differences in dispositional expressiveness: Development and validation of the Emotional Expressivity Scale”, *Journal of Personality and Social Psychology*, vol. 66, no. 5 (1994), pp.934-949.

② 邓丽芳、郑日昌：《大学生的情绪向性、表达性与心理健康关系的研究》，《心理发展与教育》2003年第2期，第69-73页。

2.被试的分组

在符合要求的大学生中随机选择100人(男女比例一致)。每两个人为一组被试,同性别有互动的10组,同性别无互动的10组,异性别有互动的10组,异性别无互动的10组。另外还有20名被试分别单独参加实验,没有与其他人分为一组,作为对照组。

(三)程序

被试进入实验室之前,隐藏摄像机并使其处于工作状态。每对被试或每个被试进入实验室之后,主试告知被试这是一个有关电影心理学的研究,目的是检验电影让人“入戏”的品质,这样说明是为了转移被试对实验真正目的的注意,同时也让被试更注意电影材料本身。放映电影时主试不在场,告知被试会通过电脑在投影仪上自动放映5个电影片段。每个片段放映完毕之后有1分钟间隔时间,在间隔时间中要求被试在6点量表上对六种情绪(高兴、厌恶、难过、愤怒、惊奇、恐惧)的感受程度进行评价,以获得被试的主观体验信息。在被试观看电影的整个过程中,通过摄像机记录下被试的面部表情。

不同的是,对无互动的20组被试,主试在两个被试进入实验室后就告知实验正式开始,不让被试有时间交流,然后说明指导语并放映电影片段,主试离开。对于有互动的20组被试,主试安排两个被试相互认识并进行交流10分钟后,告知被试实验正式开始,说明指导语并放映电影片段,主试离开。对单独参加实验的被试,被试进入实验室之后,主试给被试放映电影,然后主试离开,让被试单独在实验室中观看。实验结束之后,告知被试因为实验需要对他们进行了录像,征得被试的同意后将录像资料用于研究。

(四)表情的编码

参考广泛使用的面部表情编码系统(FACES)的编码方法,对记录下来的被试表情进行编码。在面部表情编码系统中,表情被定义为从中性表情到非中性表情再回到中性表情时面部的任何变化,编码者需要对每种表情的效价(正性或负性)、频率(出现的次数)、强度(采用4点量表,1=低,4=很高)进行评价,另外还要记录每种表情的持续时间。因此面部表情编码系统对每个电影片段要有3个变量:频率、强度、持续时间。根据以往研究,3个变量(频率、强度、持续时间)之间的相关很高,采用强度和持续时间进行单独分析得到了和频率一样的结果。所以,为了降低数据分析时因变量的数量,我们仅对面部表情的频率这一变量进行了分析。

本研究中,由4名对电影内容毫不知情的评分者对记录下来的表情资料进行评定,只对目标片段即正性与负性电影片段下的被试表情进行编码,且只关注目标行为,辨别并统计目标行为出现的次数。

目标行为的编码如下。

(a)高兴(AU6+AU12,双向AU12)

AU6:面颊上抬

AU12:口角后拉

(b)厌恶(AU4,AU9+AU10)

AU4:额眉低垂

AU9:鼻纵起

AU10:上眼睑上抬

除了以上两种非常明显的厌恶表情之外,其他身体动作如皱眉、回避、掩饰嘴部或面部等也需要记录其次数。评分者需要注意被试的动作是由电影片断引起还是其自身的一些习惯性动作,评分完毕后将统计结果记录在评分细目表中。

评分者之间的信度通过计算变量的组内相关系数获得,以往采用FACES的研究中这些相关系数很高(0.70~0.97)。一般情况下,只有当评分者的评分相关系数在0.7以上时,才将其评分作为被试面部表情的得分。结果表明,正性电影片段和负性电影片段下的被试表情得分的评分者一致性系数都很高(0.8以上),可以将4名评分者的评分均数作为被试的最终表情得分(见表10.4)。

表10.4　表情得分的评分者一致性系数

	肯德尔和谐系数
正性片段	0.92***
负性片段	0.87***

注:$p^{***} < 0.001$。

四、实验结果

(一)情绪表达的表情得分分析

1.各因素主效应及交互作用分析

计算各组被试在不同实验情境下表情得分的平均值和标准差。接着,对不同情境下被试的表情得分做三因素混合设计的方差分析(见表10.5和表10.6)。从表中可以得出,性别异同在正性表情得分上存在主效应,性别在负性表情得分上存在主效应,熟悉度在正性表情和负性表情上均不存在主效应,三变量两两之间的交互作用均不明显。

表 10.5　各情境下被试表情得分的统计量(次数)

	性别异同	熟悉度	N	$M \pm SD$
正性表情得分	同性别	无互动	19	13.84±4.19
		有互动	20	14.35±6.04
	异性别	无互动	18	12.39±4.55
		有互动	18	10.82±2.77
	单独	单独	18	9.98±3.84
负性表情得分	同性别	无互动	19	5.35±2.19
		有互动	20	5.14±3.62
	异性别	无互动	18	4.96±2.90
		有互动	18	5.58±2.94
	单独	单独	18	4.11±3.49

表 10.6　各变量在表情得分上的主效应及交互作用

变异来源	因变量	平方和	均方	F
性别异同	正性表情得分	107.76	107.76	5.46^{*}
	负性表情得分	0.12	0.12	0.02
熟悉度	正性表情得分	6.01	6.01	0.30
	负性表情得分	0.21	0.21	0.03
性别	正性表情得分	56.83	56.83	2.88
	负性表情得分	202.66	202.66	28.43^{**}
性别异同·熟悉度	正性表情得分	18.73	18.73	0.95
	负性表情得分	5.02	5.02	0.70
性别异同·性别	正性表情得分	0.90	0.90	0.05
	负性表情得分	2.69	2.69	0.38
熟悉度·性别	正性表情得分	36.02	36.02	1.83
	负性表情得分	4.45	4.45	0.62
性别异同·熟悉度·性别	正性表情得分	13.41	13.41	0.68
	负性表情得分	1.46	1.46	0.21

注：$p^{*} < 0.05$，$p^{**} < 0.01$。

2. 各变量的事后比较

为了较为详细地探讨各变量的不同水平在正性和负性表情上的差异，本研究分别对性别异同、熟悉度和性别进行了事后比较（见表 10.7、10.8 和 10.9）。结果表明，对于性别异同各水平之间的差异，在正性表情得分上，同性别组与异性别组、单独组都存在显著差异，而异性别组与单独组差异不显著。在负性表情得分上，三组之间没有显著差异。对于熟悉度各水平之间的差异，结果表明，在正性表情的得分上，有互动组和无互动组之间无明显差异，但是无互动组与单独组之间差异显著，有互动组与单独组之间差异接近显著。在负性表情得分上三组之间无显著差异。而对于性别的两水平之间的差异，从表中可以看出，在正性表情的得分上，男性和女性之间无显著差异；在负性表情的得分上存在极显著差异，女性显著高于男性。进一步分析可以看出，虽然男性和女性在对正性情绪的表达上没有明显的差别，但男性更少表达自己的负性情绪。

表 10.7　性别异同的多重比较

因变量	性别异同(I)	性别异同(J)	均值差值(I–J)	标准误
正性表情得分	同性别	异性别	2.50^{*}	1.03
	同性别	单独	4.12^{**}	1.42
	异性别	单独	1.62	1.44
负性表情得分	同性别	异性别	−0.03	0.62
	同性别	单独	1.13	0.86
	异性别	单独	1.16	0.86

注：$p^{*} < 0.05$，$p^{**} < 0.01$。

表 10.8　熟悉度的多重比较

因变量	互动(I)	互动(J)	均值差(I–J)	标准误
正性表情得分	无互动	有互动	0.46	1.04
	无互动	单独	3.15^{*}	1.45
	有互动	单独	2.69^{*}	1.44
负性表情得分	无互动	有互动	−0.19	0.70
	无互动	单独	1.05	0.98
	有互动	单独	1.23	0.98

注：$p^{*} < 0.05$。

表 10.9　性别的成对比较

因变量	性别(I)	性别(J)	均值差(I–J)	标准误
正性表情得分	男	女	−1.34	0.96
负性表情得分	男	女	-3.10^{**}	0.58

注：$p^{**} < 0.01$。

（二）情绪体验的自评分数分析

1. 各因素主效应分析

为了考察性别异同、熟悉度、性别及各变量的交互作用在情绪体验上的差异，对被试自评的情绪体验分数进行三因素混合设计的方差分析（见表 10.10）。结果表明，熟悉度在正性情绪体验自评分数上存在主效应，熟悉度与性别在正性情绪体验自评分数上存在交互作用，性别异同、性别在情绪体验自评分数上不存在主效应。

表 10.10 各变量在情绪体验自评分数上的主效应及交互作用

变异来源	因变量	平方和	自由度	均方	F	事后比较
性别异同	正性情绪体验	0.01	1	0.01	0.00	
	负性情绪体验	0.81	1	0.81	0.33	
熟悉度	正性情绪体验	14.06	1	14.06	8.34*	1>2,3
	负性情绪体验	1.29	1	1.29	0.53	
性别	正性情绪体验	0.28	1	0.28	0.17	
	负性情绪体验	0.07	1	0.07	0.03	
性别异同·熟悉度	正性情绪体验	0.79	1	0.79	0.47	
	负性情绪体验	1.89	1	1.89	0.77	
性别异同·性别	正性情绪体验	0.42	1	0.42	0.25	
	负性情绪体验	0.18	1	0.18	0.07	
熟悉度·性别	正性情绪体验	7.22	1	7.22	4.28*	
	负性情绪体验	0.03	1	0.03	0.01	
性别异同·熟悉度·性别	正性情绪体验	4.33	1	4.33	2.57	
	负性情绪体验	0.28	1	0.28	0.11	

注：$p^{*} < 0.05$。

2. 性别与互动的单纯主效应分析

在正性情绪体验自评分数上，熟悉度与性别交互作用显著，因而对其进行简单主效应分析（见表 10.11）。结果表明，被激发的情绪为正性情绪时，熟悉度在性别（男性）这一水平上存在单纯主效应，无互动组的男性比有互动组、单独组的男性有更高的情绪体验。并且性别在熟悉度（无互动）这一水平上存在单纯主效应，无互动组的男性比女性有更高的情绪体验。

表 10.11 熟悉度·性别在正性情绪体验自评分数上的简单效应分析

变异来源	平方和	自由度	均方	F	事后比较
熟悉度					
男	29.29	2	14.65	10.82*	1>2,3
女	0.84	2	0.42	0.21	
性别					
无互动	7.11	1	7.11	6.38*	1>2
有互动	0.98	1	0.98	0.45	
单独	3.55	1	3.55	2.08	

注：$p^{*} < 0.05$。

（三）情绪体验与表情的相关分析

为探讨情绪体验与表情之间的关系，对被试的自评情绪体验分数与评分者对其表情的评分进行相关分析（见表 10.12）。结果表明，当被激发的情绪为正性情绪时，在同性别情境中,被试的情绪体验与表情相关不显著;异性别情境中,被试的情绪体验与表情相关显著。在有互动情境下,被试的情绪体验表情相关不显著;无互动情境下,情绪体验与表情相关显著。而在单独情境中,被试在正性情绪上的情绪体验与表情呈高度相关,且相关显著。女性在正性情绪上的情绪体验与表情相关不显著,男性在正性情绪上的情绪体验与表情相关显著。被激发情绪为负性情绪时,除了无互动的情境外,其他情境下被试的情绪体验与表情相关都不显著。

表 10.12　不同情境下情绪体验与表情的相关分析

因素	水平	情绪性质	r
性别异同	同性别	正性	0.22
		负性	0.13
	异性别	正性	0.37^{*}
		负性	0.12
熟悉度	有互动	正性	0.09
		负性	−0.15
	无互动	正性	0.43^{**}
		负性	0.37^{*}
	单独	正性	0.72^{**}
		负性	0.33
性别	男	正性	0.42^{**}
		负性	−0.09
	女	正性	0.23
		负性	0.11

注:$p^{*} < 0.05$,$p^{**} < 0.01$。

五、讨论

(一)性别异同对情绪表达的影响

当激发的情绪为正性情绪时,本研究发现个体在同性别情境下比在异性别情境下表现出更多的情绪表达,且同性别情境中的个体比单独情境中的个体表现了更多的情绪表达,而异性别情境中个体与单独情境中的个体在情绪表达上并无差异。

向同性别的个体表达情绪会比向异性别的个体表达情绪更为容易,原因可能是:同性别的个体之间更容易亲近,而人们更乐于与亲近的人分享自身的情绪。同时,同性别个体也更容易感到相似,有利于情绪的表达和接受;与异性交往包含着产生浪漫关系的可能性,对自己可能存在的缺点的担心会阻碍情绪的表达,而这种担心在跟异性交往时更容易发生。此外,对情绪表达任务的评价也会因对方性别不同而产生不同的反应,曼德斯(Mendes)等人的研究证明,对同性别陌生人的情绪表达会被体验为一种挑战,而对异性别陌生人的情绪表达则会被体验为一种威胁。[①]挑战是积极的而威胁是消极的,这种评价可能是造成差异的原因之一。

本研究还发现与单独情境相比,他人在场会更多地促进个体的情绪表达。对于这种结果可以从以下理论与研究中得到解释:他人在行为背景中存在,会直接激发人们的被评价意识,使行为情境转化为具有外加激励作用的评价情境。被评价意识的被激发,则会直接提高人们自我观察、自我评价和自我调整的水平,使行为过程实质上成为一个由高度自我意识支配的自我表现过程。

此外,本研究的结果进一步表明,同性别他人的在场会促使个体更多地表达情绪,而异性别他人的在场对个体的情绪表达没有影响或影响很小。这可能是因为在单独情境下,缺少社会性的刺激,也不存在被评价意识,所以个体的情绪表达很少受到表达规则的影响。同性别与异性别他人的在场都提供了一种社会性的评价情境。同性别他人在场这种情境中所具有的接近性、相似性以及所引发的积极评价,会使个体通过自我调整增加自身的情绪表达行为。而异性别他人在场的情境下,个体由于异性别他人所带来的威胁以及对可能存在缺点的担心,不会表现出更多的情绪表达行为。当被激发的情绪为负性情绪时:个体在单独、同性别他人在场、异性别他人在场三种情境下的情绪表达都没有明显差异。原因可能有两种,一是情境设置,二是情绪本身。但在本研究中,当被激发的情绪为正性情绪时,各情境下的被试表现出了情绪表达上的差异,说明情境的设置是有效的,因而原因可能在于负性情绪本身,即当被激发的情绪为负性情绪时,无论何种情境下个体的情绪表达都不会有差异。

(二)熟悉度对情绪表达的影响

当被激发的情绪为正性情绪时,本研究发现有互动组、无互动组的个体都比单独情境下的个体表现出更多的情绪表达,而有互动组与无互动组之间,在情绪表达上没有显著差异。

首先是与单独情境相比,有互动组与无互动组都表现出了更多的情绪表达,说明他人在场确实会促进个体对正性情绪的表达,原因是社会性情境激发了个体的被评价意识,造成个体情绪表达行为的改变。其次,本研究的结果表明有互动组与无互动组之间

---

① Mendes, W. B., Reis, H., Seery, M. D., et al. “Cardiovascular correlates of emotional expression and suppression: Do content and gender context matter”, *Journal of Personality and Social Psychology*, vol. 84, no. 4 (2003), pp.771-792.

没有差异，说明互动组、无互动组之所以会比单独组有更多情绪表达，是因为他人在场，跟个体间的熟悉度没有关系。但已有的研究表明，情境的社会性会根据在场他人与个体之间的关系而有区别，对积极情绪的表达会因熟悉的个体在场而变得更为容易，而对消极情绪的表达则会因为不熟悉的个体在场而受到限制。[①]而本研究却并没有发现个体间熟悉程度的不同会引起情绪表达上的差异。

对于此种研究结果的差异，最可能的解释就是互动组与无互动组的设计上不够严密。两组之间的差异是在电影片段播放之前有没有进行10分钟的交流，这一处理所引起的熟悉程度上的差异不足以对被试的情绪表达产生影响。因此，实验结果显示了他人在场对被试的情绪表达行为的影响，而熟悉度这一处理没有产生应有的效应。因为从关系建立的过程上来说，关系的发展一般经过定向、情感探索、感情交流、稳定交往四阶段。定向阶段包含对交往对象的注意、抉择和初步沟通等，这一阶段是选定一个交往对象，试图与这一对象建立某种联系的实际活动，并对别人获得一个初步的了解。

实验安排一组被试之间相互交流10分钟，使两人之间进行基本信息的交换和初步的了解，这样就把被试之间的关系控制为短期关系，同时是一个定向阶段，可以基本保证无互动组被试与有互动组被试之间的差异仅仅是熟悉程度这种差异而不涉及其他的诸如亲密、信任等情感因素。分析实验结果可以得出两种可能的结论：一是这种定向阶段的交流所引起的熟悉度差异对个体的情绪表达没有影响；二是熟悉程度并不是能对情绪表达产生影响的社会性因素，而可能是信任感、亲密度等更深卷入程度的因素。当被激发的情绪为负性情绪时，个体在单独、无互动、有互动三种情境下的情绪表达都无差异。原因可能在于负性情绪本身，当被激发的情绪为负性情绪时，无论何种情境下个体的情绪表达都不会有差异。

（三）性别对情绪表达的影响

关于性别对情绪表达的影响，本研究发现，在负性情绪的表达上女性显著高于男性，而在正性情绪的表达上两性之间并无差异。人们一般认为女性更情绪化，对情绪的表达更多，但实际上情绪表达的性别差异还与情绪的种类及性质有关。比如，女性对羞愧、害怕、悲伤和沮丧等负性情绪更具表达性，而男性在愤怒情绪上的表达比女性更频繁且强度更大。[②]原因可能在于以下两点：一是男孩和女孩社会化的程度不同，到了成年期，表

---

① Wagner, H. L., Lee, V. *Facial Behavior Alone and in the Presence of Others.* In Philippot,P.,Feldman,R.S.,Coats,E.J.(Eds).*The Social Context of Nonverbal Behavior.* Cambridge: Cambridge University Press, 1999.pp.262-286.

② Hess, U., Adams, R., Kleck, R. "When two do the same, it might not mean the same:The Perception of Emotional Expressions Shown by Men and Women", Group Dynamics and Emotional Expression,2007,pp.33-52.

达规则更许可女性表达她们的情绪尤其是负性的情绪;二是正性情绪与负性情绪的社会接纳程度不同,人们更容易接受正性情绪的表达,而负性情绪的表达经常会被认为是“不合时宜”的,尤其是对男性来讲,诸如悲伤等负性情绪的表达经常会受到表达规则的影响。

(四)熟悉度对情绪体验的影响

关于熟悉度对情绪体验的影响,本研究发现,被激发的情绪为正性情绪时,无互动情境下的男性比单独、有互动情境下的男性有更高的情绪体验;无互动情境下的男性比女性有更高的情绪体验。除无互动这一情境外,其他社会性情境对被试的内在情绪体验并无影响。个体并不会因在场他人的性别异同而增加或减少情绪体验;双方有互动的情境对个体的情绪体验程度没有影响。值得注意的是,无互动这种情境对个体情绪体验的影响也只限于男性。在无互动的情境下,男性比在单独及有互动情境下有着更强的正性情绪体验,男性比女性有更高程度的正性情绪体验。可以得出结论:男性在无互动情境下有更高强度的正性情绪体验,即当陌生人在场时男性会有更高程度的正性情绪体验。

根据情绪的社会建构理论,人们对环境的情绪反应依赖于特定的认知评价,这种评价不仅可以将个体与情境联系起来,还可以促成个体对环境的情绪反应的分化。个体每天面对和选择的情境有很大不同,也就接受了不同的环境刺激,个体对这些刺激的解释和评价会减弱或增大这些刺激的效应,从而有不同的情绪体验。因而男性之所以在陌生人在场的情境下有更高的正性情绪体验,是因为他对这种情境刺激独特的评价方式,增大了其情绪体验的强度。

(五)情绪体验与情绪表达一致性

1.情绪体验与表情的先天一致性

在单独情境中,被试在正性情绪上的情绪体验与表情呈高相关,说明在非社会性的情境下,个体很少对正性情绪的表达进行控制,表现出了情绪体验与情绪表达的一致性。这种一致性得到研究者们的公认:无论从性质还是从适应的含义上,情绪体验与外显表情行为均具有确定无疑的先天一致性。[①]这种先天一致性推测性定理——“母性遗传的预期功能”认为,在生活过程中,有机体有许多逐步做出适应反应的心理结构,它的功能早在它必须实际起作用前就已潜存了。随着年龄的增长,自我意识逐渐产生,对表情的认知得到发展,逐步产生了对表情的有意修饰、夸大或掩盖。

---

① 孟昭兰:《情绪心理学》,北京:北京大学出版社2005年版。

在单独情境下是不存在人际关系和人际交往的，缺少社会性的刺激也不存在被评价意识，因此个体的情绪表达很少受到表达规则的影响，也就没有必要对自身的情绪表达进行调节控制。实验结果也证明了这一点：在单独情境下，被激发情绪为正性情绪时，个体对自己的表情没有进行控制，其情绪反应体现了表情的先天反应的特性。

2.对负性情绪表达的调节具有跨情境一致性

单独情境中，被试在负性情绪上的情绪体验与表情相关不显著，其内在情绪体验与外在表达并不一致。在单独情境下没有社会性的刺激来激发表达规则，个体依然会控制自己负性情绪的表达，这似乎已经成为一种习惯化的行为模式。社会性情境中，性别异同以及熟悉度的情境设置对个体负性情绪的表达都没有影响，而情境本身的设置被证明是有效的，那么原因应该归于负性情绪本身。对负性情绪而言，无论个体所处的情境是非社会性还是社会性的，被试的情绪表达与情绪体验之间的相关都不显著，同时在负性情绪的表情得分上也不存在差异。可以看出个体对负性情绪的调节是一种普遍的行为倾向，具有跨情境的一致性，从而可以解释为什么在社会性的情境中，无论是性别异同的设置还是有无互动的设置，都没有发现被试负性情绪表达上的差异。

3.女性有夸大情绪表达的倾向，男性有抑制情绪表达的倾向

男性对正性情绪的表达与其情绪体验具有更高的一致性，而前面也提到男性和女性在正性情绪的外在表达上并无差别。也就是说，在同等程度的外在表现下，男性更可能体验到了同等程度的情绪体验并将其如实表达出来，而女性并没有这种强度的内在情绪体验，但其外在表达却达到这种强度，可以推断女性可能对正性情绪进行了夸大表达。关于这一结论可以用无互动这种情境作为特例来证明，无互动情境下，男性报告了更高的正性情绪体验（见表10.11），但是其正性情绪的表达却跟女性不存在差异。既然男性更倾向于如实表达自己的正性情绪，那么可能是女性对正性情绪进行了夸大的表达。

男性和女性在负性情绪上，其内在情绪体验与外在表达相关都不显著，也就是说都运用了情绪表达规则来调节自己的情绪表达行为，而最终的表现就是女性比男性表现出了更多的负性情绪表达。研究又发现，男性和女性在负性情绪的体验上没有差异。也就是说，男性和女性有同等程度的负性情绪体验，但是女性却有更高强度的负性情绪的表达。造成这种结果的原因可能是女性夸大了这种负性情绪的表达，或者是男性抑制了负性情绪的表达。综上，从情绪体验与情绪表达的一致性程度来看，不管是正性情绪还是负性情绪，女性有夸大情绪表达的倾向，而男性则有抑制情绪表达（至少是如实表达）的倾向。

附录

情绪表达性量表

指导语:请仔细阅读下列题项,并根据自己的实际情况选择对应的选项。

题 项	选项					
	从不	几乎不	偶尔	经常	几乎总是	总是
1.我认为我自己是一个爱表达情绪的人	1	2	3	4	5	6
2.人们认为我不是一个情绪化的人	1	2	3	4	5	6
3.我隐藏自己的感情	1	2	3	4	5	6
4.我常被别人认为是冷漠的	1	2	3	4	5	6
5.人们可以看出我的情绪状况	1	2	3	4	5	6
6.我在别人面前表现情绪	1	2	3	4	5	6
7.我不喜欢让别人知道我的情感如何	1	2	3	4	5	6
8.我能在别人面前哭	1	2	3	4	5	6
9.即使我的情绪非常激动,我也不让别人看出我的情感	1	2	3	4	5	6
10.别人不容易看出我的情感怎样	1	2	3	4	5	6
11.我不是一个爱表达情绪的人	1	2	3	4	5	6
12.即使我正在体验着强烈的情感,我也不会把它们表现出来	1	2	3	4	5	6
13.我掩饰不住自己的情感	1	2	3	4	5	6
14.别人认为我是一个很情绪化的人	1	2	3	4	5	6
15.我不对别人表达自己的情绪	1	2	3	4	5	6
16.我的真实情感与别人所认为的不同	1	2	3	4	5	6
17.我抑制自己的情感	1	2	3	4	5	6

被试情绪体验自评表

指导语:本实验会播放5个电影片段,在每个电影片段结束后会有1分钟的空白时间。在这1分钟时间内,请根据自己的感受来评价这一片段引起的情绪强度,完成下面的情绪体验表。其中,1代表非常弱,6代表非常强,请选择1~6的一个数字,来表示在每一片段中感受到的各种情绪的强度。

情绪种类	情绪强度					
高兴	1	2	3	4	5	6
难过	1	2	3	4	5	6
愤怒	1	2	3	4	5	6
厌恶	1	2	3	4	5	6
惊奇	1	2	3	4	5	6
恐惧	1	2	3	4	5	6

第十一章 大学生内隐负面评价恐惧及其干预研究

社交焦虑指个体在与其他人相处的过程中感受到的消极的情绪体验。研究表明社交焦虑不仅会阻碍人们正常的社会交往，还会显著影响个体的心理、生理健康。[①]负面评价恐惧是指对他人负面或消极评价的担忧和恐惧，社交焦虑认知行为模型将负面评价恐惧作为社交焦虑的核心特征。已有研究从外显态度的角度探究了负面评价恐惧对社交焦虑的影响，但很多时候个体的态度会出现外显和内隐态度的分离现象，且内隐态度相对更稳定。[②]鉴于上述考虑，本研究拟采用内隐联想测验和阈下评价性条件反射技术考察中国文化背景下大学生群体内隐负面评价恐惧的存在性及其稳定性的特征，这有助于加深我们对社交焦虑的了解，为促进大学生良好的社会适应和心理健康提供心理科学依据。

① 张帅佳：《大学生父母教养方式以及评价恐惧与社交焦虑的关系研究》，天津师范大学硕士学位论文，2022年。

② Craeynest, M., Crombez, G., Houwer, J. et al. "Explicit and implicit attitudes towards food and physical activity in childhood obesity", *Behavior Research and Theory*, vol. 43, no. 9 (2005), pp.1111-1120.

第一节 研究概述

一、负面评价恐惧的概述

(一)负面评价恐惧的相关概念

1.评价恐惧

评价恐惧(fear of evaluation)分为负面评价恐惧和正面评价恐惧。对他人负面或消极评价的担忧和恐惧称为负面评价恐惧;对他人正面或积极评价的担忧和恐惧则称为正面评价恐惧。佩奇(Page)和耶茨(Yates)在其研究中提到评价恐惧,他们认为临床心理学家、社会学和心理学工作者不愿意参加评价性调查研究,原因是他们可能害怕他人对其工作表现进行评价[①]。帕瑟(Passer)在研究中指出评价恐惧是竞赛特质焦虑的一个重要来源。[②]实质上,以上两项研究中所说的评价恐惧仅仅指的是负面评价恐惧,而非评价恐惧。威克斯(Weeks)等人从社会认知角度提出评价恐惧的概念,将其分成负面和正面两个维度,并将之作为社交焦虑的核心特征。[③]评价恐惧的提出不仅丰富了社交焦虑领域的理论知识,而且对预测社交焦虑、进行临床干预具有重要的作用。

2.负面评价恐惧和社交焦虑

沃森(Watson)和弗兰德(Friend)提出负面评价恐惧概念,并定义为"对他人评价的忧惧,为负面评价而苦恼,以及对他人可能给自己负面性评价的预期"[④]。负面评价恐惧是

① Page, S., Yates, E. "Fear of evaluation and Reluctance to participate in research", *Professional Psychology*, vol. 5, no. 4 (1974), pp.400-408.

② Passer, M. W. "Fear of failure, fear of evaluation, perceived competence, and self-esteem in competitive-trait-anxious children", *Journal of Sport Psychology*, vol. 5, no.2 (1983), pp.172-188.

③ Weeks, J. W., Rodebaugh, T. L., & Heimberg, R. G., et al. "'To avoid evaluation, withdraw': Fears of evaluation and depressive cognitions lead to social anxiety and submissive withdrawal", *Cognitive Therapy and Research*, vol. 33, no. 4 (2009), pp.375-389.

④ Watson, D., Friend, R. "Measurement of social-evaluative anxiety", *Journal of Consulting and Clinical Psychology*, vol. 33 (1969), pp.448-457.

出现在演讲、聚会等情境中所引发的广泛社会评价性焦虑，其结构不同于社交焦虑，但又与之紧密相关。社交焦虑部分来源于感知到他人负面评价时的反应。当正在或预期参加社交活动时，负面评价恐惧属于与不良评价有关的恐惧感，而社交焦虑属于对这些情景的综合反应。社交焦虑个体为了避免潜在的负面评价会表现出一系列不同的行为，包括回避目光接触、减少说话量或降低音调、站在群体的周边等。

在唤醒焦虑的社交情境中，社交焦虑个体会更多地报告自己外表和行为的负面心理表征，例如在即兴演讲或其他社会活动中，让他们将其行为表现划分等级。[①]有研究发现，社交焦虑个体对自己行为表现划分的等级要比他人评定的低。[②]负面评价恐惧与这个等级差异有关，即自评与他评的等级差异越大，负面评价恐惧越高。[③]这些研究表明社交焦虑和非社交焦虑个体之间存在基本的感知和加工处理差异，鉴于负面评价恐惧在社交焦虑中的重要作用，可将其作为社交焦虑的核心特征。

（二）负面评价恐惧的理论解释

1.社交焦虑认知行为模型

克拉克（Clark）和韦尔斯（Wells）提出了用社交焦虑认知行为模型来解释社交焦虑个体感知和加工评价性信息的方式，并将负面评价恐惧看作社交焦虑的核心特征。[④]在社会评价性情境中，社交焦虑个体将周围人看作自己的观众，这些观众时时观察他们的外表、言语和行为，并喜好评论，可能会对他们进行负面的评价。对于社交焦虑个体而言，最危险的刺激来自周围的观众，最可怕的结果是来自周围观众的负面评价。

社交焦虑个体时常监控自己的外表和行为，如面部表情、姿势、行为以及可能影响外部表现的内部感受。自我监控获得的信息与长时记忆、观众反馈获得的信息综合形成关于自我的表征和印象。它不是个体客观观察自己后的表征，而是个体感知观众某一时刻如何看待自己的表征，是歪曲的表象。社交焦虑个体形成关于自己的偏差印象或心理表征，并认为他人也会觉察到这种偏差印象或心理表征，同时将自己的注意资源聚焦在这

① Coles, M. E., Turk, C. L., & Heimberg, R. G., et al. “Effects of varying levels of anxiety within social situation: Relationship to memory perspective and attributions in social phobia”, *Behaviour Research and Therapy*, vol.39,no.6(2001), pp.651-665.

② Lundh, L. G., Sperling, M. “Social anxiety and the post-event processing of socially distressing events”, *Cognitive Behaviour Therapy*, vol. 31, no. 3 (2002), pp.129-134.

③ Rodebaugh, T. L., Woods, C. M., & Thissen, D. M., et al. “More Information from fewer questions: The factor structure and item properties of the original and brief fear of negative evaluation scale”, *Psychological Assessment*, vol. 16, no. 2 (2004), pp.169-181.

④ Clark, D. M. *Social Phobia: Diagnosis, Assessment and Treatment.* New York: Guilford Press, 1995.

个内部表征和社会环境中感知到的评价性威胁上，即注意资源部分分配给偏差印象或心理表征，部分分配给监视社会环境中可能产生负面评价的信号，如皱眉、厌倦等。社交焦虑者通常对自我相关信息和社交威胁信息存在注意偏向，倾向于将模糊信息做消极解释，同时对负性信息也存在记忆偏向，并对负性社交信息存在过度的事后加工。对负性信息的关注及对自我负面评价的预期导致生理、认知和行为上的焦虑，焦虑进一步导致对负性信息的关注，最终导致恶性循环。①

2.心理进化模型

吉尔伯特(Gilbert)提出的心理进化模型认为，社交焦虑直接与人类交互作用中的竞争威胁相关。社交焦虑的目的是避免挑战群体中的权威人物，回避来自他人的负面评价可以避免与群体中地位高的人发生冲突，使自己保持在群体中安全的范围内。他认为社交焦虑是一种进化机制，促进非暴力的人际交往。在心理进化模型中，“自我感觉地位低下的人可能害怕地位提升，否则可能会将他们带到与他人的冲突中，或他们可能害怕在将来不能维持和保护他们的所得”②。在早期人类社会中，人们过着等级观念明确的群居生活，为了避免与社会地位高的人发生冲突，于是回避负面评价以适应环境。因此，负面评价恐惧是认知机制，在充满竞争的环境中起到适应作用。③

(三)负面评价恐惧的测量工具

目前，关于评价恐惧的测量主要采用问卷法，研究者已开发出多种量表。负面评价恐惧的量表有负面评价恐惧量表、简明负面评价恐惧量表、简明负面评价恐惧量表—正向计分版。后两个量表都源于负面评价恐惧量表。

1.负面评价恐惧量表(Fear of negative evaluation scale，FNES)

FNES采用自我报告法评估社会评价焦虑的不同维度(如苦恼、回避、预期)并得到广泛应用。FNES由30道“是”或“否”题项构成，其中有17道正向题和13道反向题。FNES在大学生和临床样本中具有良好的信度和效度。有研究者认为FNES是发现社交焦虑个体在实施认知行为疗法后态度是否转变的最灵敏的测量工具之一。④虽然FNES较好地

① 尹月阳、张林：《社交焦虑者的认知加工特点及其干预策略》，《中国健康心理学杂志》2014年第10期，第1571~1574页。

② Gilbert, P. “Evolution and social anxiety: The role of attraction, social competition and social hierarchies”, *Psychiatric Clinics of North America*, vol.24,no.4 (2001), pp.723-751.

③ Weeks, J. W., Rodebaugh, T. L., & Heimberg, R. G., et al. “‘To avoid evaluation, withdraw’: Fears of evaluation and depressive cognitions lead to social anxiety and submissive withdrawal”, *Cognitive Therapy and Research*, vol. 33, no. 4 (2009), pp.375-389.

④ Collins, K. A., Westra, H. A., Dozois, D. A., et al. “The validity of the brief version of the fear of negative evaluation scale”, *Journal of Anxiety Disorders*, vol. 19, no.3(2005), pp.345-359.

测量了负面评价恐惧，但仍存在不足之处。首先，冗长的题项内容使它成为效率低的心理测评工具。其次，量表的灵敏性，题项的“是—否”反应形式过于极端，不能有效反映是与否之间的状态特征。最后，FNES题项混淆了认知与焦虑情绪成分，如题项“如果知道了有人在对我评头品足，我会十分紧张不安”，描述的是焦虑特征，不应该包含在量表中。

2. 简明负面评价恐惧量表(Brief fear of negative evaluation scale，BFNES)

BFNES有12道题项，采用5点计分，从1(非常不符合)到5(非常符合)，包括8道正向计分题和4道反向计分题，其中11道题项来自FNES。BFNES具有简明、反应灵敏等优点。BFNES在大学生和临床样本中具有良好的信度和效度，成为社交焦虑领域广为应用的测量工具。但对BFNES的因素结构，不同学者存在不一致的看法。利里(Leary)研究认为BFNES是单因素结构。[①]而罗德布什(Rodebaugh)等人通过验证性因素分析表明BFNES包含两个因素，8道正向题为一个因素，4道反向题为一个因素。[②]威克斯等人的研究也证实了负面评价恐惧的两因素结构。[③]

3. 简明负面评价恐惧量表—正向计分版(Brief fear of negative evaluation scale-straitforward，BFNE-S)

在FNES等题项较多的量表中能够有效使用反向题来检测被试的反应偏向，但在BFNES等题项较少的量表中使用反向题能否发挥这一作用值得怀疑。罗德布什的研究发现，BFNES正向题更能有效测量负面评价恐惧，且与测量社交焦虑的其他量表之间呈高相关，而对于负面评价恐惧的变化具有较强的灵敏性，BFNES的反向题反而会造成混淆和错误的反应，并会低估负面评价恐惧的水平。他们还发现，在大学生和临床样本中，8道正向计分题比反向计分题能更可靠、更有效地预测负面评价恐惧。[④]因此，罗德布什和威克斯建议使用仅含有8道正向计分题的量表施测。BFNE-S在大学生和临床样本中

① Leary, M. R. “A brief version of the Fear of Negative Evaluation Scale”, *Personality and Social Psychology Bulletin*, vol.9, no. 9 (1983), pp.371-375.

② Rodebaugh, T. L., Woods, C. M., Thissen, D. M., et al. “More Information from fewer questions: The factor structure and item properties of the original and brief fear of negative evaluation scale”, *Psychological Assessment*, vol. 16, no. 2 (2004), pp.169-181.

③ Weeks, J. W., Heimberg, R. G., Fresco, D. M., et al. “Empirical validation and psychometric evaluation of the brief fear of negative evaluation scale in patients with social anxiety disorder”, *Psychological Assessment*, vol. 17, no.2 (2005), pp.179-190.

④ Rodebaugh, T. L., Woods, C. M., Thissen, D. M., et al. “More Information from fewer questions: The factor structure and item properties of the original and brief fear of negative evaluation scale”, *Psychological Assessment*, vol. 16, no. 2 (2004), pp.169-181.

均具有良好的内部一致性、内容效度和结构效度。[①]

4. **正面评价恐惧量表**(Fear of positive evaluation scale, FPES)

该量表是由威克斯等通过理性思维设计,用来评估正面评价恐惧的概念与结构的有效工具。[②]该量表包括10道题项,其中有2道反向题,目的是减少总是肯定回答或否定回答的反应偏向,其分数不计在总分内。采用10点计分,从0(非常不符合)到9(非常符合)。所有的题项都用来描述获得积极评价的相关社交情景,且吸收了社会等级动力学的思想。例如有些题项描述的群体环境为等级思想的产生提供了背景。威克斯等人对4个年级1711名大学生的调查结果表明,正面评价恐惧分数呈正态分布且无性别差异,具有较高的内部一致性和重测信度。被试在正面评价恐惧量表上的得分与在社会交往焦虑和负面评价恐惧自我报告法上的得分呈正相关,且相对于抑郁、广泛性焦虑、担忧的测量,正面评价恐惧与社会交往焦虑具有更强的相关性。这些研究均表明,正面评价恐惧量表具有较好的相容效度和区分效度。但FPES是否能有效应用于临床样本、普通人群,是否具有良好的信效度,还未见相关报告。

格林沃尔德提出了一种新的研究方法,用以测量个体的内隐态度,该方法称为内隐联想测验[③],该方法以其创新性吸引了研究者的极大关注,对其进行了各方面的研究,并在此方法的基础上发展了一系列方法,如Go/No-go联结任务(Go/No-go Association Task, GNAT)和外部情绪性西蒙任务(Extrinsic Affective Simon Task, EAST),这些方法被统合到内隐联想测验中,是对格林沃尔德最初IAT的继承和发展。

内隐联想测验的基本原理是:通过一种分类任务测量两类词(概念词与属性词)之间的自动化联结的紧密程度,来间接评估个体自动化的、无意识的内隐社会认知,比如内隐态度、内隐刻板印象、内隐自尊和内隐攻击性等。现有研究将内隐态度测量方法应用于社交焦虑研究领域,已有研究所得的结果表明社交焦虑的外显和内隐态度表达了不同的意义,且在焦虑障碍领域的内隐态度研究,如焦虑特质、焦虑敏感、强迫观念和特殊恐惧等,为采用内隐联想测验的方法研究内隐负面评价恐惧提供了大量的实证支持。

---

① Weeks, J. W., Heimberg, R. G., Fresco, D. M., et al. "Empirical validation and psychometric evaluation of the brief fear of negative evaluation scale in patients with social anxiety disorder", *Psychological Assessment*, vol. 17, no.2 (2005), pp.179-190.

② Weeks, J. W., Heimberg, R. G., Rodebaugh, T. L. "The fear of positive evaluation scale: Assessing a proposed cognitive component of social anxiety", *Journal of anxiety Disorders*, vol. 22, no.1(2008), pp.44-55.

③ Greenwald, A. G., McGhee, D. E., Schwartz, J. L.K."Measuring individual differences in implicit cognition: The Implicit Association Test", *Journal of Personality and Social Psychology*, vol. 74, no. 6 (1998), pp.1464-1480.

二、内隐负面评价恐惧的概述

(一)内隐负面评价恐惧的概念

负面评价恐惧和会被人拒绝的相关信念是社交焦虑的核心特征。但通过外显的方式测量被试的社交焦虑和负性评价恐惧,显然会引起被试的尴尬,并引发社会赞许性效应。[①]因而,可以通过内隐测量的方式,在排除自我表达的顾虑等因素的影响下,深入调查外显负面评价恐惧和内隐负面评价恐惧,以此来获得对社交恐惧的全面理解。青少年正处于自我意识蓬勃发展的阶段,而与社交焦虑和负面评价恐惧有关的信念是很难向他人倾诉的,或其本人也尚未意识到。基于此,蒂奇曼(Teachman)和艾伦(Allen)使用内隐联想测验对185名青少年进行了实验。其结果证明了青少年不仅有外显的负面评价恐惧,还存在无意识、内隐的负面评价恐惧,外显负面评价恐惧和内隐负面评价恐惧相关低,说明了两者是相互独立的结构。[②]

综上所述,本研究认为内隐负面评价恐惧是指个体获得与自我相关的负面评价时,通过内省无法识别出的一种忧虑、恐惧的态度效应。在测量方面表现为内隐负面评价恐惧和外显负面评价恐惧彼此并不相关或相关很低。根据内隐—外显态度间关系的分离论,内隐和外显负面评价恐惧可能是两种不同的内在心理结构,具有不同的心理加工机制。

(二)内隐负面评价恐惧的改变技术——评价性条件反射技术简介

有研究者基于经典条件反射,探讨了态度的形成和改变过程,提出了评价性的条件反射,即当目标刺激与积极或消极的其他刺激多次成对出现时,会导致个体对目标刺激的偏好转为与配对的刺激属性相一致。例如利维和马丁(Levey,Martin)在研究中发现,评价性条件反射可影响态度的形成和改变。[③]在此类研究中,将态度对象与积极刺激相匹配时,可形成或增强对条件刺激的积极态度,而反之则可形成或增强对条件刺激的消极态度。评价性的条件反射可分为两种:一种是条件刺激先于非条件刺激呈现,即前行条件反射程序;反之则称为后行条件反射程序。

王欢等人的研究发现,即使在阈下呈现条件刺激或者无条件刺激,仍可以探测到评

---

① Teachman, B. A. "Information processing and anxiety sensitivity: Cognitive vulnerability to panic reflected in interpretation and memory biases", *Cognitive Therapy and Research*, vol. 29, vol.4(2005), pp.479-499.

② Teachman, B. A., Woody, S. R., Magee, J.C."Implicit and explicit appraisals of the importance of intrusive thoughts", *Behavior Research and Therapy*, vol. 44, no.6 (2006), pp.785-805.

③ Levey, A. B., Martin, I. "Classical conditioning of human 'evaluative' responses", *Behaviour Research and Therapy*, vol. 13, no.4 (1975), pp.221-226.

价性条件反射效应的存在。[①]同时,也有研究表明,若个体长期接触反刻板印象的信息,会有效避免刻板印象的自动激活,即内隐态度受到了外界环境因素的影响。[②]现有的许多研究也证实了该观点,如在达斯古帕塔(Dasgupta)和格林沃尔德的研究中,让被试多次接受积极的黑人和消极的白人的刺激,同样发现个体降低了对黑人的偏见程度,并且这一效应至少可持续到24小时之后。[③]有研究曾将评价性条件反射运用到消费者的态度领域,研究了个体对已有品牌和新品牌的态度,结果发现,个体对两种品牌的态度都有可能受到评价性条件反射的影响。[④]越来越多的研究证明,内隐联结是能够被修正或改变的,至少可以暂时性地发生改变。[⑤]但仍不能据此对评价性条件反射能否改变内隐负面评价恐惧下定论,因为在评价性条件反射的研究中,其条件刺激多为中性的态度对象,而负面评价恐惧却不是一种中性刺激。

三、已有研究存在的不足

负面评价恐惧的提出已有40年的历史,很多研究者对其做了大量的研究。但现有的关注点为外显的负面评价恐惧,主要是采用问卷测量的方式考察负面评价恐惧与其他因素的关系,如负面评价恐惧与其他心理特质、学习、社会行为、体育运动、决策等领域的相关研究。采用问卷法测量的是被试的外显态度,却少有内隐态度的研究,而在关于态度的外显和内隐研究中发现,很多时候存在外显和内隐态度的分离现象。至2006年,蒂奇曼和艾伦才开始了对负面评价恐惧内隐联想效应的测量,并提出了内隐负面评价恐惧的概念。他们在研究中对17～18岁青少年内隐负面评价恐惧进行了探索,通过内隐联想测验的研究方法对内隐负面评价恐惧和外显负面评价恐惧两个结构进行验证,得到的结论是它们之间呈低度相关,证实了两者相对独立。[⑥]但现有研究并没有回答以下问题,关于内隐负面评价恐惧的稳定性如何?是否可以通过干预技术加以改变?国内关于负面评价恐惧的研究还很少,主要的关注点是外显负面评价恐惧与考试焦虑的相关研究,对内

---

① 王欢:《阈上和阈下评价性条件反射效应量对比及自我纠正对其影响》,华东师范大学硕士学位论文,2012年。

② Kawakami, K., Dovidio, J. F., & Mol, J., et al. “Just say no (to stereotyping): Effects of training on the negation of stereotypic associations on stereotype activation”, *Journal of Personality and Social Psychology*, vol. 78, no.5 (2000), pp.871-888.

③ Dasgupta, N., Greenwald, A. G. “On the maleability of automatic attitudes: Combating automatic prejudice with images of admired and disliked individuals”, *Journal of Personality and Social Psychology*, vol. 81, no.5 (2001), pp.800-814.

④ 张乐:《态度形成的理论与实验-基于评价性条件反射范式的研究》,华东师范大学博士学位论文,2008年。

⑤ Blair, I. V., Ma, J. E., Lenton, A. P. “Imagining stereotypes away: The moderation of implicit stereotypes through mental imagery”, *Journal of Personality and Social Psychology*, vol.81, no.5 (2001), pp.828-840.

⑥ Teachman, B. A., Allen, J. P. “Development of Social Anxiety: Social Interaction Predictors of Implicit f Implicit and Explicit Fear of Negative Evaluation”, *Journal of Abnormal Child Psychology*, vol. 35, no. 1 (2007), pp.63-78.

隐负面评价恐惧的研究更少。因而本研究试图在中国传统文化背景下考察内隐负面评价恐惧的特点。

四、研究设计

(一)研究目的

国外关于负面评价恐惧的研究为研究中国人的负面评价恐惧提供了理论框架、研究视角及方法指导。但由于文化的差异,国外的研究结果可能并不适用于中国被试群体。五千年的文化积淀造就了中华民族的特点,也造就了中国人的特点。中华民族是一个喜好中庸的、内敛的民族,中国人具有内倾特性,害怕"冒尖、出风头"、害怕"引起他人关注"的心理无处不在。[①]同时,中华文化注重耻感文化,处于该文化中的中国人高度珍视社会关系,格外重视他人的看法和评价,尤其害怕遭到他人的批评、拒绝、嘲笑而使自己在他人面前丢脸。在公共场合或人际交往中,中国人既害怕受到积极或正面的评价而引起他人的注意,又害怕遭到他人的否定或负面的评价而丢失面子。在中国传统文化背景下对负面评价恐惧的研究则较少,所以本研究意在考察中国传统文化背景下大学生群体中内隐负面评价恐惧的存在性及其稳定性水平。

(二)研究思路

首先,运用内隐联想测验程序测量被试的内隐负面评价恐惧,以验证中国大学生是否存在内隐负面评价恐惧,并考察中国大学生内隐负面评价恐惧在性别、年级、来源上的差异以及内隐负面评价恐惧与外显负面评价恐惧之间的关系;其次,采用阈下评价性条件反射技术考察大学生内隐负面评价恐惧的可改变性,以期为改善大学生社交焦虑提供实证依据。

(三)研究假设

基于以上分析,本研究提出如下假设:

假设1:大学生群体中存在内隐负面评价恐惧效应;

假设2:内隐负面评价恐惧在性别、年级、来源上不存在显著差异;

假设3:内隐负面评价恐惧与外显负面评价恐惧之间相关低,是两个相互独立的结构;

假设4:内隐负面评价恐惧虽具有稳定性,但也可以通过干预使其得以改变。

---

① 刘娟娟:《印象管理及其相关研究述评》,《心理科学进展》2006年第2期,第309-314页。

（四）研究内容

本研究分为两个主要部分。

研究一：大学生内隐负面评价恐惧的存在性研究。主要考察两个问题：第一，采用内隐联想测验程序测量被试的内隐负面评价恐惧；第二，分析内隐负面评价恐惧的存在性、特点及其与外显负面评价恐惧的关系。

研究二：大学生内隐负面评价恐惧的阈下干预研究，采用阈下评价性条件反射技术考察内隐负面评价恐惧的稳定性水平，即是否具有可变性。

第二节　大学生内隐负面评价恐惧的存在性研究

从前人的研究可以看出外显负面评价恐惧是广泛存在的。大学生被试在调查中表现出了明显的外显负面评价恐惧现象。大学生的内隐负面评价恐惧是否存在呢？内隐、外显负面评价恐惧之间具有怎样的关系？本研究通过设计内隐负面评价恐惧的内隐联想测验程序来对被试进行测量，以解决以上问题。

一、实验目的

通过对大学生内隐负面评价恐惧、外显负面评价恐惧的测量和统计分析，揭示内隐负面评价恐惧的存在及其与外显负面评价恐惧的关系。

二、实验设计

（一）被试

本研究以自愿参加为原则，在重庆市某高校选取92名学生为被试，所有被试均熟悉电脑操作，年龄在18～23岁。其中一年级53人，二年级39人；男性51人，女性41人；来自城镇35人，来自农村57人；独生子女42人，非独生子女50人。

（二）实验材料

1.测量材料

外显负面评价恐惧测量材料：采用简明负面评价恐惧量表—正向计分版（BFNE-S）进行施测，量表为Likert 5点计分。现有研究表明，BFNE-S在大学生和临床样本中有良好的内部一致性、内容效度和结构效度。①

内隐负面评价恐惧测量材料：本实验采用E-Prime专业软件来自行设计内隐联想测验程序测量被试的内隐负面评价恐惧。

2. 实验刺激

在公共场合（如演讲、公开表演）或社交情境（如朋友聚会）中，有时我们可能会认为他人对我们进行了负面的评价，得到他人的负面评价会让我们觉得遭到了他人的拒绝，如他嫌弃我、他嘲讽我、他讨厌我等；有时我们可能会认为他人对我们进行了正面的评价，得到他人的正面评价会让我们觉得被他人接受了，如他喜欢我、他崇拜我、他欣赏我等。据此，本研究采用自我/非我和被拒绝/被接受词汇配对方式设计内隐联想测验程序，通过开放式问卷搜集最能够表示被拒绝和被接受的词汇各10个；实验中的概念词为内隐联想测验中使用频率较高的自我词和非我词各10个。具体如下：

概念词类别：自我词/非我词；

自我词：自个儿的、本人、本人的、我、我的、自己、自己的、俺、俺的、自个儿；

非我词：人家的、他们、他们的、他、他的、她、她的、别人、别人的、人家；

属性词类别：被拒绝词/被接受词；

被拒绝词：遭到拒绝、被嘲笑、被嫌弃、被讽刺、被讨厌、被反对、被疏远、被憎恶、被抨击、被轻视；

被接受词：受欢迎、被接纳、得到认可、被崇拜、得到赏识、受尊敬、被喜欢、得到支持、被称赞、被赞成。

（三）实验程序

采用集体测量的方式进行本实验的研究。被试先填写外显负面评价恐惧问卷，然后完成内隐联想测验。主试给被试讲完实验的基本要求后，让被试自行按照指导语提示来完成实验，内隐联想测验的实验数据由程序自动记录，通过数据分析检验实验测试与练习各部分反应时间的差异，以此作为判断被试的内隐负面评价恐惧效应是否存在的依据。本实验在小型实验室施测，六人一组，每台电脑相互独立，保证被试之间不会相互影响。实验过程中被试端坐注视显示屏，对屏幕中央呈现的刺激进行辨别归类，对属于概念词和属性词的词汇分别用“F”键和“J”键反应。

① Rodebaugh, T. L., Woods, C. M., Thissen, D. M., et al. “More Information from fewer questions: The factor structure and item properties of the original and brief fear of negative evaluation scale”, *Psychological Assessment*, vol. 16, no. 2 (2004), pp.169-181.

本实验共有七个部分(见表11.1)。具体如下。

第一步:要求被试将属于“自我词”的刺激,如“俺”“咱”看作一类并按“F”键反应;将属于“非我词”的刺激,如“他”“别人”看作一类并按“J”键反应。

第二步:要求被试将属于“被拒绝词”的刺激看作一类并按“F”键反应;将属于“被接受词”的刺激视为一类并按“J”键反应。

第三步,前两步中出现的所有刺激词混合后一个个随机呈现,要求被试尽快辨别并做出按键反应,将属于“自我词”和“被拒绝词”的刺激,如“我”和“被厌恶”视为一类并按“F”键反应;将属于“非我词”和“被接受词”的刺激,如“他们”和“被接受”视为一类并按“J”键反应,此部分为练习部分。

第四步与第三步相同,概念词与属性词混合后随即呈现,要求被试判断其类别并做出反应,此部分为正式测验部分。

第五步与第二步的呈现正好相反,将“被拒绝词”和“被接受词”类别标签在屏幕上呈现的位置左右互换,相应的反应键也互换,其目的是在概念词和反应键之间建立新的联结,防止练习效应。

第六步与第三步相反,即把属于“自我词”和“被接受词”的刺激,如“我”和“被接受”视为一类并按“F”键反应;将属于“非我词”和“被拒绝词”的刺激,如“他们”和“被厌烦”视为一类并按“J”键反应。

第七步与第六步相同,概念词与属性词混合后随即呈现,要求被试判断其类别并做出反应,此部分为正式测验部分。

表11.1　内隐负面评价恐惧研究步骤

测验程序	1	2	3	4(正式)	5	6	7(正式)
任务要求	判断概念词	判断属性词	“自我”—“被拒绝”联合判断	“自我”—“被拒绝”联合判断	判断属性词	“自我”—“被接受”联合判别	“自我”—“被接受”联合判别
操作任务	自我-F 非我-J	被拒绝-F 被接受-J	自我-F 被拒绝-F 非我-J 被接受-J	自我-F 被拒绝-F 非我-J 被接受-J	被接受-F 被拒绝-J	自我-F 被接受-F 非我-J 被拒绝-J	自我-F 被接受-F 非我-J 被拒绝-J
样例	咱们-F 他的-J	被厌烦-F 被喜爱-J	咱们-F 被厌烦-F 他的-J 被喜爱-J	咱们-F 被厌烦-F 他的-J 被喜爱-J	被喜爱-F 被厌烦-J	咱们-F 被喜爱-F 他的-J 被厌烦-J	咱们-F 被喜爱-F 他的-J 被厌烦-J

(四)数据处理

使用SPSS对实验数据进行统计分析,在整理实验数据时,先对数据进行预处理。首先剔除反应时大于10000毫秒的反应;如果被试在一个任务中有10%以上次数的反应时小于300毫秒,则要剔除该被试。对于每一个任务内错误的反应,其反应时用正确反应的平均反应时加600毫秒代替,之后再算出该任务的平均反应时。本实验中共有92名被试参加内隐联想测验,剔除无效数据后,有效被试为76人。再对第4步和第7步的反应时进行自然对数转换,分别计算两者的平均反应时,但每组的前两次测试数据均不纳入分析。最后计算第4步和第7步的平均反应时之差,得到的差值就是内隐联想测验效应,也即被试对负面评价的恐惧倾向程度。

三、实验结果

1.大学生内隐负面评价恐惧存在性检验

对内隐负面评价恐惧的"自我"—"被拒绝"任务和"自我"—"被接受"正式任务的反应时做配对样本t检验(见表11.2)。结果表明,"自我"—"被拒绝"任务和"自我"—"被接受"任务的平均反应时存在非常显著的差异(t=15.61,p<0.001),说明测验IAT效应极其显著,被试总体上表现出明显内隐负面评价恐惧倾向。

表11.2 大学生内隐负面评价恐惧的内隐联想测验效应

	"自我"—"被拒绝"任务	"自我"—"被接受"任务	t
IAT	735.97±80.67	628.99±65.09	15.61***

注:$p^{***}<0.001$。

2.大学生内隐负面评价恐惧在性别、年级、家庭所在地上的差异

分别以性别、年级、家庭所在地为自变量,内隐联想测验效应为因变量进行独立样本t检验(见表11.3)。从上表可以看出,被试内隐负面评价的内隐联想测验效应在不同性别、年级和家庭所在地上都表现出了不同的水平,存在一定的差异,但这种差异都没有在统计上达到显著效应(t=0.51,p=0.613;t=0.49,p=0.62;t=−0.11,p=0.92),说明内隐评价恐惧的内隐联想测验效应在被试的性别、年级和家庭所在地上均没有显著的差异。

表11.3 不同性别、年级和家庭所在地中内隐负面评价恐惧效应的t检验

人口统计学变量	$M \pm SD$	N	t
男生	109.89±58.33	45	0.51
女生	102.77±62.53	31	
大一	109.80±64.55	45	0.49
大二	102.90±52.83	31	
城镇	105.87±53.29	23	−0.11
农村	107.47±62.85	53	

3.被试外显负面评价恐惧与内隐负面评价恐惧的关系

现有研究已证明大学生被试既有外显负面评价恐惧现象，同时又存在内隐负面评价恐惧现象。据此，我们考察了两者之间的关系。将内隐联想测验效应的值进行对数转换，以此为基础，对外显测量的结果与内隐测量的结果进行相关研究，相关系数为0.12，此结果表明外显测量与内隐测量间是低等相关，表明外显负面评价恐惧与内隐负面评价恐惧是相对独立的，两者具有不同的结构。

四、讨论

本研究用内隐联想测验程序对内隐负面评价恐惧进行了研究，并获得了显著的内隐联想测验效应。实验数据表明了内隐负面评价恐惧的存在性，将从以下三个方面进行探讨。

第一，通过内隐联想测验验证了大学生被试内隐负面评价恐惧的客观存在性。在本实验中，在公共场合或社交情境中，有时会感受到他人的负面评价，让我们觉得遭到了他人的拒绝，如他嫌弃我、他嘲讽我、他讨厌我等；有时会感受到他人正面的评价，让我们觉得被他人接受了，如他喜欢我、他崇拜我、他欣赏我等。据此，我们通过开放式问卷搜集最能够表示被拒绝和被接受的词汇各10个；实验中的概念词为内隐联想测验中使用频率较高的自我词和非我词各10个。本研究结果证明，大学生被试不仅存在外显的负面评价恐惧，同时还存在内隐的负面评价恐惧。被试倾向于用表示被接受词汇来形容自己，而用被拒绝词来形容他人。反映在实验中，即被试将表示自我的概念词与表示被接受的属性词或者表示非我的概念词与表示被拒绝的属性词相联系的反应时间更短；而将表示自我的概念词与表示被拒绝的属性词或表示非我的概念词与表示被接受的属性词相联系的时间更长，从而表现出对自己负面评价的恐惧。

第二，本实验另一个重点就是检验内隐负面评价恐惧是否受不同性别、年级、来源因素的影响。研究者对不同性别被试之间内隐负面评价恐惧进行分析得出，不同性别的被

试其负面评价恐惧是一致的，无显著性差异（t=0.51，p=0.61）。即不论男性还是女性被试，均倾向于用表示被接受词形容自我而用表示被拒绝词形容他人，表现出对负面评价的恐惧。内隐负面评价恐惧不受性别因素影响。研究者对不同年级被试之间内隐联想测验效应进行检验发现，不同年级被试其负面评价恐惧是一致的，无显著性差异（t=0.49，p=0.62）。即不论一年级还是二年级被试，均倾向于用表示被接受词形容自己而用表示被拒绝词形容他人。年级因素对负面评价恐惧无影响。最后对不同来源被试之间内隐联想测验效应进行检验发现，不同来源被试其负面评价恐惧是一致的，无显著性差异（t=−0.11，p=0.92）。即不论城镇、农村被试都倾向于用表示被接受词形容自我而用表示被拒绝词形容他人，从而表现出对负面评价的恐惧。来源因素对负面评价恐惧无影响。总之，本实验通过对数据的统计分析得出内隐负面评价恐惧不受被试的性别、年级和来源的影响，具有一定的稳定性。

第三，研究者对负面评价的内隐态度与外显态度之间的关系做了相关分析。结果表明，被试的内隐负面评价恐惧与外显负面评价恐惧没有表现出显著的相关。出现这种现象的原因可能是被试受社会赞许等因素影响，在外显态度问卷测量时出现了掩饰。外显态度测量中被试对自我的态度上虽然没有表现出明显的被接受或受欢迎倾向，但在内隐的测量中对自我和他人的态度上却存在显著的差异。在内隐态度上，被试更倾向于将自己与正面的评价联结，而对他人的负面评价表现出恐惧反应。本研究结果支持了格林沃尔德和巴纳吉（Banaji）的分离论观点①，即通过内隐联想测验所测的内隐负面评价恐惧与通过问卷所测的外显负面评价恐惧之间不相关。

第三节 ¦ 大学生内隐负面评价恐惧的阈下干预研究

在证实了内隐负面评价恐惧的客观存在性，以及其与外显负面评价恐惧分属于两个独立的心理结构以后，本研究拟进一步考察负面评价恐惧的稳定性。研究内隐负面评价恐惧的目的是希望通过有效的方法来改变消极的态度或帮助个体形成积极的态度。目前尚无关于内隐负面评价恐惧的稳定性的研究，但关于内隐自尊、内隐刻板印象、内隐态度等的干预研究却较为丰富，可以为本研究提供借鉴。内隐联结虽然是自动化形成的，无须有意识的参与，但也可被修正或改变，至少可以是暂时性地被改变。评价性条件反

---

① Greenwald, A. G., Banaji, M. R. “Implicit social cognition: Attitudes, self-esteem, and stereotypes”, *Psychological Review*, vol. 102, no. 1 (1995), pp.4-27.

射技术能够有效改变被试的内隐态度。本研究试图运用阈下评价性条件反射技术来探讨内隐负面评价恐惧的可改变性，为负面评价恐惧的研究提供了新的视角。

一、实验目的

通过阈下干预前后内隐联想测验效应的对比，验证评价性条件反射技术结合阈下劝说技术对于被试内隐负面评价恐惧改变的有效性。

二、实验设计

（一）被试

本研究以自愿参加为原则，在重庆市某高校选取50名学生为被试，所有被试均熟悉电脑操作，年龄在17～22岁。将被试分为实验组和控制组，实验组男生12人，女生15人；控制组男生9人，女生14人。

（二）实验材料

被试的内隐负面评价恐惧使用研究一编制的内隐联想测验程序。根据评价性条件反射技术和阈下劝说技术，本研究使用E-prime软件编制了由电脑控制的干预程序。

（三）实验程序

本实验将被试分为实验组和对照组，两组实验条件、指导语、实验时间保持一致。对于实验组，先用内隐联想测验测量被试的内隐负面评价恐惧得出基线数据，然后加以阈下干预，在阈下干预后10分钟再用内隐负面评价恐惧内隐联想测验施测，比较两次内隐联想测验结果之间的差异以检验阈下干预是否有效果以及效果如何。而对照组不施加阈下干预，仅和实验组同步使用内隐负面评价恐惧内隐联想测验施测。实验采用集体施测的方式。主试讲完实验基本规则后让被试自行按照指导语提示完成测试，电脑程序会自动记录所有相关结果。

干预程序：首先以66.67毫秒出现屏蔽刺激“×××××××××”，屏蔽刺激消失后，以13.33毫秒呈现目标刺激（自我词和非我词），不要求被试对该刺激进行反应，后又呈现66.67毫秒的屏蔽刺激，待屏蔽刺激消失后呈现评价性词汇，即表示被拒绝和被接受的词汇，此时要求被试判断该刺激是属于被拒绝词还是属于被接受词。干预训练分为四组，每组训练中控制目标刺激和属性刺激配对呈现50次，整个干预程序共配对呈现200次。每次完成一组后被试休息一分钟再继续进行实验。

具体实施程序：实验组首先使用自行编制的内隐联想测验程序对27名被试的内隐负面评价恐惧进行测量，测得的内隐联想测验效应值作为基线数据。待被试休息十分钟后使用编制好的程序对其进行干预。干预实验同样是词汇判别任务。实验过程中被试端坐在电脑前，注视显示屏，类别标签分别呈现在屏幕左上方和右上方，刺激词呈现在屏幕中央。要求被试在看到刺激词之后尽快地辨别并按键归类（分别用“F”键和“J”键反应）。干预完成后间隔10分钟再使用内隐联想测验程序进行测量。对照组和实验组同步施测内隐联想测验，不同之处是对照组被试不参与干预研究。

（四）数据处理

内隐实验数据由E-Prime程序自动收集。实验的数据使用SPSS进行统计处理，在整理实验数据时，先对数据进行预处理。具体做法：首先剔除反应时大于10000毫秒的反应；如果被试在一个任务中有10%以上次数的反应时小于300毫秒，则要剔除该被试。对于每一个任务内错误的反应，其反应时用正确反应的平均反应时加600毫秒代替，之后再算出该任务的平均反应时。剔除无效数据后，共得到实验组有效数据23份。

本实验内隐联想测验效应的计算方式是自我+被拒绝词/非我+被接受词减去自我+被接受词/非我+被拒绝词。干预程序的目的是通过增加自我词和被拒绝词联结呈现的次数来减弱被试对表示被拒绝词的恐惧，所以干预程序的效果表现在内隐联想测验效应上应该是内隐联想测验效应的数值会变小。

三、实验结果

1.控制组前、后测的内隐联想效应

将控制组前、后测内隐联想测验数据做配对样本t检验（见表11.4）。结果表明，控制组前、后测的内隐联想效应不存在显著差异（t=0.52，p=0.61），说明控制组被试前、后测的结果并没有受到显著的练习效应与自然成熟等因素的影响。

表11.4　控制组前、后测内隐联想效应配对样本t检验

内隐联想效应	M	SD	N	t
IAT（控制前）	−102.85	105.33	20	0.52
IAT（控制后）	−116.25	92.72		

2.实验组、控制组前测的内隐联想效应

对实验组、控制组前测内隐联想效应数据进行独立样本t检验（见表11.5）。结果表明，实验组与控制组前测内隐负面评价恐惧效应值不存在显著差异（t=−0.65，p=0.52），说明实验组和控制组的被试可以看作来源于相同样本，可用来比较分析干预效果。

表 11.5　实验组、控制组前测内隐联想效应独立样本 t 检验

内隐联想效应	M	SD	N	t
IAT(实验前)	−119.92	64.56	23	−0.65
IAT(控制前)	−102.85	105.33	20	

3. 内隐负面评价恐惧的稳定性分析

将实验组前、后测内隐联想效应差值与控制组前、后测内隐联想效应差值做独立样本 t 检验，探讨被试的内隐负面评价恐惧效应能否通过干预程序加以改变（见表 11.6）。结果表明，经过阈下评价性条件反射技术的干预训练（10 分钟）之后，实验组、控制组被试前后测内隐联想测验效应存在非常显著的差异（t=2.58，$p<0.01$），表明阈下评价性条件反射技术能够改变被试负面评价恐惧的内隐联想效应。

表 11.6　内隐负面评价恐惧的稳定性分析

内隐联想效应差值	M	SD	N	t
IAT(实验组内隐联想效应差值)	92.48	84.16	23	2.58^{**}
IAT(控制组内隐联想效应差值)	13.40	116.27	20	

注：$p^{**}<0.01$。

4. 内隐负面评价恐惧效果分析

上述结果表明，阈下评价性条件反射技术能够有效改变被试的内隐负面评价恐惧，但是负面评价恐惧的改变到底是什么原因引起的？“自我”—“被拒绝”反应的联结反应时、“自我”—“被接受”反应的联结反应时如何变化的呢？本研究运用阈下评价性条件反射技术干预前、后“自我”—“被拒绝”“自我”—“被接受”任务，并对其反应时进行比较（见表 11.7）。结果表明，经过干预训练以后，自我词与被拒绝词/非我词与被接受词的联结速度变快，前、后测存在显著差异（t=−2.62，$p<0.05$）。自我词与被接受词/非我词与被拒绝词的联结速度却没有达到显著性的差异（t=0.50，p=0.42），即自我词与被接受词或者非我词与被拒绝词的联结速度没有发生显著变化。

表 11.7　干预前后两类任务反应时配对样本 t 检验（N=23）

	干预前(M±SD)	干预后(M±SD)	t
“自我”—“被拒绝”任务	737.26±71.98	672.26±35.47	-2.62^{*}
“自我”—“被接受”任务	617.35±33.71	609.87±41.97	0.50

四、讨论

本研究使用内隐联想测验与阈下评价性条件反射技术考察个体内隐负面评价恐惧的可变性。研究结果表明，大学生被试对来自他人负面、消极的评价存在恐惧的态度，但是这种态度可以通过阈下评价性条件反射技术的训练加以改变。

本研究对控制组前、后测数据进行配对样本t检验，内隐联想测验效应值在0.05水平上没有达到显著差异，表明内隐联想测验不存在练习效应或练习效应没有达到显著水平。这说明尽管实验次数增加，但内隐联想测验反应时有较小的变化，干预实验的结果不会受到其影响，表明干预实验数据不受被试练习或自然成熟的显著影响，这也是本研究其他数据分析、结论存在的前提。

研究者在此基础上对被试的内隐负面评价恐惧干预实验进行数据分析。通过阈下评价性条件反射技术来干预被试的内隐负面评价恐惧，结果表明此策略可以有效改变被试的内隐负面评价恐惧态度，表明了阈下劝说技术可以对内隐联想效应进行有效干预。

附录

负面评价恐惧问卷

指导语：请仔细阅读下列题项，并根据自己的实际情况选择对应的选项。

题 项	完全不符合	比较不符合	不确定	比较符合	完全符合
1.尽管我知道这没什么要紧，但我还是担心人家会怎样看我	1	2	3	4	5
2.即使知道人们正在形成对我不利的印象，我也不在乎	1	2	3	4	5
3.我经常害怕别人会注意到我的短处	1	2	3	4	5
4.我几乎不关心我给别人留下了什么样的印象	1	2	3	4	5
5.我害怕别人会不赞同我	1	2	3	4	5
6.我害怕别人会发现我的错误之处	1	2	3	4	5
7.我并不为别人对我的看法而烦心	1	2	3	4	5
8.当我同别人谈话时，我担心他们会怎么看我	1	2	3	4	5
9.我通常总是在担心我究竟给别人留下了什么印象	1	2	3	4	5
10.如果知道有人正在评价我时，我一点也不在乎	1	2	3	4	5
11.有时我认为自己太在乎别人对我的看法了	1	2	3	4	5
12.我常常担心我会说错话或做错事	1	2	3	4	5

第十二章

大学生人际适应性结构及特点

人际适应是个体极其重要的核心素养之一。进入大学阶段,学生的身心面临着诸多适应和转变,其中人际适应是大学生心理健康和社会适应的重要组成部分,也是衡量大学生是否心理健康的重要标准之一。[①]人际适应不良会引发学生自卑、自我否定等错误认知以及焦虑、抑郁等消极情绪,无法与周围人和谐相处,影响个体社会功能,长此以往易形成固化的退缩性行为。[②]同时,大学生的人际适应也是其社会适应的第一道关口,如何培养大学生良好的人际适应能力已成为大学教育迫切需要解决的问题。因此,加强大学生人际适应研究既能提升高校学生心理健康教育的针对性,也能为后续开展大学生人际适应教育提供参考借鉴。

---

① 金凤仙、余益兵、项家春:《大学生思维方式、归因方式与人际适应的关系》,《心理月刊》2022年第2期,第43-45页,102页。

② 张慧、田良臣、吴宝锁、王中会:《父母教养方式对大学新生人际适应的影响:心理资本的中介作用》,《教育观察》2021年第13期,第9-12页,25页。

第一节 研究概述

一、人际适应性及相关概念辨析

(一)人际适应性

从已有研究来看,对人际适应性的界定仅有少量研究涉及。陈建文从人格的角度对人际适应性进行了探讨,认为人际适应性就是个体在人际适应过程中所应具备的和所表现出来的人格特征,也称人际关系特征。[①]人际适应性主要通过以下一些成分表现出来:(1)乐群性,即个体对社会生活和人际关系表现出的兴趣和积极性;(2)合作性,即个体在人际关系中能够与他人协调观点、态度和行动的人格特征;(3)信任感,即认为他人和社会基本上是可信的;(4)利他倾向,即在自然情景中自觉做出有益于他人的行为。卢谢峰认为,人际适应性是指个体在脱离熟悉的人际环境、进入陌生环境的过程中,能否建立起协调的人际关系,如自主处理同学关系、结交新朋友、与老师进行积极交往等。[②]以上两种观点都着眼于人际适应性的人际关系特征方面,对人际适应性的其他方面(如人际认知性)关注较少。虽然人际关系特征在人际适应性中有着非常重要的地位,但它难以完全揭示出人际适应性的内涵,也有可能影响测试结果的完整性。[③]本研究认为,人际适应性是个体为了满足交往需要、达到交往目标而调整自身或改造交往环境、改变他人,从而保持自身与他人和谐相处的过程中形成的心理能力。

(二)人际适应性与相关概念的比较

1. 人际适应性与人际适应

我们认为,人际适应是个体为了满足交往需要、达到交往目标而调整自身或改造交往环境、改变他人,从而保持自身与他人和谐相处的过程。因此,人际适应是一个过程。

① 陈建文、王滔:《关于社会适应的心理机制、结构与功能》,《湖南师范大学教育科学学报》2003年第4期,第90-94页。

② 卢谢峰:《大学生适应性量表的编制与标准化》,华中师范大学硕士学位论文,2003年。

③ 王钢、张大均、江琦:《大学生人际适应性量表的初步研制》,《心理发展与教育》2010年第6期,第650-657页。

而人际适应性则是指在这个过程中形成的能力，属于心理特征。同前者相比，后者更加稳定，更具静态性。

2. 人际适应性与人际交往

人际交往是人与人之间传递信息、沟通思想和交流情感的联系过程。[①]人际交往与人际适应性的区别主要有两个方面：其一，所属不同，人际交往是一种心理过程，而人际适应性是一种心理能力、心理特征；其二，与人际适应的联系不同，人际交往包含于人际适应之中，而人际适应性既是人际适应的结果，也是人际适应的基础。

3. 人际适应性与人际关系

不同研究者对人际关系有不同理解。有研究者认为，人际关系是指由人们在共同的活动和交往过程中相互影响的性质和方式客观地表现出来的并被主观感受到的人们之间的相互联系。[②]人际关系是一套定势、定向、期望、定型和其他的倾向，人们通过它们互相感受和评价对方。人际关系属于心理倾向，具有动力特征。人际关系是人与人之间通过交流与互相作用而形成的直接的心理关系，是彼此在思想和情感上的距离以及相互吸引、相互排斥的心理状态。我们认为，人际关系虽然同人的交往需要有密切的联系，但人际关系毕竟不同于人的交往需要，直接将二者等同是不恰当的，将它归属于心理状态要合适一些。依据上述逻辑，人际适应性与人际关系的不同之处就是：人际适应性是能力，属于心理特征，具有稳定性和静态性，而人际关系则属于个体的一种心理状态，具有动态性。

4. 人际适应性与人际适应能力

适应性与适应能力其实就是同一个概念，只不过在英文翻译上有差别。其一，梁实秋主编的《远东英汉大辞典》中，将“youth's adaptability to new surroundings”翻译为“年轻人适应新环境的能力”，adaptability在这里就是适应能力[③]，而在王同亿主编的《英汉辞海》中却将“youth's adaptability to new surroundings”翻译为“青年对环境的适应性[④]”，adaptability在这里则是适应性。可见，适应性与适应能力就是一个事物。其二，在郑声滔主编的《汉英心理学词典》中，将adaptability同时翻译为适应性和适应能力。[⑤]除在英文翻译上二者属于同一概念外，郑日昌也认为，“适应性也就是心理适应能力，即个体在与周围

① 佐斌：《师生互动论－课堂师生互定的心理学研究》，上海：华东师范大学出版社2002年版。

② A.B.彼得罗夫斯基、M.T.雅罗舍夫斯基著，赵壁如等译：《心理学辞典》，北京：东方出版社1997年版。

③ 梁实秋：《远东英汉大辞典》，台湾：远东图书公司1977年版。

④ 王同亿：《英汉辞海》，北京：国防工业出版社1987年版。

⑤ 郑声滔：《汉英心理学词典》，成都：成都科技大学出版社1994年版。

环境相互作用、与周围人们相互交往的过程中，以一定的行为积极地反作用于周围环境而获得平衡的心理能力”[①]。因此，可以认为，适应性与适应能力是一致的，与适应性与适应能力相对应的人际适应性与人际适应能力也是一致的，两者之间没有本质的区别。下图直观地呈现了人际适应性与人际适应、人际交往、人际关系、人际适应能力之间的关系，即箭头从上到下表示所属关系，从左到右表示从不稳定到相对稳定（见图12.1）。

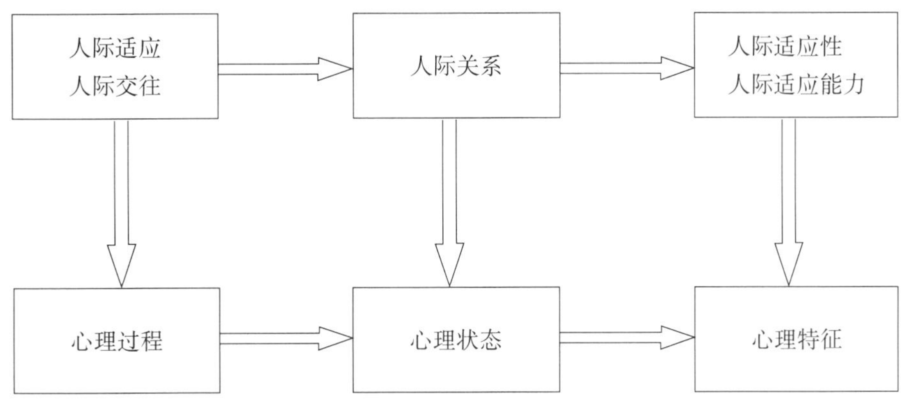

图12.1　人际适应性与相关概念的关系图

二、学生人际适应的研究现状

回顾已有研究，关于学生人际适应性的直接研究相对较少，主要涉及人际适应性的内涵和结构探讨，而对学生人际适应的研究则较为丰富，包括学生人际适应的现状与对策研究、相关研究以及培养和干预研究。

1.学生人际适应性内涵和结构的描述

这类研究主要考察人际适应性的内涵及各组成部分的内在关系，重视其普遍性规律及研究方法的适用性，是理论研究的核心内容。从国外的研究来看，基本人际关系导向（Fundamental Interpersonal Relationship Orientation，FIRO）从两个维度、三个方面将人际适应性划分为六种基本人际关系导向，即主动容纳、被动容纳、主动情谊、被动情谊、主动控制、被动控制，用以分析团体成员的人际适应特征。近年来，出现了不少关于人际关系导向理论和测验的研究报告，认为FIRO的六因素是探讨人际适应的基础。[②]从国内的研究来看，也有少量人际适应性的研究。例如陈建文在编制《社会适应性问卷》时将人际适应性作为社会适应性的一个维度，并对其做出了界定，即人际适应是个体社会适应的基本内容，是个体在人际适应过程中所应具备的和所表现出来的人格特征，也称人际关系

① 郑日昌：《中学生心理诊断》，山东：山东教育出版社1994年版。

② 乐国安：《社会心理学》，北京：中国人民大学出版社2017年版。

特征，主要通过乐群性、合作性、信任感、利他倾向表现出来。[①]卢谢峰将人际适应性作为一个独立的维度放在其编制的《大学生适应量表》中。他认为，人际适应性是指个体在脱离熟悉的人际环境、进入新环境的转变中，能否在新环境中建立起协调的人际关系，如自主处理同学关系、结交新朋友，以及与老师进行积极交往等。[②]在《关于弱智学生社会适应能力评估的理论探讨》一文中，韦小满、王培梅将学校中人的适应能力（人际适应性）作为二级指标，并将对人的认知、对人的情感、对人的行为作为其下一级指标。[③]

2.学生人际适应的现状与对策研究

此类研究通常采用一定的研究工具对学生人际适应（人际适应性）的现状进行调查，发现学生人际适应（人际适应性）上存在的问题，然后分析问题存在的原因，并提出一些对策。从已有研究来看，学生人际适应的现状不容乐观，人际不适应者占有一定比例。刘宏毅采用半开放半封闭问卷对220名男女大学新生进行了调查，调查发现有17.2%的学生感觉到人际不适应。[④]从对象上看，学生人际不适应主要是与同学关系的不适应（尤其是异性）、师生关系的不适应[⑤]，并且不同科系（文科生与理科生）、不同性格类型、不同家庭来源、不同性别、不同民族存在显著差异[⑥]。从内容上看，学生人际不适应主要表现为：人际交往过程中存在较多的心理障碍；人际交往缺乏主动性；交往主体心理封闭性。[⑦]从发展上看，学生人际不适应具有长期性。个体适应的困难并不全部集中于转折的初期，而是在与环境的互动中逐步产生的。[⑧]

学生人际不适应既有外在原因，也有内在原因。外因中，家长不好的教养观念，学校对异性交往非科学的认识，以及社会中传统中庸文化都对学生人际不适应产生影响。内因中，青年期特有的自我闭锁而又渴求交往的矛盾心理是导致人际心理障碍的重要原因；过强的自我意识致使在人际交往中产生心理隔膜，进而影响良好人际关系的形成；此外，自卑心理也会严重阻碍新生在新环境中建立正常的人际关系。与学生人际不适应的原因相对应，可以从家庭、学校、社会及学生自身着手来解决学生人际不适应。家庭方面，转换家长观念，培养成人意识。学校方面，第一，引导新生开展形式多样的班级活动，

① 陈建文、王滔：《关于社会适应的心理机制、结构与功能》，《湖南师范大学教育科学学报》2003年第4期，第90-94页。

② 卢谢峰：《大学生适应性量表的编制与标准化》，华中师范大学硕士学位论文，2003年。

③ 韦小满、王培梅：《关于弱智学生社会适应能力评估的理论探讨》，《中国特殊教育》2004年第1期，第19-22页。

④ 刘宏毅：《新生适应状况倾向性研究》，《重庆商学院学报》1997年第3期，第56-60页。

⑤ 赵富才：《大学新生心理适应问题研究》，《健康心理学杂志》1999年第4期，第397-399页。

⑥ 蔡华、刘诚芳：《彝族双语大学生人生价值取向的调研报告》，《西南民族学院学报（哲学社会科学版）》2000年第3期，第28-30页。

⑦ 王辉、吕素珍：《大学新生人际适应问题与对策》，《湖北社会科学》2004年第1期，第124-125页。

⑧ 陶沙：《从生命全程发展观论大学生入学适应》，《北京师范大学学报（人文社科版）》2000年第2期，第81-87页。

促进其人际交往;第二,开设专项讲座或选修课程,引导新生克服心理障碍,积极与人交往;第三,开设口语课程,推广普通话,解决交往中的语言障碍;第四,改善管理方式,减少不利处境对新生的影响;第五,建立并完善心理咨询与辅导系统,为新生人际适应提供服务。社会方面,净化社会风气,优化交往氛围。学生自身方面,第一,正确认识自身优点和不足,善于发扬优点,改正缺点;第二,保持和社会的良好接触;第三,注重"情商"的培养;第四,要掌握交往技巧,学会化解矛盾与误会。

3.学生人际适应的相关研究

在人际适应(人际适应性)的相关性研究中,雷雳等人的研究发现,亲子沟通质量直接影响初中生的同伴关系①;并且工读校的青少年,其母亲的沟通态度和选择的沟通场合对其同伴关系有显著影响。②在人际适应(人际适应性)的差异性研究中,米汉(Meehan)等人对结婚大学生与非婚大学生的人际适应进行了研究,结果表明,结婚大学生比非婚大学生面临更多的人际适应问题。③陈建文对中学生人际适应性的研究表明,人际适应性在年级、性别上主效应显著,在年级与性别上的交互作用也显著,经过事后比较检验发现,中学生人际适应性在不同性别、不同年级的学生之间不存在显著差异。④

4.学生人际适应的培养和干预研究

培养和干预研究是基于以上两类研究的研究,是在具体实践中对人际适应性进行干预和指导。克莱米(Klemme)等人对大学新生适应进行了研究,结果发现,通过高年级大学生对新生一对一的帮助,可以使得新生更快地适应大学生活。⑤陈菊珍和刘华山通过团体辅导的方式对人际交往不良的大学生进行了干预,结果表明,团体辅导对减轻大学生人际交往困扰、增强大学生人际适应能力具有良好的效果。⑥

---

① 雷雳、王争艳、刘红云、张雷:《初中生的亲子沟通及其与家庭环境系统和社会适应关系的研究》,《应用心理学》2002年第1期,第14-20页。

② 王争艳、雷雳、刘红云:《亲子沟通对青少年社会适应的影响:兼及普通学校和工读学校的比较》,《心理科学》2004年第5期,第1056-1059页。

③ Meehan, D. C. M., Negy, C. "Undergraduate Students' Adaptation to College: Does Being Married Make a Difference?", *Journal of College Student Development*, vol. 44, no. 5 (2003), pp.670-690.

④ 陈建文:《青少年社会适应的理论与实证研究:结构、机制与功能》,西南师范大学博士学位论文,2001年。

⑤ Klemme, D., Welcher, A., Paulson, J. "Mentoring program helps FCS majors adjust to College", *Journal of Family and Consumer Sciences*, vol. 95, no. 3 (2003), pp.55-56.

⑥ 陈菊珍、刘华山:《改善大学生人际交往不良现状的团体辅导实验研究》,《教育研究与实验》2005年第2期,第65-69页。

三、已有研究存在的不足

从文献回顾可以发现，已有研究在人际适应性上做了一定的探索，并取得了一些成果，但仍存在以下不足。(1)概念混淆。许多研究往往将“人际适应”“人际交往”“人际关系”“人际适应性”及“人际适应能力”等概念混淆，虽然这些概念具有一定的联系性，但仍不应等同。(2)研究对象单一。对于大学生而言，人际适应的研究主要是针对大学新生，涉及其他年级的研究较少。而大学生在其整个大学生阶段都面临着人际适应问题，因此，对大学生的人际适应性不应该仅仅局限于个别年级的研究，还应该从整体的角度加以把握。(3)测量工具缺乏。已有的一些量表虽然有测量人际适应性的题项，但这些题项往往不是直接针对大学生，并且量表的信效度仍缺乏进一步的检验。

四、研究设计

(一)研究目的

采用文献分析法、访谈法以及问卷调查法探索当代大学生人际适应性的理论结构，并以该理论结构为基础，编制《大学生人际适应性问卷》，同时考察大学生人际适应性的现状特点。

(二)研究构想

本研究以大学生为被试，考察其人际适应性的结构及现状特点。(1)采用文献分析法、访谈法以及问卷调查法初步构建大学生人际适应性结构。(2)以大学生适应性结构为基础编制《大学生人际适应性问卷》初始问卷，使用该问卷进行测试，验证大学生人际适应性结构并修订初始问卷。(3)使用《大学生人际适应性问卷》正式问卷进行测试，考察大学生人际适应性的现状特点。

第二节　大学生人际适应性的理论构想与量表编制

一、研究目的

本研究旨在探索当代大学生人际适应性的结构，并以此为基础，编制《大学生人际适应性问卷》，为后续开展大学生人际适应调查研究做好准备。

二、大学生人际适应性的理论构想

(一)大学生人际适应性结构初步构想的理论基础

1.关于大学生人际适应性的一级指标(二阶结构)说明

目前对人际适应性结构的研究主要从心理状态和心理特征两个角度来进行。其中一些由于缺乏实证研究的支持,从科学的角度来说很难站得住脚,而另一些由于测量对象的差异也不太适宜于直接用来研究大学生人际适应性。因此本研究试图在已有研究的基础上对大学生人际适应性的结构进行重建。根据本研究对人际适应性的界定,人际适应性是个体为了满足交往需要、达到交往目标而调整自身或改变他人,从而保持与他人和谐相处的过程中形成的心理能力。这种心理能力既是适应过程的结果,也支撑着适应的过程。因此,人际适应性与人际适应是密切联系的。据此,首先分出人际适应的过程,然后在此基础上找出支撑适应过程的心理能力,这就是人际适应性的内容。这样也就将心理过程视为本研究的切入点,该方法与李国霖关于教学交往能力的研究是基本一致的。[①]

以心理过程作为切入点来研究人际适应性,实质上就是透过人际适应来研究人际适应性。本研究发现,皮亚杰关于适应的研究对本研究是富有启发意义的。皮亚杰认为,适应的本质在于取得机体与环境的平衡,而平衡是指同化作用和顺应作用两种机能的平衡。[②]因此适应的本质在于通过同化和顺应取得机体与环境的平衡。平衡是适应的结果,同化和顺应是适应的过程。依照此逻辑,可以将人际适应初步划分为人际同化和人际顺应。但需要指出的是,皮亚杰主要研究的是物理认知、物理适应,我们研究的是社会认知、社会适应,两者之间存在一些差异。其一,皮亚杰认为顺应就是有机体改变自身的结构,从而与外界环境保持协调一致。但人际顺应中顺应的范围似乎不止于此,它既包括个体改变自身来适应他人,也包括改变环境、他人来适应自己。因此,对人际适应而言,用人际互动代替人际顺应要更合理一些。其二,皮亚杰的研究较少涉及监控,其实在人际交往、人际适应中监控自始至终都在起作用。贾晓波认为,心理适应实际上是一个自我调节的过程。因此,人际适应中就应该体现出监控这个过程。[③]基于以上分析,人际适应就包括人际同化、人际互动、人际监控三个过程。与这三个过程相对应的特征能力就是人际同化能力、人际互动能力、人际监控能力,即人际同化性、人际互动性、人际监控性。

---

① 李国霖:《论教学交往能力》,《教育导刊》2001年第1期,第26-29页。

② 林崇德:《发展心理学》,北京:人民教育出版社2018年版。

③ 贾晓波:《心理适应的本质与机制》,《天津师范大学学报(社会科学版)》2001年第1期,第19-23页。

由于人际同化性中的同化主要指的是根据个体已有的知识和经验对自己、他人以及个体与他人人际关系的认知，涉及人际认知的内容，因此我们将“人际同化性”做适当的修正，改用人际认知性。这样人际适应性的一级指标（二阶结构）就包括人际认知性、人际互动性以及人际监控性三个维度。还需要说明的是，人际认知性、人际互动性以及人际监控性作为人际适应性的三个维度，它们之间不是孤立的，存在一定的联系。从本研究的切入点出发，人际认知性是支撑人际适应过程的起点，也是人际认知的结果，应该出现在结构的开始；人际互动性，既是人际互动的结果，也支撑人际互动过程，应该在人际认知性之后，但它也反向影响人际认知性。人际监控性既是对人际认知和人际互动监控的结果，也支撑对人际认知和人际互动的监控，对人际认知性和人际互动性都有单向的影响。

2.关于大学生人际适应性的二级指标（一阶结构）说明

通过上面的论述，对人际适应性的二阶结构有了一个基本的了解，但是还不够具体。下面本研究分别对二阶结构中的人际认知性、人际互动性以及人际监控性进行界定，并在界定的基础上对每一维度中的子结构进行说明。

首先，对人际认知性加以界定。要界定人际认知性就得对人际认知有一个基本的了解，而要了解人际认知就得理解社会认知。从对象上来看，人际认知主要是指个体对自己、他人以及个体与他人关系的认知；从内容来看，人际认知主要包括自我认知、观点采择、关系认知、人际归因和人际意向推断五个方面。人际认知性主要是指个体在对自己和他人以及个体与他人关系的认知过程中形成的心理能力。与社会认知的内容相对应，人际认知性主要包括人际意向推断性、自知性、吸纳性（观点采择性）、关系认知性、人际归因性五个方面。其中，人际意向推断性是指对适应对象的动机和意图进行推断的能力；自知性是指在人际适应中能够客观、合理认知自己的一种能力；吸纳性也就是观点采择能力，它是指在人际适应过程中能够理解他人想法的能力；关系认知性是指对自己与他人关系状况进行评估的能力；人际归因性是指对人际适应成功或失败的原因进行分析的能力。

其次，人际互动性是指在人际互动过程中所形成的心理能力。人际交往是人际互动的基础，人际互动离不开人际交往。[①]人际交往的研究可以为人际互动的研究提供支持，人际交往能力的研究可以为人际互动能力（人际互动性）的研究提供支持。陈庆学关于小学生交往能力的研究发现，小学生人际交往不良主要表现为退缩型、攻击型、自私型、

① 佐斌：《师生互动论——课堂师生互定的心理学研究》，上海：华东师范的大学出版社2000年版。

封闭型四种类型。因此，要进行正常的人际交往，需要具备应变能力（应变性）、合作能力（合作性）、情感能力（情感性）以及主动与人交往的能力（自主性）。[①]马英霞关于大学生人际交往的研究表明，大学生人际交往的障碍表现在如下几个方面：首先是沟通互动困难，表现为不知如何与老师相处，在同学间感到孤独，他们感到友谊难寻、知己难觅，难于和周围人相处，社会交往有限；其次是相互合作困难，相融性机率缺失，唯己主义突出；再次是对平常交往中必要的礼仪、语言、举止常识感到迷惘，有时他们也想有得体的举止言谈，但不知具体如何操作。[②]因此，要进行正常的人际交往，除了具备上述能力外，还需具备信息的表达能力，即信息传递性。整合上面的研究，本研究认为人际交往能力应该包括应变性、合作性、情感性、自主性、信息传递性五个方面的内容。考虑到应变性与人际监控性中的调控性有较大的相似之处，将它放到人际监控性中。这样人际交往能力就主要涉及合作性、情感性、自主性、信息传递性四个方面的内容。

人际互动离不开人际交往，但又不限于人际信息的交往过程，而是通过交往达到彼此心理上的相互影响、相互促动。因此人际互动能力（人际互动性）还应该在人际交往能力的基础上包括一些自己独特的内容。可以认为，人际互动的本质之一就是它在情感的程度上比一般的交往重要得多，通常是设身处地地体会到他人情绪感受，这就是移情。这可以得到相关研究的支持，特纳就认为“互动主义的妙处就在于抓住了情感在互动过程中的作用”[③]，显然这里的情感与人际交往中的情感有一定的差别，其实就是心理学中的移情。因此，将移情作为人际互动中的组成部分是有其合理性的，将移情性作为人际互动性中的内容是成立的。但由于移情性与情感性有较大的交叉重合之处，情感性的很多内容又包括在移情性中，并且移情性又是互动性中比较特殊的内容，所以本研究就将情感性合并到移情性中。这样人际互动性就包括自主性、信息传递性、合作性、移情性。其中，自主性是指个体自觉、积极、主动与人交往、与人互动的能力。信息传递性是指个体完整表达出自己要表达信息的能力。合作性是指个体在人际互动中，以协作的方式与他人相处，以利于互动双方实现互动目标的能力。移情性是指在人际互动中个体能够设身处地地体会到他人情绪感受的能力。

再次，人际监控性也就是人际监控能力，是指个体在对人际认知和人际互动进行监督和调控过程中形成的心理能力。从目前的研究来看，对人际监控性的直接研究较少，但有一些研究为探索人际监控性提供了间接支持。申继亮、辛涛认为，教师教学监控能

① 陈庆学：《小学生交往能力的现状分析与培养策略》，《四川教育学院学报》2004年第4期，第66-67页。

② 马英霞：《大学生人际交往能力的培养》，《长春理工大学学报（社会科学版）》2004年第1期，第100-102页。

③ 乔纳森·特纳著、邱泽奇等译：《社会学理论的结构（下）》，北京：华夏出版社2001年版。

力是教师为了保证教学的成功、达到预期的教学目标，而在教学的全过程中，将教学活动本身作为意识的对象，不断地对其进行积极、主动的计划、检查、评价、反馈、控制和调节的能力。从教学监控的全过程来区分，教学监控能力主要包括：课前的计划与准备性、课堂的反馈与评价性、课堂的控制与调节性以及课后的反省性。[①]这意味着教师教学监控能力和人际监控能力有共通之处。其一，它们都属于监控能力的范畴，是对整个过程的监控。其二，教师教学监控能力中也涉及人际监控能力，从教师教学监控中可以粗略了解到人际监控能力包括的内容。因此，从过程出发，可参照教学监控能力的结构来研究人际监控性的结构。本研究认为，人际监控性主要包括人际计划性、人际洞察性、人际调控性和人际反思性。人际计划性指的是在人际认知和人际互动前就做好相应的计划、安排和准备，以利于更好地进行人际认知和互动的能力。人际洞察性是在人际认知和人际互动中，个体能够敏锐地意识到情境中各因素及其变化的能力。人际调控性是在人际认知和人际互动中能够根据人际互动情境的变化而做出相应调整的能力。人际反思性是在人际认知和人际互动后对人际认知和人际互动进行反省和评价的能力。

综上，大学生人际适应性结构的初步构想如下（见表12.1）。

表12.1　大学生人际适应性结构的初步构想

	二阶因子	一阶因子	含义
人际适应性	人际认知性	意向推断性	对适应对象的动机和意图进行推断的能力
		自知性	在人际适应中能够客观、合理认知自己的能力
		吸纳性	在人际适应过程中能够理解他人想法的能力
		关系认知性	对自己与他人关系状况进行评估的能力
		人际归因性	对人际适应成功或失败的原因进行分析的能力
	人际互动性	自主性	个体自觉、积极、主动与人交往、与人互动的能力
		信息传递性	完整表达出自己想表达信息的能力
		合作性	个体在人际互动中，以协作的方式与他人相处，以利于互动双方实现互动目标的能力
		移情性	在人际互动中，个体能够设身处地地体会到他人情绪感受的能力
	人际监控性	计划性	在人际认知和人际互动前就做好相应的计划、安排和准备，以利于更好地进行人际认知和互动的能力
		洞察性	在人际认知和人际互动中，个体能够敏锐地意识到情境中各因素及其变化的能力
		调控性	在人际认知和人际互动中能够根据人际互动情境的变化而做出相应调整的能力
		反思性	在人际认知和人际互动后对人际认知和人际互动进行反省和评价的能力

（二）大学生人际适应性的理论结构

通过分析开放式问卷调查的结果，本研究将大学生人际适应性的结构归纳为自知性、吸纳性、自主性、信息传递性、移情性、尊重与真诚、宽容、洞察性、调控性、幽默（见表

① 申继亮、辛涛：《论教师教学的监控能力》，《北京师范大学学报（社会科学版）》1995年第1期，第67-75页。

12.2)，这与最初的构想存在一些差异。原因可能在于：(1)大学生人际适应性中确实不包括这些内容，原初的构想结构需要做适当调整；(2)大学生人际适应性中确实包括这些内容，被测试的对象没有考虑到这些内容；(3)大学生人际适应性中确实包括这些内容，被测试的对象也考虑到这些内容，但难以用语言描述出这些内容。因此，为了进一步探索大学生人际适应性结构，本研究整合初步构想和开放式问卷调查的结果，构成半开放式问卷，对大学生进行测试。

表 12.2　大学生人际适应性开放式问卷调查结果

	二阶因子	一阶因子	含义	具体内容	出现频率
人际适应性	人际认知性	意向推断性	对适应对象的动机和意图进行推断的能力	与人交往目的不单纯	2%
		自知性	在人际适应过程中能够客观、合理认知自己的一种能力	自以为是、自我中心、自大、好高骛远、爱说大话、谦虚、不可一世	50%
		吸纳性	人际适应过程中能够理解他人想法的能力	体谅他人；善解人意；不顾忌他人的想法；换位思考；己所不欲，勿施于人	32%
		关系认知性	对自己与他人关系状况进行评估的能力		0
		人际归因性	对人际适应成功或失败的原因进行分析的能力	分析交往成功或失败的原因	1%
	人际互动性	自主性	个体自觉、积极、主动与人交往、与人互动的能力	大方开朗、自我封闭、孤芳自赏、主动关心他人、被动交往、被动、不能主动与别人交往(打招呼)、内心封闭	53%
		信息传递性	完好表达出自己要表达的信息和整合别人传来的信息的能力	善于倾听、健谈、不善言谈、言谈得体，端正、神情不自然、表情羞涩、善于与别人讨论问题、不让人家发言、能言能语、善于表达、吐字清晰	49%
		合作性	个体在人际互动中，以协作的方式与他人相处，以利于互动双方实现互动目标的能力	帮助他人、给人压抑的感觉、动不动就生气、团结、要脾气、易怒、不合群、不友善、粗暴	21%
		移情性	在人际互动中，个体能够设身处地地体会到他人情绪感受的能力	控制情绪、注意别人的感受、不善于表达自己的感情、冷漠、冷淡、有同情心	21%
		尊重与真诚	对他人的接受、容忍的态度		61%
		宽容	对不同意见、行为者持谅解、宽恕、容忍的态度		56%
	人际监控性	计划性	在人际认知和人际互动前就做好相应的计划、安排和准备，以利于更好进行人际认知和互动的能力	三思而后行	4%
		洞察性	在人际认知和人际互动中，个体能够敏锐地意识到情境中各因素及其变化的能力	善解人意、不考虑(顾及)别人的感受、会观察、会关注人、细心体贴、谈自己感兴趣的而别人不了解的事情	21%

续表

	二阶因子	一阶因子	含义	具体内容	出现频率
人际适应性	人际监控性	调控性	在人际认知和人际互动中能够根据人际互动情境的变化而做出相应调整的能力。	审时度势、适可而止、随机应变、察言观色、说话粗鲁不注重场合	11%
		幽默	以有趣、可笑而又富有意味的言辞或行为机智处理复杂问题的能力		20%
		反思性	在人际认知和人际互动后对人际认知和人际互动进行反省和评价的能力	只长年龄,不长心智	2%

半开放式问卷调查结果如下(见表12.3),除了“推测适应对象的动机和意图”与“在人际适应前心理上就做好相应的计划和准备”两项的被试认同度较低外,其他的维度都是大学生人际适应性所应包括的内容。这说明半开放式问卷在一定程度上解决了前面提出的问题,即大学生人际适应性中可能不包括构想结构中的意向推断性、人际归因性,而关系认知性、人际归因性、反思性则属于大学生人际适应性的内容。

表12.3 大学生人际适应性半开放式问卷调查结果

维度	被试认同度
推测适应对象的动机和意图	38%
客观、合理地认识自己	98%
换位思考	98%
评估自己与他人的关系状况	92%
对人际适应成功或失败的原因进行分析	90%
主动与人交往	88%
完好表达想表达的内容	91%
以协作的方式与他人相处	84%
设身处地地体会到他人情绪感受	99%
尊重与真诚	99%
宽容	99%
人际适应前心理上就做好相应的计划和准备	47%
能敏锐意识到情境的因素及其变化	91%
根据互动情境的变化而做出相应调整	94%
幽默	85%
在人际适应后对整个适应过程进行反省和评价	76%

为什么会出现上述这种情况呢?本研究对那些没有选择“推测适应对象的动机和意图”“在人际适应前心理上就做好相应的计划和准备”的部分被试进行了访谈。大多数受访者认为,在人际适应中,如果经常去推测适应对象的动机和意图,显得太具功利性了,这样往往很难与人相处,很难与人适应。同时,人际适应在很多时候具有不确定性,带有

随机性，在适应之前通常就不会做计划、准备，也没法计划、准备，更多依靠适应过程中对情景和适应对象的反应的洞察，以及在洞察基础上所做的调整。还有，对大学生人际监控性的建构借鉴了教师教学监控能力的研究。在教师教学监控能力中，计划性占有非常重要的位置，这可能与教育本质中对计划性的强调有关。这在一定程度上说明了人际监控性与教学监控能力的差异所在。这样看来，初步构想中的将意向推断性和人际计划性纳入大学生人际适应性似乎不太合理。因此，后面关于大学生人际适应性结构的研究就不再考虑意向推断性和人际计划性。至于关系认知性、人际归因性、反思性，在开放式问卷中很少有人提到，但是在半开放式问卷中绝大多数大学生认为人际适应性应该包括这些内容。这可能与前面提到的两条理由有关。其一，大学生人际适应性中确实包括这些内容，被测试的对象没有考虑这些内容；其二，大学生人际适应性中确实包括这些内容，被测试的对象也考虑到了这些内容，但难以用语言描述出这些内容。

通过开放式和半开放式问卷，我们对大学生人际适应性结构进行了修正和调整，但是大学生人际适应性结构还可能存在一些问题。比如，上述结构中全是一阶结构的内容，二阶结构还没有检验；一阶结构中的有些维度还可能存在交叉，尤其是来自开放式问卷的那些维度。因此，本研究在开放式和半开放式问卷基础上，咨询了教育学和心理学领域的相关专家，来进一步完善大学生人际适应性结构。专家访谈结果表明，尊重与真诚、宽容可以合并到合作性中，而幽默可以合并到调控性中。

综上，大学生人际适应性的理论结构就初步确定为由人际认知性、人际互动性和人际监控性三个维度构成，其中人际认知性包括人际归因性、自知性、吸纳性、关系认知性；人际互动性包括自主性、信息传递性、合作性、移情性；人际监控性包括洞察性、反思性和调控性。

三、大学生人际适应性问卷的编制

(一)研究方法

1.被试

样本：在我国西部地区选取四所本科院校和一所专科院校，采用随机抽样的方法，对自编的《大学生人际适应性问卷Ⅰ》展开施测。共发放问卷2300份，收回有效问卷2100份，问卷有效率91.3%。其中男生820人，女生1280人；大一565人，大二437人，大三933人，大四165人；重点本科479人，普通本科1245人，专科376人；来自城镇903人，来自农村1197人。

2. 工具

采用自编的《大学生人际适应性问卷Ⅰ》进行项目分析、探索性因素分析；使用《大学生人际适应性问卷》进行验证性因素分析和信效度检验。以上两个问卷均采用Likert 5点计分。

3. 程序

根据访谈和开放式问卷调查的结果，参考以往同类型的调查问卷，编制出大学生人际适应性问卷初始题项，形成包含110个题项的初始问卷《大学生人际适应性问卷Ⅰ》。对《大学生人际适应性问卷Ⅰ》进行第一次预测，对问卷进行项目分析和探索性因素分析，根据相关心理测量学标准修订题项，形成包含54个题项的《大学生人际适应性问卷》，即正式问卷（见附录）。随后，对《大学生人际适应性问卷》进行验证性因素分析和信效度检验。

（二）研究结果

1.《大学生人际适应性问卷Ⅰ》的数据分析结果

对《大学生人际适应性问卷Ⅰ》数据进行项目分析，将被试总分按递增排序，选取得分最高的前27%的学生作为高分组，得分最低的后27%的学生作为低分组，进行独立样本t检验。结果显示全部题项高低分组之间均存在显著差异，表明题项具有良好的鉴别力。

在问卷的探索性因素分析中，问卷的KMO值为0.91，巴特利特球形检验显著（$p<0.001$），满足因素分析的基本条件。采用主成分分析法对问卷的110个题进行探索性因素分析，转轴方法为直接斜交转轴法。分析结果表明，特征值大于1的因子共有11个，且负荷值都大于0.40，共同解释了项目总方差的52.05%。为了进一步确定理论构想及问卷，需要对问卷的题目进行筛选。标准如下：项目负荷值（α）小于0.40，共同度（h）小于0.20，“概括”负荷（α^2/h^2）小于0.50；每个项目最大的两个“概括”负荷之差小于0.25，即$\left(\alpha_{i2}-\alpha_{22}\right)/h^2<0.25$。最终的筛选结果如下（见表12.4）。

表12.4 《大学生人际适应性问卷Ⅰ》一阶因素分析结果

题项	F1	F2	F3	F4	F5	F6	F7	F8	F9	F10	F11	共同度
104	0.70											0.67
9	0.69											0.58
115	0.66											0.59
21	0.63											0.56
81	0.54											0.49
26		0.71										0.61

续表

题项	F1	F2	F3	F4	F5	F6	F7	F8	F9	F10	F11	共同度
14		0.69										0.55
38		0.62										0.50
62		0.61										0.50
50		0.59										0.49
98		0.56										0.50
76			0.65									0.54
64			0.63									0.55
88			0.62									0.50
110			0.53									0.48
101			0.50									0.45
99			0.47									0.46
79				0.73								0.56
55				0.71								0.59
113				0.69								0.52
67				0.69								0.54
91				0.53								0.48
70					0.79							0.66
82					0.76							0.62
10					0.66							0.53
94					0.58							0.55
40					0.50							0.47
20						0.71						0.65
8						0.68						0.58
56						0.62						0.49
103						0.61						0.52
100							0.60					0.52
53							0.58					0.51
65							0.50					0.40
60							0.46					0.40
41							0.46					0.43
73								0.59				0.55
68								0.58				0.48
37								0.54				0.53
119								0.53				0.58
61								0.46				0.51
24									0.59			0.50
12									0.58			0.48
23									0.54			0.45
48									0.51			0.43
36									0.46			0.44
30										0.62		0.49

续表

题项	F1	F2	F3	F4	F5	F6	F7	F8	F9	F10	F11	共同度
18										0.58		0.45
6										0.55		0.50
42										0.50		0.52
83											0.76	0.63
117											0.75	0.60
59											0.68	0.56
71											0.40	0.43
特征值	10.99	2.85	2.41	1.93	1.82	1.74	1.51	1.42	1.19	1.15	1.11	合计
贡献率	5.30%	5.30%	5.00%	4.87%	4.83%	4.76%	4.70%	4.53%	4.34%	4.27%	4.12%	52.05%

由上表可知，特征值大于1的因子有11个，累计贡献率达到52.05%。根据因子的内涵，将11个因子分别命名为信息传递性、反思性、自知性、人际归因性、合作性、自主性、吸纳性、调控性、洞察性、关系认知性和移情性。基于理论构想，大学生人际适应性在11个因子基础上可能还包含更高阶的因子，故将一阶因素分析得到的11个因子作为新变量进一步进行因素分析，步骤与上述一致。二阶因素分析结果如下（见表12.5）。

表12.5 《大学生人际适应性问卷Ⅰ》二阶因素分析结果

因子	F1	F2	共同度
移情性	0.67		0.43
合作性	0.62		0.38
调控性	0.61		0.59
自主性	0.60		0.46
反思性	0.57		0.41
信息传递性	0.51		0.55
人际归因性		0.80	0.64
关系认知性		0.70	0.59
自知性		0.61	0.54
洞察性		0.49	0.53
吸纳性		0.48	0.54
特征值	4.50	1.13	合计
贡献率	40.94%	10.31%	51.25%

综上，将探索性因素分析保留的54个题项构成《大学生人际适应性问卷》，即正式问卷。

2.《大学生人际适应性问卷》的数据分析结果

对《大学生人际适应性问卷》进行验证性因素分析。结果表明，χ^2/df=2.22小于3，即模型有较为简约的适配程度；RMSEA＜0.05，SRMR＜0.05；CFI、TLI值接近0.9（见表12.6），考虑到问卷的样本量较大，各项拟合指标基本符合心理测量学要求，可以认为修订后的问卷模型拟合较好。

表 12.6 《大学生人际适应性问卷》的验证性因素分析

指标	χ^2	df	χ^2/df	TLI	CFI	RMSEA	SRMR
模型	3024.07	1365	2.22	0.85	0.86	0.04	0.04

综上，人际适应性由人际认知性和人际互动性两个维度构成，其中人际认知性包括人际归因性、自知性、吸纳性、关系认知性和洞察性5个因子，人际互动性包括信息传递性、合作性、移情性、自主性、反思性和调控性6个因子。将修订后的模型与最初的理论模型相比较，二者结构在11个一阶因子上基本吻合，在二阶因子上存在一些差异。原来构想的人际监控性没有出现，构想中属于人际监控性的“洞察性”被归类到人际认知性中，“反思性”和“调控性”被归类到人际互动性中。

对《大学生人际适应性问卷》进行信效度检验。采用内部一致性信度和分半信度作为《大学生人际适应性问卷》的信度指标。从表中可以看出，《大学生人际适应性问卷》的11个因子的内部一致性信度在0.64～0.81。分问卷与总问卷的内部一致性信度均在0.85以上。各因子分半信度在0.61～0.79，分问卷与总问卷的分半信度在0.75以上（见表12.7）。即本问卷的信度在可接受范围内。

表 12.7 《大学生人际适应性问卷》的信度检验

变量	内部一致性信度	分半信度
反思性	0.78	0.76
调控性	0.75	0.74
信息传递性	0.81	0.79
关系认知性	0.66	0.69
主动性	0.73	0.74
人际归因性	0.73	0.69
敏感性	0.67	0.64
自知性	0.74	0.66
移情性	0.64	0.61
吸纳性	0.69	0.68
合作性	0.73	0.74
人际认知性	0.86	0.77
人际互动性	0.88	0.80
总问卷	0.92	0.79

采用结构效度作为《大学生人际适应性问卷》的效度指标（见表12.8）。结果表明，除去人际归因性和合作性、移情性的相关不显著外，其余各因子之间的相关以及因子与维度、总分间的相关均显著，因子间的相关在0.12～0.58，因子与维度和总分之间的相关在0.15～0.77，表明各维度既相互关联又具有一定的独立性，说明本问卷效度良好。

表 12.8 《大学生人际适应性问卷》的效度检验

	1	2	3	4	5	6	7	8	9	10	11	12	13
1 自知性	–												
2 吸纳性	0.45***	–											
3 关系认知性	0.50***	0.50***	–										
4 人际归因性	0.29***	0.18***	0.31***	–									
5 信息传递性	0.46***	0.49***	0.44***	0.19***	–								
6 合作性	0.27***	0.27***	0.22***	0.06	0.24***	–							
7 自主性	0.33***	0.37***	0.31***	0.15***	0.51***	0.27***	–						
8 移情性	0.26***	0.27***	0.22***	0.03	0.29***	0.26***	0.29***	–					
9 调控性	0.43***	0.57***	0.39***	0.15***	0.58***	0.30***	0.53***	0.31***	–				
10 反思性	0.37***	0.38***	0.31***	0.12***	0.33***	0.33***	0.34***	0.28***	0.35***	–			
11 洞察性	0.44***	0.47***	0.47***	0.25***	0.44***	0.30***	0.35***	0.30***	0.47***	0.46***	–		
12 人际认知性	0.76***	0.72***	0.73***	0.60***	0.55***	0.30***	0.39***	0.29***	0.56***	0.47***	0.72***	–	
13 人际互动性	0.53***	0.60***	0.48***	0.15***	0.72***	0.58***	0.70***	0.56***	0.77***	0.69***	0.58***	0.64***	–
总问卷	0.69***	0.72***	0.65***	0.39***	0.71***	0.50***	0.62***	0.49***	0.74***	0.66***	0.71***	0.88***	0.93***

注：$p^{***} < 0.001$。

第三节 大学生人际适应性的特点

一、研究目的

本研究旨在考察大学生人际适应性的特点，为后续开展大学生人际适应能力教育提供参考借鉴。

二、研究方法

（一）被试

在我国西部地区选取四所本科院校和一所专科院校，采用随机抽样的方法，对自编的《大学生人际适应性问卷》展开施测。共发放问卷2300份，收回有效问卷2100份，问卷有效率91.30%。其中男生820人，女生1280人；大一565人，大二437人，大三933人，大四165人；重点本科479人，普通本科1245人，专科376人；来自城镇903人，来自农村1197人。

（二）工具

本研究使用《大学生人际适应性问卷》（见附录）考察大学生的人际适应性。该问卷由人际认知性和人际互动性两个维度构成，其中人际认知性涉及人际归因性、自知性、吸纳性、关系认知性和洞察性，人际互动性涉及信息传递性、合作性、移情性、自主性、反思性和调控性。问卷合计54个题项，采用Likert 5点计分，无反向计分题。

(三)统计分析

本研究使用SPSS统计软件进行数据的整理和分析，主要包括描述性统计、平均数差异的显著性检验等。

三、研究结果

本研究考察了大学生人际适应性的现状特点，主要是从年级、性别、家庭居住地和学校类型四个方面来考察。具体结果如下。

本研究对大学生人际适应性在年级、性别、家庭居住地和学校类型四个因素上的差异进行4×2×2×3的多元方差分析，结果发现方差不齐性($F_{(100,1497)}=1.48, p<0.01$)，不能直接进行方差分析，需要逐一排除不适合于用来做方差分析的因素，将这些因素用非参数检验来统计分析。分析发现，大学生人际适应性在性别($F_{(1,1596)}=11.43, p<0.001$)、专业($F_{(2,1595)}=3.80, p<0.05$)上的方差不齐性，在学校类型($F_{(2,1595)}=2.77, p>0.05$)、年级($F_{(3,1594)}=0.81, p>0.05$)上的方差齐性。对于方差不齐性的两个因素(性别和专业)，分别进行Mann-Whitney检验和Kruskal Wallis非参数检验，结果发现都不显著。这说明不同性别、不同专业的大学生在人际适应性上没有显著差异，故后面的统计分析将不再从性别、专业方面考虑大学生人际适应性的特点。

对学校类型和年级两个因素，进行3×4的多元方差分析。结果发现，年级($F_{(3,1587)}=6.79, p<0.01$)的主效应显著，学校类型的主效应($F_{(2,1587)}=1.15, p>0.05$)、年级×学校类型的交互作用($F_{(5,1587)}=0.72, p>0.05$)都不显著。年级的主效应显示，大学生人际适应性总得分大致呈U形分布，由低到高依次是大二、大三、大一、大四。其中，大一学生与大二、大三学生在人际适应性上存在极其显著差异($p<0.001$)，大一、大四学生明显高于大二、大三学生($p<0.001$)，大一学生与大四学生、大二学生与大三学生在人际适应性上不存在显著差异($p>0.05$)。

四、讨论

本研究发现大二和大三学生在人际适应性上表现出明显的不足，大一和大四学生在人际适应性上表现较好。不同年级大学生人际适应性得分形成了一个U形分布。曹亦薇、毛成美运用纵向Rasch模型对大学新生适应性进行追踪研究,发现大一新生在第一学年内人际适应呈下降趋势,即新生在刚进大学时人际适应状况普遍较好,但随着时间的增加人际适应状况变差。[①]这间接说明了大二和大三可能是大学生人际适应性发展的一个低谷期。梁红、黄希庭则从辩证思维的视角探讨了大学生人际适应的过程,也认为大学二年级是大学生人际适应低谷期。[②]

为什么大二和大三是大学生人际适应性发展的低谷期呢?可能的原因如下,一方面,大一学生刚进入校园,学校以及班级对它们在人际适应和人际关系方面的关注比较多。比如大学里面有许多针对新生的讲座和辅导,这可能增强了他们的人际适应性。大四学生面临就业问题,从现有的情况来看,许多用人单位不仅看其工作能力,还要看其与人交往能力,看其能不能很快地适应环境,很好与周围的人相处。因此,在这种情况下,大四学生可能更加关注人际适应方面的问题,具有更好的人际适应性。而对于大二和大三学生来说,此阶段是各种矛盾的集中爆发期,比如大二、大三阶段是宿舍人员相处最密集的阶段,也是宿舍人际关系从一年级最初的客气到二、三年级的矛盾凸显再到四年级惜别的中间环节;同时这个阶段是大学学习的重要时期,是专业课程学习的集中时期。随着学业压力的增大,学习负担的加重,很多大学生会把主要精力放在学习上,对人际适应方面问题的关注减少。此外,这个阶段同学之间为了更好的未来,逐步重视各种荣誉的获得,彼此之间会产生较为激烈的竞争,这也会加剧人际关系的紧张。另一方面,这也可能与中国大学生的自我认同延迟有关,大二和大三年级的很多大学生处于形式思维向辩证思维转变的阶段,倾向于用自然科学知识的思维方式看待和分析自我发展与人际交往中遇到的问题,这就可能导致大二、大三学生人际适应性偏低。综上,可以认为大学生人际适应性呈现出U形分布,大二、大三学生人际适应性最低是可以理解的。

研究还发现,大学生人际适应性在城乡之间、不同学校类型之间以及不同性别之间没有显著差异。究其原因,可能在于本研究对人际适应性的界定既有人际认知方面的内容,也有人际互动方面的内容,内容比较全面。而其他一些研究中所使用的概念基本上往往着眼于情感,涉及其他方面的内容较少。后续可以针对该现象做进一步的研究讨论。

---

① 曹亦薇、毛成美:《纵向Rasch模型在大学新生适应性追踪研究中的应用》,《心理学报》2008年第4期,第427-436页。

② 梁红、黄希庭:《大学生人际适应"二年级现象"的辩证解读》,《高等教育研究》2010年第5期,第76-80页。

附录

大学生人际适应性问卷

指导语：请仔细阅读下列题项，并根据自己的实际情况选择对应的选项。

题项	选项				
	完全不符合	基本不符合	不确定	基本符合	完全符合
1.我能准确估计我与同学之间的关系状况	1	2	3	4	5
2.我能够主动与老师交谈	1	2	3	4	5
3.我能清楚地表达自己的看法	1	2	3	4	5
4.即使交往者的行为不太礼貌，我也很少表现出不友善	1	2	3	4	5
5.在与人交往中，当要出现冷场或尴尬场面时，我能敏锐地意识到	1	2	3	4	5
6.我经常回顾、审视自己的交往行为	1	2	3	4	5
7.我能准确估计我和异性的关系状况	1	2	3	4	5
8.我能够主动与同学交往	1	2	3	4	5
9.我能简单、明了地描述一件复杂的事情，使大家都能听懂	1	2	3	4	5
10.父母不高兴时，我能够设身处地地体会到父母的情绪感受	1	2	3	4	5
11.人际互动的情景发生变化时，我能敏锐地觉察到	1	2	3	4	5
12.我经常审视自己的交往方式是否合理	1	2	3	4	5
13.我很少错误估计我与他人关系的亲密度	1	2	3	4	5
14.我能敏锐地意识到，不同交往类型的人有不同的需要	1	2	3	4	5
15.我能巧妙地转移话题，以避免别人提出的尴尬问题	1	2	3	4	5
16.我经常审视自己的交际语言是否恰当	1	2	3	4	5
17.我很清楚，自己能否有效地控制过激情绪，使交往顺利进行	1	2	3	4	5
18.我能通过交往者的肢体语言来准确理解交往者的想法	1	2	3	4	5
19.我能准确估计自己的人缘	1	2	3	4	5
20.交往对象的态度发生变化时，我能敏锐地觉察到	1	2	3	4	5
21.我经常审视人际交往的内容是否合适	1	2	3	4	5
22.我能从有限的信息中准确理解交往者的意思，即使交往者是陌生人	1	2	3	4	5
23.以前无所不谈的朋友与我越来越没有“共同语言”，我不知道是什么原因所致	1	2	3	4	5
24.我能够主动同周围的人打招呼	1	2	3	4	5
25.当好友为某事感到高兴或难过时，我会不由自主地和他(她)一起感到高兴或难过	1	2	3	4	5
26.交往中，当有人心怀不轨时，我很容易觉察到	1	2	3	4	5
27.我能同时照顾不同类型人的需要，使交谈气氛融洽	1	2	3	4	5
28.我经常反思自己的自我认识是否客观、合理	1	2	3	4	5
29.我很清楚自己的交际能力如何	1	2	3	4	5
30.周围的人常常说我善于“察言观色”	1	2	3	4	5
31.与周围的人相处不和谐时，我常常不知道是什么原因所致	1	2	3	4	5
32.在谈话陷入尴尬时，我往往主动寻找双方感兴趣的话题来打破僵局	1	2	3	4	5

续表

题项	选项				
	完全不符合	基本不符合	不确定	基本符合	完全符合
33.即使同学的行为显得有点过分,我也很少发怒	1	2	3	4	5
34.在与他人交往时,我能很快进入到他人的情绪世界,与他人产生共鸣	1	2	3	4	5
35.我能运用幽默风趣的语言,使尴尬场面的气氛变得活跃	1	2	3	4	5
36.我很清楚,自己是否善于与人交往	1	2	3	4	5
37.室友疏远我时,我常常不知道是什么原因所致	1	2	3	4	5
38.我能用恰当的语言表达自己内心的情感	1	2	3	4	5
39.即使他人使我很难堪,我也很少表现出粗暴的行为	1	2	3	4	5
40.当同学感到烦恼时,我往往也会有相同(相似)的感觉	1	2	3	4	5
41.我很清楚自己在人际交往中的自信程度如何	1	2	3	4	5
42.同学以异样的目光看我时,我常常不知道是什么原因导致	1	2	3	4	5
43.即使与不太喜欢的人交往,我也会很友善	1	2	3	4	5
44.我经常反思在人际交往中自己是否是主动的	1	2	3	4	5
45.我很清楚自己的仪表(容貌)对别人是否具有吸引力	1	2	3	4	5
46.我很少误解别人的意思	1	2	3	4	5
47.我能准确估计我与老师的关系状况	1	2	3	4	5
48.我能够主动向身边的老师和同学请教我不懂的问题	1	2	3	4	5
49.我能很好地表达自己要表达的内容	1	2	3	4	5
50.我很清楚自己能否与周围的人建立良好的关系	1	2	3	4	5
51.以前的好友疏远我时,我常常不知道是什么原因所致	1	2	3	4	5
52.我能简单、明了地表达自己的看法	1	2	3	4	5
53.当室友为某事感到悲伤时,我也会情不自禁地有这种感觉	1	2	3	4	5
54.我能够使用多种方法,使性格内向、不善言辞的人与我愉快地交谈	1	2	3	4	5

第十三章 大学生人际关系与内隐攻击性的关系

攻击行为，也称侵犯行为，是指有意伤害他人的行为。对人类攻击性及其行为的研究和控制在社会心理学和发展心理学领域内备受关注。目前，内隐攻击性的研究多从家庭和媒体影响两方面进行，很少涉及人际关系对个体攻击行为的影响。因此，本研究采用内隐联想测验，从人际关系的角度，探求表层人际关系与内隐攻击性之间的关系，揭示大学生人际关系不良的深层原因。这既可以丰富攻击性的研究领域，又能为指导大学生建立良好的人际关系、更好地适应社会生活提供依据。

第一节 研究概述

一、内隐攻击性

（一）内隐攻击性的概念

20世纪90年代中期，格林沃尔德和贝纳基等学者根据社会信息加工的意识和无意识，提出了内隐社会认知的概念及其研究的体系和范式，明确地指出个体的社会行为具有内隐性和自动化的特征。[①]在此基础上，杨治良等人采用内隐社会认知的任务分离范式研究方法，使用图片作为实验材料，对青少年的攻击性行为进行了探讨。结果表明攻击性行为存在显著的实验性分离，从而证明了攻击行为也具有内隐性，同时也发现内隐记忆的研究方法同样可以应用到内隐社会认知的研究领域。[②]此后，内隐攻击性逐渐成为攻击性研究领域的热点。

根据攻击性和内隐社会认知的相关研究，内隐攻击性是指个体在缺乏意识监控或在意识状态不明确的条件下，具有潜在的以伤害某个想逃避此种伤害的有机体为目的的任何形式的行为倾向或心理特征，具有间接性、积淀性、无意识性和启动性等特征。[③]

（二）内隐攻击性的测量方法

内隐社会认知研究在1995年正式归属于实验心理学研究领域后，其研究方法很快便成为国内外研究者热议的对象。内隐攻击性属于内隐社会认知，其研究沿袭了内隐社会认知的研究范式，主要采取间接测量的方法。这种测量思想的基本思路是：先为被试提供不同的实验线索，以此影响他们后续的操作，然后通过比较不同实验线索下被试的操

① Greenwald, A. G., Banaji, M. R. “Implicit Social Cognition: Attitudes, self-esteem and stereotypes”, *Psychological Review*, vol. 102, no. 1 (1995), pp.4-27.

② 杨治良、刘素珍：《“攻击性行为”社会认知的实验研究》，《心理科学》1996年第2期，第75-78页。

③ 徐德森、唐日新、解军：《外显和内隐攻击性表现方式的性别差异实验研究》，《心理科学》2007年第6期，第1342-1344页。

作成绩来寻求其内隐效果的存在。在间接测量思想的引导下,内隐攻击性的研究方法不断地被提出,并得到一定程度的应用,主要有投射测验、情境测验、偏好判断、联想法、阈下态度条件反射法、判断潜伏期测量、任务分离范式、过程分离/加工分离范式、启动效应、事件相关电位技术、内隐联想测验、Go/No-go联结任务和外部情绪性西蒙任务等。其中,最后两种方法实质是内隐联想测验的改进和发展。现在国内外最常用的研究方法是内隐联想测验,有研究者对其信度、效度、原理、应用及影响因素等进行了专门而系统的研究。[①]

(三)内隐攻击性的心理机制

当前,内隐攻击性心理机制方面的研究相对较为薄弱,研究者大都沿袭攻击性研究的理论,主要从以下两方面来进行。

1.生物和本能的观点

弗洛伊德(Freud)、洛伦兹(Lorenz)等提出的攻击理论都认为,人类攻击性与本能有关,因此是人类的本性在某种程度上导致了程序性暴力行为的产生。这些理论认为,攻击他人的遗传倾向使人类产生暴力。[②]随着神经生物学研究的深入,生物因素制约内隐攻击性的观点也不断得到证实,如希尔顿(Hilton)等人的研究[③];已有研究大量地探讨了基因与攻击性的关系,并发现某些基因缺乏的确会对个体的攻击性产生影响。[④]

2.社会学习的观点

社会学习的观点把攻击行为看成是个体通过后天各种途径经由强化和模仿所习得,并认为攻击行为的获得和是否表现出来是两个相互独立的过程。[⑤]个体在社会化进程中所形成的与攻击性行为有关的心理结构或图式,影响了个体对环境线索、他人行为表现等的认知和解释过程,从而造成了外显和内隐的攻击性。有研究者认为环境中相关线索的出现也会使个体产生潜意识、自动化的心理活动过程,进而促使个体内隐攻击性的形成。[⑥]有研究者则认为个体成长过程中社会教养和生活环境的综合作用是导致其后天攻击行为表现出差异性(完全抑制,限制或经常反应)的影响因素。[⑦]

---

① 侯珂、邹泓、张秋凌:《内隐联想测验:信度、效度及原理》,《心理科学进展》2004年第2期,第223-230页。

② 刘甲申:《西方攻击性行为理论的研究综述》,《才智》2014年第4期,第287-288页。

③ Hilton, N. Z., Harris, G. T., Rice, M. E. "The functions of aggression by male teenagers", *Journal of Personality and Social Psychology*, vol. 79, no. 6 (2000), pp.988-994.

④ 康园园:《内隐攻击性的研究综述》,《江苏教育学院学报(社会科学版)》2008年第1期,第46-48页。

⑤ 康园园:《内隐攻击性的研究综述》,《江苏教育学院学报(社会科学版)》2008年第1期,第46-48页。

⑥ Bargh, J. A., Pietromonaco, P.R."Automatic information processing and social perception: The influence of trait information presented outside of conscious awareness on impression formation", *Journal of Personality and Social Psychology*, vol. 43, no. 3 (1982), pp.437-449.

⑦ 周爱保:《过去经验对内隐社会知觉的影响》,《心理学报》1998年第2期,第149-153页。

(四)内隐攻击性的特征及其影响

目前,研究者们对内隐攻击性的特征及影响因素做了大量的实证研究,主要集中在性别差异、年龄差异、被试差异、实验材料刺激属性差异、社会情境差异、人格特征差异等方面。

1.性别差异的研究

一般的研究均显示,男性比女性表现出更多的外显攻击行为,而在内隐攻击性研究中,没有发现性别差异,两性均表现出了显著的内隐攻击性。如戴春林等人采用IAT测量个体内隐攻击性,结果发现攻击行为在内隐社会认知中不存在性别差异[①];张东宁、王有智采用攻击/被攻击性的词汇和图片为IAT测验材料进行研究,结果发现也不存在显著的性别差异。[②]但叶茂林采用偏好判断的方法进一步研究不同的刺激物属性对启动两性攻击性的影响,结果显示当被攻击者为女性时,在内隐攻击性上男女存在差异。因而,该研究基于此提出了男女在内隐攻击上存在差异的条件。[③]徐德森等人采用C++Builder语言自编IAT测验程序,以身体和言语攻击词汇为目标维度、男女生姓名为属性维度,对大学生的内隐攻击性进行了研究,结果也发现男女性别间存在显著差异,男性与身体攻击联系更紧密,女性则与言语攻击联系更紧密[④],该研究结果与外显攻击性研究得到的结论一致。

2.年龄差异的研究

国外研究者迈耶斯(Meyers)考察了短时接触15分钟暴力电子游戏或暴力电视节目对3～6年级男生攻击性观念和行为的影响,结果显示,短时接触过暴力内容的被试表现出更多的攻击行为;3年级比6年级在紧随其后的活动中表现出更多的攻击行为;6年级比3年级在随后的字词偏好的启动测验中更多地运用攻击性词汇。[⑤]

3.实验材料差异的研究

研究表明,刺激物属性和刺激启动作用也会显著地影响内隐社会认知。目前一般主要使用启动技术来研究不同的刺激物属性对内隐攻击性影响的暂时性条件,如国外研究者沃恩和布兰斯科姆(Wann,Branscombe)运用启动技术,使用攻击性和非攻击性的体育

---

① 戴春林、杨治良、吴明证:《内隐攻击性的实验研究》,《心理科学》2005年第1期,第96-98页。

② 张东宁、王有智:《IAT测验对攻击性内隐社会认知的应用研究》,《心理学探新》2005年第4期,第74-77页。

③ 叶茂林:《刺激物属性与内隐攻击性的性别差异》,《湖南师范大学教育科学学报》2004年第2期,第93-96页。

④ 徐德森、唐日新、解军:《外显和内隐攻击性表现方式的性别差异实验研究》,《心理科学》2007年第6期,第1342-1344页。

⑤ Meyers, K.S. *Television and Video Game Violence: Age Differences and the Combined Effects of Passive and Interactive Violent Media*. Doctoral Dissertation: Louisiana State University, 2003.

运动语句，考察在体育事件中观念冲突行为的潜在性。结果显示，被试在攻击性词汇启动下更易将紧随其后呈现的模糊目标人物的行为知觉为具有敌意或更易产生攻击。①叶茂林则采用图片偏好判断的方法，探讨了不同刺激物属性对不同性别被试内隐攻击性差异的影响。刺激物属性分为男性攻击男性和男性攻击女性两种。结果显示，只有被攻击者为女性时，在内隐攻击性上男女存在差异。②

4. 社会情境差异的研究

有研究表明，社会情境在未成年人攻击性的形成和发展中同样起着非常重要的作用。社会情境包括家庭、同伴和社会传媒等。如陈欣和杜建政采用父母养育方式量表和内隐联想测验分别对初二学生的父母教养方式和内隐攻击性进行了测量，结果发现被试的内隐攻击性与其父亲的惩罚严厉、过分干预和其母亲的惩罚严厉等三个因素呈显著正相关。③此外，陈美芬和陈舜蓬也采取IAT法，以自我和他人作为目标概念、攻击性和非攻击性词汇为属性概念，研究了攻击性网络游戏对个体内隐攻击性的影响。结果发现，攻击性网络内容可提高网络游戏接触者的内隐攻击性。④由此可见，网络媒体不仅影响个体的外显攻击性，同时也影响个体的内隐攻击性。

5. 人格特征差异的研究

还有研究者尝试探讨了人格特质与内隐攻击性的相互关系，以期更好地揭示攻击性人格和反社会倾向的深层心理机制，提高个体的自我规范能力和对问题失调行为矫正的能力。如王蕾研究了不同攻击水平者自我价值感的差异，发现偏好测验中偏好攻击性图片的被试总体自我价值感得分高，反之则偏低，而当非常有利的自我评价受到外界威胁时，最有可能因自我危机而导致攻击。⑤

二、大学生人际关系

大学生人际关系是校园人际关系的重要组成部分，是大学生在学习和生活过程中结成的一种人际关系。人际关系是人与人之间的一种心理距离和联系，并不完全等同于社会关系。⑥它的结构可包括三类：一是认知成分，即反映个体对人际关系状况的认知和理

---

① Wann, D. L., Branscombe, N. R. "Person perception when aggressive or nonaggressive sports are primed", *Aggressive Behavior*, vol. 16, no. 1 (1990), pp.27-32.

② 叶茂林：《刺激物属性与内隐攻击性的性别差异》，《湖南师范大学教育科学学报》2004年第2期，第93-96页。

③ 陈欣、杜建政：《父母教养方式与内隐攻击性的关系研究》，《心理科学》2006年第4期，第798-801页。

④ 陈美芬、陈舜蓬：《攻击性网络游戏对个体内隐攻击性的影响》，《心理科学》2005年第2期，第458-460页。

⑤ 王蕾：《高、低自我价值感者攻击性图片偏好的实验研究》，第十届全国心理学学术大会论文摘要集，上海，2005年。

⑥ 乐国安：《中国社会心理学研究进展》，天津：天津人民出版社2004年版。

解，与人际知觉紧密相连，是理性条件；二是情感成分，即交往双方在情感上满意的程度和亲疏关系，与对交往的评价态度关系密切，是情感条件；三是行为成分，即表现个性的一切外在行为，与交往双方在交往活动过程的外在表现和结果关系紧密。[①]目前对大学生人际关系的已有研究主要是从交往活动的特点、不良人际关系的现状及产生原因、问题的调适、发展趋势、影响因素、研究方法和人际关系某一方面的干预几个方面来进行的。近年来，也出现了对特殊群体大学生人际关系的关注，也有对人际关系产生中介作用的因素的研究。本研究拟从情感维度的心理距离和联系对大学生人际关系进行测量和分组。

三、已有研究存在的问题

从文献回顾可以发现，内隐攻击性的研究较为丰富，研究方法也处于不断发展与优化中。然而从人际关系的视角来看，内隐攻击性的研究仍存在一些不足之处，主要包括以下三个方面。

第一，有研究者认为“内隐攻击性是个体在长期的社会生活浸染下逐渐形成的，有相当的稳定性”[②]。但目前在不同社会情境与内隐攻击性的相互关系的研究中，仅探讨了家庭和媒体可能存在的影响，却很少涉及人际关系角度。

第二，对于人际关系研究的关注，尤其是大学生人际关系研究领域，还多数仅停留在对行为特点和社会适应等外部层面的描述和应用上，对于外显的人际关系与内隐的社会认知之间的关系的研究却几乎未曾涉及。人际关系的结构从静态角度分析，由认知成分、情感成分和行为成分所构成。但就现有的研究成果来看，行为方面的研究多，而认知方面的研究少；微观研究多，宏观研究少；大多缺乏深度和新意，也缺乏一定的系统性。

第三，人际关系会给个体带来或焦虑或安全的心理反应，而人格的形成和发展会受到人际关系的影响。为了减轻个体的焦虑程度，有时是以牺牲人际关系为代价的，如果处理不当就会导致个体精神病症。[③]杨慧芳和郭永玉基于人际关系的视角研究和解读人格的认知—情感系统理论后认为，人格表达的水平与方式受到社会情境多元维度的影响，人格的研究应将情境的作用包括进来，其中就包括人际关系中的人际情境。[④]也有研

---

① 俞国良：《社会心理学》，北京：北京师范大学出版社2006年版。

② 徐德森、唐日新、解军：《外显和内隐攻击性表现方式的性别差异实验研究》，《心理科学》2007年第6期，第1342-1344页。

③ 张灵、郑雪、严标宾等：《大学生人际关系困扰与主观幸福感的关系研究》，《心理发展与教育》2007年第2期，第116-121页。

④ 杨慧芳、郭永玉：《从人际关系看人格——认知—情感系统理论的视角》，《心理学探新》2006年第1期，第13-17页。

究者发现攻击性与人格中自我价值观存在相关。[①]那么，人际关系水平会影响内隐攻击性吗？是如何影响的呢？为回答此问题，本研究选择人际关系作为预测变量，以期考察人际关系和内隐攻击性的关系。此外，李闻戈对攻击性行为的研究表明，攻击性的差异主要是外在的[②]，本研究也期望给出一定的印证。

四、研究设计

（一）研究目的

本研究将采用内隐联想测验程序系统考察大学生人际关系与其内隐攻击性的关系。

（二）研究构想

本研究以大学生为被试，考察其人际关系与内隐攻击性的关系。分为以下几个步骤：（1）利用自编人际关系问卷，将人际关系进一步具体化为人际关系亲疏（即亲密度），使其具备更好的可操作性，并以此作为对大学生被试进行人际关系分组的依据；（2）运用内隐联想测验程序，测量不同人际关系大学生的内隐攻击性，以探查按人际关系分组后的大学生中是否仍存在内隐攻击性；（3）更换IAT程序的刺激材料，考察在不同敏感程度的实验材料下，大学生人际关系与其内隐攻击性之间是否存在相关；（4）使用外显攻击性问卷对参加实验的被试进行施测，以考察人际关系与外显攻击性、内隐攻击性与外显攻击性是否存在相关。

第二节　大学生人际关系与内隐攻击性的关系

一、研究目的

本研究旨在考察大学生人际关系与内隐攻击性的关系特点，为从人际关系视角减轻大学生攻击行为、促进校园和谐的实践干预提供参考借鉴。

---

① 王蕾：《高、低自我价值感者攻击性图片偏好的实验研究》，第十届全国心理学学术大会论文摘要集，上海，2005年。

② 李闻戈：《女大学生自我接纳和人际关系的相关研究》，《福建师范大学学报（哲学社会科学版）》2003年第2期，第125-131页。

二、研究方法

(一)被试

在我国西部地区选取一所本科院校的某学院大一和大二的全体本科生。采用自编的《大学生班集体人际关系问卷》(见附录1)对全体本科生进行施测,然后统计所有学生的被提名人数。根据被提名人数与全班总人数对各班级学生进行百分比排序,依据总分占比前、后27%的标准对被试按人际关系亲疏(即亲密度)进行分组,即分为人际关系亲密、人际关系一般和人际关系疏远三组。[①]本研究共收回有效问卷279份,其中大一年级150人,亲密组72人,一般组56人,疏远组22人;大二年级129人,亲密组21人,一般组37人,疏远组71人。

(二)工具

本研究依据社会心理统计测量的同伴提名法原则,使用自编的《大学生班集体人际关系问卷》考察大学生人际关系水平。

(三)程序

本研究先使用《大学生班集体人际关系问卷》对被试进行分组。接下来,分别考察不同人际关系大学生的内隐攻击性,在不同属性和类型的材料下大学生人际关系与其内隐攻击性的关系,以及大学生人际关系与外显和内隐攻击性的关系。

(四)统计分析

本研究使用SPSS统计软件进行数据的整理和分析,主要包括描述性统计、平均数差异的显著性检验等。

三、研究一:不同人际关系大学生的内隐攻击性

(一)被试

从三种人际关系分组中按比例随机抽取94名被试,分布如下(见表13.1)。

表13.1 研究一被试分布表(单位:人)

材料	性别	亲密	一般	疏远
词汇	男	7	5	4
	女	13	7	9
图片	男	3	6	6
	女	13	12	9

① Kelley, T. L. "The selection of upper and lower groups for the validation of test items", *Journal of Educational Psychology*, vol. 30, no. 1 (1939), pp.17-24.

(二)研究材料

1. 目标概念

目标概念包括攻击性词汇和图片以及被攻击性的词汇和图片。所有词汇均来源于《现代汉语动词分类词典》[①],先分别挑选出40个表示攻击和40个表示被攻击的双字动词,请心理学专业和汉语言文学专业研究生从这些动词中分别挑选出7个表示攻击和表示被攻击的动词。要求所选词汇应较为常见和尽可能色彩鲜明,并尽可能是中性词,防止与属性词发生混淆。有研究表明被试对刺激词的熟悉程度对结果没有显著影响[②],所以对实验取词的词频没有规定。所选词汇如下:

攻击性词汇:抢占、打倒、进攻、闯入、袭击、冲撞、夺取;

被攻击性词汇:撤退、躲避、忍耐、退让、放弃、迁就、承受。

图片材料均来自上海人民美术出版社出版的《水浒传》连环画,从中选出攻击性和非攻击性图片各28张,用数码相机拍照并输入电脑,然后对较为匹配的图进行两两配对,得到40张人物的打斗场面,然后请心理学专业研究生从中选出攻击性和被攻击性色彩最明显的图片7张,然后将每张图都复制成2张,其中一张表示攻击,另一张表示被攻击。将表示攻击的图片中被攻击人物缩小30%,然后将被攻击人物颜色调淡,以使被试可以迅速对整张图进行判断。对表示被攻击的图片做类似的相反加工(见附录2)。

2. 属性概念

属性概念包括积极词和消极词,均来自《IAT测验对攻击性内隐社会认知的应用研究》[③]实验中所使用的材料。所使用词汇如下:

积极性词汇:聪明、有能力、漂亮、成功、自豪、可爱、强壮;

消极性词汇:罪恶、愚蠢、丑陋、笨拙、可恨、虚弱、失败。

(三)研究程序

IAT测验均采用美国Inquisite专业心理软件公司编制的软件并在计算机上进行,Inquisit软件和程序经汉化和修改后用作本研究。在测验中,屏幕的上侧左右分别呈现类别标签,刺激(词或图片)呈现在屏幕中央。整个测验共分7个步骤,具体程序如下(见表13.2)。

---

① 郭大方:《现代汉语动词分类词典》,吉林:吉林教育出版社1994年版。

② Dasgupta, N., McGhee, D. E., & Greenwald, A. G., et al. "Automatic preference for white Americans: Eliminating the familiarity explanation", *Journal of Experimental Social Psychology*, vol. 36, no. 3 (2000), pp.316-328.

③ 张东宁、王有智:《IAT测验对攻击性内隐社会认知的应用研究》,《心理学探新》2005年第4期,第74-77页。

表13.2 内隐攻击性IAT测量程序

测验顺序	任务描述	标签	呈现材料
B1	初始目标概念辨别	攻击—被攻击	攻击或被攻击词汇(或图片)
B2	联想属性概念辨别	积极—消极	积极或消极词汇
B3	初始联结任务(练习)	积极+攻击—消极+被攻击	所有词汇(或图片)
B4	初始联结任务(正式)	同上	同上
B5	相反目标概念辨别	被攻击—攻击	攻击或被攻击词汇(或图片)
B6	相反联结任务(练习)	消极+攻击—积极+被攻击	所有词汇(或图片)
B7	相反联结任务(正式)	同上	同上

整个测试过程均要求被试尽可能快速而正确地做出反应。图片作为刺激材料的程序与词汇测验完全相同,只需更换目标概念。相容任务与不相容任务在程序中自动随机交替出现。实验采用单人单机,主试或助手讲明实验要求后,不再对被试进行任何指导和干扰,由被试按程序中的指导语自行依次独立完成所有测试,被试所有反应的反应时及对错均由计算机自动记录。

(四)数据处理

数据采用SPSS统计分析软件进行处理。按照格林沃尔德等人于1998年提出的IAT测验的记分方法,先将错误率超过20%的被试结果予以删除,然后低于300ms的以300ms记,大于3000ms的以3000ms记;再对B4和B7的反应时进行自然对数转换,分别计算两者的平均反应时,但每组的前两次测试数据均不纳入分析;最后计算B4和B7的平均反应时之差,得到的差值就是IAT效应值,即被试对攻击性材料偏爱的相对程度。后续研究均采用这种处理。

(五)研究结果

IAT实验的材料为攻击性和非攻击性的词汇和图片,词汇和图片分为两个IAT程序,三种人际关系被试随机分组,只需完成其中一个测验程序即可。根据格林沃尔德等人的研究思想①,B7与B4之差即为IAT效应,以此作为因变量进行独立样本t检验和单因素方差分析。独立样本t检验结果表明(见表13.3),IAT值无统计学意义($t=0.20$,$p>0.5$)。单独考察词汇和图片材料,IAT值也均无统计学意义($t=0.68$,$p>0.5$以及$t=0.44$,$p>0.5$)。单样本方差分析结果表明,词汇材料上,三类被试的差异无统计学意义($F=0.85$,$p>0.5$);在图片材料上亦如此($F=0.09$,$p>0.5$)。

① Greenwald, A. G., McGhee, D. E., Schwartz, J. L.K. "Measuring Individual Differences in Implicit Cognition: The Implicit Association Test", *Journal of Personality and Social Psychology*, vol. 74, no. 6 (1998), pp.1464-1480.

表 13.3 研究一 IAT 效应的比较

材料	*M*	*SD*	*t*
IAT总	0.01	0.41	0.20
IAT词	0.04	0.43	0.68
IAT图	−0.02	0.39	0.44

以上初步结果表明,被试暂未出现IAT效应。出现此种情况,可能是内隐攻击性确实并不存在,也可能是实验探测不够精密,致使IAT效应没有突现出来。因此将实验材料进一步细分,确定敏感度更高的材料后再进行实验。

四、研究二:不同材料属性下人际关系与内隐攻击性的关系

(一)被试

从三种人际关系分组中按比例随机抽取105名被试,将被试分为两组,分别参与强弱词汇和强弱图片的实验。被试分布如下(见表13.4)。

表 13.4 研究二被试分布表(单位:人)

材料	性别	亲密	一般	疏远
词汇(强弱)	男	3	8	5
	女	17	15	6
图片(强弱)	男	3	5	3
	女	17	14	9

(二)研究材料

本研究的目标概念包括经过攻击性强弱评定的攻击性词汇和图片,按强弱属性分为四个IAT程序,在实验中分别呈现给不同的被试。词汇材料用挑选出来的24个包括言语攻击和身体攻击的双字词汇,并请心理学专业研究生做强弱等级的比较评定。评定后的词汇如下:

攻击性强的词汇:嘲讽、诽谤、诬陷、拳打、袭击、斗殴、搏斗;

攻击性弱的词汇:造谣、骂人、责骂、吵架、抢夺、打架、踢人。

图片材料用选出的表示攻击性的21张图片,同样做强弱等级的评定,得到强、弱各7张图(见附录2)。其余研究材料同研究一。

(三)研究程序

分为强、弱词汇和强、弱图片四个IAT程序。三类人际关系的被试被随机分为两组,每组被试需完成同一类型刺激但属性不同的两个测验程序,即强词和弱词的两个IAT程

序需同一组被试完成;强图和弱图的两个IAT程序则需另一组被试完成。其余流程同研究一。

(四)研究结果与分析

独立样本t检验结果表明(见表13.5),在词汇材料上,内隐攻击性存在($t=-2.45$,$p<0.5$);在图片材料上,IAT值仍然不显著($t=-0.54$,$p>0.5$)。

表13.5　研究二IAT效应的比较

材料	M	SD	t
IAT词	−0.09	0.37	−2.45*
IAT图	−0.02	0.33	−0.54

以词汇作为刺激材料,进行3(人际关系类型)×2(材料属性)实验。重复测量的方差分析结果表明,人际关系类型的主效应不显著($F=0.04$,$p>0.5$);材料属性的主效应不显著($F=0.10$,$p>0.5$);人际关系类型与材料属性的交互作用也不显著($F=0.59$,$p>0.5$)。以图片作为实验材料,进行3(人际关系类型)×2(材料属性)实验。重复测量的方差分析结果表明,人际关系类型的主效应不显著($F=0.17$,$p>0.5$);材料属性的主效应不显著($F=2.30$,$p>0.5$);人际关系类型与材料属性的交互作用仍不显著($F=0.45$,$p>0.5$)。

本研究首先进行IAT是否存在的探测,在词汇材料上(包括强弱)存在内隐攻击性,但在图片材料上(包括强弱)仍没有发现IAT效应的存在。其次,方差分析结果未发现不同材料属性的IAT效应在不同人际关系上存在差异。因此本研究将实验材料的类别做区分后再进行实验。

五、研究三:不同材料类型下人际关系与内隐攻击性的关系

(一)被试

从三种人际关系分组中按比例随机抽取70名被试,被试分布如下(见表13.6)。

表13.6　研究三被试分布表(单位:人)

性别	亲密	一般	疏远
男	5	7	3
女	25	18	12

(二)研究材料

本研究的目标概念是经过事先评定的在心理强度上匹配的强弱一致的词汇和图片,分别编制两个IAT程序。其余研究材料同研究一。

(三)研究程序

词汇和图片分为两个IAT程序，三种人际关系的被试都需要先后完成两个测验程序。其余流程同研究一。

(四)研究结果

重复测量方差分析结果表明，IAT在人际关系上的主效应显著(F=110.47，p<0.05)，但在事后检验中并没有发现显著性差异(p>0.05)；IAT在材料类型上的主效应显著(F=55.00，p<0.001)；人际关系类型与材料类型的交互作用不显著(F=0.01，p>0.5)。研究二已经探测到内隐攻击性的存在，因此本研究直接进行实验，结果发现内隐攻击性在人际关系上的主效应显著，但在随后的事后检验中仍未发现显著性差异；内隐攻击性在材料类型上的主效应也显著，但人际关系与材料类型之间没有交互作用。

六、研究四：人际关系与内隐攻击性和外显攻击性的关系

(一)被试

研究四的被试为参与研究一、研究二、研究三的所有被试。

(二)研究材料

外显攻击性的测量使用了倪林英对布斯和佩里(Buss，Perry)于1992年编制的攻击问卷进行修订后的版本。[①]修订后的问卷保留了23个项目，删除了原问卷中的第3、10、11、14、16、29六个题项，并将原问卷中第21个题项由言语攻击因子调至敌对因子，最后将两个反向记分的项目转为正向记分(见附录3)。问卷各项目与各自所在因子之间相关显著，重测信度为0.61。问卷采用Likert 5点计分，将每个题项的得分求和得到攻击总分，总分越高表示外显攻击性越强。

(三)研究程序

所有被试在完成各自的IAT实验后，再采用修订后的外显攻击性问卷对参与实验的所有被试进行测量。

(四)研究结果

经皮尔逊积差相关分析发现，内隐攻击性与外显攻击性的相关不显著(r=−0.09，p>0.05)。而本研究主要考察三种不同人际关系类型的攻击性差异，故对人际关系和外显攻

① Buss, A. H., Perry, M. “The Aggression Questionnaire”, *Journal of Personality and Social Psychology*, vol. 63, no. 3 (1992), pp.452-459.

击性进行斯皮尔曼相关分析，结果发现二者相关仍不显著（$r=-0.08, p>0.05$）。研究结果表明，内隐攻击性和外显攻击性之间没有显著相关，这与前人的研究结果一致，表明内隐攻击性和外显攻击性可能是相互独立的不同心理结构。同时，人际关系与外显攻击性也不存在显著相关，似乎暗示了人际关系与外显攻击性也是相互独立的。

七、讨论

（一）内隐联想测验的材料属性与类型之间的差异

为了更好地测量被试的内隐攻击性，研究中均设计了两种材料类型的内隐联想测验：词汇与图片。就IAT效应探查的结果来看，词汇材料更能有效探测出个体的内隐攻击性，而图片材料的探测灵敏度较差。然而，词汇测量本身具有的一些干扰因素应当引起重视，如词汇可能含有一定歧义，或积极与消极含义，或表示攻击与被攻击的鲜明度不够，等等。相对来说，图片材料受到这些因素的干扰更小。按理来说图片材料的效果应优于词汇材料，但我们的实验结果却与之相反。此外，在进行图片强弱等级评定的预实验中也发现，尽管图片的测量难度低于词汇，却有相当的被试觉得很难对图片的强弱属性进行有效的辨别分组，而对词汇的分组则相对容易许多。未来研究有必要开发更易辨别的图片材料来进一步探讨大学生的内隐攻击性及其与人际关系的关系。

（二）大学生人际关系与内隐攻击性和外显攻击性的关系

本研究发现内隐攻击性与人际关系间可能并没有直接的联系，两者之间可能存在某些中介或调解变量的作用。如有研究显示，社会支持的不同维度在大学生人格特质和人际关系困扰间存在中介作用。[①]此外，也有可能是由于在对被试按人际关系进行分组时，各组组间差异不显著，又或者是问卷法得到的人际关系分组与实验法得到的内隐攻击性之间的相关并非呈线性，这还需要进一步的研究予以验证。

研究结果还显示，外显攻击性与人际关系间也没有直接的显著相关。出现这种情况，可能是由两种不同的问卷法所得到的人际关系分组与其外显攻击性间不存在线性相关。此外，外显攻击性问卷是由愤怒、身体攻击、敌对、言语攻击四个因子的相关项目组成，因此测量结果应是外显攻击性的一个综合得分，这样可能会造成被试在某因子得分上的差异影响到其总分，致使与人际关系之间没有显著性相关。

意识和无意识之间的关系一直是哲学史上的一个古老话题。自现代认知心理学脱

---

① 孔伟、史菲菲、李建伟：《社会支持在大学生人格特质和人际关系困扰间的中介作用》，《中国健康心理学杂志》，2008年第9期，第963-966页。

离传统思辨范畴，转而从实证的视角进行考察，对这一问题的研究呈现出全新的面貌。现代认知心理学将认知活动区分为两类：外显的和内隐的，分别对应意识和无意识的机能。杨治良等人通过内隐记忆的研究发现，在非社会性维度（衣着深浅）方面的学习，意识贡献较大；而在社会性维度（攻击性）方面的学习，无意识的贡献更大[①]，并由此提出了意识和无意识共生共存的“钢筋水泥”关系模型，认为在心理活动的不同层面二者有着不同的关系形式。本研究虽与目前各类研究得到的内隐和外显态度的相关结果一致，但可能都仅是某种特定方法对某种心理结构的反映，这种反映是否准确和全面，二者心理结构间的关系是统一的还是分离的，都还有待更进一步的研究。因此对内隐和外显攻击性的关系，不能简单地由其相关系数来做判断。

附录1

大学生班集体人际关系问卷

指导语：请仔细阅读下列题项，并根据自己的实际情况填写。需要注意的是所填对象必须是自己现在所处的班级内成员。

1. 如果院系组织去郊游，您愿意与谁搭伴一起去？

1.__________2.__________3.__________

2. 如果院系要将学生分成若干学习小组，您愿意与谁分到一组？

1.__________2.__________3.__________

3. 如果院系安排分组社会实践，您愿意与谁搭档一起完成？

1.__________2.__________3.__________

4. 如果可以选择，您愿意和谁住一个寝室？

1.__________2.__________3.__________

5. 如果毕业招聘时可以选择，您愿意与谁在一起工作？

1.__________2.__________3.__________

① 杨治良、高桦、郭力平：《社会认知具有更强的内隐性——兼论内隐和外显的“钢筋水泥”关系》，《心理学报》1998年第1期，第1-6页。

附录2

研究材料汇总

词汇：

类别维度：

积极性词汇：聪明、有能力、漂亮、成功、自豪、可爱、强壮

消极性词汇：罪恶、愚蠢、丑陋、笨拙、可恨、虚弱、失败

目标维度：

攻击性词汇：抢占、打倒、进攻、闯入、袭击、冲撞、夺取

被攻击性词汇：撤退、躲避、忍耐、退让、放弃、迁就、承受

攻击性强的词汇：嘲讽、诽谤、诬陷、拳打、袭击、斗殴、搏斗

攻击性弱的词汇：造谣、骂人、责骂、吵架、抢夺、打架、踢人

图片：

被攻击性：

攻击性：

攻击性弱：

攻击性强：

附录3

攻击行为问卷(修订版)

指导语:请仔细阅读下列题项,并根据自己的实际情况选择对应的选项。

题项	选项				
	完全不符合	比较不符合	不清楚	比较符合	完全符合
1.我的一些朋友认为我是一个性急的人	1	2	3	4	5
2.如果我不得不诉诸暴力来保护我的权利,我会这么做	1	2	3	4	5
3.当我和我的朋友意见不一致时,我会毫不隐瞒地告诉他们	1	2	3	4	5
4.我已经变得如此疯狂,以至于我破坏了许多东西	1	2	3	4	5
5.当人们和我的意见不一致时,我会情不自禁地陷入和他们的争论中	1	2	3	4	5
6.我想知道为什么有时候我对一些事情会如此憎恨	1	2	3	4	5
7.偶尔,我不能控制攻击别人的欲望	1	2	3	4	5
8.我是一个脾气不好的人	1	2	3	4	5
9.我会突然发怒,但又会迅速地平息下来	1	2	3	4	5
10.如果面对过分的挑衅,我可能会打他	1	2	3	4	5
11.我有时候会被嫉妒所困扰	1	2	3	4	5
12.有时候我觉得我已经在生活中得到了一种令人刺痛的待遇	1	2	3	4	5
13.我很难控制我的脾气	1	2	3	4	5
14.当我失败时,我会让我的愤怒显示出来	1	2	3	4	5
15.我有时候觉得人们在我的背后嘲笑我	1	2	3	4	5
16.我经常发现自己和人们的意见不一致	1	2	3	4	5
17.如果有人挑衅我,我会回击他	1	2	3	4	5
18.我有时候像一个随时会爆炸的火药桶	1	2	3	4	5
19.其他人好像总是会交好运	1	2	3	4	5
20.有些人如此煽动我,以至于我们开始互相攻击	1	2	3	4	5
21.我知道有些所谓的“朋友们”在我的背后谈论我	1	2	3	4	5
22.我的朋友说我有点好辩	1	2	3	4	5
23.有时候我会没有理由的激动	1	2	3	4	5

第十四章

大学生网络交往动机结构及特点

现如今,互联网已成为大学生交往的重要手段,深刻影响着他们的生活。开展大学生网络交往动机及相关问题研究,既是促进大学生心理健康发展和社会适应的客观要求,也是心理学服务于学生学习生活的实践需要。本研究旨在探讨大学生网络交往动机的结构,编制大学生网络交往动机量表,揭示大学生网络交往动机的特点,同时考察大学生网络交往动机与社会支持和网络成瘾的关系,丰富大学生网络交往的心理学研究,进而为大学生健康使用网络和积极适应社会提供帮助。

第一节 研究概述

一、网络交往的概念

网络交往是伴随网络的诞生和迅速发展而催生出的一种新型人际交往形式，不同学科研究者立足于不同的角度对网络交往的界定也各不相同，以下介绍几种代表性的界定。

西方研究者从广义上来界定网络交往，重点强调交往的信息交换特点。如史塔瑟(Stasser)使用计算机中介交流(Computer-mediated Communication，CMC)的概念，从社会情境的角度界定网络交往。他将网络交往定义为一个过程，在这个过程中，处于特定环境的一群社会行动者在与他们所创造的各种各样的情境意义进行谈判，即处于某种特定环境中的行动者与创造出的情景进行沟通、协商的过程就是网络交往。①狄斯博(December)对网络交往的定义是"Internet Communication"，他强调网络交往的互联网基础特性，认为网络交往发生在一个全球的、合作的网络系统中，它使用TCP/IP协议和客户—服务器模式，包含了信息交换，他揭示了互联网这一媒介对人们信息符号交换的调节和制约，强调交往主体对于交往载体的依赖。2004年，凯文(Kevin)提出"Primarily Internet-based"和"Exclusively Internet-based"的理念，即主要通过网络维持的人际关系和只通过网络维持的人际关系，但他并未明确界定网络交往的概念。②

在我国，明确的网络交往定义较少，为数不多的几个网络交往定义是从不同的角度、采用不同方法进行的，其内涵极不统一。如特征定义法认为网络交往是人际交往的一种，是非正式的、以电脑屏幕文字为中介的、双向的交往。该定义指出了网络交往的间接

① Stasser, G. "Group Processes and Productivity", CA: New bury Park Sage, 1992.

② Wright, K. B. "On-line relational maintenance strategies and perceptions of partners within exclusively internet-based an primarily Internet-based relationships", *Communication Studies*, vol. 55, no. 2 (2004), pp.239-253.

性和双向互动的特征。[①]行为定义法认为行为是指社会生活中可以被观察、描述和记录的内隐或外显的人类活动，而网络行为是指人们在网络上所从事的以信息交流为目的的虚拟的交往活动。[②]网络交往行为是一种新型的社会互动行为，该定义将网络交往等同于互联网使用行为。自我游戏定义法认为网络交往是一种以"身体不在场"为基本特征的人际交往，是一场陌生人之间的互动游戏，其实质是一场重塑自我的游戏。游戏最突出的意义就在于自我表现，在游戏过程中，游戏自身显示出一种规则或者秩序。[③]实践定义法则认为网络交往本质上是一种社会实践活动，是人们以网络技术、信息技术为基础，以符号为中介进行的相互作用、相互交流和相互理解的过程，是多个主体通过改造或变革联系彼此的网络客体中介，而结成网络关系的实践活动。[④]另外较有代表性的还有交往本质定义法、综合定义法以及网络交往实质定义法。[⑤]

二、网络交往动机的概念及相关研究

（一）网络交往动机的概念

动机是由目标或对象引导、激发和维持个体活动的一种内在心理过程或内部动力。[⑥]任何行为的背后都隐藏着深刻的动机作用，它是个人需要的满足和社会的补偿，网络交往也不例外。黄少华认为网络交往动机是网络交往心理产生的基础和起点，而人的心理需要是网络交往动机产生的主要内因。网络交往主要与人追求安全的需要、归属与爱的需要、尊重的需要以及自我实现的需要密切相关，这构成了网络人际交往形成的主要社会心理基础。网络交往动机决定网络交往的具体内容和相应的行为后果。[⑦]施皮茨贝格（Spitzberg）认为网络交往动机是在特定的网络交往情景下自我的逃避态度、意识以及价值选择间的相互协调。[⑧]网络交往动机作为一种内在动力，对个体使用网络具有导向和维持作用。汪昌平将网络交往的心理动因概括为以下几个方面：出于满足双方某种

---

① 邓泽球、张桂群：《论网络虚拟人格》，《常德师范学院学报（社会科学版）》2002第2期，第:33-35页。

② 马恒平：《网络行为的心理伦理分析》，武汉科技大学硕士学位论文，2002年。

③ 黄少华、陈文江：《重塑自我的游戏——网络空间的人际交往》，兰州：兰州大学出版社2002年版。

④ 陈历：《论网络交往实践》，福建师范大学硕士学位论文，2003年。

⑤ 陈秋珠、郭文斌：《大学生网络交往问卷的初步编制》，《心理与行为研究》2013年第3期，第406-410页。

⑥ Printrich, P. R., Schunk.D.H.*Motivation in education: Theory, research, and applications*, Englewood Cliffs: Prentice-Hall, 1996.

⑦ 黄少华，陈文江：《重塑自我的游戏——网络空间的人际交往》，兰州：兰州大学出版社2002年版。

⑧ Spitzberg, B. H. "Preliminary development of a model and measure of computer-mediated communication (CMC) competence", *Journal of Computer-Mediated Communication*, vol. 11, no. 2 (2006), pp.629-666.

需要而进行;对网络交往的兴趣与爱好;借助网络化的虚拟平台,以逃避现实生活中遇到的挫折,寻求暂时性的精神解脱;网络交往群体的影响—从众心理的暗示作用。[①]

(二)网络交往动机的结构

关于网络交往动机的结构,研究者们的看法各不相同。麦肯纳、巴奇(Mckenna, Bargh)认为网络交往动机主要包括归属的需要、不确定性的减少以及自尊的获得。[②]韦泽(Weiser)认为网络交往动机主要涉及社会—情感调节动机和物质—信息获得动机两个方面。[③]黄少华则认为网络交往动机包括寻求安全感、体验归属感、肯定自我价值感、解除压抑感和满足权力欲。[④]励骅则倾向于寻求自我认同、表达与宣泄情感、寻求高峰体验和满足猎奇心理是个体主要的网络交往动机。[⑤]赵德华、王晓霞指出网络交往动机包含充分展现自我实现自我、补偿现实社会欲望、自主扮演角色和角色转换、归属心仪的群体以及随心所欲的谈情说爱五个维度,其中,人际关系拓展是最主要的目的,满足工具动机和情感动机的双重属性。[⑥]

(三)大学生网络交往动机的测量

目前,关于大学生网络交往动机的测量工具相对较少,不少研究者将网络交往动机视为网络使用动机的一种。下表列举了近年来研究者主要使用的大学生网络交往动机和网络使用动机的量表(见表14.1)。

表14.1　常用网络交往动机和网络使用动机量表汇总

研究者	量表名称	维度结构
韦泽	互联网态度调查表	社会—情感调节动机、物质—信息获得动机
夏俊	大学生网络交往调查表	网络交往的动机、行为、结果
李瑛	网络使用调查问卷	网络使用情况调查表、网络互动特征问卷、上网动机问卷
谭文芳	网络使用动机问卷	社会交往、自我肯定交往、匿名交往、虚拟社群、社会性学习动机
雷雳、柳铭心	青少年互联网服务使用偏好问卷	信息、交易、短信服务、娱乐及社交

① 汪昌平:《网络交往心理初探》,《安徽工业大学学报(社会科学版)》2008年第1期,第162-163页。

② McKenna, K.Y.A., Bargh, J. A. “Coming out in the age of the internet: Identity ‘demarginalization’ through virtual group participation”, *Journal of Personality and Social Psychology,* vol. 75, no. 3 (1998), 681-694.

③ Weiser, E. B. “The functions of Internet use and their social and psychological consequences”, *CyberPsychology and Behavior,* vol 4, no. 6 (2001), pp.723-743.

④ 黄少华、陈文江:《重塑自我的游戏——网络空间的人际交往》,兰州:兰州大学出版社2002年版。

⑤ 励骅:《青少年网络人际交往行为初探》,《教育与职业》2004第18期,第47-48页。

⑥ 赵德华、王晓霞:《网络人际交往动机探析》,《社会科学》2005年第11期,第118-123页。

续表

研究者	量表名称	维度结构
陈秋珠	大学生网络交往问卷	网络交往动机(情感满足、获取社会利益、信息沟通及休闲娱乐)、网络交往认识、网络交往情绪、网络交往行为、网络交往结果
聂衍刚、丁莉、蒋佩、刘毅	青少年网络交往行为量表	上网地点、上网时间、上网动机、上网内容、网络人际关系、网络依赖、上网自评
韩红艳	大学生网络交往类型问卷	社会型、情感型、工具型
平凡、韩磊、周宗奎	大学生网络交往问卷	关系层面、行为层面、认知层面、结果层面

三、已有研究存在的不足

第一,关于网络交往动机的研究正在从理论探讨向实证考察发展,但实证研究仍然相对缺乏,如孙丽燕从理论上认为青少年网民网际互动的社会动机主要体现为:寻求注重内涵的情感交往、确立网际社会地位和攫取网络资源、角色的扮演和自我实现、拓展生活空间、构建新的社会网络。[①]第二,国外绝大多数研究只是关注对网络使用、网络行为、网络依赖及网络成瘾方面的探讨,缺少系统的对网络交往动机的研究;国内研究近年来虽对大学生网络交往动机有所涉猎,如魏岚等的《大学生网络自我效能与网络交往动机关系研究》[②],但总体来看研究还不够深入,与网络交往动机相关的研究相对薄弱。第三,国外一般把网络使用行为等同于网络交往,因而相当一部分中国研究者在引入西方对网络交往的概念界定后,把网络使用动机等同于网络交往的动机。然而,在现实生活中,网络使用的范围要比网络交往更广,两者的内涵结构有相似性但并不能等同。第四,纵观国内外已有研究,多数研究者所使用的测量工具是基于初步访谈或生活经验而编制,不少工具的信度和效度仍有待进一步提升,这也阻碍了大学生网络交往动机研究的深入开展。

四、研究设计

(一)研究目的

采用文献分析法、访谈法以及问卷调查法探索当代大学生网络交往动机的理论结构,并以该理论结构为基础,编制《大学生网络交往动机问卷》,同时考察大学生网络交往动机的现状特点。

---

① 孙丽燕:《虚拟社区中青少年网民网际互动的动机与规范》,《郑州航空工业管理学院学报(社会科学版)》2004年第4期,第24-27页。

② 魏岚、梁晓燕、高培霞:《大学生网络自我效能与网络交往动机关系研究》,《中国健康心理学杂志》2007年第4期,第318-320页。

(二)研究构想

本研究以大学生为被试,考察其网络交往动机的结构及现状特点。(1)以韩红艳编制的《大学生网络交往类型问卷》为蓝本,采用文献分析法、访谈法以及问卷调查法初步构建大学生网络交往动机的结构。(2)以大学生网络交往动机结构为基础编制《大学生网络交往动机问卷》初始问卷,使用该问卷进行测试,验证大学生网络交往动机结构并修订初始问卷。(3)使用《大学生网络交往动机问卷》正式问卷测试,考察大学生网络交往动机的现状特点。

第二节 大学生网络交往动机的理论构想与问卷编制

一、研究目的

本研究旨在探索大学生网络交往动机的概念与结构,并以此为基础,编制《大学生网络交往动机问卷》,为后续开展大学生网络交往动机调查研究做好准备。

二、大学生网络交往动机的理论构想

(一)以《大学生网络交往类型问卷》为基础

本研究在系统回顾了已有大学生网络交往研究后,决定以韩红艳编制的《大学生网络交往类型问卷》[①]为基础,探索大学生网络交往动机的理论构想。该问卷相较于其他研究者编制的问卷,有以下优势:(1)相对清晰地界定了网络交往概念及其特点,并与网络使用加以区分,给出了比较明确的关于现代大学生网络交往的操作性定义;(2)根据大学生网络交往动机的现实情况,把大学生网络交往动机分为三种类型,分别是社会型、情感型及工具型,该分类基本涵盖了以往研究对网络交往类型维度的确立。

但与此同时,该问卷也存在一些不足之处。首先,该问卷对网络交往及网络交往动机的操作性定义略有含糊。其次,该问卷的维度结构是根据网络交往动机来划分,分为工具性、情感性和社会性,维度内部的具体因子归属有待考量。再者,个别因子的相关程度较低,验证性因素分析结果不够理想。最后,该问卷题项较多,题项表述也不够精练。鉴于此,本研究将在韩红艳的研究基础上,试图从理论结构和实证结构两方面着手,编制《大学生网络交往动机问卷》。

① 韩红艳:《关于大学生网络交往的研究》,《当代文化与教育研究》2007年第12期,第49-51页。

(二)大学生网络交往动机的初步构想

为了探索大学生网络交往动机的概念与结构,本研究在参考《大学生网络交往类型问卷》的基础上编制了半开放式问卷进行调查,并对相关领域的专家学者进行了深入访谈。半开放式问卷调查采取随机抽样的方法,调查重庆某高校在校大学生80人,收回有效问卷78份。同时以10名全国相关领域的心理学专家和12名心理学专业的研究生作为专家被试,采用当面访谈或电子邮件的形式发放和回收专家咨询问卷,收回有效问卷17份。

对调查结果进行系统整理分析后,本研究将网络交往动机的概念界定为以互联网为媒介,满足个体物质和精神需要的交往。同时,根据调查结果,本研究把大学生网络交往动机分为网络交往直接动机(人—机交往动机)和网络交往间接动机(人—机—人交往动机)两种动机类型。根据结构性功能匹配原则,从功能角度分析,人—机交往动机主要体现为工具手段作用,故又可以称为工具性交往动机;人—机—人交往动机主要体现为寻求社会支持,故又可称为社会性交往动机。具体维度构想如下(见表14.2)。

表14.2　大学生网络交往动机结构的初步构想

二阶因子	一阶因子
工具性交往动机	获取信息
	辅助学业
社会性交往动机	表达情感
	确证自我
	便利生活

工具性交往动机主要指通过对互联网的使用以满足工具手段交往的需要,主要包括获取信息和辅助学业。其中,获取信息主要体现在浏览新闻和网页、下载各种资料软件以及寻找各种所需资讯等;辅助学业主要体现为寻找各种学习资源以及接受远程教育和网络课程学习,以实现完成学业的目的。

社会性交往动机主要是通过网络空间中进行的人与人之间的交互作用,以满足寻求社会支持的需要,主要包括表达情感、便利生活及确证自我。其中,表达情感主要体现为宣泄不良情绪、寻求感情慰藉、分享愉悦心情以及送出祝福与问候,以达到表达情感的目的;便利生活主要体现为通过网上交易、购物、网上付费和充值等生活消费来为生活提供方便;确证自我主要体现为体验和实现权力欲、表现自我、展现魅力以及显示自我价值来达到肯定自我的目的。

三、《大学生网络交往动机问卷》的编制

(一)研究方法

1.被试

样本1:在我国西部地区选取一所本科院校,采用随机抽样的方法,对自编的《大学生网络交往动机问卷Ⅰ》展开施测。共发放问卷520份,收回有效问卷496份,问卷有效率95.38%。其中男生204人,女生292人;大一84人,大二95人,大三201人,大四116人;文科247人,理科249人。

样本2:在我国东部地区和西部地区选取六所本科院校,采用随机抽样的方法,对自编的《大学生网络交往动机问卷》展开施测。共发放问卷1750份,收回有效问卷1601份,问卷有效率91.49%。其中男生993人,女生608人;大一719人,大二440人,大三290人,大四152人;重点本科584人,普通本科1017人。

2.工具

采用自编的《大学生网络交往动机问卷Ⅰ》进行项目分析和探索性因素分析;使用《大学生网络交往动机问卷》进行验证性因素分析以及信效度检验。以上两个问卷均采用Likert 5点计分。

3.程序

以韩红艳编制的《大学生网络交往类型问卷》为基础,根据开放式问卷调查结果,编制出大学生网络交往动机问卷初始题项,形成包含30个题项的《大学生网络交往动机问卷Ⅰ》。对《大学生网络交往动机问卷Ⅰ》进行预测,统计分析结果显示问卷的各项指标较好,剔除掉不符合心理测量学标准的题项后,形成包含21个题项的《大学生网络交往动机问卷》,即正式问卷(见附录)。

(二)研究结果

1.《大学生网络交往动机问卷Ⅰ》的数据分析结果

对《大学生网络交往动机问卷Ⅰ》数据进行项目分析,将被试总分按递增排序,选取得分最高的前27%的学生作为高分组,得分最低的后27%的学生作为低分组,进行独立样本t检验,删除差异不显著的题项,分别是第2题("买卖基金、炒股")、第10题("证明自己的能力")以及第27题("接受远程教育")。

对项目分析后保留的27个题项做探索性因素分析。问卷的KMO值为0.85,巴特利特球形检验显著($p<0.001$),满足因素分析的基本条件。对数据进行主成分分析提取公

共因素，通过正交极大方差旋转法获得多个因素，结合碎石图，删除拥有项目较少的小因素，最终获得大学生网络交往动机五因素结构模型（见表14.3）。

表14.3 《大学生网络交往动机问卷Ⅰ》因素分析结果

题项	F1	F2	F3	F4	F5	共同度
M5	0.82					0.66
M20	0.79					0.68
M25	0.66					0.59
M26	0.62					0.50
M15	0.58					0.49
M8		0.81				0.67
M18		0.76				0.65
M3		0.71				0.59
M13		0.68				0.55
M14			0.82			0.71
M9			0.82			0.71
M4			0.76			0.57
M19			0.71			0.62
M17				0.75		0.60
M7				0.71		0.55
M12				0.69		0.53
M22				0.56		0.46
M11					−0.82	0.69
M1					−0.76	0.58
M6					−0.70	0.58
M16					−0.55	0.53
特征值	5.20	2.85	1.71	1.43	1.31	累积
解释变异量（%）	24.78	13.55	8.16	6.83	6.26	59.58

由上表可知，特征值大于1的因子有5个，累计贡献率达到59.58%。根据因子的内涵，将5个因子分别命名为确证自我、辅助学业、表达情感、便利生活以及获取信息。基于理论构想，大学生网络交往动机在5个因子基础上可能还包含更高阶的因子，故将一阶因素分析得到的5个因子作为新变量进一步进行因素分析，步骤与上述一致。二阶因素分析结果如下（见表14.4）。

表14.4 《大学生网络交往动机问卷Ⅰ》二阶因素分析结果

因素名	社会性交往动机	工具性交往动机	共同度
表达情感	0.85		0.65
确证自我	0.76		0.67
便利生活	0.66		0.48
辅助学业		0.88	0.73
获取信息		0.81	0.69
特征值	2.11	1.12	累积
解释变异量（%）	42.18	22.32	64.50

综上，将探索性因素分析保留的21个题项构成《大学生网络交往动机问卷》。

2.《大学生网络交往动机问卷》的数据分析结果

对《大学生网络交往动机问卷》进行验证性因素分析。结果表明，χ^2/df=4.66小于5，即模型适配程度较为简约；RMSEA和SRMR接近0.05；CFI、TLI、AGFI和GFI的值接近或大于0.9（见表14.5），考虑到问卷的样本量较大，各项拟合指标基本符合心理测量学要求，可以认为修订后的问卷模型拟合较好。

表14.5 《大学生网络交往动机问卷》的验证性因素分析

指标	χ^2	df	χ^2/df	RMSEA	SRMR	GFI	AGFI	TLI	CFI
模型	834.66	179	4.66	0.06	0.06	0.91	0.89	0.87	0.89

对《大学网络交往动机问卷》进行信效度检验，采用内部一致性信度、分半信度以及重测信度作为《大学生网络交往动机问卷》的信度指标。从表中可以看出，《大学生网络交往动机问卷》的5个因子的内部一致性信度在0.79～0.90。分问卷与总问卷的内部一致性信度均在0.80以上。各因子分半信度在0.76～0.86，分问卷与总问卷的分半信度在0.70以上（见表14.6）。即本问卷的信度在可接受范围内。

表14.6 《大学生网络交往动机问卷》的信度检验

变量	内部一致性信度	分半信度	重测信度
确证自我	0.86	0.86	0.57
辅助学业	0.85	0.81	0.66
表达情感	0.90	0.83	0.57
便利生活	0.79	0.76	0.53
获取信息	0.85	0.81	0.71
社会性交往动机	0.82	0.82	0.56
工具性交往动机	0.88	0.70	0.57
总问卷	0.81	0.89	0.60

采用结构效度和校标效度作为《大学生网络交往动机问卷》的效度指标。结构效度如下（见表14.7），除去表达情感和辅助学业的相关不显著外，其余各因子之间的相关以及因子与维度、总分间的相关均显著，因子间的相关在0.10～0.46，因子与维度和总分之间的相关在0.09～0.87，表明各维度既相互关联又具有一定的独立性，说明本问卷结构效度良好。

表 14.7 《大学生网络交往动机问卷》的结构效度

变量	1	2	3	4	5	6	7
1确证自我	–						
2辅助学业	0.23***	–					
3表达情感	0.43***	0.04	–				
4便利生活	0.40***	0.18***	0.26***	–			
5获取信息	0.31***	0.46***	0.10***	0.23***	–		
6社会性交往动机	0.82***	0.19***	0.78***	0.68***	0.27***	–	
7工具性交往动机	0.32***	0.84***	0.09***	0.24***	0.87***	0.27***	–
总问卷	0.69***	0.67***	0.52***	0.56***	0.74***	0.77***	0.83***

注：$p^{***} < 0.001$。

校标效度采用魏岚等研究者根据韦泽的《互联网态度调查表》修编的《网络交往动机问卷》进行检验。[①]该问卷合计12个题项，包括信息获取和情感调节2个维度。经检验该问卷的内部一致性信度为0.89，各维度的内部一致性信度分别为0.78和0.83，说明该问卷的内部一致性较好，可以作为效标问卷。将《大学生网络交往动机问卷》与《网络交往动机量表》的维度、因子与总分求相关，结果如下(见表14.8)。结果表明，两个问卷的因子、维度与总分之间均有中等程度的相关。综上，本研究表明《大学生网络交往动机问卷》的效度良好。

表 14.8 《大学生网络交往动机问卷》的校标效度

变量	信息获取	情感调节	校标问卷总分
确证自我	0.40***	0.64***	0.61***
辅助学业	0.30***	0.32***	0.36***
表达情感	0.24***	0.44***	0.40***
便利生活	0.48***	0.41***	0.51***
获取信息	0.47***	0.42***	0.51***
社会性	0.48***	0.69***	0.68***
工具性	0.46***	0.45***	0.52***
问卷总分	0.56***	0.66***	0.70***

注：$p^{***} < 0.001$。

① 魏岚、梁晓燕、高培霞：《大学生网络交往动机与网络社会支持关系研究》，《中国学校卫生》2007年第3期，第622-623页。

第三节 大学生网络交往动机的特点

一、研究目的

本研究旨在考察大学生网络交往动机的特点，为后续引导大学生正确利用网络进行人际交往提供理论依据与实践支持。

二、研究方法

（一）被试

在我国东部地区和西部地区选取六所本科院校，采用随机抽样的方法，对自编的《大学生网络交往动机问卷》展开施测。共发放问卷1750份，收回有效问卷1601份，问卷有效率91.49%。其中男生993人，女生608人；大一719人，大二440人，大三290人，大四152人；重点本科584人，普通本科1017人。

（二）工具

本研究使用《大学生网络交往动机问卷》考察大学生网络交往动机的特点。该问卷由社会性交往动机和工具性交往动机两个维度构成，其中社会性交往动机包括便利生活、表达情感和确证自我三个部分，工具性交往动机包括获取信息和辅助学业两个部分。问卷合计21个题项，采用Likert 5点计分，无反向计分题。

（三）统计分析

本研究使用SPSS统计软件进行数据的整理和分析，主要包括描述性统计、平均数差异的显著性检验等。

三、研究结果

本研究考察了大学生网络交往动机在不同性别、年级、学校类型下的现状与特点，具体结果如下。

1.大学生网络交往动机的性别差异

对不同性别大学生的网络交往动机进行独立样本t检验（见表14.9），结果表明男女大学生在网络交往动机总体上不存在显著性差异，但在网络交往动机各因子以及社会性交往动机方面存在显著性差异。具体表现为在表达情感、确证自我、获取信息及社会性交往动机上，男生得分显著高于女生；在辅助学业和便利生活上，女生得分显著高于男生。

表 14.9　大学生网络交往动机的性别差异

变量	男		女		t
	M	SD	M	SD	
表达情感	1.38	0.84	1.18	0.78	4.56^{***}
确证自我	1.52	0.80	1.27	0.73	6.10^{***}
辅助学业	2.08	0.73	2.33	0.66	-6.85^{***}
获取信息	2.22	0.81	2.08	0.74	3.45^{**}
便利生活	0.57	0.60	0.65	0.62	-2.45^{*}
社会性交往动机	1.15	0.57	1.04	0.55	4.16^{***}
工具性交往动机	2.15	0.66	2.21	0.61	−1.66
问卷总分	1.65	0.50	1.62	0.45	1.31

注：$p^{*} < 0.05$，$p^{**} < 0.01$，$p^{***} < 0.001$。

2. 大学生网络交往动机的年级差异

对不同年级大学生的网络交往动机进行方差分析，结果表明，大学生网络交往动机各因子、维度以及总分上都存在显著的年级差异（见表 14.10）。具体来看，在大学生交往动机总分上，大四学生的得分显著高于大一和大二学生，而大二和大三学生的得分均显著高于大一学生。在社会性交往动机方面，大四学生的得分显著高于大一和大二的学生；在工具性交往动机方面，大一学生的得分显著低于其他年级学生。

表 14.10　大学生网络交往动机的年级差异

变量	1 大一		2 大二		3 大三		4 大四		F	事后比较
	M	SD	M	SD	M	SD	M	SD		
表达情感	1.33	0.84	1.21	0.82	1.38	0.79	1.28	0.77	3.04^{*}	1＞2；3＞2
确证自我	1.55	0.78	1.32	0.80	1.28	0.71	1.39	0.78	12.92^{***}	1＞2，3，4
辅助学业	2.00	0.75	2.30	0.64	2.31	0.64	2.38	0.68	28.10^{***}	2＞1；3＞1；4＞1
获取信息	2.03	0.76	2.28	0.77	2.26	0.79	2.33	0.80	13.97^{***}	2＞1；3＞1；4＞1
便利生活	0.42	0.50	0.67	0.61	0.76	0.68	0.96	0.66	51.39^{***}	2＞1；3＞1，2；4＞1，2，3
社会性交往动机	1.10	0.53	1.07	0.59	1.14	0.59	1.21	0.58	2.85^{*}	4＞1，2
工具性交往动机	2.02	0.64	2.29	0.60	2.28	0.63	2.36	0.64	27.61^{***}	2＞1；3＞1；4＞1
问卷总分	1.56	0.49	1.68	0.47	1.71	0.45	1.78	0.46	14.58^{***}	4＞1，2；2＞1；3＞1

注：$p^{*} < 0.05$，$p^{***} < 0.001$。

3.大学生网络交往动机的学校类型差异

对不同学校类型大学生的网络交往动机进行独立样本t检验(见表14.11)。结果表明,从整体上看,大学生网络交往动机在学校类型上存在显著差异,表现为重点院校学生的网络交往动机总分显著高于普通院校。在具体因子上,重点院校学生的表达情感、辅助学业和获取信息得分显著高于普通院校,而普通院校学生的确证自我得分显著高于重点院校;此外,重点院校的社会性交往动机和工具性交往动机得分均显著高于普通院校学生。

表14.11 大学生网络交往动机的学校性质差异

维度	重点院校		普通院校		t
	M	SD	M	SD	
表达情感	1.34	0.83	1.28	0.82	1.31
确证自我	1.37	0.78	1.46	0.78	-2.18^{*}
辅助学业	2.33	0.65	2.09	0.73	6.64^{***}
获取信息	2.30	0.77	2.09	0.78	5.14^{***}
便利生活	0.74	0.63	0.52	0.58	7.04^{***}
社会性交往动机	1.15	0.58	1.09	0.55	2.14^{*}
工具性交往动机	2.32	0.61	2.09	0.64	6.85^{***}
问卷总分	1.73	0.46	1.59	0.48	5.80^{***}

注:$p^{*} < 0.05$,$p^{***} < 0.001$。

四、讨论

本研究发现,整体上,大学生网络交往动机存在显著的性别差异,男生在网络交往动机上的得分显著高于女生。究其原因,可能是因为现实中女生比男生更能自如地进行社会性交往,但这并不代表男生在表达情感上弱于女生。社会对男性有一种普遍的成见,如认为男生较为木讷、不善表达、情感内敛、心理容易闭锁等。[①]但事实上,他们如女生一样有丰富的情感,有复杂的情绪,社会对男生的认识偏见导致了他们无法排解压抑的情绪,因而他们会选择甚至依赖虚拟网络来表达感情,释放情绪,展现自我。男性在独立性、求异性、冒险性等方面均比女性强,而网上的一切几乎都能满足男性的这些需求,所以男性上网的积极性远高于女性。但在辅助学业和便利生活两因素上,女生的得分高于男生。前者可能是因为大学里女生的学习一般比男生认真,自控能力也较好。她们从中学起往往就是老师眼中的好学生,其学习动机较强。因此,女生在网络交往中也会将大

① 辛妙菲,陈俊:《大学生网络交往动机的差异研究》,《中国健康心理学杂志》2008年第9期,第975-978页。

部分的时间和精力放在辅助学业上，相对消耗在其他活动上的时间和精力较少，男生恰好相反；对于便利生活因素上的性别差异，可能的原因是相较于男生，女生更偏爱网络购物、分享生活。

在年级差异上，本研究发现大学生网络交往动机呈现出不平衡性和差异性。主要原因是一方面，进入大学阶段，大学生摆脱了以往繁重的学业压力，可自由支配的时间大大增加，大一到大二阶段，互联网几乎成为大学生打发业余时间的主要阵地，因而网络交往动机强烈，总体得分较高。另一方面，大一新生一般年龄在18～20岁，身心发展尚未成熟。从中学进入大学，因生活空间和内容的变化，需要一段时间调整自己，以适应新的学习、生活环境，在适应过程中，普遍会体验到孤独感、失落感甚至自卑感，他们需要寻找途径释放或缓解压力，寻求暂时的心理安慰，或是宣泄内心的不良情绪。网络由于具有匿名性、便利性和逃避现实性的特征，给大一新生提供了一个极佳的发泄场所。此外，大一新生刚刚离开父母的身边，还没有完全学会自我管理和自我控制。在这样的内外因交互作用下，大一新生的网络交往动机强烈也就不足为奇。在社会性交往动机方面，处于大一或大二年级的学生，对一切新事物较为好奇，对社会生活充满了期待，对学习与校园活动较为积极主动，积极参加社会性交往活动，如参加各种社团活动、结交新朋友等，减少了对网络社会性交往的需求，因此出现在工具性交往动机上得分快速增加，社会性交往动机显著减弱的现象。而大三阶段是大学生学习相对紧张的时期，他们主要忙碌于专业课程学习，或是准备研究生入学考试，或是为参加工作、进入社会做准备，不像刚入学时拥有大量的空闲时间。但社会性交往在大三时出现上升，原因可能是大三学生对大学生活开始有厌倦之感，对自己的定位模糊，前途又相对渺茫，无所适从，或在现实生活中，由于种种原因出现人际交往障碍，在人际交往中遇到挫折，此时容易产生压抑、焦虑和郁闷的情绪。在这种情况下，他们较容易将网络交往视为感情寄托的一种手段，借助网络交往宣泄自己的情绪，通过网络找到自我。进入大四阶段，多数学生对未来的选择基本确定，再次拥有充足的业余时间和精力，从而导致高年级网络交往动机得分最高。

在学校类型差异方面，重点院校与普通院校大学生的网络交往动机存在显著差异。主要原因是重点院校学生相较于普通院校学生在学习能力上表现更好，也更善于利用网络和网络交往为自己服务，如辅助学业、获取信息、调节情感，进而丰富知识，拓宽视野，提高自己的专业知识技能。而普通院校学生相对而言学业成就水平较低，在现实生活中的效能感与自信心水平较低，可能会试图通过网络交往，例如参与网络讨论、玩网络游戏等，来打发自己的闲暇时间，进而提升自己的存在感与价值感。

附录

大学生网络交往动机问卷

指导语:下列题项主要反映了个体参与网络交往的动机,请仔细阅读,并根据自己的实际情况选择对应的选项。

题　项	动机程度				
	从不	很少	有时	经常	总是
1.浏览新闻	0	1	2	3	4
2.完成作业或写作	0	1	2	3	4
3.心情不好时向网友宣泄情绪	0	1	2	3	4
4.证明自己的存在和价值	0	1	2	3	4
5.浏览感兴趣领域的最新动态	0	1	2	3	4
6.发布商业广告	0	1	2	3	4
7.查阅与学业相关的资料	0	1	2	3	4
8.孤独寂寞时找网友交流	0	1	2	3	4
9.获得最新的社会资讯	0	1	2	3	4
10.参加网上会议	0	1	2	3	4
11.下载各种学习资料或软件	0	1	2	3	4
12.找网友聊天,寻求感情慰藉	0	1	2	3	4
13.证明自己与时代潮流为伍	0	1	2	3	4
14.获得最新的技术资讯	0	1	2	3	4
15.网上买卖商品	0	1	2	3	4
16.查资料解答学习问题	0	1	2	3	4
17.与网友谈论情感话题	0	1	2	3	4
18.展示自我智慧	0	1	2	3	4
19.进行订票、充值、付费等活动	0	1	2	3	4
20.让网友感受到自己的魅力	0	1	2	3	4
21.发表个人见解	0	1	2	3	4

第十五章

大学生职业动机结构及特点

随着我国高等教育逐渐从“精英化”向“大众化”转型，在校大学生数量急剧增加，就业形势日益严峻，导致就业问题成为当代大学生面临的最严峻的社会适应性问题之一。职业动机是影响大学生求职与就业的重要心理因素，是大学生求职行为的内部驱动力，与大学生就业状况有着密切的联系。因此，对当代大学生职业动机进行深入研究，不仅对提高大学生职业规划能力和职业选择能力具有重要的现实意义，还能为提升大学生职业动机教育的科学性和有效性提供实证依据。

第一节 研究概述

一、职业动机概述

(一)职业动机的概念

职业动机是引导、推动并维持人的职业活动,以实现一定职业目标的内部动力或心理动因。个体的职业行为模式和职业活动方向由一定的职业动机引起,后者在社会影响转化为个体职业行为过程中起中介作用。职业动机与职业目标、职业价值观、职业需要关系密切。[①]职业动机总是指向一定的职业目标,职业目标则受职业价值观的影响;职业动机属于职业的动力系统,产生于职业需要,因而职业需要是职业动机产生的基础。

本研究将大学生职业动机定义为:大学生在职业需要的基础上产生的为实现职业目标和维持职业行为的内部动力和外部诱因。职业动机对职业行为具有选择导向、维持稳定和持续发展的推动作用。[②]

(二)职业动机的分类

研究者们对职业动机的分类进行了深入的探讨,随着对职业动机认识的不断深化,现有研究一般将职业动机区分为内在职业动机和外在职业动机。[③]内在职业动机是指职业活动动机出自职业活动本身,并且从事这一职业活动本身就能使职业活动主体的需要得到满足。西方研究者把驱动人"为爱而工作"的动机称为内在动机,认为这种动机驱动人们为工作本身而工作,是因为这一职业本身是有趣的、有诱惑力的或在某方面令人满意。外在职业动机是指职业活动动机是由外在因素引起,是职业活动主体追求职业活动本身之外的某种目标或其他与职业性质相连的因素所导致的动机,是影响和控制个体职

① 李球:《职业心理学》,南昌:江西高校出版社2001年版。

② 张进辅:《现代青年心理学》,重庆:重庆出版社2002年版。

③ 丁雪红:《当代大学生职业动机的定量比较分析》,重庆:西南师范大学硕士学位论文,1998年。

业行为的外在诱因。研究者认为，外在职业动机是对职业本身之外的某些目标的认知评估，如奖金、荣誉、遵从、交往等。[①]

（三）职业动机的测量工具

美国心理学家阿玛比尔（Amabile）于1994年发表了适用于成人和大学生的职业爱好量表，从内、外动机倾向角度来评价个体职业行为上的差异。该量表包括内在动机、外在动机和内外动机并存三个维度，由内在动机量表和外在动机量表两个主量表构成，这两个主量表又可分为愉悦量表和挑战量表（内在动机）、外向量表和报偿量表（外在动机）四个分量表。该量表还确立了十个方面的动机指标。[②]

牟海鹰通过开放式问卷调查编制了大中专毕业生职业动机量表，包括选择性职业动机和维持性职业动机两个分量表。每个分量表中又包括内在动机、外在动机以及内外动机并存三个维度。[③]

二、职业动机的实证研究

（一）大学生职业动机的影响因素

丁雪红对高校学生的职业动机进行研究，结果发现：影响大学生职业动机的内在因素包括能力、自主性、兴趣爱好和职业投入度，外在因素有报酬、竞争、评价和从众倾向，且职业内、外动机高度并存。大学生职业动机的总体特点是普遍关心职业性质及其发展前途、有较强的竞争意识和自主性、重视自身职业能力、希望职业符合个人兴趣爱好、关心职业声望和报酬；最不喜欢的是顺从别人意愿的行为。[④]牟海鹰对不同性别、学历以及学科类型的毕业生的职业动机的研究表明，大学毕业生在择业时内部动机较为突出，最重视发展、成就和物质利益因素。[⑤]在维持性职业动机上，大学毕业生最重视发展、成就和制度因素。沃楚芭和辛普森（Wotruba，Simpson）等人对营销专业高年级学生的研究表明，影响学生选择销售职业的动机是：良好的发展机会、公司资金雄厚、能表达意见、畅通

① Amabile, T. M., Hill, K. G., Hennessy, B. A., Tighe, E. M. “The work preference inventory: Assessing intrinsic and extrinsic motivational orientations”, *Journal of Personality and Social Psychology*, vol.94, no. 66 (1994), pp.950-967.

② Amabile, T. M., Hill, K. G., Hennessy, B. A., Tighe, E. M. “The work preference inventory: Assessing intrinsic and extrinsic motivational orientations”, *Journal of Personality and Social Psychology*, vol.94, no. 66 (1994), pp.950-967.

③ 牟海鹰：《大中专毕业生职业动机研究》，重庆：西南师范大学硕士学位论文，2000年。

④ 丁雪红：《当代大学生职业动机的定量比较分析》，重庆：西南师范大学硕士学位论文，1998年。

⑤ 牟海鹰：《大中专毕业生职业动机研究》，重庆：西南师范大学硕士学位论文，2000年。

的沟通渠道。[①]综合以上研究结果，大学生进行职业选择时，通常把工作性质、发展机会、成就感、薪资放在首位，充分说明了大学生在职业选择时存在内、外动机共存的特点。

（二）大学生职业动机的人口学差异

职业动机与人口统计学特征如性别、年级、是否独生子女和家庭背景等相关。已有研究发现男生看重能力和竞争，有较强的自主意识和从众倾向；女生的能力意识、竞争意识、自主性、从众倾向都较弱，动机倾向较模糊且不明朗。在年级方面，有研究者认为大学三年级是职业动机发展的一个转折点。[②]还有的研究者对独生和非独生大学生职业价值观进行了比较研究，发现独生子女更看重休闲活动，工作自主意识更强烈，更注重工作中的领导，更重视收入和地位，更愿意展示个性；非独生子女更注重职业工作在生活中的地位，责任意识更强，更强调贡献，更看重工作待遇，强调职业稳定性和社会政治地位。[③]郑伦仁和窦继平研究发现，在家庭居住地上，干部和工人家庭大学生更重视经济报酬、职业变动性、声望和工作环境，而农民家庭大学生则更重视利他主义和监督关系。[④]

三、已有研究存在的不足

（一）缺乏适合本国的测量工具

目前适用于我国大学生职业动机的测量工具还较为缺乏，主要表现在以下两个方面。首先，国内已有研究中使用修订的《职业爱好量表》（WPI）作为测量工具，缺乏跨文化适应性考察。[⑤]该量表在维度构建、题项表述上均基于美国文化背景，用以测量我国大学生职业动机，应考虑中美社会文化的差异。其次，用职业价值观量表来测量职业动机欠妥。虽然国内已有研究用职业价值观量表来测量职业动机[⑥]，但由于职业动机受求职过程中情境性因素的影响较大，加之职业动机与职业价值观这两个概念本身的差异，所以不宜用职业价值观量表来代替职业动机测量工具。

（二）缺乏对职业动机结构的客观认识

前文提到，已有研究倾向于将职业动机结构分为内在动机和外在动机，认为内、外动

---

① Wotruba, T. R., Simpson, E. K., Reed-Ddrazink, J. L. “The recruiting interview as perceived by college student applicants for sales positions”, *Journal of Personal Selling and Sales Management*, vol.9, no. 9 (1989), pp.13-24.

② 丁雪红：《当代大学生职业动机的定量比较分析》，重庆：西南师范大学硕士学位论文，1998年。

③ 李志：《独生子女与非独生子女大学生职业价值观的比较研究》，《青年研究》1997年第3期，第33-39页。

④ 郑伦仁、窦继平：《当代大学生职业价值观的定量比较研究》，《西南师范大学学报（哲学社会科学版）》1999年第2期，第70-75页。

⑤ 丁雪红：《当代大学生职业动机的定量比较分析》，重庆：西南师范大学硕士学位论文，1998年。

⑥ 喻永红、李志：《当代大学生职业价值观的特点与教育对策研究》，《教育探索》2003年第12期，第42-44页。

机之间是一种平行的二维关系，内在动机决定大学生职业动机水平和特点。但在求职过程中，内在职业动机要推动择业行为，必然受到外在条件的制约。具有相似内在动机的学生，由于受不同外在诱因的影响，可能呈现出职业目标定向、择业行为激发以及择业行为强度维持和调节等方面的差异。可见，内在动机和外在动机可能并非以往研究中所认为的平行关系，也可能是辩证关系。

（三）缺乏对研究内容的全面理解

大学生在职业选择和就业过程中往往将自己的职业动机和特定的职业目标相联系，并通过职业目标定位体现出职业动机特点。而以往国内对大学生职业动机的研究大多忽略了职业动机和职业目标的紧密联系，较少考虑大学生职业目标选择对职业动机的影响。鉴于此，本研究引入了大学生职业目标选择调查，并将其与大学生职业动机综合考虑，以期能更深入系统地揭示大学生职业动机的发展特点。

四、研究设计

（一）研究目的

采用文献分析法与问卷调查法探索当代大学生职业动机的理论结构，并以该理论结构为基础，编制《大学生职业动机问卷》，同时考察大学生职业动机的现状特点。

（二）研究构想

本研究以大学生为被试，考察其职业动机的结构及现状特点。(1)采用文献分析法与问卷调查法初步构建大学生职业动机结构。(2)以大学生职业动机结构为基础编制《大学生职业动机问卷》初始问卷，使用该问卷进行测试，验证大学生职业动机结构并修订初始问卷。(3)使用《大学生职业动机问卷》正式问卷测试，考察大学生职业动机的现状特点。

第二节 ┆ 大学生职业动机的理论构想及问卷编制

一、研究目的

本研究旨在探索大学生职业动机的结构，并以此为基础，编制《大学生职业动机问卷》，为后续开展大学生职业动机调查研究做好准备。

二、大学生职业动机的理论构想

本研究主要采用访谈法和问卷调查法探索大学生职业动机的结构。首先，采取整群随机抽样的方法，使用开放式问卷对重庆市三所本科院校的在校大学生进行调查。其目的一方面是了解调查对象对职业动机概念的理解，以此确定职业动机模型结构；另一方面是为搜集初测问卷题项做准备，以确保各题项无歧义、易理解。问卷含三个开放式问题："在考虑找工作的问题时，促使你选择某一职业的原因或标准有哪些？""在找工作时，促使你做出真实、具体的求职行为的原因有哪些？"和"不管是你认为理想中的职业还是对你来说更为现实的职业，找工作都不是一击即中的事，那么是哪些因素促使你坚持不懈地为之努力呢？"共发放101份开放式调查问卷，其中，高校a 51名学生（大一学生11名，大二学生8名，大三学生19名，大四学生13名），高校b 29名学生（大三学生18名，大四学生11名），高校c 21名学生（大二学生9名，大三学生8名，大四学生4名），最后回收有效问卷77份。同时根据开放式问卷在高校b和高校c随机选取7名大三学生和5名毕业生进行访谈。

通过对问卷结果进行整理，本研究发现我国大学生就业过程中的典型职业动机包括：符合性、自主性、成就感、奉献精神、美感、安稳性、工资福利、职业发展、工作环境、职业威望、工作团队和家庭因素等。接着，在已有研究基础上，本研究将大学生职业动机分为内部动机和外部动机两个维度。第一个维度是内在动机。从个人角度探讨职业动机，是基于个人的职业需要、职业能力和职业兴趣等内在因素产生的职业动机。内在动机主要包括七个方面：（1）专长性动机，指职业本身符合自身个性、专业专长、综合能力、兴趣爱好以及工作生活方式；（2）自主性动机，指工作中可以自己做出决定，具有一定独立性，享有一定自由；（3）进取性动机，指工作能促进自身潜能发挥，具有创造性和挑战性；（4）贡献利他性动机，指职业本身对社会做出的贡献程度、职业奉献性、利他主义；（5）成就性动机，指可以证明和实现自身价值，实现抱负；（6）审美性动机，职业本身给个体带来的美的享受；（7）稳定性动机，指职业工作的安全性和流动性，职业本身的知识淘汰速度和竞争强度。第二个维度是外在诱因。从社会、家庭和职业角度探讨职业动机，是个体在社会化过程中，受社会对职业的需求和优劣评价影响，以及考虑职业本身以外的因素而产生的动机。在这里外部动机以外在诱因形式存在，主要包括六个方面：（1）职业薪酬，包括工资、奖金、住房、户口、假期、保险、养老和医疗条件等；（2）职业发展，指工作单位发展前景、晋升机会、享受再教育和培训机会、出国机会等；（3）职业环境，指工作地点和环境、与工作相关的可利用资源、企业文化等；（4）家庭因素，指影响就业的家庭背景、可利用资源、恋人因素等；(5)职业威望，指工作单位声望、职业所带来的权力、职位在单位中的地位、职业性质所决定的社会评价以及社会地位等；(6)工作团队，指领导开明程度、同事关系融洽程度、团队合作精神等。最后，汇总已有文献资料以及开放式问卷调查的结果，本研究最终确立了大学生职业动机的初步构想(见图15.1)。

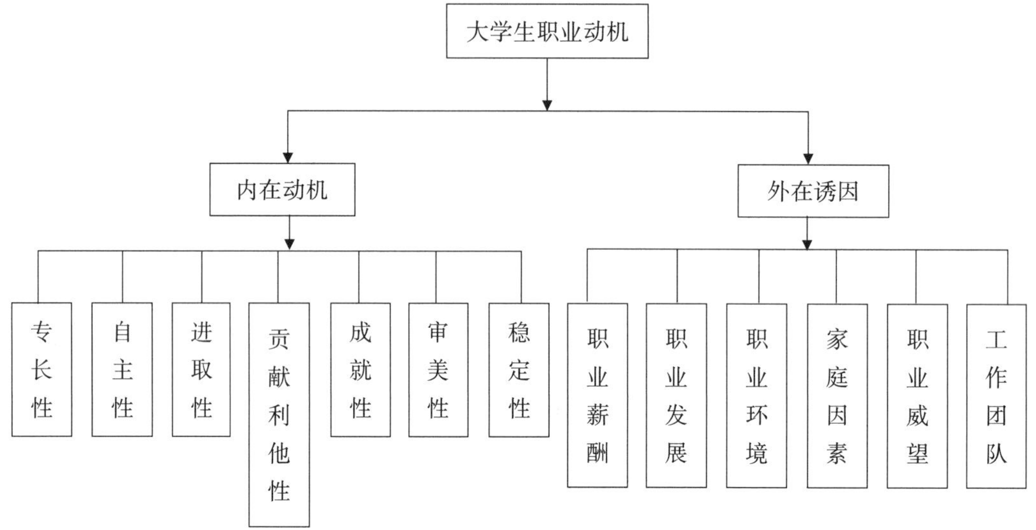

图15.1 大学生职业动机的理论模型

三、《大学生职业动机问卷》的编制

(一)研究方法

1.被试

样本1：在我国西部地区选取3所本科院校，采用随机抽样的方法，对自编的《大学生职业动机问卷Ⅰ》展开施测。共发放问卷450份，收回有效问卷391份，问卷有效率86.89%。其中男生205人，女生186人；大一82人，大二72人，大三104人，大四133人。

样本2：在全国范围选取15所本科院校，采用随机抽样的方法，对自编的《大学生职业动机问卷Ⅱ》展开施测。共发放问卷3715份，收回有效问卷2755份，问卷有效率74.16%。其中男生988人，女生1767人；大一991人，大二714人，大三549人，大四501人。

2.工具

采用自编的《大学生职业动机问卷Ⅰ》进行第一次项目分析和探索性因素分析；使用《大学生职业动机问卷Ⅱ》再次进行项目分析和探索性因素分析；使用《大学生职业动机问卷》进行验证性因素分析以及信效度检验。以上三个问卷均采用Likert 4点计分。

3.程序

根据访谈和开放式问卷调查的结果，参考以往同类型的调查问卷，编制出大学生职业动机问卷初始题项，形成包含100个题项的初始问卷《大学生职业动机问卷Ⅰ》。对《大学生职业动机问卷Ⅰ》进行第一次预测，对问卷进行项目分析和探索性因素分析，统计分析结果显示问卷的指标不够理想，故对题项进行修订，形成包含93个题项的《大学生职业动机问卷Ⅱ》。接着，对《大学生职业动机问卷Ⅱ》再次进行项目分析和探索性因素分析，考虑到题项过多，故对问卷题项进行了删减，形成了包含50个题项的《大学生职业动机问卷》，即正式问卷（见附录）。

4.统计分析

本研究使用SPSS和AMOS统计软件进行数据的整理和分析，主要包括描述性统计、因素分析以及相关分析等。

（二）研究结果

1.《大学生职业动机问卷Ⅰ》的数据分析结果

根据开放式问卷收集到的词句内容、访谈记录和专家意见，同时借鉴国内外相关问卷的项目编制，形成《大学生职业动机问卷Ⅰ》。在编制问卷过程中，发现内部动机中“成就性”和“进取性”在概念界定上区分度不大，在题项编制过程中也发现个体在追求挑战性和创造性职业的同时就是在努力发挥自身潜能和实现自身价值，所以将二者合并为一个因素并重新命名为“成就进取”。在外部动机中，大学生往往将“职业薪酬”和“职业福利”同时加以考虑，因此将“职业薪酬”重新命名为“薪酬福利”；“家庭因素”的命名不够准确，重新命名为“人脉关系”。该问卷共有100个题项，由内部动机（共46个题项）、外部动机（共54个题项）两个分问卷构成。

对数据进行项目分析和探索性因素分析。结果显示，对于职业内部动机分问卷，大部分“贡献利他”和“审美愉悦”因子上的题项能够聚合到相应因子上。“成就进取”和“自主决策”因子上的题项相互吸纳，虽然可以聚合为两个因素，但必须根据聚合因素上项目题意增编题项以进一步增加区分度。大部分“安全稳定”因子上的题项未能聚合到同一因素上而被删除，不过职业外部动机“薪酬福利”和“职业发展”因子上的题项在“安全稳定”因子上有负荷，而且考虑到当今大学生就业时对稳定的重视，保留此因子。另外，“自主决策”在“专长发挥”因子上也有负荷，根据对职业内部动机分问卷探索性因素分析的结果，应增编“安全稳定”“自主决策”“成就进取”和“专长发挥”因子上的题项。

对于职业外部动机分问卷，大部分“工作团队”和“人脉关系”因子上的题项能够聚合到相应因子上，而大部分“职业威望”因子上的题项未能聚合到同一因素上而被删除，但“职业环境”和“薪酬福利”因子上的题项在“职业威望”因子上的负荷较大，因此保留此因子并增编题项。“薪酬福利”和“职业发展”两因子合并到一个因素下，因此也要考虑增编题项以进一步区分二者。根据对职业内部和外部动机分问卷的探索性因素分析，经过修改和增编题项，最终形成了93个题项（其中职业内部动机分问卷45个题项，职业外部动机分问卷48个题项）的《大学生职业动机问卷Ⅱ》。

2.《大学生职业动机问卷Ⅱ》的数据分析结果

对第二次测试收回的问卷进行项目分析及探索性因素分析。项目分析结果显示，93个题项的决断值均符合标准，即高分组得分显著高于低分组得分（$p<0.001$），说明这些题目均有较好的鉴别力。

对职业内部动机分问卷进行探索性因素分析，结果显示，KMO系数为0.92，巴特利特球形检验的卡方值为15598.87（$p<0.001$），表明该样本适合进行因素分析。接下来对职业内部动机分问卷进行主成分分析，提取共同因素，再用最大变异法进行正交旋转，求出旋转因素负荷矩阵。经第一次探索性因素分析，得到6个因素的特征值大于1。经多次正交旋转，删去因素负荷小于0.40、双因素负荷均大于0.40、题项内容不符、意思重复等不合格题项共计20题，最后得到特征值大于1、独立因素负荷大于0.40、共同度大于0.20的题项25个，组成六因素模型的正式问卷（见表15.1）。

表15.1 《大学生职业动机问卷Ⅱ（内部动机问卷）》因素分析结果

题项	F1	F2	F3	F4	F5	F6
91	0.73					
77	0.71					
11	0.67					
65	0.66					
85	0.61					
20	0.58					
34		0.68				
57		0.68				
7		0.63				
45		0.62				
15		0.42				
49			0.92			
67			0.67			
41			0.64			
14				0.75		
28				0.73		

续表

题项	F1	F2	F3	F4	F5	F6
31				0.57		
35				0.56		
5				0.56		
23					0.81	
24					0.73	
21					0.58	
75						0.71
62						0.68
63						0.61
特征值	6.19	2.34	1.78	1.58	1.16	1.14
解释变异量(%)	23.8	9.00	6.83	6.08	4.44	4.38

结果表明,6个因素共解释了总方差的54.53%,题项的最高负荷为0.92,最低负荷为0.42。因素1的题项反映的是个体选择能服务他人、贡献社会的职业的动机,故命名为"贡献利他";因素2的题项反映的是个体选择能促进自身潜能发挥和价值实现的职业的动机,故命名为"成就进取";因素3的题项反映的是个体为避免失业而选择稳定职业的动机,故命名为"安全稳定";因素4的题项反映的是个体选择充满美感和艺术性的职业的动机,故命名为"审美愉悦";因素5的题项反映的是个体选择能满足其追求独立自主需要的职业的动机,故命名为"自主决策";因素6的题项反映的是个体选择与自身个性、兴趣和能力相匹配的职业的动机,故命名为"专长发挥"。

对职业外部动机分问卷进行探索性因素分析,结果显示,KMO系数为0.91,巴特利特球形检验的卡方值为14511.61($p<0.001$),表明该样本适合进行因素分析。接下来对职业外部动机分问卷进行主成分分析,分析步骤与职业内部动机分问卷相同。共计删去23个题项,最后得到特征值大于1、独立因素负荷大于0.40、共同度大于0.20的题项25个,组成五因素模型的正式问卷(见表15.2)。

表15.2 《大学生职业动机问卷Ⅱ(外部动机问卷)》因素分析结果

题项	F1	F2	F3	F4	F5
88	0.75				
72	0.72				
50	0.68				
27	0.64				
80	0.54				
33	0.49				
82		0.69			
56		0.65			

续表

题项	F1	F2	F3	F4	F5
47		0.59			
52		0.59			
70		0.53			
87			0.72		
92			0.68		
48			0.64		
32			0.55		
79			0.52		
83				0.72	
89				0.68	
43				0.62	
60				0.49	
2				0.49	
17					0.67
19					0.66
30					0.58
26					0.54
特征值	5.36	2.76	1.45	1.24	1.17
解释变异量(%)	21.43	11.03	5.79	4.94	4.70

结果表明,5个因素共解释了总方差的47.89%,题项的最高负荷为0.75,最低负荷为0.49。因素1的题项反映的是个体选择拥有人脉关系的职业的动机,故命名为“人脉关系”;因素2的题项反映的是个体因某职业的社会地位和声望而选择该职业的动机,故命名为“职业声望”;因素3的题项反映的是个体因某职业的薪酬和福利而选择该职业的动机,故命名为“薪酬福利”;因素4的题项反映的是个体考虑到某职业上司和下属的关系而加以选择的动机,故命名为“领导”;因素5的题项反映的是个体因某职业的发展前景和潜力而选择该职业的动机,故命名为“职业发展”。

3.《大学生职业动机问卷》的数据分析结果

对《大学生职业动机问卷》的分问卷和总问卷分别进行验证性因素分析。结果表明,χ^2/df的值分别为4.37,4.46和4.29,即模型适配程度较为简约;RMSEA≤0.05,NFI、CFI、TLI值接近或大于0.9(见表15.3),各项拟合指标符合心理测量学要求,即修订后的问卷模型拟合良好。

表 15.3 《大学生职业动机问卷》的验证性因素分析

模型	χ^2	df	χ^2/df	NFI	TLI	CFI	RMSEA
内部动机	1135.08	260	4.37	0.99	0.99	0.99	0.05
外部动机	1182.72	265	4.46	0.87	0.88	0.90	0.05
总问卷	4990.42	1163	4.29	0.98	0.98	0.98	0.05

将修订后的结构(见图 15.2)与最初建构的理论结构(见图 15.1)比较发现,二者基本吻合。不同之处在于职业内部动机分问卷中“成就性”和“进取性”因子合并,职业外部动机分问卷中的“职业环境”因子和其余4个因子相融合而未能形成独立因子。最初将进取性动机和成就性动机区分开的原因是,本研究试图从职业本身的性质和个体的需求两方面对职业内部动机加以区分,对进取性动机的定义反映的是职业本身所具有的创造性和挑战性能够促进从业者发挥自身潜能,因而个体具有选择此职业的动机;对成就性动机的定义反映的是个体为证明和实现自身价值、实现抱负而选择此职业的动机。但是,在编制题项和初测过程中发现,就业过程中出于证明和实现自身价值、实现抱负的动机而选择职业的个体,往往会追求具有创造性和挑战性的职业,并通过自身潜能的发挥去实现理想抱负,所以将“成就性”和“进取性”因子合并,根据第二次探索性因素分析在该因子上保留的题项含义将该因子命名为“成就进取”。“职业环境”因子题项主要涉及工作地点、工作所在城市情况和企业文化,它从另一个侧面反映了个体对职业发展机会、职业声望、领导因素的需要,也涉及了现实性很强的人脉关系因素,在职业外部动机其余4个因素上都有负荷,因此未能形成独立因子而被删除。

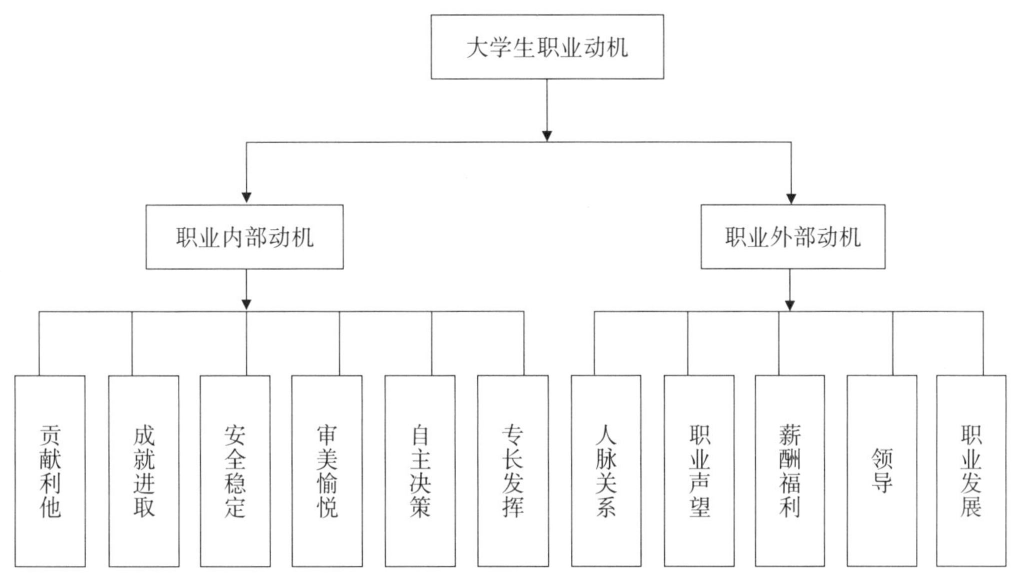

图 15.2 根据因素分析结果修订后的大学生职业动机结构

对《大学生职业动机问卷》进行信效度检验，采用内部一致性信度作为《大学生职业动机问卷》的信度指标（见表15.4）。从表中可以看出，《大学生职业动机问卷》的11个维度的内部一致性信度在0.59～0.79，分问卷与总问卷的内部一致性信度均在0.80以上，即本问卷的信度在可接受范围内。

表15.4 《大学生职业动机问卷》的信度检验

变量（职业内部动机）	同质信度	变量（职业外部动机）	同质信度
贡献利他	0.79	人脉关系	0.73
成就进取	0.72	职业声望	0.69
安全稳定	0.68	薪酬福利	0.71
审美愉悦	0.71	领导	0.66
自主决策	0.64	职业发展	0.68
专长发挥	0.59	职业外部动机分问卷	0.84
职业内部动机分问卷	0.86		
职业动机总问卷	0.90		

采用结构效度作为《大学生职业动机问卷》的效度指标。职业内部动机和外部动机所有维度之间、维度与分问卷之间以及维度、分问卷与总问卷之间相关均极其显著，表明各维度构成了一个有机联系的整体。其中，在职业内部动机上，只有安全稳定和自主决策的相关低于0.10，其余各维度之间的相关均在0.20～0.48。各维度与职业内部动机分问卷之间的相关在0.44～0.77，相关较高，且各维度与分问卷间的相关均高于各维度之间的相关。各维度与职业动机总问卷的相关在0.50～0.68，职业内部动机分问卷和职业动机总问卷的相关达到0.90。这表明各维度既有一定的独立性，又反映出了相应的归属性，职业内部动机分问卷具有较好的结构效度。在职业外部动机上，只有人脉关系和职业发展的相关低于0.10，其余各维度之间的相关均在0.11～0.49。各维度与职业外部动机分问卷之间的相关在0.62～0.75，相关较高，且各维度与分问卷间的相关均高于各维度之间的相关。各维度与职业动机总问卷的相关在0.47～0.68，职业外部动机分问卷和职业动机总问卷的相关达到0.89。这表明各维度既有一定的独立性，又反映出了相应的归属性，职业外部动机分问卷具有较好的结构效度。

除了职业内部动机成就进取与职业外部动机人脉关系维度之间相关不显著外，其余所有分维度相关均达到显著水平；职业内部动机分问卷总分与职业外部动机分问卷总分的相关系数为0.61，相关较高；职业内部动机分问卷与职业外部动机各维度的相关系数在0.20～0.59，低于职业内部动机分问卷与其维度的相关；职业外部动机分问卷与职业内部动机各维度的相关系数在0.34～0.47，低于职业外部动机分问卷与其维度的相关；职业内部动机与职业外部动机各维度的相关系数在-0.01～0.60，职业内部动机的成就进取与职业外部动机的职业发展和领导维度有较高的相关，分别达到0.61和0.54，而其余均低于0.50。总的来说，两个分问卷之间既相互独立，又有中等程度相关，结构较为合理，两者组成的《大学生职业动机问卷》具有良好结构效度。

第三节 ¦ 大学生职业动机的特点

一、研究目的

本研究旨在考察大学生职业动机的特点，为后续推进大学生职业动机教育实践提供参考借鉴。

二、研究方法

(一)被试

在全国范围选取15所本科院校，采用随机抽样的方法，对自编的《大学生职业动机问卷Ⅱ》展开施测。共发放问卷3715份，收回有效问卷2755份，问卷有效率74.16%。其中男生988人，女生1767人；大一991人，大二714人，大三549人，大四501人。

(二)工具

本研究使用《大学生职业动机问卷》考察大学生的职业动机。该问卷由贡献利他、成就进取、安全稳定、审美愉悦、自主决策、专长发挥、人脉关系、职业声望、薪酬福利、领导、职业发展11个维度构成，合计50个题项。采用Likert 4点计分，无反向计分题。

(三)统计分析

本研究使用SPSS统计软件进行数据的整理和分析，主要包括描述性统计、平均数差异的显著性检验等。

三、研究结果

1.大学生职业动机的现状描述

对大学生职业动机的总体表现进行描述统计，结果如下(见表15.5)。绝大多数维度平均得分接近或高于3分，意味着职业动机整体呈中等偏上水平。从总体上看，我国大学生的职业内部动机稍强于职业外部动机。各维度得分从高到低排列依次为：成就进取>

职业发展＞领导＞薪酬福利＞安全稳定＞自主决策＞专长发挥＞贡献利他＞审美愉悦＞职业声望＞人脉关系。

表15.5　大学生职业动机的描述统计

变量	贡献利他	成就进取	安全稳定	审美愉悦	自主决策	专长发挥	人脉关系	职业声望	薪酬福利	领导	职业发展	内部动机	外部动机
M	2.92	3.27	3.03	2.79	2.97	2.96	2.43	2.60	3.11	3.12	3.23	2.91	2.87
SD	0.47	0.44	0.58	0.53	0.51	0.52	0.52	0.49	0.45	0.44	0.48	0.34	0.32

2. 大学生职业动机的性别差异

以性别为自变量，大学生职业动机各维度、职业内外部动机分问卷及职业动机总问卷的得分为因变量，进行独立样本t检验（见表15.6）。从整体上看，大学生职业动机的性别差异显著，在职业内部动机分问卷上性别差异显著，但在职业外部动机分问卷上性别差异不显著。各维度的性别差异比较结果显示，除贡献利他、安全稳定和薪酬福利存在显著的性别差异外，其余维度得分均不存在显著差异。

表15.6　大学生职业动机的性别差异

变量	男		女		t
	M	*SD*	*M*	*SD*	
贡献利他	2.88	0.49	2.93	0.47	7.94^{**}
成就进取	3.25	0.45	3.28	0.43	3.59
安全稳定	2.93	0.60	3.09	0.56	50.28^{***}
审美愉悦	2.78	0.52	2.80	0.54	1.27
自主决策	2.91	0.52	2.96	0.50	1.86
专长发挥	2.98	0.53	2.95	0.51	2.08
人脉关系	2.44	0.53	2.43	0.51	0.22
职业声望	2.61	0.52	2.60	0.48	0.06
薪酬福利	3.06	0.47	3.14	0.44	21.23^{***}
领导	3.11	0.46	3.13	0.42	1.03
职业发展	3.22	0.48	3.24	0.48	0.71
职业内部动机	2.96	0.34	3.00	0.33	7.61^{**}
职业外部动机	2.86	0.34	2.88	0.32	2.26
职业动机总分	2.91	0.30	2.94	0.29	5.70^{*}

注：$p^{*} < 0.05$，$p^{**} < 0.01$，$p^{***} < 0.001$。

3. 大学生职业动机的年级差异

以年级为自变量，大学生职业动机各维度、职业内外部动机分问卷及职业动机总问卷的得分为因变量，进行方差分析（见表15.7）。从整体上看，大学生职业动机的年级差异显著，在职业外部动机分问卷上年级差异极其显著，但在职业内部动机分问卷上年级差异不显著。大学生职业动机在总体上呈现出随年级升高而增强的趋势，并且职业动机的年级差异主要存在于三、四年级和一、二年级之间。从分问卷上看，大三学生职业内部动机得分最低，大四出现骤增，并处于大学阶段的最高点。从具体维度上看，在经过一、二、三年级的小幅波动后，贡献利他动机在四年级骤增并达到最高水平；成就进取动机随着年级的增长而逐步减弱，在三年级达到最低水平，但在四年级则有所回升。此外，大学生职业外部动机随着年级的升高而逐步增强，特别是人脉关系和职业声望两个维度的得分在大学高年级和低年级之间的差异极其显著。

表15.7 大学生职业动机的年级差异

变量	一年级		二年级		三年级		四年级		F	事后比较
	M	SD	M	SD	M	SD	M	SD		
贡献利他	2.91	0.50	2.89	0.48	2.90	0.45	2.96	0.46	3.30^{*}	4>2
成就进取	3.30	0.43	3.28	0.40	3.22	0.46	3.23	0.46	5.37^{**}	1>3
安全稳定	3.02	0.63	3.06	0.56	3.05	0.53	2.99	0.57	1.97	
审美愉悦	2.79	0.51	2.81	0.54	2.74	0.55	2.82	0.55	2.38	
自主决策	2.98	0.52	2.96	0.50	2.96	0.49	2.96	0.52	0.22	
专长发挥	2.95	0.53	2.95	0.52	2.95	0.49	2.54	0.54	0.35	
人脉关系	2.35	0.51	2.41	0.51	2.49	0.49	2.54	0.54	17.82^{***}	3>1,2;4>1,2
职业声望	2.57	0.50	2.54	0.47	2.65	0.50	2.72	0.49	17.05^{***}	3>1,2;4>1,2
薪酬福利	3.10	0.46	3.14	0.43	3.12	0.44	3.12	0.47	1.53	
领导	3.13	0.42	3.11	0.44	3.09	0.45	3.14	0.44	1.67	
职业发展	3.25	0.48	3.22	0.47	3.19	0.47	3.29	0.49	2.82^{*}	
职业内部动机	2.99	0.33	2.99	0.32	2.96	0.34	2.99	0.36	1.00	
职业外部动机	2.84	0.33	2.85	0.31	2.88	0.31	2.93	0.35	8.06^{***}	4>1;4>2
职业动机总分	2.92	0.29	2.92	0.28	2.92	0.29	2.96	0.32	2.82^{*}	

注：$p^{*}<0.05$，$p^{**}<0.01$，$p^{***}<0.001$。

4.是否是独生子女在大学生职业动机上的差异

以是否为独生子女为自变量，大学生职业动机诸维度、职业内外部动机分问卷及职业动机总问卷的得分为因变量，进行独立样本t检验(见表15.8)。从整体上看，独生子女与非独生子女在职业动机上差异不显著，在职业内部动机分问卷上差异也不显著，但在职业外部动机分问卷上差异显著，且非独生子女大学生职业外部动机得分显著低于独生子女大学生。对各维度上的差异进行比较，结果表明在职业内部动机的贡献利他和自主决策维度上，独生子女大学生的得分显著低于非独生子女大学生；在涉及职业外部动机的人脉关系和薪酬福利维度上，独生子女大学生的得分显著高于非独生子女大学生。

表 15.8　是否为独生子女在大学生职业动机上的差异

变量	独生子女		非独生子女		t
	M	SD	M	SD	
贡献利他	2.86	0.49	2.95	0.47	23.67^{***}
成就进取	3.25	0.43	3.27	0.44	1.45
安全稳定	3.05	0.59	3.02	0.57	2.30
审美愉悦	2.80	0.56	2.79	0.52	0.11
自主决策	2.94	0.50	2.98	0.51	5.61^{*}
专长发挥	2.97	0.53	2.94	0.51	1.87
人脉关系	2.48	0.51	2.39	0.52	19.79^{***}
职业声望	2.61	0.49	2.60	0.49	0.18
薪酬福利	3.14	0.45	3.09	0.45	6.93^{**}
领导	3.11	0.42	3.12	0.45	0.33
职业发展	3.22	0.47	3.24	0.48	0.77
职业内部动机	2.97	0.34	2.99	0.33	2.99
职业外部动机	2.89	0.32	2.86	0.33	4.87^{*}
职业动机总分	2.93	0.30	2.93	0.30	0.05

注：$p^{*} < 0.05$，$p^{**} < 0.01$，$p^{***} < 0.001$。

5.大学生职业动机的家庭居住地差异

以家庭居住地为自变量，大学生职业动机各维度、职业内外部动机分问卷及职业动机总问卷的得分为因变量，进行方差分析（见表15.9）。从整体上看，除了职业内部动机的家庭居住地差异不显著外，在职业动机总问卷和职业外部动机分问卷上大学生的家庭居住地差异都极其显著，来自城市和乡镇的学生的得分极显著高于来自农村的学生。对各维度的检验结果显示，除了成就进取和自主决策维度外，家庭居住地差异在其余维度上差异显著；在职业外部动机各维度上，来自农村的学生的得分都显著低于来自城市和乡镇的学生，但在贡献利他维度上，来自农村的学生的得分显著高于来自城市的学生。

表 15.9 大学生职业动机的家庭居住地差异

变量	1城市		2乡镇		3农村		F	事后检验
	M	SD	M	SD	M	SD		
贡献利他	2.88	0.49	2.91	0.46	2.94	0.48	4.29^{*}	3>1
成就进取	3.29	0.43	3.25	0.43	3.26	0.44	2.13	
安全稳定	3.03	0.58	3.08	0.58	3.00	0.58	3.67^{*}	2>3
审美愉悦	2.82	0.58	2.83	0.52	2.74	0.50	7.36^{**}	1>3;2>3
自主决策	2.97	0.51	2.98	0.51	2.96	0.51	0.32	
专长发挥	3.02	0.53	2.94	0.51	2.92	0.52	9.08^{***}	1>2;1>3
人脉关系	2.49	0.52	2.48	0.51	2.35	0.52	23.52^{***}	1>3;2>3
职业声望	2.66	0.49	2.66	0.49	2.53	0.49	25.09^{***}	1>3;2>3
薪酬福利	3.16	0.45	3.15	0.44	3.06	0.46	15.11^{***}	1>3;2>3
领导	3.15	0.44	3.13	0.43	3.09	0.43	4.29^{*}	1>3
职业发展	3.28	0.47	3.24	0.48	3.19	0.48	7.74^{***}	1>3
职业内部动机	3.00	0.34	2.99	0.34	2.97	0.33	1.29	
职业外部动机	2.92	0.32	2.90	0.32	2.81	0.32	31.80^{***}	1>3;2>3
职业动机总分	2.96	0.30	2.95	0.30	2.89	0.29	13.72^{***}	1>3;2>3

注：$p^{*} < 0.05$，$p^{**} < 0.01$，$p^{***} < 0.001$。

四、讨论

从总体上看，我国大学生的职业内部动机稍强于职业外部动机。各维度得分从高到低排列依次为：成就进取＞职业发展＞领导＞薪酬福利＞安全稳定＞自主决策＞专长发挥＞贡献利他＞审美愉悦＞职业声望＞人脉关系。由此可见，大学生职业动机发展是不平衡的。成就进取和职业发展维度的得分显著高于其他维度的得分，说明当代大学生在就业时更重视自身潜能的发挥和自身价值的实现，以及职业发展前景、职位发展潜力这些因素。此外，大学生对工作团队、优厚的薪酬福利以及工作稳定性的重视程度也较高。这些结果与以往研究结果一致。[①]当今社会竞争激烈，大学生希望能够谋得一份既能施展才华又有良好前景的职业，并且对于薪酬及工作稳定性的要求也较高，因为这样一份工作是他们在社会中站稳脚跟的保证。上述职业心理特征充分体现出现实社会对当代大学生职业心理及行为的深刻影响。

对大学生职业动机的性别差异分析表明，在职业内部动机上，女生比男生表现出更强的贡献利他动机，更重视职业的安全稳定，更青睐有保障的工作。在职业外部动机上，女生也比男生更重视职业的工资福利等因素。造成这种现象可能是由于虽然现代社会倡导男女平等，但在真实的求职过程中女生可能还是受到了很多限制。此外，女生对安

① 李晶：《大学生择业问题与择业教育》，南京：南京师范大学硕士学位论文，2003年。

全感的需要也驱使其倾向于从事稳定的职业。安全稳定的职业需要有一定的薪酬作为保障,因而女生在薪酬福利维度上的得分显著高于男生是可以理解的。在贡献利他维度上,女生的均值得分同样显著高于男生,这可能与女生更向往"信仰型"职业有关①,也与女生更善于与人沟通交往和关注他人、帮助他人有关。

在年级差异上,总体来看,大学生职业动机随年级升高而增强。从大一到大三,个体的职业动机缓慢增强,然后到四年级迅速增强并达到高峰。这是由于大四学生求职就业迫在眉睫,现实情境激发了他们的职业动机。从分问卷上看,大三学生职业内部动机得分最低,大四出现骤增,并处于大学阶段的最高点。从具体维度上看,研究结果表明毕业生在就业择业时表现出了服务他人、回报社会的职业心理特点以及渴望发挥自身潜能、证明自身价值的愿望。成就进取动机随着年级的增长而逐步减弱,在三年级达到最低水平,但在四年级则有所回升,这可能是由于从大一至大三,学业任务逐步加重,大学生需要将精力集中在学业上,学生的成就动机主要表现在学业上,而大四学生的主要任务即是就业,因此表现出较高的成就进取动机。人脉关系和职业声望两个维度的得分在大学高年级和低年级之间的差异极其显著,这表明大学生随着社会化程度的增加,所受到的社会现实因素的影响越来越大,对职业声望及具有中国特色的人脉关系因素越发重视。

同时,本研究结果表明独生子女更重视工作的薪酬福利,独生子女与非独生子女在职业外部动机分问卷上差异显著。诸维度上的差异比较结果显示,在贡献利他和自主决策维度上,独生子女大学生的得分显著低于非独生子女大学生,在人脉关系和薪酬福利维度上,独生子女大学生的得分显著高于非独生子女大学生。上述差异可能是由于独生子女往往受到父母和其他长辈的溺爱,容易形成自我中心的特点,较为依赖家人,较少自己做出决断。此外,相较于农村家庭而言,城市家庭中独生子女比例更高,因此,人脉关系及薪酬福利因素的价值在城市中可能更加突出。

在家庭居住地差异上,职业动机总问卷和职业外部动机分问卷上大学生的家庭居住地差异均极其显著,农村来源大学生在职业外部动机上显著低于城市和乡镇来源大学生,其原因可能是城市和乡镇在职业分工方面比农村要复杂,职业外部动机中的因素的作用在城市及乡镇更加凸显,因而不同来源大学生会受自己生活环境的影响,表现出不同的职业外部动机水平。在贡献利他维度上农村来源大学生的得分显著高于城市来源

① 阴国恩,戴斌荣,金东贤:《大学生职业选择和职业价值观的调查研究》,《心理发展与教育》2000年第4期,第38~43页。

大学生,其原因可能是城市来源大学生受个人主义思想的影响较多,更可能将自己的利益置于最高级。

附录

大学生职业动机问卷

指导语:请仔细阅读下列题项,并根据自己的实际情况选择对应的选项。

题 项	选项			
	很不符合	不太符合	比较符合	十分符合
1.领导的人品比他的学识和能力更重要	1	2	3	4
2.工作中能发挥自己的艺术才能	1	2	3	4
3.该工作有利于我实现理想和抱负	1	2	3	4
4.我喜欢选择具有奉献性的工作	1	2	3	4
5.我喜欢从事与艺术相关或能接触到艺术的工作	1	2	3	4
6.工作中有自己负责的工作内容或工作范围	1	2	3	4
7.在找工作时,我很重视该工作单位的发展潜力如何	1	2	3	4
8.在找工作时,我很重视该职业的发展前景如何	1	2	3	4
9.我喜欢从事直接为他人服务的工作	1	2	3	4
10.工作中能自行确定目标	1	2	3	4
11.我可以自己安排工作进度	1	2	3	4
12.可以按照自己的方式工作,独立处理事情	1	2	3	4
13.我很重视工作城市是否有利于我获取和利用与该职业相关的信息和资源	1	2	3	4
14.我更倾向于到有人脉关系的单位应聘	1	2	3	4
15.我喜欢从事充满美感的工作	1	2	3	4
16.我很重视企业是否给员工提供各种发展、再教育的机会	1	2	3	4
17.我的工作能给自己或他人带来美的享受	1	2	3	4
18.对我来说,工作单位的薪酬水平和福利条件同等重要	1	2	3	4
19.找工作时,能力和关系同等重要,缺一不可	1	2	3	4
20.工作中我能经常学习新知识	1	2	3	4
21.工作本身能满足我追求美的东西的需要	1	2	3	4
22.稳定的工作,足以使我过安稳的生活	1	2	3	4
23.上司对下属的领导方式会影响到我是否到此单位工作	1	2	3	4
24.从事这一职业能促进自身潜能的发挥	1	2	3	4
25.我只选择到在其业务领域内声望较高的单位应聘	1	2	3	4
26.工作单位能提供养老/失业/医疗保险等方面的福利	1	2	3	4
27.工作有保障,不会轻易失业	1	2	3	4
28.应聘单位和父母的工作单位存在一定人脉关系	1	2	3	4
29.从事这一职业能使我享有较高的社会地位	1	2	3	4
30.我决不会到实力不强的单位工作	1	2	3	4

续表

题项	选项			
	很不符合	不太符合	比较符合	十分符合
31. 该工作有利于我积累经验	1	2	3	4
32. 该企业的企业文化也是影响我择业的重要因素	1	2	3	4
33. 工作要与我的个性特点相符	1	2	3	4
34. 我的综合能力适合从事此项工作	1	2	3	4
35. 我希望自己从事的工作能给他人带来直接的帮助	1	2	3	4
36. 我只需要选择一份稳定的工作，不用整天担心失业	1	2	3	4
37. 我希望能到沿海城市工作	1	2	3	4
38. 我更看重父母朋友或亲戚安排介绍的工作机会	1	2	3	4
39. 我只选择自己感兴趣的职业	1	2	3	4
40. 工作本身能让我为社会做出更多贡献、更多地对社会负责	1	2	3	4
41. 该工作能给我带来丰厚的经济收入	1	2	3	4
42. 我会选择工作地点就在家乡或离家乡不远的工作单位	1	2	3	4
43. 我很看重工作单位的知名度	1	2	3	4
44. 在找工作时，我很看重应聘单位上司对下属的态度	1	2	3	4
45. 通过从事这一职业，我能直接对他人产生有益的影响	1	2	3	4
46. 工作单位能提供解决基本住房问题的福利	1	2	3	4
47. 我会尽可能地到有熟人或亲人的地方工作，以便得到尽可能多的帮助	1	2	3	4
48. 在找工作时，领导对下属是否存在偏见和歧视对我来说很重要	1	2	3	4
49. 从事这一职业，我能直接为大众的利益尽一份力	1	2	3	4
50. 如果自己解决住房问题，那么单位最好能有相应的经济补贴	1	2	3	4

第十六章

大学生职业决策困难结构及特点

对于正处于职业探索期的大学生而言，进行职业决策时面临的压力逐渐增大，职业决策困难的现象日益普遍。一方面，源于我国高校扩招热度不减，高等教育就业制度也从毕业分配完全过渡到了自主择业和双向选择，面临激烈社会竞争的大学生较难在多样化职业中做出果断抉择。另一方面，大学生正处于职业选择和职业定向的初步阶段，处于职业生涯发展的关键期，合理的职业抉择对于其未来发展十分重要。因此，对大学生职业决策困难进行研究，探索大学生职业决策困难的特点，既能为我国高校招生就业政策的制订提供科学依据，也能为有针对性地开展大学生职业生涯辅导提供实证支持。

第一节 研究概述

一、职业决策困难的概念

目前,研究者关于职业决策困难概念的讨论较为丰富,其中较有代表性的界定如下:克赖茨(Crites)认为,职业决策困难是个体无能力挑选或是承诺于一个特殊的、即将准备或进入的特定职业的行动过程①;伯尔茨(Krumboltz)指出,职业决策困难的实质是对决策不满意,或与职业相关的学习经验不够,或个体还没有学会或运用一套做职业决策的系统方法所导致的一种决策状态,决策困难主要是没有学会某种学习经验的自然结果②;还有研究者认为,职业决策困难表示个体在特定的时间里,无能力做出一个特定的决策③;加蒂(Gati)认为,职业决策困难是指个体在做出职业决策过程中可能遇到的各种难题,这些难题主要从两个方面影响决策者行为,即阻碍个人做决策或所做的决策不是最优决策④;龙立荣等人认为,职业决策困难是个人在职业选择(进入阶段或职业改变)过程中,面临最后决策时,不知道要从事什么职业或从几个职业中挑选一个时发生的困难⑤。

综观已有研究,虽然众多学者对职业决策困难的界定不完全一致,但存在一些共识:(1)职业决策困难通常是决策者在整个职业决策过程中所遇到的问题,它是导致职业决策未定向的原因。(2)由于研究对象不同,职业选择一般有两种情况,一是大学毕业生所面临的初次职业选择,二是在职人员变换职业时面临的再次职业选择。在校大学生正处

---

① Phillips, S. D., Pazienza, N. J. *History and theory of the assessment of career development and decision making.* New York: Routledge, 1988.

② Phillips, S. D., Pazienza, N. J. *History and theory of the assessment of career development and decision making.* New York: Routledge, 1988.

③ Corsini, R. J., Ozaki, B. D. *Encyclopedia of psychology.* New York: John Wiley & Sons, 1984.

④ Gati, I. Krausz, M., & Osipow, S.H. "A taxonomy of difficulties in career decision making", *Journal of Counseling Pychology,* vol.43, no.4(1996),pp.510-526.

⑤ 龙立荣,彭永新:《国外职业决策困难研究及其启示》,《人类工效学》2000年第4期,第45-49页。

于职业探索期,他们的职业决策困难主要是在职业进入期遇到的各种困难,而在职人员主要是在更换职业时即职业改变阶段遇到的困难,二者的侧重点不同,遇到的具体困难和呈现的特点也不同。(3)职业决策困难是指向目标"完成职业选择"的当前阶段的具体情况,是在职业选择过程中发生的具体事件,它会伴随着职业决策的完成而结束。

基于对职业决策困难的概念分析及对已有研究的述评,本研究将大学生职业决策困难界定为:处在职业探索期的大学生在职业选择过程中遇到的各种困难,主要体现为准备性不足、信息探索不充分和存在多方面矛盾冲突三方面。其中,准备性不足指的是大学生在进入职业探索阶段,尤其是职业决策前所做的准备性工作不够,具体表现为缺乏职业生涯规划的意识和行动,某些不合理信念对决策造成干扰,等等。信息探索不充分指的是大学生在职业决策过程中需要了解多方面信息,包括关于自我的、职业的和社会环境的信息以及如何获取这些信息。若掌握信息不足,可能阻碍职业决策的进行或者不能做出最优化职业决策,导致决策困难。多方面冲突矛盾指的是大学生在职业决策过程中,不仅要探索信息、搜集资料,还要对信息、资料进行分析和匹配,在这个过程中难免会出现信息不一致。当个体的某些特征与相关职业特征不一致时,可能会造成个体的内部冲突;当周围环境要求与自我期待不一致或社会环境提供的信息资料不一致时,可能会产生外部冲突;因担心信息不全面或对未来充满焦虑而不敢做决定等带来情绪上的不适,这些冲突矛盾都可能造成决策困难。综上,与已有研究对职业决策困难的定义相比,本研究的概念更全面地概括了大学生职业决策困难类型,在内容上考虑了情感因素的作用。

二、职业决策困难的结构

职业决策困难维度结构的研究经历了从探索性分析到综合性建构的发展过程:在研究早期阶段,研究者主要通过来自职业咨询和辅导的实践经验和探索性分析来确定职业决策困难的结构和维度。因此,测量工具的编制也是自下而上进行。其中,奥斯普(Osipow)修编的职业决策量表(Career Decision Scale,CDS)[①]和沙特朗(Chartrand)等编制的职业因素问卷(Career Factors Inventory,CFI)[②]较具代表性。从20世纪90年代后期开始,研究者从单纯关注职业决策困难的分类转向以决策理论为基础,从决策过程出发

① Osipow, S.H., Gati, I. "Construct and concurrent validity of the career decision-making difficulties questionnaire", *Journal of Career Assessment*, vol. 6, no. 3 (1998), pp.347-364.

② Chartrand, J. M., Robbins, S. B., & Morrill, W. H., et al. "Development and validation of the career factors inventory", *Journal of Counseling Psychology*, vol.37, no. 4 (1990), pp.491-501.

建构关于职业决策困难的结构框架，并对其进行检验以确定职业决策困难构成维度，如加蒂的理论观点和测量工具就属于这种研究取向。加蒂以决策理论中“理想职业决策者”模型为基础修编出职业决策困难量问卷（Career Decision-making Difficulty Questionnaire，CDDQ），认为职业决策困难由缺乏准备、缺乏信息、不一致信息三个维度构成。[①]有研究者以期待效用理论为基础，将选择、目标、各种后果和后果特征这四种决策的基本元素综合考虑，提出了三个职业决策困难维度，分别是缺乏信息、价值问题和对后果的不确定。[②]然而，研究者们主要关注决策困难的认知方面，极少涉及情感因素。随着研究的深入，对职业决策困难的研究逐渐从最初单一的认知取向、而后的认知—情绪取向逐渐过渡到将认知、情绪、能力和人格等因素整合在一起的综合研究取向，从而使得研究者对职业决策困难的认识越来越深入。

三、职业决策困难的测量

（一）国内对职业决策困难的测量

沈雪萍翻译并修编了职业决策困难问卷，修编后的问卷结构良好，具有良好的信效度指标，可用来探讨中国文化背景下大学生的职业决策困难。[③]李西营对职业决策困难问卷简版进行了编译和试用，形成了《大学生职业决策困难问卷》，共3个分量表11个因子、36个题项（见图16.1），研究表明该问卷具有较好的信效度。[④]杜睿也对职业决策困难问卷进行了修编并以大四学生为被试进行试用。保留22个题项，包括7类职业决策困难，分别是犹豫不决、缺乏决策过程知识、缺乏对职业自我的了解、缺乏职业信息、不可靠信息、内部冲突和外部冲突，问卷信效度尚可，通过聚类分析发现职业决策困难的结构与国外研究结果相比有所区别。[⑤]

---

① Gati, I., Krausz, M., Osipow, S.H. “A taxonomy of difficulties in career decision making”, *Journal of Counseling Psychology,* vol.43, no.4（1996）,pp.510-526.

② Germeijs, V., De Boeck, P. “A measurement scale for indecisiveness and its relationship to career in decision and other types of in decision”, *European Journal of Psychological Assessment*, vol.18, no.2(2002), pp.113-122.

③ 沈雪萍：《大学生职业决策困难的测量及干预研究》，南京：南京师范大学硕士学位论文，2005年。

④ 李西营：《大学生职业决策困难的特点及其影响因素研究》，重庆：西南大学硕士学位论文，2006年。

⑤ 杜睿：《大学生职业决策困难的研究》，武汉：华中师范大学硕士学位论文，2006年。

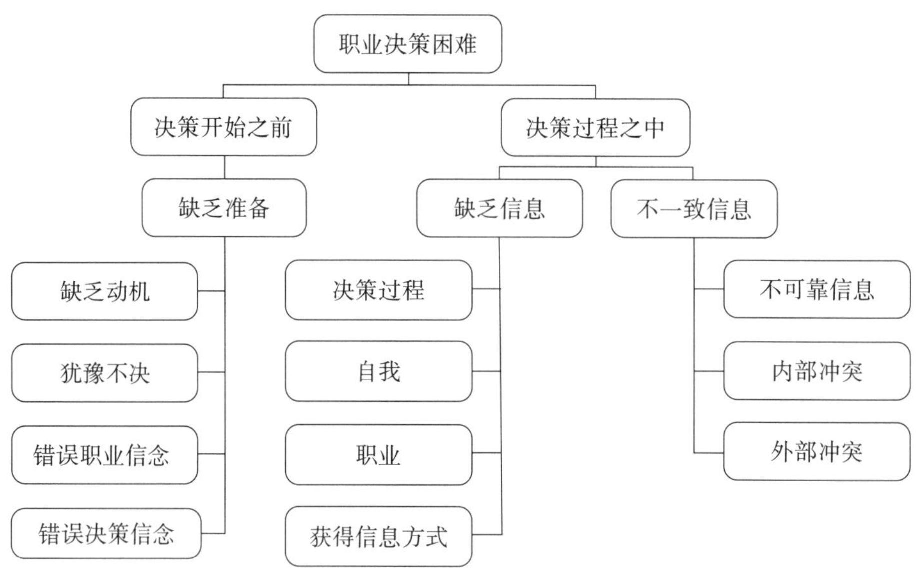

图16.1 编译的大学生职业决策困难理论模型

(二)国外对职业决策困难的测量

1.职业决策量表(CDS)

奥斯普以自下而上的方法编制了职业决策量表。[①]其基本思想是从了解个人对职业和专业的确定性程度入手,然后了解干扰个人职业决策的因素。该量表能够针对难以进行专业、职业决策的学生,了解其主要困扰因素,通过辅导等来帮助他们做出科学合理的决策。已有研究表明,该量表具有较好的信效度。

2.职业因素问卷(CFI)

该问卷由沙特朗等于1990年编制。沙特朗等提出信息和情感因素的交互作用会阻碍或促进职业决策,该问卷包括四个维度:对职业信息的需求、对自我知识的需要、职业选择焦虑和一般性犹豫不决。[②]与职业决策量表(CDS)相比,该问卷能更精确地诊断出个体所面临的职业决策困难,对于职业辅导干预工作的效果检验也更有效。

3.职业决策困难问卷(CDDQ)

该问卷共有四个版本,分别是原版、中学版、网络版和简版。最初版本由美国心理学家奥斯普和以色列心理学家加蒂于1996年合作编制而成,适用于刚开始进行职业决策的成人(包括在校大学生)。该问卷包括缺乏准备、缺乏信息和不一致信息三个维度,合计

---

① Osipow, S., Gati, I. "Construct and concurrent validity of the career decision-making difficulties questionnaire", *Journal of Career Assessment*, vol. 6, no. 3 (1998), pp347-364.

② Chartrand, J. M., Robbins, S. B., & Morrill, W. H., et al. "Development and validation of the career factors inventory", *Journal of Counseling Psychology*, vol.37, no. 4 (1990), pp.491-501.

10个维度44个题项(见图16.2)。研究表明,该问卷具有良好的结构效度。①最初版本经过修编,适用于中学生(称为中学版);加蒂之后对职业决策困难问卷再次进行修编,使之适用于网络施测(称为网络版)。目前最新版本由34个题项构成(称为简版),信度和效度与原版基本一致。②

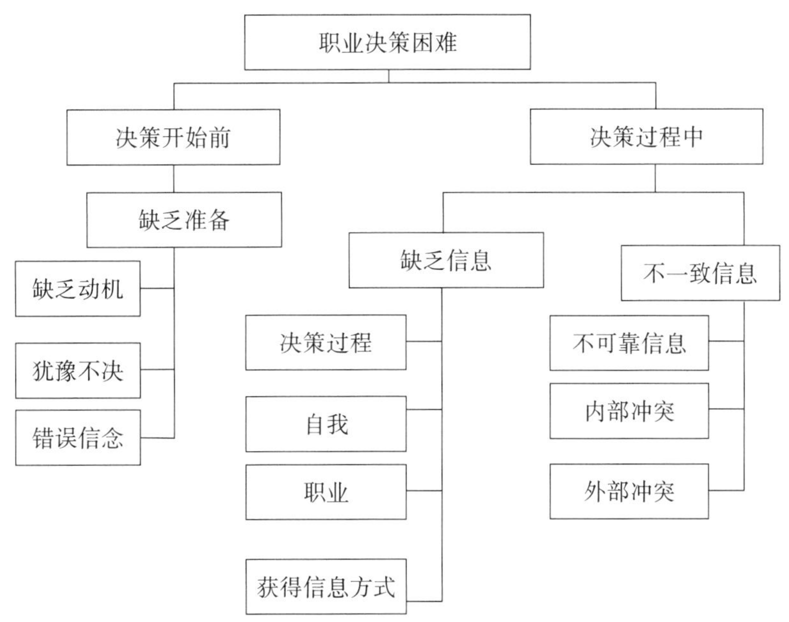

图16.2　职业决策困难理论模式图

四、已有研究存在的不足

首先,职业决策困难既属于职业心理学领域的内容,又属于决策理论领域的内容,其研究是一种交叉学科的研究。但在已有的研究中,研究者较少综合运用各学科的研究方法对其进行交叉研究。其次,研究内容缺乏全面性。已有研究注重职业决策困难中认知因素的研究,却忽略了情感性、人格特质等因素。再者,研究工具缺乏科学性。国外研究者编制了不少有关职业决策困难的测量工具,但这些测量工具存在一些不足,如奥斯普从经验出发编制的职业决策量表缺乏理论指导,较难做理论概括,另一些从理论角度出发的研究缺乏自下而上的验证。国内对该领域的研究起步较晚,大学生职业决策困难测量工具多是借鉴或者编译国外的,本土化水平不够高。最后,研究对象缺乏代表性。以

① Gati, I., Saka, N. "High school students' career-related decision-making difficulties", *Journal of Counseling end development*, vol. 79, no.3(2001), pp.331-340.

② Gati, I.,Saka,N."Internet-based versus paper-and-pencil assessment: Measuring career decision-making difficulties", *Journal of Career Assessment*, vol.9, no.4 (2001), pp.397-416.

往研究中，被试多是来自局部地区，至今尚未在全国范围内抽样，同时也并未涉及重点院校、普通院校和专科院校大学生的样本的研究。

本研究将在李西营修编的《大学生职业决策困难问卷》为蓝本，该问卷在中国具有一定的适用性，是建立在理论与经验相结合的理论模型之上，其理论构想有一定的跨文化性，且在一定程度上适用于中国当代大学生。然而，该问卷也存在一些不完善的地方。具体表现为，研究者在编译原版问卷基础上，直接对中国大学生进行施测，根据作答情况来验证职业决策困难的维度结构，而没有进一步结合中国的社会文化特点。同时，已有研究发现职业决策过程中的情绪不适，尤其是焦虑在很大程度上影响着职业决策，但该问卷却并未涉及。此外，该问卷个别维度的信效度偏低，例如缺乏准备分问卷各因子的同质信度都在0.5以下，结构效度也有待调整和提高。综上，本研究采用自上而下与自下而上相结合的方式，对李西营初步修编的《大学生职业决策困难问卷》进行进一步的修订，进而完善大学生职业决策困难的测量工具。

五、研究设计

（一）研究目的

以李西营所编译的《大学生职业决策困难问卷》为蓝本，修编适用于中国文化背景下《大学生职业决策困难问卷》，同时考察我国大学生职业决策困难的特点。

（二）研究构想

本研究以大学生为被试，考察其职业决策困难的结构及现状特点。(1)以李西营所编译的《大学生职业决策困难问卷》为基础，修编《大学生职业决策困难问卷》。(2)使用修编后的《大学生职业决策困难问卷》进行测试，修编初始问卷。(3)使用《大学生职业决策困难问卷》正式问卷进行测试，考察大学生职业决策困难的现状特点。

第二节　大学生职业决策困难的理论构想与问卷修编

一、研究目的

本研究以李西营初步修编的《大学生职业决策困难问卷》为基础，以我国在校大学生为研究对象，旨在进一步修订更加科学有效的大学生职业决策困难测评工具。

二、大学生职业决策困难的理论构想

鉴于本研究对大学生职业决策困难的界定，结合已有的研究成果，遵循加蒂理论与经验相结合的理论模型和开放式问卷调查结果，构建中国大学生职业决策困难问卷的维度结构（见表16.1）。大学生职业决策困难包括三个方面，缺乏准备、信息资料探索不充分和蕴含决策过程的多方面冲突矛盾，这三个方面又可以具体细分为十类困难，例如缺乏明确的职业生涯规划、不合理信念的干扰等。

表16.1　大学生职业决策困难的理论构想

一阶	二阶	三阶
大学生职业决策困难	缺乏准备	缺乏明确的职业生涯规划
		不合理信念的干扰
		犹豫不决
	信息资料探索不充分	职业信息不足
		自我信息不足
		有关社会环境信息资料不足
		获取信息的渠道不足
	冲突矛盾	内部冲突
		外部冲突
		情绪不适

三、大学生职业决策困难的问卷修编

（一）研究方法

1.被试

样本1：在我国西部地区选取5所本科院校，采用随机抽样的方法，对修编的《大学生职业决策困难问卷Ⅰ》展开施测。共发放问卷620份，收回有效问卷598份，问卷有效率96.45%。其中男生292人，女生306人；大一128人，大二95人，大三214人，大四161人。

样本2：在我国华北、华中、华南、西南和西北五个区域选取10所本科院校，采用随机抽样的方法，使用修订后的《大学生职业决策困难问卷Ⅱ》展开施测。共发放问卷2500份，收回有效问卷2056份，问卷有效率82.24%。其中男生902人，女生1154人；大一801人，大二502人，大三529人，大四224人。

2.工具

以李西营所编译的《大学生职业决策困难问卷》为基础，采用修订的《大学生职业决策困难问卷Ⅰ》进行第一次项目分析和探索性因素分析；使用《大学生职业决策困难问卷Ⅱ》进行第二次项目分析和探索性因素分析；使用《大学生职业决策困难问卷》进行验证性因素分析以及信效度检验。以上三个问卷均采用Likert 5点计分。

3.程序

本研究以李西营修编的《大学生职业决策困难问卷》和加蒂编制的职业决策困难问卷为蓝本。首先将加蒂的职业决策困难问卷翻译成中文,然后请英语专业研究生对照原文进行检查,请心理学专业和汉语言文学专业的研究生进行语言上的完善。接着分析李西营编译过的问卷并把它与本研究中翻译的加蒂的问卷进行对照,比较中英文版本问卷的不同。

在此基础上,抽取60名重庆市某高校学生进行开放式问卷调查,大一至大四每个年级15人;同时,对8名在校大学生和2名即将本科毕业的学生进行访谈。开放式问卷调查含四个问题,分别是:(1)你是否已经开始考虑未来的职业,都为之做了哪些准备?(2)你觉得大学生在进行职业选择时一般会遇到哪些困难?(请尽量列举)(3)你认为当前大学生最大的职业决策困难是什么?(4)需要做重要决策时,你的情绪会阻碍你的决策进程吗? 主要有哪些情绪?(请一一说明)。访谈内容则围绕职业选择展开,具体包括可能遇到或者已经遇到的职业决策困难的表现和原因。

基于对原问卷和开放式问卷调查与访谈结果的分析,本研究发现,中国大学生的求职动机比较强烈,对如何做职业决策比较清楚,不足之处在于其职业规划意识不强,对职业生涯规划没有准备,对社会环境资料信息掌握得不够。加蒂和奥斯普认为准备不足和冲突属于个人情感方面的困难[①],但已有文献指出,职业决策困难量表只重点强调认知因素而忽视情感因素,特别是焦虑因素[②]。访谈发现情绪不适会影响大学生职业决策,不能妥善处理此过程中的不适情绪也是职业决策困难的表现。因此本次修编工作考虑了职业生涯规划、社会环境资料信息和情绪不适的影响。开放式调查发现,大学生并不缺乏对做决策的知识和步骤的了解。因此,初测问卷中删掉了原问卷缺乏动机、不一致信息和决策过程知识下面相应的题项。此外,本研究还对职业生涯规划性、社会环境资料的掌握和情绪不适进行界定并添加相应题项。综上,本研究编制了包含69个题项的初始问卷《大学生职业决策困难问卷Ⅰ》。

---

① Gati, I., Osipow, S. H. “Validity of the career difficulties decision-making questionnaire: Counselee versus career counselor perceptions”, *Journal of Vocational Behavior*, vol. 56, no.1(2000), pp.99-113.

② Hawkins, J. G., Bradley, R., White, G. W. “Anxiety and the process of deciding about a major and vocation”, *Journal of Counseling Psychology*, vol. 24 ,no.5(1977), pp.398-403.

表16.2　大学生职业决策困难维度结构表

<table>
<tr><th>维度</th><th>具体因子</th><th>题项数</th><th>含 义</th></tr>
<tr><td rowspan="3">缺乏准备</td><td>不合理的信念</td><td>8题</td><td>对现存职业存在歪曲的认识，对要选择的职业抱有非理性的期望以及在职业选择中表现出的思维定式等</td></tr>
<tr><td>缺乏职业生涯规划</td><td>8题</td><td>职业生涯规划意识淡薄，缺乏对自我科学定位和对职业大环境的提前思考，对职业目标和方向没有深入的思考，对未来职业行动方案没有任何打算</td></tr>
<tr><td>犹豫不决</td><td>4题</td><td>个体具有优柔寡断的人格特质，导致面临职业或职业决策时左右不定，阻碍个体做出适当的职业选择，从而错过做出决策的最佳时机</td></tr>
<tr><td rowspan="4">信息探索困难</td><td>职业信息不足</td><td>5题</td><td>对职业相关的信息资料，包括相关制度、工薪待遇、知识技能要求以及培训进修、发展潜力等了解不够或认识模糊不清</td></tr>
<tr><td>自我信息不足</td><td>8题</td><td>对职业自我了解不清晰，包括对职业兴趣（我想做什么）、自我能力（我能做什么）、自我职业要求（我对职业的要求是什么）、职业期望（我期望的职业是什么）等资料了解不清楚</td></tr>
<tr><td>社会环境信息不足</td><td>6题</td><td>对社会环境情况缺乏客观正确的认识和评估，包括对做选择有影响作用的环境因素，如近些年来的就业市场专业结构情况和发展趋势等，社会对专业、人才要求等的发展趋势</td></tr>
<tr><td>信息获取渠道不足</td><td>7题</td><td>不了解通过哪些途径来获得有关的就业信息、招聘相关要求和获得一定帮助等（如职业咨询服务机构、职业信息中心），以使决策过程更为顺利</td></tr>
<tr><td rowspan="3">冲突矛盾</td><td>内部冲突</td><td>7题</td><td>有关自身信息与职业信息之间的不一致或矛盾情况，包括个体自身特征与个人职业倾向之间的矛盾、个人能力与职业要求之间的冲突、职业前景与个人期望之间存在的矛盾</td></tr>
<tr><td>外部冲突</td><td>8题</td><td>除自我特征信息之外的信息资源之间存在不一致，包括自己的决策想法和重要他人的不一致、重要他人之间意见不一致、社会赞许或社会偏见与个人想法冲突等</td></tr>
<tr><td>情绪不适</td><td>8题</td><td>在信息搜集和做出决策的整个过程中，个体都会伴随种种不舒适情感，包括搜集信息或面临众多信息时的失控感，要做决策时害怕所掌握的信息不足、信息失真等的担忧感，害怕错失最佳职业机会的懊悔感，等等</td></tr>
</table>

对《大学生职业决策困难问卷Ⅰ》进行第一次预测，对问卷进行项目分析和探索性因素分析，统计分析结果显示问卷的指标不够理想，故对题项进行修编，形成包含43个题项的《大学生职业决策困难问卷Ⅱ》。接着，对《大学生职业决策困难问卷Ⅱ》进行项目分析和探索性因素分析，形成包含35个题项的《大学生职业决策困难问卷》，即正式问卷（见附录）。最后，对《大学生职业决策困难问卷》进行验证性因素分析以及信效度检验。

4.统计分析

本研究使用SPSS和AMOS统计软件进行数据的整理和分析，主要包括描述性统计、因素分析以及相关分析等。

（二）研究结果

1.《大学生职业决策困难问卷Ⅰ》的数据分析结果

对《大学生职业决策困难问卷Ⅰ》数据进行项目分析，将被试总分按递增排序，选取得分最高的前27%的学生作为高分组，得分最低的后27%的学生作为低分组，进行独立样本t检验。结果表明，有两个题项的高低分组结果不显著，予以删除。对剩余的67个题项进行题总相关分析，将鉴别力指数小于0.2的4道题（第1、3、13、16题）删除，同时对鉴别力指数小于0.4的题目进行优化。保留与所属因子相关较高，同时与非所属因子相关较低的项目。对项目分析后保留的63个题项按分量表逐一进行探索性因素分析。

缺乏准备分量表的探索性因素分析结果显示，KMO系数为0.81，巴特利特球形检验的卡方值为1226.11（$p<0.001$），表明该样本适合进行因素分析。采用主成分分析法，对缺乏准备分问卷的15个题项进行探索性因素分析，采用直接斜交旋转转轴法，提取了3个因素（见表16.3）。

表16.3 《大学生职业决策困难问卷Ⅰ（缺乏准备）》因素分析结果

题项	F1	F2	F3	共同度
T15	0.76			0.58
T17	0.74			0.57
T57	0.67			0.50
T42		0.68		0.52
T35		0.65		0.41
T56		0.63		0.42
T44			0.62	0.47
T41			0.62	0.43
T31			0.61	0.52
T51			0.58	0.46
T5			0.44	0.38
特征值	3.27	1.64	1.24	累计解释变异
解释变异量（%）	21.82	10.92	8.27	41.01

信息探索分量表的探索性因素分析结果显示，KMO系数为0.90，巴特利特球形检验的卡方值为2006.15（$p<0.001$），表明该样本适合进行因素分析。采用主成分分析法，对信息探索分问卷的26个题项进行探索性因素分析，采用直接斜交旋转转轴法，提取了4个因素（见表16.4）。

表16.4 《大学生职业决策困难问卷Ⅰ（信息探索）》因素分析结果

题项	F1	F2	F3	F4	共同度
T21	0.71				0.54
T25	0.66				0.60
T23	0.64				0.54
T64	0.55				0.51
T8		−0.70			0.56
T46		−0.69			0.59
T43		−0.60			0.52
T12			0.81		0.63

续表

题项	F1	F2	F3	F4	共同度
T28			0.58		0.59
T38			0.50		0.40
T30			0.45		0.44
T37				−0.71	0.57
T39				−0.70	0.54
T36				−0.70	0.57
特征值	4.79	1.19	1.05	1.00	累计解释变异
解释变异量(%)	31.91	7.91	6.97	6.67	53.46

矛盾冲突分量表的探索性因素分析结果显示，KMO系数为0.83，巴特利特球形检验的卡方值为1674.03($p<0.001$)，表明该样本适合进行因素分析。采用主成分分析法，对矛盾冲突分问卷的22个题项进行探索性因素分析，采用直接斜交旋转转轴法，提取了3个因素(见表16.5)。

表16.5 《大学生职业决策困难问卷Ⅰ(矛盾冲突)》因素分析结果

题项	F1	F2	F3	共同度
T65	0.71			0.50
T69	0.64			0.43
T45	0.62			0.36
T22	0.60			0.37
T67	0.58			0.43
T63	0.57			0.46
T66	0.56			0.35
T59		0.82		0.67
T60		0.73		0.53
T61		0.60		0.38
T58		0.57		0.40
T4		0.51		0.30
T54			0.74	0.53
T52			0.65	0.47
T19			0.60	0.39
T50			0.51	0.35
特征值	3.65	2.06	1.18	累计解释变异
解释变异率(%)	22.82	12.87	7.37	43.06

综上，通过项目分析和探索性因素分析，剔除掉不符合要求的题项，并因个别维度题项较少而适当补充了题项，最后获得包含43个题项的《大学生职业决策困难问卷Ⅱ》。将初步修编的问卷模型和李西营修编的模型相对照(见表16.6)，总体来看本研究模型与已有模型较为相似，但在细节方面有所不同。在文献综述中提到，大多数大学生并不缺乏

求职动机，而是缺乏对职业生涯的规划，根据题项含义，将缺乏准备分量表包含的三个因子命名为：缺乏职业生涯规划、不合理信念和犹豫不决；将信息探索分量表的因子分别命名为：自我信息不足、职业信息不足、社会环境信息不足、信息获取渠道（方式）不足，将此分问卷重新命名为"信息探索困难"；在信息探索中发生冲突，主要体现在职业信息与自我信息的冲突和自我信息内部的冲突，此外还有情感上的矛盾，故根据题项含义给予因子命名：外部冲突、内部冲突和情绪不适，将此分量表重新命名为"矛盾冲突"。

表 16.6　本研究修编的量表与李西营修编量表的比较

修编量表（本研究）	编译量表（李西营）	备注
#	缺乏动机	
犹豫不决	犹豫不决	
不合理信念	错误的职业信念	开放式调查发现统一表现为不合理信念
	错误的决策信念	
缺乏明确的职业生涯规划	◎	规划是做好一件事情的前提，在准备阶段的职业生涯规划是做出理想职业决策的关键步骤
自我的信息不足	自我信息	
职业信息不足	职业信息	
获得信息的渠道不足	获得信息的方式	
相关社会环境信息不足	◎	职业是社会大环境的一部分，职业相关的社会环境因素也会影响职业决策的做出
#	决策过程知识	
#	不可靠信息	开放式调查中，学生对此因子没有相应反映
内部冲突	内部冲突	
外部冲突	外部冲突	
情绪不适	◎	面临众多的信息或者一些不确定的信息，情感上的不适（失控感、担忧、懊悔感、焦虑、紧张不安）很容易影响职业决策行为的正常进行

注：# 代表删除的因子，◎代表修编问卷过程中添加的因子。

2.《大学生职业决策困难问卷Ⅱ》的数据分析结果

分别采用独立样本 t 检验和题总相关法对数据进行项目分析。结果表明，全部题项的差异均达到了显著水平（$p<0.05$），题总相关分析结果显示所有题目鉴别力指数均在 0.2 以上，故保留全部题项。接着，对保留的全部题项按分量表逐一进行探索性因素分析。

缺乏准备分量表的探索性因素分析结果显示，KMO 系数为 0.81，巴特利特球形检验的卡方值为 1809.41（$p<0.001$），表明该样本适合进行因素分析。采用主成分分析法，对缺乏准备分问卷的 12 个题项进行探索性因素分析，采用直接斜交旋转转轴法，提取了 3 个因素并保留了全部题项（见表 16.7）。

表 16.7 《大学生职业决策困难问卷Ⅱ(缺乏准备)》因素分析结果

题项	F1	F2	F3	共同度
T1	0.83			0.60
T40	0.68			0.50
T11	0.61			0.39
T31	0.54			0.48
T21	0.50			0.42
T19		−0.80		0.62
T29		−0.76		0.62
T9		−0.70		0.56
T36			0.71	0.47
T16			0.67	0.46
T26			0.63	0.48
T6			0.40	0.39
特征值	3.11	1.42	1.24	累计解释变异
解释变异量(%)	25.88	11.85	10.33	48.06

信息探索分量表的探索性因素分析结果显示,KMO系数为0.85,巴特利特球形检验的卡方值为1985.38($p<0.001$),表明该样本适合进行因素分析。采用主成分分析法,对信息探索分问卷的17个题项进行探索性因素分析,采用直接斜交旋转转轴法,提取了4个因素并保留了12个题项(见表16.8)。

表 16.8 《大学生职业决策困难问卷Ⅱ(信息探索)》因素分析结果

题项	F1	F2	F3	F4	共同度
T43	0.76				0.62
T28	0.68				0.58
T38	0.57				0.46
T15		0.81			0.61
T35		0.72			0.56
T25		0.50			0.46
T10			0.80		0.75
T39			0.69		0.69
T20			0.57		0.46
T23				0.71	0.55
T3				0.57	0.45
T13				0.560	0.48
特征值	3.47	1.32	0.99	0.90	累积解释变异
解释变异量(%)	28.90	11.00	8.27	7.50	55.67

矛盾冲突分量表的探索性因素分析结果显示,KMO系数为0.81,巴特利特球形检验的卡方值为1295.85($p<0.001$),表明该样本适合进行因素分析。采用主成分分析法,对矛盾冲突分问卷的14个题项进行探索性因素分析,采用直接斜交旋转转轴法,提取了4个因素并保留了11个题项(见表16.9)。

表 16.9 《大学生职业决策困难问卷Ⅱ(矛盾冲突)》因素分析结果

题项	F1	F2	F3	共同度
T41	0.75			0.58
T12	0.69			0.49
T32	0.65			0.43
T22	0.56			0.32
T34		0.73		0.56
T14		0.69		0.48
T42		0.63		0.41
T2		0.63		0.46
T7			0.75	0.57
T17			0.74	0.56
T37			0.50	0.30
特征值	2.78	1.42	0.97	累积解释变异
解释变异率(%)	25.24	12.88	8.77	46.89

综上,通过项目分析和探索性因素分析,剔除掉不符合要求的题项,获得包含35个题项的《大学生职业决策困难问卷》。

3.《大学生职业决策困难问卷》的数据分析结果

对《大学生职业决策困难问卷》进行验证性因素分析。结果显示,三个分量表中,χ^2/df的值均小于3.5,RMSEA和SRMR均未超过0.05,GFI、TLI、CFI的值均在0.90以上,说明各分问卷拟合指标良好。总问卷中,χ^2/df的值均略高于3,RMSEA和SRMR均未超过0.06,GFI、TLI、CFI的值达到或接近0.90,说明总问卷的拟合指标较好。

表 16.10 《大学生职业决策困难问卷》的验证性因素分析

量表	χ^2	df	χ^2/df	RMSEA	SRMR	GFI	TLI	CFI
缺乏准备	185.12	53	3.49	0.05	0.05	0.97	0.91	0.93
信息探索	151.15	49	3.09	0.05	0.05	0.98	0.94	0.95
冲突矛盾	124.96	42	2.98	0.04	0.05	0.98	0.93	0.94
总问卷	1569.78	548	4.87	0.04	0.06	0.91	0.86	0.86

对《大学生职业决策困难问卷》进行信效度检验。采用内部一致性信度和分半信度作为《大学生职业决策困难问卷》的信度指标。结果显示,总问卷的内部一致性信度为0.92,分半信度为0.91,各分量表的内部一致性系数在0.84~0.86,分半信度在0.90~0.91,表明本问卷信度良好。

采用结构效度作为大学生职业决策困难问卷的效度指标(见表16.11)。结果表明,除了信息获取渠道(La)与不合理信念(Rd)相关不显著外,其余各因素、维度之间的相关以及与总分间的相关均显著,各因素间的相关在0.07~0.57,因素、维度与总分之间的相关在0.63～0.88，表明问卷各因素各维度既相互关联，又具有一定的独立性，说明本问卷效度良好。

表16.11 《大学生职业决策困难问卷》的效度检验

因素	Rp	Rd	Ri	Lo	Ls	Lc	La	Ie	Ii	If	R	L	I
Rp	–												
Rd	0.28***	–											
Ri	0.40**	0.17**	–										
Lo	0.53**	0.22**	0.38**	–									
Ls	0.57**	0.22**	0.44**	0.50*0*	–								
Lc	0.41**	0.16**	0.41**	0.43**	0.40**	–							
La	0.28**	-0.01	0.26**	0.29**	0.23**	0.36**	–						
Ie	0.38**	0.29**	0.24**	0.37**	0.37**	0.22**	0.07**	–					
Ii	0.42**	0.33**	0.33**	0.41**	0.43**	0.30**	0.15**	0.41**	–				
If	0.36**	0.14**	0.49**	0.43**	0.36**	0.46**	0.24**	0.26**	0.27**	–			
R	0.83**	0.63**	0.69**	0.54**	0.58**	0.46**	0.25**	0.42**	0.50**	0.45**	–		
L	0.63**	0.22**	0.51**	0.78**	0.75**	0.76**	0.61**	0.36**	0.45**	0.52**	0.59**	–	
I	0.52**	0.34**	0.47**	0.54**	0.52**	0.44**	0.21*	0.77**	0.71**	0.72**	0.62**	0.60**	–
总分	0.77**	0.75**	0.65**	0.72**	0.72**	0.65**	0.73**	0.69**	0.63**	0.64**	0.87**	0.88**	0.84**

注：Rp代表缺乏职业生涯规划，Ri代表犹豫不决，Rd代表不合理的信念，Ls代表自我信息不足，Lo代表职业信息不足，Lc代表社会环境信息不足，La代表信息获得渠道不足，Ii代表内部冲突，Ie代表外部冲突，If代表情绪不适，R代表缺乏准备，L代表信息探索困难，I代表冲突矛盾。注：$p^{*}<0.05$，$p^{**}<0.01$，$p^{***}<0.001$。

第三节 ┆ 大学生职业决策困难的特点

一、研究目的

本研究旨在考察大学生职业决策困难的特点，为后续推进大学生职业决策教育实践提供参考借鉴。

二、研究方法

（一）被试

在我国华北、华中、华南、西南和西北5个区域选取10所本科院校，采用随机抽样的方法，使用修订后的《大学生职业决策困难问卷》展开施测。共发放问卷2500份，收回有效问卷2056份，问卷有效率82.24%。其中男生902人，女生1154人；大一801人，大二502人，大三529人，大四224人；文科类681人，理科类466人，工科类299人，农科类190人，医学类258人，艺体类162人；来自大城市202人，中小城市500人，乡镇411人，农村943人。

（二）工具

本研究使用《大学生职业决策困难问卷》考察大学生的职业决策。该问卷由缺乏准备、信息探索困难和冲突矛盾三个维度构成，合计35个题项。采用Likert 5点计分。

（三）统计分析

本研究使用SPSS统计软件进行数据的整理和分析，主要包括描述性统计、平均数差异的显著性检验等。

三、研究结果

本研究考察了大学生职业决策困难的总体表现以及不同性别、年级等人口统计学变量下大学生职业决策困难的现状与特点，具体结果如下。

1. 大学生职业决策困难的总体表现

描述性统计结果显示（见表16.12），问卷的总体平均分为2.79，10个维度的得分在2.43～3.17。其中，得分最高的是情绪不适（3.17），得分最低的是不合理信念（2.43）；超过3分的有犹豫不决、社会环境信息不足、信息获取渠道不足和情绪不适4个因子。三个分量表得分在2.67～2.88，得分最高的为信息探索分量表（2.88），得分最低的为缺乏准备分量表（2.67）。这意味着学生的职业决策困难不论是总体得分还是具体因素得分均处于中等水平。

表16.12　大学生职业决策困难的描述统计

变量	*M*	*SD*
缺乏职业生涯规划	2.67	0.77
不合理信念	2.43	0.71
犹豫不决	3.00	0.91
职业信息不足	2.73	0.87
自我信息不足	2.57	0.91
社会环境信息不足	3.08	0.87
信息获取渠道不足	3.13	0.74
外部冲突	2.65	0.80
内部冲突	2.55	0.81
情绪不适	3.17	0.79

续表

变量	M	SD
缺乏准备分量表	2.67	0.58
信息探索分量表	2.88	0.62
冲突矛盾分量表	2.81	0.59
决策困难总问卷	2.79	0.51

2. 大学生职业决策困难的性别差异

以性别为自变量，大学生职业决策困难问卷的各因子、各分量表和问卷总分为因变量进行独立样本 t 检验（见表 16.13）。结果表明，从整体上看，性别差异显著。从分量表得分看，在信息探索分量表上，女生得分高于男生；从具体因子上看，在犹豫不决、职业信息、社会环境信息、信息获取渠道和情绪不适五个因子上，女生得分高于男生；在不合理信念、外部冲突两因子上，男生得分高于女生。

表 16.13 大学生职业决策困难的性别差异

变量	男		女		t
	M	SD	M	SD	
不合理信念	2.52	0.74	2.37	0.68	21.18^{***}
犹豫不决	2.90	0.92	3.07	0.90	17.66^{***}
职业信息	2.68	0.88	2.76	0.86	4.70^{*}
社环信息	2.95	0.87	3.18	0.86	35.04^{***}
信息渠道	3.03	0.75	3.22	0.73	34.34^{***}
外部冲突	2.72	0.80	2.60	0.78	10.29^{***}
情绪不适	3.04	0.80	3.28	0.77	49.59^{***}
信息探索	2.80	0.62	2.93	0.61	21.91^{***}
总问卷	2.76	0.53	2.81	0.50	5.59^{*}

注：因本研究涉及的因子较多，故只列出差异显著结果，后同。$p^{*} < 0.05$，$p^{***} < 0.001$。

3. 大学生职业决策困难的年级差异

以年级为自变量，《大学生职业决策困难问卷》的各因子、各分量表和问卷总分为因变量，进行方差分析（见表 16.14）。结果表明，在整体上，大学生职业决策困难的年级差异显著。根据事后比较结果，除不合理信念、犹豫不决和自我信息探索在年级上不存在显著差异，其余因子及其各分量表和问卷总分上，二年级的困难水平都显著高于其他年级；在缺乏准备分量表上，三年级和四年级差异不大。

表 16.14 大学生职业决策困难的年级差异

变量	大一		大二		大三		大四		F	事后比较
	M	SD	M	SD	M	SD	M	SD		
Rp	2.68	7.91	2.75	7.60	2.60	7.33	2.58	8.24	4.12**	3<2
Rd	2.39	6.98	2.50	7.15	2.42	7.15	2.49	7.52	2.86*	
Ri	2.98	9.13	3.11	8.90	2.96	9.13	2.91	9.41	3.47*	
Lo	2.79	9.07	2.75	8.33	2.68	8.43	2.55	8.52	4.94**	
Ls	2.54	9.08	2.68	9.32	2.56	9.09	2.50	8.83	3.16*	4<2;4<1
Lc	3.11	8.76	3.18	8.58	3.03	8.66	2.84	8.80	8.69***	4<2;4<1
La	3.21	7.60	3.15	7.21	3.09	7.12	2.93	7.67	8.84***	4<1;4<2;3<1;2<1
Ie	2.66	7.80	2.75	8.19	2.58	7.69	2.56	8.36	4.93**	1<2;3<2
Ii	2.51	8.02	2.67	8.09	2.47	7.90	2.55	8.87	6.17***	3<2;4<2
If	3.17	7.93	3.29	7.64	3.17	7.93	2.94	7.68	1.00***	4<1;4<2;4<3
R	2.66	5.63	2.75	5.73	2.63	5.69	2.63	6.39	4.81**	1<2;3<2
L	2.91	6.47	2.94	5.95	2.84	5.84	2.70	6.25	8.96***	4<1;4<2
I	2.81	5.73	2.92	5.84	2.76	5.82	2.70	6.21	1.03***	1<2;3<2;4<2
总均分	2.79	5.08	2.87	5.04	2.75	5.02	2.68	5.56	9.18***	4<1;4<2;3<2

注：$p^{*}<0.05$，$p^{**}<0.01$，$p^{***}<0.001$。

4.大学生职业决策困难的专业差异

以专业为自变量，大学生职业决策困难问卷的各因子、各分问卷和问卷总分为因变量进行方差分析（见表16.15）。结果表明，从整体上看，大学生职业决策困难的专业差异显著。具体来看，各专业大学生在缺乏职业生涯规划、不合理信念、自我信息探索、社会环境信息探索和外部冲突5个因子上有显著差异（$p<0.05$），在缺乏准备和冲突矛盾两个分量表上也表现出极其显著的差异（$p<0.01$）。事后比较表明：在缺乏准备分量表上，文科类学生的得分低于工科类学生；在冲突矛盾分量表上，医学类、文科类和理科类学生的得分都低于农学类学生；从各个具体因子来看，在缺乏职业生涯规划、不合理信念、自我信息探索和外部冲突上，文科类学生的得分低于工科类学生，在社会环境信息探索方面，文科类学生的得分低于农学类学生，在外部冲突因子上，文科类比农学类、农学类比医学类、医学类比工科类学生得分低，而在情绪不适因子上，艺体类比农学类学生得分低。

表 16.15 大学生职业决策困难的专业差异

变量		Rp	Rd	Ls	Lc	Ie	If	R	I	总问卷
1	M	2.59	2.38	2.50	3.03	2.60	3.20	2.61	2.80	2.75
	SD	0.73	0.72	0.90	0.89	0.80	0.82	0.56	0.59	0.51
2	M	2.65	2.42	2.56	3.05	2.627	3.17	2.657	2.797	2.77
	SD	0.77	0.73	0.91	0.84	0.78	0.74	0.57	0.57	0.49

续表

变量		Rp	Rd	Ls	Le	e	If	R	I	总问卷
3	*M*	2.82	2.54	2.70	3.06	2.79	3.16	2.77	2.86	2.85
	SD	0.77	0.69	0.90	0.81	0.77	0.77	0.56	0.59	0.51
4	*M*	2.67	2.41	2.65	3.21	2.83	3.31	2.69	2.96	2.85
	SD	0.82	0.72	0.98	0.92	0.78	0.83	0.59	0.56	0.52
5	*M*	2.75	2.46	2.59	3.19	2.54	3.18	2.73	2.75	2.80
	SD	0.85	0.75	0.96	0.92	0.87	0.78	0.61	0.63	0.57
6	*M*	2.63	2.47	2.55	3.04	2.66	3.01	2.67	2.77	2.76
	SD	0.78	0.62	0.83	0.88	0.72	0.75	0.60	0.55	0.50
F		4.56^{***}	2.48^{*}	2.26^{*}	2.30^{*}	5.52^{***}	3.01^{*}	3.81^{**}	3.92^{**}	2.34^{*}
事后比较		1<3	1<3	1<3	1<4	1<3 1<4 4<5 5<3	6<4	1<3	5<4 2<4 1<4	1<4

注：1代表文科类，2代表理科类，3代表工科类，4代表农科类，5代表医学类，6代表艺体类。$p^{*} < 0.05$，$p^{**} < 0.01$，$p^{***} < 0.001$。

5.大学生职业决策困难的家庭居住地差异

以学生的家庭来源为自变量，《大学生职业决策困难问卷》的各因子、各分量表和问卷总分为因变量进行方差分析（见表16.16）。从整体上看，家庭来源对其影响显著（$p<0.05$）。具体来看，大学生的职业决策困难水平在信息探索分量表上差异极其显著（$p<0.01$），在不合理信念、自我信息探索、社会环境信息探索和情绪不适因子上差异显著（$p<0.05$）。事后比较发现：来源于大城市的学生在信息探索分量表上的得分显著低于农村和乡镇来源的学生；而在不合理信念因子上，农村来源大学生的得分显著低于大城市和乡镇的学生；来源于大城市的学生在自我信息和情绪不适因子上的得分均显著低于乡镇来源的大学生，在社会环境信息探索因子上的得分显著低于农村来源大学生，在信息获取渠道上的得分显著低于乡镇和农村来源的大学生。

表16.16　大学生职业决策困难的家庭居住地差异

变量		不合理信念	自我信息	社环信息	信息渠道	情绪不适	信息探索	总问卷
大城市	*M*	2.56	2.47	2.92	2.95	3.09	2.74	2.73
	SD	0.66	0.92	0.87	0.75	0.82	0.63	0.53
中小城市	*M*	2.43	2.55	3.02	3.11	3.14	2.84	2.77
	SD	0.71	0.89	0.84	0.71	0.77	0.58	0.50
乡镇	*M*	2.51	2.69	3.09	3.19	3.28	2.94	2.85
	SD	0.72	0.91	0.87	0.74	0.78	0.61	0.51

续表

变量		不合理信念	自我信息	社环信息	信息渠道	情绪不适	信息探索	总问卷
农村	*M*	2.38	2.56	3.13	3.16	3.16	2.90	2.78
	SD	0.72	0.92	0.89	0.76	0.80	0.64	0.52
F		5.47^{**}	3.29^{*}	4.21^{**}	5.35^{**}	3.78^{*}	5.64^{**}	3.20^{*}
事后比较		4<3 4<1	1<3	1<4	1<3 1<4	1<3	1<3 1<4	1<3

注:1代表大城市,2代表中小城市,3代表乡镇,4代表农村。注:$p^{*}<0.05$,$p^{**}<0.01$。

四、讨论

从总体上看,我国大学生职业决策困难处于中等水平,个别因子得分偏高。其中情绪不适因子得分较高,说明我国大学生在职业决策面前常出现情绪问题。这可能与我国的文化背景有关,很多大学生仍然认为职业决策不仅是一个机会,同时也是一种承诺,要考虑多种因素。但因职业兴趣与能力的矛盾、自身特点与职业要求的矛盾、双趋冲突的矛盾等,大学生往往受情绪影响而难以抉择,甚至错过决策的最佳时机。社会环境信息不足和信息获取渠道不足得分均较高,表明我国大学生在对社会大环境信息的掌握上较为不足,在获取信息的渠道上存在不足,导致其难于做出职业决策。总之,缺乏职业生涯规划、情绪不适、外部冲突、不合理信念和社会环境信息不足这5个因子的得分较为突出。其原因可能有:(1)我国高等教育已从统招统分的就业制度过渡到毕业生双向自主择业,但相应的职业教育却未跟上,导致许多大学生缺乏职业生涯规划的意识和知识,不能提前做好就业准备。同时,一些不合理的观念,如"求职专业要对口""一定要在发达大城市就业"等影响着大学生的职业选择。(2)传统教育注重知识的掌握而忽视对情绪、情感等非智力因素的教育,可能使大学生表现出"高智商、低情商",不能及时调节自身情绪,从而影响到行为选择。(3)中国文化重视家庭关系,重要他人会对个体的行为选择产生较大影响。大学生的择业行为和观念难免会受到亲友等重要他人的影响,致使在职业决策过程中产生矛盾冲突。(4)随着社会的飞速发展,知识、信息、技术等更新越来越快,导致大学生在职业决策时,对当前社会形势缺乏足够了解,在社会环境信息的把握上表现出较多困难。

对职业决策困难的性别差异分析表明,职业决策困难的性别差异显著。在信息探索分量表上,女生得分高于男生;从具体因子看,在犹豫不决、职业信息、社会环境信息、信息获取渠道和情绪不适五个因子上,女生得分均高于男生,而在不合理信念、外部冲突两因子上,男生得分均高于女生。国外已有研究也显示职业决策困难存在性别差异,本研究与以往研究结果一致，与男生相比，女生在犹豫不决因子上报告了更多的职业决策困难。在不合理信念和外部冲突两因子上，男生报告更多的决策困难，这与国外的研究基本一致，如加蒂和萨卡的研究表明在不合理信念、内部冲突、外部冲突和困难总分上，男性报告的困难要远远大于女性。[①]赫加齐（Hijazi）等人研究认为最大的性别差异表现在缺失准备和它的犹豫不决因子：女生在犹豫不决方面报告更大的困难；男生在外部冲突、缺乏信息方面报告更大困难。[②]本研究还发现，在职业信息、社会环境信息、信息获取渠道、情绪不适等因子上女生报告了更多的职业决策困难，信息探索分量表（与原问卷的缺乏信息分问卷相对应）上女生比男生报告了更大的困难，这与国外的研究不尽一致，例如赫加齐等人的研究发现男生在缺乏信息方面报告了更大的困难。为什么男女生在职业决策困难上存在性别差异呢？从个体角度来解释，可能是由女性的性格特质与生理特点决定的；从社会环境角度来解释，可能是受传统的性别角色观念的影响。与西方国家相比，我国传统社会长期存在男尊女卑的陈旧观念，家庭和社会对于男性有更高的教育及职业期待，通常认为男性应该具有更高的职业趋向，而女性的重心应该落在照顾家庭上。可能是这种传统思想促使男性在信息探索方面更加积极，女性则在信息探索分量表上报告了更多的困难。

在年级差异上，本研究结果表明大学生职业决策困难的年级差异显著。事后比较表明，除不合理信念、犹豫不决和自我信息探索外，二年级学生在其余因子及其各分量表和问卷总分上感受到的困难水平均显著高于其他年级。在缺乏准备分量表上，三年级和四年级差异不大。上述结果表明：在整体上，大学生职业决策困难的年级差异显著，这和国内外许多研究一致。但在本研究中，大学生职业决策困难的总水平及其在各个分量表上的水平随年级变化形成倒V形发展趋势，职业决策的困难在二年级达到顶峰，之后开始下降。这与某些研究结果不完全一致，例如加蒂和萨卡的研究表明在外部冲突上，职业选择困难随着年龄（年级）而下降。究其原因，可能是大一新生的主要精力放在适应大学学习和生活上，并且他们往往认为离毕业尚远，不会去考虑就业问题，因而能够意识到的职业决策困难较少，大二以后，他们逐渐意识到就业形势的严峻，增强了对职业的考虑，但是他们不知道怎样规划职业，不知道怎样获得相关信息和处理其中的矛盾冲突，所以表现出较高的决策困难水平。随着年龄的增长和知识阅历的积累，到三年级，他们的职

---

① Gati, I., Saka, N. “High school students’ career-related decision-making difficulties”, *Journal of Counseling and development*, vol.79, no.3(2001), pp.331-340.

② Hijazi, Y., Tatar, M., Gati, I. “Career decision-making difficulties among Israeli and Palestinian Arab high-school seniors”, *Professional School Counseling*, vol.8, no.1 (2004), pp.64-72.

业决策困难水平开始呈现下降趋势。在缺乏准备分量表上，三年级和四年级差异不大。这表明为了适应严峻的就业形势，三年级学生越来越提早进入了职业抉择阶段，为四年级的职业决策做准备。

同时，大学生职业决策困难的专业差异显著。具体来看，各专业大学生在缺乏职业生涯规划、不合理信念、自我信息探索、社会环境信息探索和外部冲突5个因子上有显著差异，在缺乏准备与冲突矛盾两个分量表上也表现出极其显著的差异。事后比较表明：在缺乏准备分量表上，文科类学生的得分低于工科类学生；在冲突矛盾分量表上，医学类、文科类和理科类学生的得分都低于农学类学生；从各个具体因子来看，在缺乏职业生涯规划、不合理信念、自我信息探索和外部冲突上，文科类学生的得分低于工科类学生，在社会环境信息探索方面，文科类学生的得分低于农学类学生，在外部冲突因子上，工科类得分最高，依次为医学类、农学类和文科类，而在情绪不适因子上，艺体类比农学类学生得分低。上述研究结果表明，大学生职业决策困难存在着显著的专业差异，整体来说，文科类表现出较少的困难，主要表现为：在准备性方面及其两个因子上——缺乏职业生涯规划和不合理信念，文科类学生比工科类学生报告了更少的决策困难，而且在外部冲突因子上其报告的困难也少于工科类学生；在信息探索方面，文科类学生也表现出较少的职业决策困难，尤其是在自我信息探索上，其报告的困难远远小于工科类学生，在社会环境信息探索上，其报告的困难也与农科类学生表现出显著差异；在情绪情感方面，艺体类学生报告的决策困难少于农学类的，其余专业之间没有显著差异。文科类学生之所以表现出较少的职业决策困难，可能是文科类学生相对其他专业学生更关注社会动态，包括文化、经济、政治等，知识面更广，更善于表达自我、挖掘自我、了解自我，对自己的定位更清晰，所以他们报告的困难相对较少。另外，现在普遍认为工科、农学类好就业，这也可能会影响其对职业的提前规划、准备和对多方面信息了解的主动性，从而在面临职业决策时报告更多的职业决策困难。

此外，对职业决策困难的家庭居住地差异的分析表明，家庭居住地的不同对职业决策困难有显著影响。具体来看，大学生的职业决策困难水平在信息探索分量表上差异极其显著。大学生职业决策困难的家庭来源差异在信息探索方面极其显著，来源于大城市的学生所报告的困难显著低于来源于农村和乡镇的学生，而来自中小城市和来自省会及大城市的学生之间的职业决策困难没有显著性差异。这可能是由于大学生求职中所拥有的社会资本和支持主要来自家庭，农村、乡镇来源的学生与城市来源的学生的家庭背景不同，其经济水平一般不如城市家庭，拥有的社会资源相对较少。社会资源对职业决策的作用主要表现在:(1)扩展信息渠道,创造更多就业机会;(2)提供坚实可靠的经济后援,降低失业风险;(3)减少工作搜寻成本,有助于人力资本价值的实现。①因此来自农村和乡镇的学生可能会感知到更大的职业决策困难。

附录

大学生职业决策困难问卷

指导语:请仔细阅读下列题项,并根据自己的实际情况选择对应的选项。

题 项	选项				
	完全不符合	基本不符合	不确定	基本符合	完全符合
1.我一直还没有为自己的未来职业做规划	1	2	3	4	5
2.我不清楚有哪些现存职业可列入我的备选范围	1	2	3	4	5
3.我总是担心自己掌握的信息不全面而不敢做决定	1	2	3	4	5
4.选择的职业必须与自己所学专业对口	1	2	3	4	5
5.我的性格特征、身体条件等不符合我所倾向职业的要求	1	2	3	4	5
6.我经常觉得自己很难做出重要决定	1	2	3	4	5
7.我知道可以通过哪些渠道尽快获取相关就业信息	1	2	3	4	5
8.在未来职业选择上,我走一步看一步	1	2	3	4	5
9.父母和恋人或朋友向我提出的职业建议不一致	1	2	3	4	5
10.我对自己所喜欢职业的发展空间不太了解	1	2	3	4	5
11.我害怕因所选职业不能达到我的期望而懊悔	1	2	3	4	5
12.我不能预测近几年内的就业形势	1	2	3	4	5
13.职业选择必须符合父母的愿望	1	2	3	4	5
14.我的能力达不到我所喜欢职业的要求	1	2	3	4	5
15.面对几种可能的选择,我难以决定	1	2	3	4	5
16.我不了解获得职业指导和服务的有效途径	1	2	3	4	5
17.我从来没有考虑过自己适合做什么工作	1	2	3	4	5
18.历来受社会赞许和尊重的职业,我却不喜欢	1	2	3	4	5
19.我不清楚与自己所学专业相关的职业都有哪些	1	2	3	4	5
20.我不了解社会的发展趋势	1	2	3	4	5
21.只有在发达城市,才能选择到好的职业	1	2	3	4	5
22.我不知道自己能做些什么	1	2	3	4	5
23.我常在重要决策面前反复,难下决心	1	2	3	4	5
24.我对自己的未来职业没有方向感	1	2	3	4	5
25.家人抱有极大期望的工作,我却毫无兴趣	1	2	3	4	5
26.我害怕错失最好的职业机会	1	2	3	4	5
27.我不能够预测社会未来的发展趋势	1	2	3	4	5

① 郑洁:《家庭社会经济地位与大学生就业——一个社会资本的视角》,《北京师范大学学报(社会科学版)》2004年第3期,第111-118页。

续表

题项	选项				
	完全不符合	基本不符合	不确定	基本符合	完全符合
28.若备选职业有一条达不到我的期望标准,我绝对不考虑	1	2	3	4	5
29.我最喜欢从事的职业的发展前景并不好	1	2	3	4	5
30.我不清楚自己对职业的要求和期望是什么	1	2	3	4	5
31.我基本能够迅速获得最新招聘信息	1	2	3	4	5
32.大部分同学都没有职业规划,我也一样	1	2	3	4	5
33.我与家人、恋人或朋友在职业选择上意见不一致	1	2	3	4	5
34.我担心自己拥有的信息失真或不客观	1	2	3	4	5
35.我不知道自己最想从事什么职业	1	2	3	4	5

第十七章

毕业生职业未决特点及其与焦虑、职业决策自我效能感的关系

如何根据劳动力市场需求和个人职业需要做出正确合理的职业决策，是大学毕业生面临的重大社会适应问题。职业未决是指大学生无法对未来从事的职业做出决策，这已成为大学生社会适应不良问题之一。因此，探究大学生职业未决现象的影响因素，分析职业未决产生的深层次原因，采取相应干预措施，将有助于大学生及时缓解择业焦虑情绪，增强职业决策信心，减少职业未决现象的出现，既可为科学促进大学生职业心理辅导提供实证依据，又能为有效提高大学生社会适应能力提供参考借鉴。

第一节 研究概述

一、职业未决概述

(一)职业未决的概念

职业未决是基于职业决策概念提出的专业术语。克赖茨(Crites)最早将职业未决定义为个体不能选择或决定自己未来从事何种职业活动,对未来的职业方向或目标处于不确定的迷茫状态。[①]此外,也有研究者将其描述为个体未能对自己要从事的职业做出明确决定的状态。[②]

本研究认为,职业未决是一个极为广泛、复杂、多维的概念,是指由于困难问题、个体情感成分和认知成分等因素导致的个体无法对未来从事的职业做出决定的状态。

(二)职业未决的结构与分类

职业未决是一个由多种因素组成的复杂、多维的连续过程,是从已决到未决的连续体,可能包含不同阶段,存在多个亚类型,其本质可能涵盖了多重次级类群形态,因而在对职业未决者进行职业辅导或心理干预时,应根据不同的亚类型采取不同方法。[③]关于职业未决亚类型的划分依据包括。

(1)决策程度。戈登(Gordon)对1977年至1996年的15项决策类型研究进行了综述,根据人们决策时的决定程度将职业决策划分为已经决定、部分决定、已决但不稳定三种已决类型,以及未决但在尝试中、发展性的未决、高程度的未决、长期性的犹豫不决四种未决类型。[④]

---

① Crites, J. O. *Vocational Psychology*. New York: McGraw-Hill, 1969.

② Guay, F., Senecal, C., & Gauthier, L., et al. "Predicting career indecision: A self-determination theory perspective", *Journal of Counseling Psychology*, vol. 50, no.2 (2003), pp.165-177.

③ Lucas, M. S. "A validation of types of career indecision at a counseling center", *Journal of Counseling Psychology*, vol.40, no.4 (1993), pp.440-446.

④ Gordon, V. N. "Career decidedness types: A literature review", *Career Development Quarterly*, vol. 46, no.4(1998), pp.386-403.

（2）职业决策的特征。拉尔森（Larson）等人以职业规划及问题解决为分类依据，将大学生的职业未决分为四类：其一，无计划且逃避问题者；其二，有职业信息但缺乏问题解决能力者；其三，有信心但缺乏职业信息者；其四，缺乏职业信息者。[①]

（3）职业未决发展特点。凯莉（Kelly）等人基于职业决策困难和职业决策犹豫的区分，划分了三种职业决策类型。第一种类型的个体很少体验到职业未决和职业选择焦虑，他们拥有足够的职业信息，职业认同发展良好，无须进行职业生涯辅导或咨询。第二种类型的个体非常缺乏职业信息，还未开始对职业生涯进行规划，就已体验到少许选择焦虑。第三种类型的个体缺乏生涯信息、高度焦虑、决策信心不足、自尊水平低和职业认同低，不仅需要获得职业信息，更需要进行咨询以提高解决问题和做决策的能力，并发展积极的自尊。[②]

（4）综合人格特质和决策状态。马特和库珀（Matre，Cooper）依据职业决策状态，将其分为已决—果断型、已决—犹豫型、未决—果断型和未决—犹豫型，并针对不同类型提出了干预策略。[③]

还有些研究者对职业未决进行了其他分类。如席渥斯（Seaworth）等人将大学生的职业未决分成8类：犹豫不决的资料寻求者、没有问题的决定者、寻求资料缩小选择范围者、有冲突者、被阻力所困者、寻找资料者、有自信的缩小选择范围者以及自我怀疑者。[④]

（三）职业未决的测量工具

（1）职业决策量表（Career Decision Scale，CDS）。这是目前应用最为广泛的、历史最悠久的职业决策量表。该量表由3部分组成，共19个项目。前两个项目组成职业和专业的确定性分量表，用于测量个体对职业或专业选择的确定性程度，得分越高，表明个体对职业或专业的确定性程度越高。第3至18个项目组成职业未决分量表，主要用于考察教育或职业未决方面的信息。前两个部分的得分呈显著负相关。最后一道题是一个开放式的项目。该量表主要适用于高中生和大学生，既可进行个别测验，也可进行团体测验。但由于缺乏职业决策相关理论支持，还存在如下问题：没有足够多的项目用于多个分量

---

① Larson, L. M., Heppner, P. P., & Ham, T., et al. “Investigation multiple subtypes of career indecisions through cluster analysis”, *Journal of Counseling Psychology*, vol. 35, no.4 (1988), pp.439-446.

② Kelly, K. R., Pulver, C. A. “Refining measurement of career indecision types: A validity study.”, *Journal of Counseling and Development*, vol. 81, no.4 (2003), pp.445-454.

③ Matre, G. V., Cooper, S. “Concurrent evaluation of career in decision and indecisiveness”,*The Personnel and Guidance Journal*, vol.62, no.10 (2011), pp.637-639.

④ Seaworth, T. B., Fuqua, D. R., Newman, J. L. “Relation of state and trait anxiety to different components of career indecision”, *Journal of Counseling Psychology*, vol. 35, no.2 (1988), pp.154-158.

表的可信度测量；有些项目非常复杂或因子间有交叉负荷，导致因素负荷不稳定，不能将每个项目独立地看作职业未决的原因；因子之间彼此并不独立，析出的因子的准确性及各因子是否平均存在还受到质疑和存在争议。①

(2)职业因素问卷(Career Factors Inventory，CFI)。沙特朗(Chartrand)等确定了职业未决的因素包括一般性犹豫不决、职业选择焦虑、职业信息需求以及自我认识需要，将职业未决分为情感障碍性职业未决和发展性职业未决两大类，并基于此编制了职业因素问卷。②跨样本的研究表明，该问卷的信效度较高，各分问卷间隔二周后的再测信度在0.79～0.84，其内部一致性信度在0.73～0.86，总问卷为0.87；四个分问卷的内部相关在0.36～0.65，能分辨不同的职业未决程度；职业决策焦虑分问卷和一般性犹豫不决分问卷与特质焦虑呈显著正相关。③

(3)职业决定侧面图(Career Decision Profile，CDP)。该量表由琼斯(Jones)修订，共12个题项。定向维度量表间隔三周的再测信度为0.66，内部一致性信度为0.85；舒适度量表的再测信度为0.76，内部一致性信度为0.82；原因维度量表的再测信度为0.80，内部一致性信度为0.69。④

(4)职业决策困难问卷(Career Decision-making Difficulty Questionnaire，CDDQ)。该问卷由加蒂等人编制，基于决策过程开始前或是在决策过程中，将职业决策困难的影响因素归纳为缺乏动机、犹豫不决、不合理的信念、缺乏决策过程知识、自我、职业、获取信息方式、不可靠的信息、内部冲突和外部冲突十个因素。⑤研究者在美国和以色列取样施测，对该问卷的信效度进行检验，结果表明不论是美国被试还是以色列被试，问卷的信效度指标均良好。⑥较之于职业决策量表(CDS)和职业因素问卷(CFI)，该问卷的优点在于其基于决策理论，能对广泛领域内的决策问题做出快速、系统评估。其不足和缺陷表现在：首先，研究者在使用“决策理论”编制测量工具时，凭借的因素只有职业未决中的认知

① Chartrand, J. M., Robbins, S. B. “Using multidimensional career decision instrument to assess career decidedness and implementation”, *Career Development Quarterly*, vol. 39, no. 2 (1990), pp.166-177.

② Chartrand, J. M., Robbins, S. B., & Morrill, W. H., et al. “Development and validation of the career factors inventory”, *Journal of Counseling Psychology*, vol.37, no. 4 (1990), pp.491-501.

③ Dickinson, J., Tokar, D. M. “Structural and discriminant validity of the career factors inventory”, *Journal of Vocational Behavior*, vol. 65, no.2 (2004), pp.239-254.

④ Jones, L. K. “Measuring a three-dimensional construct of career indecision among college students: A revision of the vocational decision scale-the career decision profile”, *Journal of Counseling Psychology*,vol.36, no. 4 (1989), pp.477-486.

⑤ Gati, I., Krausz, M., Osipow, S. H. “A taxonomy of difficulties in career decision making”, *Journal of Counseling Psychology*, vol.43, no. 4 (1996), pp.510-526.

⑥ Osipow, S. H., Gati, I. “Construct and concurrent validity of the career decision-making difficulties questionnaire”, *Journal of Career Assessment*, vol. 6, no. 3 (1998), pp.347-364.

方面，未涉及情感和认同方面的内容；其次，缺乏准备分量表以及对应的子量表缺乏动机、犹豫不决和不合理信念没有足够的内部一致性；最后，研究者选用的施测对象并非纯粹的职业未决群体。①

(5)职业情境量表(My Vocational Situation，MVS)，基于霍兰德(Holland)的人格类型学说编制，由职业认同量表、障碍量表和工作信息量表3个分量表组成。其中，职业认同量表包括18个题项，主要用于测量与职业决策有关的个人目标等属性的清晰度；障碍量表包括4个题项，主要用于测量职业未决者在职业决策过程中对需要克服的障碍的感知情况；工作信息量表包括4个题项，主要用于帮助咨询师判断职业未决者需要获得何种程度的职业信息。②

(四)职业未决的实证研究

国内外职业未决相关研究主要集中于职业未决与人格变量(如情绪智力等)、心理变量(如焦虑等)、认知因素(如职业决策形态等)以及家庭环境因素(如依恋关系等)之间的关系。研究表明，个体的声望以及兼职数量对职业未决有正向预测作用，而兼职质量、父母收入、个体求职行为的数量等对其职业未决有负向预测作用。③

里昂(Leong)等以217名高校学生为被试，发现职业未决与完美主义、消极自我意识、承诺恐惧等显著相关。其中，自我导向的完美主义以及承诺恐惧对职业未决有消极预测作用，社会规范导向的完美主义对职业未决有积极预测作用，而其他导向的完美主义没有预测作用。④

贝茨(Betz)等在编制职业决策自我效能量表的过程中发现，职业决策自我效能感与个体的职业未决有密切关联。⑤有研究者对350名被试进行测验的结果表明，自我效能信念对个体的职业未决具有良好的预测作用，职业未决对职业规划探索具有积极预测作用。⑥

---

① Kleiman, T., Gati, I. "Challenges of internet-based assessment: measuring career decision-making difficulties", *Measurement and Evaluation in Counseling and Development*, vol.37, no.1 (2004), pp.41-55.

② 沈之菲:《生涯心理辅导》，上海:上海教育出版社2000年版。

③ White, N. J., Tracey, T. J. G. "An examination of career indecision and application to dispositional authenticity", *Journal of Vocational Behavior*, vol.78, no.2 (2011), pp.219-224.

④ Leong, F. T. L., Chervinko, S. "Construct validity of career indecision: Negative personality traits as predictors of career indecision", *Journal of Career Assessment*, vol.4, no.3 (1996), pp.315-329.

⑤ Taylor, K. M., Betz, N. E. "Applications of self-efficacy theory to the understanding and treatment of career indecision", *Journal of Vocational Behavior*, vol. 22, no.1 (1983), pp.63-81.

⑥ Betz, N. E., Voyten, K. K. "Efficacy and outcome expectations influence career exploration and decidedness", *Career Development Quarterly*, vol.46, no.2 (1997), pp.179-189.

琼斯等人在编制职业决定量表时发现，职业未决人群中未决类型属于低职业选择犹豫性的人不出现焦虑情绪，而其他人则表现出不同程度的焦虑情绪。[①]哈特曼(Hartman)等人的研究结果表明，焦虑是一个与职业未决有重大关联的代表性因素，在人格理论和个体行为中具有核心影响作用。如果处于职业未决状态的高校学生没有及时获得帮助，可能出现辍学、郁郁寡欢等问题。他认为，当个体不具有相应的决策能力时会表现出状态焦虑，导致职业未决情形的出现。此种发展性职业未决可通过传统的干预措施(如发展个人对本专业的兴趣或者探求各种就业机会等)来解决。[②]哈特曼等通过对164名平均年龄为31岁的往届毕业生以及155名某咨询活动计划中的应届高校毕业生进行测试，检验证实了此数据模型。[③]

二、焦虑的概述

(一)焦虑的概念界定

从一般意义上来说，焦虑是指个体对预期中的对自己有重大影响的损失或失败的一种情绪反应。根据斯皮尔伯格(Spielberger)的焦虑理论，焦虑可被分为状态焦虑和特质焦虑。前者是一种短暂的不愉快的情绪体验，常发生于某一特定时期，持续时间短暂(如紧张、担忧、神经质和忧虑等)；后者是作为一种人格特质且具有个体差异的相对稳定的倾向，是指人们对危险或威胁情景所反映出的焦虑状态。[④]

(二)焦虑理论

弗洛伊德的早期焦虑理论认为，焦虑是由被压抑的力比多转化而来的，是精神病人力比多或性欲能量的过度紧张、变形的表现。后期焦虑理论则主张自我是焦虑的根源，当出现危机时，自我所发出的各种危险信号则是焦虑，并且焦虑的存在导致了神经症等其他症状的出现。在此基础上，弗洛伊德将个体的焦虑分为三种类型：现实性焦虑或客观焦虑、神经性焦虑和道德性焦虑。[⑤]罗洛·梅(Rollo May)反对将躯体方面的因素或性欲

---

① Jones, L. K. Chenery, M. F. “Multiple subtypes among vocationally undecided college students: A model and assessment instrument”, *Journal of Counseling Psychology*, vol.27, no.5 (1980), pp.469-477.

② Hartman, B. W., Fuqua, D. R. “Career indecision from a multidimensional perspective: a reply to Crites”, *The School Counselor*, vol.30, no.5 (1983), pp.340-346.

③ Hartman, B. W., Fuqua, D. R., Blum, C. R. “A path-analytic model of career indecision”, *Vocational Guidance Quarterly*, vol.33, no.3 (1985), pp.231-240.

④ Spielberger, C. D. “Anxiety: State-trait-process”, In Spielberger, C.D. & Sarason, I. G. (Eds). *Stress and anxiety*. New York: Hemisphere, 1975.

⑤ 沈德灿：《精神分析心理学》，杭州：浙江教育出版社2005年版。

能量没有得到有效释放所产生的压抑等看作是焦虑产生的根源，提出焦虑的实质是“个人的人格及存在的基本价值受到威胁所产生的焦虑”。①

（三）焦虑的实证研究

1.差异性研究

不少学者针对焦虑的性别差异、学院类别差异、学科性质差异和生源差异进行了研究。例如，安雅然的研究显示：不同性别、不同学历层次的大学生在焦虑程度上没有显著差异，理科学生无论在状态焦虑还是特质焦虑方面均显著高于文科学生。②

2.相关研究

研究发现，一般自我效能感与特质焦虑、状态焦虑和考试焦虑之间存在负相关，提高高校毕业生的一般自我效能感、减少其焦虑体验，对提高综合素质和提高未来教育事业的质量都有重大意义。③

有研究者采用文献法、访谈法和问卷测量法对高校毕业生进行了社会支持、认知评价以及焦虑的关系研究，结果发现：特质焦虑与主客观支持及社会支持总分等呈显著负相关，而焦虑总分与主观支持和社会支持总分呈显著负相关。此外，就业认知评价在社会支持与焦虑之间起中介作用，使挑战性评价、胜任力评价与就业焦虑呈显著负相关，威胁性评价与就业焦虑呈显著正相关。④

宋宝萍等人在研究中选取了状态—特质焦虑量表和应对方式量表对山西地区几所高校的120名毕业学生进行调查，结果表明：焦虑的产生受多种应激源影响，应对方式在应激因素与焦虑之间起调节作用，成熟的应对方式有助于减轻焦虑。⑤

三、职业决策自我效能感的概述

（一）职业决策自我效能感的概念界定

20世纪70年代，班杜拉（Bandura）首次提出了自我效能理论，认为是人们对自身完成某项任务或工作行为的信念，它涉及的不是技能本身，而是自己能否利用所拥有的技能

① 车文博：《人本主义心理学》，杭州：浙江教育出版社2003年版。

② 安雅然：《大学毕业生焦虑心理的调查与分析》，《武汉体育学院学报》2003年第3期，第143-145页。

③ 王才康，刘勇：《一般自我效能感与特质焦虑、状态焦虑和考试焦虑的相关研究》，《中国临床心理学杂志》2000年第4期，第229-230页。

④ 王玉香：《研究生就业焦虑与应对方式、社会支持的关系》，东北师范大学硕士学位论文，2009年。

⑤ 宋宝萍，魏萍：《大学生应对方式与焦虑的相关研究》，《中国临床心理学杂志》2005年第4期，第452-453页。

去完成工作行为的自信程度。①

泰勒和贝茨最早将自我效能概念引入职业领域,提出了职业决策自我效能感。他们认为,个体在职业决策、选择过程中,对自身能力和基本技能的认知就是职业决策自我效能感,是自我效能理论在职业决策阶段的具体应用。职业决策自我效能感的可操作性定义包括五个方面的内容:个体对自身能力、与职业相关的需要和价值观、职业兴趣以及自我概念等内容的自我评价;个体获取职业信息的能力;个体将自身属性与工作特点进行有效匹配的目标筛选和确定能力;个体做出决策后进行职业规划的能力;个体在任职过程中解决和应对职业困境的能力。②

(二)职业决策自我效能感的理论基础与模型建构

职业决策理论、自我效能感理论与职业成熟理论是职业决策自我效能感的主要理论基础。班杜拉认为,某一行为或行为领域的低自我效能感会导致个体对这些行为的回避和个体在该领域里的低水平表现;反之,高自我效能感会提高个体对目标行为的总接近频率。这不仅确定了职业决策自我效能感测量的具体内容,也为专门针对低职业决策自我效能感的个体进行有效干预指明了方向。克赖茨提出,过程变量主要包括两个方面的因素群:职业选择能力和职业选择态度。其中,对选择能力的测量主要针对个体获取职业信息、进行职业规划和明确做出职业决策的能力。③

赵春鱼等以浙江省五所高校的学生为样本,对职业决策自我效能感各因素间的关系和心理模型进行了研究和构建。他们将职业决策自我效能感划分为认知效能、选择效能和实践效能三个部分,分别包含了自我评价能力(即自我认知效能)和职业信息获得能力(即职业认知效能)、目标筛选能力和规划能力、解决职业决策过程中的问题或障碍的能力。个体的认知效能是职业决策的前因变量,直接影响职业决策过程中的选择效能和实践效能,并在选择效能这一中介变量作用下,最终落实到实践效能这一结果变量,推进了个体职业决策。④

---

① Bandura, A. "Self-efficacy: Toward a unifying theory of behavioral change", *Psychological Review*, vol. 84, no. 2 (1977), pp.191-215.

② Taylor, K. M., Betz, N. E. "Applications of self-efficacy theory to the understanding and treatment of career indecision", *Journal of Vocational Behavior*, vol. 22, no.1(1983), pp.63-81.

③ 班杜拉著,林颖等译:《思想和行动的社会基础——社会认知论》,上海:华东师范大学出版社2001年版。

④ 赵春鱼、朱明辉、詹雪芳:《大学生职业决策自我效能感的模型构建及应用》,《学校党建与思想教育》2011年第8期,第82-84页。

（三）职业决策自我效能感的实证研究

1.差异性研究

研究表明，个体的自我效能感在性别、年级、生源地、院校层次、学历以及有无工作经验等方面具有显著差异。[①]李莉和马剑虹的研究发现，男生在自己选择职业目标、解决或应对问题及障碍方面的自我效能等显著高于女生，硕士毕业生在收集信息、制订规划、选择目标和解决问题方面显著强于本科毕业生。[②]林志红等人的研究发现，城镇生源高校学生的职业决策自我效能感显著高于农村生源的学生，并且随着年级的升高，职业决策自我效能感逐渐降低，到大四有所回升。[③]

2.相关研究

个体的专业承诺与其职业决策自我效能感之间存在中等程度相关，继续承诺、理想承诺和规范承诺三个维度是职业决策的有效预测变量。[④]个体的职业价值观对其职业选择、工作态度有预测作用，与职业决策自我效能感有显著相关。[⑤]

有研究者指出，具有高情绪智力的人在面临职业决策情景时的反应和选择也不同，之后的职业发展路径和结果也存在差异。通过进一步的多元回归分析发现，表达情绪和利用情绪两个因子对收集信息、选择目标、制订规划和解决问题等维度有显著预测作用，而管理情绪和理解情绪则分别对自我评价和解决问题维度有较高贡献率。新近以金融危机为背景的研究发现，大学生的经济信心在内外控制点和主动型人格的中介、调节作用下对职业决策自我效能感具有预测作用。[⑥]

除上述相关因素研究外，国内外研究者对其他因素的预测作用进行了分析和验证，结果表明个体的职业成熟度、就业压力、文化和种族认同、人格特征等与职业决策效能感有显著相关。[⑦]

---

① Guerra, A. L., Braungart-Rieker, J. M. "Predicting career indecision in college students: The roles of identity formation and parental relationship factors", *Career Development Quarterly*, vol. 47, no.3 (1999), pp.255-266.

② 李莉、马剑虹：《大学生职业决策自我效能及其归因研究》，《应用心理学》2003年第4期，第3-6页。

③ 林志红、朱锋：《大学生职业决策自我效能感的特点与对策研究》，《辽宁教育研究》2007年第2期，第103-106页。

④ Jin, L., Watkins, D., Yuen, M. "Personality, career decision self-efficacy and commitment to the career choices process among Chinese graduate students", *Journal of Vocational Behavior*, vol.74, no.1 (2009), pp.47-52.

⑤ 李力、贺香泓、刘艳妹：《大学生择业价值取向与职业决策自我效能感的性别差异性研究》，《教育学术月刊》2011年第1期，第56-58页。

⑥ 邝磊、郑雯雯、林崇德、杨萌、刘力：《大学生的经济信心与职业决策自我效能的关系——归因和主动性人格的调节作用》，《心理学报》2011年第9期，第1063-1074页。

⑦ 毕云飞：《大学生就业压力、择业效能感与焦虑关系的研究综述》，《内江师范学院学报》2008年第11期，第116-119页。

综上，国外对于职业未决的研究比较丰富，从概念界定、类型划分，到结构模型的提出、测量工具的发展以及干预措施的提出等都有所涵盖和涉及。但研究结果存在不一致与分歧，如职业未决的差异性研究、因测量工具不同而导致划分类型的不同，以及其他未涉及的相关因素的作用等，这些问题都需要在后续研究中进行深入探讨和分析。目前国内关于职业未决的研究还仅限于对国外研究的综述，实证性研究成果远远落后于国际水平，尤其是针对不同焦虑类型高校毕业生的职业未决比较，职业决策自我效能感在两者间的中介作用研究，尚需进行深入探讨和验证。

四、已有研究存在的不足

研究工具方面，在职业未决的实证研究领域中，无论是应用最早、最广泛的CDS，还是最新的CDDQ，各种测量工具都有优缺点，没有一种工具能完全满足我国临床和实证研究中对职业未决问题的测量要求。同时，研究者从经验和理念角度出发使用的测量工具种类、数量繁多，所得类型或结构划分结果也参差不齐，无法达成统一。因此，本研究将首先修订职业未决测量工具CFI，使其具有更加清晰的理论模型结构，更适合在中国文化背景下的使用。

研究内容方面，国外对个体职业未决的研究已有很多，而国内学者以中国文化背景为基准的研究较多停留在理论层面，实证研究相对较少。同时，国内研究者在职业发展领域较多重视职业倦怠、主观职业障碍、职业规划、职业承诺等问题，关于职业未决与焦虑类型、职业决策自我效能感关系问题的研究还是空白。

针对我国具体情况，不同焦虑类型（特质焦虑和状态焦虑）对高校毕业生的职业未决（情感障碍性职业未决和发展性职业未决）是否具有预测作用？职业决策自我效能感能否在焦虑（尤其是特质焦虑）和职业未决之间起到良好中介作用？高校毕业生的职业未决、职业决策自我效能感和焦虑情况是否存在人口统计学变量上的差异和特点？本研究将对上述问题进行系统探讨和分析。

五、研究设计

（一）研究目的

（1）在已有的职业因素问卷基础上，修订适用于中国大学生的职业未决问卷，并考察大学生职业未决的现状。

（2）考察高校毕业生焦虑、职业决策自我效能感与职业未决的关系。

（二）研究构想

本研究以大学生为被试，考察其职业未决的现状特点，同时探讨高校毕业生焦虑、职业决策自我效能感与职业未决的关系。(1)以职业因素问卷为基础，通过访谈法以及问卷调查法修编《大学生职业未决问卷》。(2)使用《大学生职业未决问卷》测试，考察大学生职业未决的现状特点。(3)采用问卷法考察高校毕业生焦虑、职业决策自我效能感与职业未决的关系。

第二节 大学生职业未决问卷的修订

一、研究目的

本研究以沙特朗编制的职业因素问卷（CFI）为基础，以我国在校大学生为研究对象，对职业因素问卷（CFI）进行修订，旨在形成更适合中国大学生群体的职业未决问卷，以期作为就业指导和职业生涯咨询的科学测评工具。

二、研究方法

（一）被试

样本1:在我国西部地区选取一所本科院校，采用随机抽样的方法，对修编的《大学生职业未决问卷》展开施测。在毕业生中发放问卷143份，收回有效问卷135份，问卷有效率94.41%。其中男生51人，女生84人；文科71人，理科64人；城市37人，乡镇27人，农村71人。

（二）工具

以沙特朗编制的职业因素问卷（CFI）为基础，采用修订的《大学生职业未决问卷》进行项目分析、探索性因素分析、验证性因素分析以及信效度检验，该量表采用Likert 5点计分。

（三）程序

职业因素问卷（CFI）具有良好的科学性和临床效果，结构较为稳定和清晰，在使用上不易受到其他因素的影响和限制。该问卷是以古德斯坦（Goodstein）依据情感成分和认知成分将职业未决划分为情感障碍性职业未决和发展性职业未决这一理论为基础而编制成的，符合本研究所探讨的不同焦虑类型（状态焦虑和特质焦虑）对职业未决的影响。该问卷包含职业决策焦虑、一般性犹豫不决、职业信息需求和自我认识需求四个维度，可分为情感障碍性职业未决和发展性职业未决两类，共21个题项，以李克特五级评分的方式进行统计，分值越高，职业未决程度越高。①

本研究首先请重庆市某高校心理学专业和英语专业的研究生同时将英文原版的职业因素问卷翻译成中文版，并在言语、用词方面进行审查和修订。然后，将修订后的中文译稿交由另两名上述学院研究生，请她们对中文问卷进行回译，并再次修改。为了确保翻译、回译后的中文问卷语言简洁、清楚，了解格式和内容的不完善之处，本研究随机选取36名重庆市某高校毕业生进行初测，并附加四道开放性问题，以利于问卷在文字用语、项目增减等方面的修订。附加问题如下：(1)对上述21个条目的表述，您是否有不清楚的地方？如果有，请标明题号。(2)对于不清楚的地方，请您尽可能详细地进行说明。(3)您觉得5点计分的方式回答起来是否困难？如果是，您认为几点计分更合适呢？(4)除了上述所列条目外，您觉得在做职业选择时还可能存在哪些困难需要帮助和指导？

考虑到该量表主要用来测量和评定高校毕业生职业未决的情况和可能导致职业未决的原因，因此在量表的修订过程中遵循了以下原则：(1)保证资料来源的准确性和丰富性；(2)保证项目的全面性和代表性；(3)保证测试题目没有偏离需要测试的范围；(4)保证被试能够准确理解测试的方法和形式，不出现任何误解；(5)保证题目数量的精简性和高效性；(6)保证计分方式方法的有效和省时。

根据初测的反馈结果以及开放性问题中的答案，分别对问卷的题项和指导语做了如下修改与补充。首先，对被试认为不清楚的条目和用词不精准的内容进行修改。主要包括：将第10题中的“彷徨”修改为“迷茫”；第13题中的“枯燥无味”修改为“毫无兴趣”；第14题中的“沮丧”修改为“挫折感”；第20题中的“战战兢兢”修改为“胆战心惊”。其次，重新梳理和调整语言表述不完善的条目。主要包括：将第4题的原表述“在选择或者进入某一职业领域之前，我需要尝试着询问自己有怎样的自我价值”修改为“在选择或者进入某一职业领域之前，我还需要明确自己的能力、特长与个人价值”；将第6题“我对很多职业都有兴趣，很难做抉择”修改为“对我而言，做出职业选择似乎很困难”；将第8题的原文项目“在选择或者进入某一职业领域之前，我经常尝试着询问自己生活中的目标是什么”修

① Goodstein, L. D. “Behavior theoretical views of counseling”, In Stefflre, B., McGraw-Hill. (Eds.), *Theories of counseling*. New York: McGraw-Hill, 1965.

改为“在选择或者进入某一职业领域之前，我经常对自己人生的具体目标进行思考”；将第9题的原文表述“想到职业目标的选择问题，我就会有不安全感”修改为“当我想到自己的职业目标选择问题时，我就会觉得很棘手”；将第16题“在选择或者进入某一职业领域之前，我需要尝试着询问自己‘我是谁’”修改为“在选择或者进入某一职业领域之前，我仍然需要清楚地认识自己”。最后，邀请8名心理学专业研究生对修订后的问卷进行审查，确认无误后形成正式问卷。

（四）统计分析

本研究使用SPSS和AMOS统计软件进行数据的整理和分析，主要包括描述性统计、因素分析以及相关分析等。

三、研究结果

对《大学生职业未决问卷》进行项目分析，通过题项的鉴别力以及题项和总分的相关（题总相关）两个指标来进行考察。将被试总分按递增排序，选取得分最高的前27%的学生作为高分组，得分最低的后27%的学生作为低分组，进行独立样本t检验。结果显示，所有题项的决断值和题总相关结果均达到显著性相关，保留全部题项。

对问卷全部题项进行探索性因素分析，结果表明，问卷的KMO值为0.83，巴特利特球形检验的卡方值为909.68（$p<0.001$），满足因素分析的基本条件。对数据进行主成分分析提取公共因素，通过正交极大方差旋转法获得多个因素，结合碎石图，得出四因素模型，且未有题项需要删除，说明修订后的问卷题项质量较好（见表17.1）。

表17.1 《大学生职业未决问卷》的探索性因素分析

题号	F1	F2	F3	F4
T1	0.66			
T5	0.72			
T9	0.70			
T13	0.46			
T17	0.70			
T20	0.50			
T2		0.71		
T6		0.49		
T10		0.71		
T14		0.55		
T18		0.73		
T3			0.57	
T7			0.49	

续表

题号	F1	F2	F3	F4
T11			0.41	
T15			0.43	
T19			0.59	
T21			0.54	
T4				0.70
T8				0.70
T12				0.65
T16				0.57
特征值	5.62	2.76	2.41	1.32
贡献率(%)	26.75	13.13	10.48	6.27

从表17.1可以看出,探索性因素分析获得21个有效项目,共析出4个因素,可以解释总变异量的56.63%,可见探索性因素分析所得出的因素结构和修订时的理论构想一致,暂无项目需要被删除。其中,因素1的特征值为5.62,解释率为26.75%,相关题项描述了个体在进行职业决策时是否呈现出不同程度的焦虑状态,因而将其命名为"职业决策焦虑";因素2的特征值为2.76,解释率为13.13%,相关题项描述了个体在日常生活中表现出犹豫不决的程度,因而将其命名为"一般性犹豫不决";因素3的特征值为2.41,解释率为10.48%,相关题项描述了个体对职业相关信息的需求程度,因而将其命名为"职业信息需求";因素4的特征值为1.32,解释率为6.27%,相关题项描述了个体在进行职业决策时,是否有了解自身能力、特点、人格特质的需求和需求程度,因而将其命名为"自我认识需求"。

对《大学生职业未决问卷》进行验证性因素分析。结果表明,χ^2/df=1.87<3,即模型有较为简约的适配程度;RMSEA略高于0.05,GFI、CFI、NNFI的值大于或接近0.8(见表17.2),各项拟合指标基本达到心理测量学要求。

表17.2 《大学生职业未决问卷》的验证性因素分析

指标	χ^2	df	χ^2/df	GFI	CFI	NNFI	RMSEA
拟合指数	346.956	186	1.87	0.80	0.79	0.89	0.07

对《大学生职业未决问卷》进行信效度检验,采用内部一致性信度作为《大学生职业未决问卷》的信度指标。结果表明,《大学生职业未决问卷》职业决策焦虑、一般性犹豫不决、职业信息需求和自我认识需要四个维度的内部一致性信度分别为0.79,0.66,0.67和0.62;总问卷的内部一致性信度为0.84。即本问卷与各维度的信度在可接受范围内。

采用结构效度作为《大学生职业未决问卷》的效度指标(见表17.3)。结果表明,除自我认识需求外,其余各维度之间的相关以及维度与总分间的相关均显著,维度间的相关在0.10～0.71，维度与总分之间的相关在0.56～0.75。鉴于本问卷测量的是大学生的职业未决的因素，而非人格类型，故个别量表之间存在相对独立性是可以接受的。综上，本问卷总体效度较好。

表17.3 《大学生职业未决问卷》的效度检验

变量	1	2	3	4
1职业决策焦虑	–			
2一般性犹豫不决	0.71^{**}	–		
3职业信息需求	0.10^{**}	0.10^{**}	–	
4自我认识需求	0.06	0.07	0.60^{**}	–
职业未决总问卷	0.75^{***}	0.74^{***}	0.63^{***}	0.56^{***}

注：$p^{**} < 0.01$，$p^{***} < 0.001$。

第三节 高校毕业生焦虑、职业决策自我效能感与职业未决的现状调查

一、研究目的

本研究旨在考察高校毕业生职业未决、焦虑和职业决策自我效能感的现状，探讨职业未决在性别、专业、学历以及生源地等人口学变量上的差异，进而了解高校毕业生职业未决的特点，以期为后续的干预指导提供参考借鉴。

二、研究方法

（一）被试

在我国西南地区选取九所本科院校，采用整群随机抽样的方法，使用修订后的《大学生职业未决问卷》对九所本科院校的毕业生进行施测。共发放问卷838份，收回有效问卷830份，问卷有效率99.05%。其中男生394人，女生436人；本科生432人，研究生398人；文科生446人，理科生384；城市278人，农村294人，乡镇258人。

（二）研究工具

大学生职业未决的测量使用本研究修订的《大学生职业未决问卷》（见附录）。主要包括职业决策焦虑、一般性犹豫不决、职业信息需求和自我认识需要四个维度，合计21个题项。采用Likert 5点计分，无反向计分题。

大学生焦虑的测量使用状态—特质焦虑量表。该量表由斯皮尔伯格等编制，包括状态焦虑量表和特质焦虑量表两个部分，前者可以检测暂时的焦虑水平，也可诱发状态焦虑体验；后者可以用来甄别不同类型被试的焦虑水平，或评估心理咨询和心理治疗的效果。此量表被广泛地应用于科研和临床评估中，在医学、教育学、心理学等领域使用广泛。量表合计40个题项，采用Likert 4点计分，无反向计分题。①

大学生职业决策自我效能感的测量使用大学生职业决策自我效能感量表。该量表由彭永新和龙立荣基于贝茨编制的职业决策自我效能感量表修订而来，是目前国内应用最广泛的职业决策自我效能感量表，包括自我评价、收集职业信息、选择目标、制订职业规划和问题解决5个维度，合计39个题项。量表采用Likert 4点计分，无反向计分题。②

(三)统计分析

本研究使用SPSS统计软件进行数据的整理和分析，主要包括描述性统计、平均数差异的显著性检验等。

三、研究结果

(一)高校毕业生职业未决现状描述

1.高校毕业生职业未决的总体情况

对高校毕业生职业未决情况做描述性统计分析(见表17.4)，结果表明，高校毕业生职业未决的总体平均数为67.69，标准差为11.00，表明大部分高校毕业生处于中等程度的职业未决状态，有极端分布情况出现(最高分为105，最低分为33)。分析两种不同职业未决类型，发展性职业未决的平均数为37.73，略高于情感障碍性职业未决。

表17.4　大学生职业未决的描述统计

	最低分	最高分	*M*	*SD*
发展性职业未决	16	50	37.73	6.56
情感障碍性职业未决	11	55	29.96	8.19
总体情况	33	105	67.69	11.00

2.不同性别、学历、专业、生源地的毕业生职业未决差异分析

为了检验高校毕业生职业未决是否存在性别、学历、专业和生源地的差异，分别以性别、学历、专业和生源地为自变量，对职业未决进行独立样本*t*检验和单因素方差分析(见

① Ferreira, A. S., Lima, R. "Discriminant analysis in career studying 'decision/in decision': The career factors inventory (CFI) as a diagnostic measure", *The Spanish Journal of Psychology*, vol.13, no.2 (2010), pp.927-940.

② 彭永新、龙立荣:《大学生职业决策自我效能测评的研究》,《应用心理学》2001年第2期，第38-43页。

表17.5、表17.6和表17.7)。结果表明,不同性别高校毕业生在职业未决总分和发展性职业未决上存在显著差异($p<0.01$),女性毕业生得分普遍高于男性。不同学历毕业生在职业未决的总分以及发展性职业未决上存在显著差异($p<0.01$)。从各维度来看,研究生毕业生在职业决策焦虑维度和一般性犹豫不决维度上的得分高于本科毕业生,在其他维度上低于本科毕业生。同时,高校毕业生职业未决在总分和部分维度上还存在专业差异($p<0.01$)。除职业决策焦虑维度外,文科生在其他维度上的得分略高于理科生。此外,高校毕业生的职业未决总分在生源地上存在显著差异($p<0.01$)。乡镇和农村地区高校毕业生的职业未决得分高于城市地区毕业生,乡镇地区高校毕业生的情感障碍性职业未决得分高于城市和农村地区毕业生。事后多重比较表明,在一般性犹豫未决维度上,乡镇地区与农村地区存在显著差异,乡镇地区高校毕业生的一般性犹豫不决程度明显高于农村;在发展性职业未决及其对应维度上,城市地区毕业生得分最低,与乡镇、农村地区毕业生存在显著差异。

表17.5　不同性别毕业生职业未决的差异

变量	男	女	t
	$M\pm SD$	$M\pm SD$	
职业决策焦虑	15.61±4.63	16.02±4.78	−1.25
一般性犹豫不决	13.91±4.16	14.33±4.33	−1.46
职业信息需求	22.38±4.50	23.40±3.97	-3.45^{***}
自我认识需求	14.51±3.11	15.10±2.96	-2.82^{**}
发展性职业未决	36.89±6.84	38.50±6.20	-3.55^{***}
情感障碍性职业未决	29.52±8.15	30.35±8.22	−1.46
总问卷	66.41±11.47	68.85±10.43	-3.21^{**}

注:$p^{**}<0.01$,$p^{***}<0.001$。

表17.6　不同学历、专业的毕业生职业未决的差异($M\pm SD$)

变量	本科生	研究生	t	文科	理科	t
职业决策焦虑	15.48±4.45	16.20±4.96	-2.19^{*}	15.81±4.67	15.85±4.76	−0.14
一般性犹豫不决	13.99±4.08	14.29±4.07	−1.14	14.30±4.23	13.93±4.04	1.31
职业信息需求	23.68±4.08	22.08±4.29	5.75^{***}	23.49±4.13	22.24±4.30	4.28^{***}
自我认识需求	15.15±3.05	14.46±3.00	3.19^{***}	14.94±3.19	14.68±2.87	1.20^{*}
发展性职业未决	38.83±6.32	36.54±6.61	5.21^{***}	38.43±6.61	36.92±6.42	3.32^{***}
情感障碍性职业未决	29.47±7.94	30.49±8.43	−1.84	30.12±8.12	29.78±8.28	0.60
总问卷	68.30±9.99	67.03±11.97	1.70^{*}	68.55±10.42	66.70±11.57	2.42^{*}

注:$p^{*}<0.05$,$p^{***}<0.001$。

表17.7 不同生源地毕业生职业未决的差异($M±SD$)

变量	城市	乡镇	农村	F	事后多重比较
职业决策焦虑	15.50±4.90	16.05±4.36	15.95±4.83	1.07	
一般性犹豫不决	14.00±3.96	14.69±4.33	13.76±4.11	3.67^{*}	2>3
职业信息需求	22.05±4.48	23.08±3.84	23.59±4.26	9.78^{***}	3>1;2>1
自我认识需求	14.26±3.29	14.85±2.67	15.33±3.03	8.97^{***}	3>1;2>1
发展性职业未决	36.31±7.06	37.92±5.62	38.91±6.59	11.70^{***}	3>1;2>1
情感障碍性职业未决	29.50±8.37	30.74±8.05	29.71±8.12	1.74	
总问卷	65.81±11.99	68.66±10.19	68.63±10.49	6.22^{***}	3>1;2>1

注：1代表城市，2代表乡镇，3代表农村。$p^{*}<0.05$，$p^{***}<0.001$。

（二）高校毕业生焦虑情况现状描述

1.高校毕业生焦虑的总体情况

通过对高校毕业生的焦虑情况进行描述性统计分析可知（见表17.8），高校毕业生焦虑的平均得分为89.45，标准差为13.11，即焦虑水平总体处于中等水平。同时，高校毕业生的特质焦虑程度略高于状态焦虑。

表17.8 高校毕业生焦虑的总体情况

	最小值	最大值	M	SD
状态焦虑	20	71	44.41	8.01
特质焦虑	20	72	45.04	7.85
总分	49	138	89.45	13.11

2.不同性别、学历、专业、生源地的高校毕业生焦虑情况差异分析

本研究分别以性别、学历、专业和生源地为自变量，以焦虑为因变量，对高校毕业生的焦虑情况进行独立样本t检验和单因素方差分析。结果表明（见表17.9），高校毕业生的焦虑程度只在学历上存在显著差异（$p<0.01$），即本科毕业生的焦虑程度高于研究生毕业生。

表17.9 不同性别、学历、专业、生源地的高校毕业生焦虑差异($M±SD$)

	状态焦虑	特质焦虑	总分
男	44.63±7.95	44.99±8.05	89.63±13.15
女	44.22±8.06	45.07±7.67	89.29±13.08
t	0.74	−0.14	0.37
本科	45.86±7.90	46.55±7.47	92.41±12.50
研究生	42.84±7.84	43.39±7.93	86.23±13.05
t	2.05^{***}	-0.68^{***}	0.84^{***}
文科	43.36±8.18	45.08±7.84	89.44±13.04
理科	44.48±7.81	44.99±7.87	89.47±13.20
t	−0.22	0.16	−0.04
城市	44.06±7.55	45.12±8.11	89.19±12.81

续表

	状态焦虑	特质焦虑	总分
乡镇	45.18±7.99	44.94±7.74	90.12±13.07
农村	44.08±8.42	45.04±7.72	89.12±13.45
F	1.71	0.04	0.48

注：$p^{***} < 0.001$。

(三)高校毕业生职业决策自我效能感现状描述

1.职业决策自我效能感的总体情况

通过对高校毕业生的职业决策自我效能感进行描述性统计分析可知(见表17.10)，高校毕业生的职业决策自我效能感平均分为131.58，标准差为25.73，处于中等水平。最高分与最低分之间相差153分，极端分布情况也同样存在。各维度的得分从高到低依次为：收集信息、选择目标、制订规划、问题解决、自我评价。

表17.10　毕业生职业决策自我效能感的总体情况

	最低分	最高分	M	SD
自我评价	6	30	20.30	4.52
收集信息	9	45	31.13	6.47
选择目标	9	45	29.94	6.13
制订规划	8	40	27.04	5.82
问题解决	7	35	23.16	4.99
总分	39	192	131.58	25.73

2.不同学历、性别、专业毕业生职业决策自我效能感差异分析

为了探讨职业决策自我效能感在总分和各维度上的性别差异、学历差异、专业差异，对高校毕业生的职业决策自我效能感进行独立样本t检验(见表17.11和表17.12)。高校毕业生的职业决策自我效能感在性别和学历上没有显著差异($p>0.05$)，只在收集信息维度上存在性别差异($p<0.05$)。同时，本科毕业生在收集信息、选择目标、制订规划和问题解决四个维度上的得分均略高于研究生毕业生。从专业来看，高校毕业生在职业决策自我效能感上存在着显著的专业差异，除收集信息维度外，文科毕业生职业决策自我效能感的得分在其他维度和总分上均显著低于理科毕业生。

表17.11　不同学历、性别的毕业生职业决策自我效能感差异($M±SD$)

	本科生	研究生	t	男	女	t
自我评价	20.29±4.63	20.31±4.39	−0.19	20.51±4.32	20.11±4.68	1.25
收集信息	31.31±6.80	30.94±6.11	0.57	31.33±6.08	30.95±6.81	0.84**
选择目标	30.13±6.28	29.75±5.97	0.53	30.20±5.82	29.72±6.40	1.13
制订规划	27.10±6.02	26.97±5.61	−0.22	27.40±5.73	26.71±5.90	1.72
问题解决	23.25±5.23	23.06±4.73	0.25	23.32±4.97	23.02±5.02	0.87
总分	132.07±26.67	131.04±24.70	0.24	132.76±24.90	130.51±26.44	1.26

注:$p^{**}<0.01$。

表17.12　不同专业毕业生职业决策自我效能感差异($M±SD$)

	自我评价	收集信息	选择目标	制订规划	问题解决	总分
文科	19.92±4.40	30.88±6.13	29.44±5.86	26.54±5.73	22.78±4.95	129.55±24.69
理科	20.63±4.59	31.35±6.76	30.38±6.33	27.46±5.88	23.49±5.02	133.32±26.50
t	2.25*	1.06	2.22*	2.28*	2.07*	2.11*

注:$p^{*}<0.05$。

四、讨论

(一)高校毕业生职业未决的现状分析

本研究发现,在职业未决总分以及发展性职业未决上存在显著的性别差异,这与已有研究不一致。[①]原因可能在于,一方面,随着社会的不断发展与进步,人们的思想观念也在变化,两性一样面临就业和创业压力,在社会地位和职业上的差距日益缩小。女性毕业生面临着诸多的机遇和挑战,对职业的期待和积极性都不高,从而影响了其在职业决策上的主动性和广泛性。上述因素可能使当代女性毕业生在面对职业决策时无法做出明确抉择。另一方面,特质焦虑程度高于男性毕业生也极易导致女性毕业生难以做出清晰的职业决策。对此,高校在进行就业辅导时,应针对女生开展更多的指导与培训,通过现场模拟真实再现就业中容易遇到的各种场景,尤其是困难和挫折等实际情景,从而引导她们积极地进行职业信息沟通,克服自身缺点,提高职业决策能力。

研究表明,高校毕业生在职业未决上存在显著的学历差异:本科毕业生的职业未决总分和发展性职业未决得分显著高于研究生毕业生,情感障碍性职业未决得分则显著低于研究生毕业生。研究生在收集就业信息和自我认识方面比本科生更明确、具体、清晰,

① 余淑君:《大学生完美主义、职业决策自我效能感与职业未决的相关关系研究》,北京师范大学硕士学位论文,2008年。

其发展性职业未决程度相对较低。但在面对各种职业抉择和就业信息时，研究生毕业生也更容易出现定位过高、好高骛远的情况，当自我认知、职业定位与现实状况不一致甚至矛盾时，他们更可能难以做出职业抉择。高校在进行就业指导和生涯辅导时应帮助本科毕业生及研究生毕业生扩大职业选择范围，增强其就业自信心和积极性。

职业未决上存在显著的专业差异，文科毕业生在职业未决总分和多个维度上的得分都明显高于理科毕业生。其原因可能是高校针对理科生的教学模式和教学方法比文科生更具有实际操作性和实践性，理科生所学的知识和实践内容与将来的工作密切相关，而文科生则偏重于理论知识，缺乏实践技能。因而，理科毕业生在面对职业决策时能清楚地确定目标、果断地进行选择。同时，随着社会的不断发展，企业和用人单位对理工类专业技术人才的需求量在不断扩大，一定程度上导致了理科毕业生的职业未决程度低于文科毕业生。

从总体上看，城市生源高校毕业生的职业未决总分明显低于乡镇和农村生源的毕业生，这些差异主要集中于职业信息需求和自我认识需求这两个发展性职业未决维度。农村家庭对子女的教育方式相对落后，教育水平相对较低，容易引发农村生源的毕业生出现自卑心理、自我认知问题以及各种人格问题，致使他们在面对各种职业信息时不能明确、清晰地做出选择。

（二）高校毕业生焦虑情况的现状分析

本研究发现，一方面，高校毕业生在焦虑上不存在性别差异，男性毕业生的焦虑总分略高于女性毕业生，这可能与传统文化影响下的男女观念有关，即男性的特点是独立、自主、坚强、有进取心、对事业有追求，女性的特点是依赖、温柔、耐心和承担对家庭的主要责任。受性别角色刻板印象的影响，大部分男性毕业生有较强的自主、自尊、自强和独立意识，在接受外界帮助时，可能会有自卑、失落和挫败感，自我认识和外界评价无法协调，更容易出现焦虑情绪。另一方面，女性毕业生的特质焦虑程度略高于男性毕业生。原因可能在于：在择业过程中，一些用人单位存在性别歧视，部分女性毕业生虽然学习成绩和实践能力不比男性毕业生差，甚至更优，但依旧处于劣势，这样的现象致使女性毕业生承受更大的就业压力，出现更严重的特质焦虑。

学历层次的不同以及社会对高学历人才需求量的不断增大使得本科毕业生面临更大的就业压力和更艰难的就业前景，其焦虑程度比研究生毕业生高。在专业和生源地差异上，高校毕业生的焦虑水平在生源地和专业方面不存在差异。随着信息社会的日益进步与发展，来自农村、乡镇和城市的高校毕业生都能够接受同样的知识和信息。在职业选择时，高校的持续扩招、就业压力的不断增大以及就业人口的日益增多等客观因素，使得不同生源地、不同专业的高校毕业生都产生同等程度的焦虑情绪。

（三）高校毕业生职业决策自我效能感的现状分析

总体上看，当前高校毕业生的职业决策自我效能感差异较大，分布极不均匀，各维度上的得分由高到低依次为：收集信息、选择目标、制订规划、问题解决、自我评价。这一结果表明，高校毕业生在面对就业问题时，对自身能力、水平的认知不够准确，对自己运用所学知识解决实际问题的能力缺乏信心。

在性别差异上，高校毕业生的职业决策自我效能感在总体水平以及各维度上不存在性别差异，这与李力等人的研究结果一致。①随着社会进步、国家富强以及思想观念的转变，两性在社会、家庭以及学校中获得的各种信息和知识相同，对自身职业决策能力的认知也更加准确、清晰，不存在明显的和实质性差异。但是，两性在不同的职业角色期待下存在不同的个性倾向性和价值观念，男性对自我能力和就业信息的评估较高，因而其职业决策自我效能感也更高。

总体上看，高校毕业生的职业决策自我效能感在总分和各维度上均不存在学历差异。研究生毕业生对自身职业能力的认知、评价更准确、具体，在制订适合自己的职业规划上也更有把握。但是其在实际操作、工作实践方面解决问题的能力认知则可能比本科毕业生略低一些。

在专业方面，高校毕业生的职业决策自我效能感在总分以及多个维度上存在显著差异。其原因可能在于：理科毕业生在校期间所学内容更具有实际操作性和专业技术性，与工作内容密切相关，就业方向更加明确、清晰，而文科毕业生则相反，因而文科毕业生的职业决策自我效能感低于理科生。

---

① 李力、贺香泓、刘艳妹：《大学生择业价值取向与职业决策自我效能感的性别差异性研究》，《教育学术月刊》2011年第1期，第56~58页。

第四节 高校毕业生焦虑、职业决策自我效能感与职业未决的关系

一、研究目的

本研究旨在考察高校毕业生焦虑与职业未决的关系，探讨不同焦虑类型高校毕业生在职业未决上的差异，并在此基础上，进一步探讨职业决策自我效能感与焦虑、职业未决的关系。

二、研究方法

（一）被试

在我国西南地区选取九所本科院校，采用整群随机抽样的方法，使用修订后的《大学生职业未决问卷》对九所本科院校的毕业生进行施测。共发放问卷838份，收回有效问卷830份，问卷有效率99.05%。其中男生394人，女生436人；本科生432人，研究生398人；文科生446人，理科生384；城市278人，农村294人，乡镇258人。

（二）研究工具

采用《大学生职业未决问卷》、状态—特质焦虑量表以及大学生职业决策自我效能感量表进行测评。量表的内容介绍同第三节。

（三）统计分析

本研究使用SPSS统计软件进行数据的整理和分析，主要包括描述性统计、平均数差异的显著性检验等。

三、研究结果

1.焦虑类型与职业未决的相关分析

对不同焦虑类型与职业未决进行相关分析，结果表明（见表17.13），高校毕业生的状态焦虑与发展性职业未决及各维度呈显著正相关，特质焦虑与情感障碍性职业未决及各维度呈显著正相关，总体焦虑情况与职业未决程度呈显著正相关。

表 17.13　焦虑类型与职业未决的相关分析

	职业决策焦虑	一般性犹豫不决	职业信息需求	自我认识需求	发展性职业未决	情感障碍性职业未决	职业未决总分
状态焦虑	0.02	0.01	0.11**	0.18**	0.15**	0.00	0.09**
特质焦虑	0.20**	0.21**	0.02	0.03	0.03	0.23**	0.12**
总分	0.02	0.01	0.19**	0.23**	0.23**	0.02	0.13**

注：$p^{**} < 0.01$。

2.焦虑类型对职业未决的回归分析

运用逐步多元回归分析，进一步考察不同焦虑类型对职业未决及其各维度的预测作用，结果表明（见表 17.14）：在发展性职业未决方面，状态焦虑因素进入了模型，可以预测发展性职业未决，对高校毕业生发展性职业未决的解释率为26%，多元回归的相关系数为0.51，决定性系数 R^2 为0.26；在情感障碍性职业未决上，特质焦虑进入了模型，能有效预测情感障碍性职业未决，对高校毕业生情感障碍性职业未决的解释率为21%，多元回归的相关系数为0.46，决定性系数 R^2 为0.20；在职业未决总分上，高校毕业生的焦虑程度可以预测职业未决程度，进入方程后的解释率为27%，多元回归分析的相关系数为0.52，决定性系数 R^2 为0.27。

表 17.14　焦虑类型对职业未决各维度的回归分析

因变量	自变量	β	t	R	R^2	Adjusted R^2	F
职业决策焦虑	特质焦虑	0.14	4.42***	0.23	0.05	0.05	14.15***
一般性犹豫不决		0.13	5.09***	0.32	0.10	0.10	45.38***
情感障碍性职业未决		0.21	5.21***	0.46	0.20	0.21	50.50***
职业信息需求	状态焦虑	0.16	4.19***	0.41	0.17	0.17	48.35***
自我认识需求		0.17	5.11***	0.37	0.14	0.14	42.09***
发展性职业未决		0.13	4.46***	0.51	0.26	0.26	61.90***
职业未决总分	焦虑总分	0.19	5.64***	0.52	0.27	0.27	62.61***

注：$p^{***} < 0.001$。

3.焦虑类型与职业决策自我效能感的相关分析

本研究将状态焦虑和特质焦虑两种焦虑类型与职业决策自我效能各维度进行相关性分析（见表 17.15）。结果表明，高校毕业生的焦虑程度与职业决策自我效能感呈显著负相关，即焦虑程度越高，职业决策自我效能感越低。具体表现为：状态焦虑与收集信息、制定规划以及问题解决三个维度呈显著负相关；特质焦虑与自我评价、选择目标以及问题解决三个维度呈显著负相关。

表 17.15 焦虑类型与职业决策自我效能感的相关分析

	自我评价	收集信息	选择目标	制定规划	问题解决	总分
状态焦虑	0.00	−0.13*	−0.02	−0.11**	−0.04**	−0.11**
特质焦虑	−0.18**	−0.01	−0.28*	−0.02	−0.21*	−0.01*
总分	−0.03**	−0.13*	−0.02**	−0.01	−0.04**	−0.12**

注：$p^{*} < 0.05$，$p^{***} < 0.001$。

4. 焦虑类型对职业决策自我效能感的回归分析

为探讨焦虑与职业决策自我效能感的关系，以焦虑总分为自变量，职业决策自我效能感总分为因变量进行回归分析（见表 17.16）。结果表明，焦虑情况可以预测职业决策自我效能感，对高校毕业生职业决策自我效能感的解释率为 19.2%。多元回归的相关系数为 0.44，决定性系数 R^2 为 0.19。

表 17.16 焦虑类型对职业决策自我效能感的回归分析

因变量	自变量	β	t	R	R^2	Adjusted R^2	F
职业决策自我效能感	焦虑	−0.05	−5.43**	0.44	0.19	0.19	15.24**

注：$p^{**} < 0.01$。

5. 职业决策自我效能感与职业未决的相关分析

为探讨职业决策自我效能感与职业未决的关系，将高校毕业生职业决策自我效能感的总分和各维度得分与职业未决的总分和各维度得分进行相关分析（见表 17.17）。结果表明，总体而言，高校毕业生的职业决策自我效能感与职业未决的各维度与总分之间均存在显著负相关，职业未决与职业决策自我效能感的各维度与总分之间同样存在显著负相关。

表 17.17 职业决策自我效能感与职业未决的相关分析

变量	自我评价	收集信息	选择目标	制订规划	问题解决	职业决策自我效能感
职业决策焦虑	−0.16**	−0.14**	−0.17**	−0.17**	−0.18**	−0.18**
一般性犹豫不决	−0.19**	−0.14**	−0.16**	−0.16**	−0.18**	−0.18**
职业信息需求	−0.04	−0.06	−0.15*	−0.08**	−0.04	−0.16**
自我认识需求	−0.03	−0.06	−0.05	−0.17*	−0.07*	−0.16**
发展性职业未决	−0.04	−0.07	−0.15*	−0.18*	−0.06	−0.17**
情感障碍性职业未决	−0.19**	−0.15**	−0.18**	−0.18**	−0.20**	−0.19**
职业未决	−0.16**	−0.07*	−0.10**	−0.08*	−0.11**	−0.10**

注：$p^{*} < 0.05$，$p^{**} < 0.01$。

6.焦虑、职业决策自我效能感与职业未决的回归分析

考察焦虑类型、职业决策自我效能感以及职业未决三者之间的关系,以焦虑和职业决策自我效能感两个因素各自的总分为自变量,职业未决总分为因变量,在控制人口学变量基础上进行逐步回归分析(见表17.18)。结果表明,焦虑和职业决策自我效能感均进入模型,能有效预测职业未决,对高校毕业生职业未决的解释率为41.10%。模型1中,多元回归的相关系数为0.52,决定性系数R^2为0.27;模型2中,多元回归的相关系数为0.64,决定性系数R^2为0.41。研究结果充分说明高校毕业生的焦虑程度能够正向预测职业未决(β=0.21,$p<0.001$)。这意味着高校毕业生的状态焦虑对发展性职业未决及其相关维度具有直接作用,特质焦虑对情感障碍性职业未决及其相关维度具有直接作用,焦虑情绪对高校毕业生职业未决状态具有直接作用,而职业决策自我效能感与高校毕业生职业未决之间存在负相关。同时,高校毕业生职业决策自我效能感在焦虑和职业未决之间起部分中介作用。

表17.18　焦虑、职业决策自我效能感与职业未决的多元回归分析

模型	因变量	自变量	常量	β	t	R	R^2	Adjusted R^2	F
1	职业未决总分	焦虑总分	58.27	0.19	5.64^{***}	0.52	0.27	0.27	62.61^{***}
2	职业未决总分	焦虑总分	64.01	0.21	3.73^{***}	0.64	0.41	0.41	114.15^{***}
		职业决策自我效能感总分		−0.15	-3.07^{***}				

注:$p^{***}<0.001$。

四、讨论

(一)焦虑与职业未决的关系

本研究表明,高校毕业生的发展性职业未决与状态焦虑呈显著正相关;情感障碍性职业未决与特质焦虑呈显著正相关;毕业生的焦虑程度与职业未决程度呈显著正相关,即焦虑程度越高,职业未决情况越严重。回归分析结果表明:高校毕业生的焦虑程度能够有效预测职业未决。

个体的焦虑会影响情绪反应,焦虑程度越高,情绪反应越强烈,极易引发各种心理问题。有研究表明,个体的焦虑与其人格中的情绪性显著相关。[①]情绪性得分高的人,常常

① 党彩萍:《高考前状态焦虑与特质焦虑、人格和自我效能感的关系研究》,内蒙古师范大学硕士学位论文,2003年。

会出现焦虑、担心、郁郁寡欢的状态，遇到某些刺激会出现强烈的情绪反应，甚至做出一些不理智行为；情绪性得分低的人，情绪反应轻微、缓慢，性格较为温和、稳重，能合理控制自己的情绪，从而尽快恢复平静。

根据回归分析结果，高校毕业生的状态焦虑能有效预测发展性职业未决，特质焦虑能够有效预测情感障碍性职业未决。其原因可能是职业未决包含了认知成分(包括没有职业目标、缺乏职业信息和职业方向、无法确切把握职场变化等)和情感成分(包括焦虑、抑郁、矛盾感、失败感等)。其中，发展性职业未决主要是指个体由于职业信息的缺乏、认知的不足或是对环境的不了解而出现的职业方向不确定的现象，更多地受到外界因素或就业信息因素的影响；情感障碍性职业未决是指个体由于优柔寡断的人格特质，在职业决策时出现焦虑情绪，无法明确做出职业决策，更多地受到个体自身人格特质或性格特征的影响。

同时，高校毕业生的焦虑程度越高，出现职业未决现象的情况越明显、越突出，职业未决的程度也越高。焦虑程度低的个体，在面对严峻就业形势时能够冷静地处理和分析，有效控制自己的焦虑情绪，将这种适度的焦虑情绪作为激励自己、激发自身潜能的动力。相反，焦虑程度高的个体，则会感觉惶惶不安，极易处于紧张、激动状态，就业积极性逐渐降低，甚至会因为受到某些挫折，而偏激地认为自己能力不足，出现自卑情绪和自暴自弃的念头。

(二)焦虑与职业决策自我效能感的关系

已有研究显示，个体的焦虑情绪与职业决策自我效能感之间存在显著负相关[①]，这与本研究结果基本一致。本研究发现毕业生的状态焦虑与收集信息、制定规划以及问题解决三个维度呈显著负相关，而特质焦虑与自我评价、选择目标以及问题解决三个维度呈显著负相关。毕业生的总体焦虑程度越高，职业决策自我效能感越低。这充分说明高校毕业生在面对就业问题时，可能会因各种外部(如就业信息不足)或内部因素(如自身压力过大)引发不同程度的焦虑情绪，这种负面情绪易降低他们对自身就业水平、就业能力的评价，使其职业决策自我效能感降低。

(三)职业决策自我效能感与职业未决的关系

总体来说，本研究结果与已有相关研究结论相同：个体的职业决策自我效能感与发展性职业未决和情感障碍性职业未决均呈显著负相关。尤其是收集信息和制定规划两

① 王玉香：《研究生就业焦虑与应对方式、社会支持的关系》，东北师范大学硕士学位论文，2009年。

维度与职业未决总分的相关度极高，即职业决策自我效能感越高，越不易出现职业未决。[①]个体在做职业决策时会根据自己的知识、能力、职业岗位和职业环境等因素从各种就业机会中选择其一。职业决策自我效能感中的自我评价、收集信息、制定规划和问题解决等维度可能直接影响高校毕业生的职业选择。通过提高高校毕业生自我评价、制定规划和解决问题的能力，可以有效帮助其了解自己的性格、能力、价值和职业需求等，使其合理地进行自我分析和自我认识，探索出适合自己的职业领域，降低自身的职业未决程度。

（四）焦虑、职业决策自我效能感与职业未决的关系

关于焦虑类型、职业决策自我效能感与职业未决之间的关系，本研究结果发现，不同焦虑类型和焦虑程度对职业未决有一定预测作用。其中，状态焦虑容易引发发展性职业未决，特质焦虑容易引发情感障碍性职业未决。毕业生的总体焦虑程度越高，职业未决程度也越高。与情感障碍性职业未决相比，就业信息等外界因素对个体的职业认知和自我认识有更重要的影响，因而状态焦虑对发展性职业未决的解释率更高。

以毕业生职业未决总分为因变量，以总体焦虑程度和职业决策自我效能感总分为自变量，进行逐步多元回归分析，建立了有效回归模型。通过模型分析，焦虑—职业决策自我效能—职业未决的间接效应模型验证的拟合指标基本达到了相应要求，可以得出回归方程：$Y=64.01+0.21X_1-0.15X_2$。从焦虑—职业决策自我效能—职业未决的间接效应模型可以发现，高校毕业生的焦虑程度既可以直接影响职业未决程度，也可以通过职业决策自我效能感间接影响毕业生的职业未决。

（五）提高毕业生职业决策能力的建议与策略

基于以上调查分析结果，本研究提出下列可降低毕业生职业未决程度的建议与策略。

1.加强职业生涯规划咨询，构建系统化职业辅导体系

高校要提高学生的职业决策水平，降低职业未决程度，首先要建立一套完整、系统的职业生涯辅导体系，根据不同的未决原因、焦虑状态和性别差异、生源地差异、学历差异等制订具体的、切实可行的职业生涯辅导规划。同时，高校还可通过就业指导中心，循序渐进地为毕业生开设职业生涯辅导和规划课程，使其对自身能力、性格特质、职业需求等做出准确的定位和评估，对各种职业信息进行有效收集、合理筛选，有助于解决其职业未决的问题。针对女性毕业生，要开展更多的指导与培训，可以通过现场模拟，真实再现就业中容易遇到的挫折场景和困难情景，引导其积极地进行职业信息沟通，克服自身缺点，提高职业决策能力。

---

① Taylor, K. M., Betz, N. E. “Applications of self-efficacy theory to the understanding and treatment of career indecision”, *Journal of Vocational Behavior*, vol.22, no.1 (1983), pp.63-81.

为进一步提高毕业生的职业决策能力，高校还可以将职业生涯辅导和职业规划等内容纳入基本教学课程，作为高校学生的必修课程，通过系统化的职业生涯规划课程和辅导来充分调动毕业生的参与积极性，帮助其确定适合自己的职业发展方向，降低职业未决程度。

2. 有针对性地对高校毕业生进行焦虑心理辅导

高校和教师既要对毕业生进行职业规划和生涯辅导，还要满足其心理需求，缓解其焦虑心理。目前，很多高校将就业辅导的重点放在收集职业信息和了解就业岗位方面，忽视了毕业生的自身认知水平和焦虑状态，这需要在以后的高校就业辅导和咨询中着重强化。

焦点解决取向的团体辅导对缓解高校学生的消极心理和低自我效能具有良好作用。[①]此种团体辅导方式强调在积极、赞美和正向的气氛中，让参与辅导的成员寻找职业决策过程中的各种积极经验和自身的各种潜能，然后对成员的任何小改变都给予积极的肯定与鼓励，使其逐渐发展成为大改变。高校在对学生进行心理辅导时，同样可以采用以团体辅导为主、讲座课与个别咨询为辅的缓解模式，帮助学生缓解焦虑情绪，合理地进行自我掌控，从而体验到自己的能力，将适度的焦虑情绪转化成强大动力。

3. 帮助毕业生了解自身性格特质，提高职业决策自我效能感

职业决策自我效能感在焦虑和职业未决之间起中介作用，因而，高校在实际职业决策辅导或职业生涯干预过程中，既可以从状态焦虑、特质焦虑两种不同的焦虑类型着手进行干预，也可以对职业决策自我效能感进行干预，尤其是收集信息和制定规划这两个维度。

高校毕业生是一个承载社会、家庭、学校高期望的群体，自我定位高，成才欲望强，理想与现实的落差和冲突很可能给其带来极大痛苦和烦恼，进而产生焦虑情绪。同时，随着经济和社会的发展，毕业生在社会环境、家庭环境和成长过程中面临的问题复杂多样，承受的压力不断增大，极易感到困惑、迷茫，甚至绝望。因此，对于高校毕业生，一方面，学校领导和教师要帮助他们树立远大的理想和抱负；帮助他们正确认识自我，认识自己的长处与短处、优点与不足；帮助他们对自己的学业成绩、成长进步、友谊、爱情等确定合理的期望值，做到既不盲目自负，又不无所作为、自暴自弃。另一方面，学校领导和教师在学习方法、人际交往、婚姻恋爱、成才方向等内容上也要对高校毕业生进行指导，帮助他们学习知识、提高素质、掌握技能、增长才干，使他们在学业和生活上取得成功。

---

① 张文墨：《焦点解决取向团体辅导对提高大学生职业决策自我效能感的实验研究》，重庆师范大学硕士学位论文，2011年。

附录

大学生职业未决问卷

指导语：请仔细阅读下列题项，并根据自己的实际情况选择对应的选项。

题 项	选项				
	非常不符合	比较不符合	不确定	比较符合	非常符合
1.当我想到自己的职业目标选择问题时，我就会为此担忧	1	2	3	4	5
2.我是个不容易下定决心的人，在做某项决定时，我常犹豫不决	1	2	3	4	5
3.在选择或者进入某一职业领域之前，我仍然需要和一或多个不同职业领域的人们交谈，以获得某一个或多个职业的信息	1	2	3	4	5
4.在选择或者进入某一职业领域之前，我还需要明确自己的能力、特长与个人价值	1	2	3	4	5
5.当我想到自己的职业目标选择问题时，我就觉得惶恐	1	2	3	4	5
6.对我而言，做出职业选择似乎很困难	1	2	3	4	5
7.在选择或者进入某一职业领域之前，我仍然需要了解某一或多个职业领域的当前和未来可能的工作机会有哪些	1	2	3	4	5
8.在选择或者进入某一职业领域之前，我经常对自己人生的具体目标进行思考	1	2	3	4	5
9.当我想到自己的职业目标选择问题时，我就会觉得很棘手	1	2	3	4	5
10.我对应该做出怎样的职业目标抉择感到迷茫	1	2	3	4	5
11.在选择或者进入某一职业领域之前，我仍然需要从他人那里寻求建议	1	2	3	4	5
12.在选择或者进入某一职业领域之前，我经常思考自己“希望成为怎样的人”	1	2	3	4	5
13.当我想到自己的职业目标选择问题时，我就会感觉毫无兴趣	1	2	3	4	5
14.想到职业目标的选择问题，我就会有挫折感	1	2	3	4	5
15.在选择或者进入某一职业领域之前，我仍然需要通过大量的兼职/实习来获得不同工作的实践经验	1	2	3	4	5
16.在选择或者进入某一职业领域之前，我仍然需要清楚地认识自己	1	2	3	4	5
17.当我想到自己的职业目标选择问题时，我就会紧张	1	2	3	4	5
18.通常情况下，我无法快速地做出决策	1	2	3	4	5
19.在选择或者进入某一职业领域之前，我仍然需要通过学习一门或多门大学课程和达到课程要求来完善自我	1	2	3	4	5
20.当我想到职业目标的选择问题时，我就会感觉胆战心惊	1	2	3	4	5
21.在选择或者进入某一职业领域之前，我仍然需要利用学校课程和业余时间来辨明我喜欢且能够胜任的职业	1	2	3	4	5

第十八章

情绪调节策略与大学生求职面试焦虑的研究

大学生就业是当前我国社会广泛关注的民生问题。在求职择业过程中,大学生一般会经历人才选拔的面试环节。然而随着高校毕业生人数日渐增多,就业形势日益严峻,当代大学生不仅面临着巨大的竞争压力,还缺乏相应的求职面试经验,导致其在求职面试的过程中较容易产生焦虑情绪,进而对其面试表现产生消极影响。基于此,本研究拟通过考察认知重评、表达抑制与接受三种情绪调节策略能否有效调节大学生在求职面试中的焦虑情绪,评估大学生对面试焦虑最有效的情绪调节策略,既可以为提高大学生求职面试的自我调节能力提供理论支持,也能够为优化大学生职业面试的心理辅导提供实证依据。

第一节 研究概述

一、求职面试焦虑以及情绪调节策略的相关概念

(一)求职面试焦虑

目前,研究者很少对求职面试焦虑的概念及结构做出界定,也缺乏相关理论,仅麦卡锡(McCarthy)与戈芬(Goffin)在编制选拔性面试焦虑量表中对求职面试焦虑的概念和结构进行了探讨,将求职面试焦虑定义为一种具体情境化的特质,包括在感知面试威胁和对面试情境的具体反应两方面的个体差异。[①]

麦卡锡等将求职面试焦虑定义为一种特质,强调的是人在对面试的认知和行为反应上所体现出的个体差异。然而,回顾有关焦虑的文献可知,尽管心理学各研究领域及不同流派对焦虑存在不同的观点,但现在研究者普遍认同焦虑是个体与情境共同作用的产物,即交互作用观点。[②]因此,除了从特质角度入手,对求职面试焦虑的研究也可以从情境的视角切入,关注面试情境这个刺激所诱发的状态焦虑。

综上,求职面试焦虑是个体面临求职面试时因担心面试表现和面试结果或害怕与面试官交流而产生的紧张不安的负性状态情绪。在本研究中,我们将通过以下方式来测评求职面试焦虑,即在模拟面试情境中,个体在状态—特质焦虑问卷状态分问卷(情绪的主观体验指标)以及焦虑外部行为评定量表(行为表现指标)上的得分。考虑到本研究设计为双盲实验(即实验结束前被试并不知道自己参与了实验研究),为了保证模拟面试的生态效度及避免引起被试的怀疑,实验未使用仪器测量生理反应,不提供生理指标,主要通过主观体验自评和行为表现他评手段进行情绪测量。

① McCarthy, J., Goffin, R. "Measuring job interview anxiety: Beyond weak knees and sweaty palms", *Personnel Psychology*, vol.57, no.3 (2004), pp.607-637.

② Martens, R., Vealey, R. S., Burton, D. *Competitive Anxiety in Sport*. Illinois: Human Kinetics, 1990.

(二)认知重评与表达抑制策略

情绪调节过程模型中划分了五种情绪调节策略,即情景选择、情景修正、注意分配、认知改变和反应调整。其中前四种在情绪反应趋势形成之前进行,属于先行关注情绪调节,此时情绪反应还没有被激活,因此可以改变整个情绪经历的轨迹,对情绪体验和情绪表达都能起到调节作用;反应调整是在情绪反应趋势形成之后进行,属于反应关注情绪调节,此时情绪反应已经完全展开,对情绪产生作用的机会较少,因此不太可能对情绪体验成分产生调节作用,反而可能增强情绪体验和生理反应。

认知重评是先行关注策略的典型代表,指通过改变对情绪事件的理解来降低情绪反应。根据拉扎勒斯(Lazarus)的认知—评价理论,情绪调节可以通过重新评价情境与自身的关系以及自身对情境的控制能力来实现。在已有研究中,认知重评往往通过指导被试对情境与自身的关系进行重新评价来进行,如让被试在观看情绪诱发影片时想象影片中的事件就发生在自己身上,以加强情绪刺激与自身的关系。[①]

表达抑制则是反应关注策略的典型代表,指通过抑制将要发生或正在发生的情绪表达行为,从而降低主观情绪体验。然而,回顾以往文献发现,研究并没有对抑制和表达抑制的概念进行明确区分。例如坎贝尔(Campbell)等人强调抑制即控制自身情绪体验的含义,对情绪的外部表达方面未做要求[②];霍夫曼(Hofmann)等强调要尽量减少情绪的外部表现,也就是表达抑制,对于内部体验不做要求[③]。与此不同,巴纳比(Barnaby)等人认为表达抑制的目标不仅是调节情绪的外部表达,而且应包括对情绪体验的控制,以使情绪抑制变得更加有效。[④]因此,巴纳比等对抑制的含义进行了补充,认为抑制同时包括控制情绪的内部体验和外部表达。为与霍夫曼的研究进行比较,进一步论证接受策略与认知重评、表达抑制策略的相对效果,本研究中所提的抑制即指表达抑制。

(三)接受策略

接受策略是一种情绪调节策略,在情绪调节领域引起了广泛关注,它与接受取向疗法在情绪及其他心理问题(抑郁、焦虑、创伤、压力、倦怠、慢性疼痛及物质成瘾等)的治疗中所取得的成果有着密切关系。许多接受取向的疗法,都基于这样一种理论基础:心理

---

① 黄敏儿、郭德俊:《原因调节与反应调节的情绪变化过程》,《心理学报》2002年第4期,第371-380页。

② Campbell-Sills, L., Barlow, D. H., & Brown, T. A., et al. "Effects of suppression and acceptance of emotional responses of individuals with anxiety and mood disorders", *Behavior Research and Therapy*, vol.44, no.9 (2006), pp.1251-1263.

③ Hofmann, S. G., Heering, S., & Sawyer, A. T., et al. "How to handle anxiety: The effects of reappraisal, acceptance, and suppression strategies on anxious arousal", *Behavior Research and Therapy*, vol. 47, no.5(2009), pp.389-394.

④ Barnaby, D., Dunn, & Danielle,B.et al. "The consequences of effortful emotion regulation when processing distressing material: A comparison of suppression and acceptance.", *Behavior Research and Therapy*, vol. 47 (2009), pp.761-773.

疾病患者有通过过度调节来逃避消极情绪体验的倾向，而这种过度调节会起适得其反的作用。[①]而接受取向疗法刚好能够对症下药，通过强调对自身一切感觉体验的接受，直接针对逃避倾向进行纠正，因此在心理治疗中显示出了相对于传统行为疗法或认知行为疗法的优势。[②]正是基于这样的背景，近年来许多研究者开始将接受取向疗法的思想基础作为一种情绪调节策略，纳入了情绪调节领域的研究范畴。

接受取向疗法实际上带有佛教思想的色彩，因此，这里的接受除其本义之外，更强调完全的、不带有任何判断的接纳的意思，即使是对于那些让人不舒服的体验也应当如此。海耶斯在其所创立的接受与实现疗法中对接受进行了较为详细的阐述，认为接受意味着通过感知自己的感受来对自己的身体体验做出积极的反应，即拥抱自己所有的感觉。[③]它是对逃避个人体验的一种代替。

接受策略因其“以开放的心态接纳一切内心体验”的意义刚好与抑制策略所强调的“控制情绪”相对立，所以被视为抑制策略最恰当的对照组。近年来对于接受策略的研究也通常是与抑制策略对照来进行。

二、相关实证研究

已有研究证实，负性情绪会对面试表现产生消极影响。卡尔（Kasl）提出了因果反向假说，假设低心理幸福感会对应聘结果产生消极影响[④]，研究者通过纵向追踪研究支持了这一假设。此外，研究者进一步研究了负性情绪（抑郁、焦虑及紧张等）与成功面试及就业的关系。结果显示，负性情绪强的个体较少在面试中展现微笑与自信，且可能被知觉为能力较低和不可雇佣的求职应聘者。[⑤]鉴于此，负性情绪会对面试结果产生消极影响。麦卡锡和戈芬针对求职者的面试焦虑进行了实证研究，结果发现强面试焦虑者比弱面试焦虑者在求职面试中表现更差。[⑥]

---

① Amstadte, Ananda. “Emotion regulation and anxiety disorders”, *Journal of Anxiety Disorders*, vol. 22, no.2 (2008), pp.211-221.

② Hayes, S. C., Luoma, J. B., Bond, F. W., et al. “Acceptance and commitment therapy: Model, processes and outcomes”, *Behavior Research and Therapy*. vol.44, no.1 (2006), pp.1-25.

③ 史蒂夫·海耶斯、斯宾塞·史密斯著、曾早垒译：《学会接受你自己——全新的接受与实现疗法》，重庆：重庆大学出版社2010年版。

④ Kasl, S. V. “Strategies of research on economic instability and health”, *Psychological Medicine*, vol.12, no.3(1982), pp.637-649.

⑤ Jones, D. B., Pinkney, J. W. “An exploratory assessment of the sources of job-interviewing anxiety in college students”, *Journal of College Student Development*, vol. 30, no.6 (1989), pp.553-560.

⑥ McCarthy, J., Goffin, R. “Measuring job interview anxiety: Beyond weak knees and sweaty palms”, *Personnel Psychology*, vol. 57, no.3(2004), pp.607-637.

当前，认知重评策略、表达抑制策略和接受策略已成为情绪调节策略研究领域的热点，已有文献就上述三种调节策略对情绪（特别是负性情绪）的影响进行了诸多探讨。总体来看，不少研究显示，认知重评策略和接受策略能有效调节负性情绪，包括主观体验、行为表现和生理反应；表达抑制策略只能降低情绪的行为表现，并以增强消极主观体验和生理反应为代价。[①]即这三种策略可能对求职面试这一特殊情境下的焦虑负性情绪产生不同影响。

基于近十年来有关认知重评、表达抑制和接受这三种情绪调节策略的文献分析，本研究发现较少有专门针对求职面试焦虑的调节研究。由于求职面试焦虑也具有广泛性焦虑、特质焦虑、状态焦虑、社交焦虑等焦虑类型的某些特点，如与社交焦虑同样具备对人际交往的担忧，而其情绪反应也有与广泛性焦虑类似之处。因此，可推测一些相关文献可以间接表明上述三种情绪调节策略对求职面试焦虑的潜在影响。

（一）认知重评策略与焦虑的研究

一些相关研究的结果揭示了经常使用认知重评策略对个体情绪方面的积极意义。有研究者使用认知情绪调节问卷考察了情绪调节策略与负性情绪的关系，结果表明认知重评与焦虑呈负相关，并且可以负向预测焦虑。[②]埃格洛夫（Egloff）等人进一步阐明了认知重评策略能够有效调节焦虑情绪。实验通过一项演说任务诱发焦虑，并考察被试自发使用的情绪调节策略对其情绪反应的影响，结果显示，使用了认知重评策略的被试，焦虑的外部表达及情绪体验均显著降低，且生理反应没有增强。[③]霍夫曼同样通过演讲任务激发被试的社交焦虑，并同时探讨认知重评、表达抑制和接受三种策略对社交焦虑的作用，该研究证明了认知重评策略对社交焦虑的调节较其他两种策略更有效（重评组在主观体验和生理反应上均最低）。[④]因此，本研究预期认知重评策略能够有效调节求职面试焦虑，包括主观体验和外部行为。

---

① Egloff, B., Schmukle, S. C., Burns, L. R., et al. "Spontaneous emotion regulation during evaluated speaking tasks: Associations with negative affect, anxiety expression, memory, and physiological responding", *Emotion*, vol. 6, no. 3 (2006), pp.356-366.

② 赵海涛：《中学生情绪调节策略与负性情绪的相关研究》，山东师范大学硕士学位论文，2008年。

③ Egloff, B., Schmukle, S. C., Burns, L. R., et al. "Spontaneous emotion regulation during evaluated speaking tasks: Associations with negative affect anxiety expression, memory, and physiological responding", *Emotion*, vol. 6, no. 3 (2006), pp.356-366.

④ Hofmann, S.G., Heering, S.et al. "How to handle anxiety: The effects of reappraisal, acceptance, and suppression strategies on anxious arousal", *Behavior Research and Therapy*, vol.47, no.5 (2009), pp.389-394.

(二)表达抑制策略与焦虑的研究

以往研究几乎都表明表达抑制策略只能降低焦虑的外部表达,并且还会产生一些负面效应(增强负性情绪体验及生理反应),从长远角度来看,可能会影响心理健康或心理幸福感。有研究者从印象管理策略的视角考察了求职面试情境中表达抑制对面试焦虑的影响,结果表明,面试中表达抑制策略的使用对女性有显著影响。[①]表达抑制有效降低了女性被试的外部焦虑表现,使得她们的面试表现被评价为更有能力的,却增强了面试中的焦虑体验并导致面试后较高的抑郁水平,安德森(Anderson)将这种后果称为“消极心理效应”[②]。埃格洛夫的研究同样表明,使用表达抑制策略需要付出情绪和生理上的代价。该研究显示,在实验室诱发焦虑后,自发使用了表达抑制策略的被试,其焦虑的外部表达降低,但情绪体验并未降低,生理反应反而增强,根据这项实验结果同时也可得出表达抑制策略对于焦虑的调节效果不及认知重评策略的结论。此外,坎贝尔实验证明了抑制策略对于焦虑和其他负性情绪的调节效果不及接受策略。[③]由于涉及抑制策略与接受策略的比较,这两项实验将在接受策略与焦虑的研究部分详细阐述。相关研究也表明,表达抑制策略可能与焦虑症等消极后果相联系。梅利莎(Melissa)使用情绪调节策略问卷对广泛性焦虑障碍患者进行了研究,发现与正常被试相比,广泛性焦虑障碍患者更倾向于隐藏情绪(表达抑制的一种方式)。[④]

因此,本研究预期表达抑制策略只能降低面试焦虑的外部表现,而不能降低主观体验,甚至有可能导致主观体验的升高。

(三)接受策略与焦虑的研究

对接受策略的考察主要通过与抑制等策略的对比来进行。坎贝尔及同事通过两项实验分别从自发性情绪调节和指导性情绪调节两方面比较了接受与抑制对焦虑的调节效果。坎贝尔等给实验组(焦虑及心境障碍被试)及对照组(正常被试)播放诱发负性情绪的影片,并以自陈量表测量两组被试情绪体验的变化。结果表明,与正常被试相比,焦虑患者较少通过接受、更多通过抑制来调节情绪,而正是这种不恰当的情绪调节策略的

---

① Sieverding, Monika. “‘Be Cool!’: Emotional costs of hiding feelings in a job interview”, *International Journal of Selection and Assessment*, vol.17, no.4 (2009), pp.391-401.

② Anderson, N. E. “Editorial-The dark side of themoon: Applicant perspectives, negative psychological effects (NPEs), and candidate decision making in selection”, *International Journal of Selection and Assessment*, vol.12, no.1-2 (2004), pp.1-8.

③ Campbell-Sills, L., Barlow, D. H., Brown, T. A., et al. “Acceptability and suppression of negative emotion in anxiety and mood disorders”, *Emotion*, vol.6, no.4 (2006), pp.587-595.

④ Melissa, L.D., Turk, C. L., Hess,B., et al. “Emotion regulation among individuals classified with and without generalized anxiety disorders”, *Journal of Anxiety Disorders*, vol.22, no.3(2008), pp.485-494.

使用导致了实验组被试较高的消极体验。①在另一项实验中，坎贝尔等进一步证实了接受策略相对于抑制策略的有效性。该实验的被试全部为焦虑及心境障碍患者，在影片诱发负性情绪后，通过指导语指导被试分别使用两种情绪调节策略。研究结果显示，虽然在观看过程中两组被试的消极体验没有显著差异，但是在观看影片过后的恢复阶段，抑制组被试的负性情绪要高于接受组的被试，而且与接受组相比，生理反应显著增强。②上述两项实验在一定程度上阐释了接受策略对负性情绪的积极效果，然而由于实验缺乏中性对照组（无调节组），从而限制了研究结果的精确解释。倪士光等人以森田疗法取向团体辅导对大学生面试焦虑进行了干预，结果表明，森田疗法取向团体辅导能改善大学生的面试焦虑，促进社会康复。③而森田疗法“顺其自然，为所当为”的观点与接受策略所基于的接受取向疗法有很大程度的相似，因此也间接地佐证了接受策略对于求职面试焦虑的潜在作用。因此，本研究预期接受策略能有效调节求职面试焦虑，包括主观体验和外部行为。

（四）认知重评策略、表达抑制策略与接受策略的比较

霍夫曼及其同事在研究中首次直接比较了认知重评、表达抑制与接受这三种策略对社交焦虑的调节效果。实验通过即兴演讲的方式诱发被试的社交焦虑，并指导被试分别使用三种情绪调节策略，结果表明使用表达抑制策略的被试在负性情绪体验及生理反应上都是最高的，使用认知重评策略的被试在负性情绪体验及生理反应上都最低，而使用接受策略的被试的生理反应显著降低，与重评组无显著差异，但在情绪体验方面则与表达抑制组无显著差异；在焦虑的外部行为指标上三组被试均无显著差异。这意味着接受策略对情绪体验的调节并不理想，但可以有效降低生理反应。该实验结果与坎贝尔两项实验的结果存在一定的差异，主要表现在接受策略是否能够降低消极主观体验上。导致差异的原因可能有以下几点：（1）上述几项实验均缺少中性控制条件，导致无法精确解释研究结果；（2）不同研究中阐述同一策略的指导语有所不同（如要求被试抑制情绪体验还是行为表现），可能影响实验结果；（3）有关接受策略对正常被试焦虑调节的研究不足，可能正常被试的逃避倾向远不及焦虑症患者，因此对于正常被试而言，接受策略不能凸显

---

① Campbell-Sills, L., Barlow, D. H., & Brown, T. A., et al. “Acceptability and suppression of negative emotion in anxiety and mood disorders”, *Emotion*, vol.6, no.4 (2006), pp.587-595.

② Campbell-Sills, L., Barlow, D. H., & Brown, T. A., et al. “Effects of suppression and acceptance of emotional responses of individuals with anxiety and mood disorders”, *Behavior Research and Therapy*, vol.44, no.9 (2006), pp.1251-1263.

③ 倪士光、伍新春、张岿：《森田疗法取向团体辅导改善大学生面试焦虑的对照研究》，《中国心理卫生杂志》2010年第5期，第375-379页。

出对焦虑调节的作用，阿米莉娅(Amelia)等的元分析研究显示，被试的性质(正常人群或患病人群)对于情绪调节策略与心理疾病的关系有显著的调节作用；(4)不同实验中试图诱发焦虑的实验操作给被试造成的压力不同，从而得出了不一致的研究结果，沙尔克罗斯(Shallcross)等人通过纵向研究考察了不同生活压力程度下接受与抑郁症状的关系，结果表明，在较低的生活压力下，接受与抑郁没有关系，而在较高的生活压力下，越能接受负性情绪的个体，其抑郁水平越低①，因此可以推论，只有当实验操作给予被试足够强的压力时，才能促使接受策略的作用显现出来。

综上所述，总体而言认知重评和接受两种策略对于焦虑都具有良好的调节效果，表达抑制策略则只能对焦虑的外部表现产生调节作用，甚至还会导致“消极心理效应”。然而，由于以往研究存在的差异与局限，除“认知重评策略对焦虑的调节效果优于表达抑制策略”这一结论得到了相关研究的一致支持外，接受策略与表达抑制和认知重评两种策略的相对效果尚需要进一步探究。因此，本研究试图模拟求职面试情境，由此激发大学生的面试焦虑，求职面试与大学生的工作前途息息相关。本研究中的模拟面试在一定程度上设置压力面试，比已有研究使用的演讲任务更富有挑战性，可能给被试造成更大的心理压力，从而促使接受策略显示出其调节作用。

三、现有研究存在的不足

通过系统回顾已有的研究，本研究发现仍存在以下不足。一方面，缺乏对三种策略的直观比较。以往研究对于表达抑制和认知重评二者的比较研究以及表达抑制和接受二者的比较研究较多，而对于接受策略与认知重评策略的比较研究则较为少见。另一方面，情绪调节策略对求职面试焦虑的调节研究缺乏。以往情绪调节策略对焦虑相关负性情绪影响的研究主要集中在广泛性焦虑、惊恐障碍及社交焦虑等情绪类型，从这些研究中得出的结论能否推论到面试焦虑与具体情境相联系的负性情绪，尚需进一步研究论证。

四、研究设计

(一)研究目的

(1)考察模拟求职面试能否激发大学生的面试焦虑。

(2)编制面试焦虑行为评定量表，作为评估面试焦虑行为表现的工具。

---

① Shallcross, A. J., Troy, A. S., & Boland, M., et al. “Let It be: Accepting negative emotional experiences predicts decreased negative affect and depressive symptoms”, *Behavior Research and Therapy*, vol.48, no.9 (2010), pp.921-929.

(3)探讨认知重评、表达抑制和接受这三种情绪调节策略能否有效调节大学生的求职面试焦虑,从而降低焦虑情绪对面试表现的影响。

(4)从时间进程上考察认知重评、表达抑制与接受这三种情绪调节策略如何对面试焦虑(包括主观体验和行为表达)产生影响,并将三种策略的作用效果进行深入比较,寻求最适合于调节面试焦虑的策略。

(二)研究思路

本研究通过设置模拟求职面试情境来激发被试的面试焦虑,并在情绪激发之前,通过指导语指导被试采用三种情绪调节策略(认知重评、表达抑制或接受)进行情绪调节,以考察三种策略是否能够有效降低被试的面试焦虑,并对三种策略的相对效果差异进行比较,寻求最适宜于调节面试焦虑的策略。

(三)研究方法

(1)文献法。查阅情绪调节策略以及焦虑相关研究的现有文献,特别是有关认知重评策略、表达抑制策略和接受策略对焦虑影响的研究。

(2)实验法。通过预实验和正式实验(4×4混合实验设计)来考察认知重评策略、表达抑制策略和接受策略对求职面试焦虑的影响,实验类型为准实验设计。

(四)模拟面试的设计

1.模拟面试设置的要求与目标

(1)双盲实验。以举办模拟求职面试活动的名义在心理学公选课上招募被试(不告知被试这是一项研究),为了提高学生的参与程度,事先给学生讲明参与本活动会得到的收获。实验结束之后向被试澄清并致歉。除研究者外,若干实验助手也都不清楚实验目的、实验条件以及被试的分配。

(2)压力面试。已有研究指出,面试场所的设计对于强化面试的压力氛围、造成紧张情绪,能起到较好的辅助作用。①同时面试官(即实验助手)穿衣严谨、神情严肃,在整个面试过程中不对被试的回答做出任何评价性反应。

(3)面试全程录像,告知被试面试录像将呈送给人力资源专家进行严格的评判(实际上不会),在面试中表现出众的同学还将获得人力资源专家的求职推荐信(实验全部结束后向被试澄清并致歉)。

(4)挑选具有一定难度的面试题目,并且保证被试之间没有机会讨论面试题目。

① 苏华、肖坤梅:《如何做好压力面试》,《企业管理》2008年第6期,第73-75页。

2.模拟面试的内容

为保证对每个被试呈现相同的面试内容,同时与实际的求职面试尽量一致,本研究采用了人力资源管理中经常使用的行为描述面试法。考虑到被试来自不同的专业,模拟面试中不设置具体岗位,模拟面试包括自我介绍部分、两道有关人际能力的试题和一道设定目标计划能力的试题(见表18.1),类似题目已在研究中使用,这些题目考察的是各个岗位都必备的、不受专业影响的能力。[①]

表18.1 模拟面试的试题

问题序号	考察的能力类型	题目
1	团队协作能力	请你举一个例子,说明在完成一项重要任务时,你是怎样和他人进行有效合作的
2	解决人际冲突的能力	在小组合作任务中,常常有人会偷懒,不完成自己分内的任务,遇到这种情况时你是怎么处理的
3	设定目标与计划的能力	请举一个你主动设立高标准的目标并制订计划来努力达成的例子,简要说明你是如何确定目标和怎样实施计划的

3.实验助手及任务分配

模拟实验中除研究者以外需要五名助手,均由心理学研究生担任,他们不清楚实验目的、实验条件以及被试的分配,具体任务分配如下(见表18.2)。

表18.2 实验助手的任务分配

助手编号	任务
1	负责接待被试和引领,保证被试之间没有机会交谈面试内容
2	充当面试官,负责向被试提问
3	充当面试官,负责向被试提问
4	充当面试记录员
5	充当面试记录员

第二节 ┆ 情绪调节策略对求职面试焦虑影响的实验研究

一、预实验:情绪诱发效果检验及面试焦虑行为评定量表的修订

(一)研究目的

研究目的包括以下几点:

(1)检验模拟求职面试是否能成功激发面试焦虑;

① 孙悦博:《结构化面试中评分过程影响因素的实验研究》,吉林大学硕士学位论文,2007年。

(2)使各实验助手相互熟悉磨合并能够熟练完成各自的任务,并为突发情况准备应对措施;

(3)将面试官(助手2和助手3)的语言表述标准化(见附录1);

(4)确定面试焦虑的行为指标。

(二)研究方法与程序

1.被试

在心理学公选课上,向学生宣布将举办模拟求职面试活动,并鼓励大二至大四的本科生参加(结果少数大一学生也要求参加)。从自愿报名参加该活动的学生中随机抽取20名作为预实验被试,其余学生作为正式实验被试。预实验中1名被试因中途离开而缺少后测数据,因此预实验共获得19份完整数据。19名被试的构成如下:大二学生17名,大一学生2名;女生13名,男生6名。

2.实验设计

采用单因素实验设计,自变量为4个实验阶段(基线、等待、面试、恢复),因变量为状态焦虑水平。

3.程序

本研究收集了汉密尔顿焦虑量表(Hamilton Anxiety Scale,HAMA)、麦卡锡编制的选拔性面试焦虑量表(Measure of Anxiety in Selection Interviews, MASI)[①]以及莫妮卡(Monika)在其研究中所使用的面试焦虑外部行为评定量表[②]中的有关项目,并翻译成中文,在预实验中进行修订(见表18.3)。面试焦虑外部行为指标的修订标准有以下三点:(1)通过修订删除不易于观察的项目;(2)增加初始项目中未包含预实验被试常常表现出来的焦虑外显行为;(3)对各指标和评分标准进行细化,使评分工具更容易使用。

表18.3　面试焦虑外部行为指标的初始项目

类别	项目	来源
非言语行为	1. 姿势拘谨,不能松弛	汉密尔顿焦虑量表
	2. 紧紧握拳	
	3. 手发抖	
	4. 皱眉	
	5. 表情僵硬	

① McCarthy, Goffin. "Measuring job interview anxiety: Beyond weak knees and sweaty palms", *Personnel Psychology*, vol.57, no.3 (2004), pp. 607-637.

② Sieverding, Monika. "'Be Cool!': Emotional costs of hiding feelings in a job interview", *International Journal of Selection and Assessment*, vol.17, no.4 (2009), pp.391-401.

续表

类别	项目	来源
非言语行为	6. 面色苍白	
	7. 坐立不安	选拔性面试焦虑量表
	8. 微笑(反向计分)	面试焦虑外部行为评定量表
	9. 手朝向头的方向运动	
	10. 头部动作	
言语行为	11. 不能清晰表达想阐述的内容	选拔性面试焦虑量表
	12. 无话可说	选拔性面试焦虑量表

实验场地包括两间独立的办公室,一间作为面试区,一间作为等待区。所有被试单独进行实验,每位被试都需要约30分钟来完成整个实验流程。预实验流程如下(见图18.1):

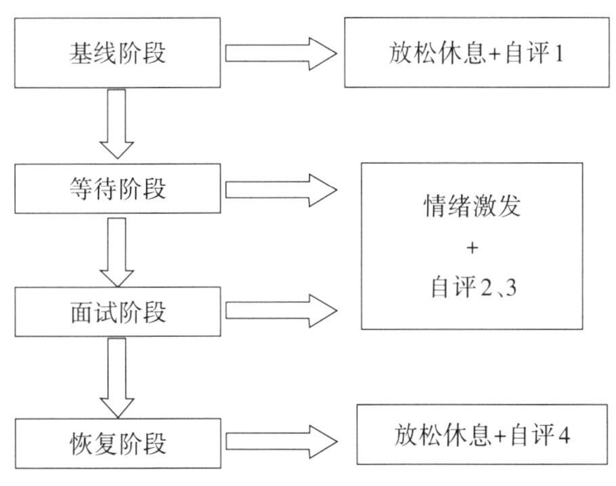

图18.1　预实验流程

(1)基线阶段。

1号助手引领被试进入接待室然后离开,由实验者播放事先录制好的指导语(实验过程中所有指导语均通过录音播放,以控制实验者与被试之间的交互作用)。指导语:“你好,请以你认为最舒服的姿势坐在座位上,闭上眼睛安静地欣赏音乐五分钟,时间到了会给出提示。”之后播放安静的音乐,让被试平静下来。五分钟后提示被试,并请被试进行情绪自评。

(2)等待阶段——面试焦虑的激发。

播放指导语:“下面你将经历一场求职面试,请把这次面试当作真实的求职面试一样认真对待,面试过程中我们会全程摄像,面试的题目具有一定的难度和挑战性,所以你需要全力以赴,尽可能地把你最好的一面展现给面试主考官,你的面试录像将得到人力资源专家严格、公正的评判,在面试中表现出众的同学还将获得人力资源专家的求职推荐信，所以请尽力在接下来的面试中表现出你最好的状态。”在语音播放指导语的同时，通过投影仪向被试呈现文字形式的指导语。之后，通过投影仪向被试呈现面试题目，给予被试两分钟的准备时间，时间到了提示被试，让被试再次进行情绪自评，自评后进入面试环节。

(3)面试阶段。

当被试进入面试区时，打开摄像机，之后对其进行面试。面试结束之后请被试回到等待区，并立即进行情绪自评。

(4)恢复阶段。

请被试闭上眼睛休息3分钟后，再次进行情绪自评。之后，要求被试书面报告在整个面试过程中(包括等待阶段)是否自发使用了任何情绪调节策略，以及口头报告对面试过程是否有疑问或怀疑。实验结束，研究者向被试澄清实验目的，并请被试承诺在整个研究结束前不向其他被试透露实验内容，以保证实验的有效性，最后赠送小礼物致谢。

4.数据收集与分析

预实验中情绪自评量表为修订后的状态—特质焦虑问卷(State-Trait Anxiety Inventory，STAI)的状态焦虑分问卷，研究表明该问卷适用于中国人，有较好的信效度[①]，问卷包括20个题项。在实验过程中，每个阶段结束前请被试完成状态焦虑分问卷。

对于被试的面试焦虑主观体验指标(状态—特质焦虑问卷状态焦虑分问卷上的得分)，采用SPSS对数据进行统计分析，以四个实验阶段为自变量，以被试在状态焦虑分问卷上的得分为因变量，进行重复测量方差分析，检验模拟面试的实验操作是否激发了被试的面试焦虑。

所有被试在面试中的行为表现均以摄像机完整拍摄下来，实验后将全部拍摄内容传送至电脑，通过播放器对视频进行秒读，并根据被试在面试中实际表现出来的焦虑外显行为对面试焦虑外部行为评定量表进行修订。

(三)研究结果

1.模拟求职面试的情绪诱发效果检验

数据分析显示，四个实验阶段的状态焦虑存在极其显著的差异，$F_{(3,54)}=37.37$，$p<0.001$。下图描述了被试在四个实验阶段状态焦虑的变化(见图18.2)。

---

① 郑晓华等:《状态—特质焦虑问题在长春的测试报告》,《中国心理卫生杂志》1993年第2期,第60-62页。

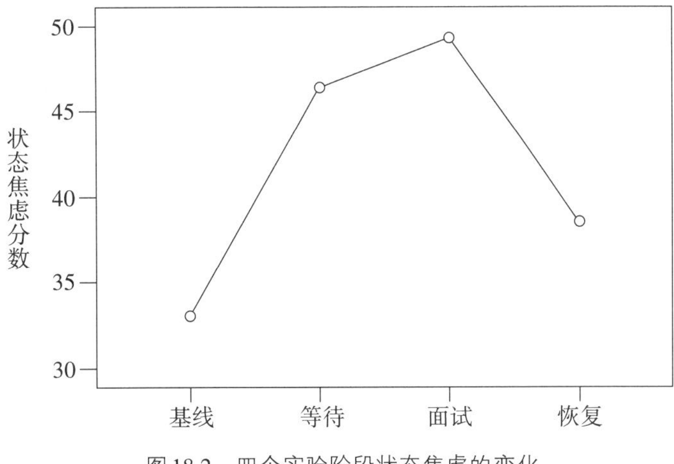

图18.2　四个实验阶段状态焦虑的变化

对四个阶段的状态焦虑水平进行两两比较(见表18.4),结果表明,仅等待阶段与面试阶段的焦虑水平差异不显著($p>0.05$),其他任何两个阶段之间的焦虑水平差异都极其显著,情绪激发阶段(等待阶段和面试阶段)的焦虑水平高于基线和恢复阶段。

表18.4　四个阶段中状态焦虑水平的两两比较

阶段(I)	阶段(J)	均差	标准误	显著性
基线	等待	−13.368	1.571	$p<0.001$
基线	面试	−16.263	2.207	$p<0.001$
基线	恢复	−5.474	1.641	$p<0.01$
等待	面试	−2.895	1.840	$p>0.05$
等待	恢复	7.895	1.527	$p<0.001$
面试	恢复	10.789	1.386	$p<0.001$

2.面试焦虑外部行为评定量表的修订

四名心理学研究生通过分析面试视频,对面试焦虑外部行为评定量表的初始项目进行了修订。修订后的面试焦虑外部行为评定量表删除了四个项目,其中三个项目(紧紧握拳、手发抖和皱眉)由于不易观察而被删除,因为被试将手放在桌子下面以及眉毛被头发遮住的情况较多;另一个项目(面色苍白)则由于实验中没有被试表现出如此严重的症状而被删除。增加了一个项目,即"不能流畅地回答问题",因为预实验中被试基本上都表现出该行为。此外,根据被试在面试中的具体行为表现对各指标和评分标准进行了细化,使评分工具更明确、客观,容易使用。修订后的面试焦虑外部行为指标见附录2。

(四)讨论

在预实验中,情绪激发后被试的状态焦虑升高,与基线焦虑水平的差异极其显著,表明本研究中的模拟求职面试设置能够激发大学生的面试焦虑。这也意味着大学生在面试情境下容易产生焦虑等负性情绪，这与已有调查研究的结果一致。这一现象对于大学生顺利通过面试并成功就业非常不利。虽然预实验被试基本都是处于大二下学期，可能缺乏面试经验而导致了较高的面试焦虑，但考虑到许多学生在大二、大三就会开始争取一些企业提供的假期实习机会，需要通过面试筛选，其高面试焦虑的情况也不容乐观，因此对面试焦虑的调节非常重要。对于预实验中的被试，在实验结束前要求其报告是否主动使用了任何方法来调节情绪，19名被试中仅有3名报告通过减缓语速或不看面试官的方式来降低焦虑，其余被试均报告未使用任何方法进行情绪调节。这一定程度上阐明了大学生在面试情境下比较缺乏自主情绪调节的意识，同时也缺乏有效的情绪调节策略。诸如减缓语速或者不看面试官等行为层面方法虽然可能在一定程度上降低面试焦虑，然而在实际的求职面试中这些行为同时也可能让面试官降低对他们的评价。

此外，在预实验中研究者还对面试焦虑外部行为评定量表进行了修订，为正式实验中考察被试的焦虑外显行为提供了评定工具。修订后的量表包括9个题项，可以从非言语行为（6个题项）和言语行为（3个题项）两方面比较全面地评估个体的焦虑行为表现。其中非言语行为涉及了身体姿势、肢体动作、表情等方面，言语行为则涉及了阐述问题的充分性、清晰性和流畅性等方面。

二、正式实验

（一）研究目的

通过情境实验，考察认知重评、表达抑制和接受三种情绪调节策略对求职面试焦虑主观体验和行为表现的影响，并对三种策略的调节效果进行深入比较，继而探索出最佳策略。

（二）研究假设

（1）认知重评策略与接受策略能够降低被试的面试焦虑，包括情绪的主观体验和外部行为表现；表达抑制策略只能降低面试焦虑的外部行为表现，不能降低主观体验。

（2）认知重评策略与接受策略对求职面试焦虑的作用效果均优于表达抑制策略，接受策略对求职面试焦虑的调节效果不弱于认知重评策略。

(三)研究方法与程序

1.被试

(1)被试来源。

正式实验中被试的招募方式与预实验相同,共95名被试参加实验,其中4名被试因中途离开而缺少后测数据,2名被试在情绪激发后的焦虑水平反而低于基线值,5名实验组被试完全没有使用相应的情绪调节策略,2名控制组被试报告自发使用了减缓语速、低头等方式调节情绪,故对以上数据予以删除,最终获得82份有效数据。被试构成如下:大一6人;大二76人;男生14人;女生68人。

(2)被试分组。

所有被试将被随机分配至重评组、抑制组、接受组或控制组,每位被试单独完成全部实验流程。

2.实验设计

本研究采用4×4混合实验设计,被试间变量为四种实验条件(重评、抑制、接受、控制),被试内变量为四个实验阶段(基线、等待、面试、恢复),因变量为被试的面试焦虑水平(包括主观体验和行为表现)。

3.程序

实验场地包括两间独立的办公室,1间作为面试区,1间作为等待区。所有被试单独进行实验,正式实验流程如下(见图18.3)。另外,在被试参加实验的前一天,通过网络向被试发放状态—特质焦虑问卷修订版的特质焦虑分问卷,请被试完成。提前通过网络发放特质焦虑分问卷的目的是减少被试在实验过程中填写问卷的数量,以控制被试产生疲劳效应及厌烦情绪。

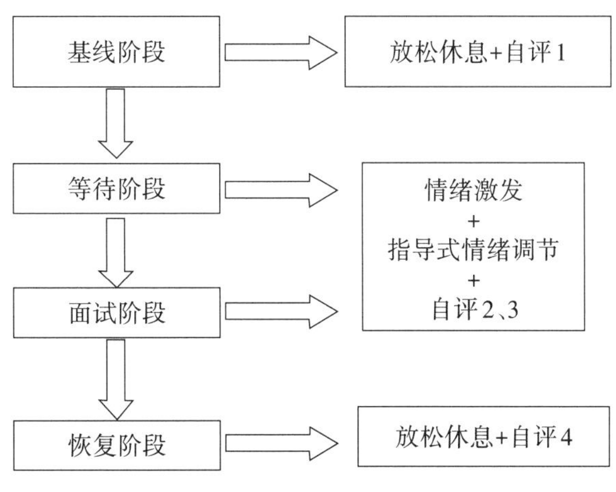

图18.3　正式实验流程

(1)基线阶段。

与预实验完全一致,这里不予赘述。

(2)等待阶段——面试焦虑的激发及情绪调节。

播放情绪激发指导语(同预实验),同时通过投影仪向被试呈现文字形式的指导语。每个被试都将接受上述实验操作,之后,被试将被随机分配至重评组、抑制组、接受组、控制组,每组人数相当,并将性别、专业性质进行匹配。其中对控制组的实验操作同预实验部分。对于其他三个实验组的被试,除上述指导语外,还将根据不同实验条件给予如下指导语(同时呈现录音和文字形式)。

重评组指导语:"面试场合可能会让你感到有些紧张,甚至害怕,但是,你应当清楚这一点,在稍后的面试中无论你表现如何、结果如何,它都不会对你造成任何威胁,也不会带来任何负面影响。反而,参加面试的经历以及专家的反馈会给你很大的帮助,让你在下一次面试中更可能有好的表现。因此,对你而言,接下来的面试更应当是一次挑战自己的机会,而不是一种威胁。你可以尽情地向面试官展现自己,即使暴露出一些问题,也不用为此担心。几分钟之后将对你进行面试,现在请闭上眼睛,花一分钟的时间用刚才所讲的方法来自我调节。"

抑制组指导语:"面试场合可能会让你感到有些紧张,甚至害怕,在稍后的面试过程中切记不要让这些情绪表现出来,要做到让面试官看不出你心里的感受。如果你在面试过程中表现出焦虑不安,会影响你的面试成绩。要尽可能表现得镇定自若,不要让面试官观察到一丝一毫的紧张情绪。几分钟之后将对你进行面试,现在请闭上眼睛,花一分钟的时间用刚才所讲的方法来自我调节。"

接受组指导语:"面试场合可能会让你感到有些紧张,甚至害怕,你现在什么都不用做,什么都不用想,只需要用心地、充分地体验你当下的内心感受,体验你此时此刻的心情,是紧张、担忧或是焦虑不安,都没有关系,用一种完全接纳的心态来看待自己内心的每一种体验,不要尝试刻意去控制或者改变它们,做到顺其自然,允许这些体验的存在。几分钟之后将对你进行面试,现在请闭上眼睛,花一分钟的时间用刚才所讲的方法来自我调节。"

上述三种情绪调节指导语由5名心理学研究生翻译并改编自霍夫曼等的研究,改编的标准是保证较高的表面效度,使被试易于理解。上文中重评组指导语在霍夫曼等研究基础上做了如下修改:一方面,删除了部分内容,如"请认识到没有理由感到焦虑""无论在这项任务中会发生什么或者你表现得多么焦虑,这仅仅是一次实验而已",删除的原因是这些内容不适合于本研究；另一方面，增加了部分内容，如“参加面试的经历以及专家的反馈会给你很大的帮助，让你在下一次面试中更可能有好的表现。因此，对你而言，接下来的面试更应当是一次挑战自己的机会，而不是一种威胁”。根据拉扎勒斯的认知—评价理论，研究者试图让被试将面试情境重评为提升和促进自己的机会，而不是威胁，以降低面试焦虑。

抑制组指导语基本沿用了霍夫曼等研究中的指导语，只是将原指导语与面试情境进行了结合。接受组指导语也基本沿用了霍夫曼等研究中的指导语，只在语言上进行了一定修改，使其更符合中文的语言习惯。

指导语播放完毕之后，给予被试一分钟时间自我调节，一分钟后提醒被试并通过投影仪向被试呈现面试题目，给予两分钟时间准备。之后让被试进行情绪自评，自评后通过以下三个是非判断题对被试是否理解了情绪调节指导语进行检测。重评组：我应当把接下来的面试看成一次促进自己的机会，而不是一种威胁（正确答案：是）；抑制组：在接下来的面试中我应当尽量让面试官看不出我的紧张情绪（正确答案：是）；接受组：在接下来的面试中我应当尽量控制住内心的紧张情绪（正确答案：否）。完成后进入面试环节。

（3）面试阶段。

当被试进入面试区时，打开摄像机，之后对其进行面试。面试结束之后请被试回到等待区，并立即进行情绪自评。

（4）恢复阶段。

请被试闭上眼睛休息3分钟后，再次进行情绪自评。之后，对于实验组被试，要求其报告在整个面试过程中（包括等待阶段）使用相应情绪调节策略的程度，采用李克特五级评分，此外，还需报告除研究者建议的策略外，是否自行使用了其他的情绪调节策略；对于控制组被试，要求其报告在整个面试过程中（包括等待阶段）是否自发使用了任何情绪调节策略。对于所有被试都要求其口头报告对面试过程是否有疑问或怀疑。实验结束，研究者向被试澄清实验目的，并请被试承诺在整个研究结束前不向其他被试透露实验内容，以保证实验的有效性，最后赠送小礼物致谢。

4.数据收集与分析

正式实验中，与预实验中相同，需要在每个实验阶段结束后使用修订版状态—特质焦虑问卷的状态焦虑分问卷让被试进行情绪自评。此外，为了控制特质焦虑和被试基线情绪状态对实验结果的影响，还补充使用了修订版状态—特质焦虑问卷的特质焦虑分问卷（包括20个题项）以及国内研究者修订的积极情感消极情感量表（Positive Affect and

Negative Affect Scale，PANAS），研究表明修订版量表是适合于国内使用并具有良好信效度的情感幸福感测量工具①，修订后的量表包括18个题项，其中含积极情绪9个题项和消极情绪9个题项。

实验过程中，在等待阶段、面试阶段和恢复阶段，被试只需完成状态焦虑分问卷；基线阶段需要被试同时完成状态焦虑分问卷和积极情感消极情感量表，以控制被试的基线情绪状态。

实验数据采用SPSS进行统计分析。对于被试的面试焦虑主观体验指标（状态—特质焦虑问卷状态焦虑分问卷上的得分），以四种实验条件为被试间变量，四个实验阶段为被试内变量，以被试在状态焦虑分问卷上的得分为因变量，进行混合设计方差分析。对于面试焦虑的行为指标，以四种实验条件为自变量，以被试在面试焦虑外部行为评定量表上的得分为因变量，进行单因素方差分析。

所有被试在面试中的行为表现均以摄像机完整拍摄下来，实验后将全部拍摄内容传送至电脑，通过播放器对视频进行秒读，并根据预实验中修订的面试焦虑外部行为评定量表进行评定。3位心理学研究生参与了评定工作，他们对于实验目的、被试分配等均不了解，开始评定前实验者对其进行了充分的训练。3名评分者中，1位进行行为频率或持续时间的评分，即对评定量表中第2、第3、第4、第6、第8、第9个题项进行评分，另外2位评分者同时对其余题项进行双研究者评分，这些题项的最终得分取2位评分者的均值。

（四）研究结果

1.实验分组的随机化检验

以四种实验条件为自变量，以基线积极和消极情绪、状态焦虑以及特质焦虑为因变量，进行单因素多因变量的方差分析（见表18.5）。结果表明，各组被试在基线积极情感上差异不显著（F=0.09，$p>0.05$），在基线消极情感上差异不显著（F=0.60，$p>0.05$），在基线状态焦虑上差异不显著（F=0.79，$p>0.05$），在特质焦虑上差异不显著（F=0.06，$p>0.05$）。这意味着各组被试的基线情绪状态及特质焦虑相当。此外，各组被试在性别上也不存在显著差异（χ^2=0.24，$p>0.05$）。因此可以认为实验分组是随机化的。

① 邱林、郑雪、王雁飞：《积极情感消极情感量表（PANAS）的修订》，《应用心理学》2008年第3期，第249-254页，268页。

表18.5 被试分组的随机化检验

变量	重评组 n=21		抑制组 n=20		接受组 n=20		控制组 n=21		F	p
	M	SD	M	SD	M	SD	M	SD		
特质焦虑	41.33	9.03	41.80	7.86	41.85	0.98	42.33	7.36	0.06	0.98
积极情感	22.67	7.37	21.75	5.17	21.95	0.96	21.75	5.75	0.09	0.96
消极情感	11.71	4.05	11.55	4.51	10.45	0.62	10.86	2.56	0.60	0.62
状态焦虑	33.10	6.00	33.25	6.05	31.00	0.50	33.24	4.44	0.79	0.50

2.指导语执行检验

首先考察实验组被试完成情绪调节指导语理解测试的情况，所有被试均做出了正确判断，表明实验组被试都理解了相应的情绪调节策略。在此基础上，考察三个实验组的被试对各自情绪调节指导语的执行程度，以三种实验条件为自变量，以对指导语的执行程度为因变量，进行单因素方差分析。结果显示，三组被试对相应指导语的执行程度差异不显著（F=1.01，p>0.05）。对三种实验条件下被试对指导语的执行程度进行描述统计，平均得分为2.98，标准差为0.79，意味着大多数被试在中等程度上执行了指导语。

3.三种情绪调节策略对面试焦虑主观体验的影响

考虑到接受组被试的基线阶段状态焦虑水平略低于其他三组，为了进一步控制这种差异对实验结果的影响，在下面的分析中计算等待、面试和恢复三个阶段与基线阶段状态焦虑的差值（即焦虑分数变化量）作为因变量，以实验阶段为被试内变量，以四种实验条件为被试间变量，进行混合设计方差分析（见表18.6）。方差分析结果表明，实验条件的主效应显著（F=6.61，p<0.001），表明不同指导语条件下被试状态焦虑分数变化量差异显著。实验阶段的主效应显著（F=61.71，p<0.05），表明被试在等待、面试、恢复阶段的焦虑分数变化量差异显著，说明本实验的模拟面试设置成功激发了被试的面试焦虑。实验条件和实验阶段的交互作用显著（F=3.47，p<0.05），因此需要进一步检验简单效应。简单效应检验结果表明（见表18.7），在等待阶段，抑制组被试的状态焦虑变化量与控制组被试相比差异不显著，但重评组与接受组被试的状态焦虑变化量低于控制组，差异达到了边缘显著，说明在等待阶段，认知重评和接受两种策略对面试焦虑有一定调节作用，但不明显；对三种策略两两比较后发现，抑制组被试的状态焦虑变化量显著高于重评组与接受组被试。在面试阶段，重评组和接受组被试的状态焦虑变化量均低于控制组被试，差异极其显著，抑制组的状态焦虑变化量也略低于控制组，差异边缘显著，说明三种情绪调节策略均能在不同程度上降低面试过程中的焦虑水平；对三种策略两两比较后发现，抑制组被试的状态焦虑变化量显著高于重评组和接受组被试。在恢复阶段，重评组与接受组被试的状态焦虑变化量与控

制组被试相比差异不显著，但抑制组被试的状态焦虑变化量略高于控制组，差异边缘显著，说明在恢复阶段，表达抑制策略会使被试的面试焦虑有一定的升高；对三种策略两两比较后发现，抑制组被试的状态焦虑变化量高于重评组和接受组被试，差异极其显著。图18.4描述了四组被试在各实验环节中状态焦虑的变化。

表18.6　各组被试在等待、面试、恢复阶段焦虑变化量的方差分析

来源	平方和	自由度	F
组间变量（实验条件）	1156.15	3	6.61***
组内变量（阶段）	1673.93	2	61.71***
交互作用	282.71	6	3.47***

注：$p^{***} < 0.001$。

表18.7　实验各组的简单效应检验

阶段	(I)实验条件	(J)实验条件	均差	标准误	显著性
等待	控制组	重评组	3.14	1.69	0.07
	控制组	抑制组	-0.48	1.71	0.78
	控制组	接受组	3.27	1.71	0.06
	重评组	抑制组	-3.62	1.71	0.04
	重评组	接受组	0.13	1.71	0.94
	抑制组	接受组	3.75	1.73	0.03
面试	控制组	重评组	7.71	1.78	0.00
	控制组	抑制组	3.08	1.80	0.09
	控制组	接受组	7.58	1.80	0.00
	重评组	抑制组	-4.64	1.80	0.01
	重评组	接受组	-0.14	1.80	0.94
	抑制组	接受组	4.50	1.83	0.02
恢复	控制组	重评组	1.76	1.45	0.23
	控制组	抑制组	-2.79	1.47	0.06
	控制组	接受组	2.36	1.47	0.11
	重评组	抑制组	-4.55	1.47	0.00
	重评组	接受组	0.60	1.47	0.69
	抑制组	接受组	5.15	1.49	0.00

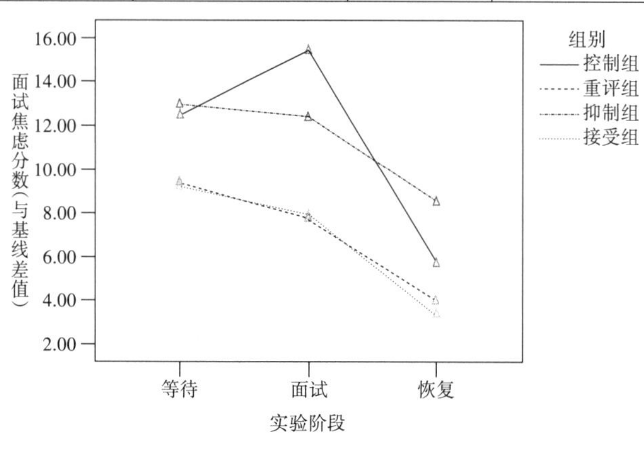

图18.4　四组被试在各实验环节中状态焦虑的变化

4.情绪调节策略对焦虑行为表现的影响

以四种实验处理为自变量，以面试焦虑外部行为评定量表中的9个行为表现指标得分为因变量，进行方差分析（见表18.8）。结果表明，四种实验条件下的被试在坐立不安和不能流畅地回答问题这两个焦虑行为表现上差异显著（F=3.42，p<0.05；F=3.74，p<0.05），在表情僵硬上差异极其显著（F=5.37，p<0.01），在不能清晰表达想阐述的内容上差异达到边缘显著（F=2.70，p<0.1）。四组被试在其他焦虑行为表现指标上差异均不显著。因此，对数据进行进一步的事后多重比较（见表18.9）。结果表明，在坐立不安这一行为上，重评组和接受组的被试分别极其显著或显著低于控制组被试。在表情僵硬这一行为上，重评组与抑制组被试显著低于控制组被试，接受组被试极其显著低于控制组被试。在不能清晰表达想阐述的内容这一行为上，重评组和接受组的被试显著低于控制组被试。在不能流畅地回答问题这一行为上，重评组和接受组的被试分别显著或极其显著低于控制组被试。

表18.8　情绪调节策略对焦虑行为表现的影响

变量	重评组（n=21）		抑制组（n=20）		接受组（n=20）		控制组（n=21）		F
	M	SD	M	SD	M	SD	M	SD	
1.姿势拘谨不能松弛	3.14	0.84	3.25	1.02	2.83	1.04	3.50	1.15	1.54
2.坐立不安	0.18	0.29	0.65	1.16	0.30	0.43	1.08	1.54	3.42^{*}
3.头部动作	0.11	0.28	0.37	0.70	0.67	1.90	0.59	1.24	0.91
4.手朝向头的方向运动	0.15	0.31	0.35	0.91	0.16	0.44	0.41	0.59	1.04
5.表情僵硬	2.60	0.10	2.60	0.93	2.15	1.08	3.36	0.92	5.37^{***}
6.微笑	17.83	12.27	17.60	14.91	22.23	18.66	11.88	10.75	1.79
7.不能清晰表达想阐述的内容	1.55	0.67	1.73	0.77	1.55	0.65	2.10	0.77	2.70
8.无话可说	59.62	21.63	69.60	23.56	77.70	35.39	62.95	19.54	1.98
9.不能流畅地回答问题	2.51	1.05	2.64	1.87	1.90	1.17	3.52	1.95	3.74^{*}

注：$p^{*}<0.05$，$p^{***}<0.001$。

表18.9　各组被试焦虑行为表现的多重比较

焦虑行为表现	（I）实验条件	（J）实验条件	均差	标准误	显著性
坐立不安	控制组	重评组	0.90	0.31	0.01
	控制组	抑制组	0.43	0.31	0.17
	控制组	接受组	0.79	0.31	0.01
	重评组	抑制组	−0.46	0.31	0.14
	重评组	接受组	−0.11	0.31	0.72

续表

焦虑行为表现	(I)实验条件	(J)实验条件	均差	标准误	显著性
	抑制组	接受组	0.35	0.32	0.35
表情僵硬	控制组	重评组	0.76	0.30	0.01
	控制组	抑制组	0.76	0.31	0.02
	控制组	接受组	1.21	0.31	0.00
	重评组	抑制组	−0.00	0.31	0.99
	重评组	接受组	0.45	0.31	0.15
	抑制组	接受组	0.45	0.31	0.15
不能清晰表达想阐述的内容	控制组	重评组	0.55	0.22	0.02
	控制组	抑制组	0.38	0.22	0.10
	控制组	接受组	0.55	0.22	0.02
	重评组	抑制组	−0.18	0.22	0.43
	重评组	接受组	−0.00	0.22	0.99
	抑制组	接受组	0.18	0.23	0.44
不能流畅地回答问题	控制组	重评组	1.01	0.48	0.04
	控制组	抑制组	0.88	0.49	0.08
	控制组	接受组	1.61	0.49	0.01
	重评组	抑制组	−0.13	0.49	0.79
	重评组	接受组	0.61	0.49	0.22
	抑制组	接受组	0.74	0.49	0.14

(五)讨论

本研究在模拟面试情境下通过指导语分别让被试理解并应用了认知重评、表达抑制和接受这三种情绪调节策略，旨在探讨上述三种策略能否有效缓解面试焦虑，并鉴于以往研究在对比三种策略的相对作用时存在矛盾结论的情况，进一步将三种策略对面试焦虑的作用效果进行了比较。

1.模拟面试的情绪诱发效果

预实验部分探讨了研究者所设置的模拟面试情境对求职面试焦虑的诱发效果。实验结果显示，通过指导语诱发面试焦虑后，被试在整个面试过程中的等待、面试和恢复阶段的状态焦虑水平都极其显著地高于基线水平，表明本研究设置的模拟面试能够诱发求职面试焦虑，且效果极其显著。通过预实验得出的这一结论是正式实验部分考察情绪调节策略作用效果的基础和前提。

2.认知重评策略对面试焦虑的影响

认知重评策略属于先行关注的调节策略，通过改变个体对情绪事件的认知来实现情绪调节，在情绪反应还没有完全激活时就可以产生作用，能改变整个情绪经历的轨迹。改变认知评价的方式很多，因此认知重评有多种亚策略，在本研究中，认知重评策略通过指导被试重评求职面试与自身的利害关系来实现作用。实验结果显示，面试过程中的等待阶段和面试阶段，重评组被试的焦虑分数（变化量）分别边缘显著或极其显著低于控制组被试，表明认知重评策略能够降低被试在等待面试和面试过程中的焦虑水平，而在恢复阶段重评组被试的焦虑水平则与控制组被试趋于一致，恢复到较低水平。在面试焦虑的行为表现方面，认知重评策略极其显著或显著减少了被试在面试过程中的坐立不安、表情僵硬、不能清晰表达想阐述的内容以及不能流畅地回答问题这四种焦虑行为表现。因此，本研究证明了认知重评策略对面试焦虑这一具体情境化的焦虑类型同样具有调节作用。

从认知重评策略作用效果来看，埃格洛夫和霍夫曼等人通过演说任务激发焦虑，分别考察了被试自发使用和以指导语指导被试使用认知重评策略进行情绪调节的效果，结果显示重评策略能够降低焦虑主观体验及外部表达，本研究结果与以往相关研究结果一致。此外，从认知重评策略作用的时间进程来看，实验结果也与新近事件相关电位（ERP）研究结论吻合[①]，即认知重评策略可以在情绪诱发较早的时候起到调节作用，并且持续时间较长（相对表达抑制策略）。

3.表达抑制策略对面试焦虑的影响

表达抑制策略属于反应关注情绪调节，通过抑制将要发生或正在发生的情绪表达行为实现作用，此时情绪反应已经完全展开，因此不太可能对情绪体验成分产生调节作用。实验结果显示，在面试过程中的等待阶段，抑制组被试的焦虑分数（变化量）与控制组相比差异不显著。在面试阶段和恢复阶段，抑制组被试的焦虑水平分别略低于和略高于控制组，差异均边缘显著。上述结果表明，表达抑制策略能够在一定程度上降低面试过程中的焦虑体验，但增强了恢复阶段的焦虑体验。在面试焦虑行为表现方面，表达抑制策略显著减少了被试在面试时表情僵硬这一行为，也一定程度地减少了不能流畅地回答问题这一行为（边缘显著）。因此，本实验结果表明表达抑制策略能一定程度上降低面试阶段的焦虑体验并减少焦虑，行为表现，但会导致恢复阶段较高的焦虑体验。

虽然表达抑制策略的目标是通过抑制情绪的外部表达来实现对情绪的调节作用，但以往许多研究发现，该策略的使用只能减少情绪的外部表达，而不能对消极体验产生调节作用，甚至反而会增强被试在实验中或实验后的消极体验。因此本研究仅部分验证了以往研究结果。本实验中抑制组的焦虑体验在恢复阶段反而略微升高的结果与以往大部分研究一致，而表达抑制策略在面试中降低了焦虑主观体验的结果与以往大部分研究

① Ochsner, K. N., Gross, J. J. "The cognitive control of emotion", *Trends in Cognitive Science*, vol.9, no.5 (2005), pp.242-249.

不一致,这可能是由于被试文化差异造成的。以往大多数情绪调节策略研究是基于西方文化的,而在情感表达方面,西方文化更张扬,更倾向于表达自身体验;东方文化则更含蓄内敛。因此表达抑制策略在东方文化下可能具有一定的适应性。值得注意的是,近些年也有一些情绪调节策略研究表明,表达抑制策略对于负性情绪体验也具有一定的调节作用,只是在程度上不及认知重评策略。①一项新近的事件相关电位(ERP)研究考察了认知重评和表达抑制策略对恐怖情绪调节的时间进程,发现表达抑制策略能够降低负性情绪体验,只是该策略是在情绪反应产生的晚期发生作用,且作用时间较短。因此以往研究结论不一致可能是测量情绪体验的时间差异造成的。

在表情行为方面,表达抑制策略仅仅显著降低了面试中的表情僵硬行为。已有研究认为,表达抑制会使得表达受限,需要耗费认知资源以加工情绪信息,这会影响认知资源的可利用性②,而面试任务也需要大量认知资源来完成,因此情绪调节过程与面试任务可能相互干扰,同时影响了面试问题的回答(焦虑行为表现的言语方面)以及对表情行为的调节(焦虑行为表现的非言语方面)。

4.接受策略对面试焦虑的影响

来源于接受取向疗法的接受策略强调对自身一切感觉、体验的接受,即使是对于那些让人不舒服的体验也应当如此,从而通过纠正个体抑制情绪的倾向来实现情绪调节。实验结果表明,在面试过程中的等待阶段和面试阶段,接受组被试的焦虑分数(变化量)分别边缘显著或极其显著低于控制组被试,表明接受策略能够降低被试在等待面试和面试过程中的焦虑水平,而在恢复阶段接受组被试的焦虑水平则与控制组被试趋于一致,恢复到一个较低水平。在面试焦虑的行为表现方面,接受策略极其显著地降低了被试在面试过程中的表情僵硬和不能流畅地回答问题这两种行为,并显著降低了坐立不安和不能清晰表达想阐述的内容这两种行为。因此,研究证明了接受策略同样能够有效调节求职面试焦虑。

以往对于接受策略的实验研究常常是以抑制策略为对照组进行的,这些研究结果均表明接受策略较抑制策略而言对焦虑的调节效果更佳,从侧面论证了接受策略能够有效调节负性情绪。本研究基于已有研究并未得出接受策略是否能够调节情绪主观体验的一致结论,故在设置中性控制组的条件下考察了接受策略对面试焦虑的影响,研究结果支持了坎贝尔等的结论。而本研究未与霍夫曼的研究结论达成一致的原因可能是本研究中运用了双盲设计及压力面试设置等手段来保证任务的挑战性,并给被试造成较大的

---

① Goldin, P. R., McRae, K., & Ramel, W., et al. “The neural bases of emotion regulation: Reappraisal and suppression of negative emotion”, *Biological Psychiatry*, vol.63, no.6 (2008), pp.557-586.

② Ochsner, K. N., Gross, J. J. “The cognitive control of emotion”, *Trends in Cognitive Science*, vol.9, no.5 (2005), pp.242-249.

压力，从而促使了接受策略表现出其调节作用。

5. 三种策略对面试焦虑的调节作用的比较

已有研究缺乏对上述三种情绪调节策略的调节效果的比较，针对这一研究现状，本研究将认知重评、表达抑制与接受三种策略在面试各阶段中对焦虑情绪的影响进行两两比较，结果发现在等待阶段和面试阶段，抑制组被试的状态焦虑（变化量）均显著高于重评和接受组被试；在面试后的恢复阶段，抑制组被试的状态焦虑（变化量）仍然高于重评和接受组被试，且差异极其显著。因此，认知重评和接受两种策略对焦虑体验的作用是等效的，且较表达抑制策略有效。这一研究结果与大部分以往研究是吻合的。首先，认知重评策略较表达抑制策略有效。认知重评策略和表达抑制策略分别属于先行关注和反应关注的情绪调节策略，二者产生作用的生理机制不同。认知重评能够减弱杏仁核和腹内侧眶额皮层的活动，从而在根本上调节负性情绪体验，而表达抑制只能通过腹内侧眶额皮层将刺激表征为非负性情绪进行调节，但杏仁核的活动并未减弱，即负性情绪体验并没有真正消失，只是暂时积压或被非负情绪替代而已。[①]其次，接受策略较表达抑制策略有效。基于接受取向疗法的接受策略恰好能够纠正抑制策略过度调节的倾向，将被试的精力投入生活中更重要的部分，因此其对负性情绪体验的调节效果好于表达抑制策略。然而，由于当前缺乏有关接受策略作用机制的研究，尚且难以揭示接受策略相对于其他情绪调节策略之作用效果优劣的根本原因，今后的研究应致力于接受策略情绪调节的生理机制。最后，认知重评策略与接受策略对焦虑体验的调节效果无显著差异。这一结果与霍夫曼等研究结果不一致，这可能是由于本研究设置给被试造成了更大的压力，从而让接受策略表现出了情绪调节作用。

在面试焦虑的行为表现方面，三组被试在所有焦虑行为表现上差异均不显著。不过若以控制组的焦虑行为表现水平为参照，可以发现重评和接受两种策略均极其显著或显著降低了九种面试焦虑行为表现中的四种，而抑制策略仅显著降低了其中的一种，因此从这个角度来看，抑制策略对面试焦虑行为表现的调节不及重评和接受策略有效。这可能也是由于表达抑制策略较认知重评和接受策略占用的认知资源更多，而影响了被试的面试表现。

6. 大学生求职面试焦虑的对策建议

本研究结果发现，模拟面试对面试焦虑的激发作用极其显著，并且大学生普遍缺乏

---

① Ochsner, K. N. “Current directions in social cognitive neuroscience”, *Current Opinion in Neurobiology*, vol.14, no.2 (2004), pp.254-258.

自主情绪调节的意识和有效的情绪调节策略。因此,指导大学生使用有效的情绪调节策略来减少其求职面试过程中的焦虑情绪,对于促进大学生高质量就业具有重要的现实意义。为此,本研究提出如下教育建议。

(1)通过各种渠道、媒介宣传有效的面试焦虑调节策略。

高校应通过各种渠道、媒介将有效的面试焦虑调节策略传授给学生,让其在面试时能够自我调节面试焦虑,以减弱焦虑对面试表现的负面影响。例如,学校可以通过心理健康教育课程普及求职面试焦虑及其有效调节方法,就业指导中心也可以在毕业生就业期间开设类似的专题讲座。在上述课程或讲座中,不但可以把认知重评、接受等简单易行的策略教授给学生,还可以更深入地让学生了解这些策略所基于的心理疗法(如认知疗法、接受取向疗法等),以及这些疗法在治疗情绪问题时的核心,如认知疗法主张找到患者的不合理信念并加以纠正,接受取向疗法主张患者无条件地接受负性情绪并且将注意力投入更有意义的事情中去。此外,校园网的就业信息板块和校园宣传专栏也可以作为普及面试焦虑应对策略的有效渠道。在教给学生面试焦虑有效调节策略的同时,也应注意引导学生避免使用调节效果不显著的策略(如表达抑制策略),以及其他一些有可能降低面试官评分的策略(如不看面试官等)。

(2)促进学生自觉自发使用有效的调节策略。

基于本研究结果可以发现,仅让学生知晓有效的情绪调节策略还远远不够,还应当训练其自觉自发地使用情绪调节策略。教师只能在课堂或讲座上教授并提示学生使用策略,而无法在学生身处面试情境时提示他们。因此,针对这一局限,教师可以通过指导大学生在课堂上进行想象练习(如想象自己正在参与一场求职面试)或情景模拟(模拟一场面试),并提示学生进行自我调节,多次重复以加强两者之间的联结,逐步培养大学生自觉自发使用有效的情绪调节策略。

(3)对严重的面试焦虑者进行个别心理干预。

对于大部分学生,情绪调节策略方面的指导可以让他们掌握有效的情绪调节策略以减弱面试焦虑,然而,对于一些严重的面试焦虑个体,课堂上的指导还不足以让他们走出面试焦虑的阴影。因此,高校的心理健康中心或心理咨询室等应当面向这部分大学生提供有针对性的心理咨询服务,根据本研究结果的提示,认知疗法及接受取向疗法均是可以考虑的心理咨询方法。

附录1

面试过程中面试官的语言表述

助手1:你好！请坐。首先简单介绍一下自己,包括爱好、家庭和学业等方面,时间控制在三分钟之内。

助手2:提出问题一:“请你举一个例子,说明在完成一项重要任务时,你是怎样和他人进行有效合作的。”

助手1:提出问题二:“在小组合作任务中,常常有人会偷懒,不完成自己分内的任务,遇到这种情况时你是怎么处理的?”

助手2:提出问题三:“请举一个你主动设立高标准的目标并制定计划来努力达成的例子,简要说明你是如何确定目标和怎样实施计划的。”

助手2:今天的面试就到这里,请回到等待区。

被试回答过程中面试官神情严肃,不做任何评价。当出现以下情况时由负责提出当前问题的实验助手向被试追问。

1. 当被试的回答超过限制的时间,打断被试:“时间到了,请回答下一个问题。”

2. 当面试官提出问题半分钟后被试还没有开始回答,提示被试:“请回答我们的问题。”

3. 如果被试回答过程中做了10秒以上停顿,询问“就这些吗?”,以确定被试是否回答完毕。

附录2

修订后的面试焦虑外部行为指标

类别	项目及评分标准
非言语行为	1. 姿势拘谨,不能松弛 ①身体放松,会使用一些肢体语言来辅助口头表达,如点头、手势等;②身体比较放松;③中等;④身体比较紧张,在面试中基本保持一个姿势不变;⑤身体非常紧张,在面试中基本保持一个姿势不变
	2. 坐立不安(在座位上挪动、叹息,用手捂腹部等的次数/分钟)
	3. 头部动作(如埋头、甩头等的次数/分钟,不包括辅助言语表达的点头、摇头等动作及随视线的正常转移)
	4. 手朝向头的方向运动(如扶眼镜、接触脸部或头发等的次数/分钟)
	5. 表情僵硬 ①表情自然,并会根据阐述的内容变化,强化语言表达的效果;②表情比较自然;③中等;④表情比较凝重;⑤表情凝重或在面试中90%以上的时间一直都面无表情
	6. 微笑(面试中面带微笑的时间/分钟)

续表

类别	项目及评分标准
言语行为	7.不能清晰表达想阐述的内容 ①语言表达的意义明确连贯,易于理解;②语言表达的意义比较明确连贯,比较易于理解;③中等;④语言表达的意义不太明确连贯,比较难理解;⑤语言表达的意义不明确连贯,难以理解
	8无话可说(平均回答每个问题的时间)
	9.不能流畅地回答问题(讲话中不必要的停顿和打结次数/分钟)

注:以上项目中,第1、第5和第7项需要两名研究者同时评分,以均值作为项目最终得分;其余项目需要1名研究者评定行为频率或持续时间。

第十九章 大学生网络成瘾结构及特点

网络空间具有的虚拟性、开放性、自由性、平等性和交互性等特点，迎合了当代大学生求知、娱乐和交友的迫切需要。然而，网络是一把双刃剑，在丰富大学生学习、娱乐生活的同时，也不可避免地产生了诸多消极影响，网络成瘾已经成为其中最为突出的社会公共问题。网络成瘾的大学生通常会因为过度的网络使用导致学业荒废、人际关系适应不良、社会功能受损等。因此，重视大学生网络心理和行为的研究，指导大学生科学健康地使用网络，对促进大学生的身心健康发展，提升其社会适应能力均具有重要的理论价值和现实指导意义。

第一节 研究概述

一、网络成瘾的概念

目前,关于网络成瘾的概念,主要有以下几种。研究者扬认为网络成瘾是一种患者对互联网依赖而导致明显的心理异常症状并伴随生理性受损的现象。这是一种涉及中毒的冲动性行为控制失调,症状与赌博成瘾症状极为相似。[①]也有研究者认为网络成瘾是在无成瘾物质作用下的上网行为冲动失控,表现为由于过度使用互联网而导致个体明显的社会、心理功能受损。[②]还有研究者认为网络成瘾是一种包含人机互动而不牵涉物质摄取的行为性成瘾,它是行为成瘾(如强迫性赌博)的一个子类。[③]雷雳、李宏利认为网络成瘾是用户上网达到一定的时间后,其认知功能、情绪情感功能以及行为活动,甚至生理活动受到严重伤害,偏离现实生活,但仍然不能减少或停止使用互联网的现象。[④]

通过这些概念,我们总结出以下几点:

(1)关于网络成瘾的命名主要有两种:一种是用"成瘾"来命名,例如网络成瘾、在线成瘾等;另一种是用"依赖""问题性"或"病态"等字眼来命名,如病理性使用网络、问题性网络使用、网络行为依赖等。

(2)网络成瘾是一种成瘾行为,与其他成瘾行为具有相同特征。首先,网络成瘾有明确的成瘾物,即个体与互联网交互式的经验、体验与信息;其次,网络成瘾行为表现出强迫性、耐受性、戒断性等特征;最后,网络成瘾行为会导致个体的生理、心理和社会功能受损。

---

① Young, K. S. "Internet Addiction: The emergence of a new clinical disorder", *CyberPsychology and Behavior*, vol. 1, no. 3 (1998), pp.237-244.

② Kraut, R., Patterson, M., & Lundmark, V., et al. "Internet paradox: A social technology that reduces social involvement and psychological well-being?", *American Psychologist*, vol. 53, no. 9 (1998), pp.1017-1031.

③ Griffiths, M.D.*Internet Addiction: Does It Reauy Exist?* In Gackenbach, J.(Ed.), *Psychology and the Internet: Intrapersonal, Interpersonal, and Transpersonal Implications*, San Diego: Academic Press, 1998, pp.67-75.

④ 雷雳、李宏利:《病理性使用互联网的界定与测量》,《心理科学进展》2003年第1期,第73-77页。

(3)网络成瘾的成瘾物具有特殊性。相较于其他成瘾行为,网络成瘾的成瘾物是不同的。例如化学物品成瘾,化学物品本身既是刺激物又是成瘾物。而在网络成瘾中,网络虽是刺激物,但网络本身并不是成瘾物,即网络成瘾的成瘾物具有间接性,它只是一种提供成瘾物的中介物,真正的成瘾物是通过网络传递的交互式经验、体验与信息。扬根据成瘾物的不同,又对网络成瘾物进行了分类,包括网络色情成瘾、网络关系成瘾、网络游戏成瘾、信息下载成瘾、计算机成瘾。①

二、网络成瘾的结构

研究者们提出的网络成瘾结构中所包含的因素不尽相同,我们把其中比较典型的观点加以归纳概括(见表19.1)。

表19.1　不同网络成瘾概念中网络成瘾的构成因素

研究者	研究对象	研究视角	维度
扬②	大学生	症状	强迫行为、戒断行为、耐受、沉迷的后续困扰
莫拉·马丁(Morahan-Martin)③		影响	学业、工作问题、个人的感伤、戒断症状、心境的改变等
戴维斯(Davis)④		症状	安全感、社会化、冲动性、压力应对、孤独—现实五方面内容
江楠楠⑤		特征、影响	耐受性、脱瘾综合症、上网时间及次数太多、无法控制因特网的使用、把大量时间花在与因特网有关的事情上、使用因特网放弃或减少重要社交工作或娱乐活动、知道上网导致身体社交工作或心理问题但无法自制七方面内容
杰伊汉(Ceyhan)⑥		影响	网络的消极影响、社会利益、过度使用网络三个维度

可以看出,研究者主要从三个角度来构建网络成瘾:(1)类型角度:从网络成瘾的类型—成瘾倾向上来界定网络成瘾的结构,如网络关系成瘾、网络娱乐成瘾和信息收集成瘾等;(2)症状角度:从网络成瘾者具有的症状来构建网络成瘾的结构,如强迫性、耐受性、戒断性等;(3)后果角度:从网络成瘾对生理、心理和社会的影响角度来界定网络成瘾的结构。并且,不论是基于哪一个角度,均可以看出网络成瘾的结构是多维度、多层次的。

① Young, K. S. "Internet Addiction: The emergence of a new clinical disorder", CyberPsychology and Behavior, vol. 1, no. 3 (1998), pp.237-244.

② Young, K. S. "Internet Addiction: The emergence of a new clinical disorder", Cyberpsychology and Behavior, vol. 1, no. 3 (1998), pp.237-244.

③ Morahan-Hartin, J., Schumacher, P. "Incidence and correlates of pathological internet use among college student", Computers in Human Behavior, vol. 16 (2000), pp.13-29.

④ Davis, R. A. "A cognitive-behavioral model of pathological Internet use", Computers in Human Behavior, vol. 17 (2001), pp.187-195.

⑤ 江楠楠、郭培芳:《国外对因特网成瘾障碍的研究》,《心理科学》2003年第1期,第178~179页。

⑥ Ceyhan, E., Ceyhan, A. A., Gurcan, A. "The validity and reliability of the problematic internet usage scale", Educational Sciences: Theory & Practice, vol. 1, no. 1 (2007), pp.411-416.

三、网络成瘾的测量工具

(一)扬的网络成瘾诊断量表

扬认为美国精神疾病分类与诊断手册列出的所有诊断标准中,病态赌博的诊断标准最接近网络成瘾的病理特征。因而扬对病态赌博的诊断标准加以修订,形成关于网络成瘾的诊断量表。该量表有8个题项,如果被试对其中的5个题项给予肯定回答,就被诊断为网络成瘾。该量表项目较少,具有简单易操作的特点,但存在方法学上的缺陷。①

(二)病理性网络使用问卷

莫拉·马丁等人的研究直接采用了病理性互联网使用(Pathological Internet Use)这一概念,他们针对大学生这一特定的互联网使用群体,从互联网对大学生的学业发展、职业规划、个体成长等不同方面的影响来考察病理性互联网使用,并编制了包含13个题项的量表。②

(三)戴维斯在线认知量表

戴维斯基于安全感、社会化、冲动性、压力应对、孤独—现实五个维度编制了在线认知量表,该量表合计36个题项,采用Likert 7点计分。如果被试测出的总分超过100分或任一维度上的得分大于等于24分,则被认定为网络成瘾。该量表的优点在于,一方面,量表的名称"DOCS"未明确告诉被试量表要测的内容,避免被试因受社会赞许性的影响而不根据真实情况作答;另一方面,题项不是对网络成瘾病态症状的简单罗列,所要测量的是被试的思维过程而非行为表现,因此该量表具有较好的预测性。③

(四)卡普兰的病理性网络使用问卷

卡普兰编制了病理性网络使用问卷,该问卷包括7个维度,分别是:情绪改变、感知到的网络社交好处、上网引起的负性结果、强迫性网络使用、花费过多的时间上网、戒断症状、上网感知到的人际关系控制。研究表明该量表具有较好的信度和效度。④

---

① Young, K. S. "Internet Addiction: The emergence of a new clinical disorder", *CyberPsychology and Behavior*, vol. 1, no. 3 (1998), pp.237-244.

② Morahan-Hartin, J., Schumacher, P. "Incidence and Correlates of Pathological Internet Use among College Student", *Computers in Human Behavior*, vol.16, no.1 (2000), pp.13-29.

③ Davis, R. A. "A cognitive-behavioral model of pathological Internet use", *Computers in Human Behavior*, vol.17, no.2 (2001), pp.187-195.

④ Caplans, S.E. "Problematic Internet use and psychosocial well-being: Development of a theory-based cognitive-behavioral measurement instrument", *Computers in Human Behavior*, vol.18, no.5 (2002), pp.553-575.

(五)尼科尔斯的网络成瘾量表

尼科尔斯编制了网络成瘾量表,共计31个题项,采用Likert 5点计分。如果被试测出的总分超过93分,则可能患有网络成瘾。尼科尔斯对网络成瘾量表进行了心理测量学分析,证明其具有较好的信度和效度。①

(六)彼尔德的临床诊断法

彼尔德以生物—心理—社会理论模型为框架提出了详细的访谈提纲来诊断网络成瘾,具体包括以下几个方面:(1)当前问题:网络使用历史、潜在原因、上网时间、上网动机、上网内容、网络成瘾的症状等;(2)躯体情况:过度上网引起的躯体问题,如睡眠减少、饮食不规律、颈肩痛、腕关节综合征、免疫功能下降等,是否服用成瘾药物和饮酒,是否有成瘾家族史;(3)心理情况:上网前、上网时及上网后的想法和感受,是否有焦虑、抑郁、孤独等负性情绪,是否通过上网逃避负性情绪;(4)社会情况:网络成瘾对家庭、学业、工作、人际关系等社会功能造成的影响;(5)复发因素:诱发上网的因素、改变网络成瘾的决心、过度上网的好处与坏处、是否认识到自己过度上网的问题等。②

(七)大学生因特网成瘾障碍量表

江楠楠和顾海根编制了大学生因特网成瘾障碍量表,该量表共计52个题项,包括7个维度,量表中各项目的区分度都在0.3以上,并且45个题项的项目区分度大于0.4。重测信度为0.81,内部一致性系数为0.95。以扬的网络成瘾诊断量表为校标,其与扬的量表之间的相关系数为0.61,即具有较好的校标效度。同时,验证性因素分析结果表明该量表的结构效度良好。③

(八)青少年病理性互联网使用量表

雷雳、杨洋参照国内外研究并结合我国青少年的实际情况,旨在编制出更适合我国情况的青少年病理性互联网使用量表。探索性因素分析和验证性因素分析的结果表明APIUS由6个维度构成,即突显性、耐受性、强迫性上网/戒断症状、心境改变、社交抚慰、消极后果。APIUS显示了良好的信效度指标,可以作为我国青少年病理性互联网使用的测量工具。④

---

① Nichols, L. A., Nicki, R. “Development of a psychometrically sound addiction scale: A preliminary step”, *Psychology of Addictive Behaviors*, vol.18, no.4 (2004), pp.381-384.

② Beard, K. W. “Internet addiction: A review of current assessment techniques and potential assessment questions”, *CyberPsychology and Behavior*, vol. 8, no. 1 (2005), pp.7-14.

③ 江楠楠、顾海根:《大学生上网行为、态度和人格特征的研究》,《心理科学》2005年第1期,第49-51页。

④ 雷雳、杨洋:《青少年病理性互联网使用量表的编制与验证》,《心理学报》2007年第4期,第688-696页。

四、已有研究的不足

从现有国内网络成瘾的研究来看，研究者们主要使用的是国外研究者编制的量表，其适用性有待进一步的考量。网络成瘾的研究源自西方国家，这些国家与中国的社会文化背景差异较大，因此在量表选取时应充分考虑到这种差异性。譬如中国人深受传统文化的影响，较为看重与家人和朋友的关系，在现实生活中的情感表达会相对拘谨、含蓄，较少使用激烈的言辞，但在网络社会中，他们可以自由地、不加约束地表达自身的情感。因此相较于西方，中国人更加倾向于将网络作为一个情感宣泄而非情感沟通的工具。即使有少部分研究者采用了自编的网络成瘾量表，由于时间、经费等因素的限制，无法对量表展开进一步地精简与修订，使得量表在实际使用中不够便捷，信效度不足，其科学性也难以得到保证。此外，现有对网络成瘾的测量主要围绕行为成瘾展开，较少涉及心理以及社会功能层面。综上，本章将从心理与行为的综合视角出发，以中国大学生为被试，开发出一套适用于中国大学生的网络成瘾问卷。

五、研究设计

（一）研究目的

采用文献分析法、访谈法以及问卷调查法探索我国大学生网络成瘾的理论结构，并以该理论结构为基础，编制《大学生网络成瘾问卷》，同时考察大学生网络成瘾的现状特点。

（二）研究构想

本研究以大学生为被试，考察其网络成瘾的结构及其现状特点。(1)采用文献分析法、访谈法以及问卷调查法初步构建大学生网络成瘾结构。(2)以大学生网络成瘾结构为基础编制《大学生网络成瘾问卷》初始问卷，使用该问卷进行测试，验证大学生网络成瘾结构并修订初始问卷。(3)使用《大学生网络成瘾问卷》正式问卷测试，考察大学生网络成瘾的现状特点。

第二节 大学生网络成瘾的理论构想与问卷编制

一、研究目的

本研究基于国内外网络成瘾理论与实践的研究成果，旨在通过对大学生开展访谈和开放式问卷调查、专家咨询等，构建我国大学生网络成瘾的理论模型，并据此编制《大学生网络成瘾问卷》，为后续开展大学生网络成瘾调查研究做好准备。

二、大学生网络成瘾理论模型的建构

为了更加科学地建构大学生网络成瘾问卷的理论模型，研究者在系统回顾了已有研究的基础上，进行了开放式问卷调查和访谈。开放式问卷调查选取重庆市某高校100名学生为被试，共回收有效问卷85份，问卷有效率85%，其中男生39人，女生46人；文科42人，理科43人；一年级27人，二年级23人，三年级20人，四年级15人。访谈从重庆市某高校招募被试，然后随机筛选出19人进行访谈，其中女生11人，男生8人。

根据对访谈以及开放式问卷调查结果的分析，结合专家意见，最终提出以下理论构想（见表19.2）。

表19.2 大学生网络成瘾的理论构想

维度	指标	含义
心理症状	戒断性	主要指个体离开网络会产生痛苦的情绪体验或相应的行为反应
	强迫性	主要指个体对自身网络行为的约束能力下降，出现难以自控的上网冲动等
	耐受性	主要指个体必须逐渐增加上网时间，才能获得与以前同样的满足感
	时间管理问题	主要指个体的上网频率比计划的高，上网时间比计划长
社会功能受损	人际疏离	主要指个体沉迷于网络人际交往，疏远或回避现实人际交往
	学业不良	主要指个体因上网不当而导致学习兴趣减弱、学业成绩下降等
	社会脱离	主要指个体沉迷于网络虚拟世界，脱离现实群体和社会环境，缺乏责任感、义务感，以自我为中心
生理障碍	生理机能症状	主要指个体因长期上网而导致的某些生理机能下降或丧失，如消化减弱、食欲不振、入睡困难和血压升高等
	躯体症状	主要指个体因过度上网而出现体重变化过大、视听力减弱、自主行为减弱等不良生理反应

按照建立项目库的原则和方法，根据大学生网络成瘾的理论构想，对大学生网络成瘾的部分题项进行调整，初步确定大学生网络成瘾问卷的9个维度，包括戒断性、强迫性、耐受性、时间管理问题、人际疏离、学业不良、社会脱离、生理机能症状、躯体症状，其中每个维度各6个题项。

三、大学生网络成瘾问卷的编制

(一)研究方法

1. 被试

样本1:在我国西部地区选取两所本科院校,采用分层随机抽样的方法,发放初始问卷700份,最终收回有效问卷647份,问卷有效率为92.43%。其中男生317人,女生330人;大一173人,大二151人,大三155人,大四168人。

样本2:采用了两阶段随机抽样的方法,第一阶段以城市为取样单位,在我国华东地区、华南地区、华中地区、华北地区、西北地区、西南地区随机抽取13个城市;第二阶段在所抽取的城市中选择学校,随机抽取班级。共发出问卷2450份,收回有效问卷2007份,有效率为81.92%。其中普通大学与重点大学的人数比例约为3:1;男女人数比例接近1:1。

2. 工具

采用自编的《大学生网络成瘾问卷Ⅰ》进行第一次项目分析和探索性因素分析;使用《大学生网络成瘾问卷Ⅱ》进行第二次项目分析和探索性因素分析、验证性因素分析以及信效度检验。以上问卷均采用Likert 5点计分。

3. 程序

根据开放式问卷调查的结果,参考以往同类型的调查问卷,编制出《大学生网络成瘾问卷》初始题项,请心理学专业研究生和老师依据含义明确,表达简练,能够准确反映大学生网络成瘾理论结构且没有近似含义的标准,对题项进行修订和删改,最终形成包含54个题项的《大学生网络成瘾问卷Ⅰ》。对《大学生网络成瘾问卷Ⅰ》进行第一次预测,与理论模型较为匹配。为了进一步检验大学生网络成瘾问卷结构的合理性,故对题项进行修订,形成包含39个题项的《大学生网络成瘾问卷Ⅱ》。接着使用《大学生网络成瘾问卷Ⅱ》进行第二次测试,根据相关心理测量学标准修订并精简题项后,形成包含24个题项的《大学生网络成瘾问卷》,即正式问卷(见附录)。

(二)研究结果

1.《大学生网络成瘾问卷Ⅰ》的数据分析结果

对《大学生网络成瘾问卷Ⅰ》的数据进行项目分析,将被试总分按递增排序,选取得分最高的前27%的学生作为高分组,得分最低的后27%的学生作为低分组,进行独立样本t检验,删除差异不显著的项目。采用同质性检验筛选题项,删除与总分相关不显著以及共同性小于0.2的题项。项目分析结果显示,所有题项的平均数差异检验均显著且所有题项与总分的相关在0.23～0.78,但有一个题项的相关系数较低,考虑删除。剩下的53个题项之间的相关在0.34～0.78。

对项目分析后保留的53道题做探索性因素分析。问卷的KMO值为0.85,巴特利特球形检验显著($p<0.001$)满足因素分析的基本条件。对数据进行主成分分析提取公共因素,使用直接斜交转轴法进行探索性因素分析,求出旋转因素负荷矩阵。结果显示,提取出的8个因素共解释了总方差的60.25%,题项的最高负荷为0.86,最低负荷为0.41,所有题项的共同度介于0.40～0.70。对提取出的8个因素命名和解释如下。

第一个因素命名为"学业不良",共计5个题项,该因素的特征值为2.71,经最大旋转之后的方差解释率为27.18%。该部分题项涉及的内容主要是大学生因上网不当而导致学习兴趣减弱、学业成绩下降等学业问题。

第二个因素命名为"生理症状",共计5个题项,该因素的特征值为2.62,经最大旋转之后的方差解释率为10.42%。该部分题项涉及的内容主要是大学生因过度上网而出现食欲不振、入睡困难、体重变化大、视力听力减弱等不良生理反应。

第三个因素命名为"时间管理问题",共计5个题项,该因素的特征值为1.94,经最大旋转之后的方差解释率为8.60%。该部分题项涉及的内容主要是大学生上网的频率以及时长情况,突出表现为个体的上网频率比计划的高,上网时间比计划的长。

第四个因素命名为"人际疏离",共计5个题项,该因素的特征值为2.65,经最大旋转之后的方差解释率为5.56%。该部分题项涉及的内容主要是大学生因沉迷于网络人际交往而出现疏远或回避现实人际交往的问题。

第五个因素命名为"强迫性",共计5个题项,该因素的特征值为1.42,经最大旋转之后的方差解释率为5.21%。该部分题项涉及的内容主要是大学生对于网络行为的自控能力。

第六个因素命名为"戒断性",共计5个题项,该因素的特征值为1.93,经最大旋转之后的方差解释率为4.82%。该部分题项涉及的内容主要是反映大学生离开网络后产生痛苦的情绪体验或相应的行为反应。

第七个因素命名为"社会脱离",共计4个题项,该因素的特征值为2.21,经最大旋转之后的方差解释率为4.47%。该部分题项涉及的内容主要是反映大学生沉迷于网络虚拟世界,脱离现实群体和社会环境,缺乏责任感、义务感,以自我为中心等问题。

第八个因素命名为"耐受性",共计5个题项,该因素的特征值为1.19,经最大旋转之后的方差解释率为3.98%。该部分题项涉及的内容主要是反映大学生必须通过逐渐增加上网时间,来获得与以往同样的满足感的症状。

将修编后的模型与最初建构的理论模型相比较可以发现，二者基本吻合。唯一不同之处在于理论构想中的《大学生网络成瘾问卷》是一阶九因子问卷，而在探索性因素分析时，生理障碍中的生理机能症状和躯体症状合并为一个因素。可能的原因是网络成瘾对身体的伤害难以区分是属于生理机能症状还是躯体症状，两者通常作为一个整体来呈现。修编后的结构如下(见表19.3)。

表19.3　大学生网络成瘾的初步结构

维度	因子	含义
心理症状	戒断性	主要指个体离开网络后会产生痛苦的情绪体验或相应的行为反应
	强迫性	主要指个体的网络行为自控能力下降，出现难以自控的上网冲动等
	耐受性	主要指个体必须通过逐渐增加上网时间，来获得与以往同样的满足感
	时间管理问题	主要指个体上网频率比计划的高，上网时间比计划的长
社会功能受损	人际疏离	主要指个体沉迷于网络人际交往，疏远或回避现实人际交往
	学业不良	主要指个体因上网不当而导致学习兴趣减弱、学业成绩下降等
	社会脱离	主要指个体沉迷于网络虚拟世界，脱离现实群体和社会环境，缺乏责任感、义务感，以自我为中心
生理症状	生理症状	主要指个体因长期上网而导致的某些生理机能下降或丧失

2.《大学生网络成瘾问卷Ⅱ》的数据分析结果

使用《大学生网络成瘾问卷Ⅱ》进行测试，对收回的数据进行项目分析和探索性因素分析，步骤与《大学生网络成瘾问卷Ⅰ》一致。通过项目分析来检验题项的鉴别力，项目分数与量表总分的相关作为项目区分度的指标，其结果如下(见表19.4)。

表19.4　《大学生网络成瘾问卷Ⅱ》的鉴别力分析

鉴别力	$D<0.2$	$0.2\leqslant D<0.3$	$0.3\leqslant D<0.4$	$D\geqslant 0.4$
项目数	0	2	4	33

从表中可以看出，问卷的全部题项都具有鉴别力，大多数题项具有较高的鉴别力。对保留的全部题项做探索性因素分析。问卷KMO值为0.95，巴特利特球形检验显著($p<0.001$)，满足因素分析的基本条件。对数据进行主成分分析提取公共因素，使用直接斜交转轴法，进行探索性因素分析，求出旋转因素负荷矩阵(见表19.5)。

表19.5　《大学生网络成瘾问卷Ⅱ》因素分析结果

题项	F1	F2	F3	F4	F5	F6	F7	F8	共同度
t21	0.85								0.76
t22	0.76								0.75
t6	0.41								0.66
t31		0.82							0.83
t30		0.88							0.80
t32		0.63							0.65

续表

题项	F1	F2	F3	F4	F5	F6	F7	F8	共同度
t7			−0.84						0.74
t8			−0.72						0.71
t24			−0.65						0.68
t28				0.82					0.73
t12				0.77					0.71
t27				0.76					0.71
t20					0.41				0.58
t19					0.41				0.62
t34					0.40				0.57
t25						0.69			0.79
t10						0.89			0.80
t9						0.82			0.76
t13							0.54		0.69
t29							0.48		0.59
t14							0.41		0.70
t2								0.53	0.75
t1								0.63	0.72
t17								0.65	0.78
特征值	5.45	3.62	4.46	3.47	1.39	5.45	3.15	1.95	总和
解释率(%)	40.12	7.41	6.25	4.25	3.90	3.42	3.29	2.87	71.51

结果表明,8个因素共解释了总方差的71.51%,题项的最高负荷为0.89,最低负荷为0.40,所有题项的共同度介于0.50 ~ 0.83。具体来看。

第一个因素为耐受性,共计3个题项,该因素的特征值为5.45,经最大旋转之后的方差解释率为40.12%。第二个因素为生理症状,共计3个题项,该因素的特征值为3.62,经最大旋转之后的方差解释率为7.41%。第三个因素为时间管理问题,共计3个题项,该因素的特征值为4.46,经最大旋转之后的方差解释率为6.25%。第四个因素为学业不良,共计3个题项,该因素的特征值为3.47,经最大旋转之后的方差解释率为4.25%。第五个因素为强迫性,共计3个题项,该因素的特征值为1.39,经最大旋转之后的方差解释率为3.90%。第六个因素为人际疏离,共计3个题项,该因素的特征值为5.45,经最大旋转之后的方差解释率为3.42%。第七个因素为社会脱离,共计3个题项,该因素的特征值为3.15,经最大旋转之后的方差解释率为3.29%。第八个因素为戒断性,共计3个题项,该因素的特征值为1.95,经最大旋转之后的方差解释率为2.87%。

3.《大学生网络成瘾问卷》的数据分析结果

对《大学生网络成瘾问卷》进行验证性因素分析。结果表明,χ^2/df=4.91,即模型适配程度较为简约;RMSEA<0.05,NFI、GFI、CFI、TLI值均大于0.9(见表19.6),各项拟合指

标均符合心理测量学要求,即修订后的问卷模型拟合较好。

表 19.6 《大学生网络成瘾问卷》的验证性因素分析

指标	χ^2/df	RMSEA	SRMR	NFI	GFI	CFI	TLI
拟合指数	4.91	0.05	0.04	0.91	0.97	0.95	0.93

对《大学生网络成瘾问卷》进行信效度检验。采用内部一致性信度和分半信度作为《大学生网络成瘾问卷》的信度指标。《大学生网络成瘾问卷》各因素的内部一致性信度在0.69 ~ 0.86,分半信度在0.65 ~ 0.84;整个问卷的内部一致性信度为0.95,分半信度为0.93。由此说明,《大学生网络成瘾问卷》具有良好的信度。

采用结构效度和校标关联效度作为《大学生网络成瘾问卷》的效度指标(见表19.7)。各因素与问卷总分的相关系数在0.66 ~ 0.85,各因素之间的相关在0.37 ~ 0.70。可见,各因素与网络成瘾的总分相关较高,并且各因素之间均有中等程度相关,说明本问卷的结构效度良好。此外,我们选取前文提到的扬的网络成瘾诊断量表作为校标,《大学生网络成瘾问卷》与扬的网络成瘾诊断量表的相关系数为0.63。

表 19.7 《大学生网络成瘾问卷》的效度检验

变量	F1	F2	F3	F4	F5	F6	F7	F8	总问卷
F1耐受性	-								
F2强迫性	0.66^{***}	-							
F3生理障碍	0.38^{***}	0.49^{***}	-						
F4戒断性	0.63^{***}	0.61^{***}	0.41^{***}	-					
F5时间管理	0.52^{***}	0.59^{***}	0.37^{***}	0.56^{***}	-				
F6人际疏离	0.57^{***}	0.58^{***}	0.38^{***}	0.54^{***}	0.43^{***}	-			
F7学业不良	0.52^{***}	0.68^{***}	0.52^{***}	0.50^{***}	0.54^{***}	0.51^{***}	-		
F8社会脱离	0.67^{***}	0.66^{***}	0.41^{***}	0.56^{***}	0.44^{***}	0.70^{***}	0.56^{***}	-	
总问卷	0.80^{***}	0.85^{***}	0.66^{***}	0.77^{***}	0.73^{***}	0.75^{***}	0.79^{***}	0.80^{***}	-
网络成瘾诊断量表	0.52^{***}	0.58^{***}	0.28^{***}	0.51^{***}	0.50^{***}	0.47^{***}	0.50^{***}	0.51^{***}	0.63^{***}

注:$p^{**} < 0.01$。

第三节 大学生网络成瘾的特点

一、研究目的

本研究旨在考察大学生网络成瘾的特点，为后续推进有效预防大学生网络成瘾的教育实践提供参考借鉴。

二、研究方法

（一）被试

在我国12个省或直辖市的16所高校，采用随机抽样的方法，使用《大学生网络成瘾问卷》和《大学生网络使用情况调查表》进行施测。共发出问卷2450份，收回有效问卷2007份，有效率为81.92%。根据欧居湖的网络成瘾界定标准[①]，本次调查中中度网络成瘾和重度网络成瘾共计93人。其中，男生59人，女生34人；大一30人，大二22人，大三30人，大四11人；周平均上网时间7小时以下5人，7～14小时20人，15～21小时12人，22～28小时11人，29～35小时24人，36小时以上21人；单次平均上网时间小于1小时8人，1～2小时29人，2～3小时28人，3小时以上28人。

（二）工具

本研究使用《大学生网络成瘾问卷》考察大学生的网络成瘾水平。该问卷由耐受性、生理症状、时间管理问题、学业不良、强迫性、人际疏离、社会脱离和戒断性八个部分组成，合计24个题项。采用Likert 5点计分，无反向计分题。

（三）统计分析

本研究使用SPSS统计软件进行数据的整理和分析，主要包括描述性统计、平均数差异的显著性检验等。

三、研究结果

本研究考察了大学生网络成瘾的总体现状以及在不同性别、年级、使用时间等变量下大学生网络成瘾的现状与特点，具体结果如下。

① 欧居湖：《青少年学生网络成瘾问题研究》，西南师范大学硕士学位论文，2003年。

1. 大学生网络成瘾的流行率

为进一步考察大学生网络成瘾的基本状况，我们对参加本次调查的2007名被试进行筛查。因为本问卷是筛查量表，在正常人群中筛查网络成瘾患者，因此样本不是正态分布，只能运用临界分来报告网络成瘾率。我们将本次调查的最高分减去最低分得出本次调查得分的全距，将全距分成四等分。从得分最低段依次向上分别是无明显症状、轻度网络成瘾、中度网络成瘾和重度网络成瘾。根据本次调查的结果，最高分是156，最低分是10，分成四等分后：0～39分表示无明显症状组，该组别学生人数为1251人，占调查人数的62.33%；40～78分表示轻度网络成瘾，该组别的学生人数为653人，占调查人数的32.54%；79～117分表示中度网络成瘾，该组别的学生人数为81人，占调查人数的4.04%；118分以上表示重度网络成瘾，该组别的学生人数为22人，占调查人数的1.10%。

2. 大学生网络成瘾的总体情况

对大学生网络成瘾的总体表现进行描述统计，结果如下（见表19.8）。大学生网络成瘾的总平均分为2.57分，低于中等临界值3分，说明从总体上看，我国大学生的网络成瘾情况不太严重。经过数据的进一步分析发现，其总平均分小于等于临界值3分的人数共计1914，占总人数的95.37%；总平均分高于4分（比较高）的人数共计93，占总人数的4.63%，表明我国大学生网络成瘾的比率较小。

大学生网络成瘾各因素发展不平衡，并且存在显著差异，其中时间管理问题的得分最高，社会脱离的得分最低。各因素平均值大小的比较依次是：时间管理问题＞生理症状＞强迫性＞耐受性＞学业不良＞戒断性＞人际疏离＞社会脱离。

表19.8　大学生网络成瘾的总体情况

变量	戒断性	耐受性	强迫性	时间管理问题	人际疏离	社会脱离	学业不良	生理症状	总问卷
M	2.43	2.55	2.75	3.83	2.38	2.36	2.54	3.46	2.57
SD	0.82	0.84	0.70	0.73	0.92	0.92	0.80	0.84	0.56

3. 网络成瘾大学生的性别差异

对不同性别网络成瘾大学生及其各维度进行平均数差异检验，结果表明，网络成瘾大学生在总体水平以及除了生理症状之外的各维度上均存在显著的性别差异，男生得分显著高于女生（见表19.9）。

表19.9　网络成瘾大学生的性别差异

变量	男		女		*t*
	M	*SD*	*M*	*SD*	
戒断性	2.79	0.08	2.44	0.06	12.19^{***}
耐受性	2.36	0.08	1.72	0.06	38.72^{***}

续表

变量	男		女		t
	M	SD	M	SD	
强迫性	2.65	0.09	1.76	0.07	68.06***
时间管理问题	4.11	0.09	3.83	0.07	5.43**
人际疏离	2.13	0.08	1.51	0.06	37.10***
社会脱离	1.80	0.08	1.07	0.06	60.92***
学业不良	3.21	0.08	2.03	0.07	123.24***
生理症状	3.45	0.10	3.46	0.08	0.92
网络成瘾	2.94	2.69	2.74	2.52	51.28***

注：$p^{**} < 0.01$，$p^{***} < 0.001$。

4.网络成瘾大学生的年级差异

对不同年级网络成瘾大学生进行平均数差异检验。结果表明，网络成瘾大学生存在显著的年级差异。事后检验表明，在网络成瘾及其各维度上，大三学生的得分显著高于大四学生，大二学生的得分显著高于大一学生（见表19.10）。

表19.10　网络成瘾大学生的年级差异

变量	大一		大二		大三		大四		F	事后检验
	M	SD	M	SD	M	SD	M	SD		
戒断性	2.43	0.07	2.39	0.09	3.17	0.12	2.82	0.16	11.38***	3>4;2>1
耐受性	1.87	0.07	1.71	0.09	2.59	0.13	2.13	0.16	11.79***	3>4;2>1
强迫性	1.90	0.08	2.01	0.10	2.91	0.13	1.93	0.17	15.11***	3>4;2>1
时间管理问题	3.62	0.08	4.01	0.10	4.74	0.14	3.90	0.18	15.22***	3>4;2>1
人际疏离	1.67	0.07	1.68	0.09	2.17	0.13	1.84	0.16	5.40***	3>4;2>1
社会脱离	1.21	0.07	1.22	0.08	1.84	0.12	1.49	0.15	8.13***	3>4;2>1
学业不良	2.32	0.08	2.46	0.10	3.35	0.13	1.82	0.17	20.74***	3>4;2>1
生理症状	3.23	0.09	3.40	0.11	4.20	0.16	3.56	0.20	9.80***	3>4;2>1
网络成瘾	2.26	0.11	2.69	0.14	3.04	0.69	2.81	0.62	18.41***	3>4;2>1

注：$p^{***} < 0.001$。

5.网络成瘾大学生的时间差异

对不同周上网时间大学生的网络成瘾及其各维度进行平均数差异检验。结果表明，不同周上网时间的大学生在网络成瘾总体以及强迫性和时间管理问题两维度存在显著差异，在其他维度均不存在显著性差异。事后检验表明，在网络成瘾总分上，周上网时间超过36个小时的大学生得分显著高于周上网时间为7个小时以下和7～14个小时的大学生；在强迫性和时间管理问题维度上，周上网时间超过36个小时的大学生得分显著高于周上网时间为7个小时以下的大学生（见表19.11）。

表 19.11　网络成瘾大学生的周上网时间差异

分类		戒断性	耐受性	强迫性	时间管理问题	人际疏离	社会脱离	学业不良	生理症状	网络成瘾
7小时以下	*M*	2.07	2.35	2.38	2.42	2.12	2.26	2.22	2.27	2.32
	SD	0.75	0.83	0.61	0.74	0.78	0.78	0.80	0.87	0.38
7～14小时	*M*	2.30	2.42	2.62	2.62	2.20	2.35	2.52	2.63	2.54
	SD	0.85	0.93	0.67	0.68	0.73	0.83	0.66	0.78	0.57
15～21小时	*M*	2.56	2.49	2.62	3.08	2.22	2.39	2.61	2.69	2.55
	SD	0.92	0.95	0.65	0.74	0.68	0.86	0.71	1.03	0.59
22～28小时	*M*	2.60	2.50	2.73	3.13	2.30	2.44	2.67	2.72	2.64
	SD	0.24	1.07	1.06	0.62	0.40	1.15	0.62	0.24	0.69
29～35小时	*M*	2.69	2.68	2.74	3.25	2.41	2.62	2.68	2.89	2.63
	SD	0.76	0.94	0.64	0.68	0.93	0.90	0.81	0.89	0.56
36小时以上	*M*	2.90	2.87	3.36	3.37	2.78	2.75	2.73	3.01	2.88
	SD	0.96	0.79	0.51	0.67	0.96	0.90	1.07	0.76	0.65
F		1.93	1.00	4.39^{**}	3.27^{*}	1.32	0.58	0.95	0.91	2.98^{*}
事后检验				6>1	6>1					6>1,6>2

注：$p^{*}<0.05$，$p^{**}<0.01$。

对不同次上网时间大学生的网络成瘾及其各维度进行平均数差异检验。结果表明，不同次上网时间的大学生在网络成瘾总体以及戒断性、强迫性和时间管理三维度存在显著差异，在其他维度均不存在显著差异。事后检验表明，在网络成瘾总分、戒断性和强迫性维度上，每次上网时间超过4个小时的大学生得分显著高于每次上网时间为1～2个小时的大学生；在时间管理问题维度上，每次上网时间超过4个小时的大学生得分显著高于每次上网时间少于1个小时的大学生，每次上网时间2～3个小时的大学生得分显著高于每次上网时间少于1个小时的大学生（见表19.12）。

表 19.12　网络成瘾大学生的周上网时间差异

变量	1小时以下		1～2小时		2～3小时		3小时以上		*F*	事后检验
	M	*SD*	*M*	*SD*	*M*	*SD*	*M*	*SD*		
戒断性	1.92	0.83	2.14	0.69	2.48	0.79	2.73	0.92	3.59^{*}	4>2
耐受性	2.50	0.93	2.34	0.68	2.38	0.91	2.67	1.06	0.73	
强迫性	2.54	0.35	2.43	0.65	2.70	0.65	3.08	0.74	4.98^{**}	4>2
时间管理问题	2.08	0.53	2.63	0.72	2.88	0.68	3.12	0.72	5.55^{**}	3>1;4>1
人际疏离	2.13	0.67	2.25	0.81	0.26	0.90	2.71	1.05	1.83	
社会脱离	2.50	0.73	2.51	0.87	2.67	0.84	2.82	0.92	1.28	
学业不良	2.13	0.62	2.35	0.75	2.61	0.67	2.70	0.98	1.72	
生理症状	2.50	0.91	2.76	0.83	2.88	0.70	2.58	0.96	0.79	
网络成瘾	2.29	0.35	2.38	0.40	2.56	0.53	2.77	0.66	3.30^{*}	4>2

注：$p^{*}<0.05$，$p^{**}<0.01$。

四、讨论

本研究考察了大学生网络成瘾的总体表现以及不同人口统计学变量下大学生网络成瘾的现状与特点。

在性别差异上，大学生网络成瘾总分及其戒断性、耐受性、强迫性、时间管理问题、人际疏离、社会脱离和学业不良维度存在显著的性别差异。具体表现在戒断性、耐受性、强迫性、时间管理问题、人际疏离、社会脱离和学业不良维度上，男生得分明显高于女生，但在生理症状上，男生和女生没有显著差异，这与顾海根的研究结果一致。[①]原因在于女生相较于男生，自控能力较强，容易控制自己的上网冲动，在现实中更擅长人际交往，因此表现出较低的网络成瘾倾向。

在年级差异上，大学生网络成瘾总分及其各维度存在显著的年级差异。具体表现在大三学生的网络成瘾得分显著高于大四学生，大二学生的网络成瘾得分显著高于大一学生，这与顾海根的研究结果即大四学生网络成瘾比率最高不同。[②]可能的原因是大四学生面临找工作或考研等压力，缺乏足够的时间和精力投入网络，但是大三学生压力较小，既没有繁重的课业，也没有找工作的压力，从而有更多的时间接触网络，最后出现网络成瘾。大二学生相较于大一学生已经较好地适应了大学的学习生活，自主时间更加充沛。反之，大一学生刚刚进入大学，课程安排较为紧张，缺乏足够的自主时间投入网络社会。

在上网时间差异上，网络成瘾大学生在强迫性、时间管理问题和网络成瘾总分之间存在显著的周上网时间差异，但在其他维度上不存在显著差异。网络成瘾的大学生在戒断性、强迫性、时间管理问题和网络成瘾总分之间存在显著的次上网时间差异，但在其他维度上不存在显著差异。随着上网时间的增加，个体的网络行为自控能力下降，因而在强迫性维度上存在显著的周上网时间差异和次上网时间差异。网络成瘾的一个重要特征就是上网频率比计划的高，上网时间比计划的长，且上网的目的不是学习，因此出现周上网时间差异和次上网时间差异不可避免。网络成瘾大学生离开网络会产生痛苦、沮丧的情绪体验或相应的行为反应，网络已经成为他们生活中的一部分，所以网络成瘾的大学生存在显著的上网时间差异。

① 顾海根：《上海市大学生网络成瘾调查报告》，《心理科学》2007年第6期，第1482-1483页。

② 顾海根：《上海市大学生网络成瘾调查报告》，《心理科学》2007年第6期，第1482-1483页。

附录

大学生网络成瘾问卷

指导语：请仔细阅读下列题项，并根据自己的实际情况选择对应的选项。

题　项	选项				
	从不	很少	有时	经常	总是
1.不能上网令我有一种莫名其妙的烦躁感甚至痛苦感	0	1	2	3	4
2.下线时我心事重重或想着网上的事	0	1	2	3	4
3.我必须不断延长上网时间才会感到满足	0	1	2	3	4
4.实际上网时间超出我的计划	0	1	2	3	4
5.计划好的事情被上网代替	0	1	2	3	4
6.我回避现实人际交往，在网络中寻找知心朋友	0	1	2	3	4
7.我宁愿选择网上交友，也不愿意在现实中交友	0	1	2	3	4
8.上网使我的学习成绩下降	0	1	2	3	4
9.人要是能生活在网上就好了	0	1	2	3	4
10.上网使我不再关心周围事物	0	1	2	3	4
11.网络断线或接不上时，我就会坐立不安	0	1	2	3	4
12.我不能控制自己上网的冲动	0	1	2	3	4
13.我曾努力过控制或停止使用网络，但并没有成功	0	1	2	3	4
14.上网时间虽然和以前一样，但内心对上网的需求却在增加	0	1	2	3	4
15.比起以前，我必须花更多时间上网才能感到满足	0	1	2	3	4
16.每次都只想上网待一会儿，但一上网就很久下不来	0	1	2	3	4
17.上网降低了我的学习兴趣	0	1	2	3	4
18.上网对我的工作或学业已经带来一些负面的影响	0	1	2	3	4
19.只有在网上我才觉得自己有价值	0	1	2	3	4
20.上网使我腰酸背痛	0	1	2	3	4
21.上网使我觉得脖子痛	0	1	2	3	4
22.上网使我听力下降	0	1	2	3	4
23.我曾试过少花些时间在网上却做不到	0	1	2	3	4
24.我更愿意向网友倾诉烦恼而不是身边的朋友	0	1	2	3	4

第二十章

大学生网络自我控制能力结构及特点

网络在为现代人的生活带来便利的同时,也考验网络使用者的自我控制能力。大学生作为网络使用最活跃的群体,在网络使用过程中出现的道德失范、网络成瘾等问题日趋严重,越来越受到全社会的广泛关注。引起大学生网络使用问题的原因是多方面的,其中大学生使用网络时的自我控制能力不足是极为重要的主观原因。网络自我控制能力是个体自我控制能力在网络使用过程中的体现。目前国内心理学界关于网络自我控制的研究还很少见。因此,开展大学生网络自我控制能力的研究既有重要理论价值,又具有现实指导意义。

第一节 研究概述

一、大学生网络使用存在的主要问题

(一)大学生网络道德问题

关于大学生网络道德问题的研究多集中于网络道德失范上。网络道德失范包括:剽窃他人网上成果,如侵犯知识产权;窃取他人私人信息,如邮件、QQ密码、个人资料信息等;网上弄虚作假,如隐匿个人真实信息或借他人名义发布虚假消息;网上污言秽语,如相互攻击谩骂等;网上不良信息的浏览与传播,如色情信息、反动信息、虚假信息等;从事黑客活动,如入侵企业、政府网站等。网络道德失范会阻碍大学生形成正确的世界观、人生观和价值观,导致大学生价值取向紊乱、道德人格缺失,甚至会对社会产生一系列负面影响。大学生网络道德问题的成因,可分为两类:一为外因,包括网络本身的特点、网络教育工作、网络制度法规等;二为内因,主要是网络使用者自身的道德水平。网络道德是网络道德环境约束(外因)与个体自我道德约束(内因)共同作用的结果,其中个体自我道德约束起着更为重要的作用,即古人所说的"慎独"。慎独涵盖了理性自觉精神、自我主宰精神和自我约束精神,它能够有效提升个体的自我道德约束能力,抑制网络道德问题的形成,并且对高校网络道德建设有着积极的促进作用。古人所谓的"慎独",或现代社会提倡的"自律"实际上就是自我控制能力,是一种不论是否有外在监督的情况下都能约束自我的能力。从网络自我控制能力的角度来研究网络道德问题将具有重要的现实意义。

(二)大学生网络成瘾问题

大学生网络成瘾,又称病理性网络使用、网络依赖。它会对大学生的学业、人际、身心健康等产生严重不良影响。梁宁建等人通过调查发现,大学生的网络成瘾与社会支持、主观幸福感呈现显著负相关。[①]由于网络成瘾带来的负面效应较大,网络成瘾问题受

① 梁宁建、吴明证、杨轶冰等:《大学生网络成瘾与幸福感关系研究》,《心理科学》2006年第2期,第294-296页。

到社会的广泛关注与重视。然而,在当前网络成瘾问题的成因与病理机制探讨中,自我控制能力作为一个关键因素受到的重视程度不足。自我控制能力不足一般表现为:自我控制行为缺陷,自我心理管理能力缺乏,延迟满足或限制满足能力缺陷,自我封闭阻碍自我成长。大部分的上网活动都是个人的自主行为,因此主观方面的个人管理和自我约束能力不足是网络成瘾的一个重要成因。

二、自我控制能力

网络自我控制能力是自我控制能力在网络使用情境下的体现,它的研究基础是自我控制能力。自我控制能力从概念界定、理论形成到维度结构等方面都有着丰富的研究成果。对其进行梳理与分析是开展网络自我控制能力研究的基础。

(一)自我控制能力的概念

许多研究者都给自我控制能力下过定义。总结多种定义方式,大致可分为三类。

第一类,从自我控制能力的对象来划分。心理学词典中的解释是,自我控制,亦称自制,指不受外界诱惑因素影响,能够自己控制自己的情感冲动和行为,是一种意志力强的表现。[①]朱智贤认为自我控制能力是通过自我意识而达到对自身心理与行为的控制。[②]叶奕乾认为自我控制能力简称自制力,是指在意志行动中能够自觉灵活地控制自己的情绪,约束自己的动作和言语方面的品质。[③]奥滕(Oaten)等人认为,自我控制是人们控制和调整自己的思想、情绪和行为的过程。这一类型的定义注重控制的对象或控制的方面,如对心理、生理、情绪情感、行为等方面的控制。[④]

第二类,从自我控制能力的目标来划分。陈伟民和桑标认为,儿童自我控制是指儿童对优势反应的抑制和对劣势反应的唤起的能力。[⑤]托雷森(Thoresen)和马奥尼(Mahoney)认为,自我控制是指在没有外部约束的情况下个人按某些方式行事的能力,而这些方式在先前与其他方式相比,发生的可能性要小。[⑥]科普(Kopp)认为,自我控制是指在遵从延迟

---

① 八所综合性大学《心理学词典》编写组:《心理学词典》,广西:广西人民出版社1984年版。

② 朱智贤:《中国儿童青少年心理发展与教育》,北京:中国卓越出版公司1990年版。

③ 叶奕乾等:《普通心理学》,上海:华东师大出版社1991年版。

④ Oaten, M., Cheng, K. "Academic examination stress impairs self-control", *Journal of Social and Clinical Psychology*, vol. 24, no. 2 (2005), pp.254-279.

⑤ 陈伟民、桑标:《儿童自我控制研究述评》,《心理科学进展》2002年第1期,第65-70页。

⑥ Mahoney, M. J., Thoresen, C. E. "Behavioral self-control: Power to the Person", *Educational Researcher*, vol.1, no.10 (1972), pp.5-7.

或缺少外部监督时个体按照社会期待行事的能力。[①]这一类型的定义注重控制的结果,即该控制具有明确的标准。对于检验自我控制能力是否良好,目标划分方法最易操作。

第三类,将自我控制能力的对象与目标相结合来划分。肖晓滢认为,自我控制能力指人适时地调整自己的行动、情绪及其他各种活动以符合完成某种活动目标的需要。自我控制是自我意识的重要体现,它是个人对自身的心理与行为的主动掌握,是个体自觉地选择目标,在没有外界监督的情况下,抑制冲动、抵制诱惑、延迟满足,控制、调节自己的行为,从而保证目标实现的一种综合能力。[②]王红姣、卢家楣对自我控制能力的定义是个体按照社会标准或自己的意愿,对自己的行为、情绪和认知活动等进行约束、管理的能力。[③]盖里特(Gailliot)等人认为,自我控制是按意愿改变行为、情感和思想的能力,它要求人们去实践文化的期望与价值,如遵守法律与社会规则、建立与保持各种良好的关系以及有效地处理压力等。[④]这类划分方法是前两种的综合,既重视控制的对象,又重视控制的结果,对自我控制的过程考察和控制能力的结果检验都比较有利。

综上所述,自我控制能力的对象应包括认知、情绪情感和行为,同时也会根据控制的需要指向一定的目标。可以说,自我控制能力就是围绕一定的目标对自己的认识、情绪和行为进行调解和掌控的能力。

(二)自我控制能力的理论

关于自我控制能力理论,主要有情绪说、自我意识说、自我控制选择理论和强化敏感理论等。随着研究不断深入,目前更具影响力的自我控制理论有以下三种。

1.自我控制过程模型

由于不满激进行为主义者弃刺激与反应之间的认知过程因素于不顾的做法,社会学习论者十分强调内部认知因素对行为的影响。在这样的背景下,班杜拉(Bandura)和坎佛(Kanfer)都提出了自我控制过程模型。班杜拉将自我控制的过程分为:自我观察、判断过程以及自我反应。首先,个体根据自己的价值取向和特定活动的功用大小,从多个维度对行为进行观察;其次是判断过程,即将行为与个人标准的对立程度或先前行为进行自我比较,这个过程还包括评价活动对个体的重要性;最后是自我反应。[⑤]

---

① Kopp, C. B. “Antecedents of self-regulation: A developmental personality perspective”, *Developmental Psychology*, vol,18, no.2 (1982), pp.199-214.

② 肖晓滢:《儿童自我控制发展研究简述》,《心理发展与教育》1991年第2期,第40-42页。

③ 王红姣、卢家楣:《中学生自我控制能力问卷的编制及其调查》,《心理科学》2004年第6期,第1477~1482页。

④ Gailliot, M. T., Schmeichel, B. J., Baumeister, R. F. “Self-regulatory processes defend against the threat of death: Effects of self-control depletion and trait self-control on thoughts and fears of dying”, *Journal of Personality and Social Psychology*, vol. 91, no. 1 (2006), pp.49-62.

⑤ Bandura, A. *Social Learning Theory.* Scotts Valley: Prentice Hall, 1976.

坎佛认为自我控制从注意到正常的行为受到破坏的情景开始。在这种情况下激发出三个相继的行为阶段:第一阶段,自我观察或监察——个体仔细查看自身行为,包括自己的思想和情感,认识到自己正在做的事情以及思想、感受;第二阶段,自我评价——将自己正在做的事情与应该做的事情区分开,并与规范或标准进行比较(这里的规范和标准可以来自外部,也可以是自己内部的标准),并产生满意与不满意的情感;第三阶段,自我强化——行为表现与标准一致时,得到正强化,行为链继续进行,不一致时,采取修正行为。①

2. 启动假设模型(冷热系统模型)

冷热系统的提出最早源于梅特卡夫和雅各比(Metcalfe, Jacobs)对人类损伤记忆的研究,其关注点是压力情境下海马和杏仁核的不同敏感性,认为人类的记忆由两个相互作用的系统组成:一个是基于杏仁核的热系统,一个是以海马为中心的冷系统。他们认为冷系统与理解、语义加工、工作记忆、元认知、计划、控制功能以及问题解决等有关,热系统则优先对个体有意义的生理唤醒进行反应。②梅特卡夫与米契尔(Mischel)基于上述模型来研究自我控制,认为人体中同时存在着冷、热两个相对的控制系统。热系统主要指以杏仁核为基础的情绪系统,它促使个体产生接近—回避或者攻击—远离的反应;冷系统是以海马为基础的认知系统,它推动个体进行反思和认知调节。热系统以情感原则运作:感觉正确就去做。它与情感反应和潜在的冲动行为相联系。③鲍迈斯特(Baumeister)等人发现,热系统具有及时性和不稳定性,它伴随着与自己长期利益相冲突的情感和行为。冷系统与之相对,采用的是现实原则:认识到要做后才去做。它与理性、自身利益、长期的目标相结合,很少有冲动的决策。在低水平压力情境下,两个系统共同发挥作用,但随着压力水平的升高,个体情绪被唤醒,热系统开始占据支配地位。④因此,自我调节的有效性取决于冷系统的激活程度以及能否抑制热系统的活动以降低情绪唤醒水平。

---

① Kanfer, R. *Motivation Theory and Industrial and Organizational Psychology*. California: Consulting Psychologists Press, 1990.

② Metcalfe, J., Jacobs, W. J. "Emotional memory: The effects of stress on 'cool' and 'hot' memory systems", *Psychology of Learning and Motivation*, vol. 38 (1998), pp.187-222.

③ Metcalfe, J., Mischel, W. "A hot/cool-system analysis of delay of gratification: Dynamics of willpower", *Psychological Review*, vol.106, no.1 (1999), pp.3-19.

④ Baumeister, R. F., Muraven, M., Tice, D. M. "Ego depletion: A resource model of volition, self-regulation, and controlled processing", *Social Cognition*, vol.18, no.2 (2000), pp.130-150.

3.有限能量模型(能量耗散理论)

卡佛(Carver)和谢尔(Scheier)研究发现,自我控制执行阶段的很多行为都是试图减少自我认识与标准间的差异。执行这个过程需要改变自我,这是因为自我是已经形成的思维、情感和行为的特征。改变自我需要改变现有的自我模式,改变思维、情感以及行为的反应方式。[①]而现有的自我模式中存有一定的能量,其中有些能量足够强大。因此,人们需要用自身的资源和能量去克服这些由习惯形成的能量。基于以上思考,穆拉文(Muraven)和鲍迈斯特提出了自我控制的能量模型理论。该理论认为,由于自我控制的能量有限,并且在自我控制过程中存有消耗,所以,行为人的执行自我控制是有限的,并且在自我控制之后,会有损接下来的自我控制。这种损害源于具体的自我控制,而不是由情绪、情感以及习得性无助模式引起的。自我控制消耗的资源需要得到补充,否则,可能最终导致自我控制不能。另外他们还指出,自我控制能力存在着个体差异,即不同个体的自我控制能力可能是不同的。自我控制的能量可以增强,尽管短时间内的自我控制会消耗能量,但从长期看,如果个体经常执行自我控制并且之后能够得到休整和补充,那么其自我控制能力就会逐步增强。这类似于肌肉,运动后会疲劳,但长期的运动生活可使肌肉变得强壮。[②]

三、网络自我控制能力相关研究

有关网络自我控制能力的心理学研究始于网络成瘾研究,主要是考察网络成瘾者的自我控制特点,基于冷热系统模型研究展开,网络成瘾者的认知与情绪特点属于研究重点。

(一)网络成瘾者的认知特点研究

网络成瘾者易表现出认知上的缺陷与不足。元认知与有意注意都是认知控制的重要内容,网络成瘾者较非网络成瘾个体均在这两个方面表现出差异。李宁、梁宁建通过大学生网络行为的元认知测量发现,元认知水平越高,网络成瘾程度越低;网络成瘾者较非网络成瘾者的元认知水平要低,其元认知的目的与计划性、自我监控以及时间控制能力都明显低于非网络成瘾个体。[③]有关电脑游戏成瘾者的研究发现,成瘾者注意力难以

① Carver, C. S., Scheier, M. F. "Control theory: A useful conceptual framework for personality-Social, clinical and health psychology", *Psychological Bulletion*, vol.92, no,1 (1982), pp.111-135.

② Muraven, M., Baumeister, R. F. "Self-regulation and depletion of limited resources: Does self-control resemble a muscle?", *Psychological Bulletion*, vol. 126, no. 2 (2000), pp.247-259.

③ 李宁、梁宁建:《大学生网络行为的元认知研究》,《心理科学》2004年第6期,第1356-1359。

集中和维持,感觉记忆减退,在注意集中、持续注意、注意抗干扰等方面都明显弱于非成瘾个体。[①]由此可见,网络成瘾者的编码方式以及认知过程较非网络成瘾者都存在着差异性。王智等人的研究证实了这种差异性,即与非网络成瘾者相比,网络成瘾者在编码和再认阶段具有负性的社会认知加工特点。[②]

(二)网络成瘾者的情绪特点研究

网络成瘾者易表现出失控性情绪思维。首先,网络成瘾者倾向于感觉寻求,充满刺激性的网络游戏更容易使人成瘾。其次,网络成瘾者具有敏感、不稳定等情绪特点,容易受到情绪的困扰。扬通过使用卡特尔16种人格问卷进行调查发现,互联网依赖型用户在自持、情绪敏感和情绪反应、警惕性、低水平自我暴露以及不顺从因子上均有较高的得分。[③]也有一些人格量表的调查结果显示,网络成瘾者具有敏感、自制力差、情绪不稳定和状态焦虑等特点。网络成瘾者认知、情绪特点与自我控制冷热系统模型的一致性,为将网络成瘾问题纳入自我控制理论框架下进行研究提供了很大的支持,这也为网络使用问题的自我控制研究提供了依据。

四、已有研究存在的不足

当前,有关自我控制能力的研究较为丰富,其成果也已经渗透社会的方方面面。互联网的普及使得网络成瘾问题突显,关于网络成瘾的成因研究成为当前研究热点。然而从自我控制能力角度去解释网络成瘾的研究较少,而个体的自我控制能力又是左右网络成瘾的关键内部要素。因此,本章将系统考察网络情境下个体的自我控制能力,旨在拓展自我控制能力的研究内容,并为网络成瘾的成因研究提供新的视角。

五、研究设计

(一)研究目的

采用文献分析法和问卷调查法探索当代大学生网络自我控制能力的理论结构,并以该理论结构为基础,编制《大学生网络自我控制能力问卷》,同时考察大学生网络自我控制能力的现状特点。

---

① Treuer, T.,Fábián,Z., Füredi,J. "Internet addiction associated with features of impulse control disorder: Is it a real psychiatric disorder?", *Journal of Affective Disorders*, vol.66, on.2-3 (2001), p.283.

② 王智:《网络成瘾大学生的社会认知加工特点》,西南大学硕士学位论文,2006年。

③ Yong, K. S. "Internet addiction: The emergence of a new clinical disorder", *CyberPsychology and Behavior*, vol. 1, no. 3 (1998), pp.237-244.

(二)研究构想

本研究以大学生为被试,考察其网络自我控制能力的结构及现状特点。(1)采用文献分析法与问卷调查法初步构建大学生网络自我控制能力结构。(2)以大学生网络自我控制能力结构为基础编制《大学生网络自我控制能力问卷》初始问卷,使用该问卷进行测试,验证大学生网络自我控制能力结构并修订初始问卷。(3)使用《大学生网络自我控制能力问卷》正式问卷进行测试,考察大学生网络自我控制能力的现状特点。

第二节 大学生网络自我控制能力的理论构想与问卷编制

一、研究目的

本研究旨在探索大学生网络自我控制能力的含义与维度,并以此为基础,编制《大学生网络自我控制能力问卷》,为后续开展大学生网络自我控制能力的调查研究做好准备。

二、大学生网络自我控制能力理论模型的建构

(一)大学生网络自我控制能力的含义

根据对已有文献的梳理,我们将网络自我控制能力定义为:在网络使用过程中个体对自身认知、情感和行为进行调节与掌控以达到健康有效使用网络的能力。健康使用网络既包括在网络使用中无欺诈、谩骂、攻击等有损他人或社会的不良行为,也包括能有节制地使用网络,控制其对自己身心造成的不良影响;有效使用网络,就是指使用网络时能排除干扰诱惑,克服困难,有效达成预期目标。本章中网络自我控制能力关注的只是网络使用中对自己身心状态的控制,而不涉及网络知识技能的丰富与娴熟等方面。我们以大学生日常生活状态为参照,当行为表现和心理状态严重偏离常态时,则认为其自我控制能力不足。

(二)大学生网络自我控制能力的维度

本章对大学生网络自我控制能力维度的划分借鉴了国内研究者王红姣的"情绪自控、思维自控、行为自控"三维度结构划分①,将大学生网络自我控制能力划分为:认知、情感和行为三个维度。在理论层面,认知维度下网络自我控制能力的分析与建构主要以自

① 王红姣、卢家楣:《中学生自我控制能力问卷的编制及其调查》,《心理科学》2004年第6期,第1477-1482页。

我控制过程模型为基础,同时结合启动假设模型的内容;情绪维度下网络自我控制能力的分析与建构以自我控制选择理论与启动假设模型(冷热系统模型)的研究为基础,即情绪系统占主导的思维导致自我控制能力不足;行为维度下网络自我控制能力的分析与建构则综合了意志品质的特点以及有关行为控制的研究。

本章在具体构建网络自我控制能力三个维度时,借用有意注意与无意注意的划分方法,从有意控制与无意控制两个层面来考察(见表20.1)。自我控制往往是有目的行为,并且已有研究发现自我控制存在内隐效应。[①]基于此,本研究将自我控制细分为有意控制与无意控制。在无意控制层面,无需个体付出努力与关注,通常为个体知觉不到的控制过程,表现出的是一种倾向性与行为习惯性,具体来说可对应为理性使用倾向、感性使用倾向以及控制行为习惯。在有意控制层面,认知系统从上网开始到结束,可分为上网前的计划性与上网中的监察(或觉察)与评价;情绪系统从发生到平息,可分为情绪激发与情绪调节适应;行为系统的过程划分则从行为进行中与进行后的结果来考察,具体指行为中的行为执行力与行为进行后的行为结果影响性。

表20.1　大学生网络自我控制能力的理论构想

分类	认知系统	情绪系统	行为系统
无意控制	理性使用倾向	感性使用倾向	控制行为习惯
有意控制	计划性	情绪激发	行为执行力
	觉察与评价	情绪调节适应	行为结果影响性

(三)大学生网络自我控制能力问卷编制的初步探索

为了更加科学地建构大学生网络自我控制能力的理论模型,在问卷题项收集与编写前,从认知、情绪和行为三个方面对高低自我控制能力者的特点进行了比较。通过对以往研究的梳理分析,总结出了高低自我控制能力者心理特点表(见表20.2),其来源主要有:国内外学者开发的自我控制量表的题项、将高自我控制与低自我控制区分开的相关实证研究与理论研究、开放式问卷调查后总结出的因素以及研究者的个人生活经验。

表20.2　高低自我控制能力者心理特点表

类型	因素	高自控能力	低自控能力
认知	认知取向	自主动机	被迫动机
		目标与问题解决导向	情感导向
		多思考,有策略	少思考,缺乏策略

① 于国庆、杨治良:《自我控制的内隐效应研究》,《心理科学》2008年第3期,第614-616页。

类型	因素	高自控能力	低自控能力
	认知特点	善于调整注意力	注意力易分散或难以转移
		多角度与方式思考问题	单一刻板
		强的自我监察能力	缺乏自我监察能力
	认识评价	高自我效能	低自我效能
		多鼓励	多责备
		全面,客观	片面,自我中心
情绪	情绪的发生	慢	快
		少情绪	自发性强(易怒,多愁善感)
	情绪的体验	相对贫乏	丰富
		强烈体验后控制力减弱不明显	强烈体验后控制力明显减弱
		喜平和	好寻求新鲜刺激
	情绪的调节	较强的抑制力	情绪化
		乐观	多负面反应
		稳定	易变
行为	行为倾向	不喜欢简单任务	喜欢简单任务
		偏智能内容的活动	偏体能内容的活动
	行为结果特点	健康、有益身心	不健康,不利身心
		能改变	很难改变
	行为执行品质	可靠、一致	多变
		自律,抗干扰诱惑	冲动,易失控
		坚持性与坚韧性	逃避困境

在高低自我控制能力特点的整合过程中,遵循着以下标准:(1)该因素的特点能将高自我控制能力者与低自我控制能力者区分开;(2)该特点只对应认知、情绪和行为中的一种,减少重复。

初测问卷的题项围绕原有的理论构想以及后期整理的高低自我控制能力者心理特点表来编写,将这些特点结合网络情境、网络生活以及网络使用问题的表现,编制出易于区分网络自我控制能力高低个体的题项。题项的形成主要涉及以下四个方面:(1)改编已有自我控制能力问卷中的题项;(2)借鉴病理性网络使用(网络成瘾)问卷中涉及自我控制的题项;(3)结合区分自我控制能力高低的相关研究和网络使用情境来编写题项;(4)开放式问卷调查收集与整理的题项。遵循以上标准,本研究初步探索形成了包含65个题项的《大学生网络自我控制能力问卷》的初始问卷。

三、大学生网络自我控制能力问卷的编制

(一)研究方法

1.被试

样本1:以湖南省本科与专科学生为调查对象,采用随机抽样的方法,对自编的《大学生网络自我控制能力问卷Ⅰ》展开施测。共发放问卷500份,收回有效问卷419份,问卷有效率83.8%。其中男生201人,女生218人。

样本2:以湖南省本科与专科学生为调查对象,采用随机抽样的方法,对自编的《大学生网络自我控制能力问卷Ⅱ》展开施测。共发放问卷1500份,收回有效问卷1165份,回收率77.67%。其中本科510人,专科655人;男生676人,女生489人;大一520人,大二421人,大三224人。

2.工具

采用自编的《大学生网络自我控制能力问卷Ⅰ》进行第一次项目分析和探索性因素分析;使用《大学生网络自我控制能力问卷Ⅱ》再次进行项目分析、探索性因素分析;使用《大学生网络自我控制能力问卷》进行验证性因素分析以及信效度检验。以上三个问卷均采用Likert 5点计分。

3.程序

根据开放式问卷调查的结果,参考以往同类型的调查问卷,编制出《大学生网络自我控制能力问卷》初始题项,请心理学专业研究生和老师依据含义明确、表达简练、能够准确反映大学生网络自我控制能力理论结构且没有近似含义的标准,对题项进行修订和删改,最终形成包含65个题项的《大学生网络自我控制能力问卷Ⅰ》。对《大学生网络自我控制能力问卷Ⅰ》进行第一次预测,结果表明一些题项不够理想。对题项进行修订,形成包含45个题项的《大学生网络自我控制能力问卷Ⅱ》。接着使用《大学生网络自我控制能力问卷Ⅱ》进行第二次测试,结果较为理想,但个别题项不符合要求。最后,根据相关心理测量学标准修订并精简题项后,形成包含34个题项的《大学生网络自我控制能力问卷》,即正式问卷(见附录)。

(二)研究结果

1.《大学生网络自我控制能力问卷Ⅰ》的数据分析结果

对《大学生网络自我控制能力问卷Ⅰ》数据进行项目分析,先在维度内部采用题总相关法,删去相关不足0.3的题项。然后将剩下的所有题目合并起来做题总相关,再次删去

题总相关不足0.3的题项。最后，认知维度下剔除了6个题项；情感维度下剔除了5个题项；行为维度下剔除了4个题项。

对项目分析后保留的题项做探索性因素分析。采用KMO检验考察《大学生网络自我控制能力问卷》认知维度因素分析的切实性。通过数据分析，KMO系数为0.77，适合做因素分析。采用直接斜交转轴法对认知维度保留下来的13个题项进行探索性因素分析（见表20.3）。探索性因素分析结果提取出三个因子，共解释方差总变异的46.98%。因子1主要表现个体上网时对时间、内容等方面的掌握与控制，命名为“计划性”；因子2主要表现个体对如何有效使用网络以及如何处理网络使用带来的负面影响的认识与态度，命名为“理性认识倾向”；因子3主要表现个体在网络使用中对时间观念、周围事物、自身感受的感知等，命名为“觉察性”。

表20.3 《大学生网络自我控制能力问卷Ⅰ(认知维度)》因素分析结果

	计划性	理性认识倾向	觉察性	共同度
V14	0.77			0.60
V11	0.66			0.43
V6	0.57			0.47
V7	0.56			0.42
V21	0.49			0.38
V13		0.71		0.61
V15		0.63		0.50
V12		0.60		0.49
V16		0.57		0.39
V19		0.52		0.30
V1			0.77	0.64
V2			0.73	0.58
V3			0.65	0.54
特征值	2.24	1.97	1.90	合计
贡献率	17.22%	15.14%	14.62%	46.98%

采用KMO检验考察情感维度因素分析的切实性。通过数据分析，KMO系数为0.78，适合做因素分析。采用直接斜交转轴法对情感维度保留下来的11个题项进行探索性因素分析（见表20.4）。共提取出3个因子，可解释总体方差的53.00%。因子1主要表现个体情绪的激发与变化性，即情绪被激发的容易程度，命名为“情绪激惹性”；因子2主要表现个体情绪刺激的感觉寻求倾向，命名为“刺激寻求与控制”；因子3主要表现个体的情绪调节与控制是否适当，命名为“情绪适应性”。

表 20.4 《大学生网络自我控制能力问卷Ⅰ(情感维度)》因素分析结果

	情绪激惹性	刺激寻求与控制	情绪适应性	共同度
V24	0.81			0.68
V25	0.80			0.65
V26	0.78			0.65
V23	0.62			0.42
V37		0.77		0.63
V36		0.65		0.53
V35		0.63		0.40
V27		0.46		0.32
V39			0.70	0.56
V30			0.70	0.50
V42			0.61	0.50
特征值	2.52	1.77	1.55	合计
贡献率	22.87%	16.05%	14.08%	53.00%

采用KMO检验考察行为维度因素分析的切实性。通过数据分析,KMO系数为0.86,适合做因素分析。采用直接斜交转轴法对行为维度保留下来的13个题项进行探索性因素分析(见表20.5)。提取出三个因子,共解释了方差总变异的56.17%。因子1主要表现上网行为对生活产生的影响,命名为"行为结果影响性";因子2主要表现不理性的行为,命名为"行为冲动性";因子3主要表现个体在已知利害并知晓什么该做什么不该的情况下,面对诱惑与困境时,适当行为的执行情况,命名为行为"执行力"。

表 20.5 《大学生网络自我控制能力问卷Ⅰ(行为维度)》因素分析结果

	行为结果影响性	行为冲动性	执行力	共同度
V44	0.79			0.72
V43	0.77			0.65
V45	0.70			0.58
V46	0.66			0.55
V49	0.60			0.38
V61		0.77		0.63
V60		0.72		0.54
V56		0.70		0.53
V57		0.65		0.49
V58		0.63		0.50
V65			0.78	0.64
V63			0.73	0.56
V64			0.68	0.55
特征值	2.77	2.73	1.80	合计
贡献率	22.31%	20.99%	13.87%	56.17%

2.《大学生网络自我控制能力问卷Ⅱ》的数据分析结果

通过初测问卷的分析结果，修订问卷，围绕各维度下提取的因子，对一些题项数目较少的因子补充一些题项，题项来源于前期开放式问卷调查与文献分析等形成的问卷题库，最终制订出具有较高信度与效度的网络自我控制能力问卷。修订后的网络自我控制能力问卷包括网络认知自我控制力、网络情绪自我控制力、网络行为自我控制力3个分问卷，每个分问卷包含15个题项，合计45个题项。

采用KMO检验考察认知维度因素分析的切实性。通过数据分析，KMO系数为0.82，适合做因素分析。采用直接斜交转轴法对该维度保留下来的13个题项进行探索性因素分析（见表20.6）。提取出3个因子，共解释了方差总变异的46.49%，3个因子及题项与第一次测试分析的结果吻合。

表20.6 《大学生网络自我控制能力问卷Ⅱ(认知维度)》因素分析结果

	觉察力	理性认识倾向	计划性	共同度
V43	0.76			0.59
V31	0.71			0.57
V37	0.66			0.45
V30	0.65			0.50
V19		0.65		0.43
V42		0.63		0.40
V18		0.62		0.38
V24		0.55		0.38
V13		0.52		0.47
V1			0.75	0.60
V6			0.66	0.46
V7			0.54	0.36
V12			0.51	0.47
特征值	2.25	1.94	1.86	合计
贡献率	17.29%	14.93%	14.27%	46.49%

采用KMO检验考察情感维度因素分析的切实性。通过数据分析，KMO系数为0.82，适合做因素分析。采用直接斜交转轴法对该维度保留下来的10个题项进行探索性因素分析（见表20.7）。提取出3个因子，共解释了方差总变异的55.96%，3个因子及题项与第一次测试分析的结果吻合。

表 20.7 《大学生网络自我控制能力问卷Ⅱ(情感维度)》因素分析结果

	情绪激惹性	情绪适应性	刺激寻求与控制	共同度
V8	0.83			0.70
V5	0.79			0.67
V11	0.75			0.63
V41		0.71		0.55
V38		0.70		0.54
V35		0.56		0.36
V32		0.54		0.44
V20			0.76	0.62
V14			0.73	0.55
V17	.		0.55	0.54
特征值	2.27	1.77	1.56	合计
贡献率	22.68%	17.68%	15.60%	55.96%

采用KMO检验考察行为维度因素分析的切实性。通过数据分析,KMO系数为0.81,适合做因素分析。采用直接斜交转轴法对该维度保留下来的11个题项进行探索性因素分析(见表20.8)。提取出3个因子,共解释了方差总变异的58.62%,3个因子与第一次测试分析的结果吻合。

表 20.8 《大学生网络自我控制能力问卷Ⅱ(行为维度)》因素分析结果

	行为冲动性	行为结果影响性	执行力	共同度
V21	0.78			0.61
V28	0.76			0.62
V27	0.74			0.60
V22	0.69			0.55
V4		0.82		0.72
V3		0.75		0.60
V40		0.60		0.40
V9		0.55		0.47
V33			0.80	0.68
V34			0.80	0.68
V45			0.63	0.53
特征值	2.48	2.21	1.76	合计
贡献率	22.50%	20.08%	16.04%	58.62%

综上,通过对问卷的两次修订,最终得到了包含34个题项的《大学生网络自我控制能力问卷》,即正式问卷。

3.《大学生网络自我控制能力问卷》的数据分析结果

对《大学生网络自我控制能力问卷》进行验证性因素分析。先根据探索性因素分析的结果,分别对三个维度进行验证性因素分析;接着将三个维度整合起来,作为总量表的验证性因素分析（见表20.9）。结果表明三个分量表的各项拟合指数都非常理想。将三个分量表综合起来进行验证分析时，发现卡方与自由度的比值及RMSEA两项指标较好，但TLI与CFI两项指标不够理想。不过综合考虑，模型基本可以接受。

表20.9 《大学生网络自我控制能力问卷》的验证性因素分析

	$\chi2$	df	χ^2/df	TLI	CFI	RMSEA
认知维度	100.93	62	1.63	0.96	0.97	0.03
情感维度	47.08	32	1.47	0.98	0.99	0.03
行为维度	101.74	41	2.48	0.95	0.96	0.05
总问卷	1427.56	515	2.77	0.82	0.84	0.06

对《大学生网络自我控制能力问卷》进行信效度检验。采用内部一致性信度作为《大学生网络自我控制能力问卷》的信度指标。结果表明，《大学生网络自我控制能力问卷》各维度的内部一致性信度分别是0.77，0.73，0.82；总问卷的内部一致性信度为0.90；表明本问卷与各维度的信度良好。

采用结构效度作为《大学生网络自我控制能力问卷》的效度指标（见表20.10）。结果表明，各维度之间的相关以及维度与总分间的相关均显著，维度间的相关在0.56～0.75，维度与总分之间的相关在0.84～0.93，各维度既相互关联又具有一定的独立性，本问卷效度良好。

表20.10 《大学生网络自我控制能力问卷》的效度检验

	认知维度	情感维度	行为维度
认知维度	–		
情感维度	0.75^{***}	–	
行为维度	0.70^{***}	0.56^{***}	–
总问卷	0.93^{***}	0.88^{***}	0.84^{***}

注：$p^{***} < 0.001$。

第三节 大学生网络自我控制能力的特点

一、研究目的

本研究旨在考察大学生网络自我控制能力的特点，进而为后续推进大学生网络自我控制能力的提升提供参考借鉴。

二、研究方法

(一)被试

以湖南省本科与专科学生为调查对象,采用随机抽样的方法,使用《大学生网络自我控制能力问卷》进行施测。共发放问卷1500份,收回有效问卷1165份,回收率77.67%。其中本科510人,专科655人;男生676人,女生489人;大一520人,大二421人,大三224人;独生子女301人,非独生子女864人;家庭经济状况富裕者13人,良好者164人,一般者802人,较差者186人。

(二)工具

本研究使用《大学生网络自我控制能力问卷》考察大学生的网络自我控制能力。该问卷由认知、情感和行为三个维度构成,合计34个题项。采用Likert 5点计分。

(三)统计分析

本研究使用SPSS统计软件进行数据的整理和分析,主要包括描述性统计、平均数差异的显著性检验等。

三、研究结果

1.大学生网络自我控制能力的性别差异

对不同性别大学生的网络自我控制能力进行独立样本t检验。结果表明,女生在总分以及各维度得分上都显著高于男生(见表20.11)。这意味着男生的总体网络自我控制能力可能要显著低于女生,更可能表现出网络问题行为。

表20.11 大学生网络自我控制能力的性别差异

	BF		CF		EF		ISC	
	男	女	男	女	男	女	男	女
M	39.24	43.26	44.90	47.55	36.38	40.37	120.16	130.93
SD	7.00	6.07	7.36	6.74	5.83	5.20	17.41	15.90
t	-10.11^{***}		-6.66^{***}		-11.91^{***}		-10.68^{***}	

注:BF表示行为维度,CF表示认知维度,EF表示情感维度,ISC表示网络自我控制能力总问卷;下同。$p^{***} < 0.001$。

2.大学生网络自我控制能力的年级差异

对不同年级大学生的网络自我控制能力进行方差分析。结果表明,三个年级学生的网络自我控制能力在总分以及各维度得分上均存在显著差异(见表20.12)。其中,大二学生的网络自我控制能力要显著弱于大一与大三学生，后两者则并没有表现出统计学意义上的显著差异。

表 20.12　大学生网络自我控制能力的年级差异

	BF			CF			EF			ISC		
	大一	大二	大三	大一	大二	大三	大一	大二	大三	大一	大二	大三
M	41.57	39.83	41.46	46.14	44.96	46.00	38.67	37.14	38.35	126.38	121.94	125.81
SD	7.16	6.58	6.66	7.26	6.62	7.46	5.48	6.29	5.97	17.51	17.1	18.19
F	8.06^{***}			3.34^{*}			8.03^{***}			7.85^{***}		

注：$p^{*}<0.05$，$p^{***}<0.001$。

3.大学生网络自我控制能力的学校类型差异

对不同学校类型大学生的网络自我控制能力进行独立样本 t 检验。结果表明，本科生与专科生除在情感维度上没有显著的差异外，在网络自我控制能力总分以及其他两个分维度都存在显著差异，其中专科生要显著高于本科生（见表20.13）。

表 20.13　大学生网络自我控制能力的学校类型差异

	BF		CF		EF		ISC	
	本科	专科	本科	专科	本科	专科	本科	专科
M	40.23	41.44	45.18	46.06	37.74	38.30	123.15	125.80
SD	6.72	6.99	6.99	7.13	6.26	5.64	17.89	17.28
t	-2.94^{***}		-2.06^{*}		−1.57		-2.52^{**}	

注：$p^{*}<0.05$，$p^{**}<0.01$，$p^{***}<0.001$。

4.不同家庭经济状况大学生的网络自我控制能力差异

对不同家庭经济状况大学生的网络自我控制能力进行方差分析。结果表明，不同家庭经济状况大学生不论是在网络自我控制能力总分还是各维度得分上均无显著性差异（见表20.14）。

表 20.14　不同家庭经济状况大学生的网络自我控制能力差异

	BF		CF		EF		ISC	
	M	*SD*	*M*	*SD*	*M*	*SD*	*M*	*SD*
富裕	41.75	7.07	43.50	9.54	38.25	5.79	123.50	19.77
良好	40.21	6.84	45.71	7.31	37.66	5.98	124.49	18.10
一般	40.85	6.86	45.57	6.91	38.07	5.82	123.57	17.30
较差	41.84	7.12	46.35	7.50	38.36	6.28	126.55	18.31
F	1.73		0.98		0.41		0.95	

5.大学生网络自我控制能力在是否独生子女上的差异

对独生与非独生子女大学生的网络自我控制能力进行独立样本t检验。结果表明，在网络自我控制能力的三个分维度以及总分上，独生子女的分数均显著低于非独生子女（见表20.15）。这意味着，非独生子女较独生子女可能拥有更强的网络自我控制能力。

表20.15 独生与非独生子女大学生的网络自我控制能力差异

	BF		CF		EF		ISC	
	独生	非独生	独生	非独生	独生	非独生	独生	非独生
M	39.00	41.84	44.33	46.39	37.24	38.50	120.57	126.73
SD	7.19	6.69	7.54	7.08	5.94	5.57	18.13	17.08
t	-5.92^{***}		-4.05^{***}		-3.15^{***}		-4.88^{***}	

注：$p^{***} < 0.001$。

四、讨论

通过对研究结果的分析发现，性别是影响大学生网络自我控制的重要因素，性别差异在自我控制与网络成瘾的研究中都深受关注。戈特弗雷德森（Gottfredson）和赫希（Hirschi）的一般犯罪理论认为，自我控制在预测行为偏差问题上的性别差异不显著，兹贝（Özbay）在土耳其的974份样本研究支持其结论。①而普拉特（Pratt）和丘恩（Cullen）基于21项研究的元分析得出自我控制只能预测男性的行为偏差。②就网络问题而言，有研究发现，男生比女生更容易网络成瘾③，但也有研究显示两性在网络成瘾上并无显著差异④。

本研究表明，男生的网络自我控制能力要显著弱于女生。造成这种差异的原因一方面可能是受制于性别本身偏好的影响。例如男性更好斗，更容易冲动，喜欢寻求外部刺激等特点都可能使其表现出失控行为。另一方面受性别角色的影响，男性在社会中承载着更多的压力且难以直接表达与释放，网络的特点正好提供了这种可能性，男性在网络上可能具有更多的情感卷入。相比之下，女性由于语言、人际交往的优势以及社会的认可，更容易在现实生活中体验和表达情感。

① Özbay, Ö. "Self-control, gender, and deviance among Turkish university students", *Journal of Criminal Justice*, vol.36, no.1 (2008), pp.72-80.

② Pratt, T. C., Cullen, F. T. "The empirical status of Gottfredson and hirschi's general theory of crime: A meta-analysis", *Criminology*, vol.38, no.3 (2000), pp.931-964.

③ 梁宁建、吴明证、杨轶冰等：《大学生网络成瘾与幸福感关系研究》，《心理科学》2006年第2期，第294-296页。

④ Brenner, V. "Psychology of computer use: XLVll. Parameters of internet use, abuse and addiction: The first 90 days of the internet usage survey", *Psychological Reports*, vol. 80 (1997), pp.879-882.

在年级差异上，大二学生的网络自我控制能力要显著弱于大一和大三学生。主要原因是大一新生处于刚刚入学的阶段，学习态度较为端正，学习生活习惯仍保留着高中时代的特点。随着时间的推移，在逐渐熟悉了大学生活后，学生的学习热情下降，特别是在二年级开始逐渐出现学习生活适应问题，对于网络的依赖性不断增强。而进入大三阶段以后，不少学生开始为未来做准备，不论是考研、实习或是出国，都需要付出较多的时间精力，他们不得不在网络使用上进行自我约束。这种U形发展趋势在心理素质的研究中也得到了类似的证明。①

另外，独生子女较非独生子女，本科生较专科生，前者的网络自我控制能力都显著较弱。可能的原因是非独生子女和专科生面临的压力更大，对于未来的焦虑感更强，因此不得不过早进行相关的准备以应对激烈的社会竞争。而独生子女和本科生拥有的家庭社会经济地位相比较而言会更高，对于未来的担忧会更少，进而可能拥有更多的时间机会投身于网络生活，导致自身的网络自我控制能力较弱。

附录

大学生网络自我控制能力问卷

指导语：请仔细阅读下列题项，并根据自己的实际情况选择对应的选项。

题项	选项				
	非常不符合	比较不符合	不确定	比较符合	非常符合
1. 上网前会计划好要做的事情	1	2	3	4	5
2. 常因上网耽误了吃饭或睡觉	1	2	3	4	5
3. 上网常破坏我的生活规律	1	2	3	4	5
4. 在网上脾气不好	1	2	3	4	5
5. 常漫无目的、随心所欲地上网	1	2	3	4	5
6. 常主动控制上网时间	1	2	3	4	5
7. 在网上易与他人起争执或冲突	1	2	3	4	5
8. 网络对我的生活产生很多不利影响	1	2	3	4	5
9. 在网上情绪变幻无常	1	2	3	4	5
10. 能合理安排好网上娱乐、学习与工作的分配	1	2	3	4	5
11. 知道如何不让上网干扰我的生活	1	2	3	4	5

① 张大均、朱政光、刘广增、何花、张婷：《大学生心理素质全国常模的建立》，《西南大学学报(社会科学版)》2019年第5期，第94-100页。

续表

题项	选项				
	非常不符合	比较不符合	不确定	比较符合	非常符合
12. 我喜欢技巧性强(如赛车、CS等)而非智能性高(如棋类)的网上游戏	1	2	3	4	5
13. 我常为了获得新鲜刺激而不顾网络安全	1	2	3	4	5
14. 对于改变不文明的上网行为习惯我很有办法	1	2	3	4	5
15. 网上的我小心谨慎	1	2	3	4	5
16. 喜欢在网上寻求新奇刺激	1	2	3	4	5
17. 在网上明知有些行为不应该,但还是做了	1	2	3	4	5
18. 上网时行为常不受自己控制	1	2	3	4	5
19. 相信自己能利用好网络资源	1	2	3	4	5
20. 常在网上放纵自己	1	2	3	4	5
21. 在网上常冲动行事	1	2	3	4	5
22. 上网后时间观念变淡	1	2	3	4	5
23. 上网时周围的一切都不在乎了	1	2	3	4	5
24. 上网时,要是有他人打扰我会很生气	1	2	3	4	5
25. 在网上学习或工作时,无论遇到怎样的困难或诱惑,我都会先完成计划好的事情	1	2	3	4	5
26. 我有很强的上网自制力	1	2	3	4	5
27. 我能很快从网络的兴奋中(聊天或游戏等)平静下来	1	2	3	4	5
28. 网络与现实中的自己像是两个人	1	2	3	4	5
29. 上网一段时间后,再做其他事情总有些不适应	1	2	3	4	5
30. 我时常想"再玩最后一小会儿",但实际却玩了很久	1	2	3	4	5
31. 在网上做复杂或困难的事情总是没耐心,难以进行下去	1	2	3	4	5
32. 我知道在网上什么该做什么不该做	1	2	3	4	5
33. 上网时,我常忘了饥饿、疲劳	1	2	3	4	5
34. 一旦要学习或工作,我就会很快停止上网	1	2	3	4	5

第二十一章

网络成瘾大学生戒网瘾动机的结构及特点

激发网络成瘾大学生戒除网瘾的动机，帮助网络成瘾大学生戒除网瘾是网络成瘾研究的重要目标。目前，国内外学者较少对戒网瘾动机进行系统研究，对其影响因素的关注度不够。明晰大学生的戒网瘾动机，既能够丰富大学生网络成瘾研究的内容，也能够为大学生网络成瘾的预防和干预提供相应的参考借鉴，有助于引导大学生合理使用网络，积极适应社会生活，促进其健康成长。

第一节 研究概述

一、戒网瘾动机的研究现状

(一)戒网瘾动机现象的描述

2014年,在中央文明办、共青团中央、新闻出版总署、中国社会科学院和光明日报社联合发起的“健康上网拒绝沉迷——帮助未成年人戒除网瘾大行动”中,参与戒除网瘾行动的人数涉及100万人,专家巡讲团在全国65个城市进行了主题巡讲,直接听众超过10万人,志愿者队伍达到1万人,这其中绝大部分是具有网络成瘾倾向的大学生。网络成瘾者们的积极参与表明,一方面他们沉溺于网络的虚拟世界中不能自拔,另一方面又有着摆脱网络成瘾的强烈渴望与诉求。以往对待网络成瘾者,多采用强制断网的手段来帮助他们戒除网瘾,该方式虽然在短时间内效果明显,但往往会伴有一些后遗症,并且很容易复发。所谓“解铃还需系铃人”,要戒除网瘾,还是需要从其产生的原因出发,从根本上解决问题。这意味着要从心理上激发戒网瘾动机,以此来矫正网络成瘾行为。越来越多的网友开始冷静思考:网络到底会带来些什么?是一个发泄的场所?还是一个巨型的数据库?就戒网瘾动机的分类来看,有些人是为钱所迫,有些人是因为被网络上的虚假感情所伤,有些人则是为了补救自己的学业。

戒除网络成瘾始于戒网瘾行为,而戒网瘾动机是产生戒网瘾行为的前提和关键。这是因为动机是人类行为的内在动力,是由目标或对象引导、激发和维持个体活动的一种内在心理过程。它对行为具有激活功能、指向功能、维持和调整功能。目前,对戒除网瘾的研究主要集中于对网络成瘾的矫正,而对戒网瘾动机关注较少,仅有少部分相关研究中提及戒网瘾动机。

(二)戒网瘾动机的相关研究

1.戒网瘾动机的激发

具有网络成瘾倾向的学生,其拒绝使用网络的自我效能也较低。纠正网络成瘾行为的难点首先在于让成瘾者承认并正视这个问题,这与药物成瘾类似,必须让成瘾者意识到成瘾行为的危害进而主动寻求帮助,这是关键性的第一步。成瘾之后,个体陷入的程度取决于当时的情形和他的应对能力。当个体发现自己被互联网束缚并意识到问题的严重性后,就会想办法挣脱。当然,唤起成瘾者的意识只是必要的基础而不能解决全部问题。一般来说,大部分的成瘾者仅凭自身的力量很难摆脱成瘾行为,因此,他还需要专业人员的指导和家人、朋友的支持。对网络成瘾问题的正确认知,可以帮助成瘾者认识到自己的问题,明确自身在戒除网瘾过程中的重要作用,并且将外部的支持、激励内化为自我指导、自我约束、自我激励的基础和动力。虽然认知不等于行为,个体对网瘾的清醒认识并不能完全保证戒网行为,但行为习惯的固定成型并能自觉地维持离不开意识层面的指引。

2.影响戒网瘾动机的因素

现有涉及影响戒网瘾动机因素的研究较为薄弱,主要从个体自身特点这一方面进行了讨论。

(1)自我同一性。埃里克森的社会发展理论提到,青少年阶段需要追求自我,想要找到真正的自己,也面临统合危机。[①]网络由于能够提供大量的信息和不同于传统的沟通方式,会吸引青少年使用它来探索自己和这个世界。但对于一些有角色混淆困扰的青少年来说,网络世界的多样性与无限性往往会使得他们过度寄情于网络,愈陷愈深,借此逃避自我统合的危机感及生活中的种种挫折。王澄华认为,网络上的人际互动具有高亲密度、高自我表露性与高不确定感等三项特性,而人际互动在自我概念的建立与发展上扮演着重要的角色,因此网络上多元开放的人际活动将吸引低自尊者进行对自我概念的探索。[②]换言之,自我概念不清晰者将有较高的网络人际互动,甚至网络成瘾倾向也较高。格罗霍尔(Grohol)的网络成瘾的阶段模型指出网络成瘾特别是轻度网络成瘾与个体的心理发展及心理成熟度有关,随着个体的心理逐渐成熟,多数轻度网络成瘾者会逐步减轻对网络的依赖。[③]可见研究者们试图用埃里克森的自我同一性理论来解释网络成瘾者们能否自己走出网络成瘾的这一现象。

---

① 俞国良、辛自强:《社会性发展心理学》,合肥:安徽教育出版社2004年版。

② 王澄华:《网络人际互动特质与依附型态对网络成瘾的影响》,台湾:台湾大学硕士学位论文,2001年。

③ Grohol, J.M. “Too much time online: Internet addiction or healthy social interactions?”, *CyberPsychology & Behavior*, vol.2, no.5 (1999), pp.395-401.

(2)成就动机。徐锋研究指出自我同一性发展水平高的个体更加注重自己的现在和将来,有自我实现的充足动力和实现既定目标的强烈愿望。[①]亚当斯(Adams)等人发现成就型同一性状态的大学生比弥散型同一性状态的大学生具有更加明确的价值观和目标承诺。[②]布鲁斯坦(Blustein)和帕拉迪诺(Palladino)发现成就型同一性状态的大学生表现为较强的自我导向和自我动机。[③]克拉西(Clancy)和多林格(Dollinger)发现成就型的大学生具有高自觉性,能组织、计划并努力追求自己的目标而不是自我放纵、顺其自然,甚至物质滥用。[④]这说明成就动机的高低对是否网络成瘾或戒网瘾动机强度有着一定的影响。

(3)自控力。即使有着强烈的动机,完成目标还是要依赖于个体的情绪控制能力。拉罗斯(LaRose)等人认为网络成瘾本质上是网络使用者自我调节功能的缺失。[⑤]扬认为网络成瘾行为更偏向于是一种冲动控制障碍[⑥],内森(Nathan)等人的研究结果表明,符合网络成瘾条件的研究对象也完全符合冲动控制疾患的特征[⑦]。亚当斯等人总结实证研究得出,自我同一性给个体提供了明确的个人控制感和自由意志,成就型同一性状态的大学生倾向于内控,弥散型同一性状态的大学生倾向于外控,延续型和排他型同一性状态的大学生则处于两者之间,位置相对变化。[⑧]克拉西和多林格发现成就型的大学生具有高自觉性,能组织、计划并努力追求自己的目标而不是自我放纵、顺其自然,有较好的个人控制,没有物质滥用行为。[⑨]有研究者从戒除网瘾的实践干预角度出发,研究发现可以借助休闲体育和专项体育干预的形式,通过影响个体的情绪、认知等提升个体的自控力,进而摆脱网络依赖。[⑩]

---

① 徐锋:《大学生自我同一性、时间管理倾向与网络成瘾的相关研究》,西安:陕西师范大学硕士学位论文,2005年。

② Adams, G. R., Shea, J., Fitch, S. A. “Toward the development of an objective assessment of ego-identity status”, *Journal of Youth and Adolescence*, vol. 8, no. 2 (1979), pp.223-237.

③ Blustein, D. J., Palladino, D. E. “Self and identity in late adolescence: A theoretical and empirical integration”, *Journal of Adolescent Research*, vol. 6, no. 4 (1991), pp.437-453.

④ Clancy, S. M., Dollinger, S. J. “Identity, self, and personality: Identity status and the five-factor model of personality”, *Journal of Research on Adolescence*, vol. 3, no. 3 (1993), pp.227-245.

⑤ LaRose, R., Lin, C. A., Eastin, M. S. “Unregulated internet usage: Addiction, habit, or deficient self-regulation?”, *Media Psychology*, vol. 5, no. 3 (2003), pp.225-253.

⑥ Young, K. S. “Internet Addiction: The emergence of a new clinical disorder”, *CyberPsychology and Behavior*, vol. 1, no. 3 (1998), pp.237-244.

⑦ Shapira, N.A., Lessig, M.C., et al. “Problematic internet use: Proposed classification and diagnostic criteria.” *Depression and Anxiety*, vol.17, no.4(2003):pp.207-216.

⑧ Adams, G. R., Marshall, S. K. “A developmental social psychology of identity: Understanding the person-in-context”, *Journal of Adolescence*, vol. 19, no. 5 (1996), pp.429-442.

⑨ Clancy, S. M., Dollinger, S. J. “Identity, self, and personality: Identity status and the five-factor model of personality”, *Journal of Research on Adolescence*, vol. 3, no. 3 (1993), pp.227-245.

⑩ 刘映海:《戒“网瘾”,可以从体育开始》,《人民教育》2019年第8期,第16-19页。

(4)成瘾程度。杨容研究指出不同成瘾者戒网期间成瘾程度、症状、认识、行为变化的分析表明,强制性措施对轻度成瘾者戒除网瘾有很好的疗效,但对重、中度的成瘾者而言,单纯的强制性措施对于戒除他们的网瘾的有效性相对有限,所以戒网瘾的最佳时段是在轻度向中度发展的时候,建议此时将花在网络上的时间和精力及时转移到其他活动或事件中,在其中使自己的心理需求得到满足,并在思想上重新对网络形成客观、正确的全面认识和评价。①

二、已有研究存在的不足

从文献综述可以看出目前对戒网瘾动机的研究较为薄弱,虽然研究者们已经认识到在网络成瘾发展阶段中,网络成瘾者的戒网动机对于戒除网瘾的必要性,但较少有研究对其进行深入考察,目前该研究领域仍存在以下四个方面的问题。(1)有关网络成瘾者戒网瘾动机的理论基础还相当薄弱,缺乏深入和细致的探讨,它的结构、机制等尚缺乏有说服力的理论模型。(2)在网络成瘾研究领域,只有诊断是否是网络成瘾的量表,缺乏戒网瘾动机方面的测量工具。(3)已有涉及戒网瘾动机的内容仅停留于是否有动机上,研究内容单薄。网络成瘾大学生戒网瘾动机的特点是什么?它表现出怎样的差异性与一致性?不同戒网瘾动机与网络依赖程度之间的关系是怎样的?这些问题都尚待回答。(4)已有研究多将戒网瘾动机作为一个独立的内容,较少有研究考察促成网络成瘾者戒网瘾动机的影响因素。综上,对网络成瘾者戒网瘾动机展开深入研究是迫切且必要的。

三、研究设计

(一)研究目的

通过理论和实证研究建构网络成瘾大学生戒网瘾动机的结构模型,并据此编制大学生网络成瘾者戒网瘾动机量表,进而考察网络成瘾大学生戒网瘾动机的特点。

(二)研究构想

本研究遵循“理论分析—研制工具—实际测量—特点分析”的研究思路,在已有文献分析和问卷调查基础上,编制了《网络成瘾大学生戒网瘾动机问卷》。通过探索性因素分析和验证性因素分析明确了网络成瘾大学生戒网瘾动机的结构,并根据实际调查结果,分析网络成瘾大学生的戒网瘾动机特点。

---

① 杨容:《中学生网络成瘾行为矫治研究》,重庆:西南师范大学硕士学位论文,2004年。

第二节 网络成瘾大学生戒网瘾动机的理论构想与问卷编制

一、理论构想

目前国内外对戒网瘾动机的研究鲜有所闻,因此本研究的理论构想从网络使用动机入手,即从当初为什么会过度上网、现在又为什么会戒除网瘾来进行探讨。

(一)网络使用的动机种类

韦泽(Weiser)将互联网使用态度视为使用时间与使用者社会心理健康间的中介变量,认为互联网使用行为可能是由于使用者态度或动机的不同而具有不同的效应。基于这一假设,韦泽编制了互联网态度调查表,通过因素分析,得到社会—情感调节和工具—信息获取两种态度因素,并证明基于社会—情感调节态度使用互联网,有可能对个人的社会参与度和社会支持系统的维持带来负面影响,从而降低其心理健康水平;基于工具—信息获取态度使用互联网,有可能通过增强社会整合度而提高其心理健康水平。[①]韩佩凌等人的研究表明网络成瘾大学生在网络使用动机上更倾向于虚拟社群动机、匿名交往动机、自我肯定动机和商品信息动机,网络沉迷者在扮演与现实不同角色、对他人发表意见等网络使用动机项目上的得分较非沉迷者高。[②]一般来说,网络更易于满足成瘾者们如下需求:变异认同需求,即个体在网络上喜欢新的不同的经验;人际亲和需求;性需求;自主成就需求;人际关系需求;高度成就感需求。由此可见,网络的虚拟环境能够在一定程度上满足这些社会性需求,而这些需求在现实生活中难以轻易得到满足。因此社会性需求与网络的虚拟环境相结合是导致网络成瘾的主要因素。

(二)戒网瘾动机维度构想

根据动机的来源,戒网瘾分为两种情况:一是自发戒网瘾,二是强制戒网瘾。自发戒网瘾强调其戒网瘾行为来自内在动机(即由个体内在需要引起的动机)。与导致网络成瘾的动机相反,戒网瘾动机是因为网络无法真正满足个体的社会性需求。这种不满足分为两种情况,一是即使在虚拟网络中,上述的社会性需求也得不到满足;二是虚拟与现实的冲突,即在虚拟网络中的满足并不能替代现实生活的需要。强制戒网瘾强调其戒网瘾

---

① Weiser, Eric, B. "The functions of internet use and their social and psychological consequences", *CyberPsychology and Behavior*, vol. 4, no. 6 (2001), pp.723-743.

② 韩佩凌:《台湾中学生网络使用者特性、网络使用行为、心理特性对网络沉迷现象之影响》,台湾:台湾师范大学硕士学位论文,2000年。

动机为外在动机(即人在外界的要求与外力的作用下所产生的行为动机)。因此,根据动机的来源,本研究将戒网瘾动机量表的维度构建如下(见表21.1)。

表21.1 戒网瘾动机维度构想

一级分类	二级分类	二级分类含义
内在动机	不满足虚拟需求	在虚拟网络中需求寻求不到满足;包括感知体验、归属感、成就动机等
	不满足现实需求	将网络与现实生活相比,在现实生活中的需求仍得不到满足;包括归属感、成就动机、自我实现动机、人际交往动机等
外在动机	对现实产生负面影响	由于过度上网,对现实生活造成负面影响,包括影响生理健康、自我实现需要、归属需要等
	外界压力	外界对过度上网行为的影响
	现实生活变故	家庭、学校、社会生活发生变故,从而减少上网

(三)戒网瘾动机影响因素构想

围绕个体自身特点,结合已有研究,本研究发现:(1)自我同一性作为青少年人格中核心的自我调节系统与网络成瘾关系密切,可以作为解释戒网瘾动机的内在影响因素。研究者们曾用埃里克森的自我同一性理论来解释网络成瘾者们能否自己走出网络成瘾的这一现象,即如果个体可以形成一个健康成熟的自我同一性,就可以有效抵御网络带来的消极影响。与此相应的是同一性危机这一概念,即个体发展在青春期因面临着自我同一性的混乱所产生的心理冲突(危机)。总体来说,个体所获得的自我同一感指的是同一性危机解决的精神和谐状态。①(2)成就动机作为人类最基本的动机之一,与自我同一性、网络成瘾有着紧密联系,是个人愿意去做、去完成自认为重要或有价值的工作,并力求达到完美地步的一种内在的推动力量,也可以作为解释戒网瘾动机的重要影响因素。前文提及,研究者们曾用成就动机来探讨网络成瘾者与非网络成瘾者的个体差异,并得到高成就动机可以有效抵御网络带来的消极影响的结论。(3)个体对冲动缺乏控制能力被视为网络成瘾行为的本质特征,它与自我同一性、网络成瘾同样联系紧密,因此,自我控制也是戒网瘾动机的重要影响因素。研究者们试图用自我控制来解释其与网络成瘾的关系,认为自我同一性发展较好的个体会更少地受到网络的负面影响。

综上,本研究将自我同一性、成就动机、自我控制作为网络成瘾大学生戒网瘾的核心影响因素。一方面,产生戒网瘾动机、走出网络成瘾困境,是大学生们心理走向成熟、实现自我同一性发展的重要表现。在着迷阶段,网络成瘾者人格发展迟滞,同一性发展不完善;在觉醒阶段,标志着个体心理的成熟,自我同一性的发展。在平衡阶段,同一性发展越成熟的个体对网络消极影响的抵抗能力越强。另一方面,网络成瘾大学生的成就动

① 徐锋:《大学生自我同一性、时间管理倾向与网络成瘾的相关研究》,西安:陕西师范大学硕士学位论文,2005年。

机越强烈，其戒网瘾动机也越强，更可能戒除网络成瘾。网络成瘾大学生的自我控制能力可能是决定其戒网瘾动机强弱的直接影响因素。

二、网络成瘾大学生戒网瘾动机问卷的编制

（一）研究方法

1. 被试

样本1：在我国西部地区选取一所本科院校，采用随机抽样的方法，对自编的《网络成瘾大学生戒网瘾动机问卷Ⅰ》展开施测。共发放问卷320份，收回有效问卷300份，问卷有效率93.75%。其中大一46人，大二148人，大三87人，大四19人；文科85人，理科215人。

样本2：在我国西部地区选取六所本科院校，采用随机抽样以及滚雪球抽样的方法，对自编的《网络成瘾大学生戒网瘾动机问卷Ⅱ》展开施测。共发放问卷1000份，收回有效问卷876份，问卷有效率87.6%。其中大一317人，大二347人，大三184人，大四28人。

2. 工具

采用自编的《网络成瘾大学生戒网瘾动机问卷Ⅰ》《网络成瘾大学生戒网瘾动机问卷Ⅱ》进行项目分析、探索性因素分析；使用《网络成瘾大学生戒网瘾动机问卷》进行验证性因素分析和信效度检验。以上三个问卷均采用Likert 5点计分。

3. 程序

由于本研究对象为网络成瘾大学生，因此需要通过中文网络成瘾量表筛选被试，将无明显网络成瘾症状的被试剔除。鉴于中文网络成瘾量表目前还没有制定国内常模，本研究自拟得分高低的评判标准如下：由于数据接近正态分布，选取高分组和低分组分数各为15.87%，低分组从得分43分往下取，高分组从87分往上取，结合问卷回答情况进行综合评判，将得分为50分以下者定为无明显症状，不符合本研究标准，将得分为50分以上者作为本研究对象。值得注意的是，由于本问卷的研究核心是围绕戒网瘾动机展开，因此调查对象既可以是正处于网络成瘾中的大学生，也可以是曾经患网络成瘾但目前已经成功戒除网瘾的大学生，在问卷作答时要求其根据自己网络成瘾程度最深时的情形作答。

本研究抽取重庆市某高校共20名曾经或者现在被诊断为网络成瘾的大学生作为半开放式问卷的被试，并选取其中的10名被试进行深度访谈。初步分析资料后，本研究归纳网络成瘾大学生戒网瘾动机初步涉及影响生理、影响学习工作生活、虚拟不真实感、新

奇体验不满足等,并据此构建了网络成瘾大学生戒网瘾动机的初步维度和含义。选取10名全国相关领域心理学专家和10名心理学专业研究生作为专家被试,通过信函或电子邮件形式发放专家咨询问卷,共回收16份有效专家问卷。根据专家咨询问卷的反馈意见,对戒网瘾动机维度及含义进行适当修改,形成网络成瘾倾向大学生戒网瘾动机结构的理论构想;然后在文献分析基础上,结合学生半开放式问卷、深度访谈结果收集题项,从而形成《网络成瘾大学生戒网瘾动机问卷Ⅰ》。该问卷合计124个题项,采用Likert 5点记分。

使用《网络成瘾大学生戒网瘾动机问卷Ⅰ》进行第一次测试,对问卷进行项目分析和探索性因素分析,统计分析结果显示问卷的指标不够理想,故对题项进行修订,形成包含58个题项的《网络成瘾大学生戒网瘾动机问卷Ⅱ》。使用《网络成瘾大学生戒网瘾动机问卷Ⅱ》进行第二次测试,对问卷进行项目分析和探索性因素分析,并根据相关心理测量学标准修订题项,形成包含24个题项的《网络成瘾大学生戒网瘾动机问卷》,即正式问卷(见附录)。最后,使用《网络成瘾大学生戒网瘾动机问卷》进行验证性因素分析和信效度检验。

(二)研究结果

1.《网络成瘾大学生戒网瘾动机问卷Ⅰ》的数据分析结果

对《网络成瘾大学生戒网瘾动机问卷Ⅰ》进行项目分析和探索性因素分析,结果表明,在保持原有维度不变的情况下,有66个题项不符合要求,保留剩余的58个题项。经过进一步的修订整理,形成《网络成瘾大学生戒网瘾动机问卷Ⅱ》。

2.《网络成瘾大学生戒网瘾动机问卷Ⅱ》的数据分析结果

对《网络成瘾大学生戒网瘾动机问卷Ⅱ》数据进行项目分析,将被试总分按递增排序,选取得分最高的前27%的学生作为高分组,得分最低的后27%的学生作为低分组,进行独立样本t检验,删除差异不显著的项目。采用同质性检验筛选题项,删除与总分相关不显著以及共同性小于0.2的题项。项目分析结果显示,所有题项的平均数差异检验均显著($p<0.001$),表明预测问卷题项具有良好的鉴别力,可以保留全部题项。

接着对问卷进行探索性因素分析。先后删除34个题项,最后保留24个题项(见表21.2)。探索性因素分析结果表明,三维度结构较为清晰,与理论构想较为符合。

表21.2 《网络成瘾大学生戒网瘾动机问卷Ⅱ》因素分析结果

题项	F1	F2	F3	共同度
a20	0.73			0.54
a55	0.69			0.48
a28	0.67			0.50
a10	0.66			0.44
a2	0.63			0.40

续表

题项	F1	F2	F3	共同度
a1	0.63			0.40
a19	0.62			0.42
a47	0.57			0.39
a37	0.52			0.36
a46	0.51			0.38
a29	0.49			0.28
a30		0.77		0.60
a36		0.69		0.47
a31		0.67		0.42
a53		0.66		0.44
a43		0.65		0.44
a48		0.62		0.58
a4		0.59		0.44
a13		0.58		0.46
a32			0.75	0.36
a23			0.64	0.45
a33			0.63	0.33
a24			0.52	0.48
a17			0.46	0.40
特征值	6.04	3.09	1.38	累计解释率
解释率(%)	18.39	15.73	9.66	43.78

本研究因素命名遵循两条原则:一是参照理论分析构想命名;二是参照因素题项的负荷值命名。一般来说,根据负荷值较高的题项所隐含的意义命名。从表可以看出,探索性因素分析获得24个有效题项,共析出3个因素,可以解释总变异量的43.78%。因素1的题项描述了个体在将虚拟生活与现实生活的对比中,认为虚拟生活不如现实生活,反映了理论构想问卷中的现实不满足因素,命名为“现实不满足”;因素2的题项描述了个体的过度网络使用行为影响了现实生活,包括了理论构想中的对现实产生负面影响、外界压力、社会生活变故,故命名为“影响现实”;因素3的题项,反映了理论构想问卷中的虚拟不满足因素,故命名为“虚拟不满足”。

3.《网络成瘾大学生戒网瘾动机问卷》的数据分析结果

对《网络成瘾大学生戒网瘾动机问卷》进行验证性因素分析。为了对该模型进行验证,本研究还设置了两个可做比较的模型。结果表明,三因素模型的各项拟合指标比二因素和单因素模型都要好(见表21.3)。二因素和单因素模型的GFI、AGFI、TLI、CFI的值均小于三因素模型,χ^2/df值都大于三因素模型,RMSEA值都大于0.05,这表明两因素和单因素模型的拟合度欠佳。从三因素模型的各项指标来看,χ^2/df值为1.96<3,认为模型

拟合较好,可以接受此模型。其GFI、AGFI、TLI、CFI的值都超过或接近0.90,RMSEA的值等于0.05,表明三因素模型整体拟合理想,明显优于单因素模型和两因素模型。

表21.3 《网络成瘾大学生戒网瘾动机问卷》的验证性因素分析

模型	χ^2/df	GFI	AGFI	TLI	CFI	SRMR	RMSEA
三因素	1.96	0.91	0.90	0.90	0.91	0.07	0.05
二因素	2.48	0.88	0.86	0.84	0.86	0.09	0.06
单因素	4.60	0.73	0.68	0.62	0.65	0.13	0.09

对《网络成瘾大学生戒网瘾动机问卷》进行信效度检验,采用内部一致性信度和分半信度作为《网络成瘾大学生戒网瘾动机问卷》的信度指标。结果表明(见表21.4),《网络成瘾大学生戒网瘾动机问卷》在各维度的内部一致性信度在0.67~0.85,分半信度在0.61~0.80,整个问卷的内部一致性信度为0.87,分半信度为0.84,总体上问卷具有较好的信度。

表21.4 《网络成瘾大学生戒网瘾动机问卷》的信度检验

维度	内部一致性信度	分半信度
现实不满足	0.85	0.79
影响现实	0.83	0.80
虚拟不满足	0.67	0.61
总问卷	0.87	0.84

采用结构效度作为《网络成瘾大学生戒网瘾动机问卷》的效度指标(见表21.5)。各维度之间的相关以及维度与总分间的相关均显著,维度间的相关在0.26~0.46,维度与总分之间的相关在0.73~0.81,表明各维度既相互关联又具有一定的独立性,说明本问卷效度良好。

表21.5 《网络成瘾大学生戒网瘾动机问卷》的信度检验

	1	2	3
现实不满足	-		
影响现实	0.26^{***}	-	
虚拟不满足	0.46^{***}	0.43^{***}	-
总问卷	0.81^{***}	0.74^{***}	0.73^{***}

注:$p^{***} < 0.001$。

第三节 网络成瘾大学生戒网瘾动机的特点

一、研究目的

本研究旨在考察网络成瘾大学生戒网瘾动机的特点,为后续引导大学生远离网络成瘾、合理使用网络提供参考借鉴。

二、研究方法

(一)被试

在我国西部地区选取六所本科院校,采用随机抽样以及滚雪球抽样的方法,使用自编的《网络成瘾大学生戒网瘾动机问卷》展开施测。共发放问卷1000份,收回有效问卷876份,问卷有效率87.6%。其中大一317人,大二347人,大三184人,大四28人;理工科628人,文科215人,艺体科33人。

(二)工具

本研究使用《网络成瘾大学生戒网瘾动机问卷》考察网络成瘾大学生戒网瘾动机。该问卷由现实不满足、影响现实、虚拟不满足三个维度构成,合计24个题项,采用Likert 5点计分。

(三)统计分析

本研究使用SPSS统计软件进行数据的整理和分析,主要包括描述性统计、平均数差异的显著性检验等。

三、研究结果

本研究考察了网络成瘾大学生戒网瘾动机的总体情况以及不同性别、年级等人口统计学变量下网络成瘾大学生戒网瘾动机的现状与特点,具体结果如下。

1.网络成瘾大学生戒网瘾动机的总体情况

根据描述性统计的结果(见表21.6),各维度以及总问卷的平均得分居于中等程度。各维度得分从高到低排序依次为:现实不满足>虚拟不满足>影响现实。

表21.6　网络成瘾大学生戒网瘾动机的总体情况

变量	影响现实	现实不满足	虚拟不满足	总问卷
M	2.95	3.46	3.24	3.24
SD	0.78	0.66	0.71	0.55

2.网络成瘾大学生戒网瘾动机的多因素方差分析

以网络成瘾大学生戒网瘾动机及其各因素为因变量,以学生学校类型、学科类别、年级、性别为自变量,进行2×3×4×2多因素方差分析,结果如下(见表21.7)。现实不满足存在着学校类型、年级和性别显著的交互作用。影响现实在学科类别上差异显著,学科类别和学校类型存在着显著交互作用,学校类型和年级存在着极其显著的交互作用,学科类别、学校类型和年级存在着显著交互作用,学科类别和性别存在着显著交互作用,学科类别、年级和性别存在着显著交互作用。虚拟不满足在年级上存在着非常显著的差异,学校类型和年级存在着显著交互作用。而戒网瘾动机总分在年级上存在着非常显著的差异,学校类型和年级存在着非常显著的交互作用,学科类别、学校类型和年级存在非常显著的交互作用。

表21.7　网络成瘾大学生戒网瘾动机的多因素方差分析

变量	现实不满足	影响现实	虚拟不满足	总问卷
学科类别	0.21	6.46^{**}	1.54	2.73
学校类型	0.36	0.02	1.10	0.00
年级	1.75	2.59	4.88^{**}	3.89^{**}
性别	0.08	0.00	0.27	0.09
学科类别·学校类型	0.24	4.09^{*}	0.37	1.79
学科类别·年级	0.60	1.36	1.55	1.23
学校类型·年级	0.93	7.16^{***}	3.58^{*}	4.98^{**}
学科类别·学校类型·年级	2.12	2.53^{*}	1.81	3.38^{**}
学科类别·性别	0.46	3.07^{*}	1.95	2.26
学校类型·性别	0.42	0.44	0.01	0.41
学科类别·学校类型·性别	0.88	1.37	2.57	1.92
年级·性别	0.05	1.01	0.65	0.38
学科类别·年级·性别	0.50	2.77^{*}	0.49	1.25
学校类型·年级·性别	3.43^{*}	0.56	1.75	2.11
学科类别·学校类型·年级·性别	2.03	0.28	1.00	1.38

注:$p^{*} < 0.05$,$p^{**} < 0.01$,$p^{***} < 0.001$。

3.网络成瘾大学生戒网瘾动机的简单效应分析

考察影响现实在学科类别与学校类型上的简单效应,结果表明(见表21.8),影响现实在学科类别上,学校类型差异显著。具体表现为,理科中,非重点大学生在影响现实上的得分极其显著高于重点大学生。在文科中,同样也是非重点大学生在影响现实上的得分极其显著高于重点大学生。艺体科则差异不显著。影响现实在学校类型上,学科类别差异显著。具体表现为,重点大学中,艺体科在影响现实上的得分极其显著高于理科生和文科生。在非重点大学中,这种差异不显著。

表21.8 影响现实在学科类别与学校类型上的简单效应分析

	SS	*df*	*MS*	*F*	事后比较
学科类别					
理科	567.73	1	567.73	15.82^{***}	非重点>重点
文科	524.95	1	524.95	15.01^{***}	非重点>重点
艺体科	6.90	1	0.12	0.73	
学校类型					
重点	795.29	2	397.65	11.42^{***}	3>1,3>2
非重点	228.11	2	114.06	2.89	

注:$p^{***}<0.001$。

考察影响现实在学校类型与年级上的简单效应,结果表明(见表21.9),影响现实在学校类型上,年级差异显著。具体表现为,在非重点大学中,大二、大四大学生在影响现实上的得分极其显著高于大一学生。重点大学则差异不显著。在年级上,学校类型差异显著。具体表现为,大二年级中,非重点大学生在影响现实上的得分显著高于重点大学生。其他年级则差异不显著。

表21.9 影响现实在学校类型与年级上的简单效应分析

	SS	*df*	*MS*	*F*	事后比较
学校类型					
重点	65.98	3	21.99	0.61	
非重点	2 099.13	3	699.71	21.05^{***}	1<2,1<4
年级					
大一	34.98	1	34.98	0.86	
大二	2367.15	1	2367.15	70.87^{***}	非重点>重点
大三	95.74	1	95.74	3.41	
大四	154.35	1	154.35	3.97	

注:$p^{***}<0.001$。

考察影响现实在学科类别与性别上的简单效应,结果表明(见表21.10),影响现实在学科类别上,性别差异显著。具体表现为,在理科中,男生在影响现实上的得分极其显著高于女生。在文科中,男生在影响现实上的得分同样也极其显著高于女大学生。艺体科则不显著。影响现实在性别上,学科类别差异显著。具体表现为,在男生中,艺体科、文科大学生在影响现实上的得分极其显著高于理科大学生。在女生中,艺体科大学生在影响现实上的得分极其显著高于理科、文科大学生。

表21.10　影响现实在学科类别与性别上的简单效应分析

	SS	*df*	*MS*	*F*	事后比较
学科类别					
理科	157.51	1	157.51	4.31*	男>女
文科	870.54	1	870.54	26.10***	男>女
艺体科	3.53	1	3.53	0.06	
性别					
男	1412.65	2	706.33	20.82***	1<2,3
女	364.63	2	182.32	4.02*	3>1,2

注:$p^{*} < 0.05$,$p^{***} < 0.001$。

考察虚拟不满足在学校类型与年级上的简单效应,结果表明(见表21.11),虚拟不满足在学校类型上,年级差异显著。具体表现为,在非重点大学中,二年级大学生在虚拟不满足上的得分极其显著高于一年级大学生。重点大学生则不显著。虚拟不满足在年级上,学校类型差异显著。具体表现为,在二年级中,非重点大学生在虚拟不满足上的得分极其显著高于重点大学的学生。其他年级差异不显著。

表21.11　虚拟不满足在学校类型与年级上的简单效应分析

	SS	*df*	*MS*	*F*	事后比较
学科类型					
重点	74.22	3	24.74	2.05	
非重点	316.52	3	105.51	8.94***	2>1
年级					
一年级	0.00	1	0.00	0.00	
二年级	205.84	1	205.84	18.19***	非重点>重点
三年级	30.23	1	30.23	3.74	
四年级	55.31	1	55.31	4.01	

注:$^{*}p < 0.05$,$^{***}p < 0.001$;1~4分别代表一年级、二年级、三年级、四年级。

4.网络成瘾大学生戒网瘾动机的年级差异

以年级为自变量,以戒网瘾动机的各因子及总分作为因变量,进行单因素方差分析(见表21.12)。结果表明整体上,网络成瘾大学生戒网瘾动机存在着极其显著的年级差异。表现为大二>大四>大三>大一,且大二学生明显高于大一、大三学生。在现实不满足上,大二学生明显高于大三学生;在影响现实和虚拟不满足上,大二学生明显高于大一学生。

表 21.12 网络成瘾大学生戒网瘾动机的年级差异

变量	大一	大二	大三	大四	F	事后比较
现实不满足	37.75±8.21	39.01±6.72	37.08±6.05	37.57±6.91	3.41^{*}	2>3
影响现实	22.38±6.39	24.45±6.36	23.56±5.33	25.75±6.56	7.41^{***}	2>1
虚拟不满足	15.49±3.84	16.79±3.45	16.23±2.86	16.28±3.91	7.67^{***}	2>1
总分	75.63±14.03	80.26±12.95	76.88±10.65	79.60±15.14	7.58^{***}	2>1,2>3

注：$p^{*} < 0.05$，$p^{***} < 0.001$。

5.网络成瘾大学生戒网瘾动机的学科类别差异

以学科类别为自变量，以戒网瘾动机的各因子及总分作为因变量，进行单因素方差分析（见表21.13）。结果表明，整体上，网络成瘾大学生戒网瘾动机存在着非常显著的学科类别差异。表现为艺体科＞文科＞理科，且文科明显大于理科。具体表现为：影响现实上，学科类别差异显著，表现为艺体科＞文科＞理科；在其他因子上，学科差异不明显。

表 21.13 网络成瘾大学生戒网瘾动机的学科类别差异

维度	理科	文科	艺体科	F	事后比较
现实不满足	38.00±7.30	38.41±6.94	37.96±7.31	0.27	
影响现实	22.87±6.06	24.94±6.10	27.63±7.42	16.74^{***}	3>2>1
虚拟不满足	16.01±3.51	16.64±3.48	16.66±4.16	2.85	
总体均分	76.89±12.90	80.00±12.72	82.27±17.48	6.50^{**}	2>1

注：$p^{**} < 0.01$，$p^{***} < 0.001$。

四、讨论

（一）网络成瘾大学生戒网瘾动机的总体特点

研究发现，网络成瘾大学生戒网瘾动机的来源是不平衡的，各因子得分从高到低排序依次为现实不满足＞虚拟不满足＞影响现实，由此可见，首先是他们戒网瘾的动力主要来自对虚拟和现实的比较认识，认为虚拟再好也不能代替现实、不能满足现实需求；其次是网络本身不具有吸引力，不满足虚拟需求；最后才是虚拟对现实的影响。

呈现这种特点的可能原因是：（1）大学生认知特点。如前所述，大学生在心智发育、知识结构及认知能力方面均呈现更高的水平，他们在沉溺于网络之后能够进行反思和总结，能够对虚拟和现实有一个比较客观的认识。这与心智发育不成熟、认知水平较低、对网络及上网行为的认识更肤浅和片面的中学生不同①，现实需求不满足成为他们戒网瘾

① 杨容：《中学生网络成瘾行为矫治研究》，重庆：西南师范大学硕士学位论文，2004年。

的首要动力。(2)青少年对新事物敏感且容易接受、好奇心强,这是他们沉迷于网络的重要原因,但这种好奇心达成并且不能够进一步被满足时,他们会寻求走出虚拟的网络生活。同时,青少年相对比较理想主义,将网络生活想象得过于美好,但现实的网络生活与想象的出入较大。(3)网络成瘾是一种自适应行为,通常当事人并无太多不适。因此只要网络对现实的影响不够大,便不足以达成戒网瘾动机中的首要因素。在网络成瘾人群中,低、中度网络成瘾者占绝大多数,相对于高网络成瘾者而言,网络对其现实生活的影响要小许多。同时,从大学生认知特点来看,如前所述,青少年社会阅历浅,对复杂的社会背景和社会活动的认识单纯,缺乏明辨是非和应对复杂局面的能力,进而自我保护意识也淡薄。他们上网往往是为了获得精神上的愉悦,很少考虑到网络对生理或心理的伤害。

(二)网络成瘾大学生戒网瘾动机的交互作用特点

研究发现,总体上网络成瘾倾向大学生的戒网瘾动机在年级和学科类别上存在显著的主效应,在学科类别与学校类型、学校类型与年级、学科类别与性别上存在显著的交互作用。具体来看。

1.学校类型与学科类别、学校类型与年级简单效应分析

本研究表明,在影响现实维度上,无论是文科还是理科,均表现出非重点大学学生比重点大学学生戒网瘾动机强。同时,在虚拟不满足维度上,在二年级阶段,也表现出非重点大学学生比重点大学学生戒网瘾动机强。可能的原因是:不同类型的学校对青少年学生有极大的影响。重点大学无论在师资、生源、发展前途还是社会支持等方面均优于非重点大学。同时,重点大学的学习氛围要更为浓厚。与重点大学学生相比,非重点大学学生更容易受到网络的诱惑,网络对非重点大学学生的负面影响也就比重点大学学生要大。

2.性别与学科类别简单效应分析

本研究发现,在影响现实维度上,无论是文科还是理科,均表现出男生比女生的戒网瘾动机要强。即男生比女生更容易网络成瘾,网络对男生的负面影响也就越大,男生在影响现实这一方面的戒网瘾的动机也就越强。同时,本研究发现,在影响现实维度上,无论是男生还是女生,戒网瘾动机均表现出艺体科＞文科＞理科。这可能同网络与专业的相关度有关,即专业与网络的内在联系越紧密,其戒网瘾动机越弱。这与以往的研究结果相一致。吴雅玲等研究者们认为网络成瘾高危险群与一般网络使用者在性别上存在差异,男生较女生网络成瘾倾向高,这说明性别可以作为预测大学生网络成瘾行为的重

要项目之一。同时,男生比女生更容易网络使用过度,可能的解释是大多数男生的生活压力较女生大,在生活中也更易遭受挫折,寄托于网络寻求解脱的可能性也就更大。男生比女生表现较多的网络成瘾行为,这可能是因为男生不太习惯面对面吐露心事,借由网络的匿名性,可以倾吐自己的心事,而不会被对方察觉身份,也可以隐藏自己。此外,男生在使用计算机相关事物时比女生接触的时间长很多,因此也容易表现出网络成瘾行为,沉迷行为比女生来得多。①

(三)网络成瘾大学生戒网瘾动机年级差异

本研究表明,网络成瘾大学生戒网瘾动机在年级上呈现出不平衡性和差异性,表现为大二>大四>大三>大一,且大二学生明显高于大一、大三学生。在现实不满足上,大二学生明显高于大三学生;在影响现实和虚拟不满足上,大二学生明显高于大一学生。

由此出现差异的原因可能是:(1)客观环境。从高中升入大学,生活、工作、学习均相对自由,有充裕的时间和精力,容易被网络这样的新事物所吸引,故网络在大一阶段成为大学生打发空闲时间的主要工具。而在大二阶段,大学生活适应期和新鲜期已过,大学生开始面临繁重的学习任务,担任学生活动和学生工作的主要骨干,时间和精力不如大一充裕。(2)主观体验。在大一阶段,过度上网所带来的对生活、工作、学习的负面影响还没有表现出来;大学生对虚拟世界的渴求和好奇心较强;相对于现实生活,网络提供了不一样的沟通和交流的平台。而对于大二学生来说,他们开始强烈地规划自己的大学生活,总结一年级学习、生活等各方面的不足,开始意识到网络所带来的负面影响,对虚拟世界的好奇心减弱,开始回归现实生活,对现实生活中自己的发展更予以关注。基于以上两方面的比较,大一年级上网得分正处于急速增高时期,其戒除网瘾的动机当然也就最小;大二学生减少过度上网行为的动机非常强烈。大三和大四阶段与前两个阶段相比,是大学生学习任务最紧张的阶段,大学生的戒网瘾动机主要来源于客观条件不容许,比如忙碌着准备研究生入学考试或参加工作、进入社会,注意力得到转移,故没有过多的空闲时间来上网,这尤其体现在大四阶段,因此大四又比大三戒网瘾动机强。但两者的戒网瘾动机外在因素居多,因此其戒网瘾的动机相对大二要弱一些,但比大一新生要强。具体来说,在现实不满足上,二年级明显高于三年级的原因可能是,大一学生刚进大学需要适应,大二学生则常常处于迷惘状态,大三学生的情感状态则要相对平静,而大四面对着就业、升学的压力。大二的这种迷茫状态往往表明了他们对虚拟世界的好奇心得到满足以后,对现实世界的认知需求非常强烈,开始由网络回归现实。在影响现实和虚拟不

---

① 吴雅玲:《高职学生人格特质对网络使用行为与网络成瘾相关之研究》,台北科技大学硕士学位论文,2003年。

满足上，二年级高于一年级的原因可能是高考后，大学生活过于放松，上网行为缺乏节制，上网对大一学生的学习、生活、工作造成了许多之前他们没有想到的负面影响。同时随着对网络熟悉程度的增加，大学生对虚拟生活的美好幻想和好奇心减弱，改变虚拟感知和体验的需求得不到满足，由此减少上网。

（四）网络成瘾大学生戒网瘾动机学科类别差异

本研究表明，整体上，网络成瘾大学生戒网瘾动机存在着非常显著的学科类别差异，表现为艺体科＞文科＞理科，且文科明显大于理科。具体表现为：影响现实上，学科类别差异显著，表现为艺体科＞文科＞理科；在其他因子上，学科差异不明显。其原因可能基于网络与专业的相关度而言。艺体科的大学生相对于文、理科的大学生来说，需要花更多的时间于专业学习上，需要实际操作，过度沉溺于网络会占用专业学习时间，不利于专业学习，因此无论在戒网瘾总分还是在影响现实上，其戒网瘾动机最高。而理科生特别是计算机类专业大学生，由于本身专业的需要而经常进行某些网络活动，如网络管理、信息获取、技术学习等，所以戒网瘾动机相对最弱。文科生的戒网瘾动机位于二者之间，这是因为其专业实操性不如艺体科，对网络的使用需求没有理科强。

附录

网络成瘾大学生戒网瘾动机问卷

指导语：请仔细阅读下列题项，并根据自己的实际情况选择对应的选项。

网络使用情况：曾经痴迷_____现在痴迷_____与以前相比有与所减轻_____

题项	非常不符合	比较不符合	不确定	比较符合	非常符合
1.才华在生活中（而不是在网络中）得到施展才是真实的	1	2	3	4	5
2.身边人对我的爱和关心比网友的爱和关心更重要	1	2	3	4	5
3.我发现我与现实生活越来越格格不入	1	2	3	4	5
4.在生活中建立的人际关系比网络中的人际关系更重要、实用	1	2	3	4	5
5.上网对我的师生关系、同学朋友关系以及班集体关系已造成一些负面的影响（如越来越疏远）	1	2	3	4	5
6.网络上的朋友让我感到不踏实、不可靠	1	2	3	4	5
7.过多地沉溺于网络会阻碍自己在生活中抱负的实现	1	2	3	4	5
8.与网友相比，更看重与身边人分享快乐与忧伤，共同体验自己的思想、感受或幻想	1	2	3	4	5
9.网上依然存在着现实生活中遇到的问题（如失恋、欺骗、困难等）	1	2	3	4	5

续表

题项	非常不符合	比较不符合	不确定	比较符合	非常符合
10.在网络中没有办到自己想做的事或得到想得到的东西	1	2	3	4	5
11.身边人的理解比网络上的支持更重要	1	2	3	4	5
12.找到了除网络以外其他的乐趣	1	2	3	4	5
13.由于过度上网,得不到身边人的尊重	1	2	3	4	5
14.远离网络使我远离现实社会	1	2	3	4	5
15.网上生活没有最初上网时那样刺激、精彩、好玩、充满兴趣	1	2	3	4	5
16.对在网上自己在现实中没有体验过的角色和感受已经不再好奇	1	2	3	4	5
17.家庭生活发生变故(如经济状况下降、家庭结构变化、家庭气氛变化、家庭关系变化、教养方式变化、家庭成员出现状况、家庭问题解决等)	1	2	3	4	5
18.网上获得的成就并不能够代表生活中的成就	1	2	3	4	5
19.别人对自己的上网行为提出批评	1	2	3	4	5
20.在我需要时只有身边的人而不是网友能够切实具体地给我帮助和支持	1	2	3	4	5
21.上网并不能够使我最终逃避生活中的不愉快	1	2	3	4	5
22.因为长期上网而导致失眠、头痛、消化功能不良、恶心、厌食、体重下降、视力下降、腰酸背痛等不良生理反应	1	2	3	4	5
23.学校生活发生变故(如开始就业、实习等)	1	2	3	4	5
24.沉浸于网络不能解决实际问题	1	2	3	4	5

第二十二章

大学生网络健康素质结构及特点

网络相对于其他媒介所表现出来的特殊性对网络使用者的心理和行为产生了重要影响。网络自控能力是社会适应能力的重要体现,它决定了网络使用者受网络影响的程度;大学生作为网络使用主力军,其网络自控能力显得尤其重要,它是促使大学生健康上网的核心因素。那么健康上网应当具备哪些方面的素质呢?这是一个重要且迫切的研究课题。大学生的心理发展迅速,但又尚未完全成熟,具有波动性大、可塑性强等特征。因此,对大学生网络健康素质的特点进行研究,不仅有助于全面认识大学生网络健康素质的发展现状,更有助于对当代大学生的网络心理和行为问题进行有效预防,为大学生健康使用网络、提高其上网自控能力提供科学依据。

第一节 研究概述

一、网络素质相关研究

网络素质(又称网络素养)指的是人的基本素质中应具备的网络素质及道德规范,具体包括网络信息辨别能力、网络规范及道德修养等。[①]它原属于西方信息学的范畴,由美国学者麦克库劳(McClure)在描述信息素养概念的过程中首次提出[②],随着网络素质跨领域研究的深入,其内涵被不断扩充和延伸,并逐渐与西方信息学中的内容指向发生偏移,日渐突出能力、适应性、情感、意志和态度品质这些方面的内容。

中国期刊全文数据库等的相关资料显示,我国关于网络素质的研究总体上呈现如下特点。在研究对象上主要为青少年,其中,大陆的研究多局限于教育领域,主要涉及学生、教师、高校学报编辑和图书管理员等;台湾的研究对象还包括学校行政人员、公务员、企业员工、军人、图书馆读者和网络使用大众等。在研究内容上,多数研究都是停留在理论分析层面,从宏观角度探讨大学生网络素质的培养,缺乏深入系统的实证研究。例如有研究者讨论了大学生网络素质教育的内容、载体及机制[③],还有的研究者提出了自媒体时代大学生网络素质培养的要点[④]等。目前,对网络素质的研究主要以网络造成的负面影响为出发点探讨网络素质的缺失,从素质教育的角度建议网络素质教育应该涉及的层面,涉及网络的特点、使用现状及问题探讨等。在研究方法上,对网络素质的研究调查类超过六成,应用类约占两成;研究广泛地采用了问卷调查、深度访谈和文献分析等方法,其中问卷调查是网络素质的主要研究方法。

---

① 张进良、张克敏、何高大:《从美国的信息素养教育谈我国大学生信息素养的培养》,《电化教育研究》2003年第8期,第72-74页。

② McClure, C. R. "Network literacy: A role for libraries?", *Information Technology and Libraries*, vol. 13, no. 2 (1994), pp.115-125.

③ 鲁韦韦、魏威岗、周佳慧:《大学生网络素质教育内容、载体及机制的研究》,《产业与科技论坛》2022年第14期,第265-266页。

④ 张鹏飞:《自媒体时代大学生网络素养培养研究》,《山西青年》2020年第11期,第92-93页。

通过对已有研究中最能体现网络素质概念本土化的定义进行分析可以发现，现有网络素质概念主要涉及以下几个方面：了解网络的意义、价值和内涵；具备基本和必要的网络知识和技能；具有一定的信息处理能力（包括对信息的觉知、检索、评估、组织、利用、创造等）；利用网络与外界互动和沟通；利用网络解决问题的能力；对网络伦理道德和规范的遵守；利用网络实现自身的发展。

多数研究者认为网络素质是一个多成分、多层次的结构，其中多成分是指网络素质中既有知识、技能的成分，也有情感、意志和态度的内容；多层次是指网络素质中既有能力层次，也有技术、行为习惯等层次。一般来说，网络素质的内容构建主要是从两个角度出发：一是具体内容角度，认为网络素质应该包括基本的网络知识和技能、网络信息处理能力、网络安全意识、网络伦理意识（网络道德、网络礼仪）、网络法律意识、利用网络发展自我的能力，少数研究还涉及网络交往、网络自我管理等，这样的划分大多是理论性的探讨，对具体问题有一定的针对性，但结构性和系统性较差；二是心理内容角度，新的观点更加注重情意（态度）的部分，强调对个体个性特征的考察，这表明网络素质研究范围正在延伸。①

总体而言，已有网络素质研究涉及的领域较广，但研究成果并不丰富，研究的重点在网络知识和技能上，虽然出现了某些心理内容的指标，但是其在内涵和归属上并没有严格执行心理内容的划分标准，缺乏对网络素质的心理学研究；研究对象主要集中在青少年，可见青少年是网络素质研究的一个热点；我国大陆的理论研究占绝大多数，缺乏实证研究的支持，台湾的研究中调查类较多，广泛地采用了问卷、深度访谈和文献分析等方法；研究的主要目的是建构网络素质的合理结构，编制成熟的网络素质问卷。

基于此，大学生网络健康素质的研究应在已有研究的基础上，结合心理健康的内容，补充实证研究。另外，网络素质构成要素的研究为网络健康素质构成要素的研究提供了参考借鉴，具体内容角度的划分具有针对性和功能性，心理角度的划分则体现了结构性和系统性。对此，本章会在构建网络健康素质结构的过程中充分权衡两者的利弊。

二、网络健康素质与相关概念的比较

（一）网络健康素质和素质

素质是个体相对稳定的特点，综合分析生理学、心理学以及教育学等多学科的观点，我们认为素质是指机体在先天生理基础上通过环境和教育的作用逐渐发育和成熟，在实践活动中和精神活动中形成并内化为个体相对稳定的、基本的和内隐的，并具有独特功

① 陈理：《大学生网络素质教育初探》，《浙江中医学院学报》2004年第4期，第74-75页。

能的品质。[①]由于网络健康素质概念的提出在内涵上是逐层递进的,其遵循的顺序为素质—网络素质—网络健康素质,所以网络健康素质首先应具备素质概念所包含的基本性、稳定性和内隐性等特征。

(二)网络健康素质和网络健康观(健康上网)

网络健康观与现实健康观相对应而提出。网络使用范围的大众化和使用者的低龄化,使得越来越多与网络有关的健康问题日益暴露,这不仅引起了研究者们的重视,也引起了社会大众的普遍关注。社会上似乎正逐渐形成一套更适用于网络环境的健康判断标准,它与现实健康观有着紧密的联系,但也有很大的不同。我们认为,网络健康观主要体现在人们对健康上网的要求上。20世纪40年代,世界卫生组织突破了人们对健康常规的狭义解释,认为"健康是一种完全的生理、心理和社会完善状态,而非仅仅是疾病和虚弱的缺乏"。全面的网络健康观也可以从身、心和社会三个方面来概括,但其中与病理性状态有关的健康问题是来自网络还是来自现实很不容易区分,而由网络使用不当或不慎导致的非病理状态的网络心理、行为和社会问题,则充分体现了网络健康与现实健康的差别。因此,用"健康上网"这个概念来指所有这些与个体"合理使用网络,有效规避网络可能带来的各种危害(包括非病理状态的网络心理、行为和社会问题)"有关的内容。本章将深入探讨和分析影响大学生"健康上网"的内在稳定性因素,并将它们统称为"网络健康素质"。

(三)网络健康素质和网络健康

如同身体健康素质与身体健康的关系一样,网络健康素质与网络健康(这里主要指非病理状态)的关系,是内在的稳定品质与外在的状态表现之间的关系。网络心理健康状况、行为规范性和适应性的高低与网络健康素质水平的高低直接相关。高网络健康素质的人,不易产生网络心理、行为和适应问题;反之,低网络健康素质的人,容易产生网络心理、行为和适应问题。作为外在状态的网络心理、行为和适应问题已经被研究了近半个世纪,那么与这些状态表现有直接关系的网络健康素质,则更应该被系统地研究和深入地探讨,因为它们才是指向问题解决的关键。

三、青少年常见网络心理与行为问题

本研究主要关注网络对大学生的负面影响,并将它们作为网络健康素质维度构建的重要线索。通过对相关文献的分析和整理发现,青少年常见的网络心理与行为问题如下(见表22.1)。

---

① 张大均:《学校心理素质教育概论》,重庆:西南师范大学出版社2004年版。

表 22.1 青少年常见网络心理与行为问题列表

网络心理问题	一般心理问题	认知冲突:对信息认知的困惑和惰化、感受性和消化程度降低、思维(逻辑思维和想象能力)弱化、智力发展受到影响
		情绪冲突:紧张、孤僻、冷漠、狂暴……
		精神意志丧失:自我监控失效(缺乏自制力,不能有效地自我管理)
	具体心理问题	网络交往中的心理问题:网络孤独症(自我封闭)、"网恋"引发的心理问题、社会性情感障碍[现实关系与虚拟关系中的情感冲突(友情、爱情及其他);情感疏远或缺损]、人际交往障碍(人际退缩、社交焦虑或恐惧)
		网络活动中的人格问题:人格异常(双重或多重人格、人格掩盖)、人格障碍(如偏执型人格障碍、自恋型人格障碍、边缘型人格障碍、网络依赖型人格障碍、退缩型或攻击型人格障碍)
网络行为问题	一般网络问题行为	睡眠障碍、饮食障碍、漠视生命、滥用药物、信息选择迷失
	具体行为问题	病理性网络使用行为:网络关系成瘾、网络游戏成瘾、网络色情成瘾、信息超载、其他强迫行为;自我同一性混乱(角色混乱)
		网络失范行为:网络言语失范(语言运用规则失范、语言内容失范),网络道德失范(分类一:缺失规范行为、规范冲突行为;分类二:网络道德认知:价值迷失、自我迷失、责任缺失,网络道德情感:道德情感淡漠、网络孤独、恋爱迷惘,网络道德行为:短期行为、一般行为、严重失范行为)
		网络犯罪(分类一:网络黑客行为、网络诈骗行为、网络偷窃行为。分类二:以网络为犯罪对象的犯罪,包括盗取他人网络软硬件技术,侵犯他人软件著作权和假冒硬件,非法入侵网络信息系统,破坏网络运行功能;以网络为犯罪工具的犯罪,包括利用网络系统进行盗窃、侵占、诈骗他人财物的犯罪,利用网络系统传播污秽物品的犯罪,利用网络系统进行电子恐吓、骚扰)
		具体网络行为中的安全使用和有效使用等问题

已有的关于网络素质、网络健康素质及大学生网络心理与行为问题的研究表明,对网络健康素质的研究,目的是让网络使用者能够达到合理利用网络、趋利避害的状态,研究想要探知的是大学生要达到这样的状态应该具备哪些基本素质,现有相关研究并未涵盖这部分内容,因此本研究将其作为"网络健康素质"的概念提出。虽然"网络健康素质"是一个新的概念,但对它结构的探索并非无章可循,可以在充分汲取相关研究中合理因素的基础上,建立一个可与现有的相关研究进行比较的理论模型。网络健康素质是一种适应性的心理品质和行为特征,对它的探讨既要积极地与网络素质和网络素养概念相联系,又要避免过度地局限于上位概念。建构大学生网络健康素质的结构,应充分联系网络的特殊环境,并结合大学生常见的网络心理和行为问题来进行。

四、研究设计

(一)研究目的

采用文献分析法与问卷调查法探索当代大学生网络健康素质的理论结构,并以该理论结构为基础,编制《大学生网络健康素质问卷》,同时考察大学生网络健康素质的现状特点。

(二)研究构想

本研究以大学生为被试,考察其网络健康素质的结构及现状特点。(1)采用文献分析法与问卷调查法初步构建大学生网络健康素质结构。(2)以大学生网络健康素质结构为基础编制《大学生网络健康素质问卷》初始问卷,使用该问卷进行测试,验证大学生网络健康素质结构并修订初始问卷。(3)使用《大学生网络健康素质问卷》正式问卷进行测试,考察大学生网络健康素质的现状特点。

第二节 大学生网络健康素质的理论构想与问卷编制

一、研究目的

本研究基于理论分析和实证调查相结合的方法,了解大学生、大学教师等关于大学生网络健康素质的内隐观念,构建我国大学生网络健康素质的理论模型,并据此编制《大学生网络健康素质问卷》,为后续开展大学生网络健康素质调查研究做好准备。

二、网络健康素质概念的界定

根据对既有参考文献的分析总结,本研究认为网络健康素质是指个体能够合理利用网络,规避网络可能带来的各种危害(包括非病理状态的网络心理、行为和社会问题),以达到健康上网状态所应具备的,稳定的、基本的和内隐的心理品质及其外化的行为特征。这个定义,明确了网络健康素质的核心是规避各种非病理性的网络心理、行为和社会问题应具备的心理品质及行为特征;突出了网络健康素质的形成是个体与网络的交互作用;强调了网络健康素质的基本特征是稳定性和内隐性,基本功能是规避网络危害。网络健康素质不仅指个体内在的、稳定的品质,也包括在网络虚拟空间中,网络使用者与其他使用个体、群体之间关系的品质。在这个概念里既有作为完整人在网络活动中的人格内容,也有个体在网络世界活动中所表现出来的行为习惯和心理状态。

总之,网络健康素质是一个复合概念,具有多层次多维度的结构,以及多方面的功能性特点。同其他的素质研究一样,网络健康素质的研究也不能割裂内在结构与外在表现之间的关系,因此需要通过研究明确这一概念,并证实各层次、维度和功能之间的关系。

三、大学生网络健康素质的构想

为了更加科学地建构大学生网络健康素质的理论模型，研究者在系统回顾了已有研究的基础上，以全日制在校大学生为被试主体，辅以部分大学教师和辅导员为被试，共同参与大学生网络健康素质的开放式问卷调查。在重庆市两所高校随机抽取大学生、大学教师和辅导员共计220人进行问卷调查，共回收有效问卷194份，问卷有效率88.18%。其中大一6人，大二44人，大三17人，大四107人，大学教师和辅导员20人；男性93人，女性101人。

运用开放式问卷调查来探索大学生网络健康素质的内隐观念，使用的是基于人格研究的日常经验法，即通过研究日常生活中不断发生的事件经验，来研究人的思想、情感和行为进程。①

开放式问卷的内容包括：你认为什么是网络健康（健康上网）素质？网络健康素质高的人有哪些表现？你认为网络健康素质低的人有哪些表现（请至少列举4个）？你认为影响大学生网络健康素质的因素有哪些（请至少列举3个）？请对你或你熟悉的某个人（教师问卷：某个大学生）的上网情况进行描述（包括行为表现、情绪状态等方面；如果写的是你自己话，还可以描述你的内心感受），请尽量多写，你也可以直接写出最能反映你上网情况的5～10个词语（名词、动词、形容词、副词等）或短语，而不必是完整的句子。

根据对开放式问卷调查结果的分析，对大学生网络健康素质的看法包括以下五类。

（1）将网络健康素质等同于与网络有关的心理健康素质。多数人认为网络健康素质就是与上网活动有关的心理健康素质的统称（例如：网络健康素质就是网络环境中的心理健康素质）。（2）认为网络健康素质就是网络素质。该观点试图从一个更广泛的范围去解释网络健康素质，除了与上网活动相关的心理素质内容之外，还将所有与网络有关的知识、技术的掌握都划归到网络健康素质的范畴内（例如：网络健康素质就是所有与网络有关的知识、技能、心理特征和行为特征的统称）。（3）基于内容的解释。认为网络健康素质就是在上网过程中的思想、认知、情绪、意志活动和行为方式等符合健康的标准（例如：网络健康素质是指个体在上网时有情绪稳定，并且能够控制自己的上网行为）。（4）基于网络心理与行为问题的解释。认为网络健康素质能够避免相应网络心理与行为问题的出现（例如：自控能力是非常重要的网络健康素质之一，自控能力强的人，比较不容易网络成瘾；具有较强情绪调节能力的人，能够平衡上下网的情绪落差，不会因为不能上网而

① 陈红，陈瑞：《日常经验法：一种人格心理学研究方法》，《西南师范大学学报（人文社会科学版）》2006年第2期，第8-12页。

情绪低落、精神萎靡)。(5)基于品质的解释。认为网络健康素质是良好的网络思想品质(例如:网络健康素质是指在网络活动中有责任感和道德感,不做危害国家、集体和个人利益的事情)。

进一步归纳发现,对健康上网的描述主要表现为性质上的差异(健康的和不健康的),从中可以得出一些共同的特征。根据语义内容对被试所描述的词汇加以归类,最后总结出大学生对网络健康素质的描述共包括15个方面的内容,可以归纳为认知特征(反应性、判别力、目的性、应变性)、元认知特征(计划性、监控性)、上网动机(网络态度、网络兴趣)、情绪状态(情绪调节和体验)、意志品质(控制力、坚持性)、自我特征(自我一致性、自尊性、道德性)、适应能力(生活适应)7个主要的成分,这与网络素质、网络心理与行为问题研究中相关的描述具有相似性。从每一种描述来看,大学生心中的网络健康素质既包括对积极特征的拥有,也包括对消极特征的排斥。其中,15种网络健康素质描述在大学生网络积极特征素质结构中所占的比重由高到低依次是:控制力25.73%、网络兴趣17.56%、生活适应12.87%、监控性11.38%、道德性6.73%、网络态度6.10%、情绪调节和体验5.43%、目的性3.99%、判别力3.79%、应变性2.97%、自我一致性1.06%、自尊性0.78%、计划性0.59%、坚持性0.59%、反应性0.43%。

四、大学生网络健康素质的模型建构

对网络健康素质问卷调查结果分析发现,网络健康素质具体包括反应性、判别力、目的性、应变性、计划性、监控性、网络态度、网络兴趣、情绪调节和体验、控制力、坚持性、自我一致性、自尊性、道德性、生活适应共15种成分。其中涉及认知的、元认知的、动机的、情绪的、意志的、自我的、适应性的7个主要的心理要素。这7个心理要素又可以概括为三大类,分别为认知品质及其行为特征(认知的、元认知的)、个性品质及其行为特征(动机的、情绪的、意志的、自我的)以及适应性。

结合学生网络心理与行为问题的内在原因分析和理论探讨认定的健康上网个体应该具备的品质,对15个成分进行选取和确定。首先,大学生常见的认知冲突(信息认知的困惑和惰化、感受性和消化程度降低、思维如逻辑思维和想象能力弱化、智力发展受到影响)与个体对网络信息的价值和利弊的判断能力,个体为达到网络活动的目标而预先分析问题、准备问题和安排步骤的能力,以及个体对网络活动积极、自觉的监控能力有关,而这些能力正是与个体的认知判别力、元认知计划性和监控性相对应。其次,一般心理问题中的情绪冲突,网络交往中的网络孤独症、网恋、社会性情感障碍、人际交往障碍等问题，与个体在网络中的情绪状态、对情绪的调控能力，以及对人际交往的基本态度有关，这些素质与情绪稳定性和网络人际交往态度相对应。再次，一般心理问题中个体精神意志的丧失，与个体的自控能力有关；网络活动的人格异常和障碍，与个体的自我同一性发展和自我评价有关；网络问题行为中的网络成瘾，与个体对行为的控制、对网络的基本态度，以及上网的兴趣指向有密切的联系；各种网络失范行为则直接与个体的道德感和道德行为相关；网络使用中的安全使用和有效使用，与个体在网络中遭遇的各种情景和解决问题的能力有关；以上这些素质分别和自我同一性、自尊感、行为控制性、一般性的网络态度、网络兴趣、道德性、应变性相对应。此外，无目的上网是各种网络心理和行为问题产生的基本原因，因此目的性应该作为大学生网络健康素质的重要成分。值得注意的是，这里的目的性主要指是否有明确的上网目的，而选择何种性质的网络活动则归属于网络兴趣。

综上，本研究初步建构了大学生网络健康素质的结构模型，确定大学生网络健康素质结构包含2个维度12个因素（见图22.1）。第一个维度命名为"网络认知品质及行为特征"，指个体在网络活动过程中表现出的认知特性、元认知特性及典型性的行为，包括判别力、目的性、应变性、计划性和监控性5个因素。判别力指个体能够对网络信息的价值和利弊进行判断的准确程度；目的性指个体对网络活动有明确的意识性指向，即个体有特定的上网目标；应变性指个体能够适应在网络活动中遭遇的各种问题情景，并解决问题的能力；计划性指个体为达到网络活动的目标而预先分析问题、准备问题和安排步骤的能力；监控性指个体积极自觉地对网络活动进行监视和调节以达到预定目标的能力。第二个维度命名为"网络个性品质及行为特征"，指个体在网络活动中表现出来的在动机、情绪、意志、自我等方面的特征以及典型性行为，包括态度合理性、兴趣积极性、情绪稳定性、行为控制性、自我一致性、自尊性和道德性7个因素。态度合理性指的是个体对某些合理的网络观念抱有坚定的确信感和深刻的信任感，包括对网络的一般态度和对网络人际交往的态度两个方面。兴趣积极性指个体能够将自己的注意合理地分配到网络活动中，一方面能够对被认为健康的网络活动给予更多的注意，另一方面对网络活动的注意又不具有独占性。情绪稳定性指个体在与网络有关的情绪性事件中所表现出来的，在情绪调控、情绪感受及情绪体验等方面的个体差异性和稳定性，综合表现出情绪稳定的程度。行为控制性是指个体在与网络活动有关的意志行为中所表现出的差异性，如对上网时间的控制、对复杂网络任务的坚持等。自我一致性指个体在网络活动中能够产生自我一致的心理感受，这里主要指能够正确处理虚拟角色与现实角色之间的关系。自尊性即自尊的现实指向性，它是指个体的自尊更多地指向现实世界，体现为个体对现实自我及自我能力的自信程度和相应的行为特征，即个体在网络活动中的自尊感和自尊行为。道德性指个体在网络活动中，运用一定的道德标准评价自身或他人行为时所产生的情感体验及行为特征，即个体在网络中的道德感和道德行为。

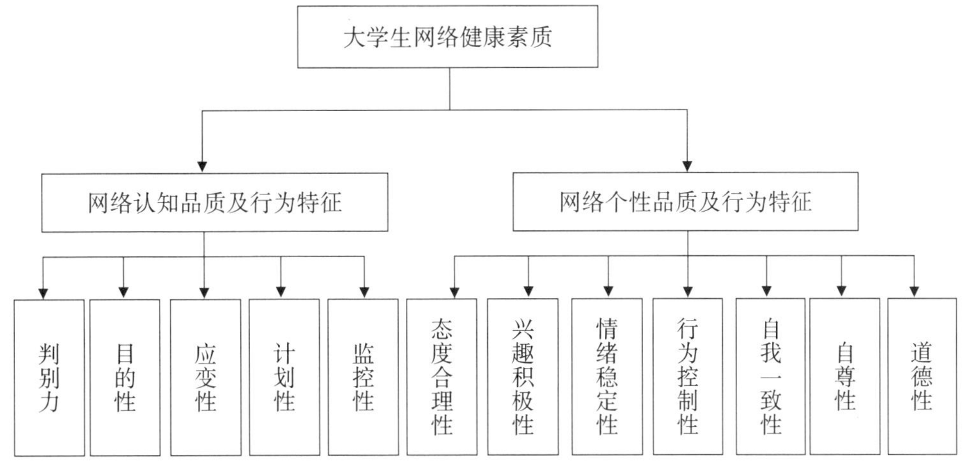

图22.1　大学生网络健康素质的理论模型

五、大学生网络健康素质问卷的编制

（一）研究方法

1.被试

样本1：在我国西部地区选取两所本科院校，采用随机抽样的方法，发放初始问卷800份，最终收回有效问卷762份，问卷有效率为95.25%。其中男生325人，女生437人；大一138人，大二281人，大三100人，大四243人。

样本2：在我国西部地区选取三所本科院校，采用随机抽样的方法，发放初始问卷750份，最终收回有效问卷681份，问卷有效率为90.80%。其中男生355人，女生326人；大一170人，大二228人，大三147人，大四136人。

样本3：在我国中部地区和西部地区选取六所本科院校，采用随机抽样的方法，发放初始问卷1880份，最终收回有效问卷1349份，问卷有效率为71.76%。将有效问卷随机分成两部分，第一部分进行探索性因素分析，第二部分进行验证性因素分析。探索性因素分析中，大一181人，大二311人，大三154人，大四14人；男生297人，女生363人。验证性因素分析中，大一170人，大二341人，大三155人，大四23人；男生325人，女生364人。

2. 工具

采用自编的《大学生网络健康素质问卷Ⅰ》进行第一次项目分析和探索性因素分析；使用《大学生网络健康素质问卷Ⅱ》再次进行项目分析和探索性因素分析；使用《大学生网络健康素质问卷Ⅲ》进行第三次项目分析和探索性因素分析；使用《大学生网络健康素质问卷》进行验证性因素分析以及信效度检验。以上四个问卷均采用Likert 5点计分。

3. 程序

根据开放式问卷调查的结果，结合最初的理论构想，编制出《大学生网络健康素质问卷》初始题项，形成包含156个题项的《大学生网络健康素质问卷Ⅰ》。对《大学生网络健康素质问卷Ⅰ》进行第一次项目分析和探索性因素分析，发现部分题项不符合要求，故对题项进行修订，形成包含114个题项的《大学生网络健康素质问卷Ⅱ》。接着使用《大学生网络健康素质问卷Ⅱ》进行第二次测试，根据相关心理测量学标准修订并精简题项后，形成包含95个题项的《大学生网络健康素质问卷Ⅲ》。对《大学生网络健康素质问卷Ⅲ》进行第三次测试，根据探索性因素分析结果修订并精简题项后，形成包含45个题项的《大学生网络健康素质问卷》，即正式问卷（见附录）。

（二）研究结果

1.《大学生网络健康素质问卷Ⅰ》的数据分析结果

对第一次测试收回的问卷进行项目分析及探索性因素分析。结果发现，判别力因素的部分题项在应变性因素上有较高的相关；兴趣积极性因素的题项分别负荷在态度合理性和道德性上；行为控制性的部分题项在情绪稳定性上有较高的负荷；自我一致性因素在自尊性上有较高的负荷；网络态度中反映人际交往态度的成分在情绪稳定性和行为控制性上有较高的负荷。部分题干的表述方式不恰当，可能是导致某些因素的题项分布不理想以及项目负荷值偏低的原因之一。此外，被试作答后反馈部分题项用5级评分方式不便于回答。综合以上情况，本研究对初始问卷进行修订。根据题目的具体含义，有针对性地重新设计适用于5级反应的题项，并对部分题项题干的表述方式进行修改，形成包含114个题项的《大学生网络健康素质问卷Ⅱ》。

2.《大学生网络健康素质问卷Ⅱ》的数据分析结果

对第二次测试收回的问卷进行项目分析及探索性因素分析。项目分析结果表明问卷题项良好。探索性因素分析重点考察以下五点：(1)判别力与应变性的相关性，看它能否成为一个独立的因素；(2)兴趣积极性与态度合理性、道德性的相关性，看它能否成为一个独立的因素；(3)行为控制性和情绪稳定性的相关性，看它是否能够作为一个独立的因素;(4)自我一致性与自尊性因素的相关性,看它是否能够作为一个独立的因素;(5)网络态度与情绪稳定性、行为控制性的相关性,看它是否能够作为一个独立的因素。

结果表明,两个分问卷分别呈现出清晰的四因素结构(应变性、目的性、计划性、监控性)和六因素结构(态度合理性、情绪稳定性、行为控制性、坚持性、自尊性、道德性)。在网络认知品质及行为特征分问卷中,判别力因素的题项在应变性上有较高的相关;在网络个性品质及行为特征分问卷中,兴趣积极性的大部分题项分散地负荷在态度合理性和道德性上,但因负荷值偏低而被淘汰;情绪稳定性因素中反映情绪感受性的那些题项因负荷值偏低而被淘汰,而反映情绪调控和情绪体验等方面的题项被保留下来;行为控制性能够成为一个独立的维度,但反映行为坚持性的部分内容从行为控制性因素中被分离出来,成为一个独立的因素;自我一致性与自尊性被合并为一个因素;网络态度中反映一般态度的题项能够成为一个独立的成分,而反映人际交往态度的题项仍然分别负荷在情绪稳定性和行为控制性上,但因负荷值偏低而被淘汰。由于判别力是衡量大学生网络健康状况的重要指标,故重新补充反映辨别力的题项;考虑到个别因素题项偏少的问题,故暂时保留行为控制性中反映坚持性的内容,并进一步补充题项。经过调整和修改,最终形成了包含95个题项的《大学生网络健康素质问卷Ⅲ》。

3.《大学生网络健康素质问卷Ⅲ》的数据分析结果

对第三次测试收回的问卷进行项目分析及探索性因素分析。根据项目分析决断值结果,大学生网络健康素质问卷中第92题鉴别力较低,予以删除。其余94个题项的决断值均符合标准,即高分组得分显著高于低分组得分($p<0.05$),说明这些题目均有较好的鉴别力。

对网络认知品质及行为特征分问卷(简称“认知分问卷”)进行探索性因素分析,结果显示,KMO系数为0.85,巴特利特球形检验的卡方值为2426.02($p<0.001$),表明该样本适合进行因素分析。接下来对认知分问卷进行主成分分析,提取共同因素,再用最大变异法进行正交旋转,求出旋转因素负荷矩阵。经第一次探索性因素分析,得到4个因素的特征值大于1。经多次正交旋转,删去因素负荷小于0.40、双因素负荷均大于0.40、题项内容不符、意思重复等不合格题项共计13题,最后得到特征值大于1、独立因素负荷大于0.40、共同度大于0.20的题项18个,组成四因素模型的正式问卷。各因素的负荷值、共同度如下(见表22.2)。

表22.2 《大学生网络健康素质问卷Ⅲ(认知分问卷)》因素分析结果

项目	因素及其负荷值				共同度
	因素1	因素2	因素3	因素4	
a106	0.79				0.65
a2	0.72				0.54
a80	0.66				0.49
a110	0.65				0.46
a15	0.58				0.46
a79		0.75			0.61
a78		0.72			0.52
a70		0.71			0.54
a91		0.68			0.5
a39		0.42			0.30
a24			0.74		0.56
a51			0.67		0.52
a25			0.54		0.39
a69			0.49		0.30
a63				0.76	0.61
a52				0.63	0.52
a62				0.60	0.47
a58				0.58	0.38
特征值	4.40	1.82	1.52	1.13	累积解释率
解释率(%)	14.06	13.37	11.24	10.58	49.25

结果表明,4个因素共解释了总方差的49.25%,题项的最高负荷为0.79,最低负荷为0.42,所有题项的共同度介于0.30~0.65。因素命名遵循以下原则:参照理论模型的构想命名;看该因素的题项主要来自预试问卷的哪个维度,哪个维度贡献的题项多,就以那个构想维度命名;参照题项因素的负荷值命名,一般根据负荷值较高的题项所隐含的意义命名。据此原则,对抽取出的4个因素做如下描述和命名:第一个因素共计5个题项,各题项涉及的内容均体现了大学生应对网络认知活动中各种变化和问题的能力,故命名为"应变性"。第二个因素共计5个题项,各题项涉及的内容均体现了大学生的上网目的,故命名为"目的性"。第三个因素共计4个题项,各题项涉及的内容均反映了大学生为达到网络活动的目标而预先分析问题和准备办法的能力,故命名为"计划性"。第四个因素共计4个题项,各题项涉及的内容均体现了大学生对网络活动积极、自觉的监视和调节的能力,故命名为"监控性"。

对网络个性品质及行为特征分问卷(简称"个性分问卷")进行探索性因素分析,结果显示,KMO系数为0.85,巴特利特球形检验的卡方值为3997.88($p<0.001$),表明该样本适合进行因素分析。接下来对个性分问卷进行主成分分析,分析步骤与认知分问卷相

同。经第一次探索性因素分析,得到6个因素的特征值均大于1。经多次正交旋转,删去因素负荷小于0.40、双因素负荷均大于0.40、题项内容不符、意思重复的36个题项,最后得到特征值大于1、独立因素负荷大于0.40、共同度大于0.20的题项27个,组成六因素模型的正式问卷。各因素的负荷值、共同度如下(见表22.3)。

表22.3 《大学生网络健康素质问卷Ⅲ(个性分问卷)》因素分析结果

项目	因素及其负荷值						共同度
	因素1	因素2	因素3	因素4	因素5	因素6	
a54	0.76						0.62
a28	0.73						0.55
a83	0.72						0.55
a29	0.71						0.53
a60	0.70						0.56
a95	0.69						0.50
a43	0.67						0.47
a102		0.70					0.60
a93		0.70					0.53
a81		0.69					0.49
a108		0.58					0.47
a6			0.69				0.55
a85			0.60				0.45
a31			0.57				0.35
a45			0.54				0.37
a12			0.47				0.36
a105				0.74			0.57
a98				0.73			0.60
a87				0.66			0.48
a7				0.48			0.48
a17					0.73		0.60
a5					0.71		0.55
a30					0.60		0.40
a88						0.67	0.52
a34						0.62	0.51
a73						0.57	0.50
a47						0.49	0.39
特征值	5.09	2.70	1.99	1.39	1.20	1.19	累积解释率
解释率(%)	14.76	8.30	7.44	7.25	6.58	5.88	50.21

结果表明,6个因素共解释了总方差的50.21%,题项的最高负荷为0.76,最低负荷为0.47,所有题项的共同度介于0.35~0.62。根据因素命名的原则,对抽取出的6个因素做如下描述和命名:第一个因素共计7个题项,各题项涉及的内容均体现了个体在与网络有

关的情绪实践中表现出的情绪调控和情绪体验的差异，故命名为“情绪稳定性”。第二个因素共计4个题项，各题项涉及的内容均为大学生对某些合理的网络观念抱有坚定的确信感和深刻的信任感，并表现出对健康的网络活动给予更多的注意和选择的倾向，故命名为“态度合理性”。第三个因素共计5个题项，各题项涉及的内容均为个体在与网络活动有关的意志行为中所表现出的差异，故命名为“行为控制性”。第四个因素共计4个题项，各题项涉及的内容均为大学生自尊的现实指向，即对现实自我和自我能力的自信程度及表现出的行为特征，故命名为“自尊性”。第五个因素共计3个题项，各题项涉及的内容均为大学生在网络活动中为一定目标而自觉组织行动，以充沛的精力和坚韧的毅力，不断克服困难，以达成目标的能力和行为特征，故命名为“坚持性”。第六个因素共计4个题项，各题项涉及的内容均为大学生在网络中运用一定的道德标准评价自身或他人行为时所产生的情感体验及相应的行为特征，故命名为“道德性”。

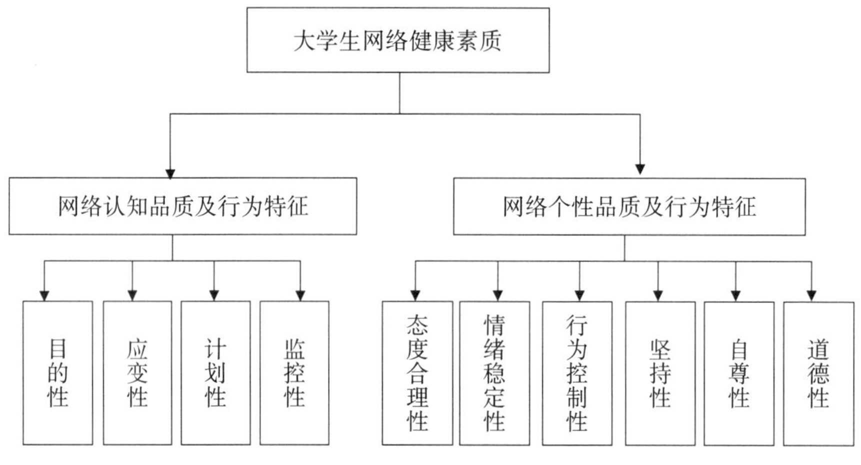

图22.2　修订后大学生网络健康素质的因素结构

将修订后的模型（见图22.2）与最初建构的理论模型（见图22.1）比较可以发现，二者基本吻合。不同之处在于，修订后的结构图，将原认知品质分问卷中的判别力与应变性合并为应变性因素，将原个性品质分问卷中的自我一致性和自尊性合并为自尊性；将原个性品质中的坚持性从行为控制性中分离出来，而原理论模型中的兴趣积极性未能成为一个独立的因素。将认知分问卷中的判别力与应变性合并为一个因子，是因为对网络信息的价值和利弊进行判断与对具体的问题情景做出反应可能是一个连续的信息加工过程，它们之间的界限可能并不分明；将坚持性从行为控制性中分离出来成为一个独立的因素，是因为坚持性体现了个体在网络活动中为一定目标而自觉组织行动，以充沛的精力和坚韧的毅力，不断克服困难，以达成目标的能力和行为特征，其特点比较鲜明；将自尊性和自我一致性合并成一个因素，原因是这里的自我一致性主要是指个体能够正确处理虚拟角色与现实角色之间的关系，它可能与个体对现实自我的评价和接纳程度有较高的相关。

4.《大学生网络健康素质问卷》的数据分析结果

对《大学生网络健康素质问卷》的认知分问卷和个性分问卷分别进行验证性因素分析。结果表明，χ^2/df的值分别为2.71和2.50，即模型适配程度较为简约；RMSEA≤0.05，GFI、AGFI、CFI、IFI值接近或大于0.9（见表22.4），各项拟合指标基本符合心理测量学要求，即修订后的问卷模型拟合较好。

表22.4 《大学生网络健康素质问卷》的验证性因素分析

问卷	χ^2	df	χ^2/df	GFI	AGFI	CFI	IFI	RMSEA
认知分问卷	359.88	133	2.71	0.95	0.93	0.91	0.91	0.05
个性分问卷	788.39	315	2.50	0.92	0.90	0.87	0.87	0.05

对《大学生网络健康素质问卷》进行信效度检验。采用内部一致性信度和分半信度作为《大学生网络健康素质问卷》的信度指标（见表22.5）。《大学生网络健康素质问卷》各因素的内部一致性信度在0.51～0.85，分半信度在0.51～0.80；整个问卷的内部一致性信度为0.62，分半信度为0.61。由此说明，《大学生网络健康素质问卷》具有较好的信度。

表22.5 《大学生网络健康素质问卷》的信度检验

变量	内部一致性信度	分半信度
应变性	0.74	0.73
目的性	0.73	0.71
计划性	0.60	0.60
监控性	0.58	0.54
情绪稳定性	0.85	0.80
态度合理性	0.66	0.56
控制力	0.55	0.51
自尊性	0.65	0.64
坚持性	0.54	0.51
道德性	0.51	0.52
认知品质分问卷	0.67	0.69
个性品质分问卷	0.62	0.61
总问卷	0.62	0.61

采用结构效度作为《大学生网络健康素质问卷》的效度指标（见表22.6和表22.7）。认知分问卷中，各因素与问卷总分的相关系数在0.46～0.71，各因素之间的相关在0.26～

0.45。个性分问卷中，各因素与问卷总分的相关系数在0.52～0.60，各因素之间的相关在0.06～0.45。可见，各因素与网络健康素质的总分相关较高，并且大部分因素之间均有中等程度相关，说明本问卷的结构效度良好。

表22.6 《大学生网络健康素质问卷（认知分问卷）》的效度检验

	应变性	目的性	计划性	监控性	认知分问卷
应变性					
目的性	0.26**				
计划性	0.35**	0.45**			
监控性	0.33**	0.30**	0.41**		
认知分问卷	0.69**	0.75**	0.75**	0.67**	
总问卷	0.46**	0.71**	0.61**	0.58**	0.83**

注：$p^{**}<0.01$。

表22.7 《大学生网络健康素质问卷（个性分问卷）》的效度检验

	1	2	3	4	5	6	7
情绪稳定性	-						
态度合理性	0.35**	-					
行为控制性	0.26**	0.06*	-				
自尊性	0.20**	0.18**	0.37**	-			
坚持性	0.15**	0.15**	0.45**	0.34**	-		
道德性	0.34**	0.31**	0.17**	0.16**	0.18**	-	
个性分问卷	0.77**	0.56**	0.59**	0.54**	0.49**	0.58**	-
总问卷	0.59**	0.51**	0.60**	0.59**	0.53**	0.52**	0.91**

注：$p^{**}<0.01$。

第三节　大学生网络健康素质的特点

一、研究目的

本研究旨在考察大学生网络健康素质的特点，为后续推进大学生网络健康素质教育实践提供参考借鉴。

二、研究方法

(一)被试

在我国中部地区和西部地区选取六所本科院校,采用随机抽样的方法,发放初始问卷1880份,最终收回有效问卷1349份,问卷有效率为71.76%。其中,男生622人,女生727人;大一351人,大二652人,大三309人,大四37人;网龄1~2年479人,3~4年462人,5~6年246人,7~8年113人,9年以上49人。

(二)工具

本研究使用《大学生网络健康素质问卷》考察大学生的网络健康素质。该问卷由网络认知品质及行为特征和网络个性品质及行为特征两个维度构成,前者包括应变性、目的性、计划性、监控性4个因素,后者包括态度合理性、情绪稳定性、行为控制性、坚持性、自尊性、道德性6个因素,合计45个题项,采用Likert 5点计分。

(三)统计分析

本研究使用SPSS统计软件进行数据的整理和分析,主要包括描述性统计、平均数差异的显著性检验等。

三、研究结果

本研究考察了大学生网络健康素质的总体现状以及不同性别、年级、使用时间等变量下大学生网络健康素质的现状与特点,具体结果如下。

1.大学生网络健康素质的现状

为了从总体上考察大学生网络健康素质的基本状况,我们对参加本次调查的1349名被试在网络健康素质各因素上的平均数和标准差进行了描述性统计分析,结果如下(见表22.8)。其中,最高分为5分,最低分为1分,中等临界值为3分。

表22.8　大学生网络健康素质的总体情况

变量	应变性	目的性	计划性	监控性	情绪稳定性	态度合理性	行为控制性	自尊性	坚持性	道德性
M	3.08	3.40	3.33	3.72	4.08	4.12	3.27	3.50	3.34	3.76
SD	0.67	0.76	0.69	0.66	0.80	0.73	0.72	0.64	0.70	0.71
网络健康素质问卷总平均分 M=3.58,SD=0.44										

注:$p^{*}<0.05$,$p^{**}<0.01$,$p^{***}<0.001$。

结果表明,大学生网络健康素质的总平均分为3.58分,略高于中等临界值,居于中等水平。对数据的进一步分析发现,总平均分小于等于临界值的被试共计104人,占总人数的7.71%；总平均分高于4分（发展水平较高）的人数共计423人，占总人数的31.36%。大学生网络健康素质各因素的发展水平不平衡，其中态度合理性（M=4.12）得分最高，应变性（M=3.08）得分最低。各因素平均值由大到小排列依次为：态度合理性、情绪稳定性、道德性、监控性、自尊性、目的性、坚持性、计划性、行为控制性、应变性。

2. 大学生网络健康素质的性别差异

对不同性别大学生的网络健康素质及其各维度进行平均数差异检验，考察大学生网络健康素质的性别差异，结果如下（见表22.9）。

表22.9　大学生网络健康素质的性别差异

变量	男		女		t
	M	SD	M	SD	
应变性	3.25	0.68	2.94	0.64	72.31^{***}
目的性	3.37	0.77	3.43	0.75	1.69
计划性	3.39	0.72	3.27	0.66	10.28^{***}
监控性	3.74	0.67	3.70	0.65	0.97
认知品质	3.42	0.51	3.32	0.48	14.79^{***}
情绪稳定性	3.97	0.85	4.17	0.75	19.87^{**}
态度合理性	4.06	0.76	4.17	0.69	7.89^{**}
行为控制性	3.28	0.76	3.26	0.68	0.15
自尊性	3.57	0.66	3.44	0.61	14.43^{***}
坚持性	3.35	0.83	3.32	0.76	0.47
道德性	3.70	0.75	3.81	0.66	7.40^{**}
个性品质	3.69	0.49	3.75	0.42	5.20^{*}
总问卷	3.58	0.45	3.58	0.38	0.12

从网络健康素质总均分来看，男女之间的差异不显著。从网络健康素质的分问卷及其具体因素来看，在认知品质分问卷上，男女生之间的差异达到极其显著的水平，且男生的得分高于女生。认知品质分问卷各构成因素的性别差异表现为：在应变性上，男女生之间的差异达到极其显著的水平，且男生的得分高于女生；在目的性上，男女生之间的差异未达到显著水平；在计划性上，男女生之间的差异达到极其显著的水平，且男生的得分高于女生；在监控性上，男女生之间的差异未达到显著水平。在个性品质分问卷上，男女生之间的差异达到显著水平，且女生的得分高于男生。个性品质分问卷各构成因素的性别差异表现为：在情绪稳定性上，男女生之间的差异达到非常显著的水平，且女生的得分高于男生；在态度合理性上，男女生之间的差异达到显著水平，且女生的得分高于男生；在行为控制性上，男女生之间的差异未达到显著水平；在自尊性上，男女生之间的差异达到极其显著的水平，且男生的得分高于女生；在坚持性上，男女生之间的差异未达到显著水平；在道德性上，男女生之间的差异达到显著水平，且女生的得分高于男生。

3.大学生网络健康素质的年级差异

对不同年级大学生的网络健康素质进行平均数差异检验，结果如下(见表22.10)。

表22.10 大学生网络健康素质的年级差异

变量	大一		大二		大三		大四		F	事后检验
	M	SD	M	SD	M	SD	M	SD		
应变性	2.98	0.69	3.10	0.67	3.18	0.63	3.07	0.78	5.02**	1<3,1<2
目的性	3.46	0.77	3.38	0.78	3.41	0.72	3.10	0.59	2.75*	4<1;4<3,2
计划性	3.34	0.70	3.33	0.70	3.33	0.65	3.22	0.60	0.36	
监控性	3.75	0.67	3.74	0.65	3.66	0.67	3.58	0.68	1.71	
认知品质	3.36	0.50	3.37	0.50	3.38	0.49	3.22	0.52	1.14	
情绪稳定性	4.14	0.78	4.09	0.78	4.01	0.85	3.90	0.93	2.15	
态度合理性	4.16	0.75	4.16	0.69	4.02	0.77	3.86	0.74	4.57**	3<2;3<1; 4<2,4<1
行为控制性	3.36	0.72	3.21	0.74	3.29	0.68	3.29	0.65	3.13**	1>2
自尊性	3.58	0.62	3.48	0.67	3.47	0.57	3.37	0.67	2.49	
坚持性	3.28	0.82	3.37	0.78	3.35	0.81	3.19	0.68	1.33	
道德性	3.81	0.69	3.77	0.71	3.73	0.69	3.46	0.79	3.11*	4<1;4<2,4<3
个性品质	3.77	0.46	3.72	0.45	3.68	0.46	3.56	0.48	3.65*	4<1;4<2;3<1
总问卷	3.61	0.42	3.58	0.41	3.56	0.41	3.43	0.40	2.36	

注：1～4分别表示大一、大二、大三和大四。$p^{*}<0.05$，$p^{**}<0.01$。

从网络健康素质总均分来看，年级之间的差异不显著。从网络健康素质的分问卷及其具体因素来看，在认知品质分问卷上，总体不存在年级差异。各构成因素的年级差异情况表现为：不同年级大学生在计划性和监控性上差异不显著；在应变性上，不同年级大学生存在非常显著的差异，进一步多重比较发现，大三学生和大二学生在应变性上的得分均显著高于大一学生；在目的性上，不同年级大学生存在显著差异，进一步多重比较发现，大一和大二、大三学生在目的性上的得分均显著高于大四学生。在个性品质分问卷上，总体存在年级差异，且大一和大二学生在个性品质及行为特征上的得分显著高于大四学生，大一学生在个性品质及行为特征上的得分显著高于大三学生。各构成因素的年级差异情况表现为：不同年级大学生在情绪稳定性、自尊性和坚持性上差异不显著；在态度合理性上，不同年级大学生存在非常显著的差异，多重比较发现，大一和大二学生在态度合理性上的得分显著高于大三学生，大一和大二学生在态度合理性上的得分显著高于大四学生；在行为控制性上，不同年级的学生存在非常显著的差异，多重比较发现，大一学生在行为控制性上的得分显著高于大二学生；在道德性上，不同年级大学生存在显著差异，进一步多重比较发现，大一、大二和大三学生在道德性上的得分均显著高于大四学生。

4.不同网龄大学生网络健康素质的差异

对不同网龄大学生的网络健康素质进行平均数差异检验,结果如下(见表22.11)。

表22.11 不同网龄大学生网络健康素质的差异

变量	1~2年		3~4年		5~6年		7~8年		9年以上		F	事后检验
	M	SD	M	SD	M	SD	M	SD	M	SD		
应变性	2.83	0.65	3.07	0.61	3.36	0.61	3.38	0.64	3.58	0.84	43.93***	1<5,4,3,2; 2<5,4,3;3<5
目的性	3.45	0.77	3.39	0.72	3.35	0.80	3.34	0.75	3.45	0.81	0.88	
计划性	3.35	0.72	3.29	0.63	3.33	0.72	3.33	0.65	3.33	0.69	0.81	
监控性	3.64	0.67	3.73	0.64	3.78	0.64	3.83	0.60	3.81	0.93	3.23*	1<4,3;1<2
认知品质	3.30	0.51	3.36	0.47	3.44	0.50	3.46	0.49	3.57	0.59	6.88***	1<5,3;1<4; 2<5,4,3
情绪稳定性	4.13	0.76	4.11	0.75	3.93	0.88	4.11	0.80	3.98	10.08	3.08*	3<1,2;3<4
态度合理性	4.13	0.69	4.09	0.75	4.12	0.73	4.19	0.75	4.08	0.75	0.49	
行为控制性	3.37	0.69	3.27	0.71	3.15	0.77	3.12	0.68	3.19	0.83	5.58***	1>2;1>3,4;2>3
自尊性	3.45	0.61	3.46	0.63	3.55	0.69	3.66	0.55	3.82	0.72	6.29***	5>2,1;5>3; 4>2,1
坚持性	3.30	0.79	3.31	0.78	3.39	0.82	3.43	0.74	3.48	0.98	1.57	
道德性	3.81	0.69	3.74	0.68	3.74	0.73	3.86	0.63	3.36	0.94	5.56***	5<2,3,1,4
个性品质	3.75	0.45	3.71	0.43	3.67	0.49	3.76	0.42	3.68	0.59	1.70	
总问卷	3.57	0.41	3.57	0.39	3.58	0.44	3.64	0.39	3.63	0.54	0.94	

注:1~5分别表示1~2年、3~4年、5~6年、7~8年、9年以上。$p^{*}<0.05$,$p^{***}<0.001$。

从网络健康素质总均分来看,网龄之间的差异不显著。从网络健康素质的分问卷及其具体因素来看,在认知品质分问卷上,不同网龄大学生存在极其显著差异,进一步多重比较发现,网龄为9年以上和网龄为5~6年的大学生以及网龄为7~8年的大学生在总体认知品质及其行为特征上的得分显著高于网龄为1~2年的大学生,网龄为5年以上的大学生在总体认知品质及其行为特征上的得分非常显著高于网龄为3~4年的大学生。各构成因素的网龄差异情况表现为:不同网龄大学生的目的性和计划性差异不显著;不同网龄大学生在应变性上存在极其显著差异,进一步多重比较发现,有3年以上网龄的大学生在应变性上的得分显著高于网龄为1~2年的大学生,有5年以上网龄的大学生在应变性上的得分极其显著高于网龄为3~4年的大学生,网龄为9年以上的大学生在应变性上的得分显著高于网龄为5~6年的大学生;在监控性上,不同网龄大学生存在显著差异,进一步多重比较发现,网龄为5~8年的大学生及网龄为3~4年的大学生在监控性上的得分显著高于网龄为1~2年的大学生。在个性品质分问卷上,不同网龄大学生差异不显著。各构成因素的网龄差异情况表现为:不同网龄大学生的态度合理性和坚持性差异不显著;在情绪稳定性上,不同网龄大学生存在显著差异,进一步多重比较发现,网龄为1～4年的大学生在情绪稳定性上的得分非常显著高于网龄为5～6年的大学生,网龄为7～8年的大学生在情绪稳定性上的得分显著高于网龄为5～6年的大学生;在行为控制性上,不同网龄大学生存在极其显著差异,进一步多重比较发现,网龄为1～2年的大学生在行为控制性上的得分显著高于网龄为3～4年的大学生,且极其显著高于网龄为5～8年的大学生,网龄为3～4年的大学生在行为控制性上的得分显著高于网龄为5～6年的大学生;在自尊性上,不同网龄大学生存在极其显著差异,进一步多重比较发现,网龄为9年以上的大学生在自尊性上的得分极其显著高于网龄为1～4年的大学生,非常显著高于网龄为5～6年的大学生,网龄为7～8年的大学生在自尊性上的得分非常显著高于网龄为1～4年的大学生;在道德性上,不同网龄大学生存在极其显著差异,进一步多重比较发现,网龄为1～8年的大学生在道德性上的得分极其显著高于网龄为9年以上的大学生。

四、讨论

本研究结果表明,从总体上看,我国大学生网络健康素质的发展水平不高,且基本处于中等水平,其中7.71%的大学生健康素质较低,仅有不到三分之一的大学生拥有相对较高的网络健康素质,大学生网络健康素质各因素的发展不平衡,并且存在显著差异,其中态度合理性的发展水平最高,应变性的发展水平最低。大学生的实际网络健康素质发展状况与他们对网络健康状况的自我评价是基本一致的,并且发展水平较高的因素与学生自评的相关相对较高,发展较差的因素与学生自评的相关相对较低,这说明大学生网络健康素质的发展与自我评估的准确程度有一定关系,也就是说大学生是否能够准确地评价自己的网络健康状况,将影响其网络健康素质的发展。大学生网络健康素质出现这种发展状况,可能与我国大学生网络教育只强调对知识和技能的掌握,而对合理使用网络和在网络使用中趋利避害的能力的相对忽视有一定的关系。

研究发现,大学生网络健康素质总体上的性别差异不显著,但在一些因素上性别差异显著,具体表现为在认识分问卷的应变性、计划性因素和总体认知品质及其行为表现上,男生都明显优于女生,这种差异也体现在个性分问卷的自尊性因素上;在个性分问卷的情绪稳定性、态度合理性、道德性因素和总体个性品质及其行为表现上,女生都明显优于男生;男女生在认知分问卷的目的性和监控性因素,个性分问卷的行为控制性和坚持性因素上,没有显著差异。这可能与两性本身在认知、情感、意志活动中的差异有关,其中具体的关系如何,还有待进一步的实验研究加以探明。

在年级差异上，大学生网络健康素质总体上的年级差异不显著，但在一些因素上年级差异显著，具体表现为在认知分问卷上，应变性呈现出随着年级增高而逐渐上升的趋势，其中大一学生的应变性最差，大三学生的应变性最好；目的性呈现出随着年级增高而逐渐下滑的趋势，其中大一学生上网的目的比其他几个年级的大学生更加明确，并且明显强于大四的学生，大四学生上网的目的性最差。在个性分问卷上，态度合理性同样呈现出随着年级增高而逐渐下滑的趋势，其中大四学生的态度合理性最差，这种发展特点和差异也表现在道德性和总体个性品质及其行为特征上；行为控制性呈现出U形的发展趋势，大二学生的行为控制性最差。认知分问卷的计划性、监控性因素和总体认知品质及其行为特征，个性分问卷的情绪稳定性、自尊性和坚持性因素均不存在显著的年级差异。由此可见，由于涉及网络这个特定的领域，年级可能不是影响大学生网络健康素质发展的主要因素，具体表现为个体的网络健康素质并不总是随着年级的增高而提高。但伴随年级的增高和教育的深入，个体认知品质和个性品质的成熟和发展仍然对大学生网络健康素质的一些具体因素有着重要的作用。

在网龄方面，大学生网络健康素质的网龄差异不显著，但在一些因素上呈现出网龄差异，具体表现为在认知分问卷上，应变性因素呈现出随着网龄增长而逐渐增强的趋势，其中网龄为1～2年的大学生的应变性最差，这种发展特点和差异也表现在监控性、总体认知品质及其行为特征上。在个性分问卷上，情绪稳定性随着网龄的增长有一定的起伏，其中网龄为5～6年的大学生的情绪稳定性最差；自尊性呈现出随网龄增长而逐渐增强的趋势，其中网龄为9年以上的大学生的自尊性最强，网龄为1～2年的大学生的自尊性最差；道德性随着网龄增长而逐渐降低，网龄为9年以上的大学生的道德性最差。认知品质分问卷的目的性、计划性因素，个性品质分问卷的态度合理性、坚持性因素和总体个性品质及其行为特征，以及整体的网络健康素质均不存在显著的网龄差异。在研究假设中，本研究认为网龄有可能是网络健康素质发展的重要时间线索，最终的研究结果部分地支持了这个假设，即认知品质分问卷，以及除目的性和计划性外的其他因素都呈现出随着网龄的增长其相应的能力越好的趋势；但个性品质分问卷没有很好地支持本研究的假设，其中情绪稳定性、行为控制性及道德性都表现出随着网龄的增长其能力反而下降的现象。这可能是因为个体的认知能力和水平更多地受上网时间的影响，故其包含的因素也表现出相同的趋势，但个体的个性品质除了受网龄的影响外，还更多地受到上网情景、所面临的网络事件及其他生活事件的影响，因此没有出现一致的发展趋势。或许接受特定的教育和培训（网络健康素质教育），能够使这些素质随着网龄的增加而得到发掘和巩固。

附录

大学生网络健康素质问卷

指导语:请仔细阅读下列题项,并根据自己的实际情况选择对应的选项。

题 项	选 项						
1.对相似的应用软件,你能运用自如吗?	根本不能	1	2	3	4	5	完全可以
2.你能在很长的时间从事一项重要但很枯燥的网络活动吗(如收集整理学习资料)?	根本不能	1	2	3	4	5	完全可以
3.你能合理分配上网时间?	根本不能	1	2	3	4	5	完全可以
4.无论网上网下,你都能够应对各种挑战吗?	根本不能	1	2	3	4	5	完全可以
5.你能按自己原本的目的行事而不受网上其他事物影响吗?	根本不能	1	2	3	4	5	完全可以
6.你能在网络上找到自己想要的资源吗?	根本不能	1	2	3	4	5	完全可以
7.你能全神贯注地从事一个网上任务,直到有满意的结果吗?	根本不能	1	2	3	4	5	完全可以
8.你会事先对要解决的问题加以分析吗?	几乎不	1	2	3	4	5	总是如此
9.你会根据网络资料的复杂程度而有意识地调节分配的时间和精力吗?	几乎不	1	2	3	4	5	总是如此
10.不上网的时候,你常常无缘无故感到情绪低落吗?	几乎不	1	2	3	4	5	总是如此
11.你会把网上的情绪带到现实生活中吗?	几乎不	1	2	3	4	5	总是如此
12.那些需要耐心和细致的网络活动,你会半途而废吗?	几乎不	1	2	3	4	5	总是如此
13.上网时,你会每隔一段时间就适当地休息一下吗?	几乎不	1	2	3	4	5	总是如此
14.网络的匿名环境,会让你的言行无所顾忌吗?	几乎不	1	2	3	4	5	总是如此
15.你在确定自己知道应该怎么做之后,才打开电脑吗?	几乎不	1	2	3	4	5	总是如此
16.即使刚刚在网上还玩得很开心,只要一关掉电脑,你就会有莫名的失落感吗?	几乎不	1	2	3	4	5	总是如此
17.当你想上网学习,打开电脑后你也确实是在学习吗?	几乎不	1	2	3	4	5	总是如此
18.你会为网上那些破坏个人和公共安全的行为感到愤怒吗?	几乎不	1	2	3	4	5	总是如此
19.信息质量或数量都不好时,你会有意识地改变当前的搜索途径或思路吗?	几乎不	1	2	3	4	5	总是如此
20.你喜欢你认识的所有人吗?	完全不符合	1	2	3	4	5	完全符合
21.不能上网,你会变得心情烦躁、坐立不安吗?	几乎不	1	2	3	4	5	总是如此
22.资料比较难懂时,你会改变阅读的速度和方式吗?	几乎不	1	2	3	4	5	总是如此
23.网络活动的胜负,会影响你几天的好心情吗?	几乎不	1	2	3	4	5	总是如此
24.对有争议性的问题,你能有自己的见解吗?	几乎不	1	2	3	4	5	总是如此
25.你会暂时放下困难的问题,先解决那些相对容易的吗?	几乎不	1	2	3	4	5	总是如此
26.任务完成之后,你会反思自己完成的质量和效果吗?	几乎不	1	2	3	4	5	总是如此
27.你上网有特定的目的吗?	从来没有	1	2	3	4	5	一直有
28.你在网上攻击或诋毁过他人吗?	从来没有	1	2	3	4	5	一直有
29.你常常不知道自己上网要做什么吗?	从来没有	1	2	3	4	5	一直有
30.你清楚自己上网的目的吗?	完全不清楚	1	2	3	4	5	总是很清楚
31.利用网络处理陌生的问题时,你会觉得有困难吗?	非常困难	1	2	3	4	5	非常容易
32.你同意"对网络的掌握和使用已经成为现代人所必备的技能"这一说法吗?	完全不同意	1	2	3	4	5	完全同意

续表

题 项	选 项						
33. 你的情绪会随着网络活动的进行而时好时坏吗?	几乎不	1	2	3	4	5	总是如此
34. 你对每周的上网时间或次数有限制吗?	从来没有	1	2	3	4	5	一直有
35. 如果满分是5分,你觉得可以给现实中自己的价值打几分?		1	2	3	4	5	
36. 你认为需要对自己在网上的言行承担责任吗?	完全不需要	1	2	3	4	5	绝对应该
37. 你清楚自己上网要做的事情的意义和价值吗?	完全不清楚	1	2	3	4	5	总是很清楚
38. 你认为网络在现代生活中的重要程度如何?	根本不重要	1	2	3	4	5	非常重要
39. 能不能上网,多久上一次网对你的情绪影响大吗?	根本不影响	1	2	3	4	5	影响非常大
40. 现实世界中,你觉得自豪的地方多吗?	根本没有	1	2	3	4	5	非常多
41. 与网络中的成就相比,现实中的成就对你而言的重要程度如何?	根本不重要	1	2	3	4	5	非常重要
42. 与现实中的大多数人比起来,你怀疑自己的能力吗?	非常怀疑	1	2	3	4	5	一点都不怀疑
43. 你利用网络处理问题的能力强吗?	非常差	1	2	3	4	5	非常强
44. 相比虚拟世界,你更愿意在现实世界中施展自己的抱负吗?	完全不符合	1	2	3	4	5	非常符合
45. 上网要做很多件事,你会感到有困难吗?	非常困难	1	2	3	4	5	非常容易

后记

AFTERWORD

拙作《中国当代大学生社会适应的心理与行为研究》一书系教育部哲学社会科学研究后期资助重大项目“当代大学生社会适应的心理学研究”的结项成果，是我们团队近二十年在该领域不断耕耘取得的初步研究结果，是团队团结协作取得的又一探索性研究成果。项目主持人张大均负责整个项目研究的总体设计、专题研究和书稿撰写的指导以及最终成果（本书）的修改、审稿和定稿等工作。参与各专题研究及各章初稿撰写者有张大均（第一章），苏志强（第二章），杨艺馨（第三章），杨兴鹏（第四章），赵兴奎（第五章），薛中华（第六章），谢超（第七章），杨良群（第八章），赵欣（第九章），尚金梅（第十章），刘洋（第十一章），王刚（第十二章），张珂（第十三章），迟新丽（第十四章），周莹莹（第十五章），李娜（第十六章），刘靖姝、郭成（第十七章），李雯（第十八章），胡珊珊（第十九章），欧阳益（第二十章），胡乐、余林（第二十一章），杨晶、余林（第二十二章）；参与书稿修改及校对者有武丽丽、朱政光、陆星月、莫文静、张婷和何花等。

本课题自研究起始到成稿付梓，虽然经历了许多艰辛和困难，但我们团队通力合作，通过10多年的努力终于初步完成了这项探索性研究。在本书出版之际，我首先要感谢参与本研究的团队成员，其中特别是参与本书实证研究及初稿撰写、书稿修改和校对的所有合作者；其次要感谢教育部社科司和西南大学对本项目的经费资助和管理帮助；最后要感谢西南大学出版社及相关编室、编辑的大力支持。

张大均

2025年1月